执行案件
操作指引
实用问答全书

周文 路佳迪 王吉龙 刘学超 著

中国法制出版社
CHINA LEGAL PUBLISHING HOUSE

作者简介
（排名不分先后）

周文，北京市东友律师事务所律师，北京市律师协会会员，北京市朝阳区律师协会文化与传媒业务研究会委员，曾承办500余起争议解决、仲裁及非诉案件，对强制执行程序及其衍生类诉讼有大量实务经验，本着"源静则流清，本固则丰茂"的工作理念，维护委托人的合法权益。

路佳迪，北京德和衡律师事务所律师、执行业务团队负责人，高级企业合规师，北京市朝阳区律师协会女律师工作委员会委员，"诉与执研究"微信公众号主理人，擅长处理疑难复杂执行案件、执行衍生类诉讼、民事诉讼。

王吉龙，北京市东友律师事务所律师、团队负责人，北京市律师协会会员。

擅长处理各类民商事案件、刑事案件以及重大疑难案件，尤其在强制执行案件、劳动争议案件、合同纠纷案件的处理方面有大量的诉讼和非诉业务经验，被多家企业聘请为高级法律顾问，每年代理案件百余宗，秉承专业诚信、理性严谨、受人之托、忠人之事的办案宗旨，为当事人提供精准专业的方案和建议。

刘学超，中共党员，北京天用律师事务所律师，中国社会科学院研究生院法律硕士，北京市律师协会会员，北京市朝阳区律师协会第四届公益委员会委员。

业务领域：公司类诉讼及非诉法律事务、法律执行业务、刑事辩护、建筑工程类经济纠纷、民事侵权及合同纠纷。

在全国范围内经办了较多案件，为多家企事业单位提供日常法律服务及重大经营决策的意见、建议，法律理论基础深厚，拥有丰富的实务经验，办案细致耐心、思路灵活。始终坚持以维护法律公平正义为准则，尽全力维护客户的合法权益。

序　言

民事执行，是指国家机关依债权人的申请，依据执行依据，运用国家强制力强制债务人履行义务，以实现债权人债权的活动。"执行难"一直是司法实践活动中的一大难题。早些年，大部分人对于执行的理解还停留在完全依靠法院去推进的层面，但是因执行法官人力、精力与法院办案资源均有限，致使执行案件大量积压，无法得以实现的债权也越来越多。随着最高人民法院在工作报告中提出要"基本解决执行难问题"，执行案件开始受到越来越多的法律工作者以及普通社会民众的关注与重视。

不过，我国在执行领域仍然欠缺一部系统化、体系化的法律规范。我国法治事业目前正处于新时代新征程全面依法治国工作高质量发展的阶段，全面依法治国进入新阶段，对法治建设的整体性、系统性、协同性的要求更高。《十四届全国人大常委会立法规划》对2024年度法律案起草和审议工作作出了安排，其中就包括制定《民事强制执行法》。

本书由周文、路佳迪、王吉龙、刘学超四位律师合作编撰完成，四位作者在代理执行案件方面有着丰富的实务经验，同时也在代理案件中发现了执行领域法律规范空白点多，法律法规分散、查找不易、适用困难等方面的问题亟待解决。为解决上述问题，四位作者经过多次商讨与调研，结合《民事强制执行法（草案）》对执行领域的法律规范以及办案过程中累积的实务经验进行系统性的梳理，以问答的形式将强制执行程序中各个流程涉及的法律规范、实务经验、典型案例等内容进行统一整理汇编，形成一本内容全面、结构合理、体系完整、查阅方便的工具类书籍。

本书体例选择通过一问一答的精简形式，不但可以让非法律人士了解执行程序的流程，让其知悉执行过程中可能遇到的问题并给出初步解决方案；而且可以作为法律专业人士的"办案工具书"，尤其是广大律师同人在办理执行案件过程中遇到困难后，可以通过翻阅本书籍快速找到解决思路以及对应的法律规范。

本书内容按照执行流程分为五编：执行启动、执行过程、执行结束、执行审查以及其他编。其中每一编又按照执行流程中每走一步可能遇到的问题，按顺序进行汇编整理。每个问题分为两个模块：【问答】与【法律依据】，涉及典型案例的问题还增加了【案例指引】模块，便于读者从理论与实务相结合的角度理解问题的答案。

本书具有"全面""精简""便捷"三大特点。一是"全面"，本书尽可能全面地覆盖目前执行领域涉及的法律规范。二是"精简"，本书通过一问一答的形式，将执行领域的相关问题进行了系统梳理并给出明确答案，使用者可快速通过问题找到相应的解决办法以及相关法律规范。三是"便捷"，本书按照执行程序启动、实施、终结的流程进行了有顺序的汇编，便于使用者针对其在执行程序中不同时间节点所遇到的问题进行检索查阅。

我们希望，本书能够对绝大部分执行领域人员有所帮助，能够为解决执行困境提供一份法律支撑与理论依据，能够为广大法律专业人士提供一本兼具实用性与全面性的办案工具书。同时我们也期待《民事强制执行法》早日颁布。

简 目

第一编 执行启动

第一章 执行管辖 / 3
第二章 执行的申请与受理 / 17
第三章 执行的准备与启动 / 81
第四章 执行人员回避 / 93
第五章 迟延履行期间债务利息、迟延履行金 / 101
第六章 执行费用 / 114

第二编 执行过程

第一章 财产调查 / 121
第二章 财产控制 / 194
第三章 财产变价 / 269
第四章 金钱给付类执行案件 / 365
第五章 非金钱给付请求权的执行 / 422
第六章 保全案件的执行 / 430
第七章 先予执行 / 461
第八章 不含涉外因素仲裁裁决的执行 / 465
第九章 劳动争议仲裁裁决的执行 / 492
第十章 刑事裁判涉财产部分的执行 / 496
第十一章 行政案件的执行 / 509
 第一节 对行政判决书、裁定书、调解书、行政赔偿判决书的执行 / 509
 第二节 对行政机关作出的行政决定的执行 / 512

第十二章　土地承包仲裁的执行 / 530
第十三章　公证债权文书的执行 / 532
第十四章　涉外案件的执行 / 546
第十五章　强制措施与刑事处罚 / 552
　第一节　强制措施 / 552
　第二节　刑事处罚 / 559
第十六章　执行担保 / 569
第十七章　执行和解 / 577
第十八章　暂缓执行与中止执行 / 589
　第一节　暂缓执行 / 589
　第二节　中止执行 / 596
第十九章　终结本次执行程序 / 605
第二十章　执行当事人及其变更、追加 / 621
第二十一章　执行程序与破产程序的衔接 / 667

第三编　执行结束

第一章　终结执行 / 687
第二章　执行案件结案 / 695
第三章　执行纠错 / 708
　第一节　执行回转 / 708
　第二节　涉执行司法赔偿 / 711

第四编　执行审查

第一章　一般规定 / 731
第二章　执行异议案件 / 736
　第一节　执行行为异议 / 736
　第二节　案外人执行异议 / 751
第三章　执行复议案件 / 770
第四章　执行监督案件 / 775

第一节 执行监督的一般规定 / 775
第二节 督促执行案件 / 779
第三节 执行申诉案件 / 783
第四节 检察监督案件 / 787
第五章 执行协调案件 / 796

第五编 其 他

第一章 执行机构与人员 / 805
第二章 委托执行、协作执行、协同执行 / 816
 第一节 委托执行 / 816
 第二节 协作执行、协同执行 / 820
第三章 执行文书及其送达 / 824

目 录

第一编 执行启动

第一章 执行管辖 ·· 3
第 1 问：申请执行应当向哪个法院立案？ ······················ 3
第 2 问：特殊案件的管辖权如何确定？ ························ 6
第 3 问：被执行人或其财产不在中国领域内的执行案件
应当由哪个法院管辖？ ·································· 8
第 4 问："被执行的财产所在地"指哪里？ ···················· 9
第 5 问：多个法院对同一执行案件具有管辖权时，应当
由哪个法院管辖？ ······································ 10
第 6 问：什么情形下可以指定执行？ ·························· 11
第 7 问：什么情形下可以提级执行？ ·························· 12
第 8 问：对法院管辖权有异议的时候应该怎么处理？ ········ 12
第 9 问：执行程序中法院发现无管辖权怎么处理？ ············ 13
第 10 问：当案件移送管辖时，已经被采取强制执行措
施的财产如何处置？ ···································· 14
第 11 问：没有管辖权的法院，能否因当事人的约定或
者默认获得仲裁裁决的管辖权？ ······················ 15

第二章 执行的申请与受理 ···································· 17
第 1 问：法律文书发生效力之后，如何申请执行？ ············ 17

第2问：分期履行案件以及主体涉及多人的案件如何申请执行？ ………… 18

第3问：申请执行赡养费、扶养费、抚养费的案件如何执行？ ………… 19

第4问：申请执行立案时法院应当如何做？ ………… 20

第5问：法院受理执行案件的条件是什么？ ………… 23

第6问：执行依据的种类有哪些？ ………… 23

第7问：二审撤回上诉的情况下，执行依据是什么？ ………… 30

第8问：执行依据应当具备什么条件才可以执行？ ………… 31

第9问：判决书已确认担保人的追偿权，担保人在承担担保责任之后是否可以直接申请强制执行？ ………… 35

第10问：针对财产保全裁定的执行要求是什么？ ………… 36

第11问：什么情况下可以申请先予执行？ ………… 37

第12问：原执行依据确有错误被法院撤销的情况下，已经被执行的财产如何处置？ ………… 38

第13问：针对案件审理阶段保证人提供的保证能否申请执行？ ………… 38

第14问：对第三人到期债权履行通知书的执行要求是什么？ ………… 39

第15问：针对执行标的物为特定物的执行要求是什么？ ………… 40

第16问：金融机构擅自解冻被法院冻结的款项，应当承担什么责任？ ………… 41

第17问：有关单位在接到法院协助执行被执行人收入的通知后仍擅自向被执行人或其他人支付的，应承担什么责任？ ………… 42

第18问：有关企业在接到法院协助冻结通知后仍擅自向被执行人支付股息或红利或擅自为被执行人办理已冻结股权转移手续的，应承担什么责任？ ………… 42

第 19 问：可强制执行的公证债权文书包含哪些？ …………… 43
第 20 问：可强制执行的行政文书包含哪些？ ………………… 44
第 21 问：对仲裁裁决书、仲裁调解书进行强制执行时
　　　　　应注意哪些事项？ ……………………………………… 48
第 22 问：可执行的劳动人事争议仲裁包含哪些？ …………… 53
第 23 问：申请执行的时效期间是几年？起算时间如何
　　　　　确定？ …………………………………………………… 56
第 24 问：何种情形下申请执行时效可以中止计算？ ………… 58
第 25 问：何种情形下申请执行时效可以中断计算？ ………… 59
第 26 问："当事人一方提出履行要求"应当如何认定？ ……… 61
第 27 问："当事人同意履行义务"应当如何认定？ …………… 62
第 28 问：超过申请执行时效期间的案件怎么处理？ ………… 63
第 29 问：针对担保物权的申请执行时效期间有什么特
　　　　　殊规定？ ………………………………………………… 64
第 30 问：申请执行人在法律期限内申请执行主债务人，
　　　　　但未申请执行负有连带责任的担保人，时效
　　　　　期间届满之后，能否再申请执行连带责任担
　　　　　保人？ …………………………………………………… 66
第 31 问：适用申请执行时效期间的限制有哪些？ …………… 66
第 32 问：申请执行需要提交哪些文书或证明（形式要件）？ … 68
第 33 问：符合哪些条件才可以申请执行（实质要件）？ …… 71
第 34 问：担保人、连带责任人按照判决文书承担相应
　　　　　责任后，能否直接申请执行？ ………………………… 75
第 35 问：法院直接移送执行的案件，应提交哪些材料？ …… 76
第 36 问：申请执行的受理和立案要求有哪些？ ……………… 77

第三章　执行的准备与启动 ……………………………………… 81
第 1 问：执行实施案件启动流程是什么？ ……………………… 81
第 2 问：执行立案后应当在多久内确认承办人？ ……………… 81

第 3 问：执行立案后，执行机构发现该案不符合受理条件，裁定驳回执行申请，应当如何救济？ ……… 81
第 4 问：执行立案后应多久通知申请执行人？ ……… 82
第 5 问：制作执行预案应当注意哪些问题？ ……… 83
第 6 问：执行立案后，执行人员应当对被执行人采取哪些措施？ ……… 84
第 7 问：采取强制执行措施时应当注意哪些问题？ ……… 86
第 8 问：预防及处理执行突发事件的流程是什么？ ……… 89

第四章 执行人员回避 ……… 93

第 1 问：什么情形下执行人员应当自行回避？ ……… 93
第 2 问：什么情形下当事人有权申请执行人员回避？ ……… 95
第 3 问：执行回避的提出时间，以及法院作出决定的时间是何时？ ……… 96
第 4 问：申请回避由谁决定？ ……… 97
第 5 问：任职回避的情形有哪些？ ……… 98

第五章 迟延履行期间债务利息、迟延履行金 ……… 101

第 1 问：被执行人在什么情况下应当支付"迟延履行期间的债务利息"？什么情况下应当支付"迟延履行金"？ ……… 101
第 2 问：法院在民事判决书中是否必须列明"迟延履行期间的债务利息"的规定？ ……… 101
第 3 问：《最高人民法院关于执行程序中计算迟延履行期间的债务利息适用法律若干问题的解释》施行之前（2014 年 8 月 1 日之前）产生的迟延履行期间债务利息的计算依据是什么？ ……… 103
第 4 问：《最高人民法院关于执行程序中计算迟延履行期间的债务利息适用法律若干问题的解释》施行之前（2014 年 8 月 1 日之前），被执行人应付的执行款项如何计算？ ……… 104

第 5 问：《最高人民法院关于执行程序中计算迟延履行期间的债务利息适用法律若干问题的解释》施行之前（2014 年 8 月 1 日之前），迟延履行期间债务利息的计算基数包括什么？ ………… 105

第 6 问：《最高人民法院关于执行程序中计算迟延履行期间的债务利息适用法律若干问题的解释》施行之前（2014 年 8 月 1 日之前），执行到位部分款项但是不足以清偿全部债务的，应认定为清偿的是本金还是利息？ ………… 106

第 7 问：《最高人民法院关于执行程序中计算迟延履行期间的债务利息适用法律若干问题的解释》施行之后（2014 年 8 月 1 日之后），迟延履行期间债务利息的计算方法是什么？ ………… 106

第 8 问：加倍部分债务利息的起算日是哪天？ ………… 107

第 9 问：加倍部分债务利息的截止日是哪天？ ………… 108

第 10 问：加倍部分债务利息的计付期间，在什么情形下应予以扣除？ ………… 109

第 11 问：被执行人的财产不足清偿全部债务的，本息的清偿顺序是什么？ ………… 109

第 12 问：法律文书确定给付外币的，加倍部分债务利息如何计算？ ………… 110

第 13 问：迟延履行金的计算方法是什么？ ………… 111

第 14 问：申请执行人在执行立案时或者执行过程中没有主张迟延履行期间债务利息或者迟延履行金的，执行标的额是否包含迟延履行期间债务利息或者迟延履行金？ ………… 111

第 15 问：在债权人申请执行之前，债务人已经自动履行完毕法律文书确定的其他债务，但未给付迟延履行期间债务利息或迟延履行金的，债

权人能否单独就迟延履行期间债务利息或迟
延履行金申请执行？ ………………………………… 112
第16问：调解书确定了一方不履行调解协议应承担的
民事责任，并且不履行的当事人已经承担了
该民事责任的，对方当事人还能否要求其承
担迟延履行责任？ ………………………………… 112

第六章 执行费用 …………………………………………… 114
第1问：申请执行是否需要交纳费用？收费标准是什么？ …… 114
第2问：执行申请费由谁负担？ ………………………………… 115
第3问：特殊案件执行申请费如何收取？ ……………………… 116

第二编 执行过程

第一章 财产调查 …………………………………………… 121
第1问：针对被执行人财产的强制执行措施都有哪些？ ……… 121
第2问：药品批准文号能否被查封？ …………………………… 122
第3问：地方财政预算外资金能否作为执行款划拨？ ………… 123
第4问：共有财产能否强制执行，是否可以查封、扣
押、冻结？ …………………………………………… 123
第5问：破产企业以划拨方式取得的国有土地使用权是
否属于破产财产？ …………………………………… 125
第6问：军队单位为被执行人时，军队财产能否强制执行？ … 126
第7问：强制执行中，哪些属于夫妻共同财产，应该如
何分割？ ……………………………………………… 127
第8问：被执行人财产为其他人设定了担保负担，能否
强制执行？ …………………………………………… 132
第9问：海关监管货物应当如何强制执行？ …………………… 134

第 10 问：被执行人生活所必需的居住房屋如何认定？如何强制执行？超过生活所必需的财产如何处理？ ………… 135

第 11 问：民办学校教育用地和设施，能否强制执行？ ………… 136

第 12 问：被执行人的财产被第三人占有，能否强制执行？ … 137

第 13 问：被执行人出卖的保留所有权的财产，能否强制执行？ ………… 137

第 14 问：被执行人购买的保留所有权的财产，能否强制执行？ ………… 138

第 15 问：被执行人卖给第三人但尚未过户的财产，能否强制执行？ ………… 139

第 16 问：查明被执行人财产的途径有哪些？ ………… 140

第 17 问：执行人员在执行过程中获取的哪些信息需要保密？ ………… 141

第 18 问：申请执行人如何有效地向法院提供被执行人的财产线索？ ………… 141

第 19 问：财产报告程序的启动方式是什么？ ………… 145

第 20 问：报告财产令中都有哪些内容？ ………… 146

第 21 问：被执行人报告财产的范围是什么？ ………… 147

第 22 问：财产发生哪些变动时，被执行人应当向人民法院补充报告？ ………… 148

第 23 问：被执行人提交的财产报告应当如何核实？ ………… 148

第 24 问：被执行人不履行报告义务的法律后果有哪些？ ………… 149

第 25 问：什么情况下财产报告程序终结？ ………… 151

第 26 问：人民法院财产调查的方式与范围有哪些？ ………… 152

第 27 问：被执行人不配合财产调查、下落不明，应当如何处理？ ………… 153

第 28 问：机动车、船舶、航空器等已被查封，但是没有实际扣押，应当如何处理？ ………… 156

第29问：执行法院现场查询被执行人银行存款的流程是什么？ ………………………………………… 157
第30问：执行法院可以请求公安机关协助查询哪些信息？ … 160
第31问：执行法院现场查询、查封、预查封被执行人不动产登记信息的流程是什么？ …………… 161
第32问：执行法院、律师查询工商行政机关登记信息的流程是什么？ ………………………………… 162
第33问：被执行人是律师或律师事务所，可以对其采取哪些惩戒？ …………………………………… 163
第34问：执行法院查询婚姻登记信息，由哪些部门配合？ … 164
第35问：执行法院查询渔业船舶登记信息，由哪个部门配合？ ……………………………………… 164
第36问：执行法院查询客运、货运车辆登记信息，由哪个部门配合？ ………………………………… 165
第37问：执行法院查询企业财务会计报告，企业应当如何配合？ …………………………………… 165
第38问：外商投资企业的企业档案信息执行法院能否查阅？ ………………………………………… 167
第39问：执行法院电子化查询的法律效力如何？ …………… 167
第40问：银行、金融机构网络冻结及网络扣划功能，分别于何时上线？ ……………………………… 168
第41问：人民法院实施网络执行查控措施，应当报备哪些信息？ …………………………………… 170
第42问：执行法院对被执行人进行网络查控的流程是什么？ ………………………………………… 171
第43问：网络冻结、扣划等执行措施的电子法律文书的送达时间如何确定？ ………………………… 175
第44问：金融机构无法协助执行措施的应当如何处理？ …… 175

第 45 问：金融机构认为执行法院进行网络查控措施违法、违规应当如何处理？ …………………… 176
第 46 问：当事人对网络执行查控措施有异议的应当如何处理？ …………………………………… 177
第 47 问：执行法院可查询被执行人哪些证券信息？ …… 177
第 48 问：执行法院查询、冻结被执行人证券时与证券监督管理委员会产生争议，应当如何解决？ …… 178
第 49 问：执行法院通过网络执行查控系统查询、冻结被执行人证券的应当提供哪些法律文书？ …… 179
第 50 问：执行法院查询、冻结被执行人证券的流程是什么？ ………………………………………… 179
第 51 问：执行法院查询被执行人不动产登记信息的流程以及具体查询事项有哪些？ …………… 181
第 52 问：执行法院可以通过公安共享系统查询被执行人哪些信息？ ……………………………… 182
第 53 问：公安机关网络执行查控协作工作包括哪些？ …… 183
第 54 问：工商行政管理机关网络执行查控协作工作包括哪些？ ………………………………………… 184
第 55 问：什么情形下，执行法院可以依法采取搜查措施？ … 185
第 56 问：搜查时应当注意哪些问题？ ………………………… 185
第 57 问：搜查发现应当查封、扣押的财产应当如何处理？ … 186
第 58 问：被执行人是法人或其他组织的，如何启动审计调查程序？ …………………………………… 187
第 59 问：审计机构如何选择？被执行人隐匿审计资料的应当如何处理？ ……………………………… 188
第 60 问：审计的费用由谁承担？ ………………………… 189
第 61 问：如何启动悬赏公告？ ……………………………… 189
第 62 问：悬赏公告的发布平台有哪些，费用由谁承担？ …… 190
第 63 问：两人以上提供相同的财产线索应当如何处理？ …… 191

第 64 问：悬赏金应当如何发放？ ………………………… 191
第 65 问：什么是申请执行人的代位权和撤销权？ ……… 192
第二章　财产控制 ……………………………………………… 194
　第 1 问：存款、动产、不动产的查封期限是多久？ …… 194
　第 2 问：被查封的财产应当如何保管？是否可以继续使
　　　　　用？ ……………………………………………… 194
　第 3 问：人民法院可以扣押、冻结、划拨、变价哪些被
　　　　　执行人的财产？ ………………………………… 195
　第 4 问：自然人的收入转入为储蓄存款后，应当如何执行？ … 196
　第 5 问：上级法院发现下级法院在执行中作出的文书或
　　　　　执行行为不当，应当如何处理？ ……………… 196
　第 6 问：有关部门和人员不协助执行应当如何处理？ … 197
　第 7 问：因协助执行以及人民政府的征收决定办理的房
　　　　　屋登记行为，公民、法人或其他组织不服，是
　　　　　否可以提起行政诉讼？ ………………………… 198
　第 8 问：行政机关拒不履行协助执行通知书的义务，是
　　　　　否可以提起行政诉讼？ ………………………… 199
　第 9 问：国土资源、房地产管理部门认为人民法院查
　　　　　封、预查封或者处理的土地、房屋权属错误
　　　　　的，应当如何处理？ …………………………… 200
　第 10 问：被执行人或其他人擅自处分已被查封、扣押、
　　　　　　冻结的财产，应当如何处理？ ………………… 201
　第 11 问：协助执行义务人擅自转移财物或票证的，应
　　　　　　当如何处理？ …………………………………… 201
　第 12 问：被执行人拒不履行判决裁定的，应当如何处理？ … 202
　第 13 问：协助调查、协助执行义务人存在哪些情形，
　　　　　　人民法院可以予以罚款？ ……………………… 203
　第 14 问：人民法院查封财产的程序是什么？ …………… 204
　第 15 问：执行联动机制都涉及哪些单位、部门？ ……… 205

第 16 问：纪检监察机关如何执行联动？ …………………… 206
第 17 问：组织人事部门如何执行联动？ …………………… 206
第 18 问：新闻宣传部门如何执行联动？ …………………… 207
第 19 问：综合治理部门如何执行联动？ …………………… 207
第 20 问：检察机关如何执行联动？ ………………………… 208
第 21 问：公安机关如何执行联动？ ………………………… 208
第 22 问：发展和改革部门如何执行联动？ ………………… 209
第 23 问：司法行政部门如何执行联动？ …………………… 210
第 24 问：自然资源管理部门如何执行联动？ ……………… 210
第 25 问：税务机关如何执行联动？ ………………………… 213
第 26 问：人民银行如何执行联动？ ………………………… 214
第 27 问：银行业监管部门如何执行联动？ ………………… 214
第 28 问：证券监管部门如何执行联动？ …………………… 215
第 29 问：工商行政部门如何执行联动？ …………………… 216
第 30 问：民政部门如何执行联动？ ………………………… 223
第 31 问：铁路部门如何执行联动？ ………………………… 223
第 32 问：公证机构如何执行联动？ ………………………… 225
第 33 问：邮电部门如何执行联动？ ………………………… 227
第 34 问：金融机构如何执行联动？ ………………………… 228
第 35 问：财产登记单位如何执行联动？ …………………… 230
第 36 问：期货相关机构如何执行联动？ …………………… 230
第 37 问：被执行人工作单位如何执行联动？ ……………… 231
第 38 问：查封与过户登记冲突应当如何处理？ …………… 232
第 39 问：设立最高额抵押权的抵押财产如何查封？ ……… 232
第 40 问：如何提起续行查封？ ……………………………… 233
第 41 问：什么是轮候查封、扣押、冻结及何时生效？ …… 234
第 42 问：什么情况下应解除查封？ ………………………… 234
第 43 问：物品被解除查封后，多久发还？损耗折旧由
　　　　　谁来承担？ ……………………………………… 235

第 44 问：未登记的建筑物、土地使用权应当如何确定
其权属是否为被执行人？ ………………… 236
第 45 问：第三人占有的动产或登记在第三人名下的不
动产、特定动产及其他财产权，什么情况下
可以认定为被执行人财产并进行查封、冻结、
扣押？ …………………………………………… 236
第 46 问：政府征收何时认定为被执行人财产？ ………… 237
第 47 问：财产继承何时认定为被执行人财产？ ………… 237
第 48 问：不得查封、冻结、扣押的财产有哪些？ ……… 238
第 49 问：轮候查封登记后何时生效？ …………………… 243
第 50 问：轮候查封是否需要续行轮候查封？轮候查封
的期限何时开始计算？ ………………………… 244
第 51 问：同一法院在不同案件中是否可以对同一财产
采取轮候查封、扣押、冻结？ ………………… 244
第 52 问：查询不动产权属的流程是什么？ ……………… 245
第 53 问：确认查封土地、房屋权属时，权属证明与权
属登记不一致的，应当如何确认权属？ ……… 246
第 54 问：查封了地上建筑物，其效力是否及于该建筑
物适用范围内的土地使用权？ ………………… 246
第 55 问：被执行人与其他人共有的财产，是否可以查
封、扣押、冻结？ ……………………………… 247
第 56 问：被执行人购买的，尚未办理过户登记的第三
人的财产，是否可以查封、扣押、冻结？ …… 248
第 57 问：国土资源、房地产管理部门已经受理被执行
人转让土地使用权、房屋的过户登记申请，
尚未核准登记的，人民法院是否可以查封？ … 249
第 58 问：被执行人已经出售的不动产，但尚未办理过
户登记的，是否可以查封？ …………………… 249

第 59 问：国土资源、房地产管理部门认为查封、预查
封有错误的，应当如何处理？ ………………… 250
第 60 问：可分割处分的房屋应当如何查封？ ………… 251
第 61 问：查封笔录应当包含哪些内容？ ……………… 252
第 62 问：房屋登记机构为债务人办理房屋转移登记，
债权人不服的，在什么情况下可以提起诉讼？ … 252
第 63 问：未进行权属登记的机动车，是否可以扣押？ ……… 253
第 64 问：第三人占有的被执行人财产人民法院是否可
以查封、扣押、冻结？ ………………………… 254
第 65 问：被执行人保留所有权卖给第三人的财产，是
否可以查封、扣押、冻结？ …………………… 254
第 66 问：被执行人保留所有权购买的第三人财产，是
否可以查封、扣押、冻结？ …………………… 255
第 67 问：上市公司的股票是否可以冻结？ …………… 255
第 68 问：哪些未登记的房屋可以进行预查封？ ……… 258
第 69 问：未登记的土地使用权是否可以预查封？ …… 259
第 70 问：预查封登记如何转为查封登记？转换后查封
期限从何时开始计算？ ………………………… 260
第 71 问：预查封登记期限为多久？续封需要如何处理？ …… 260
第 72 问：预查封产生什么效力？未办理续封的预查封
效力如何？ ……………………………………… 261
第 73 问：查封、扣押、冻结产生什么效力？ ………… 261
第 74 问：查封、扣押的效力是否及于从物及孳息？ … 262
第 75 问：查封、扣押、冻结的财产灭失或毁损的，其
效力是否及于替代物、赔偿款？ ……………… 262
第 76 问：查封、扣押、冻结的效力何时消灭？ ……… 263
第 77 问：被执行人通过仲裁程序将人民法院查封、扣
押、冻结的财产确权、分割给案外人的应当
如何处理？ ……………………………………… 264

第 78 问：被执行人擅自出租查封房产，执行法院是否可以认定该租赁合同无效或解除该租赁合同？ …… 265

第 79 问：首先采取保全的法院，一直未对相关财产进行处分的，轮候法院应当如何处理？ …… 265

第 80 问：法院首封处分权与债权人行使优先受偿权冲突，应当如何处理？ …… 266

第 81 问：审判部门发现正在审理确权诉讼的财产已经被查封、扣押、冻结的，应当如何处理？ …… 268

第三章 财产变价 …… 269

第 1 问：财产变价处理时，应当首先采取哪种方式？ …… 269

第 2 问：在执行过程中，当事人达成以物抵债执行和解协议的，法院是否可以依据该协议作出以物抵债裁定？ …… 270

第 3 问：对需要拍卖、变卖的财产，应当几日内确定财产处置参考价程序？应当几日内启动变价程序？ …… 271

第 4 问：没有经过人民法院查封、扣押、冻结的被执行财产，是否可以处分？ …… 271

第 5 问：什么情况下，法院可以将被执行人财产交付申请执行人管理，以所得收益清偿债务？ …… 272

第 6 问：人民法院需要对异地的财产进行评估或拍卖时，应当如何处理？ …… 273

第 7 问：关于委托评估、拍卖、变卖工作，法院内部如何分工？ …… 273

第 8 问：执行程序中拍卖、变卖不动产引起的物权变动时间如何确定？ …… 274

第 9 问：拟拍卖的财产，是否必须进行评估？ …… 275

第 10 问：什么情形，人民法院应当委托评估机构进行评估？ …… 276

第 11 问：评估前，人民法院应当做哪些准备工作？ …… 276

第 12 问：评估机构应当如何选定？ …………………… 278
第 13 问：评估委托书中一般应当载明哪些事项？ …… 280
第 14 问：评估需要进行现场勘验的，应当如何处理？ ……… 282
第 15 问：评估期限如何确定？ ………………………… 283
第 16 问：人民法院对其委托的评估活动如何进行监督？ …… 284
第 17 问：人民法院发现评估报告有问题，应当如何处理？ … 285
第 18 问：报告初稿需要听证的，当事人认为机构出具
的初稿有问题，应当如何处理？ ……………… 286
第 19 问：评估报告应当如何发送给当事人？ ………… 287
第 20 问：当事人或利害关系人对评估报告有异议，应
当如何处理？ …………………………………… 288
第 21 问：处置参考价的确定方式有哪些？ …………… 290
第 22 问：人民法院确定处置参考价需要参考哪些因素？ …… 291
第 23 问：如何采取当事人议价的方式确定处置参考价？ …… 292
第 24 问：如何采取定向询价的方式确定处置参考价？ ……… 293
第 25 问：如何采取网络询价的方式确定处置参考价？ ……… 293
第 26 问：参考价确定后，法院应当何时启动变价程序？ …… 296
第 27 问：评估费用如何确定？ ………………………… 296
第 28 问：当事人议价存在欺诈、胁迫、恶意串通损害
第三人利益或有关机构出具虚假定向询价结
果或当事人对网络询价报告或者评估报告提
出异议作出的处理结果确有错误的，应当如
何处理？ ………………………………………… 298
第 29 问：评估报告的有效期如何确定？ ……………… 298
第 30 问：国有资产在什么情形下需进行评估？ ……… 299
第 31 问：涉及刑事案件的物品需要估价的，应当如何
处理？ …………………………………………… 300
第 32 问：暂缓网络询价或委托评估的情形有哪些？ ……… 300
第 33 问：中止对外委托的情形有哪些？ ……………… 301

第 34 问：终结对外委托的情形有哪些？ …………… 302
第 35 问：撤回评估的情形有哪些？ ………………… 302
第 36 问：委托评估拍卖机构如何选定？ …………… 303
第 37 问：人民法院如何对拍卖活动进行监督？ …… 305
第 38 问：拍卖中保留价如何确定？ ………………… 306
第 39 问：无益拍卖应当如何处理？ ………………… 306
第 40 问：拍卖公告应当如何发布，应当包含哪些内容？ …… 307
第 41 问：拍卖保证金应当如何缴纳，金额应当如何确定？ … 309
第 42 问：拍卖前应当通知的权利人有哪些？ ……… 309
第 43 问：申请执行人、被执行人是否可以参加竞买？ ……… 311
第 44 问：享有优先购买权的竞买人竞价规则是什么？ ……… 312
第 45 问：拍卖多项财产时，部分财产卖得的价款足以
        清偿债务的，剩余的财产是否应当停止拍卖？ …… 312
第 46 问：拍卖多项财产时，什么情形下应当合并拍卖？ …… 313
第 47 问：什么情况下可按照拍卖保留价进行抵债？ ………… 313
第 48 问：法院应当撤回拍卖的情形有哪些？ ……… 314
第 49 问：暂缓、中止拍卖的情形有哪些？ ………… 315
第 50 问：拍卖日之前，被执行人向法院提交足额金钱
        清偿债务，要求停止拍卖的，应当如何处理？ …… 315
第 51 问：拍卖成交后，竞买人如何支付拍卖款？ ………… 316
第 52 问：竞买人逾期未支付价款的，应当如何处理？ …… 316
第 53 问：一拍流拍应当如何处理？ ………………… 317
第 54 问：动产二拍流拍的应当如何处理？ ………… 317
第 55 问：不动产或其他财产权二拍流拍的应当如何处理？ … 317
第 56 问：拍卖财产上原有的担保物权、优先受偿权、
        租赁权、用益物权的效力在拍卖时的效力如何？ … 318
第 57 问：拍卖佣金应当如何计算？ ………………… 319
第 58 问：拍卖成交后，竞买人如何取得拍卖财产？ ………… 320

第 59 问：什么情况下，当事人、利害关系人可以申请撤销网络司法拍卖？ …… 320

第 60 问：以拍卖的方式处置财产的，是否应当优先适用网络拍卖？ …… 321

第 61 问：网拍中，如何选择网拍平台？ …… 322

第 62 问：网拍中，法院的职责有哪些？ …… 323

第 63 问：网拍平台应当符合哪些条件？ …… 323

第 64 问：网拍中，法院可以将哪些辅助性工作委托社会机构或组织？ …… 324

第 65 问：网拍中，哪些事项应当由网络服务提供者承担？ …… 325

第 66 问：网拍中，保留价如何确定？ …… 326

第 67 问：网拍中，只有一人参与竞拍，拍卖是否有效？ …… 326

第 68 问：网拍中，拍卖公告应当何时发布？应当包含哪些内容？ …… 327

第 69 问：网拍中，人民法院应当公示哪些信息？ …… 328

第 70 问：网拍中，法院应当对哪些事项予以特别提示？ …… 329

第 71 问：网拍中，法院在拍卖公告中声明不能保证拍卖财产真伪或者品质的，不承担瑕疵担保责任，其效力如何？ …… 330

第 72 问：网拍前，法院应当如何通知相关权利人？ …… 331

第 73 问：网拍中，各类竞拍人应当如何缴纳保证金？ …… 331

第 74 问：网拍中，一般竞买人资格何时确定？ …… 332

第 75 问：网拍中，优先购买权人的资格如何确定？ …… 332

第 76 问：网拍中，竞价规则有哪些？ …… 333

第 77 问：网拍中，优先购买权竞价规则有哪些？ …… 334

第 78 问：网拍中，拍卖财产所有权何时转移？ …… 335

第 79 问：网拍中，交纳的保证金在竞拍后应当如何处理？ …… 335

第 80 问：网拍中，买受人悔拍的应当如何处理？ …… 336

第 81 问：网拍中，余款应当如何支付？ …… 337

第 82 问：网拍中，流拍应当如何处理？ …………… 337

第 83 问：网拍中，起拍价、降价幅度、竞价增价幅度、保证金数额和优先购买权人竞买资格及其顺序等事项应当如何确定？ 338

第 84 问：网拍中，拍卖暂缓、中止的情形以及处理方式有哪些？ 339

第 85 问：网拍中，拍卖记录应当保存多久？ 340

第 86 问：网拍中，交付过户费用应当由谁承担？ 340

第 87 问：网拍中，撤销拍卖导致合法权益遭受损害的，应当如何救济？ 341

第 88 问：网拍中，被执行人提交足额金钱清偿债务并要求停止拍卖的，应当如何处理？ 341

第 89 问：什么情况下，人民法院应当撤回拍卖委托？ …… 342

第 90 问：网拍流拍后，在满足哪些条件的情况下，应当启动网络司法变卖程序？ 342

第 91 问：网络司法变卖期为多少天？变卖期的开始时间如何确定？ 343

第 92 问：网络司法变卖公告应当何时公布？应当包含哪些内容？ 344

第 93 问：网络司法变卖的变卖价如何确定？ ………… 344

第 94 问：网络司法变卖，竞买资格如何取得？ ………… 345

第 95 问：网络司法变卖的竞买流程是什么？ ………… 345

第 96 问：网络司法变卖中，竞买人悔拍，应当如何处理？ … 346

第 97 问：网络司法变卖中，变卖不成应当如何处理？ …… 346

第 98 问：不经拍卖直接变卖的情形有哪些？ ………… 349

第 99 问：直接变卖的价格如何确定？ ………… 351

第 100 问：直接变卖财产无人应买，应当如何处理？ ……… 352

第 101 问：被执行人申请自行变卖的应当满足哪些条件？ …… 353

第 102 问：什么情况下当事人、利害关系人可以请求撤销变卖？ ………………………………………………… 354
第 103 问：什么情形下，可以被执行财产抵债？ ……………… 355
第 104 问：形成以财产抵债的，人民法院是否应当作出裁定？ …………………………………………………… 356
第 105 问：强制管理需要满足哪些条件？ …………………… 356
第 106 问：被执行人有多个债权人的清偿顺序是什么？ ……… 357
第 107 问：参与分配中应当优先受偿的债权有哪些？ ………… 359
第 108 问：未取得执行依据的优先权人、担保物权人如何申请参与分配？ …………………………………… 362
第 109 问：对分配方案有异议的应当如何处理？ ……………… 363
第 110 问：执行实施案件结案方式有哪些？ …………………… 364

第四章 金钱给付类执行案件 ………………………………… 365

第 1 问：网络查控中可以执行的"金融资产"的定义是什么？ ……………………………………………… 365
第 2 问：网络查控中金融机构可以协助查询被执行人哪些信息？ …………………………………………… 365
第 3 问：网络查控中金融机构协助执行法院查询的被执行人金融资产信息，有哪些效力？ ……………… 366
第 4 问：执行法院通过网络执行查控系统对被执行人采取冻结、续行冻结、解除冻结、扣划等执行措施的，是否需要明确的银行账户及金额？ ……… 367
第 5 问：申请网络冻结被执行人存款以外的其他金融资产的，是否需要载明具体金额？ ………………… 367
第 6 问：有权机关、金融机构或第三人对被执行人账户中的存款及其他金融资产享有优先受偿权的，执行法院是否可以冻结？ ………………………… 368
第 7 问：被执行人与案外人开设的联名账户等共有账户，是否可以冻结？ ………………………………… 369
第 8 问：网络扣划的流程是什么？ ……………………………… 369

第9问：军队、武警部队的账户是否可以冻结、扣划？ 370
第10问：被执行人的封闭贷款结算专用账户是否可以
　　　　强制执行？ 371
第11问：银行承兑汇票保证金是否可以强制执行？ 372
第12问：信用证开证保证金是否可以强制执行？ 372
第13问：住房公积金是否可以强制执行？ 373
第14问：银行贷款账户是否可以冻结？ 375
第15问：被执行人的收益权，应当如何强制执行？ 376
第16问：被执行人占有，但登记在第三人名下的机动
　　　　车，是否可以查封、扣押？ 376
第17问：因法定事由而发生物权变动，但尚未变更登
　　　　记至被执行人名下的不动产是否可以查封？ 377
第18问：被执行人购买的第三人尚未过户的不动产，
　　　　能否强制执行？ 378
第19问：对被执行人及所扶养家属维持生活必须的居
　　　　住房屋，是否可以强制执行？ 379
第20问：被执行人为房地产开发企业，其在建工程应
　　　　当如何执行？ 380
第21问："无证"的房产应当如何强制执行？ 381
第22问：预售商品房应当如何强制执行？ 381
第23问：设立抵押预告登记的房屋应当如何强制执行？ 382
第24问：抵押土地上新增房屋是否属于抵押财产，能
　　　　否一并处分？ 382
第25问：买受人虚构购房资格参与拍卖并成交，应当
　　　　如何处理？ 383
第26问：无购房资格的申请执行人是否可以申请以房
　　　　抵债？ 383
第27问：执行法院冻结被执行人对他人的到期债权的
　　　　期限是多久？ 384

第 28 问：次债务人对执行法院发出的履行通知提出异议的应当如何处理？ …… 384

第 29 问：次债务人在指定期限内未提出异议，又不履行的，应当如何处理？ …… 386

第 30 问：次债务人在指定期限内未提出异议，又不履行，执行法院裁定对其强制执行的，是否发生其承认债务存在的实体法律效力？ …… 386

第 31 问：被执行人在收到履行通知后放弃债权或延缓第三人履行期限的行为是否有效？ …… 388

第 32 问：在收到人民法院通知履行到期债务后，若第三人未经许可向被执行人履行并导致财产无法追回，第三人需要承担哪些责任？ …… 389

第 33 问：在对第三人作出强制执行裁定后，如果第三人确实没有可供执行的财产，是否可以对第三人对他人享有的到期债权进行强制执行？ …… 389

第 34 问：当第三人根据人民法院的履行通知向申请执行人履行债务或已经被强制执行后，人民法院是否应出具相关证明？ …… 390

第 35 问：当人民法院执行被执行人对他人的到期债权时，可以采取哪些措施？对于他人和利害关系人对到期债权的异议，人民法院应如何处理？ …… 390

第 36 问：如何依法对被执行人的未到期债权进行保全？ …… 391

第 37 问：当被执行人未按执行通知履行法律文书确定的义务时，人民法院可以采取哪些措施？如何保障被执行人及其所扶养家属的生活必需费用？ …… 392

第 38 问：被执行人（自然人）在有关单位的收入尚未支取时，人民法院应采取哪些措施？ …… 393

第39问：执行程序中能否扣划离退休人员离休金退休金清偿其债务？ ………………………………… 394

第40问：人民法院如何强制执行公司股东的股权？ ………… 394

第41问：如何确定强制执行股权的管辖法院？ ……………… 395

第42问：人民法院可以冻结哪些资料或信息载明的属于被执行人的股权？ ……………………………… 396

第43问：人民法院冻结被执行人的股权时有哪些限制？ …… 396

第44问：被执行人就被冻结股权所作的转让、出质等行为能否对抗申请执行人？ ……………………… 397

第45问：人民法院冻结被执行人股权后，股权所在公司应当注意哪些事项？ ……………………………… 398

第46问：人民法院如何冻结被执行人基于股权享有的股息、红利等收益？如果股权所在公司擅自向被执行人支付或者变相支付被冻结的股息、红利等收益，会有什么影响？ ………………… 399

第47问：在强制执行股权的过程中，被执行人能否申请自行变价被冻结的股权？ ……………………… 400

第48问：在强制执行股权的拍卖中，人民法院应当如何确定股权的处置参考价？被执行人或其他主体拒绝提供相关材料时，人民法院可以采取哪些措施？ ……………………………………… 400

第49问：在委托评估被执行人的股权时，如果评估机构因缺少完整材料无法进行评估应当如何处理？ … 402

第50问：人民法院拍卖被执行人的股权应当采用哪种方式？被冻结股权所得价款可能高于债权额及执行费用的情况下，人民法院应该采取哪些措施？如果对超出部分的被冻结股权进行拍卖导致被冻结股权价值明显减损的情况下，被执行人可以进行什么样的申请？ ……………… 403

第 51 问：在强制执行股权时，人民法院如何保证优先购买权？ ………………………………………… 404

第 52 问：在强制执行股权时，被执行人、利害关系人的哪些理由不能阻断对股权的拍卖？ ……… 405

第 53 问：工商行政管理机关对按人民法院要求协助执行产生的后果是否承担责任？当事人、案外人对工商行政管理机关协助执行的行为不服应当如何救济？ ………………………………… 405

第 54 问：人民法院对被执行人在其他股份有限公司中持有的股份凭证（股票）采取哪些强制措施？ …… 406

第 55 问：在强制执行股份有限公司发起人的股份时，是否受一年内不得转让的限制？ …………… 407

第 56 问：回购质押券、价差担保物、行权担保物、履约担保物等担保物是否可以扣划、冻结？ ……… 408

第 57 问：证券公司在银行开立的自营资金账户内的资金是否可以冻结、扣划？ ………………… 409

第 58 问：在强制执行中，人民法院如何处理清算交收程序与执行财产顺序的关系？ ……………… 409

第 59 问：人民法院对被执行人证券账户内的流通证券采取执行措施时，应当注意哪些问题？ …… 410

第 60 问：冻结被执行人在上市公司的股票时，应当注意哪些问题？ ………………………………… 410

第 61 问：冻结被执行人在上市公司的股票时，发现股票上存在质押，应当如何处理？ …………… 413

第 62 问：被执行人的哪些知识产权可以强制执行？ …… 413

第 63 问：知识产权的冻结期限是多久？ ………………… 416

第 64 问：被执行人的专利申请权是否可以冻结？ ……… 417

第 65 问：已经签订独占实施许可的专利权、出质的专利权，是否可以冻结？ ……………………………… 418

第66问：在执行注册商标权时，在被执行人名下相同和近似商标是否应当一并执行？·············· 418

第67问：信托财产是否可以强制执行？·············· 419

第68问：信托公司的固有财产能否采取保全措施？·············· 421

第五章 非金钱给付请求权的执行 ·············· 422

第1问：强制执行交付财务或票证的，应当如何交付？·············· 422

第2问：涉及房屋强制迁出或土地强制退出的执行案件，应当如何执行？·············· 422

第3问：执行依据确定被执行人交付房屋，被执行人以强制执行的房屋系本人及所扶养家属维持生活的必需品为由提出异议的，应当如何处理？·············· 423

第4问：执行标的物为特定物，并且毁损灭失的，应当如何处理？·············· 424

第5问：执行标的物为种类物的，被执行人无该种类物，应当如何处理？·············· 425

第6问：执行内容为交付股权的，生效法律文书作出后增资或减资导致被执行人所持比例降低或升高的，应当如何处理？·············· 426

第7问：执行内容为指定的行为的，被执行人未履行的，应当如何处理？·············· 427

第8问：股权确认之诉的执行案件，应当如何处理？·············· 429

第六章 保全案件的执行 ·············· 430

第1问：人民法院对财产进行诉讼保全需要哪些条件？申请人是否需要提供担保？·············· 430

第2问：在紧急情况下，如何在提起诉讼或申请仲裁前申请保全措施？·············· 431

第3问：在生效法律文书进入执行程序前，债权人如何申请保全措施？·············· 431

第4问：在仲裁过程中，当事人如何申请财产保全？·············· 433

第5问：在上诉和再审过程中，人民法院如何采取保全措施？ ………… 433

第6问：申请财产保全时，当事人或利害关系人需要提交哪些信息和材料？ ………… 434

第7问：实施保全的部门在执行财产保全案件时，需要承担哪些职责？ ………… 435

第8问：人民法院在接受财产保全申请后，应在多长时间内作出裁定？对情况紧急的案件，应在多长时间内作出裁定？ ………… 436

第9问：根据法律规定，人民法院责令申请保全人提供财产保全担保时，担保数额最高为多少？ ………… 436

第10问：保险公司如何为财产保全提供担保？ ………… 437

第11问：金融机构如何为财产保全提供担保？ ………… 438

第12问：在哪些情况下，申请财产保全的当事人可以免予提供担保？ ………… 438

第13问：申请财产保全时，是否需要提供明确的被保全财产信息？ ………… 439

第14问：申请保全人如何查询被保全人的财产信息？人民法院在查询财产信息时应采取哪些措施？ ………… 440

第15问：被保全人财产权益应当如何保护？ ………… 441

第16问：对于特殊动产如机动车、航空器等被保全的财产，人民法院应采取何种措施？ ………… 442

第17问：对季节性商品、鲜活、易腐烂变质等不宜长期保存的物品采取保全措施时，应采取哪些措施？ ………… 442

第18问：人民法院对债务人到期应得的收益，可以采取哪些财产保全措施？ ………… 443

第19问：人民法院对债务人的债权，可以采取哪些财产保全措施？ ………… 443

第 20 问：当事人向采取财产保全措施以外的其他有管辖权的人民法院起诉或申请执行时，原采取保全措施的人民法院应当如何处理保全手续和财产？ ………… 444

第 21 问：再审审查期间和再审审理期间，债务人或当事人申请财产保全的情况如何处理？ ………… 445

第 22 问：他人享有担保物权的财产是否可以保全？ ………… 445

第 23 问：被保全人在财产保全期间能否申请自行处分被保全财产？ ………… 446

第 24 问：被保全人能否申请变更保全财产？ ………… 446

第 25 问：被保全人或第三人能否提供充分有效担保以解除财产保全？ ………… 447

第 26 问：应当裁定解除保全的情形有哪些？ ………… 447

第 27 问：如果财产保全裁定的内容与被保全财产的实际情况不符，人民法院应如何处理？ ………… 448

第 28 问：申请保全人、被保全人对保全裁定不服的应当如何救济？ ………… 448

第 29 问：申请保全人、被保全人、利害关系人认为保全实施行为违反法律规定的，应当如何救济？ …… 449

第 30 问：案外人对保全财产享有实体权利的，应当如何处理？ ………… 449

第 31 问：财产保全案件的结案方式有哪些？ ………… 450

第 32 问：人身安全保护令的适用情形有哪些？ ………… 451

第 33 问：无民事行为能力人、限制民事行为能力人、老人、残疾人、重病患者、因受到强制恐吓等原因无法申请人身保护令的当事人，应当如何保障相关权利？ ………… 452

第 34 问：申请人身安全保护令是否可以口头申请？ ………… 453

第 35 问：申请人身安全保护令应当由哪些法院管辖？ ………… 453

第 36 问：作出人身安全保护令应当具备哪些条件？………… 453
第 37 问：人身安全保护令的审查时限为多久？………… 454
第 38 问：可以作为判断当事人是否遭受家庭暴力或者面临家庭暴力现实危险的相关证据包括哪些？…… 454
第 39 问：人身安全保护令的有效期为多久？应当如何申请延期？………… 456
第 40 问：人身安全保护令的被申请人未发表意见的，是否影响人民法院依法作出人身安全保护令？…… 456
第 41 问：人身安全保护令的被申请人认可存在家庭暴力行为，但辩称申请人有过错的，是否影响人民法院依法作出人身安全保护令？………… 457
第 42 问：人身安全保护令包括哪些措施？………… 457
第 43 问：对人身安全保护令的裁定不服的，应当如何救济？………… 458
第 44 问：人身安全保护令作出后，应当如何执行？…… 459
第 45 问：申请人身安全保护令时，当事人主张存在家庭暴力事实的，应当如何分配举证责任？………… 459
第 46 问：被申请人违反人身安全保护令的措施，应当承担何种责任？………… 459

第七章　先予执行 ………… 461
　第 1 问：哪些情形可以申请先予执行？………… 461
　第 2 问：申请先予执行应当符合哪些条件？………… 462
　第 3 问：申请先予执行申请人是否需要提供担保？申请人败诉的应当如何处理？………… 462
　第 4 问：采取先予执行措施的期间和范围分别是什么？… 463
　第 5 问：对先予执行裁定不服的，应当如何救济？…… 464

第八章　不含涉外因素仲裁裁决的执行 ………… 465
　第 1 问：人民法院裁定不予执行仲裁裁决（不具有涉外因素）的条件是什么？裁定不予执行之后，当事人的纠纷应当如何处理？………… 465

第2问：申请执行仲裁裁决应当由哪些法院管辖？ ……………… 466
第3问：被执行人、案外人对仲裁裁决执行案件申请不
予执行的，应当如何处理？ ……………………… 467
第4问：申请人向两个以上有管辖权的人民法院提出申
请的，应当如何处理？ …………………………… 468
第5问：申请执行仲裁裁决应当提交哪些材料？ ………… 468
第6问：申请人提交的申请执行仲裁裁决的文件不符合
要求的，或申请人向不具有管辖权的人民院提
出执行申请的，人民法院应当如何处理？ ……… 469
第7问：申请执行仲裁裁决人民法院立案后发现不符合
受理条件的，应当如何处理？ …………………… 470
第8问：仲裁裁决执行内容不明确应当如何处理？ ……… 470
第9问：申请执行人对因执行内容不明确裁定驳回申请
不服的应当如何救济？ …………………………… 471
第10问：申请执行仲裁裁决时，裁决书或调解书中的
文字错误、计算错误、遗漏事项可以补正说
明的应当如何处理？ ……………………………… 472
第11问：当事人申请执行仲裁机构在纠纷发生前作出
的仲裁裁决或者调解书的，人民法院应当如
何处理？ …………………………………………… 472
第12问：仲裁交付特定物毁损、灭失的应当如何处理？ … 473
第13问：仲裁裁决执行期间，被执行人、案外人申请
撤销仲裁裁决、申请不予执行仲裁裁决的，
法院应当如何处理？ ……………………………… 474
第14问：仲裁裁决执行期间，当事人、案外人申请对
已查封、冻结、扣押之外的财产采取保全措
施的，法院应当如何处理？ ……………………… 475
第15问：被执行人申请不予执行仲裁裁决的期限是多久？ … 476

第 16 问：案外人申请不予执行仲裁裁决的期限是多久？
需要哪些条件？ ………………………………………… 478
第 17 问：被执行人能否对同一仲裁裁决，根据多个不
予执行的事由，多次向法院提出申请？ …………… 479
第 18 问：不予执行仲裁裁决的审查期限是多久？ ……………… 480
第 19 问：被执行人、案外人申请不予执行仲裁裁决的，
法院是否应当进行询问？ …………………………… 480
第 20 问：法院对不予执行仲裁裁决案件是否应当全面
审查？ ………………………………………………… 481
第 21 问："裁决的事项不属于仲裁协议的范围或者仲裁
机构无权仲裁"的情形有哪些？ …………………… 482
第 22 问："仲裁庭的组成或者仲裁的程序违反法定程
序"的情形有哪些？ ………………………………… 482
第 23 问："裁决所根据的证据是伪造"应当符合哪些条件？ … 485
第 24 问："对方当事人向仲裁机构隐瞒了足以影响公正
裁决的证据"应当符合哪些条件？ ………………… 485
第 25 问："仲裁员在仲裁该案时有索贿受贿，徇私舞
弊，枉法裁决行为"的情形有哪些？ ……………… 486
第 26 问：被执行人申请不予执行仲裁调解书或者根据
和解协议、调解协议作出的仲裁裁决的情形
是什么？ ……………………………………………… 487
第 27 问：案外人申请不予执行仲裁裁决或者仲裁调解
书的情形是什么？ …………………………………… 487
第 28 问：人民法院对被执行人、案外人申请不予执行
仲裁裁决的，应当如何处理？ ……………………… 488
第 29 问：申请撤销仲裁裁决和申请不予执行仲裁裁决
能否同时主张？法院应当如何处理？ ……………… 489
第 30 问：不予执行申请或撤销仲裁裁决申请审查后，
执行程序应当如何进行？ …………………………… 490

第 31 问：人民法院裁定不予执行仲裁裁决、驳回申请、
不予受理的相关权利人应当如何救济？………… 491

第九章 劳动争议仲裁裁决的执行 ………… 492

第 1 问：劳动争议仲裁机构对多个劳动者的劳动争议作
出仲裁裁决后，部分劳动者对仲裁裁决不服，
依法提起诉讼的，其他未提起诉讼的部分劳动
者是否可以申请强制执行？ ………………… 492

第 2 问：申请劳动争议仲裁的先予执行需要满足哪些条件？ ………… 492

第 3 问：当事人不服预先支付劳动报酬、工伤医疗费、
经济补偿或赔偿金的裁决是否可以提起诉讼？
用人单位不履行上述给付义务，劳动者是否可
以强制执行？ ………………………………… 493

第 4 问：哪些情形下，被申请人可以申请不予执行劳动
争议仲裁裁决书和调解书？ ………………… 493

第 5 问：用人单位申请撤销劳动争议仲裁与执行程序应
当如何衔接？ ………………………………… 495

第十章 刑事裁判涉财产部分的执行 ………… 496

第 1 问：刑事裁判涉财产部分的执行事项包括哪些部分？ …… 496

第 2 问：刑事裁判涉财产部分的执行由哪些法院管辖？ …… 497

第 3 问：刑事裁判涉财产部分的执行期限为多久？ ………… 497

第 4 问：刑事裁判涉财产部分的执行应当如何启动？ ……… 498

第 5 问：刑事裁判判决缴纳罚金的，行政机关对被告人
就同一事实已经处以罚款的，是否应当折抵？ …… 499

第 6 问：刑事被告人是否可以就罚金申请延期或减免？ …… 499

第 7 问：刑事裁判判决没收财产的，应当如何执行？ ……… 500

第 8 问：刑事裁判执行财产刑的，应当如何保留被执行
人以及被扶养人的生活必需费用？ ………… 500

第 9 问：刑事裁判涉财产部分的被执行人将赃款赃物投
资或者置业的，应当如何执行？ …………… 501

第10问：刑事裁判赃款赃物涉及第三人的，应当如何认定和追缴？ …… 502

第11问：被执行人有多项清偿义务时，如何确定执行顺序？ …… 502

第12问：刑事裁判涉财产部分的执行过程中，当事人、利害关系人认为执行行为违法或案外人对执行标的主张实体权利的，应当如何救济？ …… 503

第13问：刑事裁判涉财产部分的执行过程中，案外人或被害人认为裁判中对涉案财物是否属于赃款赃物认定错误或者应予认定而未认定，提出书面异议的，应当如何处理？ …… 504

第14问：刑事裁判涉财产部分的执行，什么情况下可以裁定终结执行？ …… 505

第15问：刑事裁判涉财产部分、附带民事裁判全部或部分被撤销的，已经执行的财产应当如何处理？ … 506

第16问：办理刑事裁判涉财产部分执行案件，刑法、刑诉法及司法解释没有相应规定的，应当如何处理？ …… 506

第17问：将非法吸收的资金及其转换财物用于清偿债务或者转让给他人的，是否应当追缴？ …… 507

第18问：应当追缴、没收的财产已用于清偿债务或者转让、或者设置其他权利负担，是否应当依法追缴？ …… 508

第十一章 行政案件的执行 …… 509

第一节 对行政判决书、裁定书、调解书、行政赔偿判决书的执行 …… 509

第1问：法院判决行政机关履行行政赔偿、补偿或者其他给付义务的，当事人能否申请强制执行？ …… 509

第2问：公民、法人或者其他组织拒绝履行裁判文书的，行政机关能否自行执行？ ……………………… 509
第3问：申请执行行政裁判文书的期限是多久？ ………… 510
第4问：申请执行行政裁判文书，由哪个法院管辖？ ………… 510
第5问：行政机关拒绝履行判决、裁定、调解书的，执行法院可以采取哪些措施？ ……………………… 511
第二节　对行政机关作出的行政决定的执行 …………… 512
第1问：对于不履行行政行为的公民、法人或者其他组织，行政机关是否有权直接进行强制执行？ ………… 512
第2问：行政机关向法院申请执行其行政行为的，需具备哪些条件？ ……………………………………… 513
第3问：行政机关向法院申请执行，需提交什么材料？ ……… 514
第4问：没有行政强制权的行政机关申请强制执行的期限是多久？ …………………………………………… 515
第5问：行政机关能否不经催告直接向法院申请强制执行？ … 515
第6问：行政机关申请强制执行应向哪个法院申请？ ………… 516
第7问：行政机关对法院不予受理的裁定有异议的，如何救济？ ……………………………………………… 516
第8问：行政机关对平等民事主体之间的民事争议作出裁决后，生效裁决确定的权利人能否向法院申请执行？ ……………………………………………… 517
第9问：行政机关或者权利人申请法院强制执行前，能否申请财产保全？ …………………………………… 518
第10问：行政机关申请执行其行政行为的，法院是否直接予以执行？ ………………………………………… 518
第11问：什么情形下法院会裁定不准予执行行政行为？行政机关对不准予执行的裁定有异议的，如何救济？ ………………………………………………… 519

第 12 问：法院判决驳回原告诉讼请求后，行政机关申请法院强制执行的，法院应当如何处理？…… 520
第 13 问：涉及公共安全的案件，行政机关能否申请法院立即执行？法院应在几日内执行？…… 521
第 14 问：行政机关申请法院强制执行是否需要缴纳申请费？…… 522
第 15 问：法院在办理行政机关申请执行的案件时，作为被执行人的法人出现分立、合并、兼并、合营等情况的，如何处理？…… 522
第 16 问：公民、法人或其他组织认为法院执行具体行政行为违法的，如何救济？…… 523
第 17 问：对行政机关的强制拆除决定，法院是否受理其提出的执行申请？…… 523
第 18 问：申请法院强制执行征收补偿决定案件，由哪个法院管辖？…… 524
第 19 问：申请执行征收补偿决定的，应向法院提供哪些材料？…… 524
第 20 问：申请执行征收补偿决定的，应何时提出申请？…… 526
第 21 问：什么情形下法院裁定不准予执行征收补偿决定？…… 526
第 22 问：法院准予执行征收补偿决定的，由谁实施？…… 527

第十二章 土地承包仲裁的执行 …… 530
第 1 问：土地承包仲裁调解书、裁决书如何申请强制执行？…… 530
第 2 问：土地承包仲裁如何先行执行？…… 530

第十三章 公证债权文书的执行 …… 532
第 1 问：公证债权文书如何申请强制执行？…… 532
第 2 问：申请强制执行公证债权文书由哪些法院管辖？…… 533
第 3 问：申请强制执行公证债权文书应当提交哪些材料？…… 533
第 4 问：作为执行依据的公证债权文书中应当包括哪些内容？…… 533

第 5 问：债权人申请执行公证债权文书，哪些情形下，
人民法院应当裁定不予受理或驳回执行申请？………… 534
第 6 问：公证债权文书中既包含主债务又包含担保债务
的，公证债权文书赋予强制执行效力的范围仅
包含其中一种债务的，债权人是否可以对两种
债务同时申请强制执行？………………………… 535
第 7 问：债权人申请执行公证债权文书被裁定不予受
理、驳回执行申请的，应当如何救济？…………… 535
第 8 问：公证机构不予出具执行证书的，当事人应当如
何救济？…………………………………………… 536
第 9 问：债权人申请执行公证债权文书的时效为多久？
从何日开始起算？是否适用时效中断？…………… 536
第 10 问：债权人申请执行公证债权文书中涉及利息过
高的情形，应当如何处理？………………………… 537
第 11 问：哪些情形，被执行人可以申请不予执行公证
债权文书？………………………………………… 538
第 12 问：被执行人申请不予执行公证债权文书的期限
为多久？…………………………………………… 539
第 13 问：被执行人申请不予执行公证债权文书的理由
有多个，能否分多次提出？………………………… 540
第 14 问：人民法院审查不予执行公证债权文书案件，
是否应当听证？…………………………………… 540
第 15 问：人民法院审查不予执行公证债权文书案件的
审查期限为多久？………………………………… 541
第 16 问：人民法院审查不予执行公证债权文书案件期
间，是否应当停止执行？…………………………… 541
第 17 问：公证债权文书被裁定不予执行的，当事人应
当如何救济？……………………………………… 542

第18问：当事人不服驳回不予执行公证债权文书申请
　　　　裁定的，应当如何救济？ ………………………… 542
第19问：哪些情形，债务人可以提起债务人异议之诉
　　　　并请求不予执行公证债权文书？ …………………… 543
第20问：债权人、利害关系人能否就公证债权文书涉
　　　　及的民事权利义务争议直接向人民法院起诉？ …… 544
第21问：债权人、利害关系人就公证债权文书涉及的
　　　　民事权利义务争议提起诉讼后，对执行程序
　　　　有何影响？ ………………………………………… 544

第十四章　涉外案件的执行 ………………………………… 546
　第1问：被执行人或财产不在国内，应当如何申请执行？ …… 546
　第2问：人民法院裁定不予执行涉外仲裁裁决、驳回不
　　　　予执行涉外仲裁裁决申请后，应当如何救济？ …… 546
　第3问：外国法院作出的判决、裁定，如何申请中国法
　　　　院承认和执行？ …………………………………… 547
　第4问：中国法院和外国法院都有管辖权并均作出判决
　　　　的案件，应当如何执行？ ………………………… 548
　第5问：申请承认和执行外国裁判，需要提交哪些材料？ …… 548
　第6问：作出裁判的法院所在国与中国没有缔结或共同
　　　　参加国际条约，也没有互惠关系的，能否执行？ … 549
　第7问：被申请人对受理承认和执行外国仲裁裁决案件
　　　　法院的管辖权有异议的，应当如何救济？ ………… 550
　第8问：当事人申请执行海事仲裁裁决，申请承认和执
　　　　行国外法院判决、裁定以及国外海事仲裁裁决
　　　　的，应当由哪些法院管辖？ ……………………… 550

第十五章　强制措施与刑事处罚 …………………………… 552
　第一节　强制措施 …………………………………………… 552
　第1问：法院对被执行人采取的强制措施包含哪些？ ……… 552
　第2问：什么情形下可以适用拘传措施？ ………………… 552

第 3 问：拘传的时限是多久？ …………………………………… 553
第 4 问：罚款的金额是多少？ …………………………………… 554
第 5 问：拘留的期限是多久？ …………………………………… 554
第 6 问：对罚款、拘留决定不服的如何救济？ ………………… 554
第 7 问：法院如何启动对被执行人的限制出境措施？ ………… 555
第 8 问：对限制出境决定不服的如何救济？ …………………… 555
第 9 问：法院对被执行人采取的信用惩戒包含哪些措施？ …… 555
第 10 问：纳入失信名单的期限是多久？ ……………………… 556
第 11 问：被纳入失信名单的人在什么情形下可以申请
　　　　　法院纠正？ ……………………………………………… 557
第 12 问：申请纠正失信被执行人名单被法院驳回的，
　　　　　如何救济？ ……………………………………………… 557
第 13 问：限制消费措施如何启动？ …………………………… 558
第 14 问：认为法院采取的限制消费措施有错误的如何救济？ … 558
第二节　刑事处罚 ……………………………………………………… 559
第 1 问：被执行人可能构成的刑事罪名有哪些？ ……………… 559
第 2 问：什么情形下构成非法处置查封、扣押、冻结的
　　　　　财产罪？ ………………………………………………… 560
第 3 问：什么情形下构成妨害公务罪？ ………………………… 560
第 4 问：什么情形下构成拒不执行判决、裁定罪？ …………… 562
第 5 问：拒不执行判决、裁定的起算时间是哪天？ …………… 565
第 6 问：法院在执行过程中对于拒不执行判决、裁定的
　　　　　被执行人，如何处理？ ………………………………… 565
第 7 问：申请执行人认为被执行人涉嫌拒不执行判决、
　　　　　裁定罪的，如何进行维权？ …………………………… 566
第 8 问：法院对申请执行人提起的拒不执行判决、裁定
　　　　　罪的自诉案件，进行立案审理的条件是什么？ ……… 567
第 9 问：拒不执行判决、裁定罪的管辖法院是哪个法院？ …… 568

第 10 问：法院对拒不执行判决、裁定罪的被告人，在什么情形下可以从宽处理、什么情形下可以从重处理？ …… 568

第十六章 执行担保 …… 569
第 1 问：什么是执行担保？ …… 569
第 2 问：执行担保有哪些方式？ …… 570
第 3 问：暂缓执行的期限是多久？ …… 571
第 4 问：暂缓执行期间能否对被执行人的财产恢复执行？ …… 572
第 5 问：暂缓执行期限届满之后，被执行人仍不能履行义务的，法院如何处理？ …… 572
第 6 问：执行担保期间是多久？ …… 573
第 7 问：执行担保期间届满之后，还能否执行担保财产或者保证人的财产？ …… 574
第 8 问：担保人承担担保责任之后如何救济？ …… 574
第 9 问：在案件审理期间，保证人为被执行人提供保证致使法院未对被执行人的财产采取保全措施或者解除保全措施的，案件审结后被执行人无财产可供执行或者财产不足以清偿债务的，如何处理？ …… 574
第 10 问：执行担保既有物的担保又有保证的，实现顺序是什么？ …… 575

第十七章 执行和解 …… 577
第 1 问：什么是执行和解？ …… 577
第 2 问：执行和解协议达成后，是否还能变更协议内容？ …… 577
第 3 问：当事人之间达成以物抵债执行和解协议的，法院能否直接据此作出以物抵债的裁定？ …… 578
第 4 问：执行和解协议履行过程中，债务人能否申请提存？ …… 578
第 5 问：双方当事人达成执行和解协议后，法院能否裁定中止执行或终结执行？中止执行的效力如何？ …… 579

第 6 问：达成执行和解之后，履行与否的后果是什么？………… 580
第 7 问：和解协议已履行完毕，还能否申请恢复执行？…… 582
第 8 问：申请执行人以被执行人一方不履行执行和解协议为由申请恢复执行，什么情况下法院不予恢复？………………………………………………………… 582
第 9 问：对法院恢复执行或者不予恢复执行的裁定不服的，如何救济？…………………………………………… 583
第 10 问：申请执行人就履行执行和解协议提起诉讼的，法院如何处理？……………………………………… 584
第 11 问：执行和解协议履行完毕，被执行人迟延履行、瑕疵履行执行和解协议，给申请执行人造成损害的，应如何处理？……………………………… 584
第 12 问：若认为执行和解协议无效或者应予撤销的，如何处理？…………………………………………… 585
第 13 问：执行和解中约定担保条款的，恢复执行原生效法律文书之后，法院能否直接执行担保人的财产？……………………………………………… 586
第 14 问：在执行过程中，被执行人依据当事人自行达成但未提交法院的和解协议，或者一方当事人提交法院但其他当事人不予认可的和解协议，认为法院的执行行为违法向法院提出异议的，如何处理？………………………………… 587
第 15 问：当事人在执行立案前达成和解，后续还能否申请执行原生效法律文书？……………………………… 588
第 16 问：当事人因客观原因无法继续履行执行和解协议的，应如何处理？………………………………… 588

第十八章　暂缓执行与中止执行 ………………………………… 589
第一节　暂缓执行 ……………………………………………… 589
第 1 问：什么是暂缓执行？…………………………………… 589

第 2 问：暂缓执行的决定由谁作出？ ……………………… 589
第 3 问：当事人或者其他利害关系人能否申请暂缓执行？ …… 590
第 4 问：什么情形下法院可以依职权决定暂缓执行？ ………… 590
第 5 问：暂缓执行的期限是多久？从何时起算？ ……………… 592
第 6 问：暂缓执行期限届满之后应如何处理？ ………………… 593
第 7 问：法官能否独自决定是否暂缓执行？ …………………… 593
第 8 问：当事人或利害关系人申请暂缓执行的，是否需
　　　　要提供担保？ …………………………………………… 594
第 9 问：若被执行人或其他利害关系人提供担保申请暂
　　　　缓执行，申请执行人提供担保要求继续执行
　　　　的，应当暂缓执行还是继续执行？ ………………… 594
第 10 问：法院作出的暂缓执行决定由谁进行监督？ ………… 595
第二节　中止执行 ……………………………………………… 596
第 1 问：什么情形下应当中止执行？ …………………………… 596
第 2 问：什么情形下可以中止执行？ …………………………… 600
第 3 问：中止执行能否口头决定？ ……………………………… 601
第 4 问：中止执行的情形消失后案件如何处理？ ……………… 602
第 5 问：中止执行期间，需要对执行标的物续行查封、
　　　　扣押、冻结的，如何处理？ ………………………… 602
第 6 问：中止执行期间提出异议的，如何处理？ ……………… 603
第 7 问：中止执行期间能否申请变更、追加当事人？ ………… 603

第十九章　终结本次执行程序 …………………………………… 605
第 1 问：法院终结本次执行程序需要什么条件？ ……………… 605
第 2 问：执行法官责令被执行人报告财产的具体要求有
　　　　哪些？ …………………………………………………… 609
第 3 问：具备哪些情形才属于"穷尽财产调查措施"？ ……… 610
第 4 问："发现的财产不能处置"是指什么情形？ …………… 611
第 5 问：终结本次执行程序之前法院应当做什么？ ………… 611
第 6 问：执行法官能否擅自作出终结本次执行程序的裁定？ … 612

第7问：终结本次执行程序裁定书应包含哪些内容？………… 613
第8问：当事人、利害关系人认为法院终结本次执行程序违反法律规定的，如何救济？…………………… 614
第9问：终结本次执行程序之后，被执行人是否还需要继续履行义务？……………………………………… 615
第10问：终结本次执行程序之后，还能否恢复执行？什么情况下可以恢复执行？…………………………… 615
第11问：终结本次执行程序之后，发现被执行人有可供执行财产，不立即采取措施可能导致财产被转移、隐匿、出卖或者毁损的，如何处理？…… 616
第12问：执行案件既符合终结本次执行程序的条件，又符合移送破产审查相关规定的，如何处理？…… 617
第13问：最高人民法院建立的"终结本次执行程序案件信息库"对执行法院有何要求？………………… 617
第14问：终结本次执行程序之后，法院对被执行人采取的执行措施和强制措施是否还有效？………… 619
第15问：终结本次执行程序之后，还能否申请变更、追加当事人？……………………………………… 619
第16问：终结本次执行程序之后，被执行人或者其他人妨害执行的，法院还能否追究其责任？……… 620

第二十章 执行当事人及其变更、追加 ………………… 621
第1问：哪些人属于执行案件的当事人？………………… 621
第2问：被执行人是"工商联"的，能否申请执行总商会的财产？…………………………………………… 625
第3问：中国少年先锋队工作委员会是否属于执行案件当事人？………………………………………………… 627
第4问：企业法人被吊销营业执照后还能否作为执行案件的当事人？……………………………………… 627

第 5 问：军队、武警部队、政法机关和党政机关开办的企业能否作为执行案件的当事人？⋯⋯⋯⋯⋯⋯⋯ 628

第 6 问：出版单位领取营业执照之后，能否作为执行案件的当事人？⋯⋯⋯⋯⋯⋯⋯⋯⋯⋯⋯⋯⋯⋯⋯ 629

第 7 问：被执行人是企业法人分支机构的，申请执行人能否变更、追加该法人为被执行人？⋯⋯⋯⋯⋯ 630

第 8 问：被执行人是合伙企业的，申请执行人能否申请变更、追加合伙人为被执行人？⋯⋯⋯⋯⋯⋯⋯ 632

第 9 问：被执行人是有字号的个体工商户的，能否执行其经营者？⋯⋯⋯⋯⋯⋯⋯⋯⋯⋯⋯⋯⋯⋯⋯⋯ 634

第 10 问：执行案件能否委托代理人？⋯⋯⋯⋯⋯⋯⋯ 635

第 11 问：委托他人代理执行案件的，应该提交什么手续？⋯ 635

第 12 问：外籍当事人在执行案件中可以委托哪些人作为代理人？⋯⋯⋯⋯⋯⋯⋯⋯⋯⋯⋯⋯⋯⋯⋯⋯⋯ 637

第 13 问：外籍当事人委托代理人参与执行程序的，应提交哪种手续？⋯⋯⋯⋯⋯⋯⋯⋯⋯⋯⋯⋯⋯⋯ 638

第 14 问：我国港澳台地区的当事人委托代理人参与执行程序的，应提交什么手续？⋯⋯⋯⋯⋯⋯⋯ 641

第 15 问：申请执行人死亡或者被宣告失踪的，能否申请变更、追加其他人为申请执行人？⋯⋯⋯⋯ 642

第 16 问：申请执行人离婚时将法律文书确定的权利全部或者部分分割给其配偶的，能否申请变更、追加其为申请执行人？⋯⋯⋯⋯⋯⋯⋯⋯⋯⋯⋯ 643

第 17 问：作为申请执行人的法人或者非法人组织终止的，执行主体怎么确认？⋯⋯⋯⋯⋯⋯⋯⋯⋯⋯ 643

第 18 问：作为申请执行人的法人或者非法人组织合并、分立、清算或破产的，执行主体怎么确认？⋯⋯ 644

第 19 问：作为申请执行人的机关法人被撤销，执行主体怎么确认？⋯⋯⋯⋯⋯⋯⋯⋯⋯⋯⋯⋯⋯⋯⋯⋯ 645

第20问：申请执行人将债权转让给第三人的，第三人能否申请变更、追加为申请执行人？·················· 646

第21问：被执行人死亡或者被宣告失踪的，申请执行人能否申请变更、追加其他人为被执行人？·········· 647

第22问：作为被执行人的法人或者非法人组织合并、分立的，申请执行人能否申请变更、追加其他人为被执行人？·················· 647

第23问：个人独资企业作为被执行人时，能否申请变更、追加其投资人为被执行人？·················· 648

第24问：个人独资企业、合伙企业、法人分支机构以外的非法人组织作为被执行人时，能否申请变更、追加其为被执行人？·················· 649

第25问：公司股东出资不足的情况下，能否变更、追加其为被执行人？·················· 650

第26问：公司增资时，股东存在增资瑕疵的，申请人能否申请变更、追加该股东为被执行人？·········· 650

第27问：公司股东抽逃出资的情况下，能否变更、追加其为被执行人？·················· 651

第28问：公司股东未依法履行出资义务的情形下就转让股权的，能否变更、追加其为被执行人？·········· 652

第29问：一人有限责任公司的财产不足以清偿债务的，能否申请变更、追加其股东为被执行人？·········· 652

第30问：作为被执行人的公司未经清算即办理注销登记的，能否申请变更、追加其为被执行人？·········· 653

第31问：法人或非法人组织被注销或者出现解散事由后，其股东、出资人或主管部门无偿接受其财产的，申请执行人能否申请变更、追加这些人为被执行人？·················· 654

第32问：法人或非法人组织未经依法清算即办理注销登记，且办理注销登记时第三人书面承诺对

被执行人的债务承担清偿责任的，申请执行人能否申请变更、追加该第三人为被执行人？ …… 654

第33问：在执行过程中第三人承诺自愿代被执行人履行债务的，申请执行人能否申请变更、追加该第三人为被执行人？ …… 655

第34问：作为被执行人的法人或非法人组织，财产被无偿调拨、划拨给第三人的，申请执行人能否申请变更、追加该第三人为被执行人？ …… 656

第35问：被申请人已经承担相应责任的，能否要求其重复承担责任？ …… 656

第36问：执行当事人的姓名或名称发生变更的，是否需要重新申请执行？ …… 657

第37问：变更、追加执行当事人有哪些要求？ …… 657

第38问：在变更、追加被执行人期间，能否申请财产保全？ …… 658

第39问：变更、追加被执行人案件审查之后，申请人或者被申请人对法院作出的裁定书不服怎么办？ … 659

第40问：复议期间能否对被追加人的财产进行处分？ …… 661

第41问：申请人或者被申请人提起执行异议之诉的，法院如何处理？ …… 661

第42问：能否申请追加被执行人的配偶为被执行人？ …… 662

第43问：能否以子公司是母公司的分支机构为由申请追加子公司为被执行人，与母公司承担连带责任？ …… 663

第44问：追加村委会为被执行人之后，能否执行各村民小组的财产？ …… 664

第45问：对于已经参加过诉讼，并且生效判决中未判决其承担实体义务的当事人，法院在执行过程中还能否依据其他法律规定追加、变更其为被执行人？ …… 665

第 46 问：执行程序中被执行人无偿转让抵押财产，受让人可以被追加为被执行人吗？ …………………… 666

第二十一章　执行程序与破产程序的衔接 ………… 667

第 1 问：执行案件能否移送破产审查？ ……………………… 667
第 2 问：执行案件移送破产审查，应由哪个法院管辖？ ……… 668
第 3 问：执行案件移送破产审查，需要具备哪些条件？ ……… 669
第 4 问：法院将执行案件移送破产审查，是否应提前询问案件当事人的意见？ …………………………… 670
第 5 问：申请执行人、被执行人均不同意将案件移送破产审查且无人申请破产的，应如何处理？ …………… 671
第 6 问：执行法官认为执行案件符合移送破产审查条件的，能否自行决定移送？ ……………………… 672
第 7 问：执行法院作出移送决定之后，执行程序是否继续进行？ …………………………………… 672
第 8 问：执行法院作出移送决定之后，需要向受移送法院移送哪些材料？ ………………………… 674
第 9 问：受移送法院能否以执行法院移送的材料不完备为由拒绝接收？受移送法院经审查认为本院对案件不具有管辖权的如何处理？ ……………… 675
第 10 问：执行法院作出移送决定后，是否应当通知案件当事人？申请执行人或者被执行人对决定有异议的，如何处理？ …………………… 675
第 11 问：受移送法院作出是否受理的裁定之后，是否应当告知申请执行人、被执行人？ ……………… 676
第 12 问：执行法院决定移送之后，受移送法院受理破产案件之前，对被执行人的查封、扣押、冻结措施如何处理？ …………………………… 677
第 13 问：受移送法院受理破产案件的，执行程序中产生的评估费、公告费、保管费等执行费用如何处理？ …………………………… 677

第 14 问：法院受理破产审查之后，被执行人的财产如何处置？ …………………………………………………… 678
第 15 问：受移送法院不予受理或者驳回申请的，如何处理？ ………………………………………………… 679
第 16 问：法院能否重复启动执行案件移送破产审查程序？ … 680
第 17 问：受移送法院裁定破产与否，后续分别应如何处理？ ……………………………………………………… 680
第 18 问：因法院受理破产致使执行法院裁定中止执行的，申请执行人应如何做？ ………………………… 682
第 19 问：受移送法院拒绝接收移送的材料，或者收到移送的材料之后不按照规定期限作出是否受理裁定的，执行法院如何救济？ ……………………… 682
第 20 问：执行法院或者申请执行人认为被执行人存在虚假破产情形的，应如何做？ …………………… 683

第三编　执行结束

第一章　终结执行 ……………………………………………… 687
第 1 问：什么情形下法院应当裁定终结执行？ …………… 687
第 2 问：终结执行是否必须制作书面裁定？ ……………… 690
第 3 问：当事人、利害关系人是否可以就终结执行提出异议？ ……………………………………………… 692
第 4 问：终结执行之后还能否再次申请执行？ …………… 693
第 5 问：执行程序终结后，被执行人或其他人有妨害执行行为的，如何处理？ ………………………… 694

第二章　执行案件结案 ………………………………………… 695
第 1 问：执行实施案件的结案方式有哪些？ ……………… 695

第 2 问：什么情形下执行实施案件可以以"执行完毕"方式结案？ ································· 696
第 3 问：什么情形下执行实施案件可以以"销案"方式结案？ ································· 697
第 4 问：什么情形下执行实施案件可以以"不予执行"方式结案？ ································· 697
第 5 问：什么情形下执行实施案件可以以"驳回申请"方式结案？ ································· 699
第 6 问：什么情形下，法院不得将案件作结案处理？ ············ 700
第 7 问：恢复执行的案件结案方式有哪些？ ·················· 700
第 8 问：执行异议案件的结案方式有哪些？ ·················· 701
第 9 问：执行复议案件的结案方式有哪些？ ·················· 702
第 10 问：执行监督案件的结案方式有哪些？ ················· 704
第 11 问：执行请示案件的结案方式有哪些？ ················· 705
第 12 问：执行协调案件的结案方式有哪些？ ················· 706

第三章 执行纠错 ································· 708

第一节 执行回转 ································· 708

第 1 问：什么是执行回转？ ································· 708
第 2 问：执行回转的标的物为特定物的，如何处理？ ············ 709
第 3 问：执行回转时被执行人破产的，申请执行人的权利如何维护？ ································· 710

第二节 涉执行司法赔偿 ····························· 711

第 1 问：什么是涉执行司法赔偿？ ······················· 711
第 2 问：什么情形下的错误执行行为可以申请赔偿？ ··········· 711
第 3 问：法院工作人员在民事、行政诉讼过程中造成公民身体伤害或死亡的，是否需要进行赔偿？ ··········· 713
第 4 问：除受害人外，合法占有使用财产的人是否可以申请赔偿？ ································· 714
第 5 问：什么情形下是由上一级人民法院作为赔偿义务机关？ ································· 715

第 6 问：原债权人转让债权的，其基于债权申请国家赔偿的权利是否一并转让？ ………… 715

第 7 问：委托执行的案件因执行错误需要进行司法赔偿的，谁是赔偿义务机关？ ………… 716

第 8 问：申请错误执行赔偿的，应在何时提出？ ………… 716

第 9 问：公民、法人和其他组织未就相关执行措施、强制措施提出异议、申请复议或执行监督的，是否影响其申请赔偿的权利？ ………… 717

第 10 问：法院赔偿委员会审查执行行为合法性的根据是什么？ ………… 718

第 11 问：不认定为执行错误的情形有哪些？ ………… 718

第 12 问：申请赔偿的举证责任如何分配？ ………… 719

第 13 问：被执行人因申请赔偿获得赔偿金，但其所负债务尚未清偿的，如何处理？ ………… 720

第 14 问：法院在承担了赔偿责任之后，是否可以进行追偿？ ………… 721

第 15 问：因法院未尽监管职责给公民、法人和其他组织造成损害的，是否需要进行赔偿？ ………… 721

第 16 问：法院不承担赔偿责任的情形有哪些？ ………… 722

第 17 问：错误执行给公民、法人和其他组织造成实际损失的，如何进行赔偿？ ………… 723

第 18 问：侵犯公民、法人和其他组织的财产权，按照错误执行行为发生时市场价格计算不足以弥补受害人损失或价格无法确定的，如何进行赔偿？ ………… 723

第 19 问：错误执行造成受害人停产停业的，如何进行赔偿？ ………… 724

第 20 问：错误执行行为侵犯债权的，如何进行赔偿？ ………… 725

第 21 问：违法拍卖造成的损失如何计算？ ………… 725

第22问：侵犯公民人身权的，赔偿损失如何计算？ …………… 726

第23问：违法采取保全措施的案件进入执行程序后，
是否可以申请赔偿？ …………………………………… 728

第四编　执行审查

第一章　一般规定 ………………………………………………… 731
　第1问：执行审查案件包含哪些？ ………………………………… 731
　第2问：执行审查案件如何立案？ ………………………………… 732
　第3问：审查的方式是什么？ ……………………………………… 732
　第4问：当事人撤回申请的如何处理？ …………………………… 733
　第5问：执行听证程序的要求有哪些？ …………………………… 734

第二章　执行异议案件 …………………………………………… 736
　第一节　执行行为异议 ……………………………………………… 736
　第1问：什么是执行行为异议？ …………………………………… 736
　第2问：申请执行行为异议，应当向法院提交什么材料？ …… 737
　第3问：申请执行行为异议的时间是什么时候？ ……………… 737
　第4问：申请执行行为异议，但法院消极立案、审查
的，如何救济？ …………………………………………… 739
　第5问：有权利提出执行行为异议的主体包含哪些？ ………… 739
　第6问："执行行为"的范围包含哪些？ ………………………… 740
　第7问：本节所述的可以提出执行行为异议的案件，是
否有例外情形？ …………………………………………… 741
　第8问：对同一个执行行为有多个异议事由的，应一并
提出还是分别提出？ ……………………………………… 742
　第9问：执行行为异议的处理结果有哪几种？ ………………… 742
　第10问：对执行行为异议裁定不服的，如何救济？ …………… 743

第 11 问：执行行为异议审查期间，是否停止执行？ 743
第 12 问：执行行为异议与案外人异议同时提出的，如
　　　　　何处理？ 744
第 13 问：异议人将执行行为异议与案外人异议混淆的，
　　　　　法院如何进行处理？ 745
第 14 问：被执行人认为执行案件不符合受理条件而提
　　　　　出异议的，如何处理？ 746
第 15 问：当事人对法院执行管辖权有异议的，如何提
　　　　　出？法院如何处理？ 746
第 16 问：被执行人以实体事由提出排除执行异议的，
　　　　　法院如何处理？ 747
第 17 问：当事人互负到期债务，被执行人请求抵销的，
　　　　　法院能否支持抵销？ 749
第 18 问：当事人互负到期债务，法院支持抵销的后果
　　　　　是什么？ 750
第二节　案外人执行异议 751
第 1 问：什么是案外人执行异议？ 751
第 2 问：案外人提出异议的，应当向法院提交什么材料？ ... 751
第 3 问：案外人在什么时间可以提出异议？ 752
第 4 问：案外人申请异议，但法院消极立案、审查的，
　　　　　如何救济？ 752
第 5 问：案外人提出异议的，法院立案之后是否需要通
　　　　　知当事人？ 753
第 6 问：案外人撤回异议或被裁定驳回异议后，再就同
　　　　　一执行标的提出异议的，法院是否会再次受理？ 753
第 7 问：法院审查案外人异议案件的内容包含哪些？ 754
第 8 问：对于案外人提出异议，法院如何判断其是否系
　　　　　权利人？ 754

第9问：金钱债权的执行中，案外人依据执行标的被查封、扣押、冻结之前作出的另案生效的法律文书提出排除执行异议的，法院如何处理？ ………… 756

第10问：金钱债权的执行中，案外人依据执行标的被查封、扣押、冻结之后作出的另案生效的法律文书提出排除执行异议的，法院如何处理？ …… 758

第11问：非金钱债权的执行中，案外人依据另案生效法律文书提出排除执行异议，该法律文书对执行标的权属作出不同认定的，法院如何处理？ ………………………………………… 758

第12问：案外人异议的处理结果有哪几种？ ………… 759

第13问：当事人、案外人对异议裁定不服，如何救济？ …… 759

第14问：案外人异议审查期间，法院能否对执行标的进行处分？ ………………………………… 760

第15问：案外人执行异议之诉审理期间，法院能否对执行标的进行处分？ …………………………… 761

第16问：申请执行人未提起执行异议之诉的，法院对执行标的采取的措施是否应解除？ ……………… 762

第17问：申请执行人或案外人对执行异议裁定不服提起执行异议之诉，法院作出判决之后，执行法院如何处理？ ……………………………………… 763

第18问：申请执行人对执行标的享有优先受偿权，案外人提出的排除执行的异议能否获得支持？ …… 764

第19问：被执行人将其所有的需要办理过户登记的财产出卖给了第三人，法院能否查扣冻？ ………… 764

第20问：金钱债权执行中，买受人对登记在被执行人名下的不动产提出异议，什么情形下法院会支持其异议？ …………………………………… 765

第21问：金钱债权执行中，买受人对登记在被执行的房地产开发商名下的商品房提出异议，什么情形下法院会支持其异议？ ………… 766

第22问：承包人享有的建设工程价款优先受偿权能否对抗商品房消费者作为买受人的权利？ ………… 767

第23问：金钱债权执行中，法院查封了已办理预告登记的不动产，受让人能否提出异议？ ………… 768

第24问：在租赁期内的承租人能否请求阻止法院向受让人移交其占有的被执行的不动产？ ………… 768

第三章 执行复议案件 ………… 770

第1问：申请复议需要向法院提交什么材料？ ………… 770

第2问：上一级法院对于复议申请审查后有哪几种处理结果？ ………… 770

第3问：复议法院发回重新审查的案件作出裁定后，当事人、利害关系人申请复议的，能否再次发回重新审查？ ………… 772

第4问：异议人对不予受理执行异议或者驳回异议申请裁定不服申请复议的，如何处理？ ………… 772

第5问：多方当事人对同一异议裁定申请复议的，如何处理？ ………… 773

第6问：复议案件的审查期限是多久？ ………… 773

第7问：复议审查期间，是否停止执行？ ………… 774

第四章 执行监督案件 ………… 775

第一节 执行监督的一般规定 ………… 775

第1问：执行监督案件的类型有哪些？ ………… 775

第2问：执行案件由谁进行监督？ ………… 776

第3问：上级法院发现下级法院在执行中作出的裁定、决定、通知或具体执行行为不当或有错误的，应如何处理？ ………… 777

第4问：上级法院发现下级法院不作为的，应当如何进行监督处理？ ………………………………………… 777
第5问：上级法院在监督下级法院执行案件中，发现下级法院据以执行的生效法律文书错误的，如何处理？ …………………………………………………… 778
第6问：上级法院通知下级法院暂缓执行的期限是多久？ …… 778
第二节　督促执行案件 ………………………………………… 779
第1问：什么是督促执行案件？ ………………………………… 779
第2问：申请督促执行需要提交什么材料？ …………………… 780
第3问：督促执行案件审查期间，原执行法院将案件执行完毕的如何处理？ ……………………………… 781
第4问：什么情形下，上一级法院督促执行的案件可以责令原执行法院限期执行或裁定变更执行法院？ …… 781
第5问：上一级法院督促执行的案件是否需要作出书面文件？ ……………………………………………… 782
第6问：上一级法院责令执行法院限期执行的案件，执行法院在指定期间内无正当理由仍未执行完结的，如何处理？ …………………………………… 783
第三节　执行申诉案件 ………………………………………… 783
第1问：什么是执行申诉案件？ ………………………………… 783
第2问：申诉人提出申诉，需要提交什么材料？ ……………… 784
第3问：申诉人提出申诉的案件，上级法院是否都会进行立案审查？ ………………………………………… 784
第4问：当事人、利害关系人不服执行行为异议程序所规定的执行复议裁定，向上一级法院申诉的，上一级法院是否应进行执行监督立案审查？ …… 785
第5问：当事人、利害关系人在异议期限之内已经提出异议，但是执行法院未予立案的，当事人、利害关系人能否继续申诉？ ………………………… 786

第6问：申诉案件的处理结果有哪几种？ …………………… 786
第四节 检察监督案件 ……………………………………… 787
第1问：什么是检察监督案件？ …………………………… 787
第2问：检察监督案件由哪个检察院管辖？ ……………… 788
第3问：检察监督案件能否依当事人、利害关系人、案外人的申请启动？ ……………………………………… 788
第4问：当事人、利害关系人、案外人向检察院申请检察监督，应提交哪些材料？ ………………………… 789
第5问：检察监督案件能否依职权启动？ ………………… 790
第6问：检察院经过调查核实，认为法院在民事执行活动中确有问题的，如何处理？ ……………………… 791
第7问：法院在收到检察院的检察建议书后，如何处理？ …… 791
第8问：法院在收到检察建议后逾期未回复或者处理结果不当的，检察院如何处理？ ……………………… 792
第9问：法院认为检察院的检察监督行为违反法律规定的，如何处理？ ……………………………………… 792
第10问：在检察院审查案件的过程中，当事人是否还能够达成执行和解协议？ ………………………… 793
第11问：检察院经审查认为法院民事执行活动不违反法律规定的，如何进行处理？ ……………………… 794
第12问：检察院是否可以对法院生效判决提出暂缓执行的建议？ …………………………………………… 794

第五章 执行协调案件 ……………………………………… 796
第1问：法院以"执行协调案件"予以立案的案件类型有哪些？ …………………………………………… 796
第2问：两个或两个以上法院在执行相关案件中发生争议的，如何解决？ ……………………………… 798
第3问：上级法院协调下级法院之间的执行争议所作出的处理决定，下级法院是否必须执行？ …………… 799

第 4 问：上级法院在协调下级法院执行案件中，发现据以执行的生效法律文书确有错误的，如何处理? …… 799

第 5 问：执行中发现两地法院或法院与仲裁机构就同一法律关系作出不同裁判内容的法律文书的，如何处理? …… 800

第 6 问：上级法院协调处理有关执行争议案件的，能否将有关执行款项划到本院指定的账户? …… 800

第 7 问：执行协调案件的结案方式有哪些? …… 800

第五编　其　他

第一章　执行机构与人员 …… 805
第 1 问：一般案件由什么机构执行? …… 805
第 2 问：特殊案件由什么机构执行? …… 807
第 3 问：哪些人员是执行人员? …… 809
第 4 问：执行人员在执行公务时应当如何做? …… 810
第 5 问：执行工作中是否有合议庭? 合议庭的组成是什么? …… 810
第 6 问：各级法院的执行工作由谁负责管理? …… 811

第二章　委托执行、协作执行、协同执行 …… 816
第一节　委托执行 …… 816
第 1 问：什么情形下执行法院可将案件委托给异地法院进行执行? …… 816
第 2 问：受托的法院如何确定? …… 817
第 3 问：委托执行的程序是什么? …… 817
第 4 问：委托执行时，委托法院已经查封、扣押、冻结的财产如何处置? …… 818
第 5 问：受托法院发现被执行人在受托法院辖区外另有可供执行财产的，如何处理? …… 819

第 6 问：法院在执行过程中能否只委托事项，不将全案
　　　　 进行委托执行？ ………………………………………… 819
第 7 问：事项委托时，受托法院如何确定？ ………………… 820
第二节　协作执行、协同执行 ……………………………………… 820
第 1 问：协作执行的情形有哪些？ …………………………… 820
第 2 问：什么是协同执行？ …………………………………… 821
第 3 问：什么案件可以报请中院协同执行？ ………………… 822
第三章　执行文书及其送达 ……………………………………… 824
第 1 问：执行文书的种类有哪些？ …………………………… 824
第 2 问：法院送达文书需要受送达人签署什么文件？ ……… 824
第 3 问：送达的方式有哪些？ ………………………………… 824

15. 执行机构发现本院作出的生效法律文书执行内容不明确的，应书面征询审判部门的意见。审判部门应在 15 日内作出书面答复或者裁定予以补正。审判部门未及时答复或者不予答复的，执行机构可层报院长督促审判部门答复。

执行内容不明确的生效法律文书是上级法院作出的，执行法院的执行机构应当层报上级法院执行机构，由上级法院执行机构向审判部门征询意见。审判部门应在 15 日内作出书面答复或者裁定予以补正。上级法院的审判部门未及时答复或者不予答复的，上级法院执行机构层报院长督促审判部门答复。

执行内容不明确的生效法律文书是其他法院作出的，执行法院的执行机构可以向作出生效法律文书的法院执行机构发函，由该法院执行机构向审判部门征询意见。审判部门应在 15 日内作出书面答复或者裁定予以补正。审判部门未及时答复或者不予答复的，作出生效法律文书的法院执行机构层报院长督促审判部门答复。

《中华人民共和国民事诉讼法》（2023 年 9 月 1 日修正）

第二百二十五条 债权人请求债务人给付金钱、有价证券，符合下列条件的，可以向有管辖权的基层人民法院申请支付令：

（一）债权人与债务人没有其他债务纠纷的；

（二）支付令能够送达债务人的。

申请书应当写明请求给付金钱或者有价证券的数量和所根据的事实、证据。

第二百四十五条 人民法院制作的调解书的执行，适用本编的规定。

《中华人民共和国工会法》（2021 年 12 月 24 日修正）

第四十四条 企业、事业单位、社会组织无正当理由拖延或者拒不拨缴工会经费，基层工会或者上级工会可以向当地人民法院申请支付令；拒不执行支付令的，工会可以依法申请人民法院强制执行。

《最高人民法院、中国证券监督管理委员会关于在全国部分地区开展证券期货纠纷多元化解机制试点工作的通知》（法〔2016〕149 号）

15. 充分发挥督促程序功能。符合法定条件的调解协议，可以作为当事人向有管辖权的基层人民法院申请支付令的依据。

《最高人民法院关于支付令生效后发现确有错误应当如何处理问题的复函》（法函〔1992〕98号）

一、债务人未在法定期间提出书面异议，支付令即发生法律效力，债务人不得申请再审；超过法定期间债务人提出的异议，不影响支付令的效力。

二、人民法院院长对本院已经发生法律效力的支付令，发现确有错误，认为需要撤销的，应当提交审判委员会讨论通过后，裁定撤销原支付令，驳回债权人的申请。

《最高人民法院关于人民法院民事调解工作若干问题的规定》（法释〔2020〕20号）

第十五条 调解书确定的担保条款条件或者承担民事责任的条件成就时，当事人申请执行的，人民法院应当依法执行。

不履行调解协议的当事人按照前款规定承担了调解书确定的民事责任后，对方当事人又要求其承担民事诉讼法第二百五十三条规定①的迟延履行责任的，人民法院不予支持。

【实务经验】

理论上一般认为确认和形成类判决没有给付内容，不能作为执行依据。但是司法实践中，一些法院从解决实际问题的角度出发，允许此类案件进入执行程序。

1. 对已经立案执行的，发现执行依据不明确的，执行法院可组织各方通过协商的方式确定具体的给付内容；若无法确定的，则应由文书作出单位进行补正、说明。[《江苏省徐州市中级人民法院（2017）苏03执复92号执行裁定书》]

2. 判决主文仅确认双方当事人的收益和债务分配比例，未明确收益和债务的具体金额，更未明确一方当事人对对方负有何种给付义

---

① 现相关规定见《中华人民共和国民事诉讼法》（2023年修正）第二百六十四条。

务，该判决书不具备可执行条件。[《江苏省高级人民法院（2017）苏执复40号执行裁定书》]

3. 虽然执行依据中有关逾期利息的判项不明确，但是执行法院依据审判组织的释明意见作出本案执行逾期利息的裁定，应予以维持。[《最高人民法院（2014）执申字第18号执行裁定书》]

第9问：判决书已确认担保人的追偿权，担保人在承担担保责任之后是否可以直接申请强制执行？

可以。

【法律依据】

《人民法院办理执行案件规范》(第二版)（2022年）

19.【担保人承担担保责任后的直接申请执行】

生效法律文书已确认担保人承担担保责任后可以向主债务人行使追偿权，担保人承担责任后直接向人民法院申请执行主债务人的，人民法院应当受理。[45]

20.【连带责任人承担责任后的直接申请执行】

生效法律文书已确认连带责任人有权追偿的数额，连带责任人承担连带责任后直接向人民法院申请执行其他连带责任人的，人民法院应当受理。[46]

[45] 参照《最高人民法院关于判决主文已经判明担保人承担担保责任后有权向被担保人追偿，该追偿权是否须另行诉讼问题请示的答复》（〔2009〕执他字第4号）。答复主要内容为："原则同意你院倾向性意见中无须另行诉讼的意见。即对人民法院的生效判决书已经确定担保人承担担保责任后，可向主债务人行使追偿权的案件，担保人无须另行诉讼，可以直接向人民法院申请执行。但行使追偿权的范围应当限定在抵押担保责任范围内。"

[46]参照《最高人民法院关于判决中已确定承担连带责任的一方向其他连带责任人追偿数额的可直接执行问题的复函》(经他〔1996〕4 号)。复函内容为:"陕西省高级人民法院:你院陕高法 93 号请示收悉。经研究,答复如下:基本同意你院报告中的第二种意见。我院(法)经 121 号复函所指的追偿程序,针对的是判决后连带责任人依照判决代主债务人偿还了债务或承担的连带责任超过自己应承担的份额的情况。而你院请示案件所涉及的生效判决所确认的中国机电设备西北公司应承担的连带责任已在判决前履行完毕,判决主文中已判定该公司向其他连带责任人追偿的数额,判决内容是明确的,可执行的。据此,你院可根据生效判决和该公司的申请立案执行,不必再作裁定。"

第 10 问:针对财产保全裁定的执行要求是什么?

法院裁定采取保全措施的,应当在五日内开始执行;对情况紧急的,立即开始执行。

【法律依据】

《中华人民共和国民事诉讼法》(2023 年 9 月 1 日修正)

第一百零三条 人民法院对于可能因当事人一方的行为或者其他原因,使判决难以执行或者造成当事人其他损害的案件,根据对方当事人的申请,可以裁定对其财产进行保全、责令其作出一定行为或者禁止其作出一定行为;当事人没有提出申请的,人民法院在必要时也可以裁定采取保全措施。

人民法院采取保全措施,可以责令申请人提供担保,申请人不提供担保的,裁定驳回申请。

人民法院接受申请后,对情况紧急的,必须在四十八小时内作出裁定;裁定采取保全措施的,应当立即开始执行。

第一百零四条 利害关系人因情况紧急，不立即申请保全将会使其合法权益受到难以弥补的损害的，可以在提起诉讼或者申请仲裁前向被保全财产所在地、被申请人住所地或者对案件有管辖权的人民法院申请采取保全措施。申请人应当提供担保，不提供担保的，裁定驳回申请。

人民法院接受申请后，必须在四十八小时内作出裁定；裁定采取保全措施的，应当立即开始执行。

申请人在人民法院采取保全措施后三十日内不依法提起诉讼或者申请仲裁的，人民法院应当解除保全。

《最高人民法院关于人民法院办理财产保全案件若干问题的规定》（法释〔2020〕21号）

第四条 人民法院接受财产保全申请后，应当在五日内作出裁定；需要提供担保的，应当在提供担保后五日内作出裁定；裁定采取保全措施的，应当在五日内开始执行。对情况紧急的，必须在四十八小时内作出裁定；裁定采取保全措施的，应当立即开始执行。

第 11 问：什么情况下可以申请先予执行？

追索赡养费、扶养费、抚养费、抚恤金、医疗费用、劳动报酬的、情况紧急的案件，可以裁定先予执行。

【法律依据】

《中华人民共和国民事诉讼法》（2023年9月1日修正）

第一百零九条 人民法院对下列案件，根据当事人的申请，可以裁定先予执行：

（一）追索赡养费、扶养费、抚养费、抚恤金、医疗费用的；

（二）追索劳动报酬的；

（三）因情况紧急需要先予执行的。

第 12 问：原执行依据确有错误被法院撤销的情况下，已经被执行的财产如何处置？

执行完毕后，原执行依据确有错误被法院撤销的，对已经被执行的财产，法院应当作出裁定责令取得财产的人返还，拒不返还的强制执行。

【法律依据】

《中华人民共和国民事诉讼法》（2023 年 9 月 1 日修正）

第二百四十四条 执行完毕后，据以执行的判决、裁定和其他法律文书确有错误，被人民法院撤销的，对已被执行的财产，人民法院应当作出裁定，责令取得财产的人返还；拒不返还的，强制执行。

第 13 问：针对案件审理阶段保证人提供的保证能否申请执行？

可以。案件审理阶段保证人为被执行人提供保证，致使法院未对被执行人的财产采取保全措施，案件审结后若被执行人无财产可供执行，即使生效法律文书未确定保证人承担责任，法院也有权裁定执行保证人在保证责任范围内的财产。

【法律依据】

《最高人民法院关于执行担保若干问题的规定》（法释〔2020〕21 号）

第一条 本规定所称执行担保，是指担保人依照民事诉讼法第二百三十一条规定，为担保被执行人履行生效法律文书确定的全部或者部分义务，向人民法院提供的担保。

第十五条 被执行人申请变更、解除全部或者部分执行措施，并担保履行生效法律文书确定义务的，参照适用本规定。

《最高人民法院关于人民法院执行工作若干问题的规定（试行）》（法释〔2020〕21号）

54. 人民法院在审理案件期间，保证人为被执行人提供保证，人民法院据此未对被执行人的财产采取保全措施或解除保全措施的，案件审结后如果被执行人无财产可供执行或其财产不足清偿债务时，即使生效法律文书中未确定保证人承担责任，人民法院有权裁定执行保证人在保证责任范围内的财产。

第14问：对第三人到期债权履行通知书的执行要求是什么？

第三人在履行通知指定的期限内未提出异议而又不履行的，法院有权对其强制执行；若第三人擅自向被执行人履行，需承担连带清偿责任和妨害执行的责任。

【法律依据】

《最高人民法院关于人民法院执行工作若干问题的规定（试行）》（法释〔2020〕21号）

45. 被执行人不能清偿债务，但对本案以外的第三人享有到期债权的，人民法院可以依申请执行人或被执行人的申请，向第三人发出履行到期债务的通知（以下简称履行通知）。履行通知必须直接送达第三人。

履行通知应当包含下列内容：

（1）第三人直接向申请执行人履行其对被执行人所负的债务，不得向被执行人清偿；

（2）第三人应当在收到履行通知后的十五日内向申请执行人履行债务；

（3）第三人对履行到期债权有异议的，应当在收到履行通知后的十五日内向执行法院提出；

(4) 第三人违背上述义务的法律后果。

49. 第三人在履行通知指定的期限内没有提出异议，而又不履行的，执行法院有权裁定对其强制执行。此裁定同时送达第三人和被执行人。

51. 第三人收到人民法院要求其履行到期债务的通知后，擅自向被执行人履行，造成已向被执行人履行的财产不能追回的，除在已履行的财产范围内与被执行人承担连带清偿责任外，可以追究其妨害执行的责任。

第15问：针对执行标的物为特定物的执行要求是什么？

1. 应当执行原物，原物确已毁损或者灭失的，经双方同意可以折价赔偿，对折价赔偿无法协商一致的，法院应当终结执行程序，申请执行人可另行起诉。

2. 若特定物交付义务人协同转移财务票证的，法院有权责令其限期追回，逾期未追回的应当承担赔偿责任。

【法律依据】

《最高人民法院关于适用〈中华人民共和国民事诉讼法〉的解释》（法释〔2022〕11号）

第四百九十二条　执行标的物为特定物的，应当执行原物。原物确已毁损或者灭失的，经双方当事人同意，可以折价赔偿。

双方当事人对折价赔偿不能协商一致的，人民法院应当终结执行程序。申请执行人可以另行起诉。

第四百九十三条　他人持有法律文书指定交付的财物或者票证，人民法院依照民事诉讼法第二百五十六条第二款、第三款规定发出协助执行通知后，拒不转交的，可以强制执行，并可依照民事诉讼法第一百一十七条、第一百一十八条规定处理。

他人持有期间财物或者票证毁损、灭失的，参照本解释第四百九十二条规定处理。

他人主张合法持有财物或者票证的,可以根据民事诉讼法第二百三十四条规定提出执行异议。

《最高人民法院关于人民法院执行工作若干问题的规定(试行)》(法释〔2020〕21号)

41. 生效法律文书确定被执行人交付特定标的物的,应当执行原物。原物被隐匿或非法转移的,人民法院有权责令其交出。原物确已毁损或灭失的,经双方当事人同意,可以折价赔偿。

双方当事人对折价赔偿不能协商一致的,人民法院应当终结执行程序。申请执行人可以另行起诉。

42. 有关组织或者个人持有法律文书指定交付的财物或票证,在接到人民法院协助执行通知书或通知书后,协同被执行人转移财物或票证的,人民法院有权责令其限期追回;逾期未追回的,应当裁定其承担赔偿责任。

第16问:金融机构擅自解冻被法院冻结的款项,应当承担什么责任?

金融机构擅自解冻被法院冻结的款项,致使款项被转移的,法院有权责令其限期追回;未能追回的,法院应裁定金融机构在转移款项范围内以自己的财产向申请人承担责任。

【法律依据】

《最高人民法院关于人民法院执行工作若干问题的规定(试行)》(法释〔2020〕21号)

26. 金融机构擅自解冻被人民法院冻结的款项,致冻结款项被转移的,人民法院有权责令其限期追回已转移的款项。在限期内未能追回的,应当裁定该金融机构在转移的款项范围内以自己的财产向申请执行人承担责任。

第 17 问：有关单位在接到法院协助执行被执行人收入的通知后仍擅自向被执行人或其他人支付的，应承担什么责任？

法院有权责令其限期追回，逾期未追回的，裁定其在支付数额内向申请人承担责任。

【法律依据】

《最高人民法院关于人民法院执行工作若干问题的规定（试行）》（法释〔2020〕21 号）

29. 被执行人在有关单位的收入尚未支取的，人民法院应当作出裁定，向该单位发出协助执行通知书，由其协助扣留或提取。

30. 有关单位收到人民法院协助执行被执行人收入的通知后，擅自向被执行人或其他人支付的，人民法院有权责令其限期追回；逾期未追回的，应当裁定其在支付的数额内向申请执行人承担责任。

第 18 问：有关企业在接到法院协助冻结通知后仍擅自向被执行人支付股息或红利或擅自为被执行人办理已冻结股权转移手续的，应承担什么责任？

有关企业的行为造成已转移财产无法追回的，应当在所支付股息、红利或转移的股权价值范围内向申请人承担责任。

【法律依据】

《最高人民法院关于人民法院执行工作若干问题的规定（试行）》（法释〔2020〕21 号）

36. 对被执行人从有关企业中应得的已到期的股息或红利等收益，人民法院有权裁定禁止被执行人提取和有关企业向被执行人支付，并要求有关企业直接向申请执行人支付。

对被执行人预期从有关企业中应得的股息或红利等收益，人民法院可以采取冻结措施,禁止到期后被执行人提取和有关企业向被执行人支付。到期后人民法院可从有关企业中提取,并出具提取收据。

40. 有关企业收到人民法院发出的协助冻结通知后,擅自向被执行人支付股息或红利,或擅自为被执行人办理已冻结股权的转移手续,造成已转移的财产无法追回的,应当在所支付的股息或红利或转移的股权价值范围内向申请执行人承担责任。

第 19 问:可强制执行的公证债权文书包含哪些?

1. 借款合同、借用合同、无财产担保的租赁合同。
2. 赊欠货物的债权文书。
3. 各种借据、欠单。
4. 还款、还物协议。
5. 以给付赡养费、扶养费、抚育费、学费、赔偿金、补偿金为内容的协议。
6. 符合赋予强制执行效力条件的其他债权文书。

【法律依据】

《最高人民法院关于公证债权文书执行若干问题的规定》(法释〔2018〕18号)

第一条 本规定所称公证债权文书,是指根据公证法第三十七条第一款规定经公证赋予强制执行效力的债权文书。

《最高人民法院、司法部关于公证机关赋予强制执行效力的债权文书执行有关问题的联合通知》(司发通〔2000〕107号)

一、公证机关赋予强制执行效力的债权文书应当具备以下条件:

(一)债权文书具有给付货币、物品、有价证券的内容;

(二)债权债务关系明确,债权人和债务人对债权文书有关给付内容无疑义;

(三)债权文书中载明债务人不履行义务或不完全履行义务时,

债务人愿意接受依法强制执行的承诺。

二、公证机关赋予强制执行效力的债权文书的范围：

（一）借款合同、借用合同、无财产担保的租赁合同；

（二）赊欠货物的债权文书；

（三）各种借据、欠单；

（四）还款（物）协议；

（五）以给付赡养费、扶养费、抚育费、学费、赔（补）偿金为内容的协议；

（六）符合赋予强制执行效力条件的其他债权文书。

第 20 问：可强制执行的行政文书包含哪些？

1. 行政判决书、行政裁定书、行政赔偿判决书、行政调解书。
2. 行政处罚决定。
3. 行政复议决定。
4. 履行行政协议的决定。
5. 专利管理机关的决定。
6. 省部级政府和海关的决定。
7. 劳动行政部门作出责令用人单位支付劳动者工资报酬、经济补偿和赔偿金的行政处理决定书。
8. 国有土地上房屋征收补偿决定。

【法律依据】

《中华人民共和国行政诉讼法》（2017 年 6 月 27 日修正）

第九十四条　当事人必须履行人民法院发生法律效力的判决、裁定、调解书。

第九十五条　公民、法人或者其他组织拒绝履行判决、裁定、调解书的，行政机关或者第三人可以向第一审人民法院申请强制执行，或者由行政机关依法强制执行。

第九十七条 公民、法人或者其他组织对行政行为在法定期限内不提起诉讼又不履行的,行政机关可以申请人民法院强制执行,或者依法强制执行。

《最高人民法院关于适用〈中华人民共和国行政诉讼法〉的解释》(法释〔2018〕1号)

第一百五十二条 对发生法律效力的行政判决书、行政裁定书、行政赔偿判决书和行政调解书,负有义务的一方当事人拒绝履行的,对方当事人可以依法申请人民法院强制执行。

人民法院判决行政机关履行行政赔偿、行政补偿或者其他行政给付义务,行政机关拒不履行的,对方当事人可以依法向法院申请强制执行。

《中华人民共和国行政处罚法》(2021年1月22日修订)

第六十六条 行政处罚决定依法作出后,当事人应当在行政处罚决定书载明的期限内,予以履行。

当事人确有经济困难,需要延期或者分期缴纳罚款的,经当事人申请和行政机关批准,可以暂缓或者分期缴纳。

第七十二条 当事人逾期不履行行政处罚决定的,作出行政处罚决定的行政机关可以采取下列措施:

(一)到期不缴纳罚款的,每日按罚款数额的百分之三加处罚款,加处罚款的数额不得超出罚款的数额;

(二)根据法律规定,将查封、扣押的财物拍卖、依法处理或者将冻结的存款、汇款划拨抵缴罚款;

(三)根据法律规定,采取其他行政强制执行方式;

(四)依照《中华人民共和国行政强制法》的规定申请人民法院强制执行。

行政机关批准延期、分期缴纳罚款的,申请人民法院强制执行的期限,自暂缓或者分期缴纳罚款期限结束之日起计算。

《中华人民共和国海关法》(2021年4月29日修正)

第九十三条 当事人逾期不履行海关的处罚决定又不申请复议或者向人民法院提起诉讼的,作出处罚决定的海关可以将其保证金抵缴或者将其被扣留的货物、物品、运输工具依法变价抵缴，也可以申请人民法院强制执行。

《中华人民共和国行政复议法》（2023年9月1日修正）

第七十七条 被申请人应当履行行政复议决定。

被申请人不履行或者无正当理由拖延履行行政复议决定的，行政复议机关或者有关上级行政机关应当责令其限期履行。

第七十八条 申请人逾期不起诉又不履行行政复议决定的，或者不履行最终裁决的行政复议决定的，按照下列规定分别处理：

（一）维持具体行政行为的行政复议决定，由作出具体行政行为的行政机关依法强制执行，或者申请人民法院强制执行；

（二）变更具体行政行为的行政复议决定，由行政复议机关依法强制执行，或者申请人民法院强制执行。

《最高人民法院关于审理行政协议案件若干问题的规定》（法释〔2019〕17号）

第二十四条 公民、法人或者其他组织未按照行政协议约定履行义务，经催告后不履行，行政机关可以作出要求其履行协议的书面决定。公民、法人或者其他组织收到书面决定后在法定期限内未申请行政复议或者提起行政诉讼，且仍不履行，协议内容具有可执行性的，行政机关可以向人民法院申请强制执行。

法律、行政法规规定行政机关对行政协议享有监督协议履行的职权，公民、法人或者其他组织未按照约定履行义务，经催告后不履行，行政机关可以依法作出处理决定。公民、法人或者其他组织在收到该处理决定后在法定期限内未申请行政复议或者提起行政诉讼，且仍不履行，协议内容具有可执行性的，行政机关可以向人民法院申请强制执行。

《中华人民共和国专利法》（2020年10月17日修正）

第六十五条 未经专利权人许可，实施其专利，即侵犯其专利权，引起纠纷的，由当事人协商解决；不愿协商或者协商不成的，专利权人或者利害关系人可以向人民法院起诉，也可以请求管理专利工作的部门处理。管理专利工作的部门处理时，认定侵权行为成立的，可以责令侵权人立即停止侵权行为，当事人不服的，可以自收到处理通知之日起十五日内依照《中华人民共和国行政诉讼法》向人民法院起诉；侵权人期满不起诉又不停止侵权行为的，管理专利工作的部门可以申请人民法院强制执行。进行处理的管理专利工作的部门应当事人的请求，可以就侵犯专利权的赔偿数额进行调解；调解不成的，当事人可以依照《中华人民共和国民事诉讼法》向人民法院起诉。

《最高人民法院关于人民法院执行工作若干问题的规定（试行）》（法释〔2020〕21号）

11. 专利管理机关依法作出的处理决定和处罚决定，由被执行人住所地或财产所在地的省、自治区、直辖市有权受理专利纠纷案件的中级人民法院执行。

12. 国务院各部门、各省、自治区、直辖市人民政府和海关依照法律、法规作出的处理决定和处罚决定，由被执行人住所地或财产所在地的中级人民法院执行。

《最高人民法院关于劳动行政部门作出责令用人单位支付劳动者工资报酬、经济补偿和赔偿金的劳动监察指令书是否属于可申请法院强制执行的具体行政行为的答复》（〔1998〕法行字第1号）

广东省高级人民法院：

你院《关于如何处理〈劳动监察指令书〉问题的请示》收悉。经研究，原则同意你院意见，即：劳动行政部门作出责令用人单位支付劳动者工资报酬、经济补偿和赔偿金的劳动监察指令书，不属于可申请人民法院强制执行的具体行政行为，人民法院对此类案件不予受理。劳动行政部门作出责令用人单位支付劳动者工资报酬、经济补偿和赔偿金的行政处理决定书，当事人既不履行又不申请复议或者起诉的，劳动行政部门可以依法申请人民法院强制执行。

《最高人民法院关于办理申请人民法院强制执行国有土地上房屋征收补偿决定案件若干问题的规定》（法释〔2012〕4号）

第一条 申请人民法院强制执行征收补偿决定案件，由房屋所在地基层人民法院管辖，高级人民法院可以根据本地实际情况决定管辖法院。

第 21 问：对仲裁裁决书、仲裁调解书进行强制执行时应注意哪些事项？

1. 可执行的仲裁裁决、调解书包括：普通仲裁裁决、海事仲裁裁决、涉外仲裁裁决、外资企业清算仲裁、土地承包经营仲裁。

2. 仲裁裁决有下列情形之一的，裁定不予执行：

（1）当事人在合同中没有订有仲裁条款或者事后没有达成书面仲裁协议的；

（2）裁决的事项不属于仲裁协议的范围或者仲裁机构无权仲裁的；

（3）仲裁庭的组成或者仲裁的程序违反法定程序的；

（4）裁决所根据的证据是伪造的；

（5）对方当事人向仲裁机构隐瞒了足以影响公正裁决的证据的；

（6）仲裁员在仲裁该案时有贪污受贿，徇私舞弊，枉法裁决行为的；

（7）法院认定执行该仲裁裁决违背社会公共利益的。

【法律依据】

《中华人民共和国民事诉讼法》（2023 年 9 月 1 日修正）

第二百四十八条　对依法设立的仲裁机构的裁决，一方当事人不履行的，对方当事人可以向有管辖权的人民法院申请执行。受申请的人民法院应当执行。

被申请人提出证据证明仲裁裁决有下列情形之一的，经人民法院组成合议庭审查核实，裁定不予执行：

（一）当事人在合同中没有订有仲裁条款或者事后没有达成书面仲裁协议的；

（二）裁决的事项不属于仲裁协议的范围或者仲裁机构无权仲裁的；

（三）仲裁庭的组成或者仲裁的程序违反法定程序的；

（四）裁决所根据的证据是伪造的；

（五）对方当事人向仲裁机构隐瞒了足以影响公正裁决的证据的；

（六）仲裁员在仲裁该案时有贪污受贿，徇私舞弊，枉法裁决行为的。

人民法院认定执行该裁决违背社会公共利益的，裁定不予执行。

裁定书应当送达双方当事人和仲裁机构。

仲裁裁决被人民法院裁定不予执行的，当事人可以根据双方达成的书面仲裁协议重新申请仲裁，也可以向人民法院起诉。

《最高人民法院关于人民法院办理仲裁裁决执行案件若干问题的规定》（法释〔2018〕5号）

第一条 本规定所称的仲裁裁决执行案件，是指当事人申请人民法院执行仲裁机构依据仲裁法作出的仲裁裁决或者仲裁调解书的案件。

第二十四条 本规定自2018年3月1日起施行，本院以前发布的司法解释与本规定不一致的，以本规定为准。

本规定施行前已经执行终结的执行案件，不适用本规定；本规定施行后尚未执行终结的执行案件，适用本规定。

《最高人民法院关于实施〈中华人民共和国仲裁法〉几个问题的通知》（法发〔1997〕4号）

三、对依照《仲裁法》组建的仲裁机构所作出的涉外仲裁裁决，当事人申请执行的，人民法院应当依法受理。

《最高人民法院关于仲裁机构"先予仲裁"裁决或者调解书立案、执行等法律适用问题的批复》（法释〔2018〕10号）

广东省高级人民法院：

你院《关于"先予仲裁"裁决应否立案执行的请示》（粤高法〔2018〕99号）收悉。经研究，批复如下：

当事人申请人民法院执行仲裁机构根据仲裁法作出的仲裁裁决或者调解书，人民法院经审查，符合民事诉讼法、仲裁法相关规定的，应当依法及时受理，立案执行。但是，根据仲裁法第二条的规定，仲裁机构可以仲裁的是当事人间已经发生的合同纠纷和其他财产权益纠纷。因此，网络借贷合同当事人申请执行仲裁机构在纠纷发生前作出的仲裁裁决或者调解书的，人民法院应当裁定不予受理；已经受理的，裁定驳回执行申请。

《中华人民共和国仲裁法》（2017年9月1日修正）

第二条 平等主体的公民、法人和其他组织之间发生的合同纠纷和其他财产权益纠纷，可以仲裁。

第三条 下列纠纷不能仲裁：

（一）婚姻、收养、监护、扶养、继承纠纷；

（二）依法应当由行政机关处理的行政争议。

第六十二条 当事人应当履行裁决。一方当事人不履行的，另一方当事人可以依照民事诉讼法的有关规定向人民法院申请执行。受申请的人民法院应当执行。

《中华人民共和国海事诉讼特别程序法》（1999年12月25日）

第十一条 当事人申请执行海事仲裁裁决，申请承认和执行外国法院判决、裁定以及国外海事仲裁裁决的，向被执行的财产所在地或者被执行人住所地海事法院提出。被执行的财产所在地或者被执行人住所地没有海事法院的，向被执行的财产所在地或者被执行人住所地的中级人民法院提出。

《最高人民法院关于人民法院处理与涉外仲裁及外国仲裁事项有关问题的通知》（法发〔1995〕18号）

各省、自治区、直辖市高级人民法院，解放军军事法院：

为严格执行《中华人民共和国民事诉讼法》以及我国参加的有关国际公约的规定，保障诉讼和仲裁活动依法进行，现决定对人民法院受理具有仲裁协议的涉外经济纠纷案、不予执行涉外仲裁裁决以及拒绝承认和执行外国仲裁裁决等问题建立报告制度。为此，特作如下通知：

一、凡起诉到人民法院的涉外、涉港澳和涉台经济、海事海商纠纷案件，如果当事人在合同中订有仲裁条款或者事后达成仲裁协议，人民法院认为该仲裁条款或者仲裁协议无效、失效或者内容不明确无法执行的，在决定受理一方当事人起诉之前，必须报请本辖区所属高级人民法院进行审查；如果高级人民法院同意受理，应将其审查意见报最高人民法院。在最高人民法院未作答复前，可暂不予受理。

二、凡一方当事人向人民法院申请执行我国涉外仲裁机构裁决，或者向人民法院申请承认和执行外国仲裁机构的裁决，如果人民法院认为我国涉外仲裁机构裁决具有民事诉讼法第二百五十八条[1]情形之一的，或者申请承认和执行的外国仲裁裁决不符合我国参加的国际公约的规定或者不符合互惠原则的，在裁定不予执行或者拒绝承认和执行之前，必须报请本辖区所属高级人民法院进行审查；如果高级人民法院同意不予执行或者拒绝承认和执行，应将其审查意见报最高人民法院。待最高人民法院答复后，方可裁定不予执行或者拒绝承认和执行。

《最高人民法院关于人民法院撤销涉外仲裁裁决有关事项的通知》（法〔1998〕40号）

各省、自治区、直辖市高级人民法院，解放军军事法院：

为严格执行《中华人民共和国仲裁法》（以下简称仲裁法）和《中华人民共和国民事诉讼法》（以下简称民事诉讼法），保障诉讼和仲裁活动依法进行，现决定对人民法院撤销我国涉外仲裁裁决建立报告制度，为此，特作如下通知：

一、凡一方当事人按照仲裁法的规定向人民法院申请撤销我国涉外仲裁裁决，如果人民法院经审查认为涉外仲裁裁决具有民事诉讼法第二百五十八条[2]第一款规定的情形之一的，在裁定撤销裁决或通知仲裁庭重新仲裁之前，须报请本辖区所属高级人民法院进行审查。如

---

[1] 现相关规定见《中华人民共和国民事诉讼法》（2023年修正）第二百九十一条。
[2] 现相关规定见《中华人民共和国民事诉讼法》（2023年修正）第二百九十一条。

果高级人民法院同意撤销裁决或通知仲裁庭重新仲裁，应将其审查意见报最高人民法院。待最高人民法院答复后，方可裁定撤销裁决或通知仲裁庭重新仲裁。

二、受理申请撤销裁决的人民法院如认为应予撤销裁决或通知仲裁庭重新仲裁的，应在受理申请后三十日内报其所属的高级人民法院，该高级人民法院如同意撤销裁决或通知仲裁庭重新仲裁的，应在十五日内报最高人民法院，以严格执行仲裁法第六十条的规定。

《最高人民法院执行工作办公室关于确定外资企业清算的裁决执行问题的复函》（〔2002〕执他字第 11 号）

广东省高级人民法院：

你院〔2001〕粤高法执监字第 288 号《关于是否受理澳大利亚庄臣有限公司依仲裁裁决申请执行广州金城房地产股份有限公司一案的请示报告》收悉。经研究，答复如下：

一、根据你院报告反映的情况，未发现本案仲裁裁决存在民事诉讼法第二百六十条①规定的不予执行事由。

……

四、为了维护生效裁判文书的权威性，维护清算的法律秩序和经济秩序，人民法院应当在适当的条件下，以强制力保障根据法院判决或者仲裁裁决所作的清算的依法进行和清算结果的实现。对本案中已经因清算结果而进一步明确的按比例分配资产的裁决内容，应当予以执行。

五、执行中应当注意，如果利害关系人对清算结果依法提出了异议，并启动了相应的行政或司法程序，执行法院对其争议的财产或其相应的数额应当暂时不予处理。

《中华人民共和国农村土地承包经营纠纷调解仲裁法》（2009 年 6 月 27 日）

第四十九条 当事人对发生法律效力的调解书、裁决书，应当依

---

① 现相关规定见《中华人民共和国民事诉讼法》（2023 年修正）第二百九十一条。

照规定的期限履行。一方当事人逾期不履行的，另一方当事人可以向被申请人住所地或者财产所在地的基层人民法院申请执行。受理申请的人民法院应当依法执行。

《最高人民法院关于审理涉及农村土地承包经营纠纷调解仲裁案件适用法律若干问题的解释》（法释〔2020〕17号）

第十条 当事人根据农村土地承包经营纠纷调解仲裁法第四十九条规定，向人民法院申请执行调解书、裁决书，符合《最高人民法院关于人民法院执行工作若干问题的规定（试行）》第十六条规定条件的，人民法院应予受理和执行。

第22问：可执行的劳动人事争议仲裁包含哪些？

1. 依法取得《外国人就业证》或《台港澳人员就业证》或《外国专家证》的外国人、台港澳居民与我国用人单位建立劳动人事关系并发生劳动人事争议的。

2. 企业、个体经济组织、民办非企业单位等组织与劳动者之间，以及机关、事业单位、社会团体与其建立劳动关系的劳动者之间，因确认劳动关系，订立、履行、变更、解除和终止劳动合同，工作时间、休息休假、社会保险、福利、培训以及劳动保护，劳动报酬、工伤医疗费、经济补偿或者赔偿金等发生的争议。

3. 实施公务员法的机关与聘任制公务员之间、参照公务员法管理的机关（单位）与聘任工作人员之间因履行聘任合同发生的争议。

4. 事业单位与工作人员之间因除名、辞退、离职等解除人事关系以及履行聘用合同发生的争议。

5. 社会团体与工作人员之间因除名、辞退、辞职、离职等解除人事关系以及履行聘用合同发生的争议。

6. 军队文职人员聘用单位与文职人员之间因履行聘用合同发生的争议。

7. 法律、法规规定由劳动人事争议仲裁委员会处理的其他争议。

【法律依据】

《**中华人民共和国劳动争议调解仲裁法**》(2007 年 12 月 29 日)

第五十一条 当事人对发生法律效力的调解书、裁决书,应当依照规定的期限履行。一方当事人逾期不履行的,另一方当事人可以依照民事诉讼法的有关规定向人民法院申请执行。受理申请的人民法院应当依法执行。

《**人力资源和社会保障部办公厅关于涉外劳动人事争议处理有关问题的函**》(人社厅函〔2010〕629 号)

江苏省人力资源和社会保障厅:

你厅《关于涉外劳动人事争议处理有关问题的请示》(苏人社报〔2010〕167 号)收悉,经研究,现答复如下:

依法取得了《外国人就业证》或《台港澳人员就业证》或《外国专家证》的外国人、台港澳居民与我国用人单位建立劳动人事关系并发生劳动人事争议的,属于我国劳动人事争议仲裁委员会受理范围。

《**劳动人事争议仲裁办案规则**》(中华人民共和国人力资源和社会保障部令第 33 号)

第二条 本规则适用下列争议的仲裁:

(一)企业、个体经济组织、民办非企业单位等组织与劳动者之间,以及机关、事业单位、社会团体与其建立劳动关系的劳动者之间,因确认劳动关系,订立、履行、变更、解除和终止劳动合同,工作时间、休息休假、社会保险、福利、培训以及劳动保护,劳动报酬、工伤医疗费、经济补偿或者赔偿金等发生的争议;

(二)实施公务员法的机关与聘任制公务员之间、参照公务员法管理的机关(单位)与聘任工作人员之间因履行聘任合同发生的争议;

(三)事业单位与其建立人事关系的工作人员之间因终止人事关系以及履行聘用合同发生的争议;

(四）社会团体与其建立人事关系的工作人员之间因终止人事关系以及履行聘用合同发生的争议；

(五）军队文职人员用人单位与聘用制文职人员之间因履行聘用合同发生的争议；

(六）法律、法规规定由劳动人事争议仲裁委员会（以下简称仲裁委员会）处理的其他争议。

《最高人民法院关于人民法院审理事业单位人事争议案件若干问题的规定》（法释〔2003〕13号）

第一条 事业单位与其工作人员之间因辞职、辞退及履行聘用合同所发生的争议，适用《中华人民共和国劳动法》的规定处理。

第二条 当事人对依照国家有关规定设立的人事争议仲裁机构所作的人事争议仲裁裁决不服，自收到仲裁裁决之日起十五日内向人民法院提起诉讼的，人民法院应当依法受理。一方当事人在法定期间内不起诉又不履行仲裁裁决，另一方当事人向人民法院申请执行的，人民法院应当依法执行。

第三条 本规定所称人事争议是指事业单位与其工作人员之间因辞职、辞退及履行聘用合同所发生的争议。

《最高人民法院关于事业单位人事争议案件适用法律等问题的答复》（法函〔2004〕30号）

第一条 《最高人民法院关于人民法院审理事业单位人事争议案件若干问题的规定》（法释〔2003〕13号）第一条规定，"事业单位与其工作人员之间因辞职、辞退及履行聘用合同所发生的争议，适用《中华人民共和国劳动法》的规定处理。"这里"适用《中华人民共和国劳动法》的规定处理"是指人民法院审理事业单位人事争议案件的程序运用《中华人民共和国劳动法》的相关规定。人民法院对事业单位人事争议案件的实体处理应当适用人事方面的法律规定，但涉及事业单位工作人员劳动权利的内容在人事法律中没有规定的，适用《中华人民共和国劳动法》的有关规定。

第二条 事业单位人事争议案件由用人单位或者聘用合同履行地

的基层人民法院管辖。

第三条　人民法院审理事业单位人事争议案件的案由为"人事争议"。

第 23 问：申请执行的时效期间是几年？起算时间如何确定？

二年。自法律文书规定的履行期间的最后一日起算，具体如下：

1. 法律文书规定分期履行的，自最后一期履行期限届满之日起计算。

2. 法律文书未规定履行期间的，自法律文书生效之日起计算。

3. 法律文书规定债务人负有不作为义务的，自债务人违反不作为义务之日起计算。

申请执行时效的中止、中断，适用有关诉讼时效中止、中断的规定。

【法律依据】

《中华人民共和国民事诉讼法》（2023 年 9 月 1 日修正）

第二百五十条　申请执行的期间为二年。申请执行时效的中止、中断，适用法律有关诉讼时效中止、中断的规定。

前款规定的期间，从法律文书规定履行期间的最后一日起计算；法律文书规定分期履行的，从最后一期履行期限届满之日起计算；法律文书未规定履行期间的，从法律文书生效之日起计算。

《最高人民法院关于适用〈中华人民共和国民事诉讼法〉执行程序若干问题的解释》（法释〔2020〕21 号）

第二十一条　生效法律文书规定债务人负有不作为义务的，申请执行时效期间从债务人违反不作为义务之日起计算。

《最高人民法院关于适用〈中华人民共和国民事诉讼法〉的解释》（法释〔2022〕11 号）

第四百八十一条　申请执行人超过申请执行时效期间向人民法院

申请强制执行的，人民法院应予受理。被执行人对申请执行时效期间提出异议，人民法院经审查异议成立的，裁定不予执行。

被执行人履行全部或者部分义务后，又以不知道申请执行时效期间届满为由请求执行回转的，人民法院不予支持。

第五百一十八条 因撤销申请而终结执行后，当事人在民事诉讼法第二百四十六条规定的申请执行时效期间内再次申请执行的，人民法院应当受理。

《最高人民法院关于执行案件立案、结案若干问题的意见》（法发〔2014〕26号）

第九条 下列案件，人民法院应当按照执行异议案件予以立案：

……

（五）被执行人以债权消灭、超过申请执行期间或者其他阻止执行的实体事由提出阻止执行的；

……

《最高人民法院关于人民法院办理执行异议和复议案件若干问题的规定》（法释〔2020〕21号）

第七条 当事人、利害关系人认为执行过程中或者执行保全、先予执行裁定过程中的下列行为违法提出异议的，人民法院应当依照民事诉讼法第二百二十五条①规定进行审查：

……

（二）执行的期间、顺序等应当遵守的法定程序；

……

《最高人民法院关于执行和解若干问题的规定》（法释〔2020〕21号）

第十条 申请恢复执行原生效法律文书，适用民事诉讼法第二百三十九条②申请执行期间的规定。

---

① 现相关规定见《中华人民共和国民事诉讼法》（2023年修正）第二百三十六条。
② 现相关规定见《中华人民共和国民事诉讼法》（2023年修正）第二百五十条。

当事人不履行执行和解协议的，申请恢复执行期间自执行和解协议约定履行期间的最后一日起计算。

《最高人民法院关于公证债权文书执行若干问题的规定》（法释〔2018〕18号）

第九条 申请执行公证债权文书的期间自公证债权文书确定的履行期间的最后一日起计算；分期履行的，自公证债权文书确定的每次履行期间的最后一日起计算。

债权人向公证机构申请出具执行证书的，申请执行时效自债权人提出申请之日起中断。

第24问：何种情形下申请执行时效可以中止计算？

申请执行时效期间的最后六个月，因不可抗力或者其他障碍不能行使请求权的，申请执行时效中止。从中止原因消除之日起，时效期间继续计算。

【法律依据】

《最高人民法院关于适用〈中华人民共和国民事诉讼法〉执行程序若干问题的解释》（法释〔2020〕21号）

第十九条 在申请执行时效期间的最后六个月内，因不可抗力或者其他障碍不能行使请求权的，申请执行时效中止。从中止时效的原因消除之日起，申请执行时效期间继续计算。

《中华人民共和国民法典》（2020年5月28日）

第一百九十四条 在诉讼时效期间的最后六个月内，因下列障碍，不能行使请求权的，诉讼时效中止：

（一）不可抗力；

（二）无民事行为能力人或者限制民事行为能力人没有法定代理人，或者法定代理人死亡、丧失民事行为能力、丧失代理权；

（三）继承开始后未确定继承人或者遗产管理人；

(四) 权利人被义务人或者其他人控制；
(五) 其他导致权利人不能行使请求权的障碍。
自中止时效的原因消除之日起满六个月，诉讼时效期间届满。

第 25 问：何种情形下申请执行时效可以中断计算？

申请执行时效中断的情形包括：申请执行、当事人双方达成和解协议、当事人一方提出履行要求或者同意履行义务、一方当事人申请破产、申报破产债权、申请执行前财产保全或行为保全、在另案中主张抵销、提起代位权诉讼、转让债权等。

自中断时起，申请执行的时效期间重新计算。

【法律依据】

《最高人民法院关于适用〈中华人民共和国民事诉讼法〉执行程序若干问题的解释》（法释〔2020〕21号）

第二十条　申请执行时效因申请执行、当事人双方达成和解协议、当事人一方提出履行要求或者同意履行义务而中断。从中断时起，申请执行时效期间重新计算。

《中华人民共和国民法典》（2020年5月28日）

第一百九十五条　有下列情形之一的，诉讼时效中断，从中断、有关程序终结时起，诉讼时效期间重新计算：
(一) 权利人向义务人提出履行请求；
(二) 义务人同意履行义务；
(三) 权利人提起诉讼或者申请仲裁；
(四) 与提起诉讼或者申请仲裁具有同等效力的其他情形。

《最高人民法院关于审理民事案件适用诉讼时效制度若干问题的规定》（法释〔2020〕17号）

第八条　具有下列情形之一的，应当认定为民法典第一百九十五条规定的"权利人向义务人提出履行请求"，产生诉讼时效中断的效力：

（一）当事人一方直接向对方当事人送交主张权利文书，对方当事人在文书上签名、盖章、按指印或者虽未签名、盖章、按指印但能够以其他方式证明该文书到达对方当事人的；

（二）当事人一方以发送信件或者数据电文方式主张权利，信件或者数据电文到达或者应当到达对方当事人的；

（三）当事人一方为金融机构，依照法律规定或者当事人约定从对方当事人账户中扣收欠款本息的；

（四）当事人一方下落不明，对方当事人在国家级或者下落不明的当事人一方住所地的省级有影响的媒体上刊登具有主张权利内容的公告的，但法律和司法解释另有特别规定的，适用其规定。

前款第（一）项情形中，对方当事人为法人或者其他组织的，签收人可以是其法定代表人、主要负责人、负责收发信件的部门或者被授权主体；对方当事人为自然人的，签收人可以是自然人本人、同住的具有完全行为能力的亲属或者被授权主体。

第九条 权利人对同一债权中的部分债权主张权利，诉讼时效中断的效力及于剩余债权，但权利人明确表示放弃剩余债权的情形除外。

第十条 当事人一方向人民法院提交起诉状或者口头起诉的，诉讼时效从提交起诉状或者口头起诉之日起中断。

第十一条 下列事项之一，人民法院应当认定与提起诉讼具有同等诉讼时效中断的效力：

（一）申请支付令；

（二）申请破产、申报破产债权；

（三）为主张权利而申请宣告义务人失踪或死亡；

（四）申请诉前财产保全、诉前临时禁令等诉前措施；

（五）申请强制执行；

（六）申请追加当事人或者被通知参加诉讼；

（七）在诉讼中主张抵销；

（八）其他与提起诉讼具有同等诉讼时效中断效力的事项。

第十六条 债权人提起代位权诉讼的，应当认定对债权人的债权和债务人的债权均发生诉讼时效中断的效力。

第十七条 债权转让的，应当认定诉讼时效从债权转让通知到达债务人之日起中断。

债务承担情形下，构成原债务人对债务承认的，应当认定诉讼时效从债务承担意思表示到达债权人之日起中断。

《最高人民法院关于公证债权文书执行若干问题的规定》（法释〔2018〕18号）

第九条 申请执行公证债权文书的期间自公证债权文书确定的履行期间的最后一日起计算；分期履行的，自公证债权文书确定的每次履行期间的最后一日起计算。

债权人向公证机构申请出具执行证书的，申请执行时效自债权人提出申请之日起中断。

第26问："当事人一方提出履行要求"应当如何认定？

具有下列情形之一的，可以认定为"当事人一方提出履行要求"，产生申请执行时效中断的效力：

1. 当事人一方直接向对方当事人送交提出履行要求的文书，对方当事人在文书上签名、盖章、按指印或者虽未签名、盖章、按指印但能够以其他方式证明该文书到达对方当事人的。

2. 当事人一方以发送信件或者数据电文方式要求履行义务，信件或者数据电文到达或者应当到达对方当事人的。

3. 当事人一方为金融机构，依照法律规定或者当事人约定从对方当事人账户中扣收欠款本息的。

4. 当事人一方下落不明，对方当事人在国家级或者下落不明的当事人一方住所地的省级有影响的媒体上刊登具有提出履行要求的公告的，但法律和司法解释另有特别规定的，适用其规定。

【法律依据】

《最高人民法院关于审理民事案件适用诉讼时效制度若干问题的规定》（法释〔2020〕17号）

第八条 具有下列情形之一的，应当认定为民法典第一百九十五条规定的"权利人向义务人提出履行请求"，产生诉讼时效中断的效力：

（一）当事人一方直接向对方当事人送交主张权利文书，对方当事人在文书上签名、盖章、按指印或者虽未签名、盖章、按指印但能够以其他方式证明该文书到达对方当事人的；

（二）当事人一方以发送信件或者数据电文方式主张权利，信件或者数据电文到达或者应当到达对方当事人的；

（三）当事人一方为金融机构，依照法律规定或者当事人约定从对方当事人账户中扣收欠款本息的；

（四）当事人一方下落不明，对方当事人在国家级或者下落不明的当事人一方住所地的省级有影响的媒体上刊登具有主张权利内容的公告的，但法律和司法解释另有特别规定的，适用其规定。

前款第（一）项情形中，对方当事人为法人或者其他组织的，签收人可以是其法定代表人、主要负责人、负责收发信件的部门或者被授权主体；对方当事人为自然人的，签收人可以是自然人本人、同住的具有完全行为能力的亲属或者被授权主体。

第27问："当事人同意履行义务"应当如何认定？

债务人作出分期履行、部分履行、提供担保、请求延期履行、制定清偿债务计划等承诺或行为的，可以认定为"当事人同意履行义务"，产生申请执行时效中断的效力。

【法律依据】

《最高人民法院关于审理民事案件适用诉讼时效制度若干问题的规定》(法释〔2020〕17号)

第十四条 义务人作出分期履行、部分履行、提供担保、请求延期履行、制定清偿债务计划等承诺或者行为的，应当认定为民法典第一百九十五条规定的"义务人同意履行义务"。

第28问：超过申请执行时效期间的案件怎么处理？

1. 申请执行人超过时效期间后向法院申请强制执行的，法院应予受理。

2. 被执行人对时效期间提出异议的，法院经审查异议成立的，裁定不予执行。

3. 被执行人未对时效期间提出异议的，法院不应主动进行释明。

4. 被执行人作出同意履行义务的意思表示后，又以时效超过为由提出异议的，法院不予支持。

5. 被执行人已经履行全部或者部分义务之后，又以不知道时效期间届满为由申请执行回转的，法院不予支持。

【法律依据】

《最高人民法院关于适用〈中华人民共和国民事诉讼法〉的解释》(法释〔2022〕11号)

第四百八十一条 申请执行人超过申请执行时效期间向人民法院申请强制执行的，人民法院应予受理。被执行人对申请执行时效期间提出异议，人民法院经审查异议成立的，裁定不予执行。

被执行人履行全部或者部分义务后，又以不知道申请执行时效期间届满为由请求执行回转的，人民法院不予支持。

《最高人民法院关于审理民事案件适用诉讼时效制度若干问题的规定》（法释〔2020〕17号）

第二条　当事人未提出诉讼时效抗辩，人民法院不应对诉讼时效问题进行释明。

【司法观点】

当事人对法律文书确定的给付事项超过申请执行时效之后，又重新就其中的部分给付内容达成新的协议的，视为当事人之间形成了新的民事法律关系，当事人可就该新协议向法院提起诉讼。（《最高人民法院关于当事人对人民法院生效法律文书所确定的给付事项超过申请执行期限后又重新就其中的部分给付内容达成新的协议的应否立案的批复》〔2001〕民立他字第34号）

第29问：针对担保物权的申请执行时效期间有什么特殊规定？

1. 主债权的申请执行时效期间届满，担保人可以以超过时效为由对法院执行担保物的行为提出异议，法院应予以支持。

2. 主债权因超过申请执行时效期间而丧失强制执行力的，抵押权也因此丧失强制执行力，不能在另案中主张优先受偿。

【法律依据】

《中华人民共和国民法典》（2020年5月28日）

第四百一十九条　抵押权人应当在主债权诉讼时效期间行使抵押权；未行使的，人民法院不予保护。

《最高人民法院〈关于超过执行期限的抵押权在另案中是否准予优先受偿问题的请示〉的复函》（〔2007〕执他字第10号）

广东省高级人民法院：

你院《关于对超过执行期限的抵押权在另案中是否准予优先受偿

问题的请示》收悉，经研究，答复如下：

同意你院审判委员会多数人意见。抵押权从属于主债权，与其担保的主债权同时存在，抵押权的成立、转移和消灭从属于主债权的发生、转移和消灭。现行法律并未赋予抵押权独立的强制执行申请权，其强制执行力从属于担保的主债权的强制执行力，受主债权强制执行申请期限的限制。《最高人民法院关于适用〈中华人民共和国担保法〉若干问题的解释》第十二条第二款规定延长两年保护的期限是指抵押权的诉讼时效，并非强制执行申请期限，故该条款不适用对抵押权强制执行申请权的保护。主债权因超过强制执行申请期限而丧失强制执行力的保护及于抵押权，不能以参与另案执行的方式而重新赋予其强制执行力。因此，以丧失强制执行力保护的抵押权在另案中主张优先受偿的请求，应不予支持。

《最高人民法院关于适用〈中华人民共和国民法典〉有关担保制度的解释》（法释〔2020〕28号）

第四十四条　主债权诉讼时效期间届满后，抵押权人主张行使抵押权的，人民法院不予支持；抵押人以主债权诉讼时效期间届满为由，主张不承担担保责任的，人民法院应予支持。主债权诉讼时效期间届满前，债权人仅对债务人提起诉讼，经人民法院判决或者调解后未在民事诉讼法规定的申请执行时效期间内对债务人申请强制执行，其向抵押人主张行使抵押权的，人民法院不予支持。

主债权诉讼时效期间届满后，财产被留置的债务人或者对留置财产享有所有权的第三人请求债权人返还留置财产的，人民法院不予支持；债务人或者第三人请求拍卖、变卖留置财产并以所得价款清偿债务的，人民法院应予支持。

主债权诉讼时效期间届满的法律后果，以登记作为公示方式的权利质权，参照适用第一款的规定；动产质权、以交付权利凭证作为公示方式的权利质权，参照适用第二款的规定。

第 30 问：申请执行人在法律期限内申请执行主债务人，但未申请执行负有连带责任的担保人，时效期间届满之后，能否再申请执行连带责任担保人？

不可以。债权人向连带责任保证人和主债务人申请强制执行的期限应当同时起算，时效期间届满之后即丧失了对连带责任保证人申请强制执行的权利。

【法律依据】

《最高人民法院执行工作办公室关于申请执行人在法定期限内向法院申请执行主债务人但未申请执行负有连带责任的担保人，在法定申请期限届满后，法院是否可以依申请人的申请强制执行连带责任人的请示的答复》（〔2004〕执他字第 29 号）

广东省高级人民法院：

你院《关于申请执行人在法定期限内向法院申请执行主债务人但未申请执行负有连带责任的担保人，在法定申请期限届满后，法院是否可以依申请人的申请强制执行连带责任人的请示》收悉。经研究，答复如下：

同意你院审委会多数意见。生效法律文书确定保证人和主债务人承担连带责任的，连带责任保证人与主债务人即各自独立对债权人承担全部连带债务，债权人向连带责任保证人和主债务人申请强制执行的期限应当同时开始计算。债权人在法定申请强制执行期限内只对主债务人申请执行，而未申请执行保证人的，在申请执行期限届满后即丧失了对连带责任保证人申请强制执行的权利。

第 31 问：适用申请执行时效期间的限制有哪些？

1. 法院不得主动适用时效规定、不得主动向当事人进行释明。
2. 执行法院采取执行措施后，被执行人仍不能偿还债务，申请执行人申请法院继续执行的,不受时效期间的限制。

3. 执行法院终结本次执行程序之后,申请执行人发现被执行人有可供执行财产的,可以再次申请执行,不受时效期间的限制。

【法律依据】

《中华人民共和国民法典》(2020 年 5 月 28 日)

第一百九十三条 人民法院不得主动适用诉讼时效的规定。

《中华人民共和国民事诉讼法》(2023 年 9 月 1 日修正)

第二百六十五条 人民法院采取本法第二百五十三条、第二百五十四条、第二百五十五条规定的执行措施后,被执行人仍不能偿还债务的,应当继续履行义务。债权人发现被执行人有其他财产的,可以随时请求人民法院执行。

《最高人民法院关于适用〈中华人民共和国民事诉讼法〉的解释》(法释〔2022〕11 号)

第五百一十五条 债权人根据民事诉讼法第二百六十一条规定请求人民法院继续执行的,不受民事诉讼法第二百四十六条规定申请执行时效期间的限制。

第五百一十七条 经过财产调查未发现可供执行的财产,在申请执行人签字确认或者执行法院组成合议庭审查核实并经院长批准后,可以裁定终结本次执行程序。

依照前款规定终结执行后,申请执行人发现被执行人有可供执行财产的,可以再次申请执行。再次申请不受申请执行时效期间的限制。

《最高人民法院关于审理民事案件适用诉讼时效制度若干问题的规定》(法释〔2020〕17 号)

第二条 当事人未提出诉讼时效抗辩,人民法院不应对诉讼时效问题进行释明。

第 32 问：申请执行需要提交哪些文书或证明（形式要件）？

1. 申请执行的一般形式要件

（1）申请执行书：载明双方基本信息、申请执行的依据、事项、执行标的、送达地址、联系方式，以及被执行人的财产状况等。

（2）生效法律文书（执行依据）的复印件。

（3）申请执行人的身份证明文件：

①申请执行人是自然人：如身份证、护照、港澳通行证、军官证等。

②申请执行人是法人：营业执照副本+法定代表人身份证复印件+法定代表人身份证明书。

③继承人或者权利承受人申请执行的：继承或者承受权利的证明文件。

（4）委托代理人的，需提交委托代理手续：授权委托书等。

（5）向被执行财产所在地申请执行的，提交该法院辖区内有可供执行财产的证明文件。

（6）已申请财产保全的，提交财产保全的相关材料。

2. 申请执行的特殊形式要件

（1）申请执行仲裁机构的仲裁裁决，应提交有仲裁条款的合同书或者仲裁协议书。

（2）申请执行国外仲裁机构的仲裁裁决，应提交我国驻外使领馆认证或者我国公证机关认证的仲裁裁决书中文文本。

（3）申请执行公证债权文书的，提交公证债权文书及执行证书。

（4）申请执行农村土地承包仲裁委员会作出的先行执行裁定的，应一并提交申请执行人提供的担保情况。

【法律依据】

《最高人民法院关于人民法院执行工作若干问题的规定（试行）》（法释〔2020〕21号）

18. 申请执行，应向人民法院提交下列文件和证件：

（1）申请执行书。申请执行书中应当写明申请执行的理由、事项、执行标的，以及申请执行人所了解的被执行人的财产状况。

申请执行人书写申请执行书确有困难的，可以口头提出申请。人民法院接待人员对口头申请应当制作笔录，由申请执行人签字或盖章。

外国一方当事人申请执行的，应当提交中文申请执行书。当事人所在国与我国缔结或共同参加的司法协助条约有特别规定的，按照条约规定办理。

（2）生效法律文书副本。

（3）申请执行人的身份证明。自然人申请的，应当出示居民身份证；法人申请的，应当提交法人营业执照副本和法定代表人身份证明；非法人组织申请的，应当提交营业执照副本和主要负责人身份证明。

（4）继承人或权利承受人申请执行的，应当提交继承或承受权利的证明文件。

（5）其他应当提交的文件或证件。

19. 申请执行仲裁机构的仲裁裁决，应当向人民法院提交有仲裁条款的合同书或仲裁协议书。

申请执行国外仲裁机构的仲裁裁决的，应当提交经我国驻外使领馆认证或我国公证机关公证的仲裁裁决书中文本。

20. 申请执行人可以委托代理人代为申请执行。委托代理的，应当向人民法院提交经委托人签字或盖章的授权委托书，写明代理人的姓名或者名称、代理事项、权限和期限。

委托代理人代为放弃、变更民事权利，或代为进行执行和解，或代为收取执行款项的，应当有委托人的特别授权。

《最高人民法院关于适用〈中华人民共和国民事诉讼法〉执行程序若干问题的解释》（法释〔2020〕21号）

第一条 申请执行人向被执行的财产所在地人民法院申请执行的，应当提供该人民法院辖区有可供执行财产的证明材料。

《最高人民法院、司法部关于公证机关赋予强制执行效力的债权文书执行有关问题的联合通知》（司发通〔2000〕107号）

七、债权人凭原公证书及执行证书可以向有管辖权的人民法院申请执行。

《最高人民法院关于公证债权文书执行若干问题的规定》（法释〔2018〕18号）

第三条 债权人申请执行公证债权文书，除应当提交作为执行依据的公证债权文书等申请执行所需的材料外，还应当提交证明履行情况等内容的执行证书。

《最高人民法院关于审理涉及农村土地承包经营纠纷调解仲裁案件适用法律若干问题的解释》（法释〔2020〕17号）

第九条 农村土地承包仲裁委员会作出先行裁定后，一方当事人依法向被执行人住所地或者被执行的财产所在地基层人民法院申请执行的，人民法院应予受理和执行。

申请执行先行裁定的，应当提供以下材料：

（一）申请执行书；

（二）农村土地承包仲裁委员会作出的先行裁定书；

（三）申请执行人的身份证明；

（四）申请执行人提供的担保情况；

（五）其他应当提交的文件或证件。

《中华人民共和国农村土地承包经营纠纷调解仲裁法》（2009年6月27日）

第四十二条 对权利义务关系明确的纠纷，经当事人申请，仲裁庭可以先行裁定维持现状、恢复农业生产以及停止取土、占地等行为。

一方当事人不履行先行裁定的，另一方当事人可以向人民法院申请执行，但应当提供相应的担保。

第33问：符合哪些条件才可以申请执行（实质要件）？

1. 法律文书已经生效且该文书确定的履行义务所附条件已经成就或者所附期限已经届满。
2. 申请执行人是生效法律文书确定的权利人或者其继承人、权利承受人（在法律文书生效后进入执行程序前合法承受权利的，权利承受人可以直接申请执行，无须作出变更申请执行人的裁定）。
3. 法律文书权利义务主体明确。
4. 法律文书具有给付内容且给付内容明确具体；法律文书确定继续履行合同的，应明确继续履行的具体内容。
5. 法律文书确定的义务未履行或者未全部履行。
6. 属于受申请的法院管辖。

【法律依据】

《最高人民法院关于人民法院执行工作若干问题的规定（试行）》（法释〔2020〕21号）

16. 人民法院受理执行案件应当符合下列条件：
（1）申请或移送执行的法律文书已经生效；
（2）申请执行人是生效法律文书确定的权利人或其继承人、权利承受人；
（3）申请执行的法律文书有给付内容，且执行标的和被执行人明确；
（4）义务人在生效法律文书确定的期限内未履行义务；
（5）属于受申请执行的人民法院管辖。

人民法院对符合上述条件的申请，应当在七日内予以立案；不符合上述条件之一的，应当在七日内裁定不予受理。

《最高人民法院关于适用〈中华人民共和国民事诉讼法〉的解释》（法释〔2022〕11号）

第四百六十一条　当事人申请人民法院执行的生效法律文书应当具备下列条件：

（一）权利义务主体明确；

（二）给付内容明确。

法律文书确定继续履行合同的，应当明确继续履行的具体内容。

《最高人民法院关于审理涉及农村土地承包经营纠纷调解仲裁案件适用法律若干问题的解释》（法释〔2020〕17号）

第十条 当事人根据农村土地承包经营纠纷调解仲裁法第四十九条规定，向人民法院申请执行调解书、裁决书，符合《最高人民法院关于人民法院执行工作若干问题的规定（试行）》第十六条规定条件的，人民法院应予受理和执行。

《最高人民法院关于人民法院办理仲裁裁决执行案件若干问题的规定》（法释〔2018〕5号）

第三条 仲裁裁决或者仲裁调解书执行内容具有下列情形之一导致无法执行的，人民法院可以裁定驳回执行申请；导致部分无法执行的，可以裁定驳回该部分的执行申请；导致部分无法执行且该部分与其他部分不可分的，可以裁定驳回执行申请。

（一）权利义务主体不明确；

（二）金钱给付具体数额不明确或者计算方法不明确导致无法计算出具体数额；

（三）交付的特定物不明确或者无法确定；

（四）行为履行的标准、对象、范围不明确；

仲裁裁决或者仲裁调解书仅确定继续履行合同，但对继续履行的权利义务，以及履行的方式、期限等具体内容不明确，导致无法执行的，依照前款规定处理。

第四条 对仲裁裁决主文或者仲裁调解书中的文字、计算错误以及仲裁庭已经认定但在裁决主文中遗漏的事项，可以补正或说明的，人民法院应当书面告知仲裁庭补正或说明，或者向仲裁机构调阅仲裁案卷查明。仲裁庭不补正也不说明，且人民法院调阅仲裁案卷后执行内容仍然不明确具体无法执行的，可以裁定驳回执行申请。

第五条 申请执行人对人民法院依照本规定第三条、第四条作出的驳回执行申请裁定不服的，可以自裁定送达之日起十日内向上一级人民法院申请复议。

《最高人民法院关于公证债权文书执行若干问题的规定》（法释〔2018〕18号）

第四条 债权人申请执行的公证债权文书应当包括公证证词、被证明的债权文书等内容。权利义务主体、给付内容应当在公证证词中列明。

第五条 债权人申请执行公证债权文书，有下列情形之一的，人民法院应当裁定不予受理；已经受理的，裁定驳回执行申请：

（一）债权文书属于不得经公证赋予强制执行效力的文书；

（二）公证债权文书未载明债务人接受强制执行的承诺；

（三）公证证词载明的权利义务主体或者给付内容不明确；

（四）债权人未提交执行证书；

（五）其他不符合受理条件的情形。

《最高人民法院关于人民法院立案、审判与执行工作协调运行的意见》（法发〔2018〕9号）

11. 法律文书主文应当明确具体：

（1）给付金钱的，应当明确数额。需要计算利息、违约金数额的，应当有明确的计算基数、标准、起止时间等；

（2）交付特定标的物的，应当明确特定物的名称、数量、具体特征等特定信息，以及交付时间、方式等；

（3）确定继承的，应当明确遗产的名称、数量、数额等；

（4）离婚案件分割财产的，应当明确财产名称、数量、数额等；

（5）继续履行合同的，应当明确当事人继续履行合同的内容、方式等；

（6）排除妨碍、恢复原状的，应当明确排除妨碍、恢复原状的标准、时间等；

（7）停止侵害的，应当明确停止侵害行为的具体方式，以及被侵害权利的具体内容或者范围等；

（8）确定子女探视权的，应当明确探视的方式、具体时间和地点，以及交接办法等；

(9) 当事人之间互负给付义务的,应当明确履行顺序。

对前款规定中财产数量较多的,可以在法律文书后另附清单。

15. 执行机构发现本院作出的生效法律文书执行内容不明确的,应书面征询审判部门的意见。审判部门应在 15 日内作出书面答复或者裁定予以补正。审判部门未及时答复或者不予答复的,执行机构可层报院长督促审判部门答复。

执行内容不明确的生效法律文书是上级法院作出的,执行法院的执行机构应当层报上级法院执行机构,由上级法院执行机构向审判部门征询意见。审判部门应在 15 日内作出书面答复或者裁定予以补正。上级法院的审判部门未及时答复或者不予答复的,上级法院执行机构层报院长督促审判部门答复。

执行内容不明确的生效法律文书是其他法院作出的,执行法院的执行机构可以向作出生效法律文书的法院执行机构发函,由该法院执行机构向审判部门征询意见。审判部门应在 15 日内作出书面答复或者裁定予以补正。审判部门未及时答复或者不予答复的,作出生效法律文书的法院执行机构层报院长督促审判部门答复。

《最高人民法院关于执行案件立案、结案若干问题的意见》(法发〔2014〕26 号)

第二十条 执行实施案件立案后,经审查发现不符合《最高人民法院关于人民法院执行工作若干问题的规定(试行)》第 18 条①规定的受理条件,裁定驳回申请的,以"驳回申请"方式结案。

《最高人民法院关于仲裁机构"先予仲裁"裁决或者调解书立案、执行等法律适用问题的批复》(法释〔2018〕10 号)

广东省高级人民法院:

你院《关于"先予仲裁"裁决应否立案执行的请示》(粤高法〔2018〕99 号)收悉。经研究,批复如下:

---

① 现相关规定见《最高人民法院关于人民法院执行工作若干问题的规定(试行)》(2020 年修正)第 16 条。

当事人申请人民法院执行仲裁机构根据仲裁法作出的仲裁裁决或者调解书，人民法院经审查，符合民事诉讼法、仲裁法相关规定的，应当依法及时受理，立案执行。但是，根据仲裁法第二条的规定，仲裁机构可以仲裁的是当事人间已经发生的合同纠纷和其他财产权益纠纷。因此，网络借贷合同当事人申请执行仲裁机构在纠纷发生前作出的仲裁裁决或者调解书的，人民法院应当裁定不予受理；已经受理的，裁定驳回执行申请。

你院请示中提出的下列情形，应当认定为民事诉讼法第二百三十七条第二款第三项①规定的"仲裁庭的组成或者仲裁的程序违反法定程序"的情形：

一、仲裁机构未依照仲裁法规定的程序审理纠纷或者主持调解，径行根据网络借贷合同当事人在纠纷发生前签订的和解或者调解协议作出仲裁裁决、仲裁调解书的；

二、仲裁机构在仲裁过程中未保障当事人申请仲裁员回避、提供证据、答辩等仲裁法规定的基本程序权利的。

前款规定情形中，网络借贷合同当事人以约定弃权条款为由，主张仲裁程序未违反法定程序的，人民法院不予支持。

人民法院办理其他合同纠纷、财产权益纠纷仲裁裁决或者调解书执行案件，适用本批复。

第34问：担保人、连带责任人按照判决文书承担相应责任后，能否直接申请执行？

可以。

1. 生效法律文书已经确认担保人承担担保责任后可以向主债务人追偿的，担保人承担责任后可直接向法院申请执行主债务人。

---

① 现相关规定见《中华人民共和国民事诉讼法》（2023年修正）第二百八十四条第二款第三项。

2. 生效法律文书已经确认连带责任人有权追偿的数额，连带责任人承担连带责任后可直接向法院申请执行其他连带责任人。

【法律依据】

《最高人民法院关于判决书主文已经判明担保人承担担保责任后有权向被担保人追偿，该追偿权是否须另行诉讼问题请示的答复》（〔2009〕执他字第4号）

……

原则同意你院倾向性意见中无须另行诉讼的意见。即对人民法院的生效判决书已经确定担保人承担担保责任后，可向主债务人行使追偿权的案件，担保人无须另行诉讼，可以直接向人民法院申请执行。但行使追偿权的范围应当限定在抵押担保责任范围内。

《最高人民法院关于判决中已确定承担连带责任的一方向其他连带责任人追偿数额的可直接执行问题的复函》（经他〔1996〕4号）

陕西省高级人民法院：

你院陕高法〔1995〕93号请示收悉。经研究，答复如下：

基本同意你院报告中的第二种意见。我院法经〔1992〕121号复函所指的追偿程序，针对的是判决后连带责任人依照判决代主债务人偿还了债务或承担的连带责任超过自己应承担的份额的情况。而你院请示案件所涉及的生效判决所确认的中国机电设备西北公司应承担的连带责任已在判决前履行完毕，判决主文中已判定该公司向其他连带责任人追偿的数额，判决内容是明确的，可执行的。据此，你院可根据生效判决和该公司的申请立案执行，不必再作裁定。

第35问：法院直接移送执行的案件，应提交哪些材料？

1. 民事制裁决定、具有缴纳诉讼费用内容的法律文书，以及具有财产内容的刑事裁判文书发生法律效力后，义务人未履行义务的，由审判部门移送立案部门立案后，交由执行机构执行。

2. 审判部门应填写移送执行书，明确需执行的事项和应注意的问题。

3. 连同生效法律文书一并移送。

4. 债权人垫付了相关诉讼费用，债权人同意由债务人直接向其给付的，由债权人一并申请执行。

【法律依据】

《最高人民法院关于人民法院执行工作若干问题的规定（试行）》（法释〔2020〕21号）

17. 生效法律文书的执行，一般应当由当事人依法提出申请。

发生法律效力的具有给付赡养费、扶养费、抚育费内容的法律文书、民事制裁决定书，以及刑事附带民事判决、裁定、调解书，由审判庭移送执行机构执行。

第36问：申请执行的受理和立案要求有哪些？

1. 申请执行的，法院立案部门应一律接收材料，出具书面凭证并注明收到日期。

2. 符合规定的应当场登记立案，移交执行机构执行。

3. 不符合要求的，应予以释明，当事人经释明后仍坚持提出申请的，裁定不予受理，出具书面的裁定并载明理由。

4. 当场不能判定的，应在七日内决定是否立案。

5. 当事人提交的材料不符合要求，应以书面形式一次性告知需要补正的材料和期限；当事人在指定期限内没有补正的，退回申请执行材料并记录在册。

【法律依据】

《最高人民法院关于执行案件立案、结案若干问题的意见》（法发〔2014〕26号）

第一条 本意见所称执行案件包括执行实施类案件和执行审查类

案件。

执行实施类案件是指人民法院因申请执行人申请、审判机构移送、受托、提级、指定和依职权，对已发生法律效力且具有可强制执行内容的法律文书所确定的事项予以执行的案件。

执行审查类案件是指在执行过程中，人民法院审查和处理执行异议、复议、申诉、请示、协调以及决定执行管辖权的移转等事项的案件。

第二条 执行案件统一由人民法院立案机构进行审查立案，人民法庭经授权执行自审案件的，可以自行审查立案，法律、司法解释规定可以移送执行的，相关审判机构可以移送立案机构办理立案登记手续。

立案机构立案后，应当依照法律、司法解释的规定向申请人发出执行案件受理通知书。

第三条 人民法院对符合法律、司法解释规定的立案标准的执行案件，应当予以立案，并纳入审判和执行案件统一管理体系。

人民法院不得有审判和执行案件统一管理体系之外的执行案件。

任何案件不得以任何理由未经立案即进入执行程序。

第七条 除下列情形外，人民法院不得人为拆分执行实施案件：

（一）生效法律文书确定的给付内容为分期履行的，各期债务履行期间届满，被执行人未自动履行，申请执行人可分期申请执行，也可以对几期或全部到期债权一并申请执行；

（二）生效法律文书确定有多个债务人各自单独承担明确的债务的，申请执行人可以对每个债务人分别申请执行，也可以对几个或全部债务人一并申请执行；

（三）生效法律文书确定有多个债权人各自享有明确的债权的（包括按份共有），每个债权人可以分别申请执行；

（四）申请执行赡养费、扶养费、抚养费的案件，涉及金钱给付内容的，人民法院应当根据申请执行时已发生的债权数额进行审查立案，执行过程中新发生的债权应当另行申请执行；涉及人身权内容的，人民法院应当根据申请执行时义务人未履行义务的事实进行审查立案，执行过程中义务人延续消极行为的，应当依据申请执行人的申请一并执行。

《最高人民法院关于执行权合理配置和科学运行的若干意见》（法发〔2011〕15号）

11. 办理执行实施、执行异议、执行复议、执行监督、执行协调、执行请示等执行案件和案外人执行异议之诉、申请执行人执行异议之诉、执行分配方案异议之诉、代位析产之诉等涉执行的诉讼案件，由立案机构进行立案审查，并纳入审判和执行案件统一管理体系。

人民法庭经授权执行自审案件，可由其自行办理立案登记手续，并纳入执行案件的统一管理。

《最高人民法院关于人民法院推行立案登记制改革的意见》（法发〔2015〕6号）

三、登记立案程序

（一）实行当场登记立案。对符合法律规定的起诉、自诉和申请，一律接收诉状，当场登记立案。对当场不能判定是否符合法律规定的，应当在法律规定的期限内决定是否立案。

（二）实行一次性全面告知和补正。起诉、自诉和申请材料不符合形式要件的，应当及时释明，以书面形式一次性全面告知应当补正的材料和期限。在指定期限内经补正符合法律规定条件的，人民法院应当登记立案。

（三）不符合法律规定的起诉、自诉和申请的处理。对不符合法律规定的起诉、自诉和申请，应当依法裁决不予受理或者不予立案，并载明理由。当事人不服的，可以提起上诉或者申请复议。禁止不收材料、不予答复、不出具法律文书。

（四）严格执行立案标准。禁止在法律规定之外设定受理条件，全面清理和废止不符合法律规定的立案"土政策"。

《最高人民法院关于人民法院立案、审判与执行工作协调运行的意见》（法发〔2018〕9号）

1. 立案部门在收取起诉材料时，应当发放诉讼风险提示书，告知当事人诉讼风险，就申请财产保全作必要的说明，告知当事人申请财产保全的具体流程、担保方式及风险承担等信息，引导当事人及时向人民法院申请保全。

立案部门在收取申请执行材料时，应发放执行风险提示书，告知申请执行人向人民法院提供财产线索的义务，以及无财产可供执行导致执行不能的风险。

《最高人民法院关于人民法院登记立案若干问题的规定》（法释〔2015〕8号）

第七条 当事人提交的诉状和材料不符合要求的，人民法院应当一次性书面告知在指定期限内补正。

当事人在指定期限内补正的，人民法院决定是否立案的期间，自收到补正材料之日起计算。

当事人在指定期限内没有补正的，退回诉状并记录在册；坚持起诉、自诉的，裁定或者决定不予受理、不予立案。

经补正仍不符合要求的，裁定或者决定不予受理、不予立案。

第九条 人民法院对起诉、自诉不予受理或者不予立案的，应当出具书面裁定或者决定，并载明理由。

第十八条 强制执行和国家赔偿申请登记立案工作，按照本规定执行。

上诉、申请再审、刑事申诉、执行复议和国家赔偿申诉案件立案工作，不适用本规定。

第三章　执行的准备与启动

第1问：执行实施案件启动流程是什么？

申请立案→立案审查→确定承办人→执行前的审查→通知申请执行人→制作执行预案→执行通知（通知被执行人）→执行启动。

第2问：执行立案后应当在多久内确认承办人？

应当在立案后7日内确定承办人。

【法律依据】

《最高人民法院关于人民法院办理执行案件若干期限的规定》（法发〔2006〕35号）

第二条　人民法院应当在立案后7日内确定承办人。

第3问：执行立案后，执行机构发现该案不符合受理条件，裁定驳回执行申请，应当如何救济？

申请执行人可以自裁定送达之日起10日内向上一级人民法院申请复议。人民法院作出裁定时，应当告知申请执行人申请复议的权利和期限。

【法律依据】

《最高人民法院关于执行案件立案、结案若干问题的意见》（法发〔2014〕26号）

第二十条 执行实施案件立案后，经审查发现不符合《最高人民法院关于人民法院执行工作若干问题的规定（试行）》第18条[①]规定的受理条件，裁定驳回申请的，以"驳回申请"方式结案。

《最高人民法院关于人民法院执行工作若干问题的规定（试行）》（法释〔2020〕21号）

16. 人民法院受理执行案件应当符合下列条件：

（1）申请或移送执行的法律文书已经生效；

（2）申请执行人是生效法律文书确定的权利人或其继承人、权利承受人；

（3）申请执行的法律文书有给付内容，且执行标的和被执行人明确；

（4）义务人在生效法律文书确定的期限内未履行义务；

（5）属于受申请执行的人民法院管辖。

人民法院对符合上述条件的申请，应当在七日内予以立案；不符合上述条件之一的，应当在七日内裁定不予受理。

第4问：执行立案后应多久通知申请执行人？

应当3日内通知申请执行人提供被执行人财产情况或线索。

无法提供被执行人财产状况或线索，承办人应当在申请执行人提出调查申请后10日内启动调查程序。承办人一般应当在1个月内完成对被执行人收入、银行存款、有价证券、不动产、车辆、机器设

[①] 现相关规定见《最高人民法院关于人民法院执行工作若干问题的规定（试行）》（2020年修正）第16条。

备、知识产权、对外投资权益及收益、到期债权等资产状况的调查。

【法律依据】

《最高人民法院关于人民法院办理执行案件若干期限的规定》(法发〔2006〕35号)

第五条　承办人应当在收到案件材料后3日内通知申请执行人提供被执行人财产状况或财产线索。

第六条　申请执行人提供了明确、具体的财产状况或财产线索的，承办人应当在申请执行人提供财产状况或财产线索后5日内进行查证、核实。情况紧急的，应当立即予以核查。

申请执行人无法提供被执行人财产状况或财产线索，或者提供财产状况或财产线索确有困难，需人民法院进行调查的，承办人应当在申请执行人提出调查申请后10日内启动调查程序。

根据案件具体情况，承办人一般应当在1个月内完成对被执行人收入、银行存款、有价证券、不动产、车辆、机器设备、知识产权、对外投资权益及收益、到期债权等资产状况的调查。

【实务经验】

进行现场立案时，要尽可能多地填写被执行人财产信息及财产线索。

第5问：制作执行预案应当注意哪些问题？

1. 全面了解被执行人基本情况。
2. 针对其基本情况制订执行工作方案。
3. 报分管院长或执行局长批准。
4. 可能发生群体性事件的案件，请求基层政权组织和公安机关协助执行。

【法律依据】

《最高人民法院关于执行工作中谨防发生暴力抗拒执行事件的紧急通知》（法明传〔2009〕280号）

一、执行法院在执行被执行人在农村或者被执行人经济困难等案件时，必须认真做好执行预案。要全面了解双方当事人的情况，尤其是注意了解、掌握被执行人的性格特征、道德品行、受教育程度、家族势力等，全面分析案情，有针对性地确定执行工作方案，并报经分管院长或者执行局长批准；对执行情况复杂、对抗情绪大、可能发生群体性事件的案件，必须事先与基层政权组织和公安机关取得联系，请求协助执行。

第6问：执行立案后，执行人员应当对被执行人采取哪些措施？

1. 应当在10日内，向被执行人发出执行通知，通知内容为：

（1）责令被执行人履行法律文书确定的义务。

（2）通知其承担《民事诉讼法》第二百六十四条规定的迟延履行利息或者迟延履行金。

（3）载明有关纳入失信被执行人名单的风险提示内容，以及其逾期不履行义务的法律后果。

（4）告知人民法院执行款专户或案款专户的开户银行名称、账号、户名，以及交款时应当注明执行案件案号、被执行人姓名或名称、交款人姓名或名称、交款用途等信息。

2. 可以立即采取强制执行措施，但不能在采取强制执行措施后补送执行通知书：

（1）查封、扣押、冻结被执行人的动产、不动产及其他财产权。

（2）措施需要有关单位或者个人协助的，人民法院应当制作协助执行通知书，连同裁定书副本一并送达协助执行人。

【法律依据】

《**中华人民共和国民事诉讼法**》（2023年9月1日修正）

第二百五十一条 执行员接到申请执行书或者移交执行书，应当向被执行人发出执行通知，并可以立即采取强制执行措施。

第二百六十四条 被执行人未按判决、裁定和其他法律文书指定的期间履行给付金钱义务的，应当加倍支付迟延履行期间的债务利息。被执行人未按判决、裁定和其他法律文书指定的期间履行其他义务的，应当支付迟延履行金。

《**最高人民法院关于适用〈中华人民共和国民事诉讼法〉的解释**》（法释〔2022〕11号）

第四百八十条 人民法院应当在收到申请执行书或者移交执行书后十日内发出执行通知。

执行通知中除应责令被执行人履行法律文书确定的义务外，还应通知其承担民事诉讼法第二百六十条①规定的迟延履行利息或者迟延履行金。

《**最高人民法院关于公布失信被执行人名单信息的若干规定**》（法释〔2017〕7号）

第七条第一款 各级人民法院应当将失信被执行人名单信息录入最高人民法院失信被执行人名单库，并通过该名单库统一向社会公布。

《**最高人民法院关于执行款物管理工作的规定**》（法发〔2017〕6号）

第五条 执行人员应当在执行通知书或有关法律文书中告知人民法院执行款专户或案款专户的开户银行名称、账号、户名，以及交款时应当注明执案件案号、被执行人姓名或名称、交款人姓名或名称、交款用途等信息。

---

① 现相关规定见《中华人民共和国民事诉讼法》（2023年修正）第二百六十四条。

《最高人民法院关于人民法院民事执行中查封、扣押、冻结财产的规定》(法释〔2020〕21号)

第一条　人民法院查封、扣押、冻结被执行人的动产、不动产及其他财产权，应当作出裁定，并送达被执行人和申请执行人。

采取查封、扣押、冻结措施需要有关单位或者个人协助的，人民法院应当制作协助执行通知书，连同裁定书副本一并送达协助执行人。查封、扣押、冻结裁定书和协助执行通知书送达时发生法律效力。

《最高人民法院关于适用〈中华人民共和国民事诉讼法〉执行程序若干问题的解释》(法释〔2020〕21号)

第二十二条　执行员依照民事诉讼法第二百四十条①规定立即采取强制执行措施的，可以同时或者自采取强制执行措施之日起三日内发送执行通知书。

《最高人民法院关于人民法院办理执行案件若干期限的规定》(法发〔2006〕35号)

第三条　承办人收到案件材料后，经审查认为情况紧急、需立即采取执行措施的，经批准后可立即采取相应的执行措施。

第7问：采取强制执行措施时应当注意哪些问题？

1. 执行工作由执行员进行，必要时应由司法警察参加。
2. 执行员应当出示证件。
3. 执行完毕后应当制作笔录。
4. 外出执行时，至少有一名执行员有工作证和执行公务证，不强制要求"双人双证"。
5. 现场执行活动原则上应全程录音录像，佩戴执法记录仪。
6. 执行实施事项采审批制，由院长及其他领导、庭长7日内完成

---

① 现相关规定见《中华人民共和国民事诉讼法》（2023年修正）第二百四十七条。

审批,事项包括:①采取、变更、解除保全措施;②先予执行;③回避;④拘传、拘留、罚款;⑤采取、变更刑事强制措施;⑥采取限制出境措施;⑦依照规定公布、撤销、更正、删除失信被执行人信息;⑧缓、减、免交诉讼费;⑨其他重大程序性事项。

7. 情况紧急的,经执行指挥中心指令,可依法采取查封、扣押、冻结等财产保全和其他控制性措施,事后两个工作日内及时补办审批手续。

8. 人身不得强制执行。

【法律依据】

《中华人民共和国民事诉讼法》(2023年9月1日修正)

第二百三十九条 执行工作由执行员进行。

采取强制执行措施时,执行员应当出示证件。执行完毕后,应当将执行情况制作笔录,由在场的有关人员签名或者盖章。

人民法院根据需要可以设立执行机构。

《最高人民法院关于人民法院执行工作若干问题的规定(试行)》(法释〔2020〕21号)

7. 执行人员执行公务时,应向有关人员出示工作证件,并按规定着装。必要时应由司法警察参加。

《最高人民法院政治部关于〈关于解决聘用制书记员执行公务证相关问题的请示〉研究意见的复函》(法政〔2018〕335号)

二、关于执行过程中的"双人双证"问题。最高人民法院《关于人民法院执行工作若干问题的规定(试行)》《关于依法规范人民法院执行和金融机构协助执行的通知》《关于依法规范人民法院执行和国土资源房地产管理部门协助执行若干问题的通知》,均只规定人民法院执行人员执行公务时应出示本人工作证和执行公务证,对执行人员数量没有明确要求。鉴于当前执行工作需要,原则同意你部关于"外出执行时,只要一名执行人员具有工作证和执行公务证,另一名执行人员有工作证即可"的意见,具体操作问题,请你院与当地房地产管理部门、金融机构协调解决。

《人民法院办理执行案件规范》（第二版）（2022年）

293.【执行记录的一般规定】

执行记录是指对执行过程的文字记录和音视频记录。

文字记录包括询问笔录、调查笔录、查封、扣押笔录、勘验笔录、搜查笔录、听证笔录、电话记录，以及其他执行工作记录。

294.【笔录的内容】

执行工作笔录一般应当包含笔录类别、制作时间、制作地点、执行人员姓名、记录人姓名。

涉及当事人及其他相关人员的，应当记录其姓名、身份证件号码、联系方式及其他相关身份信息。

295.【笔录的要求】

制作询问笔录时应告知被询问人的权利义务。询问结束应将笔录交由被询问人核对，被询问人认为对自己的陈述记录有遗漏或者差错的，有权申请补正。如果不予补正，应当将申请记录在案。修改部分应由被询问人捺印。每页笔录下端应由被询问人签名、捺印，拒绝签名、捺印的，应当如实记入笔录。询问笔录应由询问人、记录人签字。

询问时确有必要的，可以同步进行音视频记录。

其他笔录的制作要求，参见本规范第421条、第454条、第466条、第630条、第638条、第703条、第843条、第1242条的规定。

296.【现场执行的录音录像】

人民法院开展现场执行活动原则上应全程录音录像。各级人民法院应为执行机构配备执法记录仪等符合工作要求的音视频摄录设备。

297.【执法记录仪的使用】

执行人员现场执行时应佩带执法记录仪，对现场执行活动进行完整真实记录。

执行人员在使用执法记录仪记录现场执行活动时，除紧急情况外，一般应对相关人员进行必要的告知。告知的规范用语是："为维护您的合法权益，本次执行全程录音录像，请您配合。"[510]

[510] 参照《最高人民法院关于执行工作中规范使用执法记录仪的紧急通知》[法（办）明传〔2016〕52号]。

第8问：预防及处理执行突发事件的流程是什么？

1. 制订执行突发事件应急处理预案，内容包括：组织与指挥、处理原则与程序、预防和化解、应急处理措施、事后调查与报告、装备及人员保障等。
2. 及时将有关情况报告本院执行应急处理工作机构。
3. 异地执行发生突发事件，应当报当地党委、政府。
4. 制作执行突发事件调查报告。
5. 追究相关人员责任。

【法律依据】

《最高人民法院关于人民法院预防和处理执行突发事件的若干规定（试行）》（法发〔2009〕50号）

第一条 本规定所称执行突发事件，是指在执行工作中突然发生，造成或可能危及执行人员及其他人员人身财产安全，严重干扰执行工作秩序，需要采取应急处理措施予以应对的群体上访、当事人自残、群众围堵执行现场、以暴力或暴力相威胁抗拒执行等事件。

第二条 按照危害程度、影响范围等因素，执行突发事件分为特别重大、重大、较大和一般四级。

特别重大的执行突发事件是指严重影响社会稳定、造成人员死亡或3人以上伤残的事件。

除特别重大执行突发事件外，分级标准由各高级人民法院根据辖区实际自行制定。

第三条 高级人民法院应当加强对辖区法院执行突发事件应急处理工作的指导。

执行突发事件的应急处理工作由执行法院或办理法院负责。各级人民法院应当成立由院领导负责的应急处理工作机构，并建立相关工作机制。

异地执行发生突发事件时，发生地法院必须协助执行法院做好现场应急处理工作。

第四条 执行突发事件应对工作实行预防为主、预防与应急处理相结合的原则。执行突发事件应急处理坚持人身安全至上、社会稳定为重的原则。

第五条 各级人民法院应当制定执行突发事件应急处理预案。执行应急处理预案包括组织与指挥、处理原则与程序、预防和化解、应急处理措施、事后调查与报告、装备及人员保障等内容。

第六条 执行突发事件实行事前、事中和事后全程报告制度。执行人员应当及时将有关情况报告本院执行应急处理工作机构。

异地执行发生突发事件的，发生地法院应当及时将有关情况报告当地党委、政府。

第七条 各级人民法院应当定期对执行应急处理人员和执行人员进行执行突发事件应急处理有关知识培训。

第八条 执行人员办理案件时，应当认真研究全案执行策略，讲究执行艺术和执行方法，积极做好执行和解工作，从源头上预防执行突发事件的发生。

第九条 执行人员应当强化程序公正意识，严格按照法定执行程序采取强制执行措施，规范执行行为，防止激化矛盾引发执行突发事件。

第十条 执行人员必须严格遵守执行工作纪律有关规定，廉洁自律，防止诱发执行突发事件。

第十一条 执行人员应当认真做好强制执行准备工作，制定有针对性的执行方案。执行人员在采取强制措施前，应当全面收集并研究被执行人的相关信息，结合执行现场的社会情况，对发生执行突发事件的可能性进行分析，并研究相关应急化解措施。

第十二条 执行人员在执行过程中，发现有执行突发事件苗头，应当及时向执行突发事件应急处理工作机构报告。执行法院必须启动应急处理预案，采取有效措施全力化解执行突发事件危机。

第十三条 异地执行时，执行人员请求当地法院协助的，当地法院必须安排专人负责和协调，并做好应急准备。

第十四条 发生下列情形，必须启动执行突发事件应急处理预案：

（一）涉执上访人员在15人以上的；

（二）涉执上访人员有无理取闹、缠诉领导、冲击机关等严重影响国家机关办公秩序行为的；

（三）涉执上访人员有自残行为的；

（四）当事人及相关人员携带易燃、易爆物品及管制刀具等凶器上访的；

（五）当事人及相关人员聚众围堵，可能导致执行现场失控的；

（六）当事人及相关人员在执行现场使用暴力或以暴力相威胁抗拒执行的；

（七）其他严重影响社会稳定或危害执行人员安全的。

第十五条 执行突发事件发生后，执行人员应当立即报告执行突发事件应急处理工作机构。应急处理工作机构负责人应当迅速启动应急处理机制，采取有效措施防止事态恶性发展。同时协调公安机关及时出警控制现场，并将有关情况报告党委、政府。

第十六条 执行突发事件造成人伤亡或财产损失的，执行应急处理人员应当及时协调公安、卫生、消防等部门组织力量进行抢救，全力减轻损害和减少损失。

第十七条 对继续采取执行措施可能导致现场失控、激发暴力事件、危及人身安全的，执行人员应当立即停止执行措施，及时撤离执行现场。

第十八条 异地执行发生执行突发事件的，执行人员应当在第一时间将有关情况通报发生地法院，发生地法院应当积极协助组织开展应急处理工作。发生地法院必须立即派员赶赴现场,同时报告当地党委和政府,协调公安等有关部门出警控制现场,采取有效措施进行控制,防止事态恶化。

第十九条 执行突发事件发生后,执行法院必须就该事件进行专项调查,形成书面报告材料,在5个工作日内逐级上报至高级人民法院。对特别重大执行突发事件,高级人民法院应当立即组织调查,并在3个工作日内书面报告最高人民法院。

第二十条 执行突发事件调查报告应包括以下内容:
(一)事件发生的时间、地点和经过;
(二)事件后果及人员伤亡、财产损失;
(三)与事件相关的案件;
(四)有关法院采取的预防和处理措施;
(五)事件原因分析及经验、教训总结;
(六)事件责任认定及处理;
(七)其他需要报告的事项。

第二十一条 执行突发事件系由执行人员过错引发,或执行应急处理不当加重事件后果,或事后瞒报、谎报、缓报的,必须按照有关纪律处分办法追究相关人员责任。

第二十二条 对当事人及相关人员在执行突发事件中违法犯罪行为,有关法院应当协调公安、检察和纪检监察等有关部门,依法依纪予以严肃查处。

第四章 执行人员回避

第1问：什么情形下执行人员应当自行回避？

1. 是本案当事人或者当事人近亲属的。
2. 本人或者其近亲属与本案有利害关系的。
3. 担任过本案的证人、鉴定人、辩护人、诉讼代理人、翻译人员的。
4. 是本案诉讼、执行程序代理人的近亲属的。
5. 本人或者其近亲属持有本案非上市公司当事人的股份或者股权的。
6. 与本案当事人或者诉讼、执行程序代理人有其他利害关系，可能影响公正执行的。

【法律依据】

《最高人民法院关于适用〈中华人民共和国民事诉讼法〉的解释》（法释〔2022〕11号）

第四十三条 审判人员有下列情形之一的，应当自行回避，当事人有权申请其回避：

（一）是本案当事人或者当事人近亲属的；

（二）本人或者其近亲属与本案有利害关系的；

（三）担任过本案的证人、鉴定人、辩护人、诉讼代理人、翻译人员的；

（四）是本案诉讼代理人近亲属的；

（五）本人或者其近亲属持有本案非上市公司当事人的股份或者

股权的；

（六）与本案当事人或者诉讼代理人有其他利害关系，可能影响公正审理的。

第四十九条 书记员和执行员适用审判人员回避的有关规定。

《中华人民共和国民事诉讼法》（2023年9月1日修正）

第四十七条 审判人员有下列情形之一的，应当自行回避，当事人有权用口头或者书面方式申请他们回避：

（一）是本案当事人或者当事人、诉讼代理人近亲属的；

（二）与本案有利害关系的；

（三）与本案当事人、诉讼代理人有其他关系，可能影响对案件公正审理的。

审判人员接受当事人、诉讼代理人请客送礼，或者违反规定会见当事人、诉讼代理人的，当事人有权要求他们回避。

审判人员有前款规定的行为的，应当依法追究法律责任。

前三款规定，适用于法官助理、书记员、司法技术人员、翻译人员、鉴定人、勘验人。

第四十九条 院长担任审判长或者独任审判员时的回避，由审判委员会决定；审判人员的回避，由院长决定；其他人员的回避，由审判长或者独任审判员决定。

《最高人民法院、最高人民检察院、公安部、国家安全部、司法部关于进一步规范司法人员与当事人、律师、特殊关系人、中介组织接触交往行为的若干规定》（法〔2015〕264号）

第四条 审判人员、检察人员、侦查人员在诉讼活动中，有法律规定的回避情形的，应当自行回避，当事人及其法定代理人也有权要求他们回避。

审判人员、检察人员、侦查人员的回避，应当依法按程序批准后执行。

《保护司法人员依法履行法定职责规定》（2016年7月21日）

第四条 法官、检察官依法履行法定职责受法律保护。非因法定事由，非经法定程序，不得将法官、检察官调离、免职、辞退或者作出降级、撤职等处分。

第五条　只有具备下列情形之一的，方可将法官、检察官调离：

（一）按规定需要任职回避的；

（二）因干部培养需要，按规定实行干部交流的；

（三）因机构调整或者缩减编制员额需要调整工作的；

（四）受到免职、降级等处分，不适合在司法办案岗位工作的；

（五）违反法律、党纪处分条例和审判、检察纪律规定，不适合在司法办案岗位工作的其他情形。

【注意事项】

近亲属是指：配偶、父母、子女、兄弟姐妹、祖父母、外祖父母、孙子女、外孙子女为近亲属（《民法典》第一千零四十五条）

第 2 问：什么情形下当事人有权申请执行人员回避？

1. 接受本案当事人及其受托人宴请，或者参加由其付费的活动的。
2. 索取、接受本案当事人及其受托人财物或其他利益的。
3. 违反规定会见本案当事人、诉讼或执行程序代理人的。
4. 为本案当事人推荐、介绍诉讼或执行程序代理人，或者为律师、其他人员介绍代理本案的。
5. 向本案当事人及其受托人借用款物的。
6. 有其他不正当行为，可能影响公正执行的。

【法律依据】

《中华人民共和国民事诉讼法》（2023 年 9 月 1 日修正）

第四十七条　审判人员有下列情形之一的，应当自行回避，当事人有权用口头或者书面方式申请他们回避：

（一）是本案当事人或者当事人、诉讼代理人近亲属的；

(二) 与本案有利害关系的;

(三) 与本案当事人、诉讼代理人有其他关系, 可能影响对案件公正审理的。

审判人员接受当事人、诉讼代理人请客送礼, 或者违反规定会见当事人、诉讼代理人的, 当事人有权要求他们回避。

审判人员有前款规定的行为的, 应当依法追究法律责任。

前三款规定, 适用于法官助理、书记员、司法技术人员、翻译人员、鉴定人、勘验人。

《最高人民法院关于适用〈中华人民共和国民事诉讼法〉的解释》(法释〔2022〕11号)

第四十三条 审判人员有下列情形之一的, 应当自行回避, 当事人有权申请其回避:

(一) 是本案当事人或者当事人近亲属的;

(二) 本人或者其近亲属与本案有利害关系的;

(三) 担任过本案的证人、鉴定人、辩护人、诉讼代理人、翻译人员的;

(四) 是本案诉讼代理人近亲属的;

(五) 本人或者其近亲属持有本案非上市公司当事人的股份或者股权的;

(六) 与本案当事人或者诉讼代理人有其他利害关系, 可能影响公正审理的。

第四十七条 人民法院应当依法告知当事人对合议庭组成人员、独任审判员和书记员等人员有申请回避的权利。

第四十九条 书记员和执行员适用审判人员回避的有关规定。

第3问: 执行回避的提出时间, 以及法院作出决定的时间是何时?

1. 提出时间: 案件进入执行后、执行程序终结前。

2. 申请回避应当说明理由。

3. 被申请的人员在法院作出决定之前应当暂停参与本案，但需采取紧急措施的除外。

4. 法院作出决定的时间：当事人提出申请后 3 日内，以口头或者书面形式。

5. 当事人对决定不服可以复议一次，复议期间被申请人不停止工作。

6. 法院应当在 3 日内对复议作出决定并通知申请人。

【法律依据】

《中华人民共和国民事诉讼法》(2023 年 9 月 1 日修正)

第四十八条　当事人提出回避申请，应当说明理由，在案件开始审理时提出；回避事由在案件开始审理后知道的，也可以在法庭辩论终结前提出。

被申请回避的人员在人民法院作出是否回避的决定前，应当暂停参与本案的工作，但案件需要采取紧急措施的除外。

第五十条　人民法院对当事人提出的回避申请，应当在申请提出的三日内，以口头或者书面形式作出决定。申请人对决定不服的，可以在接到决定时申请复议一次。复议期间，被申请回避的人员，不停止参与本案的工作。人民法院对复议申请，应当在三日内作出复议决定，并通知复议申请人。

第 4 问：申请回避由谁决定？

1. 审判人员、执行员、书记员的回避由院长决定；其他人员的回避由审判长、执行局长决定。

2. 审判人员、执行员、书记员应当自行回避而未回避、当事人也没有提出申请的，院长或者审判委员会决定其回避。

【法律依据】

《中华人民共和国民事诉讼法》(2023年9月1日修正)

第四十九条 院长担任审判长或者独任审判员时的回避,由审判委员会决定;审判人员的回避,由院长决定;其他人员的回避,由审判长或者独任审判员决定。

《最高人民法院关于适用〈中华人民共和国民事诉讼法〉的解释》(法释〔2022〕11号)

第四十六条 审判人员有应当回避的情形,没有自行回避,当事人也没有申请其回避的,由院长或者审判委员会决定其回避。

第四十九条 书记员和执行员适用审判人员回避的有关规定。

第5问:任职回避的情形有哪些?

人民法院领导干部和审判、执行岗位法官,其配偶、父母、子女在其任职法院辖区内从事律师职业的,应当实行任职回避。

"领导干部"是指:各级人民法院的领导班子成员及审判委员会委员。

"审判、执行岗位法官"是指:各级人民法院未担任院级领导职务的审判委员会委员以及在立案、审判、执行、审判监督、国家赔偿等部门从事审判、执行工作的法官和执行员。

"从事律师职业"是指:开办律师事务所、以律师身份为案件当事人提供诉讼代理或者其他有偿法律服务。

【法律依据】

《最高人民法院关于对配偶父母子女从事律师职业的法院领导干部和审判执行人员实行任职回避的规定》(法发〔2020〕13号)

第一条 人民法院工作人员的配偶、父母、子女、兄弟姐妹、配偶的父母、配偶的兄弟姐妹、子女的配偶、子女配偶的父母具有律师身份的,该工作人员应当主动向所在人民法院组织(人事)部门报告。

第二条 人民法院领导干部和审判执行人员的配偶、父母、子女有下列情形之一的,法院领导干部和审判执行人员应当实行任职回避:

(一)担任该领导干部和审判执行人员所任职人民法院辖区内律师事务所的合伙人或者设立人的;

(二)在该领导干部和审判执行人员所任职人民法院辖区内以律师身份担任诉讼代理人、辩护人,或者为诉讼案件当事人提供其他有偿法律服务的。

第三条 人民法院在选拔任用干部时,不得将符合任职回避条件的人员作为法院领导干部和审判执行人员的拟任人选。

第四条 人民法院在招录补充工作人员时,应当向拟招录补充的人员释明本规定的相关内容。

第五条 符合任职回避条件的法院领导干部和审判执行人员,应当自本规定生效之日或者任职回避条件符合之日起三十日内主动向法院组织(人事)部门提出任职回避申请,相关人民法院应当按照有关规定为其另行安排工作岗位,确定职务职级待遇。

第六条 符合任职回避条件的法院领导干部和审判执行人员没有按规定主动提出任职回避申请的,相关人民法院应当按照有关程序免去其所任领导职务或者将其调离审判执行岗位。

第七条 应当实行任职回避的法院领导干部和审判执行人员的任免权限不在人民法院的,相关人民法院应当向具有干部任免权的机关提出为其办理职务调动或者免职等手续的建议。

第八条 符合任职回避条件的法院领导干部和审判执行人员具有下列情形之一的,应当根据情节给予批评教育、诫勉、组织处理或者处分:

(一)隐瞒配偶、父母、子女从事律师职业情况的;

(二)不按规定主动提出任职回避申请的;

(三) 采取弄虚作假手段规避任职回避的；
(四) 拒不服从组织调整或者拒不办理公务交接的；
(五) 具有其他违反任职回避规定行为的。

第九条 法院领导干部和审判执行人员的配偶、父母、子女采取隐名代理等方式在该领导干部和审判执行人员所任职人民法院辖区内从事律师职业的，应当责令该法院领导干部和审判执行人员辞去领导职务或者将其调离审判执行岗位，其本人知情的，应当根据相关规定从重处理。

第十条 因任职回避调离审判执行岗位的法院工作人员，任职回避情形消失后，可以向法院组织（人事）部门申请调回审判执行岗位。

第十一条 本规定所称父母，是指生父母、养父母和有扶养关系的继父母。

本规定所称子女，是指婚生子女、非婚生子女、养子女和有扶养关系的继子女。

本规定所称从事律师职业，是指担任律师事务所的合伙人、设立人，或者以律师身份担任诉讼代理人、辩护人，或者以律师身份为诉讼案件当事人提供其他有偿法律服务。

本规定所称法院领导干部，是指各级人民法院的领导班子成员及审判委员会委员。

本规定所称审判执行人员，是指各级人民法院立案、审判、执行、审判监督、国家赔偿等部门的领导班子成员、法官、法官助理、执行员。

本规定所称任职人民法院辖区，包括法院领导干部和审判执行人员所任职人民法院及其所辖下级人民法院的辖区。专门人民法院及其他管辖区域与行政辖区不一致的人民法院工作人员的任职人民法院辖区，由解放军军事法院和相关高级人民法院根据有关规定或者实际情况确定。

第五章　迟延履行期间债务利息、迟延履行金

第 1 问：被执行人在什么情况下应当支付"迟延履行期间的债务利息"？什么情况下应当支付"迟延履行金"？

1. 被执行人未按照判决、裁定和其他法律文书指定的期间履行给付金钱义务的，应加倍支付迟延履行期间的债务利息。

2. 被执行人未按照判决、裁定和其他法律文书指定的期间履行其他义务的，应支付迟延履行金。

【法律依据】

《中华人民共和国民事诉讼法》（2023 年 9 月 1 日修正）

第二百六十四条　被执行人未按判决、裁定和其他法律文书指定的期间履行给付金钱义务的，应当加倍支付迟延履行期间的债务利息。被执行人未按判决、裁定和其他法律文书指定的期间履行其他义务的，应当支付迟延履行金。

第 2 问：法院在民事判决书中是否必须列明"迟延履行期间的债务利息"的规定？

1. 一审判决中具有金钱给付义务的，应当在所有判项之后另起一行写明：如果未按本判决指定的期间履行给付金钱义务，应当依照《中华人民共和国民事诉讼法》（2023 年修正）第二百六十四条之规定，加倍支付迟延履行期间的债务利息。

2. 二审作出改判的案件，无论一审判决中是否写了上述告知内容，均应当在二审所有判项之后另起一行写明上述告知内容。

3. 二审维持原判的案件，如一审判决中已经写明上述告知内容，可不再重复告知。

【法律依据】

《最高人民法院关于在民事判决书中增加向当事人告知民事诉讼法第二百二十九条规定内容的通知》（法〔2007〕19号）

全国地方各级人民法院、各级军事法院、各铁路运输中级法院和基层法院、各海事法院，新疆生产建设兵团各级法院：

根据《中共中央关于构建社会主义和谐社会若干重大问题的决定》有关"落实当事人权利义务告知制度"的要求，为使胜诉的当事人及时获得诉讼成果，促使败诉的当事人及时履行义务，经研究决定，在具有金钱给付内容的民事判决书中增加向当事人告知民事诉讼法第二百二十九条[①]规定的内容。现将在民事判决书中具体表述方式通知如下：

一、一审判决中具有金钱给付义务的，应当在所有判项之后另起一行写明：如果未按本判决指定的期间履行给付金钱义务，应当依照《中华人民共和国民事诉讼法》第二百二十九条之规定，加倍支付迟延履行期间的债务利息。

二、二审判决作出改判的案件，无论一审判决是否写入了上述告知内容，均应在所有判项之后另起一行写明第一条的告知内容。

三、如一审判决已经写明上述告知内容，二审维持原判的判决，可不再重复告知。

特此通知。

《中华人民共和国民事诉讼法》（2023年9月1日修正）

第二百六十四条 被执行人未按判决、裁定和其他法律文书指定

[①] 现相关规定见《中华人民共和国民事诉讼法》（2023年修正）第二百六十四条。

的期间履行给付金钱义务的,应当加倍支付迟延履行期间的债务利息。被执行人未按判决、裁定和其他法律文书指定的期间履行其他义务的,应当支付迟延履行金。

第 3 问:《最高人民法院关于执行程序中计算迟延履行期间的债务利息适用法律若干问题的解释》施行之前(2014 年 8 月 1 日之前)产生的迟延履行期间债务利息的计算依据是什么?

2014 年 8 月 1 日尚未执行完毕部分的金钱债务,解释施行前的迟延履行期间债务利息按照中国人民银行规定的同期贷款基准利率计算。

【法律依据】

《最高人民法院关于执行程序中计算迟延履行期间的债务利息适用法律若干问题的解释》(法释〔2014〕8 号)

第七条第一款 本解释施行时尚未执行完毕部分的金钱债务,本解释施行前的迟延履行期间债务利息按照之前的规定计算;施行后的迟延履行期间债务利息按照本解释计算。

《最高人民法院关于在执行工作中如何计算迟延履行期间的债务利息等问题的批复》(法释〔2009〕6 号)

一、人民法院根据《中华人民共和国民事诉讼法》第二百二十九条[①]计算"迟延履行期间的债务利息"时,应当按照中国人民银行规定的同期贷款基准利率计算。

【实务经验】

"同期贷款基准利率"的适用方式是根据未履行期间的长短确定应当适用的中国人民银行公布的同档贷款基准利率,具体如下:

[①] 现相关规定见《中华人民共和国民事诉讼法》(2023 年修正)第二百六十四条。

1. 未履行期间不超过6个月的，适用中国人民银行公布的6个月以内（含6个月）档的贷款基准利率；未履行期间逾6个月、不超过1年的，适用中国人民银行公布的6个月至1年（含1年）档的贷款基准利率；未履行期间逾1年、不超过3年的，适用中国人民银行公布的1年至3年（含3年）档的贷款基准利率未履行期间逾3年、不超过5年的，适用中国人民银行公布的3年至5年（含5年）档的贷款基准利率；未履行期间逾5年的，适用中国人民银行公布的5年以上档的贷款基准利率。自2014年11月22日起，金融机构人民币贷款基准利率期限档次简并为1年以内（含1年）、1年至5年（含5年）和5年以上三个档次。

2. 中国人民银行公布的同期贷款基准利率发生变化的，根据该利率的变化分段计算。

3. 未履行期间逾1年的，每整年的利息按照同期贷款基准利率的年利率计算，剩余期间的利息按照同期贷款基准利率的日利率计算。日利率按照同期贷款基准利率的年利率除以365天计算。

第4问：《最高人民法院关于执行程序中计算迟延履行期间的债务利息适用法律若干问题的解释》施行之前（2014年8月1日之前），被执行人应付的执行款项如何计算？

1. 应付的执行款项=清偿的法律文书确定的金钱债务+清偿的迟延履行期间的债务利息。

2. 清偿的迟延履行期间债务利息=清偿的法律文书确定的金钱债务×同期贷款基准利率×2×迟延履行期间。

【法律依据】

《最高人民法院关于在执行工作中如何计算迟延履行期间的债务利息等问题的批复》（法释〔2009〕6号）

附：具体计算方法

(1) 执行款=清偿的法律文书确定的金钱债务+清偿的迟延履行期间的债务利息。

(2) 清偿的迟延履行期间的债务利息=清偿的法律文书确定的金钱债务×同期贷款基准利率×2×迟延履行期间。

第5问：《最高人民法院关于执行程序中计算迟延履行期间的债务利息适用法律若干问题的解释》施行之前（2014年8月1日之前），迟延履行期间债务利息的计算基数包括什么？

计算基数包括：执行依据确定的债务本金、利息、罚息、滞纳金、违约金、评估费、鉴定费、公告费等因诉讼或仲裁所支出的费用，但不包括案件受理费、保全申请费、其他申请费。

【法律依据】

《人民法院办理执行案件规范》（第二版）（2022年）

174.【迟延履行期间债务利息和迟延履行金的一般规定】

被执行人未按判决、裁定和其他法律文书指定的期间履行给付金钱义务的，应当加倍支付迟延履行期间的债务利息。被执行人未按判决、裁定和其他法律文书指定的期间履行其他义务的，应当支付迟延履行金。[307]

[307]《中华人民共和国民事诉讼法》（2021年12月24日修正）第二百六十条。①

---

① 现相关规定见《中华人民共和国民事诉讼法》（2023年修正）第二百六十四条。

第 6 问：《最高人民法院关于执行程序中计算迟延履行期间的债务利息适用法律若干问题的解释》施行之前（2014 年 8 月 1 日之前），执行到位部分款项但是不足以清偿全部债务的，应认定为清偿的是本金还是利息？

应根据"并还原则"，按照比例清偿金钱债务本金与迟延履行期间债务利息。

但是当事人在执行和解中对清偿顺序另有约定的除外。

【法律依据】

《最高人民法院关于在执行工作中如何计算迟延履行期间的债务利息等问题的批复》（法释〔2009〕6 号）

二、执行款不足以偿付全部债务的，应当根据并还原则按比例清偿法律文书确定的金钱债务与迟延履行期间的债务利息，但当事人在执行和解中对清偿顺序另有约定的除外。

此复。

第 7 问：《最高人民法院关于执行程序中计算迟延履行期间的债务利息适用法律若干问题的解释》施行之后（2014 年 8 月 1 日之后），迟延履行期间债务利息的计算方法是什么？

1. 2014 年 8 月 1 日之后产生的迟延履行期间债务利息，包括迟延履行期间的一般债务利息和加倍部分债务利息。

2. 迟延履行期间的一般债务利息，根据生效法律文书确定的计算方法计算；生效法律文书未确定给付该利息的，不予计算。

3. 加倍部分债务利息的计算方法为：加倍部分债务利息＝债务人尚未清偿的除一般债务利息外的金钱债务×日万分之一点七五×迟延履行期间。

【法律依据】

《最高人民法院关于执行程序中计算迟延履行期间的债务利息适用法律若干问题的解释》（法释〔2014〕8号）

第一条 根据民事诉讼法第二百五十三条规定加倍计算之后的迟延履行期间的债务利息，包括迟延履行期间的一般债务利息和加倍部分债务利息。

迟延履行期间的一般债务利息，根据生效法律文书确定的方法计算；生效法律文书未确定给付该利息的，不予计算。

加倍部分债务利息的计算方法为：加倍部分债务利息＝债务人尚未清偿的生效法律文书确定的除一般债务利息之外的金钱债务×日万分之一点七五×迟延履行期间。

第8问：加倍部分债务利息的起算日是哪天？

1. 自生效法律文书确定的履行期间届满之日起开始计算加倍部分债务利息；

2. 生效法律文书确定分期履行的，自每次履行期间届满之日起计算；生效法律文书未确定履行期间的，自法律文书生效之日起计算。

【法律依据】

《最高人民法院关于执行程序中计算迟延履行期间的债务利息适用法律若干问题的解释》（法释〔2014〕8号）

第二条 加倍部分债务利息自生效法律文书确定的履行期间届满之日起计算；生效法律文书确定分期履行的，自每次履行期间届满之日起计算；生效法律文书未确定履行期间的，自法律文书生效之日起计算。

第9问：加倍部分债务利息的截止日是哪天？

1. 截止日为被执行人履行完毕之日，若被执行人分次履行的，相应部分的加倍部分债务利息计算至每次履行完毕之日。

2. 法院划拨、提取的被执行人的存款、收入、股息、红利等财产的，相应部分的加倍部分债务利息计算至划拨、提取之日；法院对被执行人的财产拍卖、变卖或者以物抵债，计算至成交裁定或者抵债裁定生效之日；法院对被执行人的财产通过其他方式变价的，计算至财产变价完成之日。

3. 生效法律文书确定的一般债务利息计算至被执行人履行完毕之日的，则截止日参照上述两条内容确定。

【法律依据】

《最高人民法院关于执行程序中计算迟延履行期间的债务利息适用法律若干问题的解释》（法释〔2014〕8号）

第三条　加倍部分债务利息计算至被执行人履行完毕之日；被执行人分次履行的，相应部分的加倍部分债务利息计算至每次履行完毕之日。

人民法院划拨、提取被执行人的存款、收入、股息、红利等财产的，相应部分的加倍部分债务利息计算至划拨、提取之日；人民法院对被执行人财产拍卖、变卖或者以物抵债的，计算至成交裁定或者抵债裁定生效之日；人民法院对被执行人财产通过其他方式变价的，计算至财产变价完成之日。

非因被执行人的申请，对生效法律文书审查而中止或者暂缓执行的期间及再审中止执行的期间，不计算加倍部分债务利息。

《人民法院办理执行案件规范》（第二版）（2022年）

182.【加倍部分债务利息的截止日】

加倍部分债务利息计算至被执行人履行完毕之日；被执行人分次履行的，相应部分的加倍部分债务利息计算至每次履行完毕之日。[314]

人民法院划拨、提取被执行人的存款、收入、股息、红利等财产的，相应部分的加倍部分债务利息计算至划拨、提取之日；人民法院对被执行人财产拍卖、变卖或者以物抵债的，计算至成交裁定或者抵债裁定生效之日；人民法院对被执行人财产通过其他方式变价的，计算至财产变价完成之日。[315]

[314]《最高人民法院关于执行程序中计算迟延履行期间的债务利息适用法律若干问题的解释》（法释〔2014〕8号）第三条第一款。

[315]《最高人民法院关于执行程序中计算迟延履行期间的债务利息适用法律若干问题的解释》（法释〔2014〕8号）第三条第二款。

第 10 问：加倍部分债务利息的计付期间，在什么情形下应予以扣除？

非因被执行人的申请，对生效法律文书审查而中止或者暂缓执行的期间及再审中止执行的期间，不计算加倍部分债务利息。

【法律依据】

《最高人民法院关于执行程序中计算迟延履行期间的债务利息适用法律若干问题的解释》（法释〔2014〕8号）

第三条第三款　非因被执行人的申请，对生效法律文书审查而中止或者暂缓执行的期间及再审中止执行的期间，不计算加倍部分债务利息。

第 11 问：被执行人的财产不足清偿全部债务的，本息的清偿顺序是什么？

先清偿法律文书确定的金钱债务，再清偿加倍部分债务利息。但当事人对清偿顺序另有约定的除外。

【法律依据】

《最高人民法院关于执行程序中计算迟延履行期间的债务利息适用法律若干问题的解释》(法释〔2014〕8号)

第四条 被执行人的财产不足以清偿全部债务的,应当先清偿生效法律文书确定的金钱债务,再清偿加倍部分债务利息,但当事人对清偿顺序另有约定的除外。

第12问:法律文书确定给付外币的,加倍部分债务利息如何计算?

1. 生效法律文书确定给付外币的,执行时以该种外币按照日万分之一点七五计算加倍部分债务利息,但是申请执行人主张以人民币计算的,法院应予准许。

2. 以人民币方式计算的,应先将外币折算或套算成人民币之后再进行计算。

3. 外币折算或套算人民币的,按照加倍部分债务利息起算之日的中国外汇交易中心或中国人民银行授权机构公布的人民币对该外币的中间价折合成人民币计算;未公布汇率中间价的外币,按照该日境内人民币对该外币的中间价折算成人民币,或者该外币在境内银行、国际外汇市场对美元的汇率,与人民币对美元汇率中间价进行套算。

【法律依据】

《最高人民法院关于执行程序中计算迟延履行期间的债务利息适用法律若干问题的解释》(法释〔2014〕8号)

第五条 生效法律文书确定给付外币的,执行时以该种外币按日万分之一点七五计算加倍部分债务利息,但申请执行人主张以人民币计算的,人民法院应予准许。

以人民币计算加倍部分债务利息的,应当先将生效法律文书确定的外币折算或者套算为人民币后再进行计算。

外币折算或者套算为人民币的,按照加倍部分债务利息起算之日的中国外汇交易中心或者中国人民银行授权机构公布的人民币对该外币的中间价折合成人民币计算;中国外汇交易中心或者中国人民银行授权机构未公布汇率中间价的外币,按照该日境内银行人民币对该外币的中间价折算成人民币,或者该外币在境内银行、国际外汇市场对美元汇率,与人民币对美元汇率中间价进行套算。

第13问:迟延履行金的计算方法是什么?

被执行人未按照法律文书指定的期间履行非金钱给付义务的,无论是否给申请执行人造成损失,都应当支付迟延履行金。已经造成损失的,双倍补偿申请执行人受到的损失;没有造成损失的,迟延履行金由法院根据案件具体情况决定。

【法律依据】

《最高人民法院关于适用〈中华人民共和国民事诉讼法〉的解释》(法释〔2022〕11号)

第五百零五条 被执行人未按判决、裁定和其他法律文书指定的期间履行非金钱给付义务的,无论是否已给申请执行人造成损失,都应当支付迟延履行金。已经造成损失的,双倍补偿申请执行人已经受到的损失;没有造成损失的,迟延履行金可以由人民法院根据具体案件情况决定。

第14问:申请执行人在执行立案时或者执行过程中没有主张迟延履行期间债务利息或者迟延履行金的,执行标的额是否包含迟延履行期间债务利息或者迟延履行金?

包含。只要申请执行人没有明确表示放弃迟延履行期间债务利息或者迟延履行金的,就应包含在执行标的额内。

【法律依据】

《人民法院办理执行案件规范》(第二版)(2022年)
188.【未明示放弃迟延履行期间债务利息、迟延履行金的执行】
申请执行人在执行立案时或执行过程中未明确表示放弃迟延履行期间债务利息或迟延履行金的,执行标的额包括迟延履行期间债务利息或迟延履行金。

第15问:在债权人申请执行之前,债务人已经自动履行完毕法律文书确定的其他债务,但未给付迟延履行期间债务利息或迟延履行金的,债权人能否单独就迟延履行期间债务利息或迟延履行金申请执行?

可以,但是债权人已经认可债务履行完毕的除外。

【法律依据】

《人民法院办理执行案件规范》(第二版)(2022年)
189.【迟延履行期间债务利息、迟延履行金的单独申请执行】
执行依据生效后申请执行前,债务人已自动履行完毕执行依据确定的其他债务,债权人以债务人未支付或未完全支付迟延履行期间债务利息或迟延履行金为由单独申请执行的,人民法院应予受理。但债权人已认可债务履行完毕的除外。

第16问:调解书确定了一方不履行调解协议应承担的民事责任,并且不履行的当事人已经承担了该民事责任的,对方当事人还能否要求其承担迟延履行责任?

不可以。

【法律依据】

《最高人民法院关于人民法院民事调解工作若干问题的规定》（法释〔2020〕20号）

第八条 人民法院对于调解协议约定一方不履行协议应当承担民事责任的，应予准许。

调解协议约定一方不履行协议，另一方可以请求人民法院对案件作出裁判的条款，人民法院不予准许。

第十五条 调解书确定的担保条款条件或者承担民事责任的条件成就时，当事人申请执行的，人民法院应当依法执行。

不履行调解协议的当事人按照前款规定承担了调解书确定的民事责任后，对方当事人又要求其承担民事诉讼法第二百五十三条[①]规定的迟延履行责任的，人民法院不予支持。

[①] 现相关规定见《中华人民共和国民事诉讼法》（2023年修正）第二百六十四条。

第六章　执行费用

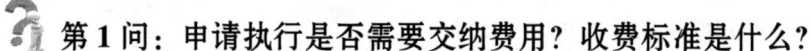

第 1 问：申请执行是否需要交纳费用？收费标准是什么？

1. 需要交纳费用。
2. 按照以下标准收费：
（1）没有执行金额或者价额的，每件交纳 50-500 元；
（2）执行金额或者价额不超过 1 万元的，每件交纳 50 元；1 万元-50 万元的部分，按照 1.5%交纳；50 万元-500 万元的部分，按照 1%交纳；500 万元-1000 万元的部分，按照 0.5%交纳；超过 1000 万元的部分，按照 0.1%交纳；
（3）刑事裁判涉财产部分的执行案件，不收执行费。

【法律依据】

《诉讼费用交纳办法》(2006 年 12 月 19 日)

第十条　当事人依法向人民法院申请下列事项，应当交纳申请费：

（一）申请执行人民法院发生法律效力的判决、裁定、调解书，仲裁机构依法作出的裁决和调解书，公证机构依法赋予强制执行效力的债权文书；

……

第十四条　申请费用分别按照下列标准交纳：

（一）依法向人民法院申请执行人民法院发生法律效力的判决、裁定、调解书，仲裁机构依法作出的裁决和调解书，公证机关依法赋

予强制执行效力的债权文书,申请承认和执行外国法院判决、裁定以及国外仲裁机构裁决的,按照下列标准交纳:

1. 没有执行金额或者价额的,每件交纳50元至500元。

2. 执行金额或者价额不超过1万元的,每件交纳50元;超过1万元至50万元的部分,按照1.5%交纳;超过50万元至500万元的部分,按照1%交纳;超过500万元至1000万元的部分,按照0.5%交纳;超过1000万元的部分,按照0.1%交纳。

3. 符合民事诉讼法第五十五条第四款规定,未参加登记的权利人向人民法院提起诉讼的,按照本项规定的标准交纳申请费,不再交纳案件受理费。

……

《最高人民法院办公厅关于刑事裁判涉财产部分执行可否收取诉讼费意见的复函》(法办函〔2017〕19号)

你厅《关于商请明确人民法院可否收取刑事案件涉财产执行诉讼费有关问题的函》收悉。经研究,我院认为,刑事裁判涉财产部分执行不同于民事执行,人民法院办理刑事裁判涉财产部分执行案件,不应收取诉讼费。

第2问:执行申请费由谁负担?

由被执行人负担,人民法院在执行法律文书确定的内容之外直接向被执行人收取,不由申请执行人预交。

【法律依据】

《最高人民法院关于适用〈诉讼费用交纳办法〉的通知》(法发〔2007〕16号)

四、关于执行申请费和破产申请费的收取

《办法》第二十条规定,执行申请费和破产申请费不由申请人预交,执行申请费执行后交纳,破产申请费清算后交纳。自2007年4

月 1 日起,执行申请费由人民法院在执行生效法律文书确定的内容之外直接向被执行人收取,破产申请费由人民法院在破产清算后,从破产财产中优先拨付。

《诉讼费用交纳办法》(2006 年 12 月 19 日)

第二十条第二款 申请费由申请人预交。但是,本办法第十条第(一)项、第(六)项规定的申请费不由申请人预交,执行申请费执行后交纳,破产申请费清算后交纳。

第 3 问:特殊案件执行申请费如何收取?

1. 实现担保物权案件:拍卖、变卖担保财产的裁定作出后,法院强制执行的,按照执行金额收费。

2. 执行中当事人达成和解协议的:申请费由双方协商解决,协商不成的由法院决定。

3. 因强制执行发生保管、仓储、运输等费用的:由申请执行人预交并直接交付,法院不得代收代付。案款执行到位后,该费用从案款中支付给申请执行人。

4. 将被执行人的信息通过报纸、广播、电视、互联网等媒体公布的:有关费用由被执行人负担。若申请执行人申请在媒体公布的,应由申请执行人垫付相关费用。

【法律依据】

《最高人民法院关于适用〈中华人民共和国民事诉讼法〉的解释》(法释〔2022〕11 号)

第二百零五条 拍卖、变卖担保财产的裁定作出后,人民法院强制执行的,按照执行金额收取执行申请费。

《诉讼费用交纳办法》(2006 年 12 月 19 日)

第三十八条第二款 执行中当事人达成和解协议的,申请费的负担由双方当事人协商解决;协商不成的,由人民法院决定。

《最高人民法院关于适用〈中华人民共和国民事诉讼法〉执行程序若干问题的解释》（法释〔2020〕21号）

第二十六条 依照民事诉讼法第二百五十五条的规定，执行法院可以依职权或者依申请执行人的申请，将被执行人不履行法律文书确定义务的信息，通过报纸、广播、电视、互联网等媒体公布。

媒体公布的有关费用，由被执行人负担；申请执行人申请在媒体公布的，应当垫付有关费用。

第二编 执行过程

第一章　财产调查

第 1 问：针对被执行人财产的强制执行措施都有哪些？

1. 扣留、提取被执行人应当履行义务部分的收入。
2. 查封、扣押、冻结、拍卖、变卖被执行人应当履行义务部分的财产，但应当保留被执行人及其所扶养家属的生活必需品。
3. 采取上述措施，人民法院应当作出裁定。

【法律依据】

《中华人民共和国民事诉讼法》（2023 年 9 月 1 日修正）

第二百五十二条　被执行人未按执行通知履行法律文书确定的义务，应当报告当前以及收到执行通知之日前一年的财产情况。被执行人拒绝报告或者虚假报告的，人民法院可以根据情节轻重对被执行人或者其法定代理人、有关单位的主要负责人或者直接责任人员予以罚款、拘留。

第二百五十三条　被执行人未按执行通知履行法律文书确定的义务，人民法院有权向有关单位查询被执行人的存款、债券、股票、基金份额等财产情况。人民法院有权根据不同情形扣押、冻结、划拨、变价被执行人的财产。人民法院查询、扣押、冻结、划拨、变价的财产不得超出被执行人应当履行义务的范围。

人民法院决定扣押、冻结、划拨、变价财产，应当作出裁定，并发出协助执行通知书，有关单位必须办理。

《最高人民法院关于在执行工作中进一步强化善意文明执行理念的意见》（法发〔2019〕35号）

3. 合理选择执行财产。被执行人有多项财产可供执行的，人民法院应选择对被执行人生产生活影响较小且方便执行的财产执行。在不影响执行效率和效果的前提下，被执行人请求人民法院先执行某项财产的，应当准许；未准许的，应当有合理正当理由。

执行过程中，人民法院应当为被执行人及其扶养家属保留必需的生活费用。要严格按照中央有关产权保护的精神，严格区分企业法人财产与股东个人财产，严禁违法查封案外人财产，严禁对不得查封的财产采取执行措施，切实保护民营企业等企业法人、企业家和各类市场主体合法权益。要注意到，信托财产在信托存续期间独立于委托人、受托人各自的固有财产，并且受益人对信托财产享有的权利表现为信托受益权，信托财产并非受益人的责任财产。因此，当事人因其与委托人、受托人或者受益人之间的纠纷申请对存管银行或信托公司专门账户中的信托资金采取保全或执行措施的，除符合《中华人民共和国信托法》第十七条规定的情形外，人民法院不应准许。

第2问：药品批准文号能否被查封？

不能，因为其不具有财产价值，该批准文号受行政许可法的调整，是准许企业生产的合法标志。

【法律依据】

《最高人民法院给安徽省高级人民法院〈关于人民法院在执行中能否查封药品批准文号的答复〉》（〔2010〕执他字第2号）

药品批准文号系国家药品监督管理部门准许企业生产的合法标志，该批准文号受行政许可法的调整，本身不具有财产价值。因此，人民法院在执行中对药品批准文号不应进行查封。

第3问：地方财政预算外资金能否作为执行款划拨？

不能，因为其属于地方财政部门（如财政厅、财政局等）按国家规定管理的各项附加收入，应主要用于社会公益，由地方财政部门统一管理，专项安排，专项使用。但政府机关的预算外资金可以执行。

【法律依据】

《最高人民法院关于河南省西华县艾岗粮管所申请执行河南省西平县人民政府、西平县城乡建设环境保护局一案如何执行问题的复函》（〔93〕经他3号）

河南省高级人民法院：

你院关于如何执行西平县人民政府财产的请示报告收悉。经研究，答复如下：

根据国务院《关于加强预算外资金管理的通知》和财政部有关预算外资金管理的文件规定，地方财政的预算外资金属于地方财政部门按国家规定管理的各项附加收入，应主要用于社会公益，由地方财政部门统一管理，专项安排，专项使用。法院根据生效的判决依法执行时，不能划拨该项资金，应划拨县政府机关的预算外资金。至于本案西平县人民政府是否应当与西平县城乡建设环境保护局共同承担连带责任问题，也应慎重研究，请再酌。

第4问：共有财产能否强制执行，是否可以查封、扣押、冻结？

能执行，可以查封、扣押、冻结。

共有人协议分割共有财产，需要债权人认可，否则无效。

共有人或申请执行人代位提起析产诉讼的中止对该共有财产的执行。

原查封、扣押、冻结的效力及于分割后被执行人享有份额内的财产。

【法律依据】

《中华人民共和国民法典》(2020年5月28日)

第三百零三条　共有人约定不得分割共有的不动产或者动产，以维持共有关系的，应当按照约定，但是共有人有重大理由需要分割的，可以请求分割；没有约定或者约定不明确的，按份共有人可以随时请求分割，共同共有人在共有的基础丧失或者有重大理由需要分割时可以请求分割。因分割造成其他共有人损害的，应当给予赔偿。

第三百零四条　共有人可以协商确定分割方式。达不成协议，共有的不动产或者动产可以分割且不会因分割减损价值的，应当对实物予以分割；难以分割或者因分割会减损价值的，应当对折价或者拍卖、变卖取得的价款予以分割。

共有人分割所得的不动产或者动产有瑕疵的，其他共有人应当分担损失。

《最高人民法院关于人民法院民事执行中查封、扣押、冻结财产的规定》(法释〔2020〕21号)

第十二条　对被执行人与其他人共有的财产，人民法院可以查封、扣押、冻结，并及时通知共有人。

共有人协议分割共有财产，并经债权人认可的，人民法院可以认定有效。查封、扣押、冻结的效力及于协议分割后被执行人享有份额内的财产；对其他共有人享有份额内的财产的查封、扣押、冻结，人民法院应当裁定予以解除。

共有人提起析产诉讼或者申请执行人代位提起析产诉讼的，人民法院应当准许。诉讼期间中止对该财产的执行。

第 5 问：破产企业以划拨方式取得的国有土地使用权是否属于破产财产？

不属于。

以国有土地使用权设定抵押权时，除依法办理抵押权登记手续外，还应经具有审批权限的人民政府或土地行政管理部门批准。

抵押权人只有在以抵押标的物折价或拍卖、变卖所得价款缴纳相当于土地使用权出让金的款项后，对剩余部分方可享有优先受偿权。

【法律依据】

《最高人民法院关于破产企业国有划拨土地使用权应否列入破产财产等问题的批复》（法释〔2020〕18号）

湖北省高级人民法院：

你院鄂高法〔2002〕158号《关于破产企业国有划拨土地使用权应否列入破产财产以及有关抵押效力认定等问题的请示》收悉。经研究，答复如下：

一、根据《中华人民共和国土地管理法》第五十八条第一款第（三）项及《城镇国有土地使用权出让和转让暂行条例》第四十七条的规定，破产企业以划拨方式取得的国有土地使用权不属于破产财产，在企业破产时，有关人民政府可以予以收回，并依法处置。纳入国家兼并破产计划的国有企业，其依法取得的国有土地使用权，应依据国务院有关文件规定办理。

二、企业对其以划拨方式取得的国有土地使用权无处分权，以该土地使用权设定抵押，未经有审批权限的人民政府或土地行政管理部门批准的，不影响抵押合同效力；履行了法定的审批手续，并依法办理抵押登记的，抵押权自登记时设立。根据《中华人民共和国城市房地产管理法》第五十一条的规定，抵押权人只有在以抵押标的物折价或拍卖、变卖所得价款缴纳相当于土地使用权出让金的款项后，对剩余部分方可享有优先受偿权。但纳入国家兼并破产计划的国有企业，其用以划拨方式取得的国有土地使用权设定抵押的，应依据国务院有关文件规定办理。

三、国有企业以关键设备、成套设备、建筑物设定抵押的，如无其他法定的无效情形，不应当仅以未经政府主管部门批准为由认定抵押合同无效。

本批复自公布之日起施行，正在审理或者尚未审理的案件，适用本批复，但对提起再审的判决、裁定已经发生法律效力的案件除外。

此复。

第6问：军队单位为被执行人时，军队财产能否强制执行？

能强制执行，可以对账户进行保全措施和执行措施。

【法律依据】

《最高人民法院关于军队单位作为经济纠纷案件的当事人可否对其银行帐户上的存款采取诉讼保全和军队费用能否强行划拨偿还债务问题的批复》（法〔经〕复〔1990〕15号）

河北省高级人民法院，江苏省高级人民法院：

（87）冀法请字第5号关于军队单位作为经济纠纷案件的当事人可否对其银行帐户上的存款采取诉讼保全的请示和苏法经（1987）51号关于军队费用能否强行划拨偿还债务的请示均已收悉。经研究，现答复如下：

一、最高人民法院和中国人民银行《关于查询、冻结和扣划企事业单位、机关、团体的银行存款的通知》，同样适用于军队系统的企事业单位。

二、按照中国人民银行、中国工商银行、中国农业银行、中国人民解放军总后勤部（1985）财字第110号通知印发的《军队单位在银行开设帐户和存款的管理办法》中"军队工厂（矿）、农场、马场、军人服务部、省军区以上单位实行企业经营的招待所（含经总部、军区、军兵种批准实行企业经营的军以下单位招待所）和企业的上级财务主管部门等单位，开设'特种企业存款'，有息存款"的规定，军队从事生产经营活动应当以此帐户结算。因此，在经济纠纷诉讼中，人民法院根据对方当事人申请或者依职权有权对军队的"特种企业存款"帐户的存款采取诉讼保全措施，并可依照《民事诉讼法（试行）》第一百七十九条的规定，对该帐户的存款采取执行措施。

三、人民法院在审理经济纠纷案件过程中，如果发现军队机关或所属单位以不准用于从事经营性业务往来结算的帐户从事经营性业务往来结算和经营性借贷或者担保等违反国家政策、法律的，人民法院有权依法对其帐户动用的资金采取诉讼保全措施和执行措施。军队一方当事人的上级领导机关，应当协助人民法院共同查清其帐户的情况，依法予以冻结或者扣划。

第 7 问：强制执行中，哪些属于夫妻共同财产，应该如何分割？

1. 共同财产的认定

（1）属于共同财产：婚姻关系存续期间所得的工资、奖金、劳务报酬、收益、知识产权的收益、继承或者受赠的财产等。

（2）不属于共同财产：一方婚前财产、一方因受到人身损害获得的赔偿或者补偿、遗嘱或赠与合同中确定只归一方的财产、一方专用的生活用品等。

2. 共同财产的分割

夫妻共同财产在执行过程中可进行分割，其中属于被执行人的部分可以强制执行。

分割规则详见【法律依据】（包括：军人名下的复员费、自主择业费等一次性费用；股票、债券、投资基金份额等有价证券以及未上市股份公司股份；有限责任公司出资额；合伙企业出资额；投资的个人独资企业；已取得所有权以及尚未取得所有权或者尚未取得完全所有权的房屋；婚前个人支付首付款并在银行贷款，婚后共同还贷的房屋；婚后共同财产出资购买以父母名义参加房改的房屋；离婚时一方尚未退休、尚未分割的合法继承的遗产；夫妻之间订立的借款协议等）

【法律依据】

一、共同所有

《中华人民共和国民法典》（2020年5月28日）

第一千零六十二条　夫妻在婚姻关系存续期间所得的下列财产，为夫妻的共同财产，归夫妻共同所有：

（一）工资、奖金、劳务报酬；

（二）生产、经营、投资的收益；

（三）知识产权的收益；

（四）继承或者受赠的财产，但是本法第一千零六十三条第三项规定的除外；

（五）其他应当归共同所有的财产。夫妻对共同财产，有平等的处理权。

《最高人民法院关于适用〈中华人民共和国民法典〉婚姻家庭编的解释（一）》（法释〔2020〕22号）

第二十四条　民法典第一千零六十二条第一款第三项规定的"知识产权的收益"，是指婚姻关系存续期间，实际取得或者已经明确可以取得的财产性收益。

第二十五条　婚姻关系存续期间，下列财产属于民法典第一千零六十二条规定的"其他应当归共同所有的财产"：

（一）一方以个人财产投资取得的收益；

（二）男女双方实际取得或者应当取得的住房补贴、住房公积金；

（三）男女双方实际取得或者应当取得的基本养老金、破产安置补偿费。

第二十六条　夫妻一方个人财产在婚后产生的收益，除孳息和自然增值外，应认定为夫妻共同财产。

第二十七条 由一方婚前承租、婚后用共同财产购买的房屋，登记在一方名下的，应当认定为夫妻共同财产。

二、财产分割

《**中华人民共和国民法典**》（2020 年 5 月 28 日）

第一千零六十六条 婚姻关系存续期间，有下列情形之一的，夫妻一方可以向人民法院请求分割共同财产：

（一）一方有隐藏、转移、变卖、毁损、挥霍夫妻共同财产或者伪造夫妻共同债务等严重损害夫妻共同财产利益的行为；

（二）一方负有法定扶养义务的人患重大疾病需要医治，另一方不同意支付相关医疗费用。

《**最高人民法院关于适用〈中华人民共和国民法典〉婚姻家庭编的解释（一）**》（法释〔2020〕22 号）

第六十九条 当事人达成的以协议离婚或者到人民法院调解离婚为条件的财产以及债务处理协议，如果双方离婚未成，一方在离婚诉讼中反悔的，人民法院应当认定该财产以及债务处理协议没有生效，并根据实际情况依照民法典第一千零八十七条和第一千零八十九条的规定判决。

当事人依照民法典第一千零七十六条签订的离婚协议中关于财产以及债务处理的条款，对男女双方具有法律约束力。登记离婚后当事人因履行上述协议发生纠纷提起诉讼的，人民法院应当受理。

第七十条 夫妻双方协议离婚后就财产分割问题反悔，请求撤销财产分割协议的，人民法院应当受理。

人民法院审理后，未发现订立财产分割协议时存在欺诈、胁迫等情形的，应当依法驳回当事人的诉讼请求。

第七十一条 人民法院审理离婚案件，涉及分割发放到军人名下的复员费、自主择业费等一次性费用的，以夫妻婚姻关系存续年限乘以年平均值，所得数额为夫妻共同财产。

前款所称年平均值，是指将发放到军人名下的上述费用总额按具体年限均分得出的数额。其具体年限为人均寿命七十岁与军人入伍时实际年龄的差额。

第七十二条 夫妻双方分割共同财产中的股票、债券、投资基金份额等有价证券以及未上市股份有限公司股份时,协商不成或者按市价分配有困难的,人民法院可以根据数量按比例分配。

第七十三条 人民法院审理离婚案件,涉及分割夫妻共同财产中以一方名义在有限责任公司的出资额,另一方不是该公司股东的,按以下情形分别处理:

(一)夫妻双方协商一致将出资额部分或者全部转让给该股东的配偶,其他股东过半数同意,并且其他股东均明确表示放弃优先购买权的,该股东的配偶可以成为该公司股东;

(二)夫妻双方就出资额转让份额和转让价格等事项协商一致后,其他股东半数以上不同意转让,但愿意以同等条件购买该出资额的,人民法院可以对转让出资所得财产进行分割。其他股东半数以上不同意转让,也不愿意以同等条件购买该出资额的,视为其同意转让,该股东的配偶可以成为该公司股东。

用于证明前款规定的股东同意的证据,可以是股东会议材料,也可以是当事人通过其他合法途径取得的股东的书面声明材料。

第七十四条 人民法院审理离婚案件,涉及分割夫妻共同财产中以一方名义在合伙企业中的出资,另一方不是该企业合伙人的,当夫妻双方协商一致,将其合伙企业中的财产份额全部或者部分转让给对方时,按以下情形分别处理:

(一)其他合伙人一致同意的,该配偶依法取得合伙人地位;

(二)其他合伙人不同意转让,在同等条件下行使优先购买权的,可以对转让所得的财产进行分割;

(三)其他合伙人不同意转让,也不行使优先购买权,但同意该合伙人退伙或者削减部分财产份额的,可以对结算后的财产进行分割;

(四)其他合伙人既不同意转让,也不行使优先购买权,又不同意该合伙人退伙或者削减部分财产份额的,视为全体合伙人同意转让,该配偶依法取得合伙人地位。

第七十五条 夫妻以一方名义投资设立个人独资企业的,人民法院分割夫妻在该个人独资企业中的共同财产时,应当按照以下情形分别处理:

(一)一方主张经营该企业的,对企业资产进行评估后,由取得企业资产所有权一方给予另一方相应的补偿;

(二)双方均主张经营该企业的,在双方竞价基础上,由取得企业资产所有权的一方给予另一方相应的补偿;

(三)双方均不愿意经营该企业的,按照《中华人民共和国个人独资企业法》等有关规定办理。

第七十六条 双方对夫妻共同财产中的房屋价值及归属无法达成协议时,人民法院按以下情形分别处理:

(一)双方均主张房屋所有权并且同意竞价取得的,应当准许;

(二)一方主张房屋所有权的,由评估机构按市场价格对房屋作出评估,取得房屋所有权的一方应当给予另一方相应的补偿;

(三)双方均不主张房屋所有权的,根据当事人的申请拍卖、变卖房屋,就所得价款进行分割。

第七十七条 离婚时双方对尚未取得所有权或者尚未取得完全所有权的房屋有争议且协商不成的,人民法院不宜判决房屋所有权的归属,应当根据实际情况判决由当事人使用。

当事人就前款规定的房屋取得完全所有权后,有争议的,可以另行向人民法院提起诉讼。

第七十八条 夫妻一方婚前签订不动产买卖合同,以个人财产支付首付款并在银行贷款,婚后用夫妻共同财产还贷,不动产登记于首付款支付方名下的,离婚时该不动产由双方协议处理。

依前款规定不能达成协议的,人民法院可以判决该不动产归登记一方,尚未归还的贷款为不动产登记一方的个人债务。双方婚后共同还贷支付的款项及其相对应财产增值部分,离婚时应根据民法典第一千零八十七条第一款规定的原则，由不动产登记一方对另一方进行补偿。

第七十九条 婚姻关系存续期间，双方用夫妻共同财产出资购买以一方父母名义参加房改的房屋，登记在一方父母名下，离婚时另一方主张按照夫妻共同财产对该房屋进行分割的，人民法院不予支持。购买该房屋时的出资，可以作为债权处理。

第八十条 离婚时夫妻一方尚未退休、不符合领取基本养老金条件，另一方请求按照夫妻共同财产分割基本养老金的，人民法院不予支持；婚后以夫妻共同财产缴纳基本养老保险费，离婚时一方主张将养老金账户中婚姻关系存续期间个人实际缴纳部分及利息作为夫妻共同财产分割的，人民法院应予支持。

第八十一条 婚姻关系存续期间，夫妻一方作为继承人依法可以继承的遗产，在继承人之间尚未实际分割，起诉离婚时另一方请求分割的，人民法院应当告知当事人在继承人之间实际分割遗产后另行起诉。

第八十二条 夫妻之间订立借款协议，以夫妻共同财产出借给一方从事个人经营活动或者用于其他个人事务的，应视为双方约定处分夫妻共同财产的行为，离婚时可以按照借款协议的约定处理。

第八十三条 离婚后，一方以尚有夫妻共同财产未处理为由向人民法院起诉请求分割的，经审查该财产确属离婚时未涉及的夫妻共同财产，人民法院应当依法予以分割。

第8问：被执行人财产为其他人设定了担保负担，能否强制执行？

可以执行。

1. 执行所得价款应优先清偿担保物权人。

2. 财产上原有的租赁权及其他用益物权，原则上不因拍卖而消灭，但该权利的继续存在，对在先的优先受偿权的实现有影响的，人民法院应当依法将其除去后进行拍卖。

3. 抵押财产被转让，如果该抵押权已依法设立登记，抵押权人依然可以执行该财产，必要时可以将抵押财产的现登记名义人列为被执行人。

4. 抵押财产上设定了多个抵押权，按照设定顺序依次受偿。

5. 国有企业以机器设备、厂房等设定抵押权，不应当仅以未经政府主管部门批准为由认定抵押合同无效。

【法律依据】

《最高人民法院关于人民法院执行工作若干问题的规定（试行）》（法释〔2020〕21号）

31. 人民法院对被执行人所有的其他人享有抵押权、质押权或留置权的财产，可以采取查封、扣押措施。财产拍卖、变卖后所得价款，应当在抵押权人、质押权人或留置权人优先受偿后，其余额部分用于清偿申请执行人的债权。

《最高人民法院关于人民法院民事执行中拍卖、变卖财产的规定》（法释〔2020〕21号）

第二十八条 拍卖财产上原有的担保物权及其他优先受偿权，因拍卖而消灭，拍卖所得价款，应当优先清偿担保物权人及其他优先受偿权人的债权，但当事人另有约定的除外。

拍卖财产上原有的租赁权及其他用益物权，不因拍卖而消灭，但该权利继续存在于拍卖财产上，对在先的担保物权或者其他优先受偿权的实现有影响的，人民法院应当依法将其除去后进行拍卖。

《最高人民法院关于执行程序中被执行人无偿转让抵押财产人民法院应如何处理的答复》（〔2006〕执他字第13号）

山东省高级人民法院：

你院《关于执行程序中被执行人无偿转让抵押财产人民法院应如何处理的请示》收悉。经研究，答复如下：

作为执行标的物的抵押财产在执行程序中被转让的，如果抵押财产已经依法办理了抵押登记，则不论转让行为是有偿还是无偿，也不论是否通知了抵押权人，只要抵押权人没有放弃抵押权，人民法院均可以直接对该抵押物进行执行。因此，你院可以直接对被执行人已经设定抵押的财产采取执行措施，必要时，可以将抵押财产的现登记名义人列为被执行人。

此复。

《最高人民法院经济庭关于同一抵押物设立数个抵押权依次受偿问题的函》（法经〔1992〕68号）
广东省高级人民法院：

你院〔1992〕粤高法经请字第1号《关于造成重复抵押无效的原因消除后该重复抵押行为的效力应如何确认的问题的请示》收悉。经研究，答复如下：

我院《关于贯彻执行〈中华人民共和国民法通则〉若干问题的意见（试行）》第115条对抵押的问题已有规定。按照该规定，当抵押物价值较大时，抵押人可就同一抵押物的剩余担保价值另行设立抵押权；同一抵押物有数个抵押权时，按设立的先后顺序依次受偿。你院请示的案件抵押物价值近40万元，第一个抵押权只有17万元，抵押人可以就剩余担保价值另设立抵押权，而不应按无效抵押处理。

此复

第9问：海关监管货物应当如何强制执行？

人民法院应当责令当事人办结海关手续，不得未经海关许可擅自进行处置。

【法律依据】

《中华人民共和国海关法》（2021年4月29日修正）

第三十七条　海关监管货物，未经海关许可，不得开拆、提取、交付、发运、调换、改装、抵押、质押、留置、转让、更换标记、移作他用或者进行其他处置。

海关加施的封志,任何人不得擅自开启或者损毁。

人民法院判决、裁定或者有关行政执法部门决定处理海关监管货物的,应当责令当事人办结海关手续。

第10问:被执行人生活所必需的居住房屋如何认定?如何强制执行?超过生活所必需的财产如何处理?

1. 被执行人及其所扶养家属生活所必需的居住房屋,可以查封,但不得拍卖、变卖、抵债。

2. 以下三种情况不认定为生活所必需的居住房屋:(1)对被执行人有扶养义务的人名下有其他能够维持生活必需的居住房屋的;(2)执行依据生效后,为逃避债务转让其名下其他房屋的;(3)申请执行人按照标准为其提供居住房屋或同意按照当地房屋租赁市场平均租金标准从该房屋变价款中扣除五年至八年房屋租金的。

3. 执行依据确定被执行人交付居住的房屋,自执行通知送达之日起,给与三个月的宽限期,被执行人以该房屋为生活的必需品为由提出异议的,人民法院不予支持。

4. 对于超过被执行人及其所扶养家属生活所必需的房屋和生活用品,在保障最低生活标准所必需的居住房屋和普通生活必需品后,可予以执行。

【法律依据】

《最高人民法院关于人民法院民事执行中查封、扣押、冻结财产的规定(2020)修正》(法释〔2020〕21号)

第四条 对被执行人及其所扶养家属生活所必需的居住房屋,人民法院可以查封,但不得拍卖、变卖或者抵债。

第五条 对于超过被执行人及其所扶养家属生活所必需的房屋和

生活用品，人民法院根据申请执行人的申请，在保障被执行人及其所扶养家属最低生活标准所必需的居住房屋和普通生活必需品后，可予以执行。

《最高人民法院关于人民法院办理执行异议和复议案件若干问题的规定》（法释〔2020〕21号）

第二十条　金钱债权执行中，符合下列情形之一，被执行人以执行标的系本人及所扶养家属维持生活必需的居住房屋为由提出异议的，人民法院不予支持：

（一）对被执行人有扶养义务的人名下有其他能够维持生活必需的居住房屋的；

（二）执行依据生效后，被执行人为逃避债务转让其名下其他房屋的；

（三）申请执行人按照当地廉租住房保障面积标准为被执行人及所扶养家属提供居住房屋，或者同意参照当地房屋租赁市场平均租金标准从该房屋的变价款中扣除五至八年租金的。

执行依据确定被执行人交付居住的房屋，自执行通知送达之日起，已经给予三个月的宽限期，被执行人以该房屋系本人及所扶养家属维持生活的必需品为由提出异议的，人民法院不予支持。

第11问：民办学校教育用地和设施，能否强制执行？

是否可以执行视具体情况而定，但可以在不影响正常使用的情况下进行。

【案例指引】

中国农业银行股份有限公司吉林市东升支行与吉林市碧碧溪外国语实验学校借款担保合同纠纷执行案〔（2015）执申字第55号〕

案例要旨：一、豁免执行必须有法律法规的明确规定，现行法律法规中没有规定对教育用地或教育设施豁免执行，学校应以学校的财产包括教育用地与教育设施负担其债务。

二、债权实现与维护社会公共利益之间应当保持平衡，法院采取的执行措施不能影响社会公益设施的使用。为保障社会公益事业发展，保障公众受教育权等基本权益，对教育用地与教育设施的执行不能改变其公益性用途，不能影响实际使用。

第 12 问：被执行人的财产被第三人占有，能否强制执行？

可以查封、扣押、冻结，第三人可以继续占有、使用、保管，但不得交付给被执行人。

如果第三人是无偿借用上述财产的，不受上述限制。

【法律依据】

《最高人民法院关于人民法院民事执行中查封、扣押、冻结财产的规定》（法释〔2020〕21号）

第十三条 对第三人为被执行人的利益占有的被执行人的财产，人民法院可以查封、扣押、冻结；该财产被指定给第三人继续保管的，第三人不得将其交付给被执行人。

对第三人为自己的利益依法占有的被执行人的财产，人民法院可以查封、扣押、冻结，第三人可以继续占有和使用该财产，但不得将其交付给被执行人。

第三人无偿借用被执行人的财产的，不受前款规定的限制。

第 13 问：被执行人出卖的保留所有权的财产，能否强制执行？

可以查封、扣押、冻结，第三人要求继续履行合同并交付全款后，可以解除强制执行措施。

保留所有权买卖不适用于不动产。

【法律依据】

《最高人民法院关于人民法院民事执行中查封、扣押、冻结财产的规定》（法释〔2020〕21号）

第十四条 被执行人将其财产出卖给第三人，第三人已经支付部分价款并实际占有该财产，但根据合同约定被执行人保留所有权的，人民法院可以查封、扣押、冻结；第三人要求继续履行合同的，向人民法院交付全部余款后，裁定解除查封、扣押、冻结。

《最高人民法院关于审理买卖合同纠纷案件适用法律问题的解释》（法释〔2020〕17号）

第二十五条 买卖合同当事人主张民法典第六百四十一条关于标的物所有权保留的规定适用于不动产的，人民法院不予支持。

第14问：被执行人购买的保留所有权的财产，能否强制执行？

1. 可以查封、扣押、冻结该财产，保留所有权已办理登记的，第三人的剩余价款从该财产变价款中优先支付；

2. 第三人主张取回该财产的，可以提出异议，买受人已经支付标的物总价款的百分之七十五以上的，不予支持。

【法律依据】

《中华人民共和国民法典》（2020年5月28日）

第六百四十一条 当事人可以在买卖合同中约定买受人未履行支付价款或者其他义务的，标的物的所有权属于出卖人。出卖人对标的物保留的所有权，未经登记，不得对抗善意第三人。

《最高人民法院关于人民法院民事执行中查封、扣押、冻结财产的规定》（法释〔2020〕21号）

第十六条 被执行人购买第三人的财产，已经支付部分价款并实际占有该财产，第三人依合同约定保留所有权的，人民法院可以查封、扣押、冻结。保留所有权已办理登记的，第三人的剩余价款从该财产变价款中优先支付；第三人主张取回该财产的，可以依据民事诉讼法第二百二十七条①规定提出异议。

《最高人民法院关于审理买卖合同纠纷案件适用法律问题的解释》（法释〔2020〕17号）

第二十五条 买卖合同当事人主张民法典第六百四十一条关于标的物所有权保留的规定适用于不动产的，人民法院不予支持。

第二十六条 买受人已经支付标的物总价款的百分之七十五以上，出卖人主张取回标的物的，人民法院不予支持。

在民法典第六百四十二条第一款第三项情形下，第三人依据民法典第三百一十一条的规定已经善意取得标的物所有权或者其他物权，出卖人主张取回标的物的，人民法院不予支持。

第15问：被执行人卖给第三人但尚未过户的财产，能否强制执行？

第三人支出部分价款或全部价款+实际占有+未办理过户手续，则人民法院可以查封、扣押、冻结该财产。

第三人支付全部价款+实际占有+第三人对未办理过户手续无过错的，则人民法院不得查封、扣押、冻结该财产。

【法律依据】

《最高人民法院关于人民法院民事执行中查封、扣押、冻结财产的规定》（法释〔2020〕21号）

第十五条 被执行人将其所有的需要办理过户登记的财产出卖给第三人，第三人已经支付部分或者全部价款并实际占有该财产，

---

① 现相关规定见《中华人民共和国民事诉讼法》（2023年修正）第二百三十八条。

但尚未办理产权过户登记手续的,人民法院可以查封、扣押、冻结;第三人已经支付全部价款并实际占有,但未办理过户登记手续的,如果第三人对此没有过错,人民法院不得查封、扣押、冻结。

《最高人民法院关于人民法院办理执行异议和复议案件若干问题的规定》(法释〔2020〕21号)

第二十八条 金钱债权执行中,买受人对登记在被执行人名下的不动产提出异议,符合下列情形且其权利能够排除执行的,人民法院应予支持:

(一)在人民法院查封之前已签订合法有效的书面买卖合同;

(二)在人民法院查封之前已合法占有该不动产;

(三)支付全部价款,或者已按照合同约定支付部分价款且将剩余价款按照人民法院的要求交付执行;

(四)非因买受人自身原因未办理过户登记。

《最高人民法院关于适用〈中华人民共和国民法典〉物权编的解释(一)》(法释〔2020〕24号)

第六条 转让人转让船舶、航空器和机动车等所有权,受让人已经支付合理价款并取得占有,虽未经登记,但转让人的债权人主张其为民法典第二百二十五条所称的"善意第三人"的,不予支持,法律另有规定的除外。

第16问:查明被执行人财产的途径有哪些?

1. 申请执行人应当提供被执行人的财产线索。

2. 被执行人应当如实报告财产。

3. 人民法院应当通过网络执行查控系统进行调查,根据案件需要应当通过其他方式进行调查的,同时采取其他调查方式。

【法律依据】

《最高人民法院关于民事执行中财产调查若干问题的规定》(法释〔2020〕21号)

第一条 执行过程中，申请执行人应当提供被执行人的财产线索；被执行人应当如实报告财产；人民法院应当通过网络执行查控系统进行调查，根据案件需要应当通过其他方式进行调查的，同时采取其他调查方式。

第17问：执行人员在执行过程中获取的哪些信息需要保密？

执行人员不得调查与执行案件无关的信息，对调查过程中知悉的国家秘密、商业秘密和个人隐私应当保密。

【法律依据】

《最高人民法院关于民事执行中财产调查若干问题的规定》(法释〔2020〕21号)

第二十五条 执行人员不得调查与执行案件无关的信息，对调查过程中知悉的国家秘密、商业秘密和个人隐私应当保密。

《法官行为规范》(法发〔2010〕54号)

第五十九条 被执行财产的查找

（一）申请执行人向法院提供被执行财产线索的，应当及时进行调查，依法采取相应的执行措施，并将有关情况告知申请执行人；

（二）应当积极依职权查找被执行人财产，并及时依法采取相应执行措施。

第18问：申请执行人如何有效地向法院提供被执行人的财产线索？

1. 自行填写财产调查表，尽可能多地填写财产线索；人民法院应当在收到有关线索后尽快决定是否调查，决定不予调查的，应当告知申请执行人具体理由；

2. 委托强制执行律师，申请调查令、委托调查函等；

3. 被执行人怠于行使债权对申请执行人造成损害的，向有管辖权的人民法院提起代位权诉讼；

4. 被执行人放弃债权、无偿转让财产或者以明显不合理的低价转让财产，对申请执行人造成损害的，向有管辖权的人民法院提起撤销权诉讼。

【法律依据】

《最高人民法院关于民事执行中财产调查若干问题的规定》（法释〔2020〕21号）

第二条 申请执行人提供被执行人财产线索，应当填写财产调查表。财产线索明确、具体的，人民法院应当在七日内调查核实；情况紧急的，应当在三日内调查核实。财产线索确实的，人民法院应当及时采取相应的执行措施。

申请执行人确因客观原因无法自行查明财产的，可以申请人民法院调查。

《最高人民法院关于依法制裁规避执行行为的若干意见》（法〔2011〕195号）

2. 强化申请执行人提供财产线索的责任。各地法院可以根据案件的实际情况，要求申请执行人提供被执行人的财产状况或者财产线索，并告知不能提供的风险。各地法院也可根据本地的实际情况，探索尝试以调查令、委托调查函等方式赋予代理律师法律规定范围内的财产调查权。

14. 引导申请执行人依法诉讼。被执行人怠于行使债权对申请执行人造成损害的，执行法院可以告知申请执行人依照《中华人民共和国合同法》第七十三条①的规定，向有管辖权的人民法院提起代位权诉讼。

被执行人放弃债权、无偿转让财产或者以明显不合理的低价转让财产，对申请执行人造成损害的，执行法院可以告知申请执行人依照《中华人民共和国合同法》第七十四条②的规定向有管辖权的人民法院提起撤销权诉讼。

《最高人民法院关于人民法院办理执行案件若干期限的规定》（法发〔2006〕35号）

第六条　申请执行人提供了明确、具体的财产状况或财产线索的，承办人应当在申请执行人提供财产状况或财产线索后5日内进行查证、核实。情况紧急的，应当立即予以核查。

申请执行人无法提供被执行人财产状况或财产线索，或者提供财产状况或财产线索确有困难，需人民法院进行调查的，承办人应当在申请执行人提出调查申请后10日内启动调查程序。

根据案件具体情况，承办人一般应当在1个月内完成对被执行人收入、银行存款、有价证券、不动产、车辆、机器设备、知识产权、对外投资权益及收益、到期债权等资产状况的调查。

《最高人民法院关于加强人民法院审判公开工作的若干意见》（法发〔2007〕20号）

17. 申请执行人向人民法院提供被执行人财产线索的，人民法院应当在收到有关线索后尽快决定是否调查，决定不予调查的，应当告知申请执行人具体理由。人民法院根据申请执行人提供的线索或依职权调查被执行人财产状况的，应当在调查结束后及时将调查结果告知申请执行人。被执行人向人民法院申报财产的，人民法院应当在收到申报后及时将被执行人申报的财产状况告知申请执行人。

---

① 现相关规定见《中华人民共和国民法典》第五百三十五条。
② 现相关规定见《中华人民共和国民法典》第五百四十条。

《中共中央办公厅、国务院办公厅关于加快推进失信被执行人信用监督、警示和惩戒机制建设的意见》

四、完善相关制度机制

（一）进一步提高执行查控工作能力

2. 拓展执行查控措施。人民法院要进一步拓展对被告和被执行人财产的查控手段和措施。研究制定被执行人财产报告制度、律师调查被执行人财产制度、公告悬赏制度、审计调查制度等财产查控制度。

《中华人民共和国民法典》（2020年5月28日）

第五百三十五条　因债务人怠于行使其债权或者与该债权有关的从权利，影响债权人的到期债权实现的，债权人可以向人民法院请求以自己的名义代位行使债务人对相对人的权利，但是该权利专属于债务人自身的除外。

代位权的行使范围以债权人的到期债权为限。债权人行使代位权的必要费用，由债务人负担。

相对人对债务人的抗辩，可以向债权人主张。

第五百三十六条　债权人的债权到期前，债务人的债权或者与该债权有关的从权利存在诉讼时效期间即将届满或者未及时申报破产债权等情形，影响债权人的债权实现的，债权人可以代位向债务人的相对人请求其向债务人履行、向破产管理人申报或者作出其他必要的行为。

第五百三十七条　人民法院认定代位权成立的，由债务人的相对人向债权人履行义务，债权人接受履行后，债权人与债务人、债务人与相对人之间相应的权利义务终止。债务人对相对人的债权或者与该债权有关的从权利被采取保全、执行措施，或者债务人破产的，依照相关法律的规定处理。

第五百三十八条　债务人以放弃其债权、放弃债权担保、无偿转让财产等方式无偿处分财产权益，或者恶意延长其到期债权的履行期限，影响债权人的债权实现的，债权人可以请求人民法院撤销债务人的行为。

第五百三十九条 债务人以明显不合理的低价转让财产、以明显不合理的高价受让他人财产或者为他人的债务提供担保，影响债权人的债权实现，债务人的相对人知道或者应当知道该情形的，债权人可以请求人民法院撤销债务人的行为。

第五百四十条 撤销权的行使范围以债权人的债权为限。债权人行使撤销权的必要费用，由债务人负担。

第19问：财产报告程序的启动方式是什么？

人民法院应当向被执行人发出报告财产令，并应当与执行通知同时发出。需要再次责令被执行人报告财产情况的，应当重新向其发出报告财产令。

被执行人应当报告当前以及收到执行通知之日前一年的财产情况，拒绝报告或者虚假报告的，根据情节轻重予以罚款、拘留。

暂无财产可供执行的被执行人，人民法院可以要求其定期报告。

【法律依据】

《最高人民法院关于民事执行中财产调查若干问题的规定》（法释〔2020〕21号）

第三条 人民法院依申请执行人的申请或依职权责令被执行人报告财产情况的，应当向其发出报告财产令。金钱债权执行中，报告财产令应当与执行通知同时发出。

人民法院根据案件需要再次责令被执行人报告财产情况的，应当重新向其发出报告财产令。

《中华人民共和国民事诉讼法》（2023年9月1日修正）

第二百五十二条 被执行人未按执行通知履行法律文书确定的义务，应当报告当前以及收到执行通知之日前一年的财产情况。被执行人拒绝报告或者虚假报告的，人民法院可以根据情节轻重对被执行人或者其法定代理人、有关单位的主要负责人或者直接责任人员予以罚款、拘留。

《最高人民法院关于依法制裁规避执行行为的若干意见》（法〔2011〕195号）

1. 严格落实财产报告制度。对于被执行人未按执行通知履行法律文书确定义务的，执行法院应当要求被执行人限期如实报告财产，并告知拒绝报告或者虚假报告的法律后果。对于被执行人暂时无财产可供执行的，可以要求被执行人定期报告。

第20问：报告财产令中都有哪些内容？

1. 提交财产报告的期限。
2. 报告财产的范围、期间。
3. 补充报告财产的条件及期间。
4. 违反报告财产义务应承担的法律责任。
5. 人民法院认为有必要载明的其他事项。

【法律依据】

《最高人民法院关于民事执行中财产调查若干问题的规定》（法释〔2020〕21号）

第四条 报告财产令应当载明下列事项：
（一）提交财产报告的期限；
（二）报告财产的范围、期间；
（三）补充报告财产的条件及期间；
（四）违反报告财产义务应承担的法律责任；
（五）人民法院认为有必要载明的其他事项。

报告财产令应附财产调查表，被执行人必须按照要求逐项填写。

第 21 问：被执行人报告财产的范围是什么？

1. 收入、银行存款、现金、理财产品、有价证券。
2. 土地使用权、房屋等不动产。
3. 交通运输工具、机器设备、产品、原材料等动产。
4. 债权、股权、投资权益、基金份额、信托受益权、知识产权等财产性权利。
5. 其他应当报告的财产。

【法律依据】

《最高人民法院关于民事执行中财产调查若干问题的规定》（法释〔2020〕21 号）

第五条 被执行人应当在报告财产令载明的期限内向人民法院书面报告下列财产情况：

（一）收入、银行存款、现金、理财产品、有价证券；

（二）土地使用权、房屋等不动产；

（三）交通运输工具、机器设备、产品、原材料等动产；

（四）债权、股权、投资权益、基金份额、信托受益权、知识产权等财产性权利；

（五）其他应当报告的财产。

被执行人的财产已出租、已设立担保物权等权利负担，或者存在共有、权属争议等情形的，应当一并报告；被执行人的动产由第三人占有，被执行人的不动产、特定动产、其他财产权等登记在第三人名下的，也应当一并报告。

被执行人在报告财产令载明的期限内提交书面报告确有困难的，可以向人民法院书面申请延长期限；申请有正当理由的，人民法院可以适当延长。

第22问：财产发生哪些变动时，被执行人应当向人民法院补充报告？

收到执行通知之日前一年至提交书面财产报告之日，发生如下财产变动的需要补充报告：

（1）转让、出租财产的；
（2）在财产上设立担保物权等权利负担的；
（3）放弃债权或延长债权清偿期的；
（4）支出大额资金的；
（5）其他影响生效法律文书确定债权实现的财产变动。

以上财产变动应当自财产变动之日起十日内向人民法院补充报告。

【法律依据】

《最高人民法院关于民事执行中财产调查若干问题的规定》（法释〔2020〕21号）

第六条 被执行人自收到执行通知之日前一年至提交书面财产报告之日，其财产情况发生下列变动的，应当将变动情况一并报告：

（一）转让、出租财产的；
（二）在财产上设立担保物权等权利负担的；
（三）放弃债权或延长债权清偿期的；
（四）支出大额资金的；
（五）其他影响生效法律文书确定债权实现的财产变动。

第七条 被执行人报告财产后，其财产情况发生变动，影响申请执行人债权实现的，应当自财产变动之日起十日内向人民法院补充报告。

第23问：被执行人提交的财产报告应当如何核实？

人民法院应当及时调查核实并将被执行人申报的财产状况告知申

请执行人，必要时可以组织当事人进行听证。

【法律依据】

《最高人民法院关于民事执行中财产调查若干问题的规定》（法释〔2020〕21号）

第八条 对被执行人报告的财产情况，人民法院应当及时调查核实，必要时可以组织当事人进行听证。

申请执行人申请查询被执行人报告的财产情况的，人民法院应当准许。申请执行人及其代理人对查询过程中知悉的信息应当保密。

《最高人民法院关于加强人民法院审判公开工作的若干意见》（法发〔2007〕20号）

17. 申请执行人向人民法院提供被执行人财产线索的，人民法院应当在收到有关线索后尽快决定是否调查，决定不予调查的，应当告知申请执行人具体理由。人民法院根据申请执行人提供的线索或依职权调查被执行人财产状况的，应当在调查结束后及时将调查结果告知申请执行人。被执行人向人民法院申报财产的，人民法院应当在收到申报后及时将被执行人申报的财产状况告知申请执行人。

第24问：被执行人不履行报告义务的法律后果有哪些？

1. 罚款、拘留、追究刑事责任。
2. 纳入失信被执行人名单。
3. 被执行人隐匿财产、会计账簿等资料拒不交出的，人民法院可以依法采取搜查措施。

【法律依据】

《最高人民法院关于民事执行中财产调查若干问题的规定》（法释〔2020〕21号）

第九条 被执行人拒绝报告、虚假报告或者无正当理由逾期报告财产情况的，人民法院可以根据情节轻重对被执行人或者其法定代理人予以罚款、拘留；构成犯罪的，依法追究刑事责任。

人民法院对有前款规定行为之一的单位，可以对其主要负责人或者直接责任人员予以罚款、拘留；构成犯罪的，依法追究刑事责任。①

第十条 被执行人拒绝报告、虚假报告或者无正当理由逾期报告财产情况的，人民法院应当依照相关规定将其纳入失信被执行人名单。

第十四条 被执行人隐匿财产、会计账簿等资料拒不交出的，人民法院可以依法采取搜查措施。

人民法院依法搜查时，对被执行人可能隐匿财产或者资料的处所、箱柜等，经责令被执行人开启而拒不配合的，可以强制开启。

《最高人民法院关于严格规范终结本次执行程序的规定（试行）》（法〔2016〕373号）

第二条第二款 人民法院应当将财产报告、核实及处罚的情况记录入卷。

《最高人民法院关于依法制裁规避执行行为的若干意见》（法〔2011〕195号）

15. 对规避执行行为加大民事强制措施的适用。被执行人既不履行义务又拒绝报告财产或者进行虚假报告、拒绝交出或者提供虚假财务会计凭证、协助执行义务人拒不协助执行或者妨碍执行、到期债务第三人提出异议后又擅自向被执行人清偿等，给申请执行人造成损失的，应当依法对相关责任人予以罚款、拘留。

《最高人民法院关于适用〈中华人民共和国民事诉讼法〉的解释》（法释〔2022〕11号）

第四百九十四条 在执行中，被执行人隐匿财产、会计账簿等资料的，人民法院除可依照民事诉讼法第一百一十四条第一款第六项规

---

① 《最高人民法院印发〈关于依法制裁规避执行行为的若干意见〉的通知》第十五条规范内容应以本条为准。

定对其处理外，还应责令被执行人交出隐匿的财产、会计账簿等资料。被执行人拒不交出的，人民法院可以采取搜查措施。①

《最高人民法院关于公布失信被执行人名单信息的若干规定》（法释〔2017〕7号）

第一条 被执行人未履行生效法律文书确定的义务，并具有下列情形之一的，人民法院应当将其纳入失信被执行人名单，依法对其进行信用惩戒：

（一）有履行能力而拒不履行生效法律文书确定义务的；

（二）以伪造证据、暴力、威胁等方法妨碍、抗拒执行的；

（三）以虚假诉讼、虚假仲裁或者以隐匿、转移财产等方法规避执行的；

（四）违反财产报告制度的；

（五）违反限制消费令的；

（六）无正当理由拒不履行执行和解协议的。

第25问：什么情况下财产报告程序终结？

1. 被执行人履行完毕生效法律文书确定义务的。
2. 人民法院裁定终结执行的。
3. 人民法院裁定不予执行的。
4. 人民法院认为财产报告程序应当终结的其他情形。

发出报告财产令后，人民法院裁定终结本次执行程序的，被执行人仍应依照《最高人民法院关于民事执行中财产调查若干问题的规定》（2020年修正）第七条的规定履行补充报告义务。

---

① 《最高人民法院关于人民法院执行工作若干问题的规定（试行）》（2020年修正）第三十条、第三十一条，《最高人民法院关于适用〈中华人民共和国民事诉讼法〉的解释》第四百九十四条规范的内容，应以《最高人民法院关于民事执行中财产调查若干问题的规定》第十四条为准。

【法律依据】

《最高人民法院关于民事执行中财产调查若干问题的规定》(法释〔2020〕21号)

第十一条 有下列情形之一的,财产报告程序终结:
(一)被执行人履行完毕生效法律文书确定义务的;
(二)人民法院裁定终结执行的;
(三)人民法院裁定不予执行的;
(四)人民法院认为财产报告程序应当终结的其他情形。

发出报告财产令后,人民法院裁定终结本次执行程序的,被执行人仍应依照本规定第七条的规定履行补充报告义务。

第26问:人民法院财产调查的方式与范围有哪些?

1. 调查方式:通过网络执行查控系统、现场调查等方式调查被执行人的身份信息和财产信息,并可以复制、打印、抄录、拍照或以其他方式进行提取、留存。

2. 调查范围:存款、债券、股票、基金份额、不动产、车辆等。

【法律依据】

《中华人民共和国民事诉讼法》(2023年9月1日修正)

第二百五十三条 被执行人未按执行通知履行法律文书确定的义务,人民法院有权向有关单位查询被执行人的存款、债券、股票、基金份额等财产情况。人民法院有权根据不同情形扣押、冻结、划拨、变价被执行人的财产。人民法院查询、扣押、冻结、划拨、变价的财产不得超出被执行人应当履行义务的范围。

人民法院决定扣押、冻结、划拨、变价财产,应当作出裁定,并发出协助执行通知书,有关单位必须办理。

《最高人民法院关于民事执行中财产调查若干问题的规定》（法释〔2020〕21号）

第十二条 被执行人未按执行通知履行生效法律文书确定的义务，人民法院有权通过网络执行查控系统、现场调查等方式向被执行人、有关单位或个人调查被执行人的身份信息和财产信息，有关单位和个人应当依法协助办理。

人民法院对调查所需资料可以复制、打印、抄录、拍照或以其他方式进行提取、留存。

申请执行人申请查询人民法院调查的财产信息的，人民法院可以根据案件需要决定是否准许。申请执行人及其代理人对查询过程中知悉的信息应当保密。

《最高人民法院关于适用〈中华人民共和国民事诉讼法〉的解释》（法释〔2022〕11号）

第四百八十三条 人民法院有权查询被执行人的身份信息与财产信息，掌握相关信息的单位和个人必须按照协助执行通知书办理。

《最高人民法院关于依法制裁规避执行行为的若干意见》（法〔2011〕195号）

3. 加强人民法院依职权调查财产的力度。各地法院要充分发挥执行联动机制的作用，完善与金融、房地产管理、国土资源、车辆管理、工商管理等各有关单位的财产查控网络，细化协助配合措施，进一步拓宽财产调查渠道，简化财产调查手续，提高财产调查效率。

第27问：被执行人不配合财产调查、下落不明，应当如何处理？

可以传唤被执行人或被执行人的法定代表人、负责人、实际控制人、直接责任人员接受调查询问。无正当理由拒不到场的，人民法院可以拘传其到场。上述人员下落不明的，可以依照相关规定通知有关单位协助查找。

【法律依据】

《最高人民法院关于民事执行中财产调查若干问题的规定》(法释〔2020〕21号)

第十五条 为查明被执行人的财产情况和履行义务的能力,可以传唤被执行人或被执行人的法定代表人、负责人、实际控制人、直接责任人员到人民法院接受调查询问。

对必须接受调查询问的被执行人、被执行人的法定代表人、负责人或者实际控制人,经依法传唤无正当理由拒不到场的,人民法院可以拘传其到场;上述人员下落不明的,人民法院可以依照相关规定通知有关单位协助查找。

《中华人民共和国公司法》(2023年12月29日)

第二百六十五条 本法下列用语的含义:

......

(三)实际控制人,是指通过投资关系、协议或者其他安排,能够实际支配公司行为的人。

......

《人民法院办理执行案件规范》(第二版)(2022年)

191.【拘传的适用条件和程序】

对必须接受调查询问的被执行人、被执行人的法定代表人、负责人或者实际控制人,经依法传唤无正当理由拒不到场的,人民法院可以拘传其到场。[324]

拘传必须经院长批准。[325]

拘传必须用拘传票,并直接送达被拘传人;在拘传前,应当向被拘传人说明拒不到庭的后果,经批评教育仍拒不到庭的,可以拘传其到庭。[326]

192.【拘传的严格适用】

执行法院在采取拘传措施前应进行说服教育,经说服教育后仍拒不到场的,才能采取拘传措施。

对于已经控制被执行人的财产且财产权属清晰、没有必要调查询问的被执行人、被执行人的法定代表人、负责人或者实际控制人，不宜采取拘传措施。采取拘传措施必须严格遵守法定的时间期限，不能以连续拘传的形式变相羁押被拘传人。[327]

193.【拘传中的调查询问】

人民法院应当及时对被拘传人进行调查询问，调查询问的时间不得超过八小时；情况复杂，依法可能采取拘留措施的，调查询问的时间不得超过二十四小时。[328]

调查询问后不得限制被拘传人的人身自由。

194.【辖区外的拘传】

人民法院在本辖区以外采取拘传措施时，可以将被拘传人拘传到当地人民法院，当地人民法院应予协助。[329]

[324]《最高人民法院关于适用〈中华人民共和国民事诉讼法〉的解释》（法释〔2015〕5号，2022年3月22日修正）第四百八十二条第一款。

[325] 参照《中华人民共和国民事诉讼法》（2021年12月24日修正）第一百一十九条第一款。①

[326]《最高人民法院关于适用〈中华人民共和国民事诉讼法〉的解释》（法释〔2015〕5号，2022年3月22日修正）第一百七十五条。

[327] 参照《最高人民法院关于认真贯彻实施民事诉讼法及相关司法解释有关规定的通知》（法〔2017〕369号）第三条。

[328]《最高人民法院关于适用〈中华人民共和国民事诉讼法〉的解释》（法释〔2015〕5号，2022年3月22日修正）第四百八十二条第二款。

---

① 现相关规定见《中华人民共和国民事诉讼法》（2023年修正）第一百一十九条第一款。

[329]《最高人民法院关于适用〈中华人民共和国民事诉讼法〉的解释》(法释〔2015〕5号,2022年3月22日修正)第四百八十二条第三款。

第28问:机动车、船舶、航空器等已被查封,但是没有实际扣押,应当如何处理?

可以依照相关规定通知有关单位协助查找。

由最高人民法院向公安部提供查封车辆裁定书、协助执行通知书,提供执行法院信息、案件承办人姓名及联系电话。公安机关交管部门将上述车辆信息纳入车辆管理信息系统,限制其转让过户或新增抵押登记,在办理车辆年检、转移登记、执勤执法的过程中发现上述车辆的,应及时通知人民法院。

【法律依据】

《最高人民法院关于民事执行中财产调查若干问题的规定》(法释〔2020〕21号)

第十六条 人民法院对已经办理查封登记手续的被执行人机动车、船舶、航空器等特定动产未能实际扣押的,可以依照相关规定通知有关单位协助查找。

《最高人民法院、公安部关于建立快速查询信息共享及网络执行查控协作工作机制的意见》(法〔2016〕41号)

三、网络执行查控协作工作内容

……

(二)协助查找车辆

最高人民法院向公安部提供加盖电子签章的查封车辆裁定书、协助执行通知书,提供执行法院信息、案件承办人姓名及联系电话。公安机关交管部门将上述车辆信息纳入车辆管理信息系统,限制其转让过户或新增抵押登记,在办理车辆年检、转移登记、执勤执法的过程中发现上述车辆的,应及时通知人民法院。

……

第29问:执行法院现场查询被执行人银行存款的流程是什么?

出示工作证和执行公务证,出具法院协助查询存款通知书,原件不得借走,需要的资料可以抄录、复制或照相。

【法律依据】

《最高人民法院、中国人民银行关于依法规范人民法院执行和金融机构协助执行的通知》(法发〔2000〕21号)

一、人民法院查询被执行人在金融机构的存款时,执行人员应当出示本人工作证和执行公务证,并出具法院协助查询存款通知书。金融机构应当立即协助办理查询事宜,不需办理签字手续,对于查询的情况,由经办人签字确认。对协助执行手续完备拒不协助查询的,按照民事诉讼法第一百零二条①规定处理。

……

《储蓄管理条例》(2011年1月8日修订)

第三十二条 储蓄机构及其工作人员对储户的储蓄情况负有保密责任。

储蓄机构不代任何单位和个人查询、冻结或者划拨储蓄存款,国家法律、行政法规另有规定的除外。

《最高人民法院关于网络查询、冻结被执行人存款的规定》(法释〔2013〕20号)

第四条 人民法院向金融机构传输的法律文书,应当加盖电子印章。

---

① 现相关规定见《中华人民共和国民事诉讼法》(2023年修正)第一百一十四条。

作为协助执行人的金融机构完成查询、冻结等事项后，应当及时通过网络向人民法院回复加盖电子印章的查询、冻结等结果。

人民法院出具的电子法律文书、金融机构出具的电子查询、冻结等结果，与纸质法律文书及反馈结果具有同等效力。

第五条 人民法院通过网络查询、冻结、续冻、解冻被执行人存款，与执行人员赴金融机构营业场所查询、冻结、续冻、解冻被执行人存款具有同等效力。

第十条 人民法院与工商行政管理、证券监管、土地房产管理等协助执行单位已建立网络执行查控机制，通过网络执行查控系统对被执行人股权、股票、证券账户资金、房地产等其他财产采取查控措施的，参照本规定执行。

《最高人民法院、中国银行业监督管理委员会关于人民法院与银行业金融机构开展网络执行查控和联合信用惩戒工作的意见》（法〔2014〕266号）

一、最高人民法院、中国银行业监督管理委员会鼓励和支持各级人民法院与银行业金融机构通过网络信息化方式，开展执行与协助执行、联合对失信被执行人进行信用惩戒等工作。

二、最高人民法院、中国银行业监督管理委员会鼓励和支持银行业金融机构与人民法院建立网络执行查控机制，通过网络查询被执行人存款和其他金融资产信息，办理其他协助事项。

银行业金融机构应当推进电子信息化建设，协助人民法院建立网络执行查控机制。

三、中国银行业监督管理委员会督促指导各银行业金融机构确定专门机构和人员负责网络执行查控工作，及时准确反馈办理结果；鼓励和支持开发批量自动查控功能，实现查询数据的准确和高效。

四、中国银行业监督管理委员会鼓励和支持人民法院与银行业金融机构在完备法律手续、保证资金安全的情况下，逐步通过网络实施查询、冻结、扣划等执行措施。

银行业金融机构尚未与人民法院建立网络执行查控机制，或者协助事项不能通过网络办理的,应当根据法律、司法解释和有关规定,协助人民法院现场办理。

……

六、人民法院与银行业金融机构建立了网络执行查控机制的,通过网络执行查控系统对被执行人存款或其他金融资产采取查控措施,按照《最高人民法院关于网络查询、冻结被执行人存款的规定》(法释〔2013〕20号)执行。

《人民法院、银行业金融机构网络执行查控工作规范》(法〔2015〕321号)

1. 人民法院对被执行人的银行账户、银行卡、存款及其他金融资产采取查询、冻结、扣划等执行措施(以下简称查控措施),可以通过专线或金融网络等方式与金融机构进行网络连接,向金融机构发送采取查控措施的数据和电子法律文书,接收金融机构查询、冻结、扣划、处置等的结果数据和电子回执。

前款所述金融资产,指可以进行变价交易,并且交易价款及孳息可以存款的方式转入金融机构特定关联资金账户的各类财产。

20. 最高人民法院与中国银行业监督管理委员会制定网络执行查控系统的技术规范(包括数据格式、法律文书、查控结果回执样式等),作为本规范的附件。

各高级人民法院应当根据该技术规范,对本辖区法院的案件管理系统进行改造,开发与"总对总"或"点对点"网络查控系统进行对接的软件。

各金融机构应当根据该技术规范,对本行业务系统进行改造,开发与"总对总"或"点对点"网络查控系统进行对接的,具备自动接收、审核、处理查询、冻结、扣划及反馈查控结果等网络查控功能的软件。

《最高人民法院、中国银行业监督管理委员会关于进一步推进网络执行查控工作的通知》(法〔2018〕64号)

九、银行业金融机构应研究完善银行端网络查控数据库,确保网络查控系统反馈的数据和线下柜台查询的数据保持一致；应提升银行端网络查控数据库性能，提高反馈速度和反馈率，解决查控数据积压问题；自收到全国法院网络执行查控系统发起的网络查控请求 24 小时之内，应予以有效反馈。

十、各省（市、区）高级人民法院，新疆维吾尔自治区高级人民法院生产建设兵团分院，各省（市、区）银监局，负责督促、落实本辖区地方性银行业金融机构，按时上线银行存款网络冻结功能和网络扣划功能、按时上线金融理财产品网络查询功能和网络冻结功能；负责跟踪、督促本辖区地方性银行业金融机构切实履行好协助执行的法定义务，提高网络查控反馈信息的准确性和反馈率；并向最高人民法院和中国银行业监督管理委员会报告进展情况。

十一、银行业金融机构要切实履行好协助执行的法定义务，严禁违法向被执行人透露案件相关信息、为被执行人逃避规避执行提供帮助。人民法院和银行业金融机构工作人员违反以上规定、造成不良影响的，将追究相关责任。

第 30 问：执行法院可以请求公安机关协助查询哪些信息？

查询身份、护照、车辆财产信息，协助查找失信被执行人，并限制其出境，协助查封、扣押车辆。

【法律依据】

《关于对失信被执行人实施联合惩戒的合作备忘录》（发改财金〔2016〕141 号）

三、惩戒措施、共享内容及实施单位

（二十四）查询身份、护照、车辆财产信息；协助查找失信被执行人；限制出境；协助查封、扣押车辆

协助查询反馈失信被执行人身份、护照信息及车辆财产信息；协助查找下落不明的失信被执行人；限制失信被执行人出境；协助查

封、扣押失信被执行人名下的车辆。由公安部实施。

第31问：执行法院现场查询、查封、预查封被执行人不动产登记信息的流程是什么？

应当出示本人工作证和执行公务证，并出具协助查询通知书或查封、预查封裁定书。

【法律依据】

《不动产登记暂行条例》（2019年3月24日修订）

第二十七条 权利人、利害关系人可以依法查询、复制不动产登记资料，不动产登记机构应当提供。

有关国家机关可以依照法律、行政法规的规定查询、复制与调查处理事项有关的不动产登记资料。

《最高人民法院、国土资源部、建设部关于依法规范人民法院执行和国土资源房地产管理部门协助执行若干问题的通知》（法发〔2004〕5号）

二、人民法院对土地使用权、房屋实施查封或者进行实体处理前，应当向国土资源、房地产管理部门查询该土地、房屋的权属。人民法院执行人员到国土资源、房地产管理部门查询土地、房屋权属情况时，应当出示本人工作证和执行公务证，并出具协助查询通知书。

人民法院执行人员到国土资源、房地产管理部门办理土地使用权或者房屋查封、预查封登记手续时，应当出示本人工作证和执行公务证，并出具查封、预查封裁定书和协助执行通知书。

《人民法院办理执行案件规范》（第二版）（2022年）

721.【查询】

人民法院执行人员到不动产登记管理部门查询土地、房屋权属情况时，应当出示本人工作证件[1093]，并出具协助查询通知书。[1094]

人民法院在不动产登记管理部门查询并复制或者抄录的书面材

料，由土地、房屋权属的登记机构或者其所属的档案室（馆）加盖印章。无法查询或者查询无结果的，不动产登记管理部门应当书面告知人民法院。[1095]

722.【查封时的权属判断】

人民法院可以查封登记在被执行人名下的不动产。

未登记的建筑物和土地使用权，依据土地使用权的审批文件和其他相关证据确定权属。

对于登记在第三人名下的不动产，第三人书面确认该财产属于被执行人的，人民法院可以查封。[1096]

[1093] 参照《最高人民法院关于人民法院执行工作若干问题的规定（试行）》（法释〔1998〕15号，2020年12月23日修正）第7条。

[1094] 参照《最高人民法院、国土资源部、建设部关于依法规范人民法院执行和国土资源房地产管理部门协助执行若干问题的通知》（法发〔2004〕5号）第二条第二款。

[1095] 参照《最高人民法院、国土资源部、建设部关于依法规范人民法院执行和国土资源房地产管理部门协助执行若干问题的通知》（法发〔2004〕5号）第四条。

[1096] 参照《最高人民法院关于人民法院民事执行中查封、扣押、冻结财产的规定》（法释〔2004〕15号，2020年12月23日修正）第二条。

第32问：执行法院、律师查询工商行政机关登记信息的流程是什么？

执行法院查询：持有关公函，出示有效证件；

律师查询：出示立案证明和律师证件；

费用：查询人应缴纳查询费、复制费。公、检、法、国家安全、纪检监察、审计机关查询档案资料不收费。

【法律依据】

《国家工商行政管理总局关于修改〈企业登记档案资料查询办法〉的通知》(工商企字〔2003〕第 35 号)

各省、自治区、直辖市及计划单列市工商行政管理局：经研究，现对《企业登记档案资料查询办法》进行修改。第七条第一款改为："各级公安机关、检察机关、审判机关、国家安全机关、纪检监察机关、审计机关，持有关公函，并出示查询人员有效证件，可以向各级工商行政管理机关进行书式档案资料查询。律师事务所代理诉讼活动，查询人员出示法院立案证明和律师证件，可以进行书式档案资料查询。"第十条第一款改为"查询、复制企业登记档案资料，查询人应当交纳查询费、复制费。公、检、法、国家安全、纪检监察、审计机关查询档案资料不收费。"请遵照执行。

【实务经验】

北京地区，律师凭借律师证查询到的工商档案信息内不包含股东身份信息，若需查询股东身份信息需要法院开具调查令。

第 33 问：被执行人是律师或律师事务所，可以对其采取哪些惩戒？

在一定期限内限制其参与评先、评优。由司法部实施。

【法律依据】

《关于对失信被执行人实施联合惩戒的合作备忘录》(发改财金〔2016〕141 号)

三、惩戒措施、共享内容及实施单位

(三十) 查询律师登记信息；限制参与评先、评优

协助查询失信被执行人的律师身份信息、律师事务所登记信息；

对失信被执行人为律师、律师事务所的,在一定期限内限制其参与评先、评优。由司法部实施。

第34问:执行法院查询婚姻登记信息,由哪些部门配合?

协助查询失信被执行人的婚姻登记信息,由民政部、外交部、国家卫生健康委员会实施。

【法律依据】

《关于对失信被执行人实施联合惩戒的合作备忘录》(发改财金〔2016〕141号)

三、惩戒措施、共享内容及实施单位

(三十一)查询婚姻登记信息

协助查询失信被执行人的婚姻登记信息,由民政部、外交部、卫生计生委实施。

【实务经验】

实务中,婚姻登记信息一般向被执行人结婚登记地的民政局调取。不知被执行人婚姻登记地的,可以重点调查其户籍地民政局。

2018年国务院出具机构改革方案:取消国家卫生计生委,将其与国务院医改办、老龄办、控烟履约等多项职责合并,组建国家卫生健康委员会。

第35问:执行法院查询渔业船舶登记信息,由哪个部门配合?

协助查询失信被执行人渔业船舶登记信息,由农业部实施。

【法律依据】

《关于对失信被执行人实施联合惩戒的合作备忘录》(发改财金〔2016〕141号)

三、惩戒措施、共享内容及实施单位

(二十八) 查询渔业船舶登记信息

协助查询失信被执行人渔业船舶登记信息,由农业部实施。

第36问:执行法院查询客运、货运车辆登记信息,由哪个部门配合?

协助查询失信被执行人客运、货运车辆等登记信息,由交通运输部实施。

【法律依据】

《关于对失信被执行人实施联合惩戒的合作备忘录》(发改财金〔2016〕141号)

三、惩戒措施、共享内容及实施单位

(二十九) 查询客运、货运车辆登记信息协助查询失信被执行人客运、货运车辆等登记信息,由交通运输部实施。

第37问:执行法院查询企业财务会计报告,企业应当如何配合?

向企业出示查询依据的,企业应当提供有关数据,但不得要求企业改变财务会计报告有关数据的会计口径;

企业依照本条例规定向有关各方提供的财务会计报告,不得提供编制基础、编制依据、编制原则和方法不同的财务会计报告;

财务会计报告须经注册会计师审计的,企业应当将审计报告随同财务会计报告一并对外提供；

在企业财务会计报告未正式对外披露前，接受企业财务会计报告者应当对其内容保密。

【法律依据】

《企业财务会计报告条例》(2000年6月21日)

第三十三条 有关部门或者机构依照法律、行政法规或者国务院的规定，要求企业提供部分或者全部财务会计报告及其有关数据的，应当向企业出示依据，并不得要求企业改变财务会计报告有关数据的会计口径。

第三十四条 非依照法律、行政法规或者国务院的规定，任何组织或者个人不得要求企业提供部分或者全部财务会计报告及其有关数据。

违反本条例规定，要求企业提供部分或者全部财务会计报告及其有关数据的，企业有权拒绝。

第三十五条 国有企业、国有控股的或者占主导地位的企业，应当至少每年一次向本企业的职工代表大会公布财务会计报告，并重点说明下列事项：

（一）反映与职工利益密切相关的信息，包括：管理费用的构成情况，企业管理人员工资、福利和职工工资、福利费用的发放、使用和结余情况，公益金的提取及使用情况，利润分配的情况以及其他与职工利益相关的信息；

（二）内部审计发现的问题及纠正情况；

（三）注册会计师审计的情况；

（四）国家审计机关发现的问题及纠正情况；

（五）重大的投资、融资和资产处置决策及其原因的说明；

（六）需要说明的其他重要事项。

第三十六条 企业依照本条例规定向有关各方提供的财务会计报告，其编制基础、编制依据、编制原则和方法应当一致，不得提供编制基础、编制依据、编制原则和方法不同的财务会计报告。

第三十七条 财务会计报告须经注册会计师审计的,企业应当将注册会计师及其会计师事务所出具的审计报告随同财务会计报告一并对外提供。

第三十八条 接受企业财务会计报告的组织或者个人,在企业财务会计报告未正式对外披露前,应当对其内容保密。

第 38 问：外商投资企业的企业档案信息执行法院能否查阅?

能。中国政府有关部门依法执行公务需要查阅企业档案时,企业应予提供。

【法律依据】

《外商投资企业档案管理暂行规定》(档发字〔1994〕23号)

第十二条 外商投资企业的中外各方都有利用档案的权利,应当建立健全并严格执行档案利用制度,防止失密和泄密。

中国政府有关部门依法执行公务需要查阅企业档案时,企业应予提供。

第 39 问：执行法院电子化查询的法律效力如何?

1. 电子化调查(网络执行查控系统进行调查)与现场调查具有同等法律效力。

2. 调查过程中出具的电子法律文书与纸质法律文书具有同等法律效力。

3. 协助执行单位反馈的电子查询结果与纸质反馈结果具有同等法律效力。

【法律依据】

《最高人民法院关于民事执行中财产调查若干问题的规定》（法释〔2020〕21号）

第十三条 人民法院通过网络执行查控系统进行调查，与现场调查具有同等法律效力。

人民法院调查过程中作出的电子法律文书与纸质法律文书具有同等法律效力；协助执行单位反馈的电子查询结果与纸质反馈结果具有同等法律效力。

第40问：银行、金融机构网络冻结及网络扣划功能，分别于何时上线？

1. 2018年3月31日前

（1）针对存款：21家银行（中国工商银行、中国农业银行、中国银行、中国建设银行、交通银行、中国光大银行、中国民生银行、华夏银行、招商银行、广发银行、浦发银行、中国农业发展银行、中信银行、平安银行、渤海银行、浙商银行、兴业银行、恒丰银行、中国邮政储蓄银行、中国进出口银行、北京银行）。

（2）针对金融理财产品：有金融理财产品业务的19家银行（中国工商银行、中国农业银行、中国银行、中国建设银行、交通银行、中国光大银行、中国民生银行、华夏银行、招商银行、广发银行、浦发银行、中信银行、平安银行、渤海银行、浙商银行、兴业银行、恒丰银行、中国邮政储蓄银行、北京银行）。

2. 2018年6月30日前

其他银行、金融机构测试上线冻结与划扣功能。

【法律依据】

《最高人民法院、中国银行业监督管理委员会关于进一步推进网络执行查控工作的通知》

一、21家银行（中国工商银行、中国农业银行、中国银行、中国建设银行、交通银行、中国光大银行、中国民生银行、华夏银行、招商银行、广发银行、浦发银行、中国农业发展银行、中信银行、平安银行、渤海银行、浙商银行、兴业银行、恒丰银行、中国邮政储蓄银行、中国进出口银行、北京银行）在2018年3月31日前上线银行存款网络冻结功能和网络扣划功能。

二、有金融理财产品业务的19家银行（中国工商银行、中国农业银行、中国银行、中国建设银行、交通银行、中国光大银行、中国民生银行、华夏银行、招商银行、广发银行、浦发银行、中信银行、平安银行、渤海银行、浙商银行、兴业银行、恒丰银行、中国邮政储蓄银行、北京银行）在2018年3月31日前上线金融理财产品网络冻结功能。

三、21家银行以外的地方性银行业金融机构在2018年4月30日前上线银行存款网络冻结功能和网络扣划功能。

四、21家银行以外的地方性银行业金融机构在2018年3月28日前完成与最高人民法院的金融理财产品查控功能测试（有无金融理财产品业务都需进行测试）；有金融理财产品业务的地方性银行业金融机构，在2018年5月31日前上线金融理财产品网络查询功能，在2018年6月30日前上线金融理财产品网络冻结功能。

……

十二、人民法院与银行业金融机构关于协助执行的有关规范性文件与本通知不一致的，以本通知为准。

最高人民法院将与中国银行业监督管理委员会建立网络查控工作督促、通报、协商和检查机制，研究解决在执行过程中遇到相关问题。请各银监局将本文转发至银监分局和辖区内地方性银行业金融机构。

第 41 问：人民法院实施网络执行查控措施，应当报备哪些信息？

应当报备以下信息：执行人员信息，一般指公务证件；执行款专户信息。

【法律依据】

《最高人民法院关于网络查询、冻结被执行人存款的规定》（法释〔2013〕20号）

第二条　人民法院实施网络执行查控措施，应当事前统一向相应金融机构报备有权通过网络采取执行查控措施的特定执行人员的相关公务证件。办理具体业务时，不再另行向相应金融机构提供执行人员的相关公务证件。

人民法院办理网络执行查控业务的特定执行人员发生变更的，应当及时向相应金融机构报备人员变更信息及相关公务证件。

《人民法院、银行业金融机构网络执行查控工作规范》（法〔2015〕321号）

3. 各级人民法院应当将执行人员的公务证件在网络执行查控系统中进行登记备案和存储扫描件。

执行法院采取网络执行查控措施时，由网络执行查控系统通过技术手段确认执行人员的用户身份，并向金融机构发送该执行人员的姓名、联系电话及公务证件扫描件。

4. 各级人民法院应当将执行款专户在网络执行查控系统中进行登记备案。

新增或变更执行款专户时，应当按规定审批后，在系统中修改相关信息。

第 42 问：执行法院对被执行人进行网络查控的流程是什么？

1. 核对当事人信息。
2. 向金融机构发送数据。
3. 金融机构查询反馈。
4. 金融机构协助冻结。
5. 扣划存款（包括法院网络扣划存款和金融机构协助扣划）。

【法律依据】

《人民法院、银行业金融机构网络执行查控工作规范》（法〔2015〕321 号）

6. 执行法院通过网络执行查控系统查询被执行人银行账户、银行卡、存款及其他金融资产信息的，应当向金融机构发送被执行人的基本信息数据（包括被执行人姓名或名称、证件类型、证件号码或统一社会信用代码、组织机构代码）。与金融机构联网的人民法院应当制作电子协助执行通知书，并附电子查询清单（包括案号、执行法院名称、被执行人基本信息），实时向金融机构发送。

执行法院要求金融机构协助查询被执行人账户交易流水明细、交易对手姓名或名称、账号、开户银行等账户交易信息的，应当列明具体查询时间、区间等信息。

7. 金融机构协助人民法院采取网络查询措施的，应当根据所提供的被执行人基本信息数据，在本单位生产数据库或实时备份库中查询，并通过网络执行查控系统实时反馈查询结果。被执行人有开立账户记录的，金融机构应反馈开户时间、开户行名称、户名、账号、账户性质、账户状态（含已注销的账户）、余额、联系电话、被有权机关冻结的情况等信息；被执行人有存款以外的其他金融资产的，金融机构应反馈关联资金账户、资产管理人等信息。

被执行人未开立账户，金融机构应反馈查无开户信息。

8. 金融机构协助人民法院查询的被执行人银行账户、银行卡、存款及其他金融资产信息，可以作为执行线索、拒不履行生效法律文书的证据或者结案依据使用。

金融机构应在收到查控措施数据及电子法律文书后，根据办理结果数据生成加盖电子印章（可以是单位公章或网络查控专用章）的协助执行结果回执，通过网络执行查控系统向执行法院反馈。

……

9. 执行法院通过网络执行查控系统对被执行人采取冻结、续行冻结、解除冻结、扣划等执行措施的，应当向金融机构发送加盖电子印章的执行裁定书、协助执行通知书和执行人员的公务证件电子扫描件。

执行法院通过网络执行查控系统对被执行人采取冻结、续行冻结、解除冻结、扣划等执行措施的，应当有明确的银行账户及金额。

10. 金融机构协助冻结被执行人存款的，应当根据人民法院要求冻结的金额冻结指定账户，并向人民法院反馈冻结账户对应的应冻结金额（要求冻结的金额）、实际冻结金额、冻结起止时间等信息。

当被执行人账户中的可用余额（本次冻结前尚未被冻结的金额）小于应冻结金额时，金融机构应对指定账户按照人民法院要求冻结的金额进行限额冻结。

有权机关要求金融机构对指定账户进行轮候冻结的，金融机构应按有权机关要求的金额对指定账户冻结的限制额度叠加，进行限额冻结，并反馈冻结账户对应的应冻结金额（要求冻结的金额）、实际冻结金额、冻结起止时间以及先前顺序冻结记录等信息。

有权机关要金融机构对指定账户进行继续冻结（即续冻）的，金融机构应按有权机关的要求延长原冻结事项的截止时间，并反馈冻结账户对应的应冻结金额（要求冻结的金额）、实际冻结金额、冻结起止时间以及前后顺序冻结记录等信息。

11. 有权机关要求冻结被执行人存款以外的其他金融资产的，应当在协助执行通知书中载明具体数额。金融机构应按要求冻结金融资产所对应的被执行人的银行账户，一律通过限额冻结完成该协助冻结事项。

12. 有权机关、金融机构或第三人对被执行人银行账户中的存款及其他金融资产享有质押权、保证金等优先受偿权的，金融机构应当将所登记的优先受偿权信息在查询结果中载明。执行法院可以采取冻结措施，金融机构反馈查询结果中载明优先受偿权人的，人民法院应在办理后五个工作日内，将采取冻结措施的情况通知优先受偿权人。优先受偿权人可向执行法院主张权利，执行法院应当依法审查处理。审查处理期间，执行法院不得强制扣划。

存款或金融资产的优先受偿权消灭前，其价值不计算在实际冻结总金额内；优先受偿权消灭后，执行法院可以依法采取扣划、强制变价等执行措施。

被执行人与案外人开设联名账户等共有账户，案外人对账户中的存款及其他金融资产享有共有权的，参照前两款规定处理。

13. 执行法院通过网络执行查控系统对被执行人的存款采取扣划措施的，应当将款项扣划至本院执行款专户；被执行人的存款为外币的，应当将款项扣划至本院外币执行款专户。

14. 执行法院通过网络执行查控系统对被执行人的存款采取扣划措施的，应当在协助执行通知书中载明扣划的账号、扣划金额、执行款专户信息（包括开户行名称、账号、户名）。金融机构应当按照协助执行通知书的要求，将被执行人的存款扣划至执行法院的执行款专户。

执行法院扣划被执行人已经被冻结的存款，无需先行解除原冻结措施。

《最高人民法院关于网络查询、冻结被执行人存款的规定》（法释〔2013〕20号）

第三条 人民法院通过网络查询被执行人存款时，应当向金融机构传输电子协助查询存款通知书。多案集中查询的，可以附汇总的案件查询清单。

对查询到的被执行人存款需要冻结或者续行冻结的，人民法院应当及时向金融机构传输电子冻结裁定书和协助冻结存款通知书。

对冻结的被执行人存款需要解除冻结的,人民法院应当及时向金融机构传输电子解除冻结裁定书和协助解除冻结存款通知书。

第九条 人民法院具备相应网络扣划技术条件,并与金融机构协商一致的,可以通过网络执行查控系统采取扣划被执行人存款措施。

《最高人民法院、中国银行业监督管理委员会关于进一步推进网络执行查控工作的通知》(法〔2018〕64号)

五、银行业金融机构应当支持银行存款在网络冻结状态下的全额扣划和部分扣划。网络扣划功能上线后,网络冻结的款项,原则上应进行网络扣划。

六、人民法院网络扣划被执行人银行存款时,应当提供相关《执行裁定书》《协助执行通知书》、执行人员工作证件及联系方式;现场扣划的,参照执行。①

七、人民法院网络扣划被执行人银行存款的,应先采取网络冻结措施;网络扣划款项应当划至人民法院执行款专户或案款专户;人民法院在网络冻结被执行人款项后,应当及时通知被执行人。

八、因人民法院网络扣划失败、资金滞留在银行内部账户的,由银行联系执行法院执行人员携带《执行裁定书》《协助执行通知书》、工作证件到现场办理扣划。

异地执行法院委托当地法院代为办理的,委托法院应当提供:《执行裁定书》《协助执行通知书》《委托执行函》《送达回证》(或《回执》)及执行人员工作证件扫描件,以上法律文书应加盖委托法院电子签章,或是将盖章后的法律文书转换成彩色扫描件;受托法院应当携带以上材料的彩色打印件和受托法院执行人员工作证;银行应当协助办理。

异地执行法院通过司法专邮邮寄《执行裁定书》《协助执行通知

---

① 《最高人民法院、中国人民银行关于依法规范人民法院执行和金融机构协助执行的通知》第一条规范内容应以本条为准。

书》原件及执行人员工作证件复印件的，银行应当协助办理。

《最高人民法院、中国人民银行关于依法规范人民法院执行和金融机构协助执行的通知》（法发〔2000〕21号）

一、……人民法院扣划被执行人在金融机构存款的，执行人员应当出示本人工作证和执行公务证，并出具法院扣划裁定书和协助扣划存款通知书，还应当附生效法律文书副本。金融机构应当立即协助执行。对协助执行手续完备拒不协助扣划的，按照民事诉讼法第一百零二条①规定处理。

……

第43问：网络冻结、扣划等执行措施的电子法律文书的送达时间如何确定？

数据发送至网络查控系统的时间视为送达时间。

【法律依据】

《人民法院、银行业金融机构网络执行查控工作规范》（法〔2015〕321号）

16. 网络冻结、扣划等执行措施的电子法律文书等数据发送至网络查控系统的时间视为送达时间。

第44问：金融机构无法协助执行措施的应当如何处理？

金融机构应当在反馈回执中载明原因，发生分歧争议应当协调解决，如无法协调，可通过上级法院、银行业监管机构协调解决。

---

① 现相关规定见《中华人民共和国民事诉讼法》（2023年修正）第一百一十四条。

【法律依据】

《人民法院、银行业金融机构网络执行查控工作规范》（法〔2015〕321号）

17. 金融机构接收查控数据及相关电子法律文书后，无法协助执行法院对被执行人的银行账户、银行卡、存款和其他金融资产采取查控措施的，应当在反馈回执中载明原因。

《最高人民法院、中国银行业监督管理委员会关于人民法院与银行业金融机构开展网络执行查控和联合信用惩戒工作的意见》（法〔2014〕266号）

九、上级法院和银行业监管机构应当加强对网络执行查控机制和联合信用惩戒机制建设的监督指导，协调处理两个机制建设和运行中产生的分歧和争议。

建立了合作关系的人民法院、银行业金融机构应当安排专人协调处理两个机制运行中发生的争议。协调无果的，可通过上级法院、银行业监管机构协调解决。

建立了合作关系的人民法院、银行业金融机构应当制定应急预案，配备专门的技术人员处理两个机制运行中的突发事件，保障系统安全。

第45问：金融机构认为执行法院进行网络查控措施违法、违规应当如何处理？

应当向法院提交书面异议，法院应当在15日内审查完毕并书面回复。

【法律依据】

《最高人民法院关于网络查询、冻结被执行人存款的规定》（法释〔2013〕20号）

第六条　金融机构认为人民法院通过网络执行查控系统采取的查

控措施违反相关法律、行政法规规定的,应当向人民法院书面提出异议。人民法院应当在 15 日内审查完毕并书面回复。

第 46 问：当事人对网络执行查控措施有异议的应当如何处理？

金融机构可告知其应向执行法院提出异议,并将执行法院名称、案号、执行人员姓名告知当事人。

【法律依据】

《人民法院、银行业金融机构网络执行查控工作规范》(法〔2015〕321 号)

19. 金融机构依法协助人民法院办理网络执行查控措施,当事人向其提出异议的,金融机构可告知其应向执行法院提出异议,并将执行法院名称、案号、执行人员姓名告知当事人。

《最高人民法院、中国银行业监督管理委员会关于人民法院与银行业金融机构开展网络执行查控和联合信用惩戒工作的意见》(法〔2014〕266 号)

十、银行业金融机构依法协助人民法院办理网络执行查控措施,当事人或者利害关系人有异议的,银行业金融机构应当告知其根据民事诉讼法第二百二十五条[①]之规定向执行法院提出,但银行业金融机构未按照协助执行通知书办理的除外。

第 47 问：执行法院可查询被执行人哪些证券信息？

人民法院可查询被执行人证券账户、中国证券监督管理委员会作出的行政处罚、市场禁入决定类诚信信息。

---

① 现相关规定见《中华人民共和国民事诉讼法》(2023 年修正) 第二百三十六条。

【法律依据】

《最高人民法院、中国证券监督管理委员会关于加强信用信息共享及司法协助机制建设的通知》（法〔2014〕312号）

第二条 通过网络专线，中国证券监督管理委员会可查询被执行人信息和失信被执行人名单信息，人民法院可查询中国证券监督管理委员会作出的行政处罚、市场禁入决定类诚信信息。

被执行人信息包括：被执行人的姓名或者名称、身份证号码或者组织机构代码、执行案号、立案时间、执行法院、执行标的、执行状态等；失信被执行人名单信息包括：被执行人的姓名或者名称、身份证号码或者组织机构代码、年龄和性别（自然人）、法定代表人或者负责人姓名（法人或者其他组织）、生效法律文书确定的义务、被执行人的履行情况、被执行人失信行为的具体情形、执行依据的制作单位和文号、执行案号、立案时间、执行法院等。

第48问：执行法院查询、冻结被执行人证券时与证券监督管理委员会产生争议，应当如何解决？

应当由最高人民法院负责协调解决。

【法律依据】

《最高人民法院、中国证券监督管理委员会关于加强信用信息共享及司法协助机制建设的通知》（法〔2014〕312号）

第四条 中国证券监督管理委员会协调中国证券登记结算有限责任公司为北京市、上海市、广东省、福建省、浙江省的试点人民法院提供对被执行人证券账户的网络查控协助。最高人民法院与中国证券监督管理委员会建立"总对总"网络查控专线。网络查控专线与中国证券登记结算有限责任公司直接相通。各试点人民法院借助网络查控专线通过中国证券登记结算有限责任公司直接依法实施查控措施。

网络查控用于对执行案件中被执行人证券账户的查询、冻结，不得对被执行人以外的非执行义务主体采取网络查询、冻结。

试点人民法院通过网络查控专线查询、冻结证券，应当确保信息技术安全，并处理好与相关制度规范之间的协调。试点人民法院通过网络查控专线冻结证券，与人民检察院、公安机关及其他人民法院等法定有权机关的书面冻结指令具有同等法律效力，适用《最高人民法院最高人民检察院公安部中国证监会关于查询、冻结、扣划证券和证券交易结算资金有关问题的通知》（法发〔2008〕4号）冻结的有关规定。产生争议的，由最高人民法院负责协调解决。

经过一段时间的试点后，双方及时总结经验，扩大试点成果的应用。

第49问：执行法院通过网络执行查控系统查询、冻结被执行人证券的应当提供哪些法律文书？

应当分别提交盖章的协助查询通知书、协助冻结通知书和执行裁定书的电子版，并附两名执行人员公务证件复印件的扫描件。

【法律依据】

《最高人民法院、中国证券监督管理委员会关于试点法院通过网络查询、冻结被执行人证券有关事项的通知》（法〔2016〕72号）

第四条　提交有效、规范的法律文书

人民法院通过网络执行查控系统查询、冻结被执行人证券的，应当分别提交盖章的协助查询通知书、协助冻结通知书和执行裁定书的电子版，并附两名执行人员公务证件复印件的扫描件。

第50问：执行法院查询、冻结被执行人证券的流程是什么？

1. 应当在中国结算相关业务系统工作时间内，通过网络执行查控系统提交协助查询、冻结请求。

2. 中国结算进行合规性核对。核对无误的,将结果反馈最高人民法院;核对后存在请求不明确、不具体、不可执行等情形,予以退回并说明原因。

3. 执行法院补充完善后重新发出查询、冻结请求,相关冻结请求按照再次提交的时间重新排序。

【法律依据】

《最高人民法院、中国证券监督管理委员会关于试点法院通过网络查询、冻结被执行人证券有关事项的通知》(法〔2016〕72号)

第五条 规范查询、冻结的具体操作

人民法院应当在中国结算相关业务系统工作时间内通过网络执行查控系统提交协助查询、冻结请求。

人民法院应当按照网络执行查控系统规定的相关项目和格式,准确、完整地填写查询、冻结请求及相关信息,做到查询、冻结请求明确、具体、可执行。

中国结算接收到人民法院通过网络执行查控系统提交的协助查询、冻结请求后进行合规性核对。核对无误的,协助查询、冻结并通过网络执行查控系统将协助查询、冻结的结果反馈最高人民法院;核对后存在查询、冻结请求不明确、不具体、不可执行等情形的,予以退回并提示退回原因。人民法院可以在补充完善后重新发出查询、冻结请求,相关冻结请求按照再次提交的时间重新排序。

法律、行政法规以及最高人民法院、中国证监会规定不得被强制执行的证券或者资金,依法依规不予实施冻结,并在查询结果中予以标识。此类不予实施冻结的证券或者资金,由中国结算负责依据有关规定在网络执行查控系统中以清单方式具体列明,并根据有关规定的变动及时更新。

通过网络执行查控系统查询、冻结被执行人证券的具体范围、法律文书必备要素和格式、查控系统工作时间段等具体事项,由最高人民法院执行局与中国结算商定后另行规定。

第51问：执行法院查询被执行人不动产登记信息的流程以及具体查询事项有哪些？

1. 流程：执行法院发送协助查询通知书，国土资源主管部门进行统一查询与反馈。

2. 反馈内容：包括不动产权利人和不动产坐落、面积、位置等基本情况，以及抵押、查封、地役权等信息。

【法律依据】

《最高人民法院、国土资源部关于推进信息共享和网络执行查询机制建设的意见》（法〔2016〕357号）

第二条 突出重点，着力提高规范化水平

各级人民法院与国土资源主管部门通过专线或其他方式建立网络查询通道，依法查询被执行人的不动产登记信息。

人民法院发送的协助查询通知书应当载明执行法院、执行案号、承办人及联系方式、被执行人、具体查询事项等内容；国土资源主管部门对人民法院的查询申请进行统一查询和反馈，反馈的结果主要包括不动产权利人和不动产坐落、面积、位置等基本情况，以及抵押、查封、地役权等信息。提供的查询结果要符合不动产统一登记相关政策、技术要求。

各级人民法院要严格按照"谁承办、谁提起、谁负责"的原则，由案件的承办人对其承办案件的被执行人提起查询请求和查看反馈信息。国土资源主管部门要进一步强化管理，健全配套制度、规范工作流程、细化工作要求，依法规范做好协助查询工作。

对网络查询结果各级人民法院可以到相应不动产登记机构进行现场核实。网络查询反馈结果与实际信息或权属不一致的，以实际信息为准。不动产登记机构对按人民法院要求协助执行产生的后果，不承担责任。

第 52 问：执行法院可以通过公安共享系统查询被执行人哪些信息？

1. 被告、被执行人身份信息。包括：姓名、曾用名、出生日期、户籍地、住址、公民身份号码、照片。

2. 诉讼保全被告的出入境证件信息。包括：姓名、性别、出生日期、所有证件种类名称、证件号码、照片。

3. 被执行人出入境证件及出入境信息。包括：姓名、性别、出生日期、所有证件种类名称、证件号码、照片、出入境时间、前往国家（地区）名称、登记联系电话。

4. 诉讼保全被告、被执行人车辆登记信息。包括：车辆车牌号、车辆品牌、型号、类型、车辆识别码、注册登记机关及注册日期、抵押权人、查封扣押机关名称、查封扣押文书名称。

5. 被执行人旅店住宿信息。包括：入住时间、退房时间、住宿旅馆名称、住宿旅馆地址、登记联系电话。

【法律依据】

《最高人民法院、公安部关于建立快速查询信息共享及网络执行查控协作工作机制的意见》（法〔2016〕41 号）

二、快速查询信息共享协作工作内容

（一）最高人民法院提供信息

1. 执行案件信息。包括：当事人姓名或名称、公民身份号码或组织机构代码、案号、立案时间、执行法院、执行状态、申请执行标的额；

2. 失信被执行人信息。包括：当事人姓名或名称、公民身份号码或组织机构代码、案号、立案时间、执行法院、执行状态、申请执行标的额、被执行人失信行为的具体情形；

3. 司法审判信息。包括：司法判决文书电子版。

（二）公安部提供信息

1. 被告、被执行人身份信息。包括：姓名、曾用名、出生日期、户籍地、住址、公民身份号码、照片；

2. 诉讼保全被告的出入境证件信息。包括：姓名、性别、出生日期、所有证件种类名称、证件号码、照片；

3. 被执行人出入境证件及出入境信息。包括：姓名、性别、出生日期、所有证件种类名称、证件号码、照片、出入境时间、前往国家（地区）名称、登记联系电话；

4. 诉讼保全被告、被执行人车辆登记信息。包括：车辆车牌号、车辆品牌、型号、类型、车辆识别码、注册登记机关及注册日期、抵押权人、查封扣押机关名称、查封扣押文书名称。

5. 被执行人旅店住宿信息。包括：入住时间、退房时间、住宿旅馆名称、住宿旅馆地址、登记联系电话。

第53问：公安机关网络执行查控协作工作包括哪些？

协助限制被执行人出境，协助查找车辆，协助查找被执行人。

【法律依据】

《最高人民法院、公安部关于建立快速查询信息共享及网络执行查控协作工作机制的意见》（法〔2016〕41号）

三、网络执行查控协作工作内容

（一）协助限制出境

1. 最高人民法院向公安部提供被决定限制出境的当事人（自然人）信息，提供执行法院信息、案件承办人姓名及联系电话、控制期限及边控要求；

2. 公安机关各边检总站、边防总队负责对本省法院系统边控对象进行布控，各地边检机关与当地法院建立相关的查控联络机制，及时有效处理相关问题。

（二）协助查找车辆

最高人民法院向公安部提供加盖电子签章的查封车辆裁定书、协助执行通知书，提供执行法院信息、案件承办人姓名及联系电话。公安机关交管部门将上述车辆信息纳入车辆管理信息系统，限制其转让过户或新增抵押登记，在办理车辆年检、转移登记、执勤执法的过程中发现上述车辆的，应及时通知人民法院。

（三）协助查找被执行人

最高人民法院向公安部提供被决定司法拘留的当事人（自然人）信息，并推送对应的加盖电子签章的拘留决定书及协助执行通知书，提供执行法院信息、案件承办人姓名及联系电话；公安机关及派出机构在日常执法过程中发现上述人员时，应及时通知人民法院。

人民法院应当及时将解除查控措施的当事人信息推送至公安部。

（四）最高人民法院建立全国执行指挥系统，统一指挥、协调，负责督导各省之间的查控执行工作。

第54问：工商行政管理机关网络执行查控协作工作包括哪些？

通过网络冻结、强制转让股权、其他投资权益。

【法律依据】

《最高人民法院、国家工商总局关于加强信息合作规范执行与协助执行的通知》（法〔2014〕251号）

3. 已建立网络执行查控系统的地区，可以通过该系统办理协助事项。

有关网络执行查控系统要求、电子文书要求、法律效力等规定，按照《最高人民法院关于网络查询、冻结被执行人存款的规定》（法释〔2013〕20号）执行。通过网络冻结、强制转让股权、其他投资权益（原按照法释〔2013〕20号第九、十条等规定执行）的程序，按照本通知要求执行，但协助请求、结果反馈的方式由现场转变为通过网络操作。

第 55 问：什么情形下，执行法院可以依法采取搜查措施？

被执行人隐匿财产、会计账簿等资料拒不交出的；依法搜查时，经责令被执行人开启而拒不配合的，可以强制开启。

【法律依据】

《最高人民法院关于民事执行中财产调查若干问题的规定》（法释〔2020〕21号）

第十四条 被执行人隐匿财产、会计账簿等资料拒不交出的，人民法院可以依法采取搜查措施。

人民法院依法搜查时，对被执行人可能隐匿财产或者资料的处所、箱柜等，经责令被执行人开启而拒不配合的，可以强制开启。

《最高人民法院关于适用〈中华人民共和国民事诉讼法〉的解释》（法释〔2022〕11号）

第四百九十四条 在执行中，被执行人隐匿财产、会计账簿等资料的，人民法院除可依照民事诉讼法第一百一十四条第一款第六项规定对其处理外，还应责令被执行人交出隐匿的财产、会计账簿等资料。被执行人拒不交出的，人民法院可以采取搜查措施。

第 56 问：搜查时应当注意哪些问题？

1. 由院长签发搜查令。
2. 按规定着装并出示搜查令和工作证件。
3. 禁止无关人员进入搜查现场。
4. 搜查对象是公民的，应当通知被执行人或者他的成年家属以及基层组织派员到场。
5. 搜查对象是法人或者其他组织的，应当通知法定代表人或者主要负责人到场。拒不到场的，不影响搜查。
6. 搜查妇女身体，应当由女执行人员进行。

7. 搜查应当制作笔录，并对搜查过程全程录音录像。

【法律依据】

《最高人民法院关于适用〈中华人民共和国民事诉讼法〉的解释》（法释〔2022〕11号）

第四百九十五条 搜查人员应当按规定着装并出示搜查令和工作证件。

第四百九十六条 人民法院搜查时禁止无关人员进入搜查现场；搜查对象是公民的，应当通知被执行人或者他的成年家属以及基层组织派员到场；搜查对象是法人或者其他组织的，应当通知法定代表人或者主要负责人到场。拒不到场的，不影响搜查。

搜查妇女身体，应当由女执行人员进行。

第四百九十八条 搜查应当制作搜查笔录，由搜查人员、被搜查人及其他在场人签名、捺印或者盖章。拒绝签名、捺印或者盖章的，应当记入搜查笔录。

《中华人民共和国民事诉讼法》（2023年9月1日修正）

第二百五十九条 被执行人不履行法律文书确定的义务，并隐匿财产的，人民法院有权发出搜查令，对被执行人及其住所或者财产隐匿地进行搜查。

采取前款措施，由院长签发搜查令。

第57问：搜查发现应当查封、扣押的财产应当如何处理？

必须造具清单，由在场人签名或盖章，交被执行人一份，被执行人是公民的，也可以交他的成年家属一份，被执行人逾期不履行的，人民法院应当拍卖被查封、扣押的财产；不适于拍卖或者当事人双方同意不进行拍卖的，人民法院可以委托有关单位变卖或者自行变卖。国家禁止自由买卖的物品，交有关单位按照国家规定的价格收购。

【法律依据】

《中华人民共和国民事诉讼法》（2023 年 9 月 1 日修正）

第二百五十六条第二款　对被查封、扣押的财产，执行员必须造具清单，由在场人签名或者盖章后，交被执行人一份。被执行人是公民的，也可以交他的成年家属一份。

第二百五十八条　财产被查封、扣押后，执行员应当责令被执行人在指定期间履行法律文书确定的义务。被执行人逾期不履行的，人民法院应当拍卖被查封、扣押的财产；不适于拍卖或者当事人双方同意不进行拍卖的，人民法院可以委托有关单位变卖或者自行变卖。国家禁止自由买卖的物品，交有关单位按照国家规定的价格收购。

《最高人民法院关于适用〈中华人民共和国民事诉讼法〉的解释》（法释〔2022〕11 号）

第四百九十七条　搜查中发现应当依法采取查封、扣押措施的财产，依照民事诉讼法第二百五十二条第二款和第二百五十四条规定办理。

第 58 问：被执行人是法人或其他组织的，如何启动审计调查程序？

申请执行人书面申请人民法院委托审计机构对该被执行人进行审计。人民法院应当自收到书面申请之日起十日内决定是否准许。

【法律依据】

《最高人民法院关于民事执行中财产调查若干问题的规定》（法释〔2020〕21 号）

第十七条　作为被执行人的法人或非法人组织不履行生效法律文书确定的义务，申请执行人认为其有拒绝报告、虚假报告财产情况，隐匿、转移财产等逃避债务情形或者其股东、出资人有出资不实、抽逃出资等情形的,可以书面申请人民法院委托审计机构对该被执行人进行审计。人民法院应当自收到书面申请之日起十日内决定是否准许。

第59问：审计机构如何选择？被执行人隐匿审计资料的应当如何处理？

1. 审计机构应当随机确定。

2. 被执行人隐匿审计资料的，人民法院可以依法采取搜查措施；被执行人既不履行义务又拒绝报告财产或者进行虚假报告、协助执行义务人拒不协助执行或者妨碍执行、到期债务第三人提出异议后又擅自向被执行人清偿的，应当依法对相关责任人予以罚款、拘留。构成犯罪的，追究刑事责任。

【法律依据】

《最高人民法院关于民事执行中财产调查若干问题的规定》（法释〔2020〕21号）

第十八条 人民法院决定审计的，应当随机确定具备资格的审计机构，并责令被执行人提交会计凭证、会计账簿、财务会计报告等与审计事项有关的资料。

被执行人隐匿审计资料的，人民法院可以依法采取搜查措施。

第十九条 被执行人拒不提供、转移、隐匿、伪造、篡改、毁弃审计资料，阻挠审计人员查看业务现场或者有其他妨碍审计调查行为的，人民法院可以根据情节轻重对被执行人或其主要负责人、直接责任人员予以罚款、拘留；构成犯罪的，依法追究刑事责任。

《最高人民法院关于依法制裁规避执行行为的若干意见》（法〔2011〕195号）

15.对规避执行行为加大民事强制措施的适用。被执行人既不履行义务又拒绝报告财产或者进行虚假报告、拒绝交出或者提供虚假财务会计凭证、协助执行义务人拒不协助执行或者妨碍执行、到期债务第三人提出异议后又擅自向被执行人清偿等，给申请执行人造成损失的，应当依法对相关责任人予以罚款、拘留。

16. 对构成犯罪的规避执行行为加大刑事制裁力度。被执行人隐匿财产、虚构债务或者以其他方法隐藏、转移、处分可供执行的财产，拒不交出或者隐匿、销毁、制作虚假财务会计凭证或资产负债表等相关资料，以虚假诉讼或者仲裁手段转移财产、虚构优先债权或者申请参与分配，中介机构提供虚假证明文件或者提供的文件有重大失实，被执行人、担保人、协助义务人有能力执行而拒不执行或者拒不协助执行等，损害申请执行人或其他债权人利益，依照刑法的规定构成犯罪的，应当依法追究行为人的刑事责任。

第 60 问：审计的费用由谁承担？

由申请执行人预交。被执行人存在拒绝报告或虚假报告财产情况，隐匿、转移财产或者其他逃避债务情形的，审计费用由被执行人承担；未发现被执行人存在上述情形的，审计费用由申请执行人承担。

【法律依据】

《最高人民法院关于民事执行中财产调查若干问题的规定》（法释〔2020〕21号）

第二十条 审计费用由提出审计申请的申请执行人预交。被执行人存在拒绝报告或虚假报告财产情况，隐匿、转移财产或者其他逃避债务情形的，审计费用由被执行人承担；未发现被执行人存在上述情形的，审计费用由申请执行人承担。

第 61 问：如何启动悬赏公告？

申请执行人向法院提交书面申请，人民法院应当十日内决定是否准许。

悬赏公告需要载明：悬赏金的数额或计算方法；自愿支付悬赏金的承诺；发布方式等。

【法律依据】

《最高人民法院关于民事执行中财产调查若干问题的规定》（法释〔2020〕21号）

第二十一条　被执行人不履行生效法律文书确定的义务，申请执行人可以向人民法院书面申请发布悬赏公告查找可供执行的财产。申请书应当载明下列事项：

（一）悬赏金的数额或计算方法；

（二）有关人员提供人民法院尚未掌握的财产线索，使该申请执行人的债权得以全部或部分实现时，自愿支付悬赏金的承诺；

（三）悬赏公告的发布方式；

（四）其他需要载明的事项。

人民法院应当自收到书面申请之日起十日内决定是否准许。

第62问：悬赏公告的发布平台有哪些，费用由谁承担？

1. 常规平台：全国法院执行悬赏公告平台、法院微博、法院微信、执行法院公告栏、被执行人住所地、经常居住地等处张贴。

2. 其他媒体平台：需要申请执行人承担发布费用。

【法律依据】

《最高人民法院关于民事执行中财产调查若干问题的规定》（法释〔2020〕21号）

第二十二条　人民法院决定悬赏查找财产的，应当制作悬赏公告。悬赏公告应当载明悬赏金的数额或计算方法、领取条件等内容。

悬赏公告应当在全国法院执行悬赏公告平台、法院微博或微信等媒体平台发布，也可以在执行法院公告栏或被执行人住所地、经常居住地等处张贴。申请执行人申请在其他媒体平台发布，并自愿承担发布费用的，人民法院应当准许。

第63问：两人以上提供相同的财产线索应当如何处理？

应当按照提供线索的先后顺序登记，并对有关人员的身份信息和财产线索保密，但为发放悬赏金需要告知申请执行人的除外。

【法律依据】

《最高人民法院关于民事执行中财产调查若干问题的规定》（法释〔2020〕21号）

第二十三条　悬赏公告发布后，有关人员向人民法院提供财产线索的，人民法院应当对有关人员的身份信息和财产线索进行登记；两人以上提供相同财产线索的，应当按照提供线索的先后顺序登记。

人民法院对有关人员的身份信息和财产线索应当保密，但为发放悬赏金需要告知申请执行人的除外。

第64问：悬赏金应当如何发放？

应当从申请执行人应得的执行款中予以扣减。

执行特定物交付或无法扣减情形的，由申请执行人另行支付。

申请执行人的代理人、有义务提供财产线索的人员提供财产线索的，不予发放。

【法律依据】

《最高人民法院关于民事执行中财产调查若干问题的规定》（法释〔2020〕21号）

第二十四条　有关人员提供人民法院尚未掌握的财产线索，使申请发布悬赏公告的申请执行人的债权得以全部或部分实现的，人民法院应当按照悬赏公告发放悬赏金。

悬赏金从前款规定的申请执行人应得的执行款中予以扣减。特定物交付执行或者存在其他无法扣减情形的,悬赏金由该申请执行人另行支付。

有关人员为申请执行人的代理人、有义务向人民法院提供财产线索的人员或者存在其他不应发放悬赏金情形的,不予发放。

第 65 问：什么是申请执行人的代位权和撤销权？

1. 被执行人怠于行使到期债权对申请执行人造成损害的,执行法院可以告知申请执行人依照《民法典》第五百三十五条的规定,向有管辖权的人民法院提起代位权诉讼。

2. 被执行人放弃债权、无偿转让财产或者以明显不合理的低价转让财产,对申请执行人造成损害的,执行法院可以告知申请执行人依照《民法典》第五百三十八条至第五百四十条的规定向有管辖权的人民法院提起撤销权诉讼。

【法律依据】

《中华人民共和国民法典》(2020 年 5 月 28 日)

第五百三十五条　因债务人怠于行使其债权或者与该债权有关的从权利,影响债权人的到期债权实现的,债权人可以向人民法院请求以自己的名义代位行使债务人对相对人的权利,但是该权利专属于债务人自身的除外。

代位权的行使范围以债权人的到期债权为限。债权人行使代位权的必要费用,由债务人负担。

相对人对债务人的抗辩,可以向债权人主张。

第五百三十八条　债务人以放弃其债权、放弃债权担保、无偿转让财产等方式无偿处分财产权益,或者恶意延长其到期债权的履行期限,影响债权人的债权实现的,债权人可以请求人民法院撤销债务人的行为。

《最高人民法院关于依法制裁规避执行行为的若干意见》（法〔2011〕195号）

14. 引导申请执行人依法诉讼。被执行人怠于行使债权对申请执行人造成损害的，执行法院可以告知申请执行人依照《中华人民共和国合同法》第七十三条①的规定，向有管辖权的人民法院提起代位权诉讼。

被执行人放弃债权、无偿转让财产或者以明显不合理的低价转让财产，对申请执行人造成损害的，执行法院可以告知申请执行人依照《中华人民共和国合同法》第七十四条②的规定向有管辖权的人民法院提起撤销权诉讼。

---

① 现相关规定见《中华人民共和国民法典》第五百三十五条。
② 现相关规定见《中华人民共和国民法典》第五百四十条。

第二章　财产控制

第1问：存款、动产、不动产的查封期限是多久？

存款不超过1年；查封、扣押动产的期限不超过2年；查封不动产、冻结其他产权的期限不得超过3年。

【法律依据】

《最高人民法院关于适用〈中华人民共和国民事诉讼法〉的解释》(法释〔2022〕11号)

第四百八十五条　人民法院冻结被执行人的银行存款的期限不得超过一年，查封、扣押动产的期限不得超过两年，查封不动产、冻结其他财产权的期限不得超过三年。

申请执行人申请延长期限的，人民法院应当在查封、扣押、冻结期限届满前办理续行查封、扣押、冻结手续，续行期限不得超过前款规定的期限。

人民法院也可以依职权办理续行查封、扣押、冻结手续。

第2问：被查封的财产应当如何保管？是否可以继续使用？

1. 保管

(1) 适合被执行人自己保管的可以指定被执行人保管。

(2) 不宜由被执行人保管的，可以委托第三人或者申请执行人保管。

（3）担保物权人占有的担保财产，一般应当指定担保物权人作为保管人。

2. 使用

由被执行人保管的，继续使用对该财产价值无重大影响的，可以继续使用。法院、第三人、申请执行人保管的，不得使用。

【法律依据】

《最高人民法院关于人民法院民事执行中查封、扣押、冻结财产的规定》（法释〔2020〕21号）

第十条　查封、扣押的财产不宜由人民法院保管的，人民法院可以指定被执行人负责保管；不宜由被执行人保管的，可以委托第三人或者申请执行人保管。

由人民法院指定被执行人保管的财产，如果继续使用对该财产的价值无重大影响，可以允许被执行人继续使用；由人民法院保管或者委托第三人、申请执行人保管的，保管人不得使用。

第十一条　查封、扣押、冻结担保物权人占有的担保财产，一般应当指定该担保物权人作为保管人；该财产由人民法院保管的，质权、留置权不因转移占有而消灭。

第3问：人民法院可以扣押、冻结、划拨、变价哪些被执行人的财产？

存款、债券、股票、基金份额等财产。人民法院对上述财产进行查询，有关单位必须配合办理。

【法律依据】

《中华人民共和国民事诉讼法》（2023年9月1日修正）

第二百五十三条　被执行人未按执行通知履行法律文书确定的义务，人民法院有权向有关单位查询被执行人的存款、债券、股票、基金份额等财产情况。人民法院有权根据不同情形扣押、冻结、划拨、变价被执行人的财产。人民法院查询、扣押、冻结、划拨、变价的财产不得超出被执行人应当履行义务的范围。

人民法院决定扣押、冻结、划拨、变价财产，应当作出裁定，并发出协助执行通知书，有关单位必须办理。

《最高人民法院关于适用〈中华人民共和国民事诉讼法〉的解释》（法释〔2022〕11号）

第四百八十三条 人民法院有权查询被执行人的身份信息与财产信息，掌握相关信息的单位和个人必须按照协助执行通知书办理。

第4问：自然人的收入转入为储蓄存款后，应当如何执行？

责令其交出存单。拒不交出的，人民法院应当作出提取其存款的裁定，向金融机构发出协助执行通知书，由金融机构提取被执行人的存款交人民法院或存入人民法院指定的账户。

【法律依据】

《最高人民法院关于人民法院执行工作若干问题的规定（试行）》（法释〔2020〕21号）

28. 作为被执行人的自然人，其收入转为储蓄存款的，应当责令其交出存单。拒不交出的，人民法院应当作出提取其存款的裁定，向金融机构发出协助执行通知书，由金融机构提取被执行人的存款交人民法院或存入人民法院指定的账户。

第5问：上级法院发现下级法院在执行中作出的文书或执行行为不当，应当如何处理？

1. 及时指令下级法院纠正，并可以通知有关法院暂缓执行。
2. 下级法院收到指令后必须立即纠正，如果认为指令有错误，五日内提出复议。

3. 复议被驳回后,如果下级法院仍不纠正,则上级法院可直接作出裁定或决定予以纠正,送达有关法院及当事人,并可直接向有关单位发出协助执行通知书。

【法律依据】

《最高人民法院关于人民法院执行工作若干问题的规定(试行)》(法释〔2020〕21号)

72. 上级法院发现下级法院在执行中作出的裁定、决定、通知或具体执行行为不当或有错误的,应当及时指令下级法院纠正,并可以通知有关法院暂缓执行。

下级法院收到上级法院的指令后必须立即纠正。如果认为上级法院的指令有错误,可以在收到该指令后五日内请求上级法院复议。

上级法院认为请求复议的理由不成立,而下级法院仍不纠正的,上级法院可直接作出裁定或决定予以纠正,送达有关法院及当事人,并可直接向有关单位发出协助执行通知书。

第 6 问:有关部门和人员不协助执行应当如何处理?

告知其法律规定,说服教育;拒不协助的,采取强制措施。

【法律依据】

《法官行为规范》(法发〔2010〕54号)

第六十八条　有关部门和人员不协助执行
(一)应当告知其相关法律规定,做好说服教育工作;
(二)仍拒不协助的,依法采取有关强制措施。

第 7 问：因协助执行以及人民政府的征收决定办理的房屋登记行为，公民、法人或其他组织不服，是否可以提起行政诉讼？

不可以，但登记行为与法律文书内容不一致的除外。

行政机关擅自撤销依据协助执行通知书或法律文书已经作出的行政行为的，相对人可以提起行政诉讼。

【法律依据】

《最高人民法院关于审理房屋登记案件若干问题的规定》（法释〔2010〕15号）

第二条 房屋登记机构根据人民法院、仲裁委员会的法律文书或者有权机关的协助执行通知书以及人民政府的征收决定办理的房屋登记行为，公民、法人或者其他组织不服提起行政诉讼的，人民法院不予受理，但公民、法人或者其他组织认为登记与有关文书内容不一致的除外。

房屋登记机构作出未改变登记内容的换发、补发权属证书、登记证明或者更新登记簿的行为，公民、法人或者其他组织不服提起行政诉讼的，人民法院不予受理。

房屋登记机构在行政诉讼法施行前作出的房屋登记行为，公民、法人或者其他组织不服提起行政诉讼的，人民法院不予受理。

《最高人民法院行政审判庭关于行政机关撤销或者变更已经作出的协助执行行为是否属于行政诉讼受案范围请示问题的答复》（〔2014〕行他字第6号）

辽宁省高级人民法院：

你院（2013）辽行终字第41号请示收悉，经研究答复如下：

行政机关认为根据人民法院生效裁判或者协助执行通知书作出相应行政行为可能损害国家利益、公共利益或他人合法权益，可以向相关人民法院提出建议；行政机关擅自撤销已经作出的行政行为，相对人不服提起行政诉讼的,人民法院应当依法受理。

……

第8问:行政机关拒不履行协助执行通知书的义务,是否可以提起行政诉讼?

不可以。行政机关据不履行协助义务的,人民法院应当依法采取执行措施督促其履行;但当事人认为行政机关不履行协助执行义务造成其损害,请求确认不履行协助执行义务行为违法并予以行政赔偿的,人民法院应当受理。

【法律依据】

《最高人民法院关于行政机关不履行人民法院协助执行义务行为是否属于行政诉讼受案范围的答复》(〔2012〕行他字第17号)
辽宁省高级人民法院:

你院《关于官起斌诉大连市道路客运管理处、大连市金州区交通局、大连市金州区公路运输管理所不履行法定职责及行政赔偿一案的请示报告》收悉,经研究,答复如下:

行政机关根据人民法院的协助执行通知书实施的行为,是行政机关必须履行的法定协助义务,公民、法人或者其他组织对该行为不服提起诉讼的,不属于人民法院行政诉讼受案范围。

行政机关据不履行协助义务的,人民法院应当依法采取执行措施督促其履行;当事人请求人民法院判决行政机关限期履行协助执行义务的,人民法院不予受理。但当事人认为行政机关不履行协助执行义务造成其损害,请求确认不履行协助执行义务行为违法并予以行政赔偿的,人民法院应当受理。

此复。

第 9 问：国土资源、房地产管理部门认为人民法院查封、预查封或者处理的土地、房屋权属错误的，应当如何处理？

可以向人民法院提出审查建议，但不应当停止办理协助执行事项。

【法律依据】

《最高人民法院办公厅关于房地产管理部门协助人民法院执行造成转移登记错误，人民法院对当事人提起的行政诉讼的受理及赔偿责任问题的复函》（法办〔2006〕610号）

建设部办公厅：

你部《关于房地产权属登记机关协助人民法院执行造成转移登记错误，人民法院对当事人提起的行政诉讼的受理及赔偿责任问题的函》（建住房函〔2006〕281号）收悉。经研究，函复如下：

一、根据最高人民法院《关于行政机关根据法院的协助执行通知书实施的行政行为是否属于人民法院行政诉讼受案范围的批复》（法释〔2004〕6号）的规定，行政机关根据人民法院的协助执行通知书实施的行为，是行政机关必须履行的法定协助义务，不属于人民法院行政诉讼受案范围。但如果当事人认为行政机关在协助时缩小或扩大了范围或违法采取措施造成其损害，提起行政诉讼的，人民法院应当受理。

二、根据最高人民法院、国土资源部、建设部《关于依法规范人民法院执行和国土资源房地产管理部门协助执行若干问题的通知》（法发〔2004〕5号）第三条规定，国土资源、房地产管理部门在协助人民法院执行土地使用权、房屋时，不对生效法律文书和协助执行通知书进行实体审查。国土资源、房地产管理部门认为人民法院查封、预查封或者处理的土地、房屋权属错误的，可以向人民法院提出审查建议，但不应当停止办理协助执行事项。

三、根据最高人民法院《关于人民法院民事执行中查封、扣押、冻结财产的规定》(法释〔2004〕15号)第二十八条规定,对已被人民法院查封的财产,其他人民法院可以进行轮候查封。查封解除的,登记在先的轮候查封即自动生效。在查封尚未解除之前,轮候查封的法院要求协助处置查封标的物的,房地产管理部门应当及时告知查封法院,以便人民法院之间及时协调,在协调期间,协助执行的义务机关暂停协助执行事项。轮候查封的法院违法要求协助义务机关处置查封标的物造成执行申请人损失的,应当进行执行回转,无法执行回转的,根据《最高人民法院关于审理人民法院国家赔偿确认案件若干问题的规定(试行)》(法释〔2004〕10号)第十一条第(八)项的规定,由错误发出协助执行通知的法院承担司法赔偿责任,协助执行义务机关不承担赔偿责任。

此复。

第10问：被执行人或其他人擅自处分已被查封、扣押、冻结的财产，应当如何处理？

应责令责任人限期追回财产或承担相应的赔偿责任。

【法律依据】

《最高人民法院关于人民法院执行工作若干问题的规定(试行)》(法释〔2020〕21号)

32. 被执行人或其他人擅自处分已被查封、扣押、冻结财产的，人民法院有权责令责任人限期追回财产或承担相应的赔偿责任。

第11问：协助执行义务人擅自转移财物或票证的，应当如何处理？

应当责令限期追回，逾期未追回的，应当裁定其承担赔偿责任。

【法律依据】

《最高人民法院关于人民法院执行工作若干问题的规定（试行）》(法释〔2020〕21号)

42. 有关组织或者个人持有法律文书指定交付的财物或票证，在接到人民法院协助执行通知书或通知书后，协同被执行人转移财物或票证的，人民法院有权责令其限期追回；逾期未追回的，应当裁定其承担赔偿责任。

第12问：被执行人拒不履行判决裁定的，应当如何处理？

情节严重的予以罚款、拘留；构成犯罪的，依法追究刑事责任。

【法律依据】

《中华人民共和国民事诉讼法》(2023年9月1日修正)

第一百一十四条　诉讼参与人或者其他人有下列行为之一的，人民法院可以根据情节轻重予以罚款、拘留；构成犯罪的，依法追究刑事责任：

（一）伪造、毁灭重要证据，妨碍人民法院审理案件的；

（二）以暴力、威胁、贿买方法阻止证人作证或者指使、贿买、胁迫他人作伪证的；

（三）隐藏、转移、变卖、毁损已被查封、扣押的财产，或者已被清点并责令其保管的财产，转移已被冻结的财产的；

（四）对司法工作人员、诉讼参加人、证人、翻译人员、鉴定人、勘验人、协助执行的人，进行侮辱、诽谤、诬陷、殴打或者打击报复的；

（五）以暴力、威胁或者其他方法阻碍司法工作人员执行职务的；

（六）拒不履行人民法院已经发生法律效力的判决、裁定的。

人民法院对有前款规定的行为之一的单位，可以对其主要负责人或者直接责任人员予以罚款、拘留；构成犯罪的，依法追究刑事责任。

第13问：协助调查、协助执行义务人存在哪些情形，人民法院可以予以罚款？

1. 拒绝或妨碍法院调查取证的。
2. 协助执行义务人或机关拒不协助查询、扣押、冻结、划拨、变价财产的。
3. 允许被限制消费的被执行人高消费的。
4. 允许被限制出境的被执行人出境的。
5. 收到协助执行通知书的有关单位以需要内部请示、内部审批、有内部规定等为由拖延办理的。
6. 收到协助执行通知书的有关单位拒不停止办理有关财产权证照转移手续、权属变更登记、规划审批等手续的。
7. 其他拒绝协助执行的。

【法律依据】

《中华人民共和国民事诉讼法》（2023年9月1日修正）

第一百一十七条 有义务协助调查、执行的单位有下列行为之一的，人民法院除责令其履行协助义务外，并可以予以罚款：

（一）有关单位拒绝或者妨碍人民法院调查取证的；

（二）有关单位接到人民法院协助执行通知书后，拒不协助查询、扣押、冻结、划拨、变价财产的；

（三）有关单位接到人民法院协助执行通知书后，拒不协助扣留被执行人的收入、办理有关财产权证照转移手续、转交有关票证、证照或者其他财产的；

（四）其他拒绝协助执行的。

人民法院对有前款规定的行为之一的单位，可以对其主要负责人或者直接责任人员予以罚款；对仍不履行协助义务的，可以予以拘留；并可以向监察机关或者有关机关提出予以纪律处分的司法建议。

《最高人民法院关于适用〈中华人民共和国民事诉讼法〉的解释》(法释〔2022〕11号)

第一百九十二条 有关单位接到人民法院协助执行通知书后，有下列行为之一的，人民法院可以适用民事诉讼法第一百一十七条规定处理：

（一）允许被执行人高消费的；

（二）允许被执行人出境的；

（三）拒不停止办理有关财产权证照转移手续、权属变更登记、规划审批等手续的；

（四）以需要内部请示、内部审批，有内部规定等为由拖延办理的。

第14问：人民法院查封财产的程序是什么？

应当作出裁定送达被执行人和申请执行人；如果措施需要有关单位或个人协助的，应当制作协助执行通知书，连同裁定书副本一并送达协助执行。

【法律依据】

《最高人民法院关于人民法院民事执行中查封、扣押、冻结财产的规定》(法释〔2020〕21号)

第一条 人民法院查封、扣押、冻结被执行人的动产、不动产及其他财产权，应当作出裁定，并送达被执行人和申请执行人。

采取查封、扣押、冻结措施需要有关单位或者个人协助的，人民法院应当制作协助执行通知书，连同裁定书副本一并送达协助执行人。查封、扣押、冻结裁定书和协助执行通知书送达时发生法律效力。

第15问：执行联动机制都涉及哪些单位、部门？

2010年7月7日发布的《中央纪律检查委员会、中央组织部、中央宣传部、中央社会治安综合治理委员会办公室、最高人民法院、最高人民检察院、国家发展和改革委员会、公安部、监察部、民政部、司法部、国土资源部、住房和城乡建设部、中国人民银行、国家税务总局、国家工商行政管理总局、国务院法制办公室、中国银监会、中国证监会关于印发〈关于建立和完善执行联动机制若干问题的意见〉的通知》规定了执行联动机制。

2018年，根据《第十三届全国人民代表大会第一次会议关于国务院机构改革方案的决定》，部分部门名称、权属等进行了变更。在申请执行法院发送协助执行通知书时应当核实目标单位是否存在、行政职能是否变更。

【法律依据】

《中央纪律检查委员会、中央组织部、中央宣传部、中央社会治安综合治理委员会办公室、最高人民法院、最高人民检察院、国家发展和改革委员会、公安部、监察部、民政部、司法部、国土资源部、住房和城乡建设部、中国人民银行、国家税务总局、国家工商行政管理总局、国务院法制办公室、中国银监会、中国证监会关于印发〈关于建立和完善执行联动机制若干问题的意见〉的通知》（法发〔2010〕15号）

各省、自治区、直辖市纪律检查委员会、党委组织部、党委宣传部、社会治安综合治理委员会办公室、高级人民法院、人民检察院、发展和改革委员会、公安厅（局）、监察厅（局）、民政厅（局）、司法厅（局）、国土资源厅（国土环境资源局、国土资源局、国土资源和房屋管理局、规划和国土资源局）、建设厅（委）及有关部门、国家税务局、地方税务局、工商行政管理局、人民政府法制办、银监局、证监局，计划单列市国家税务局、地方税务局、证监局，中国人民银行上海总部、各分行、营业管理部、各省会（首府）城市中心支行、大连、青岛、宁波、厦门、深圳中心支行，新疆生产建设兵团各相关单位：

现将《关于建立和完善执行联动机制若干问题的意见》予以印发，请认真贯彻执行。

……

第16问：纪检监察机关如何执行联动？

针对党员、行政监察对象存在妨碍、干预执行工作的，采取核查线索、立案调查、追究党纪政纪责任。

【法律依据】

《关于建立和完善执行联动机制若干问题的意见》（法发〔2010〕15号）

第一条 纪检监察机关对人民法院移送的在执行工作中发现的党员、行政监察对象妨碍人民法院执行工作和违反规定干预人民法院执行工作的违法违纪线索，应当及时组织核查；必要时，应当立案调查。对于党员、行政监察对象妨碍人民法院执行工作或者违反规定干预人民法院执行工作，以及拒不履行生效法律文书确定义务的，应当依法依纪追究党纪政纪责任。

第17问：组织人事部门如何执行联动？

通过信访举报和干部考察考核的方式，针对党员、公务员拒不履行生效法律文书以及非法干预、妨害执行等情况，以诫勉谈话、函询等形式，督促其及时改正，并按照《中国共产党纪律处分条例》和《行政机关公务员处分条例》等有关规定处理。

【法律依据】

《关于建立和完善执行联动机制若干问题的意见》(法发〔2010〕15号)

第二条 组织人事部门应当通过群众信访举报、干部考察考核等多种途径,及时了解和掌握党员、公务员拒不履行生效法律文书以及非法干预、妨害执行等情况,对有上述问题的党员、公务员,通过诫勉谈话、函询等形式,督促其及时改正。对拒不履行生效法律文书、非法干预或妨碍执行的党员、公务员,按照《中国共产党纪律处分条例》和《行政机关公务员处分条例》等有关规定处理。

第18问:新闻宣传部门如何执行联动?

加强宣传教育,把握舆论导向正确,建立公示、曝光制度。

【法律依据】

《关于建立和完善执行联动机制若干问题的意见》(法发〔2010〕15号)

第三条 新闻宣传部门应当加强对人民法院执行工作的宣传,教育引导社会各界树立诚信意识,形成自觉履行生效法律文书确定的义务、依法协助人民法院执行的良好风尚;把握正确的舆论导向,增强市场主体的风险意识。配合人民法院建立被执行人公示制度,及时将人民法院委托公布的被执行人名单以及其他干扰、阻碍执行的行为予以曝光。

第19问:综合治理部门如何执行联动?

将地方基层组织协助执行的情况纳入社会治安综合治理目标责任考核范围。

【法律依据】

《关于建立和完善执行联动机制若干问题的意见》（法发〔2010〕15号）

第四条 综合治理部门应当将当地党委、人大、政府、政协重视和支持人民法院执行工作情况、被执行人特别是特殊主体履行债务情况、有关部门依法协助执行的情况、执行救助基金的落实情况等，纳入社会治安综合治理目标责任考核范围。建立健全基层协助执行网络，充分发挥基层组织的作用，配合人民法院做好执行工作。

第20问：检察机关如何执行联动？

对构成拒执罪的人员从严进行追诉，并查处渎职、贪污受贿等职务犯罪行为。

【法律依据】

《关于建立和完善执行联动机制若干问题的意见》（法发〔2010〕15号）

第五条 检察机关应当对拒不执行法院判决、裁定以及其他妨害执行构成犯罪的人员，及时依法从严进行追诉；依法查处执行工作中出现的渎职侵权、贪污受贿等职务犯罪案件。

第21问：公安机关如何执行联动？

1. 严厉打击拒不执行法院判决、裁定和其他妨害执行的违法犯罪行为。
2. 对以暴力、威胁方法妨害或者抗拒执行的行为，在接到人民法院通报后立即出警，依法处置。
3. 协助查询被执行人户籍信息、下落。
4. 发现需要拘留、拘传的被执行人，及时向法院通报。

5. 协助限制被执行人出境。

6. 协助办理车辆查封、扣押和转移登记,发现被执行人车辆等财产时,及时将有关信息通知法院。

【法律依据】

《关于建立和完善执行联动机制若干问题的意见》(法发〔2010〕15号)

第六条 公安机关应当依法严厉打击拒不执行法院判决、裁定和其他妨害执行的违法犯罪行为;对以暴力、威胁方法妨害或者抗拒执行的行为,在接到人民法院通报后立即出警,依法处置。协助人民法院查询被执行人户籍信息、下落,在履行职责过程中发现人民法院需要拘留、拘传的被执行人的,及时向人民法院通报情况;对人民法院在执行中决定拘留的人员,及时予以收押。协助限制被执行人出境;协助人民法院办理车辆查封、扣押和转移登记等手续;发现被执行人车辆等财产时,及时将有关信息通知负责执行的人民法院。

第22问:发展和改革部门如何执行联动?

1. 协助查询被执行人工程项目的立项情况及资料。

2. 协助法院停止办理被执行人正在申请的投资项目审批、核准和备案手续。

【法律依据】

《关于建立和完善执行联动机制若干问题的意见》(法发〔2010〕15号)

第九条 发展和改革部门应当协助人民法院依法查询被执行人有关工程项目的立项情况及相关资料;对被执行人正在申请办理的投资项目审批、核准和备案手续,协调有关部门和地方,依法协助人民法院停止办理相关手续。

第 23 问：司法行政部门如何执行联动？

1. 加强法制宣传教育。
2. 对各级领导干部加强依法支持人民法院执行工作的观念教育，克服地方和部门保护主义思想。
3. 对监狱作为被执行人的案件，督促被执行人及时履行。
4. 指导律师、公证人员和基层法律服务工作者做好当事人工作，积极履行生效法律文书确定的义务。

【法律依据】

《关于建立和完善执行联动机制若干问题的意见》（法发〔2010〕15号）

第十条 司法行政部门应当加强法制宣传教育，提高人民群众的法律意识，提高债务人主动履行生效法律文书的自觉性。对各级领导干部加强依法支持人民法院执行工作的观念教育，克服地方和部门保护主义思想。对监狱、劳教单位作为被执行人的案件，督促被执行人及时履行。指导律师、公证人员和基层法律服务工作者做好当事人工作，积极履行生效法律文书确定的义务。监狱、劳教所、强制隔离戒毒所对服刑、劳教人员和强制隔离戒毒人员作为被执行人的案件，积极协助人民法院依法执行。

第 24 问：自然资源管理部门如何执行联动？

自然资源管理部门包括：国土资源管理部门以及住房和城乡建设管理部门。

国土资源管理部门：（1）协助查询有关土地使用权、探矿权、采矿权及相关权属登记情况，协助办理查封、预查封和轮候查封登记；（2）被执行人正在办理上述权属变更登记手续的，根据人民法院发送的协助执行通知书的要求,停止办理相关手续;(3)债权人持生效法律文书申请办理土地使用权变更登记的,依法予以办理。

住房和城乡建设管理部门:(1)协助查询有关房屋权属登记、变更、抵押等情况,协助人民法院及时办理房屋查封、预查封和轮候查封及转移登记手续;(2)根据人民法院协助执行通知书的要求,停止办理被执行人房屋所有权转移登记相关手续;(3)轮候查封的人民法院违法要求协助办理房屋登记手续的,依法不予办理;(4)协助人民法院查询有关工程项目的规划审批情况,提供必要的规划文件图纸等资料;(5)根据人民法院发送的协助执行通知书停止办理涉案项目规划审批手续;(6)房地产、建筑企业不依法履行生效法律文书义务的情况,记入房地产和建筑市场信用档案,并向社会披露;(7)对拖欠房屋拆迁补偿安置资金的被执行人,依法采取制裁措施。

国土资源、房地产管理部门依法协助人民法院执行时,除复制有关材料所必需的工本费外,不得向人民法院收取其他费用。登记过户的费用按照国家有关规定收取。

【法律依据】

《关于建立和完善执行联动机制若干问题的意见》(法发〔2010〕15号)

第十一条 国土资源管理部门应当协助人民法院及时查询有关土地使用权、探矿权、采矿权及相关权属等登记情况,协助人民法院及时办理土地使用权、探矿权、采矿权等的查封、预查封和轮候查封登记,并将有关情况及时告知人民法院。被执行人正在办理土地使用权、采矿权、探矿权等权属变更登记手续的,根据人民法院协助执行通知书的要求,停止办理相关手续。债权人持生效法律文书申请办理土地使用权变更登记的,依法予以办理。

第十二条 住房和城乡建设管理部门应当协助人民法院及时查询有关房屋权属登记、变更、抵押等情况,协助人民法院及时办理房屋查封、预查封和轮候查封及转移登记手续,并将有关情况及时告知人民法院。被执行人正在办理房屋所有权转移登记等手续的，根据人民法院协助执行通知书的要求，停止办理相关手续。轮候查封的人民法院违法要求协助办理房屋登记手续的，依法不予办理。债权人持生效法律文书申请办理房屋转移登记手续的，依法予以办理。协助人民法院查询有关工程项目的规划审批情况，向人民法院提供必要的经批准的规划文件和规划图纸等资料。被执行人正在申请办理涉案项目规划审批手续的，根据人民法院协助执行通知书的要求，停止办理相关手续。将房地产、建筑企业不依法履行生效法律文书义务的情况，记入房地产和建筑市场信用档案，向社会披露有关信息。对拖欠房屋拆迁补偿安置资金的被执行人，依法采取制裁措施。

《最高人民法院、国土资源部、建设部关于依法规范人民法院执行和国土资源房地产管理部门协助执行若干问题的通知》（法发〔2004〕5号）

一、人民法院在办理案件时，需要国土资源、房地产管理部门协助执行的，国土资源、房地产管理部门应当按照人民法院的生效法律文书和协助执行通知书办理协助执行事项。

国土资源、房地产管理部门依法协助人民法院执行时，除复制有关材料所必需的工本费外，不得向人民法院收取其他费用。登记过户的费用按照国家有关规定收取。

《最高人民法院关于购买抵押房屋并已交付房款的小业主诉请银行涂销抵押应否支持问题的请示的答复》（〔2011〕民一他字第1号）

广东省高级人民法院：

你院粤高法〔2011〕1号《关于购买抵押房屋并已交付房款的小业主诉请银行涂销抵押应否支持问题的请示》收悉。经研究，答复如下：

本案原告提起诉请银行涂销抵押诉讼的目的在于办理房屋所有权登记。从你院请示报告所载明的事实看，根据物权法第二十八条的规定，原告已于人民法院的法律文书生效时取得了房屋所有权而根据《房屋登记办法》第三十五条第二款规定，房屋登记机构应当依法办理房屋登记。此时的房屋登记行为具有物权公示的效力,并非物权取得的必要条件。因是否办理房屋登记而形成的纠纷,不属于民事案件受案范围。对此,人民法院可向当事人进行释明,并告知其向房屋登记机构申请解决,原告坚持起诉的,可裁定驳回起诉。

此复。

第 25 问:税务机关如何执行联动?

1. 协助调查、提供被执行人财产情况、纳税情况信息。

2. 根据人民法院协助执行通知书的要求提供被执行人的退税账户、退税金额及退税时间等情况。

3. 被执行人拒不申报退税,税务机关又不协助办理退税的,应当罚款、拘留、追究刑事责任。

4. 被执行人不缴、少缴税款的,请求法院依照法定清偿顺序追缴税款,并按照税款预算级次上缴国库。

【法律依据】

《关于建立和完善执行联动机制若干问题的意见》(法发〔2010〕15号)

第十六条 税务机关应当依法协助人民法院调查被执行人的财产情况,提供被执行人的纳税情况等相关信息;根据人民法院协助执行通知书的要求,提供被执行人的退税账户、退税金额及退税时间等情况。被执行人不缴、少缴税款的,请求法院依照法定清偿顺序追缴税款,并按照税款预算级次上缴国库。

《最高人民法院执行工作办公室关于被执行人拒不申报退税款,税务机关又不协助应如何处理的请示的答复》

天津市高级人民法院:

你院〔1999〕津高法执请字第32号《关于被执行人拒不申报退税款,税务机关又不协助应如何处理的请示报告》收悉。经研究,答复如下：

根据《国家税务总局出口货物退（免）税管理办法》的有关规定，企业出口退税款，须经出口企业申请，由国家税务机关审查批准后，通过银行办理退税款事项。如果作为被执行人的出口企业拒不办理申报手续及负有协助执行义务的机关拒不协助，可以依照民事诉讼法第102、103条的有关规定分别追究责任。

此复。

第26问：人民银行如何执行联动？

1. 结算账户管理系统中被执行人的账户信息。
2. 将被执行人拒不履行法律文书的情况纳入企业和个人信用信息基础数据库。

【法律依据】

《关于建立和完善执行联动机制若干问题的意见》（法发〔2010〕15号）

第十三条 人民银行应当协助人民法院查询人民币银行结算账户管理系统中被执行人的账户信息；将人民法院提供的被执行人不履行法律文书确定义务的情况纳入企业和个人信用信息基础数据库。

第27问：银行业监管部门如何执行联动？

1. 协助查询被执行人开户、存款情况；
2. 办理存款冻结、轮候冻结、扣划等事宜；
3. 金融机构拒不协助的，可以追究相关人员责任；
4. 对被执行人申请贷款进行限制；
5. 被执行人涉及金融债权的，可以采取不开新户、不发放新贷款、不办理对外支付等制裁措施。（金融债权是因持有黄金、通货或其他可以取得收益的有价证券而保持的交换和获得金融资产的权利，包括发行债券的权利。)

【法律依据】

《关于建立和完善执行联动机制若干问题的意见》（法发〔2010〕15号）

第十四条 银行业监管部门应当监督银行业金融机构积极协助人民法院查询被执行人的开户、存款情况，依法及时办理存款的冻结、轮候冻结和扣划等事宜。对金融机构拒不履行生效法律文书、拒不协助人民法院执行的行为，依法追究有关人员的责任。制定金融机构对被执行人申请贷款进行必要限制的规定，要求金融机构发放贷款时应当查询企业和个人信用信息基础数据库，并将被执行人履行生效法律文书确定义务的情况作为审批贷款时的考量因素。对拒不履行生效法律文书义务的被执行人，涉及金融债权的，可以采取不开新户、不发放新贷款、不办理对外支付等制裁措施。

第28问：证券监管部门如何执行联动？

1. 监督证券登记结算机构、证券、期货经营机构依法协助查询、冻结、扣划证券和证券结算资金。
2. 督促作为被执行人的证券公司自觉履行义务。

【法律依据】

《关于建立和完善执行联动机制若干问题的意见》（法发〔2010〕15号）

第十五条 证券监管部门应当监督证券登记结算机构、证券、期货经营机构依法协助人民法院查询、冻结、扣划证券和证券交易结算资金。督促作为被执行人的证券公司自觉履行生效裁判文书确定的义务；对证券登记结算机构、证券公司拒不履行生效法律文书确定义务、拒不协助人民法院执行的行为，督促有关部门依法追究有关负责人和直接责任人员的责任。

第 29 问：工商行政部门如何执行联动？

1. 协助查询企业的工商登记信息，包括设立、变更、注销登记等信息。

2. 协助冻结股权、办理转让登记手续。

多家法院要求冻结同一股权、其他投资权益的情况下，应当全部公示。首先送达协助公示通知书的执行法院的冻结为生效冻结。送达在后的冻结为轮候冻结。有效的冻结解除的，轮候的冻结中，送达在先的自动生效；冻结期限为 2 年，续冻结不超过 1 年，不受次数限制。

3. 对申请注销登记的企业，严格执行清算制度，防止被执行人转移财产。

4. 将不依法履行生效文书确定义务的被执行人录入企业信用分类监管系统。

5. 行政机关按照协助执行通知书实施的行为，不属于行政诉讼受案范围。

【法律依据】

《关于建立和完善执行联动机制若干问题的意见》（法发〔2010〕15 号）

第十七条 工商行政管理部门应当协助人民法院查询有关企业的设立、变更、注销登记等情况；依照有关规定，协助人民法院办理被执行人持有的有限责任公司股权的冻结、转让登记手续。对申请注销登记的企业，严格执行清算制度，防止被执行人转移财产，逃避执行。逐步将不依法履行生效法律文书确定义务的被执行人录入企业信用分类监管系统。

《国家工商行政管理总局对〈关于工商行政管理机关对人民法院的协助执行通知书是否负有审核责任的请示〉的批复》（工商法字〔2010〕116号）

北京市工商行政管理局：

你局《关于工商行政管理机关对人民法院的协助执行通知书是否负有审核责任的请示》（京工商文〔2010〕11号）收悉。经研究，现答复如下：

一、行政机关根据人民法院的协助执行通知书实施的行为，是行政机关必须履行的法定协助义务。

二、工商行政管理机关在协助人民法院执行时，不对生效法律文书和协助执行通知书进行实体审查，不负有审核责任。工商行政管理机关认为协助执行事项存在错误的，可以向人民法院提出书面建议，并要求其记录在案，但不应当停止办理协助执行事项。

三、根据最高人民法院《关于行政机关根据法院的协助执行通知书实施的行政行为是否属于人民法院行政诉讼受案范围的批复》（法释〔2004〕6号）的规定，行政机关根据人民法院的协助执行通知书实施的行为，不属于人民法院行政诉讼受案范围。

《最高人民法院、国家工商总局关于加强信息合作规范执行与协助执行的通知》（法〔2014〕251号）

各省、自治区、直辖市高级人民法院，解放军军事法院，新疆维吾尔自治区高级人民法院生产建设兵团分院；各省、自治区、直辖市工商行政管理局：

按照中央改革工商登记制度的决策部署，根据全国人大常委会、国务院对注册资本登记制度改革涉及的法律、行政法规的修改决定，以及国务院印发的《注册资本登记制度改革方案》《企业信息公示暂行条例》，最高人民法院、国家工商行政管理总局就加强信息合作、规范人民法院执行与工商行政管理机关协助执行等事项通知如下：

一、进一步加强信息合作

1. 各级人民法院与工商行政管理机关通过网络专线、电子政务平台等媒介，将双方业务信息系统对接，建立网络执行查控系统，实现网络化执行与协助执行。

2. 人民法院与工商行政管理机关要积极创造条件，逐步实现人民法院通过企业信用信息公示系统自行公示相关信息。

3. 已建立网络执行查控系统的地区，可以通过该系统办理协助事项。

有关网络执行查控系统要求、电子文书要求、法律效力等规定，按照《最高人民法院关于网络查询、冻结被执行人存款的规定》（法释〔2013〕20号）执行。通过网络冻结、强制转让股权、其他投资权益（原按照法释〔2013〕20号第九、十条等规定执行）的程序，按照本通知要求执行，但协助请求、结果反馈的方式由现场转变为通过网络操作。

4. 未建成网络执行查控系统的地区，工商行政管理机关有条件的，可以设立专门的司法协助窗口或者指定专门的机构或者人员办理协助执行事务。

5. 各级人民法院与工商行政管理机关通过网络专线、电子政务平台等媒介，建立被执行人、失信被执行人名单、刑事犯罪人员等信息交换机制。工商行政管理机关将其作为加强市场信用监管的信息来源。

二、进一步规范人民法院执行与工商行政管理机关协助执行

6. 人民法院办理案件需要工商行政管理机关协助执行的，工商行政管理机关应当按照人民法院的生效法律文书和协助执行通知书办理协助执行事项。

人民法院要求协助执行的事项，应当属于工商行政管理机关的法定职权范围。

7. 工商行政管理机关协助人民法院办理以下事项：

（1）查询有关主体的设立、变更、注销登记，对外投资，以及受处罚等情况及原始资料（企业信用信息公示系统已经公示的信息除外）；

(2) 对冻结、解除冻结被执行人股权、其他投资权益进行公示;

(3) 因人民法院强制转让被执行人股权,办理有限责任公司股东变更登记;

(4) 法律、行政法规规定的其他事项。

8. 工商行政管理机关在企业信用信息公示系统中设置"司法协助"栏目,公开登载人民法院要求协助执行的事项。

人民法院要求工商行政管理机关协助公示时,应当制作协助公示执行信息需求书,随协助执行通知书等法律文书一并送达工商行政管理机关。工商行政管理机关按照协助公示执行信息需求书,发布公示信息。

公示信息应当记载执行法院,执行裁定书及执行通知书文号,被执行人姓名(名称),被冻结或转让的股权、其他投资权益所在市场主体的姓名(名称),股权、其他投资权益数额,受让人,协助执行的时间等内容。

9. 人民法院对股权、其他投资权益进行冻结或者实体处分前,应当查询权属。

人民法院应先通过企业信用信息公示系统查询有关信息。需要进一步获取有关信息的,可以要求工商行政管理机关予以协助。

执行人员到工商行政管理机关查询时,应当出示工作证或者执行公务证,并出具协助查询通知书。协助查询通知书应当载明被查询主体的姓名(名称)、查询内容,并记载执行依据、人民法院经办人员的姓名和电话等内容。

10. 人民法院对从工商行政管理机关业务系统、企业信用信息公示系统以及公司章程中查明属于被执行人名下的股权、其他投资权益,可以冻结。

11. 人民法院冻结股权、其他投资权益时,应当向被执行人及其股权、其他投资权益所在市场主体送达冻结裁定,并要求工商行政管理机关协助公示。

人民法院要求协助公示冻结股权、其他投资权益时,执行人员应当出示工作证或者执行公务证,向被冻结股权、其他投资权益所在市场主体登记的工商行政管理机关送达执行裁定书、协助公示通知书和协助公示执行信息需求书。

协助公示通知书应当载明被执行人姓名(名称),执行依据,被冻结的股权、其他投资权益所在市场主体的姓名(名称),股权、其他投资权益数额,冻结期限,人民法院经办人员的姓名和电话等内容。

工商行政管理机关应当在收到通知后三个工作日内通过企业信用信息公示系统公示。

12. 股权、其他投资权益被冻结的,未经人民法院许可,不得转让,不得设定质押或者其他权利负担。

有限责任公司股东的股权被冻结期间,工商行政管理机关不予办理该股东的变更登记、该股东向公司其他股东转让股权被冻结部分的公司章程备案,以及被冻结部分股权的出质登记。

13. 工商行政管理机关在多家法院要求冻结同一股权、其他投资权益的情况下,应当将所有冻结要求全部公示。

首先送达协助公示通知书的执行法院的冻结为生效冻结。送达在后的冻结为轮候冻结。有效的冻结解除的,轮候的冻结中,送达在先的自动生效。

14. 冻结股权、其他投资权益的期限不得超过两年。申请人申请续行冻结的,人民法院应当在本次冻结期限届满三日前按照本通知第11条办理。续冻期限不得超过一年。续行冻结没有次数限制。

有效的冻结期满,人民法院未办理续行冻结的,冻结的效力消灭。按照前款办理了续行冻结的,冻结效力延续,优先于轮候冻结。

15. 人民法院对被执行人股权、其他投资权益等解除冻结的,应当通知当事人,同时通知工商行政管理机关公示。

人民法院通知和工商行政管理机关公示的程序,按照本通知第11条办理。

16. 人民法院强制转让被执行人的股权、其他投资权益,完成变价等程序后，应当向受让人、被执行人或者其股权、其他投资权益所在市场主体送达转让裁定，要求工商行政管理机关协助公示并办理有限责任公司股东变更登记。

人民法院要求办理有限责任公司股东变更登记的，执行人员应当出示工作证或者执行公务证，送达生效法律文书副本或者执行裁定书、协助执行通知书、协助公示执行信息需求书、合法受让人的身份或资格证明，到被执行人股权所在有限责任公司登记的工商行政管理机关办理。

法律、行政法规对股东资格、持股比例等有特殊规定的，人民法院要求工商行政管理机关办理有限责任公司股东变更登记前，应当进行审查，并确认该公司股东变更符合公司法第二十四条、第五十八条的规定。

工商行政管理机关收到人民法院上述文书后，应当在三个工作日内直接在业务系统中办理，不需要该有限责任公司另行申请，并及时公示股东变更登记信息。公示后，该股东权利以公示信息确定。

17. 人民法院可以对有关材料查询、摘抄、复制，但不得带走原件。

工商行政管理机关对人民法院复制的书面材料应当核对并加盖印章。人民法院要求提供电子版，工商行政管理机关有条件的，应当提供。

对于工商行政管理机关无法协助的事项，人民法院要求出具书面说明的，工商行政管理机关应当出具。

18. 工商行政管理机关对按人民法院要求协助执行产生的后果，不承担责任。

当事人、案外人对工商行政管理机关协助执行的行为不服，提出异议或者行政复议的，工商行政管理机关不予受理；向人民法院起诉的，人民法院不予受理。

当事人、案外人认为人民法院协助执行要求存在错误的，应当按照民事诉讼法第二百二十五条①之规定,向人民法院提出执行异议,人民法院应当受理。

当事人认为工商行政管理机关在协助执行时扩大了范围或者违法采取措施造成其损害,提起行政诉讼的,人民法院应当受理。

19. 人民法院冻结股权、其他投资权益的通知在2014年2月28日之前送达工商行政管理机关、冻结到期日在2014年3月1日以后的,工商行政管理机关应当在2014年11月30日前将冻结信息公示。公示后续行冻结的,按照本通知第11条办理。

冻结到期日在2014年3月1日以后、2014年11月30日前,人民法院送达了续行冻结通知书的,续行冻结有效。工商行政管理机关还应当在2014年11月30日前公示续行冻结信息。

人民法院对股权、其他投资权益的冻结未设定期限的,工商行政管理机关应当在2014年11月30日前将冻结信息公示。从公示之日起满两年,人民法院未续行冻结的,冻结的效力消灭。

各高级人民法院与各省级工商行政管理局可以根据本通知,结合本地实际,制定贯彻实施办法。对执行本通知的情况和工作中遇到的问题,要及时报告最高人民法院、国家工商行政管理总局。

《最高人民法院办公厅关于印发〈关于审理公司登记行政案件若干问题的座谈会纪要〉的通知》(法办〔2012〕62号)

五、执行生效裁判和仲裁裁决的问题

对登记机关根据生效裁判、仲裁裁决或者人民法院协助执行通知书确定的内容作出的变更、撤销等登记行为,利害关系人不服提起行政诉讼的,人民法院不予受理,但登记行为与文书内容不一致的除外。

公司登记依据的生效裁判、仲裁裁决被依法撤销,利害关系人申请登记机关重新作出登记行为,登记机关拒绝办理,利害关系人不服提起行政诉讼的,人民法院应予受理。

---

① 现相关规定见《中华人民共和国民事诉讼法》(2023年修正)第二百三十六条。

多份生效裁判、仲裁裁决或者人民法院协助执行通知书涉及同一登记事项且内容相互冲突,登记机关拒绝办理登记,利害关系人提起行政诉讼的,人民法院经审理应当判决驳回原告的诉讼请求,同时建议有关法院或者仲裁机关依法妥善处理。

第 30 问:民政部门如何执行联动?

对生活特别困难的申请执行人做好救助工作。

【法律依据】

《关于建立和完善执行联动机制若干问题的意见》(法发〔2010〕15 号)

第八条 民政部门应当对生活特别困难的申请执行人,按照有关规定及时做好救助工作。

第 31 问:铁路部门如何执行联动?

1. 执法机关要求车站协助扣押铁路运输货物,货物发送前由发站受理,货物发送后由到站受理,除对安全或社会有重大危害的,报请铁路分局批准的外,中途站不办理扣押货物事宜。

2. 收到协助执行通知后,应当妥善保管并通知托运人及收货人,到站办理货物交付或取消托运手续,由执行法院向托运人或收货人办理扣押手续。

3. 托运或收货人逾期不来车站处理或通知不着的,执法机关又限期要将扣押货物转移的,凭县级以上执法机关出具的正式法律文书,办理货物移交,并通知发站或到站及托运和收货人。

4. 对同一批货物有几家执法机关同时要求扣押的,应由其上级主管部门协调,按协调部门指示办理。

【法律依据】

《中华人民共和国铁道部关于协助执行执法机关扣留铁路运输货物的通知》（铁运函〔1995〕327号）

各铁路局、广铁（集团）公司：

最近以来，不少铁路车站接到有关执法部门因各种原因要求协助执行扣押铁路运输货物的通知，有的因无章可循，车站工作人员无所适从，致使执法机关扣押货物的要求未能得到执行；有的因个别执法人员不了解铁路运输特点，在运输中途站强行扣押货物，影响铁路运输生产；有的还造成运输合同纠纷。为协助执法机关做好这项工作，维护铁路正常运输秩序，现将有关事项通知如下。

一、按照国家法律、法规有物品扣押权的执法机关要求车站协助执行扣押铁路运输货物的，在货物发送前由发站，发送后由到站受理。除继续运输将危及铁路运输安全或对社会造成重大危害等特殊情况（如武器、弹药等），报请铁路分局批准的外，中途站不办理扣押货物事宜。

二、发站或到站接到协助执行扣押通知后，应立即将要求扣押的货物妥善保管。发站应立即通知托运人，到站应立即通知收货人和电告发站转告托运人，限期到车站处理，按规定办理货物交付或取消托运手续，同时由执法机关直接向托运人或收货人办理扣押货物手续；托运或收货人逾期不来车站处理或通知不着的，执法机关又限期要将扣押货物转移的，凭县级以上执法机关出具的正式法律文书，办理货物移交，并通知发站或到站及托运和收货人。对同一批货物有几家执法机关同时要求扣押的，应由其上级主管部门协调，按协调部门指示办理。铁路运输货物按法律、法规的规定移交执法机关后，运输合同终止履行。货物扣押期间的保管费用及因扣押产生的其他相关费用按规定核收。

三、中途站接到执法机关要求协助扣押通知的，应告知其在到站办理，并电告到站，以便到站提前做好准备，协助处理。

第 32 问：公证机构如何执行联动？

1. 参与调解。进入调解组织名册的公证机构，应当事人申请，对具有给付内容、债权债务关系明确的和解、调解协议办理公证并赋予强制执行效力；

2. 经委托调解达成调解协议的，应当移交人民法院，由法院出具调解书；

3. 未达成调解协议的，公证机构可以在征得各方当事人同意后，用书面形式记载调解过程中双方没有争议的事实，并由当事人签字确认。在诉讼程序中，除涉及国家利益、社会公共利益和他人合法权益的外，当事人无须对调解过程中已确认的无争议事实举证；

4. 协助人民法院搜集核实执行线索、查控执行标的，协助清点和管理查封、扣押财物。经执行机关申请，可以办理保全证据公证。

【法律依据】

《最高人民法院、司法部关于开展公证参与人民法院司法辅助事务试点工作的通知》（司发通〔2017〕68号）

二、开展公证参与司法辅助事务试点工作的主要内容

自2017年7月起，选择在北京、内蒙古、黑龙江、上海、江苏、浙江、安徽、福建、广东、四川、云南、陕西12省（区、市）开展公证参与司法辅助事务试点，试点期限为一年。试点地方高级人民法院、司法厅（局）要选择法院"案多人少"矛盾突出，公证机构服务能力强的地方，积极稳妥开展公证机构参与人民法院司法辅助事务试点工作，支持公证机构在人民法院调解、取证、送达、保全、执行等环节提供公证法律服务，充分发挥公证制度职能作用。公证机构参与司法辅助事务的主要内容有：

（一）参与调解。人民法院通过吸纳公证机构进入人民法院特邀调解组织名册，进入名册的公证机构可以接受人民法院委派或委托在家事、商事等领域开展调解，发挥诉前引导程序性作用、开展调解前

置程序改革。经委派调解达成协议的，公证机构可以应当事人申请，对具有给付内容、债权债务关系明确的和解、调解协议办理公证并赋予强制执行效力；经委托调解达成调解协议的，公证机构应当将调解协议及相关材料移交人民法院，由人民法院按照法律规定出具民事调解书或作相应处理。未达成调解协议的，公证机构可以在征得各方当事人同意后，用书面形式记载调解过程中双方没有争议的事实，并由当事人签字确认。在诉讼程序中，除涉及国家利益、社会公共利益和他人合法权益的外，当事人无需对调解过程中已确认的无争议事实举证。

（二）参与取证。公证机构可以接受人民法院委托，就当事人婚姻状况、亲属关系、财产状况、未成年子女抚养情况、书面文书等进行核实和调查取证。核查结束后，公证机构应就核查内容、核查过程、核查结果向法院出具取证报告。

（三）参与送达。公证机构可以接受人民法院委托，参与案件各个阶段的司法送达事务。鼓励公证机构采用信息化手段，推行集约化送达模式，避免分散作业和资源的重复投入。送达工作完成后，公证机构应当就送达过程、送达结果等情况形成送达全流程登记表，交由人民法院留存备查。

（四）参与保全。公证机构可以协助人民法院核实被保全财产信息和被保全财产线索，核实被保全动产的权属和占有、使用等情况。财产保全需要提供担保的，公证机构可以协助人民法院审查申请保全人或第三人提交的财产保全担保书、保证书，对其中的担保内容及证据材料进行核实。

（五）参与执行。人民法院支持公证机构在执行工作环节参与司法辅助事务。公证机构可以参与人民法院执行中的和解、调查、送达工作，协助人民法院搜集核实执行线索、查控执行标的，协助清点和管理查封、扣押财物。经执行机关申请，可以办理保全证据公证。

《最高人民法院关于人民法院进一步深化多元化纠纷解决机制改革的意见》

11. 加强与公证机构的对接。支持公证机构对法律行为、事实和文书依法进行核实和证明,支持公证机构对当事人达成的债权债务合同以及具有给付内容的和解协议、调解协议办理债权文书公证,支持公证机构在送达、取证、保全、执行等环节提供公证法律服务,在家事、商事等领域开展公证活动或者调解服务。依法执行公证债权文书。

第33问：邮电部门如何执行联动？

协助电话、无线移动电话等改名、过户事项；法院不可以要求邮电部门对被执行人采取停止提供通信服务的手段。

【法律依据】

《最高人民法院办公厅转发邮电部〈关于人民法院要求邮电部门协助执行若干问题的批复〉的通知》(法办发〔1992〕14号)

各省、自治区、直辖市高级人民法院,解放军军事法院：现将邮电部《关于人民法院要求邮电部门协助执行若干问题的批复》（邮部〔1992〕788号文件）转发给你们,请参照执行。附：《邮电部关于人民法院要求邮电部门协助执行若干问题的批复》福建省邮电管理局：你局闽邮〔1992〕局字716号请示收悉。现批复如下：

一、发生法律效力的民事判决、裁定和刑事判决、裁定中的财产部分,以及法律规定由人民法院执行的其他法律文书,涉及电话、无线移动电话、无线寻呼机的改名、过户事项,人民法院要求邮电部门协助执行的,邮电部门应予协助执行。具体执行时,应由人民法院出具《协助执行通知书》,附相关的法律文书副本经邮电部门审核无误,并由相关用户缴纳应付所需费用后,邮电部门予以办理改名,过户手续。

因协助人民法院执行办理改名、过户有错误的,由人民法院承担责任。

二、对人民法院以督促当事人履行义务为由,要求邮电部门停止提供通信服务的做法,与我国《宪法》第四十条的规定相抵触,邮电部门不予协助执行。

第 34 问：金融机构如何执行联动？

协助法院查询存款，人民法院通过人民币银行结算账户管理系统查询被执行人银行结算账户开户银行名称。

【法律依据】

《最高人民法院、中国人民银行关于依法规范人民法院执行和金融机构协助执行的通知》（法发〔2000〕21 号）

一、人民法院查询被执行人在金融机构的存款时，执行人员应当出示本人工作证和执行公务证，并出具法院协助查询存款通知书。金融机构应当立即协助办理查询事宜，不需办理签字手续，对于查询的情况，由经办人签字确认。对协助执行手续完备拒不协助查询的，按照民事诉讼法第一百零二条①规定处理。

……

《最高人民法院、中国人民银行关于人民法院查询和人民银行协助查询被执行人人民币银行结算账户开户银行名称的联合通知》（法发〔2010〕27 号）

各省、自治区、直辖市高级人民法院，解放军军事法院，新疆维吾尔自治区高级人民法院生产建设兵团分院，中国人民银行上海总部，各分行、营业管理部、省会（首府）城市中心支行，深圳市中心支行：

为维护债权人合法权益和国家司法权威，根据《中华人民共和国民事诉讼法》、《中华人民共和国中国人民银行法》等法律，现就人民法院通过人民币银行结算账户管理系统查询被执行人银行结算账户开户银行名称的有关事项通知如下：

一、人民法院查询对象限于生效法律文书所确定的被执行人，包括法人、其他组织和自然人。

---

① 现相关规定见《中华人民共和国民事诉讼法》（2023 年修正）第一百一十四条。

二、人民法院需要查询被执行人银行结算账户开户银行名称的，人民银行上海总部，被执行人注册地（身份证发证机关所在地）所在省（自治区、直辖市）人民银行各分行、营业管理部、省会（首府）城市中心支行及深圳市中心支行应当予以查询。

三、人民法院查询被执行人结算账户开户银行名称的，由被执行人注册地（身份证发证机关所在地）所在省（自治区、直辖市）高级人民法院（另含深圳市中级人民法院）统一集中批量办理。

四、高级人民法院（另含深圳市中级人民法院）审核汇总有关查询申请后，应当就协助查询被执行人名称（姓名、身份证号码）、注册地（身份证发证机关所在地）、执行法院、执行案号等事项填写《协助查询书》（见附件1），加盖高级人民法院（另含深圳市中级人民法院）公章后于每周一上午（节假日顺延）安排专人向所在地人民银行上述机构送交《协助查询书》（并附协助查询书的电子版光盘）。

五、人民银行上述机构接到高级人民法院（另含深圳市中级人民法院）送达的《协助查询书》后，应当核查《协助查询书》的要素是否完备。经核查无误后，在5个工作日内通过人民币银行结算账户管理系统查询被执行人的银行结算账户开户行名称，根据查询结果如实填写《协助查询答复书》（见附件2）。并加盖人民银行公章或协助查询专用章。经核查《协助查询书》要素不完备的，人民银行上述机构不予查询，并及时通知相关人民法院。

六、被执行人的人民币银行结算账户开户银行名称由银行业金融机构向人民银行报备，人民银行只对银行业金融机构报备的被执行人的人民币银行结算账户开户银行名称进行汇总，不负责审查真实性和准确性。

七、人民法院应当依法使用人民银行上述机构提供的被执行人银行结算账户开户银行名称信息，为当事人保守秘密。人民银行上述机构以及工作人员在协助查询过程中应当保守查询密码，不得向查询当事人及其关联人泄漏与查询有关的信息。

八、人民银行上述机构因按本通知协助人民法院查询被执行人银行结算账户开户银行名称而被起诉的，人民法院应不予受理。

九、人民法院对人民银行上述机构及工作人员执行本通知规定，或依法执行公务的行为，不应采取强制措施。如发生争议，高级人民法院（另含深圳市中级人民法院）与人民银行上述机构应当协商解决；协商不成的，应及时报请最高人民法院和中国人民银行处理。

第 35 问：财产登记单位如何执行联动？

需要办理有关财产权证照转移手续的，人民法院可以向有关单位发出协助执行通知书，有关单位必须办理。

【法律依据】

《中华人民共和国民事诉讼法》（2023 年 9 月 1 日修正）

第二百六十二条　在执行中，需要办理有关财产权证照转移手续的，人民法院可以向有关单位发出协助执行通知书，有关单位必须办理。

《中华人民共和国海事诉讼特别程序法》（1999 年 12 月 25 日）

第二十六条　海事法院在发布或者解除扣押船舶命令的同时，可以向有关部门发出协助执行通知书，通知书应当载明协助执行的范围和内容，有关部门有义务协助执行。海事法院认为必要，可以直接派员登轮监护。

《最高人民法院关于适用〈中华人民共和国民事诉讼法〉的解释》（法释〔2022〕11 号）

第五百条　人民法院在执行中需要办理房产证、土地证、林权证、专利证书、商标证书、车船执照等有关财产权证照转移手续的，可以依照民事诉讼法第二百五十八条规定办理。

第 36 问：期货相关机构如何执行联动？

期货交易所、期货公司应协助查询、冻结、划拨资金或有价证券。

【法律依据】

《最高人民法院关于审理期货纠纷案件若干问题的规定（二）》（法释〔2020〕18号）

第八条 人民法院在办理案件过程中，依法需要通过期货交易所、期货公司查询、冻结、划拨资金或者有价证券的，期货交易所、期货公司应当予以协助。应当协助而拒不协助的，按照《中华人民共和国民事诉讼法》第一百一十四条①之规定办理。

第37问：被执行人工作单位如何执行联动？

被执行人在有关单位的收入尚未支取的，人民法院应当作出裁定，向该单位发出协助执行通知书，由其协助扣留或提取。

【法律依据】

《中华人民共和国民事诉讼法》（2023年9月1日修正）

第二百五十二条 被执行人未按执行通知履行法律文书确定的义务，应当报告当前以及收到执行通知之日前一年的财产情况。被执行人拒绝报告或者虚假报告的，人民法院可以根据情节轻重对被执行人或者其法定代理人、有关单位的主要负责人或者直接责任人员予以罚款、拘留。

《最高人民法院关于人民法院执行工作若干问题的规定（试行）》（法释〔2020〕21号）

29. 被执行人在有关单位的收入尚未支取的，人民法院应当作出裁定，向该单位发出协助执行通知书，由其协助扣留或提取。

---

① 现相关规定见《中华人民共和国民事诉讼法》（2023年修正）第一百一十七条。

第 38 问：查封与过户登记冲突应当如何处理？

1. 查封、扣押、冻结协助执行通知书在送达登记机关时，登记机关已经受理被执行人转让不动产、特定动产及其他财产的过户登记申请，尚未完成登记的，应当协助人民法院执行。

2. 不得对登记机关已经完成登记的被执行人已转让的财产实施查封、扣押、冻结措施。

3. 查封、扣押、冻结协助执行通知书在送达登记机关时，其他人民法院已向该登记机关送达了过户登记协助执行通知书的，应当优先办理过户登记。

【法律依据】

《最高人民法院关于人民法院民事执行中查封、扣押、冻结财产的规定》(法释〔2020〕21号)

第二十三条 查封、扣押、冻结协助执行通知书在送达登记机关时，登记机关已经受理被执行人转让不动产、特定动产及其他财产的过户登记申请，尚未完成登记的，应当协助人民法院执行。人民法院不得对登记机关已经完成登记的被执行人已转让的财产实施查封、扣押、冻结措施。

查封、扣押、冻结协助执行通知书在送达登记机关时，其他人民法院已向该登记机关送达了过户登记协助执行通知书的，应当优先办理过户登记。

第 39 问：设立最高额抵押权的抵押财产如何查封？

1. 应当通知抵押权人。

2. 抵押权人受抵押担保的债权数额自收到人民法院通知时起不再增加。

3. 人民法院虽然没有通知抵押权人，但有证据证明抵押权人知道查封、扣押事实的，受抵押担保的债权数额从其知道或者应当知道该事实时起不再增加。

【法律依据】

《最高人民法院关于人民法院民事执行中查封、扣押、冻结财产的规定》（法释〔2020〕21号）

第二十五条　人民法院查封、扣押被执行人设定最高额抵押权的抵押物的，应当通知抵押权人。抵押权人受抵押担保的债权数额自收到人民法院通知时起不再增加。

人民法院虽然没有通知抵押权人，但有证据证明抵押权人知道或者应当知道查封、扣押事实的，受抵押担保的债权数额从其知道或者应当知道该事实时起不再增加。

第40问：如何提起续行查封？

应当在查封、扣押、冻结期限届满7日前向人民法院提出；逾期申请或者不申请的，自行承担不能续行查封、扣押、冻结的法律后果。

【法律依据】

《最高人民法院关于人民法院办理财产保全案件若干问题的规定》（法释〔2020〕21号）

第十八条　申请保全人申请续行财产保全的，应当在保全期限届满七日前向人民法院提出；逾期申请或者不申请的，自行承担不能续行保全的法律后果。

人民法院进行财产保全时，应当书面告知申请保全人明确的保全期限届满日以及前款有关申请续行保全的事项。

第 41 问：什么是轮候查封、扣押、冻结及何时生效？

1. 轮候查封就是对其他人民法院已经查封的财产，执行法院依次按时间先后在登记机关进行登记，或者在该其他人民法院进行记载，排队等候。

2. 查封、扣押、冻结解除的，登记在先的轮候查封、扣押、冻结即自动生效。

【法律依据】

《最高人民法院关于人民法院民事执行中查封、扣押、冻结财产的规定》（法释〔2020〕21号）

第二十六条　对已被人民法院查封、扣押、冻结的财产，其他人民法院可以进行轮候查封、扣押、冻结。查封、扣押、冻结解除的，登记在先的轮候查封、扣押、冻结即自动生效。

其他人民法院对已登记的财产进行轮候查封、扣押、冻结的，应当通知有关登记机关协助进行轮候登记，实施查封、扣押、冻结的人民法院应当允许其他人民法院查阅有关文书和记录。

其他人民法院对没有登记的财产进行轮候查封、扣押、冻结的，应当制作笔录，并经实施查封、扣押、冻结的人民法院执行人员及被执行人签字，或者书面通知实施查封、扣押、冻结的人民法院。

第 42 问：什么情况下应解除查封？

1. 查封、扣押、冻结案外人财产的。
2. 申请执行人撤回执行申请或者放弃债权的。
3. 流拍或者变卖不成，申请执行人和其他执行债权人又不同意接受抵债，且对该财产又无法采取其他执行措施的。
4. 债务已经清偿的。
5. 被执行人提供担保且申请执行人同意解除的。

6. 其他情形。

【法律依据】

《最高人民法院关于人民法院民事执行中查封、扣押、冻结财产的规定》（法释〔2020〕21号）

第二十八条 有下列情形之一的，人民法院应当作出解除查封、扣押、冻结裁定，并送达申请执行人、被执行人或者案外人：

（一）查封、扣押、冻结案外人财产的；

（二）申请执行人撤回执行申请或者放弃债权的；

（三）查封、扣押、冻结的财产流拍或者变卖不成，申请执行人和其他执行债权人又不同意接受抵债，且对该财产又无法采取其他执行措施的；

（四）债务已经清偿的；

（五）被执行人提供担保且申请执行人同意解除查封、扣押、冻结的；

（六）人民法院认为应当解除查封、扣押、冻结的其他情形。

解除以登记方式实施的查封、扣押、冻结的，应当向登记机关发出协助执行通知书。

第43问：物品被解除查封后，多久发还？损耗折旧由谁来承担？

1. 物品解除查封后应当自解除之日起10日内返还给所有人或交付人。

2. 物品在扣押期间的自然损耗、折旧由所有人或交付人自行承担，但法律另有规定的除外。

【法律依据】

《关于执行款物管理工作的规定》（法发〔2017〕6号）

第二十三条 人民法院解除对物品的查封、扣押措施的，除指定由被执行人保管的外,应当自解除查封、扣押措施之日起十日内将物品发还给所有人或交付人。

物品在人民法院查封、扣押期间,因自然损耗、折旧所造成的损失,由物品所有人或交付人自行负担,但法律另有规定的除外。

第 44 问:未登记的建筑物、土地使用权应当如何确定其权属是否为被执行人?

可以依据土地使用权的审批文件和其他相关证据确定权属。

【法律依据】

《最高人民法院关于人民法院民事执行中查封、扣押、冻结财产的规定》(法释〔2020〕21号)

第二条 人民法院可以查封、扣押、冻结被执行人占有的动产、登记在被执行人名下的不动产、特定动产及其他财产权。

未登记的建筑物和土地使用权,依据土地使用权的审批文件和其他相关证据确定权属。

对于第三人占有的动产或者登记在第三人名下的不动产、特定动产及其他财产权,第三人书面确认该财产属于被执行人的,人民法院可以查封、扣押、冻结。

第 45 问:第三人占有的动产或登记在第三人名下的不动产、特定动产及其他财产权,什么情况下可以认定为被执行人财产并进行查封、冻结、扣押?

第三人书面确认该财产属于被执行人的,人民法院可以查封、冻结、扣押。

【法律依据】

《最高人民法院关于人民法院民事执行中查封、扣押、冻结财产的规定》(法释〔2020〕21号)

第二条 人民法院可以查封、扣押、冻结被执行人占有的动产、登记在被执行人名下的不动产、特定动产及其他财产权。

未登记的建筑物和土地使用权，依据土地使用权的审批文件和其他相关证据确定权属。

对于第三人占有的动产或者登记在第三人名下的不动产、特定动产及其他财产权，第三人书面确认该财产属于被执行人的，人民法院可以查封、扣押、冻结。

第46问：政府征收何时认定为被执行人财产？

政府征收生效时认定为被执行人财产。

【法律依据】

《中华人民共和国民法典》(2020年5月28日)

第二百二十九条 因人民法院、仲裁机构的法律文书或者人民政府的征收决定等，导致物权设立、变更、转让或者消灭的，自法律文书或者征收决定等生效时发生效力。

第47问：财产继承何时认定为被执行人财产？

财产继承从继承开始时为被执行人财产。

【法律依据】

《中华人民共和国民法典》(2020年5月28日)

第二百三十条 因继承取得物权的，自继承开始时发生效力。

第 48 问：不得查封、冻结、扣押的财产有哪些？

1. 被执行人及其所扶养家属生活所必需的物品。

2. 被执行人及其所扶养家属所必需的生活费用，按照当地最低生活保障标准确定。

3. 被执行人及其所扶养家属完成义务教育所必需的物品。

4. 未公开的发明或者未发表的著作。

5. 被执行人及其所扶养家属用于身体缺陷所必需的辅助工具、医疗物品。

6. 被执行人所得的勋章及其他荣誉表彰的物品。

7. 以国家或政府名义同外国或国际组织缔结的条约中约定免于查封、冻结、扣押的财产。

8. 企业党组织的党费。

9. 企业工会经费。

10. 社会保险基金。

11. 金融机构在银行的存款准备金和备付金。

12. 信托财产，除（1）设立信托前债权人已对该信托财产享有优先受偿的权利，并依法行使该权利的；（2）受托人处理信托事务所产生债务，债权人要求清偿该债务的；（3）信托财产本身应担负的税款；（4）法律规定的其他情形。

13. 旅行社质量保证金，除（1）旅行社因自身过错未达到合同约定的服务质量标准而造成旅游者的经济权益损失；（2）旅行社的服务未达到国家或行业规定的标准而造成旅游者的经济权益损失；（3）旅行社破产后造成旅游者预交旅行费损失；（4）人民法院判决、裁定及其他生效法律文书认定的旅行社损害旅游者合法权益的情形。

14. 期货交易所向会员收取的保证金。

15. 期货交易所或者客户在期货公司保证金账户中的资金，除有证据证明该保证金账户中有超出期货公司、客户权益资金的部分。

16. 法律或司法解释规定的其他不得查封的财产。

【法律依据】

《最高人民法院关于人民法院民事执行中查封、扣押、冻结财产的规定》（法释〔2020〕21号）

第三条 人民法院对被执行人下列的财产不得查封、扣押、冻结：

（一）被执行人及其所扶养家属生活所必需的衣服、家具、炊具、餐具及其他家庭生活必需的物品；

（二）被执行人及其所扶养家属所必需的生活费用。当地有最低生活保障标准的，必需的生活费用依照该标准确定；

（三）被执行人及其所扶养家属完成义务教育所必需的物品；

（四）未公开的发明或者未发表的著作；

（五）被执行人及其所扶养家属用于身体缺陷所必需的辅助工具、医疗物品；

（六）被执行人所得的勋章及其他荣誉表彰的物品；

（七）根据《中华人民共和国缔结条约程序法》，以中华人民共和国、中华人民共和国政府或者中华人民共和国政府部门名义同外国、国际组织缔结的条约、协定和其他具有条约、协定性质的文件中规定免于查封、扣押、冻结的财产；

（八）法律或者司法解释规定的其他不得查封、扣押、冻结的财产。

《最高人民法院关于强制执行中不应将企业党组织的党费作为企业财产予以冻结或划拨的通知》（法〔2005〕209号）

企业党组织的党费是企业每个党员按月工资比例向党组织交纳的用于党组织活动的经费。党费由党委组织部门代党委统一管理，单立账户，专款专用，不属于企业的责任财产。因此，在企业作为被执行人时，人民法院不得冻结或划拨该企业党组织的党费，不得用党费偿还该企业的债务。执行中，如果申请执行人提供证据证明企业的资金存入党费账户，并申请人民法院对该项资金予以执行的，人民法院可以对该项资金先行冻结；被执行人提供充分证据证明该项资金属于党费的，人民法院应当解除冻结。

《最高人民法院关于产业工会、基层工会是否具备社会团体法人资格和工会经费集中户可否冻结划拨问题的批复》（法释〔2020〕21号）

第三条 根据工会法的规定，工会经费包括工会会员缴纳的会费，建立工会组织的企业事业单位、机关按每月全部职工工资总额的百分之二的比例向工会拨交的经费，以及工会所属的企业、事业单位上缴的收入和人民政府的补助等。工会经费要按比例逐月向地方各级总工会和全国总工会拨交。工会的经费一经拨交，所有权随之转移。在银行独立开列的"工会经费集中户"，与企业经营资金无关，专门用于工会经费的集中与分配，不能在此账户开支费用或挪用、转移资金。因此，人民法院在审理案件中，不应将工会经费视为所在企业的财产，在企业欠债的情况下，不应冻结、划拨工会经费及"工会经费集中户"的款项。

《最高人民法院关于严禁冻结或划拨国有企业下岗职工基本生活保障资金的通知》（法〔1999〕228号）

各省、自治区、直辖市高级人民法院，新疆维吾尔自治区高级人民法院生产建设兵团分院：

据悉，最近一些地方人民法院在审理或执行经济纠纷案件中，冻结并划拨国有企业下岗职工基本生活保障资金，导致下岗职工基本生活无法保障，影响了社会稳定。为杜绝此类事件发生，特通知如下：

国有企业下岗职工基本生活保障资金是采取企业、社会、财政各承担三分之一的办法筹集的，由企业再就业服务中心设立专户管理，专项用于保障下岗职工基本生活，具有专项资金的性质，不得挪作他用，不能与企业的其他财产等同对待。各地人民法院在审理和执行经济纠纷案件时，不得将该项存于企业再就业服务中心的专项资金作为企业财产处置，不得冻结或划拨该项资金用以抵偿企业债务。

各地人民法院应对已审结和执行完毕的经济纠纷案件做一下清理，凡发现违反上述规定的，应当及时依法予以纠正。

《最高人民法院关于在审理和执行民事、经济纠纷案件时不得查封、冻结和扣划社会保险基金的通知》（法〔2000〕19号）

各省、自治区、直辖市高级人民法院，新疆维吾尔自治区高级人民法院生产建设兵团分院：

近一个时期，少数法院在审理和执行社会保险机构原下属企业（现已全部脱勾）与其它企业、单位的经济纠纷案件时，查封社会保险机构开设的社会保险基金帐户，影响了社会保险基金的正常发放，不利于社会稳定。为杜绝此类情况民生，特通知如下：

社会保险基金是由社会保险机构代参保人员管理，并最终由参保人员享用的公共基金，不属于社会保险机构所有。社会保险机构对该项基金设立专户管理，专款专用，专项用于保障企业退休职工、失业人员的基本生活需要，属专项资金，不得挪作他用。因此，各地人民法院在审理和执行民事、经济纠纷案件时，不得查封、冻结或扣划社会保险基金；不得用社会保险基金偿还社会保险机构及其原下属企业的债务。

各地人民法院如发现有违反上述规定的，应当及时依予以纠正。

《最高人民法院关于人民法院执行工作若干问题的规定（试行）》（2020年12月29日 法释〔2020〕21号）

27. 被执行人为金融机构的，对其交存在人民银行的存款准备金和备付金不得冻结和扣划，但对其在本机构、其他金融机构的存款，及其在人民银行的其他存款可以冻结、划拨，并可对被执行人的其他财产采取执行措施，但不得查封其营业场所。

《中华人民共和国信托法》（2001年4月28日）

第十七条 除因下列情形之一外，对信托财产不得强制执行：

（一）设立信托前债权人已对该信托财产享有优先受偿的权利，并依法行使该权利的；

（二）受托人处理信托事务所产生债务，债权人要求清偿该债务的；

（三）信托财产本身应担负的税款；

（四）法律规定的其他情形。

对于违反前款规定而强制执行信托财产，委托人、受托人或者受益人有权向人民法院提出异议。

《中华人民共和国最高人民法院关于执行旅行社质量保证金问题的通知》（法〔2001〕1号）

人民法院在执行涉及旅行社的案件时，遇有下列情形而旅行社不承担或无力承担赔偿责任的，可以执行旅行社质量保证金：

（1）旅行社因自身过错未达到合同约定的服务质量标准而造成旅游者的经济权益损失；

（2）旅行社的服务未达到国家或行业规定的标准而造成旅游者的经济权益损失；

（3）旅行社破产后造成旅游者预交旅行费损失；

（4）人民法院判决、裁定及其他生效法律文书认定的旅行社损害旅游者合法权益的情形。

除上述情形之外，不得执行旅行社质量保证金。同时，执行涉及旅行社的经济赔偿案件时，不得从旅游行政管理部门行政经费帐户上划转行政经费资金。

《期货交易所管理办法》（中国证券监督管理委员会令219号）

第六十五条 期货交易所向结算会员收取的保证金，用于结算和履约保障，不得被查封、冻结、扣押或者强制执行。期货交易所应当在期货保证金存管机构开立专用结算账户，专户存储保证金，禁止违规挪用。

保证金分为结算准备金和交易保证金。结算准备金是指未被合约占用的保证金；交易保证金是指已被合约占用的保证金。

实行会员分级结算制度的期货交易所只向结算会员收取保证金。

《最高人民法院关于审理期货纠纷案件若干问题的规定》（法释〔2003〕10号）

第五十九条 期货交易所、期货公司为债务人的，人民法院不得冻结、划拨期货公司在期货交易所或者客户在期货公司保证金账户中的资金。

有证据证明该保证金账户中有超出期货公司、客户权益资金的部分，期货交易所、期货公司在人民法院指定的合理期限内不能提出相反证据的，人民法院可以依法冻结、划拨该账户中属于期货交易所、期货公司的自有资金。

第六十条　期货公司为债务人的，人民法院不得冻结、划拨专用结算账户中未被期货合约占用的用于担保期货合约履行的最低限额的结算准备金；期货公司已经结清所有持仓并清偿客户资金的，人民法院可以对结算准备金依法予以冻结、划拨。期货公司有其他财产的，人民法院应当依法先行冻结、查封、执行期货公司的其他财产。

第 49 问：轮候查封登记后何时生效？

查封、扣押、冻结解除后，登记在先的轮候查封自动生效。

【法律依据】

《最高人民法院关于人民法院民事执行中查封、扣押、冻结财产的规定》（法释〔2020〕21号）

第二十六条　对已被人民法院查封、扣押、冻结的财产，其他人民法院可以进行轮候查封、扣押、冻结。查封、扣押、冻结解除的，登记在先的轮候查封、扣押、冻结即自动生效。

其他人民法院对已登记的财产进行轮候查封、扣押、冻结的，应当通知有关登记机关协助进行轮候登记，实施查封、扣押、冻结的人民法院应当允许其他人民法院查阅有关文书和记录。

其他人民法院对没有登记的财产进行轮候查封、扣押、冻结的，应当制作笔录，并经实施查封、扣押、冻结的人民法院执行人员及被执行人签字，或者书面通知实施查封、扣押、冻结的人民法院。

第二十七条　查封、扣押、冻结期限届满，人民法院未办理延期手续的，查封、扣押、冻结的效力消灭。

查封、扣押、冻结的财产已经被执行拍卖、变卖或者抵债的，查封、扣押、冻结的效力消灭。

第 50 问：轮候查封是否需要续行轮候查封？轮候查封的期限何时开始计算？

1. 不需要续行轮候查封，因为轮候查封不产生正式查封的效力。

2. 轮候查封、扣押、冻结自转为正式查封、扣押、冻结之日起开始计算，可以在办理轮候时的协助执行通知书中载明。

【法律依据】

《人民法院办理执行案件规范》（第二版）（2022 年）

467.【轮候查封的期限起算】

轮候查封、扣押、冻结不产生正式查封、扣押、冻结的效力，裁定书及其协助执行通知书无须记载期限，不需要续行轮候查封、扣押、冻结。

裁定书及其协助执行通知书记载期限的，可以明确轮候查封、扣押、冻结自转为正式查封、扣押、冻结之日起开始计算查封、扣押、冻结期限；未予明确的，自送达之日起开始计算期限。

人民法院在办理轮候查封、扣押、冻结措施时，可以在协助执行通知书中载明轮候查封、扣押、冻结转为正式查封、扣押、冻结后的查封、扣押、冻结期限。

第 51 问：同一法院在不同案件中是否可以对同一财产采取轮候查封、扣押、冻结？

可以。只要不是同一个债权，不论是不是同一个债权人，受理案件的法院是不是同一个法院，都应当允许对已被查封、扣押、冻结的财产进行轮候查封、扣押、冻结；同一法院在不同案件中也可以对同一财产采取轮候查封、扣押、冻结保全措施。

【法律依据】

《最高人民法院关于同一法院在不同案件中是否可以对同一财产采取轮候查封、扣押、冻结保全措施问题的答复》(〔2005〕执他字第24号)

江苏省高级人民法院：

你院《关于同一法院在不同案件中是否可以对同一财产采取轮候查封、扣押、冻结保全措施的请示》收悉。经研究，答复如下：

设立轮候查封、扣押、冻结制度，目的是为了解决多个债权对同一执行标的物受偿的先后顺序问题。因此，根据最高人民法院《关于人民法院民事执行中查封、扣押、冻结财产的规定》第二十八条规定的精神，只要不是同一个债权，不论是不是同一个债权人，受理案件的法院是不是同一个法院，都应当允许对已被查封、扣押、冻结的财产进行轮候查封、扣押、冻结；同一法院在不同案件中也可以对同一财产采取轮候查封、扣押、冻结保全措施。

此复。

 第52问：查询不动产权属的流程是什么？

1. 查询部门：国土资源、房地产管理部门。
2. 执行人员需携带工作证和执行公务证，并出具协助查询通知书。
3. 查询结果由登记部门档案室加盖印章，无法查询到结果的，应当书面告知法院。

【法律依据】

《最高人民法院、国土资源部、建设部关于依法规范人民法院执行和国土资源房地产管理部门协助执行若干问题的通知》(法发〔2004〕5号)

二、人民法院对土地使用权、房屋实施查封或者进行实体处理前，应当向国土资源、房地产管理部门查询该土地、房屋的权属。

人民法院执行人员到国土资源、房地产管理部门查询土地、房屋权属情况时，应当出示本人工作证和执行公务证，并出具协助查询通知书。

人民法院执行人员到国土资源、房地产管理部门办理土地使用权或者房屋查封、预查封登记手续时，应当出示本人工作证和执行公务证，并出具查封、预查封裁定书和协助执行通知书。

第53问：确认查封土地、房屋权属时，权属证明与权属登记不一致的，应当如何确认权属？

权属证明与权属登记不一致的，以权属登记为准。

【法律依据】

《最高人民法院、国土资源部、建设部关于依法规范人民法院执行和国土资源房地产管理部门协助执行若干问题的通知》（法发〔2004〕5号）

五、人民法院查封时，土地、房屋权属的确认以国土资源、房地产管理部门的登记或者出具的权属证明为准。权属证明与权属登记不一致的，以权属登记为准。

在执行人民法院确认土地、房屋权属的生效法律文书时，应当按照人民法院生效法律文书所确认的权利人办理土地、房屋权属变更、转移登记手续。

第54问：查封了地上建筑物，其效力是否及于该建筑物适用范围内的土地使用权？

是。

1. 查封地上建筑物的效力及于该地上建筑物使用范围内的土地使

用权。

2. 查封土地使用权的效力及于地上建筑物。

3. 土地使用权与地上建筑物的所有权分属被执行人与他人的除外。

4. 登记机关不是同一机关的，应当分别办理查封登记。

【法律依据】

《最高人民法院关于人民法院民事执行中查封、扣押、冻结财产的规定》（法释〔2020〕21号）

第二十一条　查封地上建筑物的效力及于该地上建筑物使用范围内的土地使用权，查封土地使用权的效力及于地上建筑物，但土地使用权与地上建筑物的所有权分属被执行人与他人的除外。

地上建筑物和土地使用权的登记机关不是同一机关的，应当分别办理查封登记。

《最高人民法院、国土资源部、建设部关于依法规范人民法院执行和国土资源房地产管理部门协助执行若干问题的通知》（法发〔2004〕5号）

六、土地使用权和房屋所有权归属同一权利人的，人民法院应当同时查封；土地使用权和房屋所有权归属不一致的，查封被执行人名下的土地使用权或者房屋。

第55问：被执行人与其他人共有的财产，是否可以查封、扣押、冻结？

可以，需及时通知共有人。

1. 共有人协议分割共有财产且经债权人认可，法院可以认定有效；

2. 共有人提起析产诉讼或者申请执行人代位提起析产诉讼的，诉讼期间中止对该财产的执行。

【法律依据】

《最高人民法院关于人民法院民事执行中查封、扣押、冻结财产的规定》(法释〔2020〕21号)

第十二条 对被执行人与其他人共有的财产，人民法院可以查封、扣押、冻结，并及时通知共有人。

共有人协议分割共有财产，并经债权人认可的，人民法院可以认定有效。查封、扣押、冻结的效力及于协议分割后被执行人享有份额内的财产；对其他共有人享有份额内的财产的查封、扣押、冻结，人民法院应当裁定予以解除。

共有人提起析产诉讼或者申请执行人代位提起析产诉讼的，人民法院应当准许。诉讼期间中止对该财产的执行。

第56问：被执行人购买的，尚未办理过户登记的第三人的财产，是否可以查封、扣押、冻结？

同时满足以下条件时，可以查封、扣押、冻结：

1. 已经支付部分或全部价款。
2. 被执行人已实际占有该财产。
3. 申请执行人已向第三人支付剩余价款或者第三人同意剩余价款从该财产变价款中优先支付的。

【法律依据】

《最高人民法院关于人民法院民事执行中查封、扣押、冻结财产的规定》(法释〔2020〕21号)

第十七条 被执行人购买需要办理过户登记的第三人的财产，已经支付部分或者全部价款并实际占有该财产，虽未办理产权过户登记手续，但申请执行人已向第三人支付剩余价款或者第三人同意剩余价款从该财产变价款中优先支付的，人民法院可以查封、扣押、冻结。

第 57 问：国土资源、房地产管理部门已经受理被执行人转让土地使用权、房屋的过户登记申请，尚未核准登记的，人民法院是否可以查封？

可以，但已核准登记的，不得进行查封。

【法律依据】

《最高人民法院、国土资源部、建设部关于依法规范人民法院执行和国土资源房地产管理部门协助执行若干问题的通知》（法发〔2004〕5 号）

九、对国土资源、房地产管理部门已经受理被执行人转让土地使用权、房屋的过户登记申请，尚未核准登记的，人民法院可以进行查封，已核准登记的，不得进行查封。

第 58 问：被执行人已经出售的不动产，但尚未办理过户登记的，是否可以查封？

同时满足以下情形时，可以查封：

1. 第三人已经支付部分或全部价款。
2. 第三人已实际占有该不动产。
3. 如果第三人已经支付全部价款，并且实际占有，未办理过户登记手续第三人无过错，人民法院不得查封。

【法律依据】

《人民法院办理执行案件规范》（第二版）（2022 年）

725.【被执行人出售的不动产】

被执行人将其所有的不动产出卖给第三人，第三人已经支付部分或者全部价款并实际占有该不动产,但尚未办理产权过户登记手续的,人民法院可以查封;第三人已经支付全部价款并实际占有,但未办理过户登记手续的,如果第三人对此没有过错,人民法院不得查封。[1100]

[1100] 参照《最高人民法院关于人民法院民事执行中查封、扣押、冻结财产的规定》(法释〔2004〕15号,2020年12月23日修正)第十五条。

第59问:国土资源、房地产管理部门认为查封、预查封有错误的,应当如何处理?

1. 不对生效法律文书和协助执行通知书进行实体审查。
2. 可以向人民法院提出审查建议。
3. 不应当停止办理协助执行事项。

【法律依据】

《最高人民法院、国土资源部、建设部关于依法规范人民法院执行和国土资源房地产管理部门协助执行若干问题的通知》(法发〔2004〕5号)

三、对人民法院查封或者预查封的土地使用权、房屋,国土资源、房地产管理部门应当及时办理查封或者预查封登记。

国土资源、房地产管理部门在协助人民法院执行土地使用权、房屋时,不对生效法律文书和协助执行通知书进行实体审查。国土资源、房地产管理部门认为人民法院查封、预查封或者处理的土地、房屋权属错误的,可以向人民法院提出审查建议,但不应当停止办理协助执行事项。

第 60 问：可分割处分的房屋应当如何查封？

应当在执行标的额的范围内分割查封，在协助执行通知书中明确查封房屋的具体部位。

【法律依据】

《最高人民法院、国土资源部、建设部关于依法规范人民法院执行和国土资源房地产管理部门协助执行若干问题的通知》（法发〔2004〕5号）

十、人民法院对可以分割处分的房屋应当在执行划标的额的范围内分割查封，不可分割的房屋可以整体查封。

分割查封的，应当在协助执行通知书中明确查封房屋的具体部位。

《最高人民法院关于在执行工作中进一步强化善意文明执行理念的意见》（法发〔2019〕35号）

4. 严禁超标的查封。强制执行被执行人的财产，以其价值足以清偿生效法律文书确定的债权额为限，坚决杜绝明显超标的查封。冻结被执行人银行账户内存款的，应当明确具体冻结数额，不得影响冻结之外资金的流转和账户的使用。需要查封的不动产整体价值明显超出债权额的，应当对该不动产相应价值部分采取查封措施；相关部门以不动产登记在同一权利证书下为由提出不能办理分割查封的，人民法院在对不动产进行整体查封后，经被执行人申请，应当及时协调相关部门办理分割登记并解除对超标的部分的查封。相关部门无正当理由拒不协助办理分割登记和查封的，依照民事诉讼法第一百一十四条[①]采取相应的处罚措施。

[①] 现相关规定见《中华人民共和国民事诉讼法》（2023年修正）第一百一十七条。

第61问：查封笔录应当包含哪些内容？

1. 执行措施开始及完成的时间。
2. 财产的所在地、种类、数量。
3. 财产的保管人。
4. 其他应当记明的事项。

【法律依据】

《最高人民法院关于人民法院民事执行中查封、扣押、冻结财产的规定》（法释〔2020〕21号）

第十八条 查封、扣押、冻结被执行人的财产时，执行人员应当制作笔录，载明下列内容：

（一）执行措施开始及完成的时间；

（二）财产的所在地、种类、数量；

（三）财产的保管人；

（四）其他应当记明的事项。

执行人员及保管人应当在笔录上签名，有民事诉讼法第二百四十五条①规定的人员到场的，到场人员也应当在笔录上签名。

第62问：房屋登记机构为债务人办理房屋转移登记，债权人不服的，在什么情况下可以提起诉讼？

1. 以房屋为标的物的债权已办理预告登记的。
2. 债权人为抵押权人且房屋转让未经其同意的。
3. 人民法院依债权人申请对房屋采取强制执行措施并已通知房屋登记机构的。
4. 房屋登记机构工作人员与债务人恶意串通的。

---

① 现相关规定见《中华人民共和国民事诉讼法》（2023年修正）第二百五十六条。

【法律依据】

《最高人民法院关于审理房屋登记案件若干问题的规定》(法释〔2010〕15号)

第四条 房屋登记机构为债务人办理房屋转移登记,债权人不服提起诉讼,符合下列情形之一的,人民法院应当依法受理:

(一) 以房屋为标的物的债权已办理预告登记的;

(二) 债权人为抵押权人且房屋转让未经其同意的;

(三) 人民法院依债权人申请对房屋采取强制执行措施并已通知房屋登记机构的;

(四) 房屋登记机构工作人员与债务人恶意串通的。

第63问:未进行权属登记的机动车,是否可以扣押?

可以。人民法院应当在扣押清单上记载发动机编号,扣押期间权利人要求办理权属登记的,应当准许,并及时办理相应的扣押登记手续。

【法律依据】

《最高人民法院关于人民法院民事执行中查封、扣押、冻结财产的规定》(法释〔2020〕21号)

第九条 扣押尚未进行权属登记的机动车辆时,人民法院应当在扣押清单上记载该机动车辆的发动机编号。该车辆在扣押期间权利人要求办理权属登记手续的,人民法院应当准许并及时办理相应的扣押登记手续。

第 64 问：第三人占有的被执行人财产人民法院是否可以查封、扣押、冻结？

可以。财产继续由第三人保管，不得将其交付给被执行人。

【法律依据】

《最高人民法院关于人民法院民事执行中查封、扣押、冻结财产的规定》（法释〔2020〕21号）

第十三条　对第三人为被执行人的利益占有的被执行人的财产，人民法院可以查封、扣押、冻结；该财产被指定给第三人继续保管的，第三人不得将其交付给被执行人。

对第三人为自己的利益依法占有的被执行人的财产，人民法院可以查封、扣押、冻结，第三人可以继续占有和使用该财产，但不得将其交付给被执行人

第三人无偿借用被执行人的财产的，不受前款规定的限制。

第 65 问：被执行人保留所有权卖给第三人的财产，是否可以查封、扣押、冻结？

可以。第三人已经支付部分价款并实际占有该财产的，第三人要求继续履行合同的，应当由第三人在合理期限内向人民法院交付全部余款后，可以解除查封、扣押、冻结。

【法律依据】

《最高人民法院关于人民法院民事执行中查封、扣押、冻结财产的规定》（法释〔2020〕21号）

第十四条　被执行人将其财产出卖给第三人，第三人已经支付部分价款并实际占有该财产，但根据合同约定被执行人保留所有权的，人民法院可以查封、扣押、冻结；第三人要求继续履行合同的，向人

民法院交付全部余款后,裁定解除查封、扣押、冻结。

第 66 问:被执行人保留所有权购买的第三人财产,是否可以查封、扣押、冻结?

被执行人已经支付部分价款并实际占有该财产的,可以查封、扣押、冻结。

执行前保留所有权买卖已经办理登记的,第三人的剩余价款从该财产变价款中优先支付,第三人主张取回财产的,可以提出案外人对执行标的的异议。

【法律依据】

《最高人民法院关于人民法院民事执行中查封、扣押、冻结财产的规定》(法释〔2020〕21 号)

第十六条 被执行人购买第三人的财产,已经支付部分价款并实际占有该财产,第三人依合同约定保留所有权的,人民法院可以查封、扣押、冻结。保留所有权已办理登记的,第三人的剩余价款从该财产变价款中优先支付;第三人主张取回该财产的,可以依据民事诉讼法第二百二十七条[①]规定提出异议。

第 67 问:上市公司的股票是否可以冻结?

可以冻结,但要按照下列规定严格执行:

1. 应当以其价值足以清偿生效法律文书确定的债权额为限。

2. 股票价值应当以冻结前一交易日收盘价为基准,结合股票市场行情,一般在不超过 20% 的幅度内合理确定。

3. 冻结后,其价值发生重大变化的,经当事人申请,人民法院可

---

① 现相关规定见《中华人民共和国民事诉讼法》(2023 年修正)第二百三十八条。

以追加冻结或者解除部分冻结。

4. 被执行人申请将冻结措施变更为可售性冻结的，应当准许。

5. 被执行人申请自行变卖股票清偿债务的，应当要求其在10个交易日内变卖完毕，特殊情形下，可以适当延长。

6. 已质押的股票冻结，上市公司股票存在质押且质权人非本案保全申请人或申请执行人，应当满足以下条件：（1）股票冻结后，不影响质权人变价股票实现其债权；（2）质权人解除任何一部分股票质押的，冻结效力在冻结股票数量范围内对解除质押部分的股票自动生效。质权人变价股票实现其债权后变价款有剩余的，冻结效力在本案债权额范围内对剩余变价款自动生效；（3）采取强制变价措施后，在优先实现质押债权后清偿本案债务；（4）人民法院与其他国家机关就冻结质押股票产生争议的，由最高人民法院主动与最高人民检察院、公安部等部门依法协调解决。争议协调解决期间，证券公司或中国结算公司控制产生争议的相关股票，不协助任何一方执行。争议协调解决完成，证券公司或中国结算公司按照争议机关协商的最终结论处理。

【法律依据】

《最高人民法院关于在执行工作中进一步强化善意文明执行理念的意见》（法发〔2019〕35号）

7. 严格规范上市公司股票冻结。为维护资本市场稳定，依法保障债权人合法权益和债务人投资权益，人民法院在冻结债务人在上市公司的股票时，应当依照下列规定严格执行：

（1）严禁超标的冻结。冻结上市公司股票，应当以其价值足以清偿生效法律文书确定的债权额为限。股票价值应当以冻结前一交易日收盘价为基准，结合股票市场行情，一般在不超过20%的幅度内合理确定。股票冻结后，其价值发生重大变化的，经当事人申请，人民法院可以追加冻结或者解除部分冻结。

（2）可售性冻结。保全冻结上市公司股票后，被保全人申请将冻结措施变更为可售性冻结的，应当准许，但应当提前将被保全人在证券公司的资金账户在明确具体的数额范围内予以冻结。在执行过程中，被执行人申请通过二级市场交易方式自行变卖股票清偿债务的，人民法院可以按照前述规定办理，但应当要求其在10个交易日内变卖完毕。特殊情形下，可以适当延长。

（3）已质押股票的冻结。上市公司股票存在质押且质权人非本案保全申请人或申请执行人，目前，人民法院在采取冻结措施时，由于需要计入股票上存在的质押债权且该债权额往往难以准确计算，尤其是当股票存在多笔质押时还需指定对哪一笔质押股票进行冻结，为保障普通债权人合法权益，人民法院一般会对质押股票进行全部冻结，这既存在超标的冻结的风险，也会对质押债权人自行实现债权造成影响，不符合执行经济原则。

最高人民法院经与中国证券监督管理委员会沟通协调，由中国证券登记结算有限公司（以下简称中国结算公司）对现有冻结系统进行改造，确立了质押股票新型冻结方式，并在系统改造完成后正式实施。具体内容如下：

第一，债务人持有的上市公司股票存在质押且质权人非本案保全申请人或申请执行人，人民法院对质押股票冻结时，应当依照7（1）规定的计算方法冻结相应数量的股票，无需将质押债权额计算在内。冻结质押股票时，人民法院应当提前冻结债务人在证券公司的资金账户，并明确具体的冻结数额，不得对资金账户进行整体冻结。

第二，股票冻结后，不影响质权人变价股票实现其债权。质权人解除任何一部分股票质押的，冻结效力在冻结股票数量范围内对解除质押部分的股票自动生效。质权人变价股票实现其债权后变价款有剩余的，冻结效力在本案债权额范围内对剩余变价款自动生效。

第三，在执行程序中，为实现本案债权，人民法院可以在质押债权和本案债权额范围内对相应数量的股票采取强制变价措施，并在优先实现质押债权后清偿本案债务。

第四，两个以上国家机关冻结同一质押股票的，按照在证券公司或中国结算公司办理股票冻结手续的先后确定冻结顺位，依次满足各国家机关的冻结需求。两个以上国家机关在同一交易日分别在证券公司、中国结算公司冻结同一质押股票的,在先在证券公司办理股票冻结手续的为在先冻结。

第五,人民法院与其他国家机关就冻结质押股票产生争议的,由最高人民法院主动与最高人民检察院、公安部等部门依法协调解决。争议协调解决期间,证券公司或中国结算公司控制产生争议的相关股票,不协助任何一方执行。争议协调解决完成,证券公司或中国结算公司按照争议机关协商的最终结论处理。

第六,系统改造完成前已经完成的冻结不适用前述规定。案件保全申请人或申请执行人为质权人的,冻结措施不适用前述规定。

第68问:哪些未登记的房屋可以进行预查封?

1. 作为被执行人的房地产开发企业,已办理了商品房预售许可证且尚未出售的房屋。

2. 被执行人购买的已由房地产开发企业办理了房屋权属初始登记的房屋。

3. 被执行人购买的办理了商品房预售合同登记备案手续或者商品房预告登记的房屋。

【法律依据】

《人民法院办理执行案件规范》(第二版)(2022年)
730.【未登记房屋的预查封】
下列房屋虽未进行房屋所有权登记,人民法院也可以进行预查封:
(一)作为被执行人的房地产开发企业,已办理了商品房预售许可证且尚未出售的房屋;
(二)被执行人购买的已由房地产开发企业办理了房屋权属初始登记的房屋;
(三)被执行人购买的办理了商品房预售合同登记备案手续或者

商品房预告登记的房屋。[1105]

[1105]《最高人民法院、国土资源部、建设部关于依法规范人民法院执行和国土资源房地产管理部门协助执行若干问题的通知》（法发〔2004〕5号）第十五条。

第69问：未登记的土地使用权是否可以预查封？

可以。

被执行人部分缴纳使用权出让金的，并且土地使用权可以分割的，国土资源管理部门确认被执行人的土地使用权，可以对确认后的土地使用权预查封，不可分割的，可以整体预查封。

被执行人在规定的期限内仍未全部缴纳土地出让金的，在人民政府收回土地使用权的同时，应当将被执行人缴纳的按照有关规定应当退还的土地出让金交由人民法院处理，预查封自动解除。

【法律依据】

《最高人民法院、国土资源部、建设部关于依法规范人民法院执行和国土资源房地产管理部门协助执行若干问题的通知》（法发〔2004〕5号）

十三、被执行人全部缴纳土地使用权出让金但尚未办理土地使用权登记的，人民法院可以对该土地使用权进行预查封。

十四、被执行人部分缴纳土地使用权出让金但尚未办理土地使用权登记的，对可以分割的土地使用权，按已缴付的土地使用权出让金，由国土资源管理部门确认被执行人的土地使用权，人民法院可以对确认后的土地使用权裁定预查封。对不可以分割的土地使用权，可以全部进行预查封。

被执行人在规定的期限内仍未全部缴纳土地出让金的，在人民政府收回土地使用权的同时，应当将被执行人缴纳的按照有关规定应当退还的土地出让金交由人民法院处理，预查封自动解除。

第 70 问：预查封登记如何转为查封登记？转换后查封期限从何时开始计算？

1. 土地、房屋权属在预查封期间登记在被执行人名下的，预查封登记自动转为查封登记。

2. 查封期限从预查封之日起开始计算。

【法律依据】

《最高人民法院、国土资源部、建设部关于依法规范人民法院执行和国土资源房地产管理部门协助执行若干问题的通知》（法发〔2004〕5 号）

十六、国土资源、房地产管理部门应当依据人民法院的协助执行通知书和所附的裁定书办理预查封登记。土地、房屋权属在预查封期间登记在被执行人名下的，预查封登记自动转为查封登记，预查封转为正式查封后，查封期限从预查封之日起开始计算。

第 71 问：预查封登记期限为多久？续封需要如何处理？

首次预查封为 2 年，可以续封 1 次，续封期限为 1 年；

如有特殊情况需要再续封的，应当经过所属高级人民法院批准，每次续封期限均不得超过 1 年。

【法律依据】

《最高人民法院、国土资源部、建设部关于依法规范人民法院执行和国土资源房地产管理部门协助执行若干问题的通知》（法发〔2004〕5 号）

十七、预查封的期限为二年。期限届满可以续封一次，续封时应当重新制作预查封裁定书和协助执行通知书，预查封的续封期限为一年。确有特殊情况需要再续封的，应当经过所属高级人民法院批准，且每次再续封的期限不得超过一年。

第 72 问：预查封产生什么效力？未办理续封的预查封效力如何？

1. 预查封效力等同于正式查封效力。
2. 未办理续封的，预查封效力消灭。

【法律依据】

《最高人民法院、国土资源部、建设部关于依法规范人民法院执行和国土资源房地产管理部门协助执行若干问题的通知》（法发〔2004〕5号）

十八、预查封的效力等同于正式查封。预查封期限届满之日，人民法院未办理预查封续封手续的，预查封的效力消灭。

第 73 问：查封、扣押、冻结产生什么效力？

1. 相关财产所作的转移、设定权利负担、其他有碍执行的行为，不得对抗申请执行人。
2. 第三人未经人民法院准许占有相关财产或实施其他有碍执行的行为的，法院可以依职权或依申请解除其占有或排除其妨害。
3. 如果人民法院的查封、扣押、冻结没有公示的，不得对抗善意第三人。

【法律依据】

《最高人民法院关于人民法院民事执行中查封、扣押、冻结财产的规定》（法释〔2020〕21号）

第二十四条　被执行人就已经查封、扣押、冻结的财产所作的移转、设定权利负担或者其他有碍执行的行为，不得对抗申请执行人。

第三人未经人民法院准许占有查封、扣押、冻结的财产或者实施其他有碍执行的行为的，人民法院可以依据申请执行人的申请或者依职权解除其占有或者排除其妨害。

人民法院的查封、扣押、冻结没有公示的，其效力不得对抗善意第三人。

第 74 问：查封、扣押的效力是否及于从物及孳息？

是。查封财产法定孳息的，人民法院应当在执行文书中予以载明，但法律、司法解释规定查封效力及于法定孳息的除外。

【法律依据】

《最高人民法院关于人民法院民事执行中查封、扣押、冻结财产的规定》（法释〔2020〕21 号）

第二十条　查封、扣押的效力及于查封、扣押物的从物和天然孳息。

《人民法院办理执行案件规范》（第二版）（2022 年）

456.【查封对从物和孳息的效力】

查封、扣押的效力及于查封、扣押物的从物和天然孳息。[722]

查封财产法定孳息的，人民法院应当在执行文书中予以载明，但法律、司法解释规定查封效力及于法定孳息的除外。

[722]《最高人民法院关于人民法院民事执行中查封、扣押、冻结财产的规定》（法释〔2004〕15 号，2020 年 12 月 23 日修正）第二十条。

第 75 问：查封、扣押、冻结的财产灭失或毁损的，其效力是否及于替代物、赔偿款？

是。人民法院应当及时作出查封、扣押、冻结该替代物、赔偿款的裁定。

【法律依据】

《最高人民法院关于人民法院民事执行中查封、扣押、冻结财产的规定》(法释〔2020〕21号)

第二十二条 查封、扣押、冻结的财产灭失或者毁损的,查封、扣押、冻结的效力及于该财产的替代物、赔偿款。人民法院应当及时作出查封、扣押、冻结该替代物、赔偿款的裁定。

《人民法院办理执行案件规范》(第二版)(2022年)

457.【查封财产灭失后的效力及于替代物、赔偿款】

查封、扣押、冻结的财产灭失或者毁损的,查封、扣押、冻结的效力及于该财产的替代物、赔偿款。人民法院应当及时作出查封、扣押、冻结该替代物、赔偿款的裁定。[723]

[723]《最高人民法院关于人民法院民事执行中查封、扣押、冻结财产的规定》(法释〔2004〕15号,2020年12月23日修正)第二十二条。

第76问:查封、扣押、冻结的效力何时消灭?

期限届满,未办理延期手续,效力消灭;相关财产已经被执行拍卖、变卖、抵债,效力消灭。

【法律依据】

《最高人民法院关于人民法院民事执行中查封、扣押、冻结财产的规定》(法释〔2020〕21号)

第二十七条 查封、扣押、冻结期限届满,人民法院未办理延期手续的,查封、扣押、冻结的效力消灭。

查封、扣押、冻结的财产已经被执行拍卖、变卖或者抵债的,查封、扣押、冻结的效力消灭。

《人民法院办理执行案件规范》（第二版）（2022年）
469.【查封效力的消灭】

查封、扣押、冻结期限届满，人民法院未办理延期手续的，查封、扣押、冻结的效力消灭。

查封、扣押、冻结的财产已经被执行拍卖、变卖或者抵债的，查封、扣押、冻结的效力消灭。[739]

[739]《最高人民法院关于人民法院民事执行中查封、扣押、冻结财产的规定》（法释〔2004〕15号，2020年12月23日修正）第二十七条。

第77问：被执行人通过仲裁程序将人民法院查封、扣押、冻结的财产确权、分割给案外人的应当如何处理？

不影响人民法院执行程序的进行。案外人不服的，可以提出案外人对执行标的的异议。

【法律依据】

《最高人民法院关于适用〈中华人民共和国民事诉讼法〉的解释》（法释〔2022〕11号）

第四百七十七条　在执行中，被执行人通过仲裁程序将人民法院查封、扣押、冻结的财产确权或者分割给案外人的，不影响人民法院执行程序的进行。

案外人不服的，可以根据民事诉讼法第二百三十四条规定提出异议。

《中华人民共和国民事诉讼法》（2023年9月1日修正）

第二百三十八条　执行过程中，案外人对执行标的提出书面异议的，人民法院应当自收到书面异议之日起十五日内审查，理由成立的，裁定中止对该标的的执行；理由不成立的，裁定驳回。案外人、当事人对裁定不服，认为原判决、裁定错误的，依照审判监督程序办理；与原判决、裁定无关的，可以自裁定送达之日起十五日内向人民法院提起诉讼。

第78问：被执行人擅自出租查封房产，执行法院是否可以认定该租赁合同无效或解除该租赁合同？

不可以。该租赁合同不得对抗申请执行人，第三人依据租赁合同占有查封物的，人民法院可以解除其占有。

【法律依据】

《最高人民法院执行局关于人民法院能否在执行程序中以被执行人擅自出租查封房产为由认定该租赁合同无效或解除该租赁合同的答复》（〔2009〕执他字第7号）

山东省高级人民法院：

你院《关于被执行人擅自出租已查封的财产执行程序中人民法院排除执行妨害能否认定该合同无效或解除租赁合同的请示》收悉。经研究，答复如下：

在执行程序中被执行人擅自处分法院的查封物，包括本案中以出租的形式妨害查封效果的行为，执行法院有权以裁定形式执结予以处理。根据最高人民法院《关于人民法院执行中查封、扣押、冻结财产的规定》第26条，被执行人擅自处分查封物，与第三人签订的租赁合同，并不当然无效，只是不得对抗申请执行人。第三人依据租赁合同占有查封物的，人民法院可以解除其占有，但不应当在裁定中直接宣布租赁合同无效或解除租赁合同，而仅应指出租赁合同不能对抗申请执行人。

第79问：首先采取保全的法院，一直未对相关财产进行处分的，轮候法院应当如何处理？

1. 首封法院超过一年未对被相关财产进行处分的，在先轮候查封的执行法院可以商请保全法院将保全财产移送执行。

2. 法院发生争议的,报共同上级法院指定该财产的执行法院。

3. 司法解释另有特别规定的,适用其规定。

【法律依据】

《最高人民法院关于人民法院办理财产保全案件若干问题的规定》(法释〔2020〕21号)

第二十一条　保全法院在首先采取查封、扣押、冻结措施后超过一年未对被保全财产进行处分的,除被保全财产系争议标的外,在先轮候查封、扣押、冻结的执行法院可以商请保全法院将被保全财产移送执行。但司法解释另有特别规定的,适用其规定。

保全法院与在先轮候查封、扣押、冻结的执行法院就移送被保全财产发生争议的,可以逐级报请共同的上级法院指定该财产的执行法院。

共同的上级法院应当根据被保全财产的种类及所在地、各债权数额与被保全财产价值之间的关系等案件具体情况指定执行法院,并督促其在指定期限内处分被保全财产。

第80问:法院首封处分权与债权人行使优先受偿权冲突,应当如何处理?

1. 首封法院自查封之日起已超过60日,没有发布拍卖公告或进入变卖程序,优先债权执行法院可以要求将该查封财产移送执行;

2. 优先债权执行法院对移送的财产变价后,应当按照法律规定的清偿顺序分配,并将相关情况告知首先查封法院;

3. 首先查封债权尚未经生效法律文书确认的,应当按照首先查封债权的清偿顺位,预留相应份额;

4. 发生争议的,可以逐级报请双方共同的上级法院指定该财产的执行法院。

【法律依据】

《最高人民法院关于首先查封法院与优先债权执行法院处分查封财产有关问题的批复》(法释〔2016〕6号)

一、执行过程中，应当由首先查封、扣押、冻结（以下简称查封）法院负责处分查封财产。但已进入其他法院执行程序的债权对查封财产有顺位在先的担保物权、优先权（该债权以下简称优先债权），自首先查封之日起已超过60日，且首先查封法院就该查封财产尚未发布拍卖公告或者进入变卖程序的，优先债权执行法院可以要求将该查封财产移送执行。

二、优先债权执行法院要求首先查封法院将查封财产移送执行的，应当出具商请移送执行函，并附确认优先债权的生效法律文书及案件情况说明。

首先查封法院应当在收到优先债权执行法院商请移送执行函之日起15日内出具移送执行函，将查封财产移送优先债权执行法院执行，并告知当事人。

移送执行函应当载明将查封财产移送执行及首先查封债权的相关情况等内容。

三、财产移送执行后，优先债权执行法院在处分或继续查封该财产时，可以持首先查封法院移送执行函办理相关手续。

优先债权执行法院对移送的财产变价后，应当按照法律规定的清偿顺序分配，并将相关情况告知首先查封法院。

首先查封债权尚未经生效法律文书确认的，应当按照首先查封债权的清偿顺位，预留相应份额。

四、首先查封法院与优先债权执行法院就移送查封财产发生争议的，可以逐级报请双方共同的上级法院指定该财产的执行法院。

共同的上级法院根据首先查封债权所处的诉讼阶段、查封财产的种类及所在地、各债权数额与查封财产价值之间的关系等案件具体情况，认为由首先查封法院执行更为妥当的，也可以决定由首先查封法院继续执行,但应当督促其在指定期限内处分查封财产。

第81问:审判部门发现正在审理确权诉讼的财产已经被查封、扣押、冻结的,应当如何处理?

应当裁定驳回起诉。告知当事人提出执行标的异议。

【法律依据】

《最高人民法院关于人民法院立案、审判与执行工作协调运行的意见》(法发〔2018〕9号)

8. 审判部门在审理确权诉讼时,应当查询所要确权的财产权属状况。需要确权的财产已经被人民法院查封、扣押、冻结的,应当裁定驳回起诉,并告知当事人可以依照民事诉讼法第二百二十七条[①]的规定主张权利。

[①] 现相关规定见《中华人民共和国民事诉讼法》(2023年修正)第二百三十八条。

第三章 财产变价

第1问：财产变价处理时，应当首先采取哪种方式？

应当首先采取拍卖的方式，法律、司法解释另有规定的除外。

1. 当事人双方及有关权利人同意变卖的，可以变卖。

2. 金银及其制品、当地市场有公开交易价格的动产、易腐烂变质的物品、季节性商品、保管困难或者保管费用过高的物品，人民法院可以决定变卖。

3. 流通证券，可以指令被执行人所在的证券公司营业部在30个交易日内通过证券交易将该证券卖出。

4. 不适于拍卖或者当事人双方同意不进行拍卖的，人民法院可以委托有关单位变卖或者自行变卖。

5. 国家禁止自由买卖的物品，交有关单位按照国家规定的价格收购。

6. 经申请执行人和被执行人同意，且不损害其他债权人合法权益和社会公共利益的，人民法院可以不经拍卖、变卖，直接将被执行人的财产作价交申请执行人抵偿债务。

【法律依据】

《最高人民法院关于人民法院民事执行中拍卖、变卖财产的规定》（法释〔2020〕21号）

第二条 人民法院对查封、扣押、冻结的财产进行变价处理时，应当首先采取拍卖的方式，但法律、司法解释另有规定的除外。

第三十一条 对查封、扣押、冻结的财产，当事人双方及有关权利人同意变卖的，可以变卖。

金银及其制品、当地市场有公开交易价格的动产、易腐烂变质的物品、季节性商品、保管困难或者保管费用过高的物品，人民法院可以决定变卖。

《最高人民法院关于冻结、扣划证券交易结算资金有关问题的通知》（法〔2004〕239号）

五、人民法院对被执行人证券帐户内的流通证券采取执行措施时，应当查明该流通证券确属被执行人所有。

人民法院执行流通证券，可以指令被执行人所在的证券公司营业部在30个交易日内通过证券交易将该证券卖出，并将变卖所得价款直接划付到人民法院指定的帐户。

《中华人民共和国民事诉讼法》（2023年9月1日修正）

第二百五十八条 财产被查封、扣押后，执行员应当责令被执行人在指定期间履行法律文书确定的义务。被执行人逾期不履行的，人民法院应当拍卖被查封、扣押的财产；不适于拍卖或者当事人双方同意不进行拍卖的，人民法院可以委托有关单位变卖或者自行变卖。国家禁止自由买卖的物品，交有关单位按照国家规定的价格收购。

《最高人民法院关于适用〈中华人民共和国民事诉讼法〉的解释》（法释〔2022〕11号）

第四百八十九条 经申请执行人和被执行人同意，且不损害其他债权人合法权益和社会公共利益的，人民法院可以不经拍卖、变卖，直接将被执行人的财产作价交申请执行人抵偿债务。对剩余债务，被执行人应当继续清偿。

第2问：在执行过程中，当事人达成以物抵债执行和解协议的，法院是否可以依据该协议作出以物抵债裁定？

不得依据该协议作出以物抵债裁定。

【法律依据】

《最高人民法院关于执行和解若干问题的规定》(法释〔2020〕21号)

第六条 当事人达成以物抵债执行和解协议的,人民法院不得依据该协议作出以物抵债裁定。

第 3 问:对需要拍卖、变卖的财产,应当几日内确定财产处置参考价程序?应当几日内启动变价程序?

应当在 30 日内启动确定财产处置参考价程序;确定参考价后 10 日内启动财产变价程序。

【法律依据】

《最高人民法院关于人民法院确定财产处置参考价若干问题的规定》(法释〔2018〕15号)

第一条 人民法院查封、扣押、冻结财产后,对需要拍卖、变卖的财产,应当在三十日内启动确定财产处置参考价程序。

第三十条 人民法院应当在参考价确定后十日内启动财产变价程序。拍卖的,参照参考价确定起拍价;直接变卖的,参照参考价确定变卖价。

第 4 问:没有经过人民法院查封、扣押、冻结的被执行财产,是否可以处分?

不可以。对银行存款等各类可以直接扣划的财产,扣划具有冻结的法律效力。

【法律依据】

《最高人民法院关于适用〈中华人民共和国民事诉讼法〉的解释》(法释〔2022〕11号)

第四百八十四条 对被执行的财产,人民法院非经查封、扣押、冻结不得处分。对银行存款等各类可以直接扣划的财产，人民法院的扣划裁定同时具有冻结的法律效力。

第5问：什么情况下，法院可以将被执行人财产交付申请执行人管理，以所得收益清偿债务？

在经申请执行人申请或者同意，且不损害其他债权人合法权益和社会公共利益前提下，满足以下情形之一的，可以将财产交付申请执行人管理：

1. 不能或者不宜拍卖、变卖的；
2. 拍卖、变卖未成交，申请执行人不接受抵债或者依法不能交付其抵债的；
3. 人民法院认为可以交付申请执行人管理的其他情形。

【法律依据】

《人民法院办理执行案件规范》（第二版）（2022年）

619.【强制管理】

具有下列情形之一的，经申请执行人申请或者同意，且不损害其他债权人合法权益和社会公共利益，人民法院可以将适宜管理的被执行人财产交付申请执行人管理[944]，以所得收益清偿债务：

（一）被执行人的财产不能或者不宜拍卖、变卖的；[945]

（二）被执行人的财产经法定程序拍卖、变卖未成交，申请执行人不接受抵债或者依法不能交付其抵债的；[946]

（三）人民法院认为可以交付申请执行人管理的其他情形。

[944]《最高人民法院关于适用〈中华人民共和国民事诉讼法〉的解释》（法释〔2015〕5号，2022年3月22日修正）第四百九十条只规定了交申请执行人管理，但并未排除将财产交付给第三人管理。

[945] 参照《最高人民法院关于适用〈中华人民共和

国民事诉讼法〉的解释》（法释〔2015〕5号，2022年3月22日修正）第四百九十条。

［946］参照《最高人民法院关于严格规范终结本次执行程序的规定（试行）》（法〔2016〕373号）第四条第一项。

《最高人民法院关于适用〈中华人民共和国民事诉讼法〉的解释》（法释〔2022〕11号）

第四百九十条　被执行人的财产无法拍卖或者变卖的，经申请执行人同意，且不损害其他债权人合法权益和社会公共利益的，人民法院可以将该项财产作价后交付申请执行人抵偿债务，或者交付申请执行人管理；申请执行人拒绝接收或者管理的，退回被执行人。

第6问：人民法院需要对异地的财产进行评估或拍卖时，应当如何处理？

可以委托财产所在地人民法院办理。

【法律依据】

《最高人民法院关于人民法院委托评估、拍卖和变卖工作的若干规定》（法释〔2009〕16号）

第三条　人民法院需要对异地的财产进行评估或拍卖时，可以委托财产所在地人民法院办理。

第7问：关于委托评估、拍卖、变卖工作，法院内部如何分工？

1. 司法技术管理部门：人民法院司法技术管理部门负责本院的委托评估、拍卖和流拍财产的变卖工作，并对上述活动进行监督。

2. 审判、执行部门：审判、执行部门未经司法技术管理部门同意擅自委托评估、拍卖，或对流拍财产进行变卖的，按照有关纪律规定追究责任。

3. 纪检监察部门：在组织评审委员会审查评估、拍卖入册机构，或选择评估、拍卖机构，或对流拍财产进行变卖时，应当通知本院纪检监察部门。纪检监察部门可视情况派员参加。

【法律依据】

《最高人民法院关于人民法院委托评估、拍卖和变卖工作的若干规定》（法释〔2009〕16号）

第一条 人民法院司法技术管理部门负责本院的委托评估、拍卖和流拍财产的变卖工作，依法对委托评估、拍卖机构的评估、拍卖活动进行监督。

第十四条 审判、执行部门未经司法技术管理部门同意擅自委托评估、拍卖，或对流拍财产进行变卖的，按照有关纪律规定追究责任。

第十五条 人民法院司法技术管理部门，在组织评审委员会审查评估、拍卖入册机构，或选择评估、拍卖机构，或对流拍财产进行变卖时，应当通知本院纪检监察部门。纪检监察部门可视情况派员参加。

第8问：执行程序中拍卖、变卖不动产引起的物权变动时间如何确定？

自拍卖成交或者抵债裁定送达买受人或者承受人时起转移。

【法律依据】

《最高人民法院关于人民法院民事执行中拍卖、变卖财产的规定》（法释〔2020〕21号）

第二十六条 不动产、动产或者其他财产权拍卖成交或者抵债后，该不动产、动产的所有权、其他财产权自拍卖成交或者抵债裁定送达买受人或者承受人时起转移。

第9问：拟拍卖的财产，是否必须进行评估？

否。以下情形无须进行委托评估：财产价值较低或者价格依照通常方法容易确定的；当事人双方及其他执行债权人申请不进行评估的。

【法律依据】

《最高人民法院关于人民法院民事执行中拍卖、变卖财产的规定》（法释〔2020〕21号）

第四条 对拟拍卖的财产，人民法院可以委托具有相应资质的评估机构进行价格评估。对于财产价值较低或者价格依照通常方法容易确定的，可以不进行评估。

当事人双方及其他执行债权人申请不进行评估的，人民法院应当准许。

对被执行人的股权进行评估时，人民法院可以责令有关企业提供会计报表等资料；有关企业拒不提供的，可以强制提取。

《最高人民法院关于人民法院确定财产处置参考价若干问题的规定》（法释〔2018〕15号）

第十四条 法律、行政法规规定必须委托评估、双方当事人要求委托评估或者网络询价不能或不成的，人民法院应当委托评估机构进行评估。

《最高人民法院对外委托鉴定、评估、拍卖等工作管理规定》（法办发〔2007〕5号）

第二条 对外委托鉴定、评估、拍卖等工作是指人民法院审判和执行工作中委托专门机构或专家进行鉴定、检验、评估、审计、拍卖、变卖和指定破产清算管理人等工作，并进行监督协调的司法活动。

第 10 问：什么情形，人民法院应当委托评估机构进行评估？

1. 涉及国有资产或者公共利益等事项的。
2. 企业国有资产法、公司法、合伙企业法、证券法、拍卖法、公路法等法律、行政法规规定必须委托评估的。
3. 双方当事人要求委托评估的。
4. 司法网络询价平台不能或者在期限内均未出具网络询价结果的。
5. 法律、法规有明确规定的。

【法律依据】

《人民法院委托评估工作规范》（法办〔2018〕273 号）

九、具有下列情形之一，人民法院应当委托评估机构进行评估：

（一）涉及国有资产或者公共利益等事项的；

（二）企业国有资产法、公司法、合伙企业法、证券法、拍卖法、公路法等法律、行政法规规定必须委托评估的；

（三）双方当事人要求委托评估的；

（四）司法网络询价平台不能或者在期限内均未出具网络询价结果的；

（五）法律、法规有明确规定的。

第 11 问：评估前，人民法院应当做哪些准备工作？

1. 可以责令有关企业提供会计报表等资料；有关企业拒不提供的，可以强制提取。
2. 执行人员应当对拍卖财产的权属状况、占有使用情况等进行必要的调查，制作拍卖财产现状的调查笔录或者收集其他有关资料。
3. 被执行人应当提供拍卖财产品质的有关资料和说明。

【法律依据】

《最高人民法院关于人民法院民事执行中拍卖、变卖财产的规定》（法释〔2020〕21号）

第四条　对拟拍卖的财产，人民法院可以委托具有相应资质的评估机构进行价格评估。对于财产价值较低或者价格依照通常方法容易确定的，可以不进行评估。

当事人双方及其他执行债权人申请不进行评估的，人民法院应当准许。

对被执行人的股权进行评估时，人民法院可以责令有关企业提供会计报表等资料；有关企业拒不提供的，可以强制提取。

第七条　执行人员应当对拍卖财产的权属状况、占有使用情况等进行必要的调查，制作拍卖财产现状的调查笔录或者收集其他有关资料。

《最高人民法院关于人民法院网络司法拍卖若干问题的规定》（法释〔2016〕18号）

第十五条　被执行人应当提供拍卖财产品质的有关资料和说明。

人民法院已按本规定第十三条、第十四条的要求予以公示和特别提示，且在拍卖公告中声明不能保证拍卖财产真伪或者品质的，不承担瑕疵担保责任。

《最高人民法院对外委托鉴定、评估、拍卖等工作管理规定》（法办发〔2007〕5号）

第六条　最高人民法院的审判、执行部门在工作中对需要进行对外委托鉴定、检验、评估、审计、拍卖、变卖和指定破产清算管理人等工作的，应当制作《对外委托工作交接表》（格式表附后），同相关材料一起移送司法辅助工作部门。

地方各级人民法院和专门人民法院需要委托最高人民法院对外委托鉴定、评估、拍卖等工作的，应当层报最高人民法院。

第七条　对外委托鉴定、检验、评估、审计、变卖和指定破产清算管理人等工作时，应当移交以下材料：

（一）相关的卷宗材料；

（二）经法庭质证确认的当事人举证材料；

（三）法院依职权调查核实的材料；

（四）既往鉴定、检验、评估、审计、变卖和指定破产清算管理人报告文书；

（五）申请方当事人和对方当事人及其辩护人、代理人的通讯地址、联系方式，代理人的代理权限；

（六）与对外委托工作有关的其他材料。

第九条 对外委托的收案工作由司法辅助工作部门的专门人员负责，按以下程序办理：

（一）审查移送手续是否齐全；

（二）审查、核对移送材料是否齐全，是否符合要求；

（三）制作案件移送单并签名，报司法辅助工作部门负责人签字并加盖部门公章。由司法辅助工作部门和审判、执行部门各存一份备查；

（四）进行收案登记。

第十条 司法辅助工作部门负责人指定对外委托案件的监督、协调员。监督、协调员分为主办人和协办人。

主办人负责接收案件，保管对外委托的卷宗等材料，按照委托要求与协办人办理对外委托工作；协办人应积极配合主办人完成工作。

第十一条 主办人接到案件后应在3个工作日内提出初审意见，对不具备委托条件的案件应制作《不予委托意见书》说明理由，报司法辅助工作部门负责人审批后，办理结案手续，并于3个工作日内将案件材料退回审判、执行部门。

第12问：评估机构应当如何选定？

1. 采用随机方式确定评估、拍卖机构。
2. 应当通知审判、执行人员、各方当事人到场。

3. 当事人不到场的，人民法院可将选择机构的情况，以书面形式送达当事人。

4. 通知双方当事人在指定期限内从名单分库中协商确定三家评估机构以及顺序。

5. 双方当事人在指定期限内协商不成或者一方当事人下落不明的，采取摇号方式在名单分库或者财产所在地的名单子库中随机确定三家评估机构以及顺序。

6. 双方当事人一致要求在同一名单子库中随机确定的，人民法院应当准许。

【法律依据】

《最高人民法院关于人民法院委托评估、拍卖工作的若干规定》(法释〔2011〕21号)

第三条 人民法院采用随机方式确定评估、拍卖机构。高级人民法院或者中级人民法院可以根据本地实际情况统一实施对外委托。

第八条 人民法院对其委托的评估、拍卖活动实行监督。出现下列情形之一，影响评估、拍卖结果，侵害当事人合法利益的，人民法院将不再委托其从事委托评估、拍卖工作。涉及违反法律法规的，依据有关规定处理：

(1) 评估结果明显失实；
(2) 拍卖过程中弄虚作假、存在瑕疵；
(3) 随机选定后无正当理由不能按时完成评估拍卖工作；
(4) 其他有关情形。

《最高人民法院关于人民法院委托评估、拍卖和变卖工作的若干规定》(法释〔2009〕16号)

第八条 人民法院选择评估、拍卖机构，应当通知审判、执行人员到场，视情况可邀请社会有关人员到场监督。

第九条 人民法院选择评估、拍卖机构，应当提前通知各方当事人到场；当事人不到场的，人民法院可将选择机构的情况，以书面形式送达当事人。

《最高人民法院关于人民法院确定财产处置参考价若干问题的规定》(法释〔2018〕15号)

第十五条 最高人民法院根据全国性评估行业协会推荐的评估机构名单建立人民法院司法评估机构名单库。按评估专业领域和评估机构的执业范围建立名单分库，在分库下根据行政区划设省、市两级名单子库。

评估机构无正当理由拒绝进行司法评估或者存在弄虚作假等情形的，最高人民法院可以商全国性评估行业协会将其从名单库中除名；除名后五年内不得被纳入名单库。

第十六条 采取委托评估方式确定参考价的，人民法院应当通知双方当事人在指定期限内从名单分库中协商确定三家评估机构以及顺序；双方当事人在指定期限内协商不成或者一方当事人下落不明的，采取摇号方式在名单分库或者财产所在地的名单子库中随机确定三家评估机构以及顺序。双方当事人一致要求在同一名单子库中随机确定的，人民法院应当准许。

第13问：评估委托书中一般应当载明哪些事项？

1. 评估标的的名称、规格、数量等情况。
2. 评估目的和要求。
3. 评估期限。
4. 评估费用的计算标准和支付方式。
5. 其他需要明确的内容。

【法律依据】

《最高人民法院关于人民法院委托评估、拍卖和变卖工作的若干规定》(法释〔2009〕16号)

第十条 评估、拍卖机构选定后，人民法院应当向选定的机构出具委托书，委托书中应当载明本次委托的要求和工作完成的期限等事项。

《最高人民法院关于人民法院确定财产处置参考价若干问题的规定》（法释〔2018〕15号）

第十七条 人民法院应当向顺序在先的评估机构出具评估委托书，评估委托书应当载明财产名称、物理特征、规格数量、目的要求、完成期限以及其他需要明确的内容等，同时应当将查明的财产情况及相关材料一并移交给评估机构。

评估机构应当出具评估报告，评估报告应当载明评估财产的基本情况、评估方法、评估标准、评估结果及有效期等内容。

《人民法院办理执行案件规范》（第二版）（2022年）

497.【发送评估委托书】

评估机构确定后，人民法院应当及时通过询价评估系统向顺序在先的评估机构发送评估委托书，评估委托书应当附财产清单。

人民法院应当按照《人民法院委托评估工作规范》附件中列明的各项评估需要提供的材料清单，将查明的材料扫描上传至询价评估系统。该规范附件评估材料清单中列明的委托评估必须提供的材料，人民法院未能调取到或实际不存在的，应当在评估委托书中注明。图纸、账册等无法扫描的，人民法院应当在评估委托书中注明。[781]

评估委托书应当载明财产名称、物理特征、规格数量、目的要求、完成期限以及其他需要明确的内容等。[782]

[781] 参照《人民法院委托评估工作规范》（法办〔2018〕273号）第十二条。

[782] 参照《最高人民法院关于人民法院确定财产处置参考价若干问题的规定》（法释〔2018〕15号）第十七条第一款。

第 14 问：评估需要进行现场勘验的，应当如何处理？

1. 人民法院应当责令被执行人、协助义务人予以配合，不配合的可以强制进行。
2. 应当提前通知审判、执行人员和当事人到场。
3. 当事人不到场的，不影响勘验的进行，但应当有见证人见证。
4. 评估机构勘验现场，应当制作现场勘验笔录。
5. 勘验现场人员、当事人或见证人应当在勘验笔录上签字或盖章确认。

【法律依据】

《最高人民法院关于适用〈中华人民共和国民事诉讼法〉的解释》（法释〔2022〕11号）

第四百八十七条 拍卖评估需要对现场进行检查、勘验的，人民法院应当责令被执行人、协助义务人予以配合。被执行人、协助义务人不予配合的，人民法院可以强制进行。

《最高人民法院关于人民法院委托评估、拍卖和变卖工作的若干规定》（法释〔2009〕16号）

第十二条 评估机构在工作中需要对现场进行勘验的，人民法院应当提前通知审判、执行人员和当事人到场。当事人不到场的，不影响勘验的进行，但应当有见证人见证。评估机构勘验现场，应当制作现场勘验笔录。

勘验现场人员、当事人或见证人应当在勘验笔录上签字或盖章确认。

《最高人民法院关于人民法院确定财产处置参考价若干问题的规定》（法释〔2018〕15号）

第十八条 评估需要进行现场勘验的，人民法院应当通知当事人到场；当事人不到场的，不影响勘验的进行，但应当有见证人见证。现场勘验需要当事人、协助义务人配合的，人民法院依法责令其配合；不予配合的，可以依法强制进行。

《最高人民法院对外委托鉴定、评估、拍卖等工作管理规定》（法办发〔2007〕5号）

第三十条　对外委托的案件需要勘验现场的，监督、协调员应提前3个工作日通知专业机构和当事人。任何一方当事人无故不到场的，不影响勘验工作的进行。勘验应制作勘验笔录。

第15问：评估期限如何确定？

1. 一般情形：应在接受委托后的三十个工作日内完成工作。
2. 重大、疑难、复杂的案件：在六十个工作日内完成。
3. 需要延长期限的：评估机构应当提交书面申请，并按人民法院重新确定的时间完成受委托工作。
4. 经二次延长时间后仍不能完成的，应终止委托，收回委托材料及全部委托费用，并通知当事人重新选择专业机构。

【法律依据】

《最高人民法院对外委托鉴定、评估、拍卖等工作管理规定》（法办发〔2007〕5号）

第三十四条　专业机构一般应在接受委托后的30个工作日内完成工作，重大、疑难、复杂的案件在60个工作日内完成。因委托中止在规定期限内不能完成，需要延长期限的，专业机构应当提交书面申请，并按法院重新确定的时间完成受委托工作。

第三十五条　专业机构在规定时间内没有完成受委托的工作，经二次延长时间后仍不能完成的，应终止委托，收回委托材料及全部委托费用，并通知当事人重新选择专业机构。对不能按时完成委托工作的专业机构，一年内不再向其委托。

《最高人民法院关于人民法院确定财产处置参考价若干问题的规定》（法释〔2018〕15号）

第十九条　评估机构应当在三十日内出具评估报告。人民法院决定暂缓或者裁定中止执行的期间，应当从前述期限中扣除。

评估机构不能在期限内出具评估报告的，应当在期限届满五日前书面向人民法院申请延长期限。人民法院决定延长期限的，延期次数不超过两次，每次不超过十五日。

评估机构未在期限内出具评估报告、补正说明，且未按照规定申请延长期限的，人民法院应当通知该评估机构三日内将人民法院委托评估时移交的材料退回，另行委托下一顺序的评估机构重新进行评估。。

人民法院未在评估结果有效期内发布一拍拍卖公告或者直接进入变卖程序的，应当通知原评估机构在十五日内重新出具评估报告。

《人民法院办理执行案件规范》（第二版）（2022年）

505.【评估报告内容和期限】

评估机构应在收到评估委托书和相关材料后三十日内出具评估报告，评估报告应当载明评估财产的基本情况、评估方法、评估标准、评估结果及有效期等内容。人民法院决定暂缓或者裁定中止执行的期间，应当从前述期限中扣除。

评估报告通过系统发送给人民法院。人民法院通过询价评估系统发送委托评估材料的，询价评估系统提示成功发送的时间为评估机构收到的时间；人民法院邮寄或者直接交付委托评估材料的，以评估机构签收的时间为收到时间。[791]

[791] 参照《最高人民法院关于人民法院确定财产处置参考价若干问题的规定》（法释〔2018〕15号）第十七条第二款、第十九条第一款，以及《人民法院委托评估工作规范》（法办〔2018〕273号）第二十条。

第16问：人民法院对其委托的评估活动如何进行监督？

1. 情形：(1) 评估结果明显失实；(2) 随机选定后无正当理由不能按时完成评估工作；(3) 其他有关情形。

2. 处理方式：（1）不再委托其从事委托评估工作；（2）涉及违反法律法规的，依据有关规定处理。

【法律依据】

《最高人民法院关于人民法院委托评估、拍卖工作的若干规定》（法释〔2011〕21号）

第八条 人民法院对其委托的评估、拍卖活动实行监督。出现下列情形之一，影响评估、拍卖结果，侵害当事人合法利益的，人民法院将不再委托其从事委托评估、拍卖工作。涉及违反法律法规的，依据有关规定处理：

（1）评估结果明显失实；

（2）拍卖过程中弄虚作假、存在瑕疵；

（3）随机选定后无正当理由不能按时完成评估拍卖工作；

（4）其他有关情形。

第17问：人民法院发现评估报告有问题，应当如何处理？

发现以下问题，应当责令评估机构在3日内进行书面说明或补正：

1. 财产基本信息错误。
2. 超出财产范围或者遗漏财产。
3. 选定的评估机构与评估报告上签章的评估机构不符。
4. 评估人员执业资格证明与评估报告上署名的人员不符。
5. 具有其他应当书面说明或者补正的情形。

【法律依据】

《最高人民法院关于人民法院确定财产处置参考价若干问题的规定》（法释〔2018〕15号）

第二十条 人民法院应当对评估报告进行审查。具有下列情形之一的，应当责令评估机构在三日内予以书面说明或者补正：

（一）财产基本信息错误；

（二）超出财产范围或者遗漏财产；

（三）选定的评估机构与评估报告上签章的评估机构不符；

（四）评估人员执业资格证明与评估报告上署名的人员不符；

（五）具有其他应当书面说明或者补正的情形。

《人民法院委托评估工作规范》（法办〔2018〕273号）

二十、评估机构应在收到评估委托书和相关材料后三十日内出具评估报告，并通过系统发送给人民法院。人民法院通过询价评估系统发送委托评估材料的，询价评估系统提示成功发送的时间为评估机构收到的时间；人民法院邮寄或者直接交付委托评估材料的，以评估机构签收的时间为收到时间。

二十三、人民法院认为评估报告具有参考价规定第二十条规定的情形之一的，应当通过系统向评估机构发出通知书，要求评估机构在三日内予以说明或者补正。通知书应当载明评估报告存在的问题，需要说明或者补正的事项。

评估机构未在期限内按照人民法院的要求进行说明或者补正的，人民法院应当通知该评估机构在三日内退回委托评估的材料，并另行委托下一顺序的评估机构重新进行评估。

第18问：报告初稿需要听证的，当事人认为机构出具的初稿有问题，应当如何处理？

1. 监督、协调员应在3个工作日内通知专业机构及当事人进行听证。

2. 当事人，应在规定期限内提出证据和书面材料，期限由监督、协调员根据案情确定，最长不得超过10个工作日。

3. 对当事人提出的异议及证据材料，专业机构应当认真审查，自主决定是否采纳，并说明理由。

4. 需要进行调查询问时，由监督、协调员与专业机构共同进行，专业机构不得单独对当事人进行调查询问。

【法律依据】

《最高人民法院对外委托鉴定、评估、拍卖等工作管理规定》（法办发〔2007〕5号）

第三十二条 专业机构出具报告初稿，送交监督、协调员。需要听证的，监督、协调员应在3个工作日内通知专业机构及当事人进行听证，并做好记录。对报告初稿有异议的当事人，应在规定期限内提出证据和书面材料，期限由监督、协调员根据案情确定，最长不得超过10个工作日。

第三十三条 对当事人提出的异议及证据材料，专业机构应当认真审查，自主决定是否采纳，并说明理由。需要进行调查询问时，由监督、协调员与专业机构共同进行，专业机构不得单独对当事人进行调查询问。

第19问：评估报告应当如何发送给当事人？

1. 应当在3日内，以直接送达、留置送达、委托送达、邮寄送达或者电子送达的方式送达。

2. 当事人、利害关系人下落不明或者无法获取其有效送达地址，人民法院无法按照前述规定送达的，应当在中国执行信息公开网上予以公示，公示满十五日即视为收到。

【法律依据】

《最高人民法院关于人民法院确定财产处置参考价若干问题的规定》（法释〔2018〕15号）

第二十一条 人民法院收到定向询价、网络询价、委托评估、说明补正等报告后，应当在三日内发送给当事人及利害关系人。

当事人、利害关系人已提供有效送达地址的,人民法院应当将报告以直接送达、留置送达、委托送达、邮寄送达或者电子送达的方式送达;当事人、利害关系人下落不明或者无法获取其有效送达地址,人民法院无法按照前述规定送达的,应当在中国执行信息公开网上予以公示,公示满十五日即视为收到。

《人民法院委托评估工作规范》(法办〔2018〕273号)

二十四、人民法院应当在收到评估报告或者书面说明、补正材料后,按照参考价规定第二十一条的规定向当事人、利害关系人发送。

第20问:当事人或利害关系人对评估报告有异议,应当如何处理?

1. 针对以下情形,当事人或利害关系人可以在收到报告5日内提出书面异议:

(1)财产基本信息错误。

(2)超出财产范围或者遗漏财产。

(3)评估机构或者评估人员不具备相应评估资质。

(4)评估程序严重违法。

2. 人民法院应当在3日内将书面异议交评估机构予以书面说明。

3. 评估机构5日内未作说明或当事人、利害关系人对作出的说明仍有异议的,人民法院应当交由相关行业协会在指定期限内组织专业技术评审。

4. 异议成立的,应当在3日内交评估机构予以书面说明或者补正。

5. 评估机构在5日内未作说明或者补正的,人民法院应当撤回对该评估机构的委托,告知其在3日内退回委托评估的材料,并另行委托下一顺序的评估机构重新进行评估。

【法律依据】

《最高人民法院关于人民法院确定财产处置参考价若干问题的规定》(法释〔2018〕15号)

第二十二条 当事人、利害关系人认为网络询价报告或者评估报告具有下列情形之一的,可以在收到报告后五日内提出书面异议:

(一)财产基本信息错误;

(二)超出财产范围或者遗漏财产;

(三)评估机构或者评估人员不具备相应评估资质;

(四)评估程序严重违法。

对当事人、利害关系人依据前款规定提出的书面异议,人民法院应当参照民事诉讼法第二百二十五条的规定处理。

第二十三条 当事人、利害关系人收到评估报告后五日内对评估报告的参照标准、计算方法或者评估结果等提出书面异议的,人民法院应当在三日内交评估机构予以书面说明。评估机构在五日内未作说明或者当事人、利害关系人对作出的说明仍有异议的,人民法院应当交由相关行业协会在指定期限内组织专业技术评审,并根据专业技术评审出具的结论认定评估结果或者责令原评估机构予以补正。

当事人、利害关系人提出前款异议,同时涉及本规定第二十二条第一款第一、二项情形的,按照前款规定处理;同时涉及本规定第二十二条第一款第三、四项情形的,按照本规定第二十二条第二款先对第三、四项情形审查,异议成立的,应当通知评估机构三日内将人民法院委托评估时移交的材料退回,另行委托下一顺序的评估机构重新进行评估;异议不成立的,按照前款规定处理。

第二十四条 当事人、利害关系人未在本规定第二十二条、第二十三条规定的期限内提出异议或者对网络询价平台、评估机构、行业协会按照本规定第二十二条、第二十三条所作的补正说明、专业技术评审结论提出异议的,人民法院不予受理。

当事人、利害关系人对议价或者定向询价提出异议的,人民法院不予受理。

《人民法院委托评估工作规范》（法办〔2018〕273号）

二十五、当事人、利害关系人认为评估报告存在参考价的规定第二十二条第一款第一、二项情形，在收到评估报告后五日内提出书面异议，人民法院经审查，裁定异议成立的，人民法院应当在三日内交评估机构予以书面说明或者补正。

评估机构在五日内未作说明或者补正的，人民法院应当撤回对该评估机构的委托，告知其在三日内退回委托评估的材料，并另行委托下一顺序的评估机构重新进行评估。

二十六、当事人、利害关系人认为评估报告存在参考价规定第二十二条第一款第三、四项情形，在收到评估报告后五日内提出书面异议，人民法院经审查，裁定异议成立的，人民法院应当通知该评估机构在三日内退回委托评估的材料，并另行委托下一顺序的评估机构进行评估。

二十七、当事人、利害关系人收到评估报告后五日内对评估报告的参照标准、计算方法或者评估结果等提出书面异议的，人民法院应当在三日内交评估机构予以书面说明。评估机构在五日内未作说明或者当事人、利害关系人对作出的说明仍有异议的，人民法院应当交该评估机构所属全国性评估行业协会组织进行专业技术评审。全国性评估行业协会可以根据实际情况，指定省级评估行业协会进行专业技术评审。

省级评估行业协会或者全国性行业协会应当在人民法院指定的期限内出具评审意见。

第21问：处置参考价的确定方式有哪些？

当事人议价、定向询价、网络询价、委托评估等方式。

【法律依据】

《最高人民法院关于人民法院确定财产处置参考价若干问题的规定》(法释〔2018〕15号)

第一条 人民法院查封、扣押、冻结财产后,对需要拍卖、变卖的财产,应当在三十日内启动确定财产处置参考价程序。

第二条 人民法院确定财产处置参考价,可以采取当事人议价、定向询价、网络询价、委托评估等方式。

第22问:人民法院确定处置参考价需要参考哪些因素?

1. 财产的权属、权利负担、占有使用、欠缴税费、质量瑕疵等事项。
2. 需要当事人、有关单位或者个人提供相关资料的,可以通知其提交。
3. 拒不提交的,可以强制提取。
4. 需要审计、鉴定的,人民法院可以先行审计、鉴定。

【法律依据】

《最高人民法院关于人民法院确定财产处置参考价若干问题的规定》(法释〔2018〕15号)

第三条 人民法院确定参考价前,应当查明财产的权属、权利负担、占有使用、欠缴税费、质量瑕疵等事项。

人民法院查明前款规定事项需要当事人、有关单位或者个人提供相关资料的,可以通知其提交;拒不提交的,可以强制提取;对妨碍强制提取的,参照民事诉讼法第一百一十一条、第一百一十四条的规定处理。

查明本条第一款规定事项需要审计、鉴定的,人民法院可以先行审计、鉴定。

《最高人民法院关于人民法院民事执行中拍卖、变卖财产的规定》（法释〔2020〕21号）

第四条 对拟拍卖的财产，人民法院可以委托具有相应资质的评估机构进行价格评估。对于财产价值较低或者价格依照通常方法容易确定的，可以不进行评估。

当事人双方及其他执行债权人申请不进行评估的，人民法院应当准许。

对被执行人的股权进行评估时，人民法院可以责令有关企业提供会计报表等资料；有关企业拒不提供的，可以强制提取。

第七条 执行人员应当对拍卖财产的权属状况、占有使用情况等进行必要的调查，制作拍卖财产现状的调查笔录或者收集其他有关资料。

第23问：如何采取当事人议价的方式确定处置参考价？

双方当事人同意议价的，应当在指定期限内提交议价结果；双方当事人提交的议价结果一致且不损害他人合法权益的，议价结果为参考价。

【法律依据】

《最高人民法院关于人民法院确定财产处置参考价若干问题的规定》（法释〔2018〕15号）

第四条 采取当事人议价方式确定参考价的，除一方当事人拒绝议价或者下落不明外，人民法院应当以适当的方式通知或者组织当事人进行协商，当事人应当在指定期限内提交议价结果。

双方当事人提交的议价结果一致，且不损害他人合法权益的，议价结果为参考价。

第 24 问：如何采取定向询价的方式确定处置参考价？

当事人议价不成的或双方当事人一致要求直接进行定向询价的，且财产有计税基准价、政府定价或者政府指导价的，应当采取定向询价的方式确定处置参考价。

【法律依据】

《最高人民法院关于人民法院确定财产处置参考价若干问题的规定》（法释〔2018〕15号）

第五条 当事人议价不能或者不成，且财产有计税基准价、政府定价或者政府指导价的，人民法院应当向确定参考价时财产所在地的有关机构进行定向询价。

双方当事人一致要求直接进行定向询价，且财产有计税基准价、政府定价或者政府指导价的，人民法院应当准许。

第六条 采取定向询价方式确定参考价的，人民法院应当向有关机构出具询价函，询价函应当载明询价要求、完成期限等内容。

接受定向询价的机构在指定期限内出具的询价结果为参考价。

第 25 问：如何采取网络询价的方式确定处置参考价？

定向询价不成或双方当事人一致要求，财产无须由专业人员现场勘验或者鉴定，且具备网络询价条件的，人民法院应当通过司法网络询价平台进行网络询价。

【法律依据】

《最高人民法院关于人民法院确定财产处置参考价若干问题的规定》（法释〔2018〕15号）

第七条 定向询价不能或者不成，财产无需由专业人员现场勘验或者鉴定，且具备网络询价条件的，人民法院应当通过司法网络询价平台进行网络询价。

双方当事人一致要求或者同意直接进行网络询价，财产无需由专业人员现场勘验或者鉴定，且具备网络询价条件的，人民法院应当准许。

第八条 最高人民法院建立全国性司法网络询价平台名单库。

司法网络询价平台应当同时符合下列条件：

（一）具备能够依法开展互联网信息服务工作的资质；

（二）能够合法获取并整合全国各地区同种类财产一定时期的既往成交价、政府定价、政府指导价或者市场公开交易价等不少于三类价格数据，并保证数据真实、准确；

（三）能够根据数据化财产特征，运用一定的运算规则对市场既往交易价格、交易趋势予以分析；

（四）程序运行规范、系统安全高效、服务质优价廉；

（五）能够全程记载数据的分析过程，将形成的电子数据完整保存不少于十年，但法律、行政法规、司法解释另有规定的除外。

第九条 最高人民法院组成专门的评审委员会，负责司法网络询价平台的选定、评审和除名。每年引入权威第三方对已纳入和新申请纳入名单库的司法网络询价平台予以评审并公布结果。

司法网络询价平台具有下列情形之一的，应当将其从名单库中除名：

（一）无正当理由拒绝进行网络询价；

（二）无正当理由一年内累计五次未按期完成网络询价；

（三）存在恶意串通、弄虚作假、泄露保密信息等行为；

（四）经权威第三方评审认定不符合提供网络询价服务条件；

（五）存在其他违反询价规则以及法律、行政法规、司法解释规定的情形。

司法网络询价平台被除名后，五年内不得被纳入名单库。

第十条 采取网络询价方式确定参考价的，人民法院应当同时向名单库中的全部司法网络询价平台发出网络询价委托书。网络询价委托书应当载明财产名称、物理特征、规格数量、目的要求、完成期限以及其他需要明确的内容等。

第十一条 司法网络询价平台应当在收到人民法院网络询价委托书之日起三日内出具网络询价报告。网络询价报告应当载明财产的基本情况、参照样本、计算方法、询价结果及有效期等内容。

司法网络询价平台不能在期限内完成询价的，应当在期限届满前申请延长期限。全部司法网络询价平台均未能在期限内出具询价结果的，人民法院应当根据各司法网络询价平台的延期申请延期三日；部分司法网络询价平台在期限内出具网络询价结果的，人民法院对其他司法网络询价平台的延期申请不予准许。

全部司法网络询价平台均未在期限内出具或者补正网络询价报告，且未按照规定申请延长期限的，人民法院应当委托评估机构进行评估。

人民法院未在网络询价结果有效期内发布一拍拍卖公告或者直接进入变卖程序的，应当通知司法网络询价平台在三日内重新出具网络询价报告。

第十二条 人民法院应当对网络询价报告进行审查。网络询价报告均存在财产基本信息错误、超出财产范围或者遗漏财产等情形的，应当通知司法网络询价平台在三日内予以补正；部分网络询价报告不存在上述情形的，无需通知其他司法网络询价平台补正。

第十三条 全部司法网络询价平台均在期限内出具询价结果或者补正结果的，人民法院应当以全部司法网络询价平台出具结果的平均值为参考价；部分司法网络询价平台在期限内出具询价结果或者补正结果的，人民法院应当以该部分司法网络询价平台出具结果的平均值为参考价。

当事人、利害关系人依据本规定第二十二条的规定对全部网络询价报告均提出异议，且所提异议被驳回或者司法网络询价平台已作出补正的，人民法院应当以异议被驳回或者已作出补正的各司法网络询价平台出具结果的平均值为参考价；对部分网络询价报告提出异议的，人民法院应当以网络询价报告未被提出异议的各司法网络询价平台出具结果的平均值为参考价。

第三十四条 最高人民法院建设全国法院询价评估系统。询价评估系统与定向询价机构、司法网络询价平台、全国性评估行业协会的系统对接，实现数据共享。

询价评估系统应当具有记载当事人议价、定向询价、网络询价、委托评估、摇号过程等功能，并形成固化数据，长期保存、随案备查。

第26问：参考价确定后，法院应当何时启动变价程序？

应当在参考价确定后的10日内启动变价程序。

【法律依据】

《最高人民法院关于人民法院确定财产处置参考价若干问题的规定》（法释〔2018〕15号）

第三十条 人民法院应当在参考价确定后十日内启动财产变价程序。拍卖的，参照参考价确定起拍价；直接变卖的，参照参考价确定变卖价。

第27问：评估费用如何确定？

1. 网络询价的评估费：按次计付给出具网络询价结果与财产处置成交价最接近的司法网络询价平台。多家司法网络询价平台出具的结果相同或与财产处置成交价差距相同的，网络询价费用平均分配。

2. 委托评估的评估费：财产处置未成交的，按照评估机构合理的实际支出计付费用；财产处置成交价高于评估价的，以评估价为基准计付费用；财产处置成交价低于评估价的，以财产处置成交价为基准计付费用。人民法院应当按照预估评估费用的50%通知申请执行人垫付。

【法律依据】

《最高人民法院关于人民法院确定财产处置参考价若干问题的规定》（法释〔2018〕15号）

第三十一条 人民法院委托司法网络询价平台进行网络询价的，网络询价费用应当按次计付给出具网络询价结果与财产处置成交价最接近的司法网络询价平台；多家司法网络询价平台出具的网络询价结果相同或者与财产处置成交价差距相同的，网络询价费用平均分配。

人民法院依照本规定第十一条第三款规定委托评估机构进行评估或者依照本规定第二十九条规定撤回网络询价的，对司法网络询价平台不计付费用。

第三十二条 人民法院委托评估机构进行评估，财产处置未成交的，按照评估机构合理的实际支出计付费用；财产处置成交价高于评估价的，以评估价为基准计付费用；财产处置成交价低于评估价的，以财产处置成交价为基准计付费用。

人民法院依照本规定第二十九条规定撤回委托评估的，按照评估机构合理的实际支出计付费用；人民法院依照本规定通知原评估机构重新出具评估报告的，按照前款规定的百分之三十计付费用。

人民法院依照本规定另行委托评估机构重新进行评估的，对原评估机构不计付费用。

《人民法院委托评估工作规范》（法办〔2018〕273号）

三十、评估机构应当按照其在所属全国性评估行业协会报备的收费标准，并依据参考价规定第三十二条的规定收取委托评估费用。

三十一、评估机构应当根据评估报告中的评估价和在所属全国性评估行业协会报备的收费标准计算预估评估费，并出具预估评估费交纳通知书与评估报告一并提交给人民法院。人民法院应当按照预估评估费用的50%通知申请执行人垫付。

人民法院应当将申请执行人交纳的评估费支付给评估机构，并注明实际评估费用按照参考价规定第三十二条的规定计算，多退少补。

申请执行人以签订保险合同的方式垫付评估费的，人民法院应当告知评估机构。

第28问：当事人议价存在欺诈、胁迫、恶意串通损害第三人利益或有关机构出具虚假定向询价结果或当事人对网络询价报告或者评估报告提出异议作出的处理结果确有错误的，应当如何处理？

在发布一拍拍卖公告前或者进入变卖程序之前提出异议的，应当按照执行监督程序进行审查。

【法律依据】

《最高人民法院关于人民法院确定财产处置参考价若干问题的规定》（法释〔2018〕15号）

第二十五条 当事人、利害关系人有证据证明具有下列情形之一，且在发布一拍拍卖公告或者直接进入变卖程序之前提出异议的，人民法院应当按照执行监督程序进行审查处理：

（一）议价中存在欺诈、胁迫情形；

（二）恶意串通损害第三人利益；

（三）有关机构出具虚假定向询价结果；

（四）依照本规定第二十二条、第二十三条作出的处理结果确有错误。

第29问：评估报告的有效期如何确定？

网络询价、委托评估、定向询价：按照确定的有效期结果确定有效期，但有效期最长不超过1年。

当事人议价：自行协商，但不得超过1年。

【法律依据】

《最高人民法院关于人民法院确定财产处置参考价若干问题的规定》(法释〔2018〕15号)

第二十七条 司法网络询价平台、评估机构应当确定网络询价或者委托评估结果的有效期,有效期最长不得超过一年。

当事人议价的,可以自行协商确定议价结果的有效期,但不得超过前款规定的期限;定向询价结果的有效期,参照前款规定确定。

人民法院在议价、询价、评估结果有效期内发布一拍拍卖公告或者直接进入变卖程序,拍卖、变卖时未超过有效期六个月的,无需重新确定参考价,但法律、行政法规、司法解释另有规定的除外。

第30问:国有资产在什么情形下需进行评估?

1. 应当评估的情形:
(1) 资产拍卖、转让;
(2) 企业兼并、出售、联营、股份经营;
(3) 与外国公司、企业和其他经济组织或者个人开办外商投资企业;
(4) 企业清算;
(5) 依照国家有关规定需要进行资产评估的其他情形。

2. 以下情形,如果当事人认为需要评估的,可以进行资产评估:
(1) 资产抵押及其他担保;
(2) 企业租赁;
(3) 需要进行资产评估的其他情形。

【法律依据】

《国有资产评估管理办法》(2020年11月29日)

第三条 国有资产占有单位(以下简称占有单位)有下列情形之

一的，应当进行资产评估：

（一）资产拍卖、转让；

（二）企业兼并、出售、联营、股份经营；

（三）与外国公司、企业和其他经济组织或者个人开办外商投资企业；

（四）企业清算；

（五）依照国家有关规定需要进行资产评估的其他情形。

第四条 占有单位有下列情形之一，当事人认为需要的，可以进行资产评估：

（一）资产抵押及其他担保；

（二）企业租赁；

（三）需要进行资产评估的其他情形。

第五条 全国或者特定行业的国有资产评估，由国务院决定。

第 31 问：涉及刑事案件的物品需要估价的，应当如何处理？

应当委托指定的估价机构估价，案件移送时，应当附有《扣押、追缴、没收物品估价鉴定结论书》。

【法律依据】

《扣押、追缴、没收物品估价管理办法》（计办〔1997〕808 号）

第二条 人民法院、人民检察院、公安机关各自管辖的刑事案件，对于价格不明或者价格难以确定的扣押、追缴、没收物品需要估价的，应当委托指定的估价机构估价。案件移送时，应当附有《扣押、追缴、没收物品估价鉴定结论书》。

第 32 问：暂缓网络询价或委托评估的情形有哪些？

1. 案件暂缓执行或者中止执行。

2. 评估材料与事实严重不符，可能影响评估结果，需要重新调查核实。

3. 人民法院认为应当暂缓的其他情形。

【法律依据】

《最高人民法院关于人民法院确定财产处置参考价若干问题的规定》（法释〔2018〕15号）

第二十八条 具有下列情形之一的，人民法院应当决定暂缓网络询价或者委托评估：

（一）案件暂缓执行或者中止执行；

（二）评估材料与事实严重不符，可能影响评估结果，需要重新调查核实；

（三）人民法院认为应当暂缓的其他情形。

《人民法院委托评估工作规范》（法办〔2018〕273号）

二十八、人民法院依据参考价规定第二十八条决定暂缓委托评估的，应当通过系统向评估机构发送暂缓委托评估通知书。

暂缓情形消失后，人民法院应当及时通过系统向评估机构发送恢复委托评估通知书。

第33问：中止对外委托的情形有哪些？

1. 确因环境因素（如台风、高温）暂时不能进行鉴定工作的。
2. 暂时无法进行现场勘验的。
3. 暂时无法获取必要的资料的。
4. 其他情况导致对外委托工作暂时无法进行的。

【法律依据】

《最高人民法院对外委托鉴定、评估、拍卖等工作管理规定》（法办发〔2007〕5号）

第三十九条 具有下列情形之一，影响对外委托工作期限的，应当中止委托：

（一）确因环境因素（如台风、高温）暂时不能进行鉴定工作的；

（二）暂时无法进行现场勘验的；

（三）暂时无法获取必要的资料的；

（四）其他情况导致对外委托工作暂时无法进行的。

第四十一条　中止对外委托和终结对外委托的，都应向审判、执行部门出具正式的说明书。

第 34 问：终结对外委托的情形有哪些？

1. 无法获取必要材料的。
2. 申请人不配合的。
3. 当事人撤诉或调解结案的。
4. 其他情况致使委托事项无法进行的。

【法律依据】

《最高人民法院对外委托鉴定、评估、拍卖等工作管理规定》（法办发〔2007〕5号）

第四十条　具有下列情形之一的，应当终结对外委托：

（一）无法获取必要材料的；

（二）申请人不配合的；

（三）当事人撤诉或调解结案的；

（四）其它情况致使委托事项无法进行的。

第四十一条　中止对外委托和终结对外委托的，都应向审判、执行部门出具正式的说明书。

第 35 问：撤回评估的情形有哪些？

1. 申请执行人撤回执行申请。

2. 生效法律文书确定的义务已全部执行完毕。

3. 据以执行的生效法律文书被撤销或者被裁定不予执行。

4. 人民法院认为应当撤回的其他情形。

5. 双方当事人议价确定参考价或者协商不再对财产进行变价处理的，人民法院可以撤回。

【法律依据】

《最高人民法院关于人民法院确定财产处置参考价若干问题的规定》（法释〔2018〕15号）

第二十九条 具有下列情形之一的，人民法院应当撤回网络询价或者委托评估：

（一）申请执行人撤回执行申请；

（二）生效法律文书确定的义务已全部执行完毕；

（三）据以执行的生效法律文书被撤销或者被裁定不予执行；

（四）人民法院认为应当撤回的其他情形。

人民法院决定网络询价或者委托评估后，双方当事人议价确定参考价或者协商不再对财产进行变价处理的，人民法院可以撤回网络询价或者委托评估。

《人民法院委托评估工作规范》（法办〔2018〕273号）

二十九、人民法院依据参考价规定第二十九条撤回委托评估的，应当通过系统及时向评估机构发送撤回委托评估通知书。通知书应当载明撤回委托评估的原因，以及指定期限要求评估机构出具因评估已实际支出费用的说明，并附相关凭证。

第36问：委托评估拍卖机构如何选定？

采用随机方式确定拍卖机构，通知执行人员到场，视情况可邀请社会有关人员到场监督。提前通知各方当事人到场；当事人不到场的，人民法院可将选择机构的情况，以书面形式送达当事人。

【法律依据】

《最高人民法院关于人民法院民事执行中拍卖、变卖财产的规定》（法释〔2020〕21号）

第三条 人民法院拍卖被执行人财产，应当委托具有相应资质的拍卖机构进行，并对拍卖机构的拍卖进行监督，但法律、司法解释另有规定的除外。

《最高人民法院关于人民法院委托评估、拍卖工作的若干规定》（法释〔2011〕21号）

第三条 人民法院采用随机方式确定评估、拍卖机构。高级人民法院或者中级人民法院可以根据本地实际情况统一实施对外委托。

《最高人民法院关于人民法院委托评估、拍卖和变卖工作的若干规定》（法释〔2009〕16号）

第八条 人民法院选择评估、拍卖机构，应当通知审判、执行人员到场，视情况可邀请社会有关人员到场监督。

第九条 人民法院选择评估、拍卖机构，应当提前通知各方当事人到场；当事人不到场的，人民法院可将选择机构的情况，以书面形式送达当事人。

《人民法院办理执行案件规范》（第二版）（2022年）

530.【拍卖机构选定】

人民法院拍卖被执行人财产，应当委托具有相应资质的拍卖机构进行，并对拍卖机构的拍卖进行监督，但法律、司法解释另有规定的除外。[825]

人民法院采用随机方式确定拍卖机构。[826]

人民法院选择拍卖机构，应当通知执行人员到场，视情况可邀请社会有关人员到场监督。[827]

人民法院选择拍卖机构，应当提前通知各方当事人到场；当事人不到场的，人民法院可将选择机构的情况，以书面形式送达当事人。[828]

[825]《最高人民法院关于人民法院民事执行中拍卖、

变卖财产的规定》(法释〔2004〕16号,2020年12月23日修正)第三条。

[826] 参照《最高人民法院关于人民法院委托评估、拍卖工作的若干规定》(法释〔2011〕21号)第三条。

[827] 参照《最高人民法院关于人民法院委托评估、拍卖和变卖工作的若干规定》(法释〔2009〕16号)第八条。

[828] 参照《最高人民法院关于人民法院委托评估、拍卖和变卖工作的若干规定》(法释〔2009〕16号)第九条。

第37问:人民法院如何对拍卖活动进行监督?

出现下列情形之一,人民法院将不再委托其从事委托拍卖工作。涉及违反法律法规的,依据有关规定处理:

1. 评估结果明显失实。
2. 拍卖过程中弄虚作假、存在瑕疵。
3. 随机选定后无正当理由不能按时完成拍卖工作。
4. 其他有关情形。

【法律依据】

《最高人民法院关于人民法院委托评估、拍卖工作的若干规定》(法释〔2011〕21号)

第八条 人民法院对其委托的评估、拍卖活动实行监督。出现下列情形之一,影响评估、拍卖结果,侵害当事人合法利益的,人民法院将不再委托其从事委托评估、拍卖工作。涉及违反法律法规的,依据有关规定处理:

(1) 评估结果明显失实;
(2) 拍卖过程中弄虚作假、存在瑕疵;
(3) 随机选定后无正当理由不能按时完成评估拍卖工作;
(4) 其他有关情形。

第 38 问：拍卖中保留价如何确定？

1. 经过评估的：评估价即为第一次拍卖保留价。
2. 未经过评估的：由人民法院参照市价确定保留价，并征询有关当事人意见。

【法律依据】

《最高人民法院关于人民法院委托评估、拍卖和变卖工作的若干规定》（法释〔2009〕16号）

第十三条 拍卖财产经过评估的，评估价即为第一次拍卖的保留价；未作评估的，保留价由人民法院参照市价确定，并应当征询有关当事人的意见。

《最高人民法院关于人民法院民事执行中拍卖、变卖财产的规定》（法释〔2020〕21号）

第五条 拍卖应当确定保留价。

拍卖财产经过评估的，评估价即为第一次拍卖的保留价；未作评估的，保留价由人民法院参照市价确定，并应当征询有关当事人的意见。

如果出现流拍，再行拍卖时，可以酌情降低保留价，但每次降低的数额不得超过前次保留价的百分之二十。

第 39 问：无益拍卖应当如何处理？

保留价小于或等于该拍卖物品的优先债权和强制执行费之和的，属于无益拍卖。

应当在实施拍卖前通知申请执行人，申请执行人五日内申请继续拍卖的，应当准许，但应当重新确定保留价，且新的保留价应当大于该优先债权及强制执行费用的总额。如流拍，拍卖费用由申请执行人承担。

【法律依据】

《最高人民法院关于人民法院民事执行中拍卖、变卖财产的规定》（法释〔2020〕21号）

第六条 保留价确定后，依据本次拍卖保留价计算，拍卖所得价款在清偿优先债权和强制执行费用后无剩余可能的，应当在实施拍卖前将有关情况通知申请执行人。申请执行人于收到通知后五日内申请继续拍卖的，人民法院应当准许，但应当重新确定保留价；重新确定的保留价应当大于该优先债权及强制执行费用的总额。

依照前款规定流拍的，拍卖费用由申请执行人负担。

第40问：拍卖公告应当如何发布，应当包含哪些内容？

1. 拍卖动产的，应当在拍卖七日前公告；拍卖不动产或者其他财产权的，应当在拍卖十五日前公告。拍卖公告的范围及媒体由当事人双方协商确定；协商不成的，由人民法院确定。拍卖财产具有专业属性的，应当同时在专业性报纸上进行公告。当事人申请在其他新闻媒体上公告或者要求扩大公告范围的，应当准许，但该部分的公告费用由其自行承担拍卖公告等相关拍卖信息应同步在"人民法院诉讼资产网"上发布。

2. 应当包括执行法院的名称和联系方式，拍卖财产的名称、种类、数量、已知瑕疵及其他情况，拍卖会的时间及场所，展示拍卖物的时间、地点，拍卖财产的评估价，竞买人资格和条件，保证金金额及缴纳方式，拍卖价款的交付期限，相关权利义务、法律责任，拍卖公司的名称和联系方式等需要公告的内容。

3. 拍卖公告发布前，应当经执行法院审查核准。

【法律依据】

《最高人民法院关于人民法院民事执行中拍卖、变卖财产的规定》（法释〔2020〕21号）

第八条 拍卖应当先期公告。

拍卖动产的，应当在拍卖七日前公告；拍卖不动产或者其他财产权的，应当在拍卖十五日前公告。

第九条 拍卖公告的范围及媒体由当事人双方协商确定；协商不成的，由人民法院确定。拍卖财产具有专业属性的，应当同时在专业性报纸上进行公告。

当事人申请在其他新闻媒体上公告或者要求扩大公告范围的，应当准许，但该部分的公告费用由其自行承担。

《最高人民法院关于人民法院委托评估、拍卖工作的若干规定》（法释〔2011〕21号）

第五条 受委托的拍卖机构应通过管理部门的信息平台发布拍卖信息，公示评估、拍卖结果。

《人民法院办理执行案件规范》（第二版）（2022年）

536.【拍卖公告的发布】

拍卖动产的，应当在拍卖七日前公告；拍卖不动产或者其他财产权的，应当在拍卖十五日前公告。[834]

拍卖公告的范围及媒体由当事人双方协商确定；协商不成的，由人民法院确定。拍卖财产具有专业属性的，应当同时在专业性报纸上进行公告。当事人申请在其他新闻媒体上公告或者要求扩大公告范围的，应当准许，但该部分的公告费用由其自行承担。[835]

拍卖公告等相关拍卖信息应同步在"人民法院诉讼资产网"上发布。[836]

---

[834]《最高人民法院关于人民法院民事执行中拍卖、变卖财产的规定》（法释〔2004〕16号，2020年12月23日修正）第八条第二款。

[835]《最高人民法院关于人民法院民事执行中拍卖、变卖财产的规定》（法释〔2004〕16号，2020年12月23日修正）第九条。

[836] 参照《最高人民法院关于人民法院委托评估、拍卖工作的若干规定》（法释〔2011〕21号）第五条，《最高

人民法院办公厅〈关于做好"人民法院诉讼资产网"信息发布工作的通知〉》（法办〔2012〕19号）第二条。

第41问：拍卖保证金应当如何缴纳，金额应当如何确定？

1. 竞买人应当于拍卖前向人民法院预交保证金。申请执行人参加竞买的，可以不预交保证金。

2. 数额由人民法院确定，但不得低于评估价或者市价的百分之五。

【法律依据】

《最高人民法院关于人民法院民事执行中拍卖、变卖财产的规定》（法释〔2020〕21号）

第十条 拍卖不动产、其他财产权或者价值较高的动产的，竞买人应当于拍卖前向人民法院预交保证金。申请执行人参加竞买的，可以不预交保证金。保证金的数额由人民法院确定，但不得低于评估价或者市价的百分之五。

应当预交保证金而未交纳的，不得参加竞买。拍卖成交后，买受人预交的保证金充抵价款，其他竞买人预交的保证金应当在三日内退还；拍卖未成交的，保证金应当于三日内退还竞买人。

第42问：拍卖前应当通知的权利人有哪些？

1. 应当在拍卖五日前通知当事人和已知的担保物权人、优先购买权人或者其他优先权人于拍卖日到场。

2. 优先购买权人经通知未到场的，视为放弃优先购买权。

【法律依据】

《最高人民法院关于人民法院民事执行中拍卖、变卖财产的规定》（法释〔2020〕21号）

第十四条 拍卖多项财产时，其中部分财产卖得的价款足以清偿债务和支付被执行人应当负担的费用的,对剩余的财产应当停止拍卖,但被执行人同意全部拍卖的除外。

《人民法院办理执行案件规范》(第二版)(2022年)
538.【权利人通知】

人民法院应当在拍卖五日前[839]以书面或者其他能够确认收悉的适当方式,通知当事人和已知的担保物权人、优先购买权人[840]或者其他优先权人于拍卖日到场。

优先购买权人经通知未到场的,视为放弃优先购买权。[841]

[839] 根据《中华人民共和国公司法》(2018年10月26日修正)第七十二条①规定,人民法院对有优先购买权的其他股东应当至少提前二十天通知。

[840] 涉及优先购买权的主要规定有:1.《中华人民共和国公司法》(2018年10月26日修正)第七十二条规定:"人民法院依照法律规定的强制执行程序转让股东的股权时,应当通知公司及全体股东,其他股东在同等条件下有优先购买权。其他股东自人民法院通知之日起满二十日不行使优先购买权的,视为放弃优先购买权。"② 2.《中华人民共和国合伙企业法》(2006年8月27日修订)第二十三条规定:"合伙人向合伙人以外的人转让其在合伙企业中的财产份额的,在同等条件下,其他合伙人有优先购买权。" 3.《中华人民共和国民法典》(2020年5月28日)第三百零五条规定:"按份共有人可以转让其享有的共有的不动产或者动产份额。其他共有人在同等条件下享有优先购买的权利。" 4.《中华人民共和国民法典》(2020年5月28日)第七百二十六条第一款规定:"出租人出卖租赁房屋的,应当在出卖之前的合理期限内通知承租人,承租人享有以同等条件优先购

---

① 现相关规定见《中华人民共和国公司法》(2023年修正)第八十五条。
② 现相关规定见《中华人民共和国公司法》(2023年修正)第八十五条。

买的权利；但是，房屋按份共有人行使优先购买权或者出租人将房屋出卖给近亲属的除外。"5.《中华人民共和国民法典》（2020年5月28日）第八百四十七条第一款规定："职务技术成果的使用权、转让权属于法人或者非法人组织的，法人或者非法人组织可以就该项职务技术成果订立技术合同。法人或者非法人组织订立技术合同转让职务技术成果时，职务技术成果的完成人享有以同等条件优先受让的权利。"6.《中华人民共和国民法典》（2020年5月28日）第八百五十九条第二款规定："研究开发人转让专利申请权的，委托人享有以同等条件优先受让的权利。"7.《中华人民共和国民法典》（2020年5月28日）第八百六十条第一款规定："合作开发完成的发明创造，申请专利的权利属于合作开发的当事人共有；当事人一方转让其共有的专利申请权的，其他各方享有以同等条件优先受让的权利。但是，当事人另有约定的除外。"8.《中华人民共和国城镇国有土地使用权出让和转让暂行条例》（2020年11月29日修订）第二十六条第一款规定："土地使用权转让价格明显低于市场价格的，市、县人民政府有优先购买权。"9.《国务院关于加强和改善文物工作的通知》（国发〔1997〕13号）第四条规定："……国家对公民出售个人所有的传世珍贵文物有优先购买权。"

〔841〕《最高人民法院关于人民法院民事执行中拍卖、变卖财产的规定》（法释〔2004〕16号，2020年12月23日修正）第十一条。

 第43问：申请执行人、被执行人是否可以参加竞买？

可以参加。

【法律依据】

《最高人民法院关于人民法院民事执行中拍卖、变卖财产的规定》（法释〔2020〕21号）

第十二条　法律、行政法规对买受人的资格或者条件有特殊规定的，竞买人应当具备规定的资格或者条件。

申请执行人、被执行人可以参加竞买。

第44问：享有优先购买权的竞买人竞价规则是什么？

有最高应价时，优先购买权人可以表示以该最高价买受，如无更高应价，则拍归优先购买权人；如有更高应价，而优先购买权人不作表示的，则拍归该应价最高的竞买人。

顺序相同的多个优先购买权人同时表示买受的，以抽签方式决定买受人。

【法律依据】

《最高人民法院关于人民法院民事执行中拍卖、变卖财产的规定》（法释〔2020〕21号）

第十三条　拍卖过程中，有最高应价时，优先购买权人可以表示以该最高价买受，如无更高应价，则拍归优先购买权人；如有更高应价，而优先购买权人不作表示的，则拍归该应价最高的竞买人。

顺序相同的多个优先购买权人同时表示买受的，以抽签方式决定买受人。

第45问：拍卖多项财产时，部分财产卖得的价款足以清偿债务的，剩余的财产是否应当停止拍卖？

应当停止拍卖，但被执行人同意全部拍卖的除外。

【法律依据】

《最高人民法院关于人民法院民事执行中拍卖、变卖财产的规定》(法释〔2020〕21号)

第十四条 拍卖多项财产时,其中部分财产卖得的价款足以清偿债务和支付被执行人应当负担的费用的,对剩余的财产应当停止拍卖,但被执行人同意全部拍卖的除外。

第46问：拍卖多项财产时，什么情形下应当合并拍卖？

1. 使用上不可分。
2. 分别拍卖可能严重减损其价值的。

【法律依据】

《最高人民法院关于人民法院民事执行中拍卖、变卖财产的规定》(法释〔2020〕21号)

第十五条 拍卖的多项财产在使用上不可分，或者分别拍卖可能严重减损其价值的，应当合并拍卖。

第47问：什么情况下可按照拍卖保留价进行抵债？

1. 无人竞买或最高价低于保留价。
2. 申请执行人或其他执行债权人申请或同意以保留价接受拍卖财产的。
3. 两人以上申请抵债的，按法定受偿顺位排序。
4. 法定受偿顺位相同的，抽签决定。

【法律依据】

《最高人民法院关于人民法院民事执行中拍卖、变卖财产的规定》(法释〔2020〕21号)

第十六条 拍卖时无人竞买或者竞买人的最高应价低于保留价,

到场的申请执行人或者其他执行债权人申请或者同意以该次拍卖所定的保留价接受拍卖财产的，应当将该财产交其抵债。

有两个以上执行债权人申请以拍卖财产抵债的，由法定受偿顺位在先的债权人优先承受；受偿顺位相同的，以抽签方式决定承受人。承受人应受清偿的债权额低于抵债财产的价额的，人民法院应当责令其在指定的期间内补交差额。

第48问：法院应当撤回拍卖的情形有哪些？

1. 执行依据被撤销的。
2. 执行申请被撤回的。
3. 被执行人全部履行了金钱债务的。
4. 达成和解协议的。
5. 案外人对拍卖财产提出确有理由的异议的。
6. 拍卖机构与竞买人恶意串通的。
7. 其他情形。

【法律依据】

《最高人民法院关于人民法院民事执行中拍卖、变卖财产的规定》（法释〔2020〕21号）

第十七条 在拍卖开始前，有下列情形之一的，人民法院应当撤回拍卖委托：

（一）据以执行的生效法律文书被撤销的；

（二）申请执行人及其他执行债权人撤回执行申请的；

（三）被执行人全部履行了法律文书确定的金钱债务的；

（四）当事人达成了执行和解协议，不需要拍卖财产的；

（五）案外人对拍卖财产提出确有理由的异议的；

（六）拍卖机构与竞买人恶意串通的；

（七）其他应当撤回拍卖委托的情形。

第 49 问：暂缓、中止拍卖的情形有哪些？

1. 应当暂缓执行或者中止执行的，应当及时通知拍卖机构和当事人。
2. 暂缓期限届满或者中止事由消失后，需要继续拍卖的，应当15日内通知拍卖机构恢复拍卖。

【法律依据】

《最高人民法院关于人民法院民事执行中拍卖、变卖财产的规定》（法释〔2020〕21号）

第十八条 人民法院委托拍卖后，遇有依法应当暂缓执行或者中止执行的情形的，应当决定暂缓执行或者裁定中止执行，并及时通知拍卖机构和当事人。拍卖机构收到通知后，应当立即停止拍卖，并通知竞买人。

暂缓执行期限届满或者中止执行的事由消失后，需要继续拍卖的，人民法院应当在十五日内通知拍卖机构恢复拍卖。

第 50 问：拍卖日之前，被执行人向法院提交足额金钱清偿债务，要求停止拍卖的，应当如何处理？

应当停止拍卖，并由被执行人承担因拍卖支出的必要费用。

【法律依据】

《最高人民法院关于人民法院民事执行中拍卖、变卖财产的规定》（法释〔2020〕21号）

第十九条 被执行人在拍卖日之前向人民法院提交足额金钱清偿债务，要求停止拍卖的，人民法院应当准许，但被执行人应当负担因拍卖支出的必要费用。

第 51 问：拍卖成交后，竞买人如何支付拍卖款？

竞买人应当在拍卖公告确定的期限或者人民法院指定的期限内将价款交付到人民法院或者汇入人民法院指定的账户。

【法律依据】

《最高人民法院关于人民法院民事执行中拍卖、变卖财产的规定》（法释〔2020〕21号）

第二十一条　拍卖成交后，买受人应当在拍卖公告确定的期限或者人民法院指定的期限内将价款交付到人民法院或者汇入人民法院指定的账户。

第 52 问：竞买人逾期未支付价款的，应当如何处理？

可以裁定重新拍卖。重新拍卖时，原买受人不得参加竞买。

重新拍卖的价款低于原拍卖价款造成的差价、费用损失及原拍卖中的佣金，由原买受人承担。

【法律依据】

《最高人民法院关于人民法院民事执行中拍卖、变卖财产的规定》（法释〔2020〕21号）

第二十二条　拍卖成交或者以流拍的财产抵债后，买受人逾期未支付价款或者承受人逾期未补交差价而使拍卖、抵债的目的难以实现的，人民法院可以裁定重新拍卖。重新拍卖时，原买受人不得参加竞买。

重新拍卖的价款低于原拍卖价款造成的差价、费用损失及原拍卖中的佣金，由原买受人承担。人民法院可以直接从其预交的保证金中扣除。扣除后保证金有剩余的，应当退还原买受人；保证金数额不足的，可以责令原买受人补交；拒不补交的，强制执行。

第 53 问：一拍流拍应当如何处理？

应当在 60 日内再行拍卖。

【法律依据】

《最高人民法院关于人民法院民事执行中拍卖、变卖财产的规定》（法释〔2020〕21 号）

第二十三条　拍卖时无人竞买或者竞买人的最高应价低于保留价，到场的申请执行人或者其他执行债权人不申请以该次拍卖所定的保留价抵债的，应当在六十日内再行拍卖。

第 54 问：动产二拍流拍的应当如何处理？

申请执行人或者其他执行债权人拒绝接受或者依法不能交付其抵债的，人民法院应当解除查封、扣押，并将该动产退还被执行人。

【法律依据】

《最高人民法院关于人民法院民事执行中拍卖、变卖财产的规定》（法释〔2020〕21 号）

第二十四条　对于第二次拍卖仍流拍的动产，人民法院可以依照本规定第十六条的规定将其作价交申请执行人或者其他执行债权人抵债。申请执行人或者其他执行债权人拒绝接受或者依法不能交付其抵债的，人民法院应当解除查封、扣押，并将该动产退还被执行人。

第 55 问：不动产或其他财产权二拍流拍的应当如何处理？

申请执行人或者其他执行债权人拒绝接受或者依法不能交付其抵债的，应当在 60 日内进行第三次拍卖。

第三次拍卖仍流拍的，应当于第三次拍卖终结之日起 7 日内发出变卖公告，变卖不成的，应当解除查封、冻结，将该财产退还被执行人。

【法律依据】

《最高人民法院关于人民法院民事执行中拍卖、变卖财产的规定》（法释〔2020〕21号）

第二十五条 对于第二次拍卖仍流拍的不动产或者其他财产权，人民法院可以依照本规定第十六条的规定将其作价交申请执行人或者其他执行债权人抵债。申请执行人或者其他执行债权人拒绝接受或者依法不能交付其抵债的，应当在六十日内进行第三次拍卖。

第三次拍卖流拍且申请执行人或者其他执行债权人拒绝接受或者依法不能接受该不动产或者其他财产权抵债的，人民法院应当于第三次拍卖终结之日起七日内发出变卖公告。自公告之日起六十日内没有买受人愿意以第三次拍卖的保留价买受该财产，且申请执行人、其他执行债权人仍不表示接受该财产抵债的，应当解除查封、冻结，将该财产退还被执行人，但对该财产可以采取其他执行措施的除外。

第56问：拍卖财产上原有的担保物权、优先受偿权、租赁权、用益物权的效力在拍卖时的效力如何？

1. 担保物权及其他优先受偿权，因拍卖而消灭，拍卖所得价款，应当优先清偿担保物权人及其他优先受偿权人的债权，但当事人另有约定的除外。

2. 租赁权及其他用益物权，不因拍卖而消灭。

【法律依据】

《最高人民法院关于人民法院民事执行中拍卖、变卖财产的规定》（法释〔2020〕21号）

第二十八条 拍卖财产上原有的担保物权及其他优先受偿权，因拍卖而消灭，拍卖所得价款，应当优先清偿担保物权人及其他优先受偿权人的债权，但当事人另有约定的除外。

拍卖财产上原有的租赁权及其他用益物权，不因拍卖而消灭，但该权利继续存在于拍卖财产上，对在先的担保物权或者其他优先受偿权的实现有影响的，人民法院应当依法将其除去后进行拍卖。

第57问：拍卖佣金应当如何计算？

拍卖成交价200万元以下的，收取佣金的比例不得超过5%；超过200万元至1000万元的部分，不得超过3%；超过1000万元至5000万元的部分，不得超过2%；超过5000万元至1亿元的部分，不得超过1%；超过1亿元的部分，不得超过0.5%。

拍卖未成交或者非因拍卖机构的原因撤回拍卖委托的，拍卖机构为本次拍卖已经支出的合理费用，应当由被执行人负担。

【法律依据】

《最高人民法院关于人民法院民事执行中拍卖、变卖财产的规定》（法释〔2020〕21号）

第二十九条 拍卖成交的，拍卖机构可以按照下列比例向买受人收取佣金：

拍卖成交价200万元以下的，收取佣金的比例不得超过5%；超过200万元至1000万元的部分，不得超过3%；超过1000万元至5000万元的部分，不得超过2%；超过5000万元至1亿元的部分，不得超过1%；超过1亿元的部分，不得超过0.5%。

采取公开招标方式确定拍卖机构的，按照中标方案确定的数额收取佣金。

拍卖未成交或者非因拍卖机构的原因撤回拍卖委托的，拍卖机构为本次拍卖已经支出的合理费用，应当由被执行人负担。

第58问：拍卖成交后，竞买人如何取得拍卖财产？

应当于裁定送达后15日内，将拍卖的财产移交买受人或者承受人。被执行人或者第三人占有拍卖财产应当移交而拒不移交的，强制执行。

【法律依据】

《最高人民法院关于人民法院民事执行中拍卖、变卖财产的规定》（法释〔2020〕21号）

第二十七条　人民法院裁定拍卖成交或者以流拍的财产抵债后，除有依法不能移交的情形外，应当于裁定送达后十五日内，将拍卖的财产移交买受人或者承受人。被执行人或者第三人占有拍卖财产应当移交而拒不移交的，强制执行。

第59问：什么情况下，当事人、利害关系人可以申请撤销网络司法拍卖？

1. 由于拍卖财产的文字说明、视频或者照片展示以及瑕疵说明严重失实，致使买受人产生重大误解，购买目的无法实现的，但拍卖时的技术水平不能发现或者已经就相关瑕疵以及责任承担予以公示说明的除外。

2. 由于系统故障、病毒入侵、黑客攻击、数据错误等原因致使拍卖结果错误，严重损害当事人或者其他竞买人利益的。

3. 竞买人之间，竞买人与网络司法拍卖服务提供者之间恶意串通，损害当事人或者其他竞买人利益的。

4. 买受人不具备法律、行政法规和司法解释规定的竞买资格的。

5. 违法限制竞买人参加竞买或者对享有同等权利的竞买人规定不同竞买条件的。

6. 其他严重违反网络司法拍卖程序且损害当事人或者竞买人利益

的情形。

【法律依据】

《最高人民法院关于人民法院网络司法拍卖若干问题的规定》（法释〔2016〕18号）

第三十一条 当事人、利害关系人提出异议请求撤销网络司法拍卖，符合下列情形之一的，人民法院应当支持：

（一）由于拍卖财产的文字说明、视频或者照片展示以及瑕疵说明严重失实，致使买受人产生重大误解，购买目的无法实现的，但拍卖时的技术水平不能发现或者已经就相关瑕疵以及责任承担予以公示说明的除外；

（二）由于系统故障、病毒入侵、黑客攻击、数据错误等原因致使拍卖结果错误，严重损害当事人或者其他竞买人利益的；

（三）竞买人之间，竞买人与网络司法拍卖服务提供者之间恶意串通，损害当事人或者其他竞买人利益的；

（四）买受人不具备法律、行政法规和司法解释规定的竞买资格的；

（五）违法限制竞买人参加竞买或者对享有同等权利的竞买人规定不同竞买条件的；

（六）其他严重违反网络司法拍卖程序且损害当事人或者竞买人利益的情形。

第60问：以拍卖的方式处置财产的，是否应当优先适用网络拍卖？

应当优先适用网络拍卖。但法律、行政法规和司法解释规定必须通过其他途径处置，或者不宜采用网络拍卖方式处置的除外。

【法律依据】

《最高人民法院关于人民法院网络司法拍卖若干问题的规定》（法释〔2016〕18号）

第二条 人民法院以拍卖方式处置财产的，应当采取网络司法拍卖方式，但法律、行政法规和司法解释规定必须通过其他途径处置，或者不宜采用网络拍卖方式处置的除外。

《最高人民法院关于认真学习贯彻适用〈最高人民法院关于人民法院网络司法拍卖若干问题的规定〉的通知》（法〔2016〕431号）

第二条 《网拍规定》适用中应当注意的问题

（二）《网拍规定》施行后，地方各级人民法院在开展司法拍卖工作过程中应严格坚持网络司法拍卖优先原则。对法律、行政法规和司法解释规定必须通过其他途径处置或不宜采取网络拍卖方式处置的，报经执行法院院领导审批后可采用委托拍卖方式或其他方式对涉案财产进行变价。

第61问：网拍中，如何选择网拍平台？

由申请执行人从名单库中选择；未选择或多个申请执行人的选择不一致的，由法院指定。

【法律依据】

《最高人民法院关于人民法院网络司法拍卖若干问题的规定》（法释〔2016〕18号）

第五条 网络服务提供者由申请执行人从名单库中选择；未选择或者多个申请执行人的选择不一致的，由人民法院指定。

第62问：网拍中，法院的职责有哪些？

1. 制作、发布拍卖公告。
2. 查明拍卖财产现状、权利负担等内容，并予以说明。
3. 确定拍卖保留价、保证金的数额、税费负担等。
4. 确定保证金、拍卖款项等支付方式。
5. 通知当事人和优先购买权人。
6. 制作拍卖成交裁定。
7. 办理财产交付和出具财产权证照转移协助执行通知书。
8. 开设网络司法拍卖专用账户。
9. 其他依法由人民法院履行的职责。

【法律依据】

《最高人民法院关于人民法院网络司法拍卖若干问题的规定》（法释〔2016〕18号）

第六条 实施网络司法拍卖的，人民法院应当履行下列职责：
（一）制作、发布拍卖公告；
（二）查明拍卖财产现状、权利负担等内容，并予以说明；
（三）确定拍卖保留价、保证金的数额、税费负担等；
（四）确定保证金、拍卖款项等支付方式；
（五）通知当事人和优先购买权人；
（六）制作拍卖成交裁定；
（七）办理财产交付和出具财产权证照转移协助执行通知书；
（八）开设网络司法拍卖专用账户；
（九）其他依法由人民法院履行的职责。

第63问：网拍平台应当符合哪些条件？

1. 具备全面展示司法拍卖信息的界面。

2. 具备本规定要求的信息公示、网上报名、竞价、结算等功能。
3. 具有信息共享、功能齐全、技术拓展等功能的独立系统。
4. 程序运作规范、系统安全高效、服务优质价廉。
5. 在全国具有较高的知名度和广泛的社会参与度。

【法律依据】

《最高人民法院关于人民法院网络司法拍卖若干问题的规定》（法释〔2016〕18号）

第四条　最高人民法院建立全国性网络服务提供者名单库。网络服务提供者申请纳入名单库的，其提供的网络司法拍卖平台应当符合下列条件：

（一）具备全面展示司法拍卖信息的界面；

（二）具备本规定要求的信息公示、网上报名、竞价、结算等功能；

（三）具有信息共享、功能齐全、技术拓展等功能的独立系统；

（四）程序运作规范、系统安全高效、服务优质价廉；

（五）在全国具有较高的知名度和广泛的社会参与度。

最高人民法院组成专门的评审委员会，负责网络服务提供者的选定、评审和除名。最高人民法院每年引入第三方评估机构对已纳入和新申请纳入名单库的网络服务提供者予以评审并公布结果。

第64问：网拍中，法院可以将哪些辅助性工作委托社会机构或组织？

1. 制作拍卖财产的文字说明及视频或者照片等资料。
2. 展示拍卖财产，接受咨询，引领查看，封存样品等。
3. 拍卖财产的鉴定、检验、评估、审计、仓储、保管、运输等。
4. 其他可以委托的拍卖辅助工作。

【法律依据】

《最高人民法院关于人民法院网络司法拍卖若干问题的规定》(法释〔2016〕18号)

第七条 实施网络司法拍卖的，人民法院可以将下列拍卖辅助工作委托社会机构或者组织承担：

(一) 制作拍卖财产的文字说明及视频或者照片等资料；

(二) 展示拍卖财产，接受咨询，引领查看，封存样品等；

(三) 拍卖财产的鉴定、检验、评估、审计、仓储、保管、运输等；

(四) 其他可以委托的拍卖辅助工作。

社会机构或者组织承担网络司法拍卖辅助工作所支出的必要费用由被执行人承担。

第65问：网拍中，哪些事项应当由网络服务提供者承担？

1. 提供符合法律、行政法规和司法解释规定的网络司法拍卖平台，并保障安全正常运行。

2. 提供安全便捷配套的电子支付对接系统。

3. 全面、及时展示人民法院及其委托的社会机构或者组织提供的拍卖信息。

4. 保证拍卖全程的信息数据真实、准确、完整和安全。

5. 其他应当由网络服务提供者承担的工作。

【法律依据】

《最高人民法院关于人民法院网络司法拍卖若干问题的规定》(法释〔2016〕18号)

第八条 实施网络司法拍卖的，下列事项应当由网络服务提供者承担：

（一）提供符合法律、行政法规和司法解释规定的网络司法拍卖平台，并保障安全正常运行；

（二）提供安全便捷配套的电子支付对接系统；

（三）全面、及时展示人民法院及其委托的社会机构或者组织提供的拍卖信息；

（四）保证拍卖全程的信息数据真实、准确、完整和安全；

（五）其他应当由网络服务提供者承担的工作。

网络服务提供者不得在拍卖程序中设置阻碍适格竞买人报名、参拍、竞价以及监视竞买人信息等后台操控功能。

网络服务提供者提供的服务无正当理由不得中断。

第66问：网拍中，保留价如何确定？

应当参照评估价确定；未作评估的，参照市价确定，并征询当事人意见。起拍价（保留价）不得低于评估价或者市价的70%。

【法律依据】

《最高人民法院关于人民法院网络司法拍卖若干问题的规定》（法释〔2016〕18号）

第十条 网络司法拍卖应当确定保留价，拍卖保留价即为起拍价。

起拍价由人民法院参照评估价确定；未作评估的，参照市价确定，并征询当事人意见。起拍价不得低于评估价或者市价的百分之七十。

第67问：网拍中，只有一人参与竞拍，拍卖是否有效？

有效，网拍不限制竞买人数量。一人参与竞拍，出价不低于起拍价的，拍卖成交。

【法律依据】

《最高人民法院关于人民法院网络司法拍卖若干问题的规定》(法释〔2016〕18号)

第十一条　网络司法拍卖不限制竞买人数量。一人参与竞拍，出价不低于起拍价的，拍卖成交。

第68问：网拍中，拍卖公告应当何时发布？应当包含哪些内容？

1. 拍卖动产的，应当在拍卖15日前公告；拍卖不动产的，应当在拍卖30日前公告。

2. 公告内容应当包括拍卖财产、价格、保证金、竞买人条件、拍卖财产已知瑕疵、相关权利义务、法律责任、拍卖时间、网络平台和拍卖法院等信息。

【法律依据】

《最高人民法院关于人民法院网络司法拍卖若干问题的规定》(法释〔2016〕18号)

第十二条　网络司法拍卖应当先期公告，拍卖公告除通过法定途径发布外，还应同时在网络司法拍卖平台发布。拍卖动产的，应当在拍卖十五日前公告；拍卖不动产或者其他财产权的，应当在拍卖三十日前公告。

拍卖公告应当包括拍卖财产、价格、保证金、竞买人条件、拍卖财产已知瑕疵、相关权利义务、法律责任、拍卖时间、网络平台和拍卖法院等信息。

第69问：网拍中，人民法院应当公示哪些信息？

1. 拍卖公告。
2. 执行所依据的法律文书，但法律规定不得公开的除外。
3. 评估报告副本，或者未经评估的定价依据。
4. 拍卖时间、起拍价以及竞价规则。
5. 拍卖财产权属、占有使用、附随义务等现状的文字说明、视频或者照片等。
6. 优先购买权主体以及权利性质。
7. 通知或者无法通知当事人、已知优先购买权人的情况。
8. 拍卖保证金、拍卖款项支付方式和账户。
9. 拍卖财产产权转移可能产生的税费及承担方式。
10. 执行法院名称、联系、监督方式等。
11. 其他应当公示的信息。

【法律依据】

《最高人民法院关于人民法院网络司法拍卖若干问题的规定》（法释〔2016〕18号）

第十三条 实施网络司法拍卖的，人民法院应当在拍卖公告发布当日通过网络司法拍卖平台公示下列信息：

（一）拍卖公告；

（二）执行所依据的法律文书，但法律规定不得公开的除外；

（三）评估报告副本，或者未经评估的定价依据；

（四）拍卖时间、起拍价以及竞价规则；

（五）拍卖财产权属、占有使用、附随义务等现状的文字说明、视频或者照片等；

（六）优先购买权主体以及权利性质；

（七）通知或者无法通知当事人、已知优先购买权人的情况；

（八）拍卖保证金、拍卖款项支付方式和账户；

（九）拍卖财产产权转移可能产生的税费及承担方式；

（十）执行法院名称，联系、监督方式等；

（十一）其他应当公示的信息。

第 70 问：网拍中，法院应当对哪些事项予以特别提示？

1. 竞买人应当具备完全民事行为能力，法律、行政法规和司法解释对买受人资格或者条件有特殊规定的，竞买人应当具备规定的资格或者条件。

2. 委托他人代为竞买的，应当在竞价程序开始前经人民法院确认，并通知网络服务提供者。

3. 拍卖财产已知瑕疵和权利负担。

4. 拍卖财产以实物现状为准，竞买人可以申请实地看样。

5. 竞买人决定参与竞买的，视为对拍卖财产完全了解，并接受拍卖财产一切已知和未知瑕疵。

6. 载明买受人真实身份的拍卖成交确认书在网络司法拍卖平台上公示。

7. 买受人悔拍后保证金不予退还。

【法律依据】

《最高人民法院关于人民法院网络司法拍卖若干问题的规定》（法释〔2016〕18 号）

第十四条　实施网络司法拍卖的，人民法院应当在拍卖公告发布当日通过网络司法拍卖平台对下列事项予以特别提示：

（一）竞买人应当具备完全民事行为能力，法律、行政法规和司法解释对买受人资格或者条件有特殊规定的，竞买人应当具备规定的资格或者条件；

（二）委托他人代为竞买的，应当在竞价程序开始前经人民法院确认，并通知网络服务提供者；

（三）拍卖财产已知瑕疵和权利负担；

（四）拍卖财产以实物现状为准，竞买人可以申请实地看样；

（五）竞买人决定参与竞买的，视为对拍卖财产完全了解，并接受拍卖财产一切已知和未知瑕疵；

（六）载明买受人真实身份的拍卖成交确认书在网络司法拍卖平台上公示；

（七）买受人悔拍后保证金不予退还。

第71问：网拍中，法院在拍卖公告中声明不能保证拍卖财产真伪或者品质的，不承担瑕疵担保责任，其效力如何？

拍卖企业、委托人明确知道或应当知道拍卖标的有瑕疵时，免责声明无效。

【法律依据】

《最高人民法院关于人民法院网络司法拍卖若干问题的规定》（法释〔2016〕18号）

第十五条 被执行人应当提供拍卖财产品质的有关资料和说明。

人民法院已按本规定第十三条、第十四条的要求予以公示和特别提示，且在拍卖公告中声明不能保证拍卖财产真伪或者品质的，不承担瑕疵担保责任。

《拍卖管理办法》（2019年修订）

第五十条 拍卖企业、委托人违反本办法第三十四条规定，未说明拍卖标的的瑕疵，给买受人造成损害的，买受人有权要求拍卖企业给予赔偿；属于委托人责任的，拍卖企业有权向委托人追偿。

拍卖企业、委托人在拍卖前声明不能保证拍卖标的真伪或者品质，不承担瑕疵担保责任（以下简称免责声明）。但是拍卖企业、委托人明确知道或应当知道拍卖标的有瑕疵时，免责声明无效。

第 72 问：网拍前，法院应当如何通知相关权利人？

1. 应当在拍卖公告发布 3 日前以能够确认收悉的合理方式通知权利人。
2. 权利人书面明确放弃权利的，可以不通知。
3. 无法通知的，应当在网拍平台公示并说明理由，公示满 5 天，视为已经通知。
4. 优先购买权人经通知未参与竞买的，视为放弃优先购买权。

【法律依据】

《最高人民法院关于人民法院网络司法拍卖若干问题的规定》（法释〔2016〕18 号）

第十六条　网络司法拍卖的事项应当在拍卖公告发布三日前以书面或者其他能够确认收悉的合理方式，通知当事人、已知优先购买权人。权利人书面明确放弃权利的，可以不通知。无法通知的，应当在网络司法拍卖平台公示并说明无法通知的理由，公示满五日视为已经通知。

优先购买权人经通知未参与竞买的，视为放弃优先购买权。

第 73 问：网拍中，各类竞拍人应当如何缴纳保证金？

保证金数额应当在起拍价的 5%—20%。一般竞买人应当实名缴纳。申请执行人参加竞买的，可以不交保证金，但债权数额小于保证金数额的按差额部分缴纳。

【法律依据】

《最高人民法院关于人民法院网络司法拍卖若干问题的规定》（法释〔2016〕18 号）

第十七条　保证金数额由人民法院在起拍价的百分之五至百分之

二十范围内确定。

竞买人应当在参加拍卖前以实名交纳保证金,未交纳的,不得参加竞买。申请执行人参加竞买的,可以不交保证金;但债权数额小于保证金数额的按差额部分交纳。

交纳保证金,竞买人可以向人民法院指定的账户交纳,也可以由网络服务提供者在其提供的支付系统中对竞买人的相应款项予以冻结。

第 74 问:网拍中,一般竞买人资格何时确定?

在拍卖竞价程序结束前交纳保证金经人民法院或者网络服务提供者确认后,取得竞买资格。

【法律依据】

《最高人民法院关于人民法院网络司法拍卖若干问题的规定》(法释〔2016〕18 号)

第十八条 竞买人在拍卖竞价程序结束前交纳保证金经人民法院或者网络服务提供者确认后,取得竞买资格。网络服务提供者应当向取得资格的竞买人赋予竞买代码、参拍密码;竞买人以该代码参与竞买。

网络司法拍卖竞价程序结束前,人民法院及网络服务提供者对竞买人以及其他能够确认竞买人真实身份的信息、密码等,应当予以保密。

第 75 问:网拍中,优先购买权人的资格如何确定?

向执行法院提出申请,由法院评议,取得优先竞买资格以及优先竞买代买、参拍密码。

【法律依据】

《最高人民法院关于人民法院网络司法拍卖若干问题的规定》（法释〔2016〕18号）

第十九条 优先购买权人经人民法院确认后，取得优先竞买资格以及优先竞买代码、参拍密码，并以优先竞买代码参与竞买；未经确认的，不得以优先购买权人身份参与竞买。

顺序不同的优先购买权人申请参与竞买的，人民法院应当确认其顺序，赋予不同顺序的优先竞买代码。

【实务经验】

实务中，优先购买权人在拍卖平台（京东、淘宝）缴纳保证金，并持缴纳保证金的凭证向执行法院提出行使优先购买权的主张，由执行法院进行评议。如其优先购买权的主张成立，则在网拍后台对其优先购买权资格进行确认。

拍卖中，一般竞买人的竞拍方式为加价，但对法院确定的优先购买权人而言，其购买规定为跟价。

第76问：网拍中，竞价规则有哪些?

1. 基本模式：从起拍价开始以递增出价方式竞价。

2. 增价幅度：由法院确定。

3. 拍卖竞价时间：不少于24小时，竞价程序结束前5分钟内无人出价的，最后出价即为成交价；有出价的，竞价时间自该出价时点顺延5分钟。竞买人的出价时间以进入网络司法拍卖平台服务系统的时间为准。

【法律依据】

《最高人民法院关于人民法院网络司法拍卖若干问题的规定》（法释〔2016〕18号）

第二十条　网络司法拍卖从起拍价开始以递增出价方式竞价，增价幅度由人民法院确定。竞买人以低于起拍价出价的无效。

网络司法拍卖的竞价时间应当不少于二十四小时。竞价程序结束前五分钟内无人出价的，最后出价即为成交价；有出价的，竞价时间自该出价时点顺延五分钟。竞买人的出价时间以进入网络司法拍卖平台服务系统的时间为准。

竞买代码及其出价信息应当在网络竞买页面实时显示，并储存、显示竞价全程。

第77问：网拍中，优先购买权竞价规则有哪些？

1. 基本规则：可与其他竞买人以相同的价格出价，即跟价。
2. 优先购买权人以相同的价格出价的：（1）顺序不同的，由顺序在先的优先购买权人竞得；（2）顺序相同的，由出价在先的优先购买权人竞得。

【法律依据】

《最高人民法院关于人民法院网络司法拍卖若干问题的规定》（法释〔2016〕18号）

第二十一条　优先购买权人参与竞买的，可以与其他竞买人以相同的价格出价，没有更高出价的，拍卖财产由优先购买权人竞得。

顺序不同的优先购买权人以相同价格出价的，拍卖财产由顺序在先的优先购买权人竞得。

顺序相同的优先购买权人以相同价格出价的，拍卖财产由出价在先的优先购买权人竞得。

第 78 问：网拍中，拍卖财产所有权何时转移？

自拍卖成交裁定送达买受人时转移。一般在竞买人全额支付价款后 10 日内送达。

【法律依据】

《最高人民法院关于人民法院网络司法拍卖若干问题的规定》（法释〔2016〕18 号）

第二十二条　网络司法拍卖成交的，由网络司法拍卖平台以买受人的真实身份自动生成确认书并公示。

拍卖财产所有权自拍卖成交裁定送达买受人时转移。

《最高人民法院关于人民法院民事执行中拍卖、变卖财产的规定》（法释〔2020〕21 号）

第二十条　拍卖成交或者以流拍的财产抵债的，人民法院应当作出裁定，并于价款或者需要补交的差价全额交付后十日内，送达买受人或者承受人。

第 79 问：网拍中，交纳的保证金在竞拍后应当如何处理？

1. 买受人的保证金：可以充抵价款。
2. 拍卖未成交的或其他竞买人的保证金：程序结束后 24 小时内退还或解冻。

【法律依据】

《最高人民法院关于人民法院网络司法拍卖若干问题的规定》（法释〔2016〕18 号）

第二十三条　拍卖成交后，买受人交纳的保证金可以充抵价款；其他竞买人交纳的保证金应当在竞价程序结束后二十四小时内退还或者解冻。拍卖未成交的，竞买人交纳的保证金应当在竞价程序结束后二十四小时内退还或者解冻。

第 80 问：网拍中，买受人悔拍的应当如何处理？

1. 交纳的保证金不予退还，用于支付拍卖产生的费用损失、弥补重新拍卖价款低于原拍卖价款的差价、冲抵本案被执行人的债务以及与拍卖财产相关的被执行人债务。

2. 扣除上述费用后，如保证金有剩余，应当退还悔拍人，如保证金数额不足，可以责令悔拍人补交，拒不补交的可以强制执行。

3. 重新拍卖的，悔拍人不得参加竞买。

【法律依据】

《最高人民法院关于人民法院网络司法拍卖若干问题的规定》（法释〔2016〕18 号）

第二十四条 拍卖成交后买受人悔拍的，交纳的保证金不予退还，依次用于支付拍卖产生的费用损失、弥补重新拍卖价款低于原拍卖价款的差价、冲抵本案被执行人的债务以及与拍卖财产相关的被执行人的债务。

悔拍后重新拍卖的，原买受人不得参加竞买。

《最高人民法院关于人民法院民事执行中拍卖、变卖财产的规定》（法释〔2020〕21 号）

第二十二条 拍卖成交或者以流拍的财产抵债后，买受人逾期未支付价款或者承受人逾期未补交差价而使拍卖、抵债的目的难以实现的，人民法院可以裁定重新拍卖。重新拍卖时，原买受人不得参加竞买。

重新拍卖的价款低于原拍卖价款造成的差价、费用损失及原拍卖中的佣金，由原买受人承担。人民法院可以直接从其预交的保证金中扣除。扣除后保证金有剩余的，应当退还原买受人；保证金数额不足的，可以责令原买受人补交；拒不补交的，强制执行。

第81问：网拍中，余款应当如何支付？

1. 支付时间：在拍卖公告确定的期限内。
2. 支付账户：人民法院指定账户。
3. 保证金划入账户时间：成交后 24 小时内。

【法律依据】

《最高人民法院关于人民法院网络司法拍卖若干问题的规定》（法释〔2016〕18 号）

第二十五条　拍卖成交后，买受人应当在拍卖公告确定的期限内将剩余价款交付人民法院指定账户。拍卖成交后二十四小时内，网络服务提供者应当将冻结的买受人交纳的保证金划入人民法院指定账户。

第82问：网拍中，流拍应当如何处理？

1. 流拍的认定：竞价期间无人出价。
2. 流拍后的二次拍卖：应当在 30 日内在同一平台再次拍卖。
3. 二次拍卖公告时间：动产应当在拍卖 7 日前公告，不动产应当在拍卖 15 日前公告。
4. 二次拍卖起拍价限制：降价幅度不得超过前次起拍价的 20%。
5. 二次拍卖仍然流拍的：依法在同一平台变卖。
6. 以拍卖财产抵债的条件：（1）到场的申请执行人或其他执行债权人；（2）依申请或者同意以保留价抵债；（3）多人要求抵债，法定受偿顺位在先的债权人优先承受，顺位相同的抽签决定；（4）承受人应受清偿债权额低于保留价的，应当补交差额。

【法律依据】

《最高人民法院关于人民法院网络司法拍卖若干问题的规定》(法释〔2016〕18号)

第二十六条　网络司法拍卖竞价期间无人出价的，本次拍卖流拍。流拍后应当在三十日内在同一网络司法拍卖平台再次拍卖，拍卖动产的应当在拍卖七日前公告；拍卖不动产或者其他财产权的应当在拍卖十五日前公告。再次拍卖的起拍价降价幅度不得超过前次起拍价的百分之二十。

再次拍卖流拍的，可以依法在同一网络司法拍卖平台变卖。

《最高人民法院关于人民法院民事执行中拍卖、变卖财产的规定》(法释〔2020〕21号)

第十六条　拍卖时无人竞买或者竞买人的最高应价低于保留价，到场的申请执行人或者其他执行债权人申请或者同意以该次拍卖所定的保留价接受拍卖财产的，应当将该财产交其抵债。

有两个以上执行债权人申请以拍卖财产抵债的，由法定受偿顺位在先的债权人优先承受；受偿顺位相同的，以抽签方式决定承受人。承受人应受清偿的债权额低于抵债财产的价额的，人民法院应当责令其在指定的期间内补交差额。

第83问：网拍中，起拍价、降价幅度、竞价增价幅度、保证金数额和优先购买权人竞买资格及其顺序等事项应当如何确定？

应当由人民法院依法组成合议庭评议确定。

【法律依据】

《最高人民法院关于人民法院网络司法拍卖若干问题的规定》(法释〔2016〕18号)

第二十七条　起拍价及其降价幅度、竞价增价幅度、保证金数额和优先购买权人竞买资格及其顺序等事项,应当由人民法院依法组成合议庭评议确定。

第84问:网拍中,拍卖暂缓、中止的情形以及处理方式有哪些?

在标的物上拍过程中,遇到执行案件需要依法暂缓执行,法院内部应该用书面决定形式,通知网拍人员在拍卖系统中暂缓本次拍卖,同时系统会将暂缓理由公示到拍卖平台中;遇到依法中止执行,法院内部应该以裁定形式,通知网拍人员在拍卖系统中中止本次拍卖,同时系统会将中止理由公示到拍卖平台中。值得一提的是,在暂缓、中止事由结束后,法院均可在系统中重新发起拍卖程序。

另外,网络服务平台属于第一时间发现平台系统故障、安全隐患等紧急情况主体,因此也被法院赋予了一定权限,可以采取暂缓拍卖,并报告人民法院。

需要继续拍卖的,应当在5日内恢复拍卖。

【法律依据】

《最高人民法院关于人民法院网络司法拍卖若干问题的规定》(法释〔2016〕18号)

第二十八条 网络司法拍卖竞价程序中,有依法应当暂缓、中止执行等情形的,人民法院应当决定暂缓或者裁定中止拍卖;人民法院可以自行或者通知网络服务提供者停止拍卖。

网络服务提供者发现系统故障、安全隐患等紧急情况的,可以先行暂缓拍卖,并立即报告人民法院。

暂缓或者中止拍卖的,应当及时在网络司法拍卖平台公告原因或者理由。

暂缓拍卖期限届满或者中止拍卖的事由消失后,需要继续拍卖的,应当在五日内恢复拍卖。

【实务经验】

拍卖中止、暂缓、撤回的实际效果一样，即本次拍卖报名作废，保证金退回，后续再次上拍都需要重新计算公示期的，主要区别在于法律事由上的不同，具体选择哪种由法院内部按照网规合议决定（一般撤回、中止均需要裁定书，暂缓需要决定书）。

第85问：网拍中，拍卖记录应当保存多久？

不少于10年，法律另有规定的除外。

【法律依据】

《最高人民法院关于人民法院网络司法拍卖若干问题的规定》（法释〔2016〕18号）

第二十九条 网络服务提供者对拍卖形成的电子数据，应当完整保存不少于十年，但法律、行政法规另有规定的除外。

第86问：网拍中，交付过户费用应当由谁承担？

有法律、行政法规规定的，从其规定，没有规定或者规定不明的，由法院确定税费承担的相关主体。

【法律依据】

《最高人民法院关于人民法院网络司法拍卖若干问题的规定》（法释〔2016〕18号）

第三十条 因网络司法拍卖本身形成的税费，应当依照相关法律、行政法规的规定，由相应主体承担；没有规定或者规定不明的，人民法院可以根据法律原则和案件实际情况确定税费承担的相关主体、数额。

第 87 问：网拍中，撤销拍卖导致合法权益遭受损害的，应当如何救济？

1. 法院的拍卖行为违法致使其合法权益遭受损害的：申请国家赔偿。
2. 其他主体的行为违法致使其合法权益遭受损害的：另行起诉。

【法律依据】

《最高人民法院关于人民法院网络司法拍卖若干问题的规定》（法释〔2016〕18 号）

第三十二条 网络司法拍卖被人民法院撤销，当事人、利害关系人、案外人认为人民法院的拍卖行为违法致使其合法权益遭受损害的，可以依法申请国家赔偿；认为其他主体的行为违法致使其合法权益遭受损害的，可以另行提起诉讼。

第 88 问：网拍中，被执行人提交足额金钱清偿债务并要求停止拍卖的，应当如何处理？

应当准许，但被执行人应当负担因拍卖支出的必要费用。

【法律依据】

《最高人民法院关于人民法院民事执行中拍卖、变卖财产的规定》（法释〔2020〕21 号）

第十九条 被执行人在拍卖日之前向人民法院提交足额金钱清偿债务，要求停止拍卖的，人民法院应当准许，但被执行人应当负担因拍卖支出的必要费用。

第 89 问：什么情况下，人民法院应当撤回拍卖委托？

1. 据以执行的生效法律文书被撤销的。
2. 申请执行人及其他执行债权人撤回执行申请的。
3. 被执行人全部履行了法律文书确定的金钱债务的。
4. 当事人达成了执行和解协议，不需要拍卖财产的。
5. 案外人对拍卖财产提出确有理由的异议的。
6. 拍卖机构与竞买人恶意串通的。
7. 其他应当撤回拍卖委托的情形。

【法律依据】

《最高人民法院关于人民法院民事执行中拍卖、变卖财产的规定》（法释〔2020〕21 号）

第十七条 在拍卖开始前，有下列情形之一的，人民法院应当撤回拍卖委托：

（一）据以执行的生效法律文书被撤销的；
（二）申请执行人及其他执行债权人撤回执行申请的；
（三）被执行人全部履行了法律文书确定的金钱债务的；
（四）当事人达成了执行和解协议，不需要拍卖财产的；
（五）案外人对拍卖财产提出确有理由的异议的；
（六）拍卖机构与竞买人恶意串通的；
（七）其他应当撤回拍卖委托的情形。

第 90 问：网拍流拍后，在满足哪些条件的情况下，应当启动网络司法变卖程序？

1. 执行债权人不接受抵债。
2. 无第三人申请以流拍价购买。

满足上述条件的，法院应当在流拍之日起的 15 日内发布网络司法变卖公告。

【法律依据】

《最高人民法院关于认真做好网络司法拍卖与网络司法变卖衔接工作的通知》（法明传〔2017〕455号）

二、关于发布网络司法变卖公告期限的问题。网拍二拍流拍后，人民法院应当于10日内询问申请执行人或其他执行债权人是否接受以物抵债。不接受以物抵债的，人民法院应当于网拍二拍流拍之日起15日内发布网络司法变卖公告。

第91问：网络司法变卖期为多少天？变卖期的开始时间如何确定？

变卖期为60天，人民法院应当在变卖公告中确定变卖期的开始时间。

【法律依据】

《最高人民法院关于认真做好网络司法拍卖与网络司法变卖衔接工作的通知》（法明传〔2017〕455号）

三、关于网络司法变卖公告期、变卖期的问题。网络司法变卖期为60天，人民法院应当在公告中确定变卖期的开始时间。变卖动产的，应当在变卖期开始7日前公告；变卖不动产或者其他财产权的，应当在变卖期开始15日前公告。变卖公告应当包括但不限于变卖财产、变卖价、变卖期、变卖期开始时间、变卖流程、保证金数额、加价幅度等内容，应当特别提示变卖成交后不交纳尾款的，保证金不予退还。

第 92 问：网络司法变卖公告应当何时公布？应当包含哪些内容？

变卖动产的：应当在变卖期开始 7 日前公告。

变卖不动产或其他产权的：应当在变卖期开始 15 日前公告。

公告内容应当包括变卖财产、变卖价、变卖期、变卖期开始时间、变卖流程、保证金数额、加价幅度等，应当特别提示变卖成交后不交纳尾款的，保证金不予退还。

【法律依据】

《最高人民法院关于认真做好网络司法拍卖与网络司法变卖衔接工作的通知》（法明传〔2017〕455 号）

三、关于网络司法变卖公告期、变卖期的问题。网络司法变卖期为 60 天，人民法院应当在公告中确定变卖期的开始时间。变卖动产的，应当在变卖期开始 7 日前公告；变卖不动产或者其他财产权的，应当在变卖期开始 15 日前公告。变卖公告应当包括但不限于变卖财产、变卖价、变卖期、变卖期开始时间、变卖流程、保证金数额、加价幅度等内容，应当特别提示变卖成交后不交纳尾款的，保证金不予退还。

第 93 问：网络司法变卖的变卖价如何确定？

变卖价为网络司法拍卖二拍流拍价。

【法律依据】

《最高人民法院关于认真做好网络司法拍卖与网络司法变卖衔接工作的通知》（法明传〔2017〕455 号）

四、关于变卖价确定的问题。网络司法变卖的变卖价为网络司法拍卖二拍流拍价。各级人民法院应当认真领会《网拍规定》关于确定一拍、二拍起拍价的精神,在评估价(或市场价)基础上按《网络规定》进行降价拍卖。

第 94 问:网络司法变卖,竞买资格如何取得?

竞买人向法院指定账户交纳全款或在变卖平台上在线报名交纳全款后,取得竞买资格。

【法律依据】

《最高人民法院关于认真做好网络司法拍卖与网络司法变卖衔接工作的通知》(法明传〔2017〕455 号)

五、关于竞买人资格确定的问题。竞买人交齐变卖价全款后,取得竞买资格。竞买人可以向法院指定的账户交纳,也可以在变卖平台上在线报名并交纳。竞买人向法院指定账户交纳的,人民法院应当及时通过操作系统录入并推送给确定的变卖平台。

第 95 问:网络司法变卖的竞买流程是什么?

变卖开始后,竞买人出价,24 小时内其他竞买人可以递增出价方式参加竞买,由最高出价者竞得,变卖成交后对竞买人真实身份进行公示。

【法律依据】

《最高人民法院关于认真做好网络司法拍卖与网络司法变卖衔接工作的通知》(法明传〔2017〕455 号)

六、关于网络司法拍卖变卖流程问题。变卖期开始后,取得竞买资格的竞买人即可以出价。自第一次出价开始进入 24 小时竞价程序,其他取得竞买资格的竞买人可在竞价程序内以递增出价方式参与竞买。竞价程序参照《网拍规定》第二十条规定进行,加价幅度参照我院法明传（2017）第 253 号通知要求进行设置。竞价程序内无其他人出价的，变卖财产由第一次出价的竞买人竞得；竞价程序内有其他人出价的，变卖财产由竞价程序结束时最高出价者竞得。变卖成交的，竞价程序结束时变卖期结束。

七、关于网络司法变卖结束后相关事宜处理的问题。变卖成交的，由平台以买受人的真实身份自动生成确认书并公示；变卖期内无人出价的，变卖期结束时变卖程序结束，相关财产按相关司法解释和规范性文件依法处置。

第 96 问：网络司法变卖中，竞买人悔拍，应当如何处理？

1. 扣留变卖公告中所确定的保证金不予退还，依次用于变卖费用、弥补重新变卖价款低于原变卖价款的差价、冲抵本案被执行人的债务以及与拍卖财产相关的被执行人的债务。

2. 悔拍后不得再次参与竞买。

【法律依据】

《最高人民法院关于认真做好网络司法拍卖与网络司法变卖衔接工作的通知》（法明传〔2017〕455 号）

八、关于变卖成交后买受人不交纳尾款如何处理的问题。经过竞价变卖成交后，买受人反悔不交纳尾款的，从所交纳变卖价款中扣留变卖公告中所确定的保证金不予退还，扣留的保证金参照《网络规定》第二十四条处理，买受人反悔不交纳尾款导致人民法院重新变卖的，原买受人不得再次参与竞买。

第 97 问：网络司法变卖中，变卖不成应当如何处理？

1. 动产

作价交申请执行人或其他执行债权人抵债，以变卖财产抵债的条件：

(1) 到场的申请执行人或其他执行债权人；

(2) 依申请或者同意以保留价抵债；

(3) 多人要求抵债，法定受偿顺位在先的债权人优先承受，顺位相同的抽签决定；

(4) 承受人应受清偿债权额低于保留价的，应当补交差额。

拒绝抵债的，应当解除查封、扣押，并将财产退还被执行人。

2. 不动产或其他财产权

作价交申请执行人或其他执行债权人抵债。

拒绝抵债的，应当解除查封、冻结，并将财产退还被执行人，但该财产可以采取强制管理、根据市场价格变化重新启动拍卖程序、准许第三人以流拍价格购买等。

【法律依据】

《最高人民法院关于认真做好网络司法拍卖与网络司法变卖衔接工作的通知》（法明传〔2017〕455号）

七、关于网络司法变卖结束后相关事宜处理的问题。变卖成交的，由平台以买受人的真实身份自动生成确认书并公示；变卖期内无人出价的，变卖期结束时变卖程序结束，相关财产按相关司法解释和规范性文件依法处置。

《最高人民法院关于适用〈中华人民共和国民事诉讼法〉的解释》（法释〔2022〕11号）

第四百九十条 被执行人的财产无法拍卖或者变卖的，经申请执行人同意，且不损害其他债权人合法权益和社会公共利益的，人民法院可以将该项财产作价后交付申请执行人抵偿债务，或者交付申请执行人管理；申请执行人拒绝接收或者管理的，退回被执行人。

《最高人民法院关于人民法院民事执行中拍卖、变卖财产的规定》（法释〔2020〕21号）

第二十四条 对于第二次拍卖仍流拍的动产，人民法院可以依照本规定第十六条的规定将其作价交申请执行人或者其他执行债权人抵债。申请执行人或者其他执行债权人拒绝接受或者依法不能交付其抵债的，人民法院应当解除查封、扣押，并将该动产退还被执行人。

第二十五条 对于第二次拍卖仍流拍的不动产或者其他财产权，人民法院可以依照本规定第十六条的规定将其作价交申请执行人或者其他执行债权人抵债。申请执行人或者其他执行债权人拒绝接受或者依法不能交付其抵债的，应当在六十日内进行第三次拍卖。

第三次拍卖流拍且申请执行人或者其他执行债权人拒绝接受或者依法不能接受该不动产或者其他财产权抵债的，人民法院应当于第三次拍卖终结之日起七日内发出变卖公告。自公告之日起六十日内没有买受人愿意以第三次拍卖的保留价买受该财产，且申请执行人、其他执行债权人仍不表示接受该财产抵债的，应当解除查封、冻结，将该财产退还被执行人，但对该财产可以采取其他执行措施的除外。

第二十八条 拍卖财产上原有的担保物权及其他优先受偿权，因拍卖而消灭，拍卖所得价款，应当优先清偿担保物权人及其他优先受偿权人的债权，但当事人另有约定的除外。

拍卖财产上原有的租赁权及其他用益物权，不因拍卖而消灭，但该权利继续存在于拍卖财产上，对在先的担保物权或者其他优先受偿权的实现有影响的，人民法院应当依法将其除去后进行拍卖。

《最高人民法院关于在执行工作中进一步强化善意文明执行理念的意见》（法发〔2019〕35号）

9. 适当增加财产变卖程序适用情形。要在坚持网络司法拍卖优先原则的基础上，综合考虑变价财产实际情况、是否损害执行债权人、第三人或社会公共利益等因素，适当采取直接变卖或强制变卖等措施。

（1）被执行人申请自行变卖查封财产清偿债务的，在确保能够控制相应价款的前提下，可以监督其在一定期限内按照合理价格变卖。变卖期限由人民法院根据财产实际情况、市场行情等因素确定，但最长不得超过60日。

(2) 被执行人申请对查封财产不经拍卖直接变卖的，经执行债权人同意或者变卖款足以清偿所有执行债务的，人民法院可以不经拍卖直接变卖。

(3) 被执行人认为网络询价或评估价过低，申请以不低于网络询价或评估价自行变卖查封财产清偿债务的，人民法院经审查认为不存在被执行人与他人恶意串通低价处置财产情形的，可以监督其在一定期限内进行变卖。

(4) 财产经拍卖后流拍且执行债权人不接受抵债，第三人申请以流拍价购买的，可以准许。

(5) 网络司法拍卖第二次流拍后，被执行人提出以流拍价融资的，人民法院应结合拍卖财产基本情况、流拍价与市场价差异程度以及融资期限等因素，酌情予以考虑。准许融资的，暂不启动以物抵债或强制变卖程序。

被执行人依照9（3）规定申请自行变卖，经人民法院准许后，又依照《最高人民法院关于人民法院确定财产处置参考价若干问题的规定》第二十二、二十三条规定向人民法院提起异议的，不予受理；被执行人就网络询价或评估价提起异议后，又依照9（3）规定申请自行变卖的，不应准许。

《最高人民法院执行局关于"转变执行作风、规范执行行为"专项活动中若干问题的解答》［法（执）明传〔2014〕169号］

第7问　案件清理过程中，不动产经三次拍卖流拍后，如果市场价格变化，是否可以重新拍卖？

答：不动产经三次拍卖流拍，不能依法变卖或以物抵债的，执行法院可以根据市场价格变化，重新启动（评估）拍卖程序。

第98问：不经拍卖直接变卖的情形有哪些？

1. 双方当事人及有关权利人同意变卖。
2. 被执行人申请直接变卖且变卖款足以清偿所有执行债务的。

3. 金银制品、当地市场有公开交易价格的动产、鲜活易腐的物品、季节性商品、保管困难或保管费用过高的物品，法院可以决定变卖。

【法律依据】

《最高人民法院关于人民法院民事执行中拍卖、变卖财产的规定》（法释〔2020〕21号）

第三十一条 对查封、扣押、冻结的财产，当事人双方及有关权利人同意变卖的，可以变卖。

金银及其制品、当地市场有公开交易价格的动产、易腐烂变质的物品、季节性商品、保管困难或者保管费用过高的物品，人民法院可以决定变卖。

《最高人民法院关于在执行工作中进一步强化善意文明执行理念的意见》（法发〔2019〕35号）

9. 适当增加财产变卖程序适用情形。要在坚持网络司法拍卖优先原则的基础上，综合考虑变价财产实际情况、是否损害执行债权人、第三人或社会公共利益等因素，适当采取直接变卖或强制变卖等措施。

（1）被执行人申请自行变卖查封财产清偿债务的，在确保能够控制相应价款的前提下，可以监督其在一定期限内按照合理价格变卖。变卖期限由人民法院根据财产实际情况、市场行情等因素确定，但最长不得超过60日。

（2）被执行人申请对查封财产不经拍卖直接变卖的，经执行债权人同意或者变卖款足以清偿所有执行债务的，人民法院可以不经拍卖直接变卖。

（3）被执行人认为网络询价或评估价过低，申请以不低于网络询价或评估价自行变卖查封财产清偿债务的，人民法院经审查认为不存在被执行人与他人恶意串通低价处置财产情形的，可以监督其在一定期限内进行变卖。

(4) 财产经拍卖后流拍且执行债权人不接受抵债，第三人申请以流拍价购买的，可以准许。

(5) 网络司法拍卖第二次流拍后，被执行人提出以流拍价融资的，人民法院应结合拍卖财产基本情况、流拍价与市场价差异程度以及融资期限等因素，酌情予以考虑。准许融资的，暂不启动以物抵债或强制变卖程序。

被执行人依照9（3）规定申请自行变卖，经人民法院准许后，又依照《最高人民法院关于人民法院确定财产处置参考价若干问题的规定》第二十二、二十三条规定向人民法院提起异议的，不予受理；被执行人就网络询价或评估价提起异议后，又依照9（3）规定申请自行变卖的，不应准许。

第99问：直接变卖的价格如何确定？

1. 当事人双方及有关权利人对变卖财产的价格有约定的，按照其约定价格变卖。

2. 无约定价格但有市价的，变卖价格不得低于市价。

3. 无市价但价值较大、价格不易确定的，应当委托评估机构进行评估，并按照评估价格进行变卖。

4. 按照评估价格变卖不成的，可以降低价格变卖，但最低的变卖价不得低于评估价的二分之一。

【法律依据】

《最高人民法院关于人民法院民事执行中拍卖、变卖财产的规定》（法释〔2020〕21号）

第三十二条 当事人双方及有关权利人对变卖财产的价格有约定的，按照其约定价格变卖；无约定价格但有市价的，变卖价格不得低于市价；无市价但价值较大、价格不易确定的，应当委托评估机构进行评估，并按照评估价格进行变卖。

按照评估价格变卖不成的，可以降低价格变卖，但最低的变卖价不得低于评估价的二分之一。

变卖的财产无人应买的，适用本规定第十六条的规定将该财产交申请执行人或者其他执行债权人抵债；申请执行人或者其他执行债权人拒绝接受或者依法不能交付其抵债的，人民法院应当解除查封、扣押，并将该财产退还被执行人。

第 100 问：直接变卖财产无人应买，应当如何处理？

作价交申请执行人或其他执行债权人抵债，以变卖财产抵债的条件：

1. 到场的申请执行人或其他执行债权人；
2. 依申请或者同意以保留价抵债；
3. 多人要求抵债，法定受偿顺位在先的债权人优先承受，顺位相同的抽签决定；
4. 承受人应受清偿债权额低于保留价的，应当补交差额。

拒绝抵债的，应当解除查封、扣押，并将该财产退还被执行人。

【法律依据】

《最高人民法院关于人民法院民事执行中拍卖、变卖财产的规定》（法释〔2020〕21号）

第三十二条　当事人双方及有关权利人对变卖财产的价格有约定的，按照其约定价格变卖；无约定价格但有市价的，变卖价格不得低于市价；无市价但价值较大、价格不易确定的，应当委托评估机构进行评估，并按照评估价格进行变卖。

按照评估价格变卖不成的，可以降低价格变卖，但最低的变卖价不得低于评估价的二分之一。

变卖的财产无人应买的，适用本规定第十六条的规定将该财产交申请执行人或者其他执行债权人抵债；申请执行人或者其他执行债权人拒绝接受或者依法不能交付其抵债的，人民法院应当解除查封、扣押，并将该财产退还被执行人。

第 101 问：被执行人申请自行变卖的应当满足哪些条件？

1. 确保能够控制相应价款。
2. 监督其在最长不超过 60 日的期限内完成变卖。

【法律依据】

《最高人民法院关于人民法院执行工作若干问题的规定（试行）》（法释〔2020〕21 号）

33. 被执行人申请对人民法院查封的财产自行变卖的，人民法院可以准许，但应当监督其按照合理价格在指定的期限内进行，并控制变卖的价款。

《最高人民法院关于在执行工作中进一步强化善意文明执行理念的意见》（法发〔2019〕35 号）

9. 适当增加财产变卖程序适用情形。要在坚持网络司法拍卖优先原则的基础上，综合考虑变价财产实际情况、是否损害执行债权人、第三人或社会公共利益等因素，适当采取直接变卖或强制变卖等措施。

（1）被执行人申请自行变卖查封财产清偿债务的，在确保能够控制相应价款的前提下，可以监督其在一定期限内按照合理价格变卖。变卖期限由人民法院根据财产实际情况、市场行情等因素确定，但最长不得超过 60 日。

（2）被执行人申请对查封财产不经拍卖直接变卖的，经执行债权人同意或者变卖款足以清偿所有执行债务的，人民法院可以不经拍卖直接变卖。

（3）被执行人认为网络询价或评估价过低，申请以不低于网络询价或评估价自行变卖查封财产清偿债务的，人民法院经审查认为不存在被执行人与他人恶意串通低价处置财产情形的,可以监督其在一定期限内进行变卖。

(4) 财产经拍卖后流拍且执行债权人不接受抵债,第三人申请以流拍价购买的,可以准许。

(5) 网络司法拍卖第二次流拍后,被执行人提出以流拍价融资的,人民法院应结合拍卖财产基本情况、流拍价与市场价差异程度以及融资期限等因素,酌情予以考虑。准许融资的,暂不启动以物抵债或强制变卖程序。

被执行人依照 9(3) 规定申请自行变卖,经人民法院准许后,又依照《最高人民法院关于人民法院确定财产处置参考价若干问题的规定》第二十二、二十三条规定向人民法院提起异议的,不予受理;被执行人就网络询价或评估价提起异议后,又依照 9(3) 规定申请自行变卖的,不应准许。

第 102 问:什么情况下当事人、利害关系人可以请求撤销变卖?

1. 竞买人之间、竞买人与拍卖机构之间恶意串通,损害当事人或者其他竞买人利益的。

2. 买受人不具备法律规定的竞买资格的。

3. 违法限制竞买人参加竞买或者对不同的竞买人规定不同竞买条件的。

4. 未按照法律、司法解释的规定对拍卖标的物进行公告的。

5. 其他严重违反拍卖程序且损害当事人或者竞买人利益的情形。

【法律依据】

《最高人民法院关于人民法院网络司法拍卖若干问题的规定》(法释〔2016〕18 号)

第三十七条 人民法院通过互联网平台以变卖方式处置财产的,

参照本规定执行。

执行程序中委托拍卖机构通过互联网平台实施网络拍卖的,参照本规定执行。

本规定对网络司法拍卖行为没有规定的,适用其他有关司法拍卖的规定。

《最高人民法院关于人民法院办理执行异议和复议案件若干问题的规定》(法释〔2020〕21号)

第二十一条 当事人、利害关系人提出异议请求撤销拍卖,符合下列情形之一的,人民法院应予支持:

(一)竞买人之间、竞买人与拍卖机构之间恶意串通,损害当事人或者其他竞买人利益的;

(二)买受人不具备法律规定的竞买资格的;

(三)违法限制竞买人参加竞买或者对不同的竞买人规定不同竞买条件的;

(四)未按照法律、司法解释的规定对拍卖标的物进行公告的;

(五)其他严重违反拍卖程序且损害当事人或者竞买人利益的情形。

当事人、利害关系人请求撤销变卖的,参照前款规定处理。

第103问:什么情形下,可以被执行财产抵债?

1. 合意抵债:申请执行人与被执行人同意,且不损害其他人利益、社会公共利益,可以作价抵债。

2. 无法拍卖、变卖财产的抵债:经申请执行人同意,且不损害其他人利益、社会公共利益,可以交付抵债或交付申请执行人管理。

【法律依据】

《最高人民法院关于适用〈中华人民共和国民事诉讼法〉的解释》(法释〔2022〕11号)

第四百八十九条 经申请执行人和被执行人同意,且不损害其债权人合法权益和社会公共利益的,人民法院可以不经拍卖、变卖,直接将被执行人的财产作价交申请执行人抵偿债务。对剩余债务,被执行人应当继续清偿。

第四百九十条 被执行人的财产无法拍卖或者变卖的,经申请执行人同意,且不损害其他债权人合法权益和社会公共利益的,人民法院可以将该项财产作价后交付申请执行人抵偿债务,或者交付申请执行人管理;申请执行人拒绝接收或者管理的,退回被执行人。

第104问:形成以财产抵债的,人民法院是否应当作出裁定?

达成执行和解协议的抵债,不得作出裁定;拍卖成交或以流拍财产抵债的,应当作出裁定。

【法律依据】

《最高人民法院关于人民法院民事执行中拍卖、变卖财产的规定》(法释〔2020〕21号)

第二十条 拍卖成交或者以流拍的财产抵债的,人民法院应当作出裁定,并于价款或者需要补交的差价全额交付后十日内,送达买受人或者承受人。

《最高人民法院关于执行和解若干问题的规定》(法释〔2020〕21号)

第六条 当事人达成以物抵债执行和解协议的,人民法院不得依据该协议作出以物抵债裁定。

第105问:强制管理需要满足哪些条件?

1. 经申请执行人申请或同意。
2. 不损害其他债权人合法权益。
3. 不损害社会公共利益。
4. 满足以下三种情形之一:

（1）被执行人财产不能或不宜拍卖、变卖的；
（2）财产经法定程序拍卖、变卖未成交，且未形成抵债的；
（3）人民法院认为可以交付申请执行人管理的其他情形。

【法律依据】

《最高人民法院关于适用〈中华人民共和国民事诉讼法〉的解释》（法释〔2022〕11号）

第四百九十条 被执行人的财产无法拍卖或者变卖的，经申请执行人同意，且不损害其他债权人合法权益和社会公共利益的，人民法院可以将该项财产作价后交付申请执行人抵偿债务，或者交付申请执行人管理；申请执行人拒绝接收或者管理的，退回被执行人。

《最高人民法院关于严格规范终结本次执行程序的规定（试行）》（法〔2016〕373号）

第四条 本规定第一条第三项中的"发现的财产不能处置"，包括下列情形：

（一）被执行人的财产经法定程序拍卖、变卖未成交，申请执行人不接受抵债或者依法不能交付其抵债，又不能对该财产采取强制管理等其他执行措施的；

……

第106问：被执行人有多个债权人的清偿顺序是什么？

1. 先扣除执行费用，包括：保全费用、评估费用、拍卖费用、执行费用等。

2. 再清偿应当优先受偿的债权，包括：详见第108问。

3. 多份生效法律文书确定的多个债权人且均无担保物权的。

（1）被执行人为法人的：按照执行法院采取执行措施的先后顺序受偿。

（2）被执行人为公民或其他组织的：按比例清偿。

4. 一份法律文书确定的多个债权人且均无担保物权的：按照比例受偿。

5. 债权种类不同的：基于所有权和担保物权形成的债权优先于金钱债权。

6. 多个担保物权：按照担保物权成立的先后顺序清偿。

7. 执行法院将同一被执行人的几个案件合并执行的，应当按照申请执行人的各个债权的受偿顺序进行清偿，避免侵害顺位在先的其他债权人的利益。

【法律依据】

《最高人民法院关于人民法院执行工作若干问题的规定（试行）》（法释〔2020〕21号）

55. 多份生效法律文书确定金钱给付内容的多个债权人分别对同一被执行人申请执行，各债权人对执行标的物均无担保物权的，按照执行法院采取执行措施的先后顺序受偿。

多个债权人的债权种类不同的，基于所有权和担保物权而享有的债权，优先于金钱债权受偿。有多个担保物权的，按照各担保物权成立的先后顺序清偿。

一份生效法律文书确定金钱给付内容的多个债权人对同一被执行人申请执行，执行的财产不足清偿全部债务的，各债权人对执行标的物均无担保物权的，按照各债权比例受偿。

《指导案例122号：河南神泉之源实业发展有限公司与赵五军、汝州博易观光医疗主题园区开发有限公司等执行监督案》

裁判要点：执行法院将同一被执行人的几个案件合并执行的，应当按照申请执行人的各个债权的受偿顺序进行清偿，避免侵害顺位在先的其他债权人的利益。

《最高人民法院关于适用〈中华人民共和国民事诉讼法〉的解释》（法释〔2022〕11号）

第五百零六条　被执行人为公民或者其他组织，在执行程序开始后，被执行人的其他已经取得执行依据的债权人发现被执行人的财产不能清偿所有债权的，可以向人民法院申请参与分配。

对人民法院查封、扣押、冻结的财产有优先权、担保物权的债权人，可以直接申请参与分配，主张优先受偿权。

第五百零八条 参与分配执行中，执行所得价款扣除执行费用，并清偿应当优先受偿的债权后，对于普通债权，原则上按照其占全部申请参与分配债权数额的比例受偿。清偿后的剩余债务，被执行人应当继续清偿。债权人发现被执行人有其他财产的，可以随时请求人民法院执行。

第五百一十一条 在执行中，作为被执行人的企业法人符合企业破产法第二条第一款规定情形的，执行法院经申请执行人之一或者被执行人同意，应当裁定中止对该被执行人的执行，将执行案件相关材料移送被执行人住所地人民法院。

第107问：参与分配中应当优先受偿的债权有哪些？

民办学校财产、船舶优先权、民用航空器、设定房地产抵押权的土地使用权、建设工程价款优先权、担保物权、混合担保担保人对债务人的优先受偿权，详见法律依据。

【法律依据】

《中华人民共和国民办教育促进法》(2018年12月29日修正)

第五十九条　对民办学校的财产按照下列顺序清偿：

（一）应退受教育者学费、杂费和其他费用；

（二）应发教职工的工资及应缴纳的社会保险费用；

（三）偿还其他债务。

非营利性民办学校清偿上述债务后的剩余财产继续用于其他非营利性学校办学；营利性民办学校清偿上述债务后的剩余财产，依照公司法的有关规定处理。

《中华人民共和国海商法》(1992 年 11 月 7 日)

第二十一条　船舶优先权,是指海事请求人依照本法第二十二条的规定,向船舶所有人、光船承租人、船舶经营人提出海事请求,对产生该海事请求的船舶具有优先受偿的权利。

第二十二条　下列各项海事请求具有船舶优先权：

(一)船长、船员和在船上工作的其他在编人员根据劳动法律、行政法规或者劳动合同所产生的工资、其他劳动报酬、船员遣返费用和社会保险费用的给付请求;

(二)在船舶营运中发生的人身伤亡的赔偿请求;

(三)船舶吨税、引航费、港务费和其他港口规费的缴付请求;

(四)海难救助的救助款项的给付请求;

(五)船舶在营运中因侵权行为产生的财产赔偿请求。

载运 2000 吨以上的散装货油的船舶,持有有效的证书,证明已经进行油污损害民事责任保险或者具有相应的财务保证的,对其造成的油污损害的赔偿请求,不属于前款第(五)项规定的范围。

第二十三条　本法第二十二条第一款所列各项海事请求,依照顺序受偿。但是,第(四)项海事请求,后于第(一)项至第(三)项发生的,应当先于第(一)项至第(三)项受偿。

本法第二十二条第一款第(一)、(二)、(三)、(五)项中有两个以上海事请求的,不分先后,同时受偿;不足受偿的,按照比例受偿。第(四)项中有两个以上海事请求的,后发生的先受偿。

第二十四条　因行使船舶优先权产生的诉讼费用,保存、拍卖船舶和分配船舶价款产生的费用,以及为海事请求人的共同利益而支付的其他费用,应当从船舶拍卖所得价款中先行拨付。

第二十五条　船舶优先权先于船舶留置权受偿,船舶抵押权后于船舶留置权受偿。

前款所称船舶留置权,是指造船人、修船人在合同另一方未履行合同时,可以留置所占有的船舶,以保证造船费用或者修船费用得以偿还的权利。船舶留置权在造船人、修船人不再占有所造或者所修的船舶时消灭。

第二十六条 船舶优先权不因船舶所有权的转让而消灭。但是，船舶转让时，船舶优先权自法院应受让人申请予以公告之日起满六十日不行使的除外。

第二十七条 本法第二十二条规定的海事请求权转移的，其船舶优先权随之转移。

第二十八条 船舶优先权应当通过法院扣押产生优先权的船舶行使。

第二十九条 船舶优先权，除本法第二十六条规定的外，因下列原因之一而消灭：

（一）具有船舶优先权的海事请求，自优先权产生之日起满一年不行使；

（二）船舶经法院强制出售；

（三）船舶灭失。

前款第（一）项的一年期限，不得中止或者中断。

《中华人民共和国民用航空法》（2021年4月29日）

第十九条 下列各项债权具有民用航空器优先权：

（一）援救该民用航空器的报酬；

（二）保管维护该民用航空器的必需费用。

前款规定的各项债权，后发生的先受偿。

第二十一条 为了债权人的共同利益，在执行人民法院判决以及拍卖过程中产生的费用，应当从民用航空器拍卖所得价款中先行拨付。

第二十二条 民用航空器优先权先于民用航空器抵押权受偿。

《中华人民共和国城市房地产管理法》（2019年8月26日修正）

第五十一条 设定房地产抵押权的土地使用权是以划拨方式取得的，依法拍卖该房地产后，应当从拍卖所得的价款中缴纳相当于应缴纳的土地使用权出让金的款额后，抵押权人方可优先受偿。

《中华人民共和国民法典》（2020年5月28日）

第八百零七条 发包人未按照约定支付价款的，承包人可以催告发包人在合理期限内支付价款。发包人逾期不支付的,除根据建设工程的性质不宜折价、拍卖外,承包人可以与发包人协议将该工程折价,也可以请求人民法院将该工程依法拍卖。建设工程的价款就该工程折价或者拍卖的价款优先受偿。

《最高人民法院关于审理建设工程施工合同纠纷案件适用法律问题的解释(一)》(法释〔2020〕25号)

第四十一条 承包人应当在合理期限内行使建设工程价款优先受偿权,但最长不得超过十八个月,自发包人应当给付建设工程价款之日起算。

《最高人民法院关于适用〈中华人民共和国民法典〉有关担保制度的解释》(法释〔2020〕28号)

第十八条 承担了担保责任或者赔偿责任的担保人,在其承担责任的范围内向债务人追偿的,人民法院应予支持。

同一债权既有债务人自己提供的物的担保,又有第三人提供的担保,承担了担保责任或者赔偿责任的第三人,主张行使债权人对债务人享有的担保物权的,人民法院应予支持。

第108问:未取得执行依据的优先权人、担保物权人如何申请参与分配?

应当提交参与分配申请书,内容应当包括:

1. 被执行人未清偿债权的事实;
2. 优先受偿的金额、事实和理由;
3. 提交权利证明文件。

【法律依据】

《人民法院办理执行案件规范》(第二版)(2022年)

623.【优先权人、担保物权人申请参与分配的条件】

未取得执行依据的优先权人、担保物权人直接向执行法院申请参与分配的，应提交参与分配申请书，除写明被执行人未清偿所有债权的事实、理由外，还应写明优先受偿的金额、事实和理由，并提交相关的权利证明文件。

第 109 问：对分配方案有异议的应当如何处理？

1. 收到分配方案之日起 15 日内，向执行法院提出异议，通知未提出异议的债权人、被执行人。

2. 未提出异议的债权人、被执行人 15 日内未提出反对意见的，对新的分配方案进行审查修正后进行分配；提出反对意见的，应当告知异议人，异议人可在 15 日之内，以提出反对意见的债权人、被执行人为被告，向执行法院提起诉讼。

【法律依据】

《最高人民法院关于适用〈中华人民共和国民事诉讼法〉的解释》（法释〔2022〕11 号）

第五百零九条 多个债权人对执行财产申请参与分配的，执行法院应当制作财产分配方案，并送达各债权人和被执行人。债权人或者被执行人对分配方案有异议的，应当自收到分配方案之日起十五日内向执行法院提出书面异议。

第五百一十条 债权人或者被执行人对分配方案提出书面异议的，执行法院应当通知未提出异议的债权人、被执行人。

未提出异议的债权人、被执行人自收到通知之日起十五日内未提出反对意见的，执行法院依异议人的意见对分配方案审查修正后进行分配；提出反对意见的，应当通知异议人。异议人可以自收到通知之日起十五日内，以提出反对意见的债权人、被执行人为被告，向执行法院提起诉讼；异议人逾期未提起诉讼的，执行法院按照原分配方案进行分配。

诉讼期间进行分配的，执行法院应当提存与争议债权数额相应的款项。

第110问：执行实施案件结案方式有哪些？

1. 执行完毕；
2. 终结本次执行程序；
3. 终结执行；
4. 销案；
5. 不予执行；
6. 驳回申请。

【法律依据】

《最高人民法院关于人民法院执行工作若干问题的规定（试行）》（法释〔2020〕21号）

64. 执行结案的方式为：

（1）执行完毕；

（2）终结本次执行程序；

（3）终结执行；

（4）销案；

（5）不予执行；

（6）驳回申请。

《最高人民法院关于执行案件立案、结案若干问题的意见》（法发〔2014〕26号）

第十四条　除执行财产保全裁定、恢复执行的案件外，其他执行实施类案件的结案方式包括：

（一）执行完毕；

（二）终结本次执行程序；

（三）终结执行；

（四）销案；

（五）不予执行；

（六）驳回申请。

第四章　金钱给付类执行案件

第1问：网络查控中可以执行的"金融资产"的定义是什么？

"金融资产"是指可以进行变价交易，并且交易价款及孳息可以存款的方式转入金融机构特定关联资金账户的各类财产。

【法律依据】

《人民法院、银行业金融机构网络执行查控工作规范》（法〔2015〕321号）

1. 人民法院对被执行人的银行账户、银行卡、存款及其他金融资产采取查询、冻结、扣划等执行措施（以下简称查控措施），可以通过专线或金融网络等方式与金融机构进行网络连接，向金融机构发送采取查控措施的数据和电子法律文书，接收金融机构查询、冻结、扣划、处置等的结果数据和电子回执。

前款所述金融资产，指可以进行变价交易，并且交易价款及孳息可以存款的方式转入金融机构特定关联资金账户的各类财产。

第2问：网络查控中金融机构可以协助查询被执行人哪些信息？

开立账户的相关信息：开户时间、开户行名称、户名、账号、账户性质、账户状态（含已注销的账户）、余额、联系电话、被有权机

关冻结的情况等信息;

其他金融资产:关联资金账户、资产管理人等信息。

【法律依据】

《人民法院、银行业金融机构网络执行查控工作规范》(法〔2015〕321号)

7. 金融机构协助人民法院采取网络查询措施的,应当根据所提供的被执行人基本信息数据,在本单位生产数据库或实时备份库中查询,并通过网络执行查控系统实时反馈查询结果。被执行人有开立账户记录的,金融机构应反馈开户时间、开户行名称、户名、账号、账户性质、账户状态(含已注销的账户)、余额、联系电话、被有权机关冻结的情况等信息;被执行人有存款以外的其他金融资产的,金融机构应反馈关联资金账户、资产管理人等信息。

被执行人未开立账户,金融机构应反馈查无开户信息。

第3问:网络查控中金融机构协助执行法院查询的被执行人金融资产信息,有哪些效力?

1. 作为执行线索;
2. 作为拒不履行生效法律文书的证据;
3. 结案依据。

【法律依据】

《人民法院、银行业金融机构网络执行查控工作规范》(法〔2015〕321号)

8. 金融机构协助人民法院查询的被执行人银行账户、银行卡、存款及其他金融资产信息,可以作为执行线索、拒不履行生效法律文书的证据或者结案依据使用。

金融机构应在收到查控措施数据及电子法律文书后,根据办理结果数据生成加盖电子印章（可以是单位公章或网络查控专用章）的协助执行结果回执，通过网络执行查控系统向执行法院反馈。

金融机构反馈信息，仅以当时协助办理查控事项的金融机构本行系统的数据为限。

第4问：执行法院通过网络执行查控系统对被执行人采取冻结、续行冻结、解除冻结、扣划等执行措施的，是否需要明确的银行账户及金额？

需要。

【法律依据】

《人民法院、银行业金融机构网络执行查控工作规范》（法〔2015〕321号）

9. 执行法院通过网络执行查控系统对被执行人采取冻结、续行冻结、解除冻结、扣划等执行措施的，应当向金融机构发送加盖电子印章的执行裁定书、协助执行通知书和执行人员的公务证件电子扫描件。

执行法院通过网络执行查控系统对被执行人采取冻结、续行冻结、解除冻结、扣划等执行措施的，应当有明确的银行账户及金额。

第5问：申请网络冻结被执行人存款以外的其他金融资产的，是否需要载明具体金额？

需要载明具体金额，一律通过限额冻结完成该协助冻结事项。

【法律依据】

《人民法院、银行业金融机构网络执行查控工作规范》（法〔2015〕321号）

11. 有权机关要求冻结被执行人存款以外的其他金融资产的，应当在协助执行通知书中载明具体数额。金融机构应按要求冻结金融资产所对应的被执行人的银行账户，一律通过限额冻结完成该协助冻结事项。

第6问：有权机关、金融机构或第三人对被执行人账户中的存款及其他金融资产享有优先受偿权的，执行法院是否可以冻结？

可以冻结。冻结后，应当在5个工作日内通知优先受偿权人，优先受偿权人可以向执行法院主张权利，执行法院审查处理期间不得强制扣划。

【法律依据】

《人民法院、银行业金融机构网络执行查控工作规范》（法〔2015〕321号）

12. 有权机关、金融机构或第三人对被执行人银行账户中的存款及其他金融资产享有质押权、保证金等优先受偿权的，金融机构应当将所登记的优先受偿权信息在查询结果中载明。执行法院可以采取冻结措施，金融机构反馈查询结果中载明优先受偿权人的，人民法院应在办理后五个工作日内，将采取冻结措施的情况通知优先受偿权人。优先受偿权人可向执行法院主张权利，执行法院应当依法审查处理。审查处理期间，执行法院不得强制扣划。

存款或金融资产的优先受偿权消灭前，其价值不计算在实际冻结总金额内；优先受偿权消灭后，执行法院可以依法采取扣划、强制变价等执行措施。

被执行人与案外人开设联名账户等共有账户，案外人对账户中的存款及其他金融资产享有共有权的，参照前两款规定处理。

第 7 问：被执行人与案外人开设的联名账户等共有账户，是否可以冻结？

可以冻结。冻结后，应当在 5 个工作日内通知案外人，案外人可以向执行法院主张权利，执行法院审查处理期间不得强制扣划。

【法律依据】

《人民法院、银行业金融机构网络执行查控工作规范》（法〔2015〕321 号）

12. 有权机关、金融机构或第三人对被执行人银行账户中的存款及其他金融资产享有质押权、保证金等优先受偿权的，金融机构应当将所登记的优先受偿权信息在查询结果中载明。执行法院可以采取冻结措施，金融机构反馈查询结果中载明优先受偿权人的，人民法院应在办理后五个工作日内，将采取冻结措施的情况通知优先受偿权人。优先受偿权人可向执行法院主张权利，执行法院应当依法审查处理。审查处理期间，执行法院不得强制扣划。

存款或金融资产的优先受偿权消灭前，其价值不计算在实际冻结总金额内；优先受偿权消灭后，执行法院可以依法采取扣划、强制变价等执行措施。

被执行人与案外人开设联名账户等共有账户，案外人对账户中的存款及其他金融资产享有共有权的，参照前两款规定处理。

第 8 问：网络扣划的流程是什么？

1. 应当先采取网络冻结，扣划前无须解除冻结。
2. 将扣划款项划至人民法院执行款专户或案款专户，被执行人的存款为外币的，应当划入外币专户。
3. 扣划后应当及时通知被执行人。

【法律依据】

《人民法院、银行业金融机构网络执行查控工作规范》(法〔2015〕321号)

14. 执行法院通过网络执行查控系统对被执行人的存款采取扣划措施的,应当在协助执行通知书中载明扣划的账号、扣划金额、执行款专户信息(包括开户行名称、账号、户名)。金融机构应当按照协助执行通知书的要求,将被执行人的存款扣划至执行法院的执行款专户。

执行法院扣划被执行人已经被冻结的存款,无需先行解除原冻结措施。

《最高人民法院、中国银行业监督管理委员会关于进一步推进网络执行查控工作的通知》(法〔2018〕64号)

七、人民法院网络扣划被执行人银行存款的,应先采取网络冻结措施;网络扣划款项应当划至人民法院执行款专户或案款专户;人民法院在网络冻结被执行人款项后,应当及时通知被执行人。

第9问:军队、武警部队的账户是否可以冻结、扣划?

"特种预算存款""特种其他存款"和连队账户的存款,原则上不采取冻结或扣划等措施,但该账户存入其他款项的除外。其余存款可以冻结扣划。

【法律依据】

《人民法院办理执行案件规范》(第二版)(2022年)

676.【军队、武警部队的存款】军队、武警部队一类保密单位开设的"特种预算存款""特种其他存款"和连队账户的存款,人民法院原则上不采取冻结或扣划等措施,但该账户存入其他款项的除外;军队、武警部队的其余存款可以冻结和扣划。[1021]

[1021] 参照《中国人民银行、最高人民法院、最高人民检察院、公安部关于查询、冻结、扣划企业事业单位、机关、团体银行存款的通知》（银发〔1993〕356号）第五条。

第10问：被执行人的封闭贷款结算专用账户是否可以强制执行？

不可以。但如果有证据证明，债务人为逃避债务将其他款项打入封闭贷款结算专户的，执行法院可以仅就所打入的款项采取执行措施。

【法律依据】

《最高人民法院关于执行〈封闭贷款管理暂行办法〉和〈外经贸企业封闭贷款管理暂行办法〉中应注意的几个问题的通知》（法发〔2000〕4号）

二、人民法院在执行案件时，不得执行被执行人的封闭贷款结算专户中的款项。

三、如果有证据证明债务人为逃避债务将其他款项打入封闭贷款结算专户的，人民法院可以权就所打入的款项采取执行措失。

【知识拓展】

封闭贷款结算专用账户：专门管理具有特定用途的贷款的账户。封闭贷款是商业银行根据国家政策向特定企业发放的具有特定用途的贷款，封闭贷款专用账户的意思是专门管理具有特定用途的贷款的账户。借款企业在原材料采购、生产、库存、销售的整个环节中资金都能够封闭运行。即对贷款单独核算，供、产、销单独记账，成本费用单独核算，效益利润单独反映，各项公积金的提取、纳税、分红应单独处理。要将这部分的财务处理与企业其他各项财务完全分隔开，以独立反映封闭贷款资金的投入、使用、获利等情况。

第 11 问：银行承兑汇票保证金是否可以强制执行？

可以冻结，但不得扣划。

【法律依据】

《最高人民法院、中国人民银行关于依法规范人民法院执行和金融机构协助执行的通知》（法发〔2000〕21号）

九、人民法院依法可以对银行承兑汇票保证金采取冻结措施，但不得扣划。如果金融机构已对汇票承兑或者已对外付款，根据金融机构的申请，人民法院应当解除对银行承兑汇票保证金相应部分的冻结措施。银行承兑汇票保证金已丧失保证金功能时，人民法院可以依法采取扣划措施。

第 12 问：信用证开证保证金是否可以强制执行？

可以冻结，但不得扣划。

【法律依据】

《最高人民法院关于人民法院能否对信用证开证保证金采取冻结和扣划措施问题的规定》（法释〔2020〕21号）

一、人民法院在审理或执行案件时，依法可以对信用证开证保证金采取冻结措施，但不得扣划。如果当事人、开证银行认为人民法院冻结和扣划的某项资金属于信用证开证保证金的，应当依法提出异议并提供有关证据予以证明。人民法院审查后，可按以下原则处理：对于确系信用证开证保证金的，不得采取扣划措施；如果开证银行履行了对外支付义务，根据该银行的申请，人民法院应当立即解除对信用证开证保证金相应部分的冻结措施；如果申请开证人提供的开证保证金是外汇，当事人又举证证明信用证的受益人提供的单据与信用证条款相符时，人民法院应当立即解除冻结措施。

二、如果银行因信用证无效、过期，或者因单证不符而拒付信用证款项并且免除了对外支付义务，以及在正常付出了信用证款项并从信用证开证保证金中扣除相应款额后尚有剩余，即在信用证开证保证金账户存款已丧失保证金功能的情况下，人民法院可以依法采取扣划措施。

三、人民法院对于为逃避债务而提供虚假证据证明属信用证开证保证金的单位和个人，应当依照民事诉讼法的有关规定严肃处理。

第 13 问：住房公积金是否可以强制执行？

满足以下两个条件，就可以对账户内余额强制执行：
1. 符合《住房公积金管理条例》第二十四条的规定。
2. 保障被执行人基本生活及居住条件的情况下。

【法律依据】

《人民法院办理执行案件规范》（第二版）（2022 年）
686.【住房公积金】
被执行人符合国务院《住房公积金管理条例》第二十四条[1035]规定的提取职工住房公积金账户内的存储余额的条件的，在保障被执行人依法享有的基本生活及居住条件的情况下，人民法院可以对被执行住房公积金账户内的存储余额强制执行。[1036]

［1035］《住房公积金管理条例》（2019 年 3 月 24 日修订）第二十四条规定："职工有下列情形之一的，可以提取职工住房公积金账户内的存储余额：（一）购买、建造、翻建、大修自住住房的；（二）离休、退休的；（三）完全丧失劳动能力，并与单位终止劳动关系的；（四）出境定居的；（五）偿还购房贷款本息的；（六）房租超出家庭工资收入的规定比例的。依照前款第（二）、（三）、（四）项规定，

提取职工住房公积金的,应当同时注销职工住房公积金账户。职工死亡或者被宣告死亡的,职工的继承人、受遗赠人可以提取职工住房公积金账户内的存储余额;无继承人也无受遗赠人的,职工住房公积金账户内的存储余额纳入住房公积金的增值收益。"

[1036] 参照《最高人民法院关于强制扣划被执行人住房公积金问题的复函》(〔2013〕执他字第14号函)。复函主要内容:"安徽省高级人民法院:你院(2012)皖执他字第00050号《关于强制划拨被执行人住房公积金问题的请示报告》收悉。经研究,答复如下:根据你院报告中所述事实情况,被执行人吴某某已经符合国务院《住房公积金管理条例》第二十四条规定的提取职工住房公积金账户内的存储余额的条件,在保障被执行人依法享有的基本生活及居住条件的情况下,执行法院可以对被执行人住房公积金账户内的存储余额强制执行。"

《住房公积金管理条例》(2019年3月24日)

第二十四条 职工有下列情形之一的,可以提取职工住房公积金账户内的存储余额:

(一)购买、建造、翻建、大修自住住房的;

(二)离休、退休的;

(三)完全丧失劳动能力,并与单位终止劳动关系的;

(四)出境定居的;

(五)偿还购房贷款本息的;

(六)房租超出家庭工资收入的规定比例的。

依照前款第(二)、(三)、(四)项规定,提取职工住房公积金的,应当同时注销职工住房公积金账户。

职工死亡或者被宣告死亡的,职工的继承人、受遗赠人可以提取职工住房公积金账户内的存储余额;无继承人也无受遗赠人的,职工住房公积金账户内的存储余额纳入住房公积金的增值收益。

第 14 问：银行贷款账户是否可以冻结？

不得冻结。

【法律依据】

《最高人民法院〈关于银行贷款账户能否冻结的请示报告〉的批复》（〔2014〕执他字第 8 号）

河南省高级人民法院：

你院（2013）豫法执复字第 00042 号《关于银行贷款账户能否冻结的请示报告》收悉，经研究，答复如下：

在银行作为协助执行人时，现行法律和司法解释只规定了可以对被执行人的银行存款账户进行冻结，冻结银行贷款账户缺乏依据。强制执行应当通过控制和处分被执行人财产的措施来实现。银行开立的以被执行人为户名的贷款账户，是银行记载其向被执行人发放贷款及收回贷款情况的账户、其中所记载的账户余额为银行对被执行人享有的债权，属于贷款银行的资产，并非被执行人的资产，而只是被执行人对银行的负债。

因此，通过"冻结"银行贷款账户不能实现控制被执行人财产的目的。只要人民法院冻结到了被执行人的银行存款账户或控制其他可供执行的财产，即足以实现执行的目的，同时也足以防止被执行人以冻结或查封的资产向银行清偿债务。而所谓"冻结"被执行人银行贷款账户，实质是禁止银行自主地从法院查封、扣押、冻结的被执行人财产以外的财产中实现收回贷款的行为。这种禁止，超出执行的目的。将侵害银行的合法权益，如果确实存在银行在法律冻结被执行人存款账户之后，擅自扣收贷款的情况，则可以依法强制追回。

因此，在执行以银行为协助执行人的案件时，不能冻结户名为被执行人的银行贷款账户。

第 15 问：被执行人的收益权，应当如何强制执行？

可以扣划收益权收费账户内资金，账户内资金足以清偿债务的，不应对被执行人的收益权进行强制变价。

【法律依据】

《最高人民法院关于在执行工作中进一步强化善意文明执行理念的意见》（法发〔2019〕35 号）

12. 准确把握不动产收益权质权变价方式。生效法律文书确定申请执行人对被执行人的公路、桥梁、隧道等不动产收益权享有质权，申请执行人自行扣划收益权收费账户内资金实现其质押债权，其他债权人以申请执行人仅对收费权享有质权而对收费账户内资金不享有质权为由，向人民法院提起异议的，不予支持。在执行过程中，人民法院可以扣划收益权收费账户内资金实现申请执行人质押债权，收费账户内资金足以清偿债务的，不应对被执行人的收益权进行强制变价。

第 16 问：被执行人占有，但登记在第三人名下的机动车，是否可以查封、扣押？

第三人书面确认该财产属于被执行人的，可以查封、扣押。

【法律依据】

《最高人民法院关于人民法院民事执行中查封、扣押、冻结财产的规定》（法释〔2020〕21 号）

第二条 人民法院可以查封、扣押、冻结被执行人占有的动产、登记在被执行人名下的不动产、特定动产及其他财产权。

未登记的建筑物和土地使用权，依据土地使用权的审批文件和其他相关证据确定权属。

对于第三人占有的动产或者登记在第三人名下的不动产、特定动产及其他财产权,第三人书面确认该财产属于被执行人的,人民法院可以查封、扣押、冻结。

第 17 问:因法定事由而发生物权变动,但尚未变更登记至被执行人名下的不动产是否可以查封?

可以查封。法定事由包括:人民法院、仲裁机构的法律文书;人民政府的征收决定;因继承取得的物权。

【法律依据】

《中华人民共和国民法典》(2020 年 5 月 28 日)

第二百二十九条 因人民法院、仲裁机构的法律文书或者人民政府的征收决定等,导致物权设立、变更、转让或者消灭的,自法律文书或者征收决定等生效时发生效力。

第二百三十条 因继承取得物权的,自继承开始时发生效力。

《最高人民法院关于适用〈中华人民共和国民法典〉物权编的解释(一)》(法释〔2020〕24 号)

第七条 人民法院、仲裁机构在分割共有不动产或者动产等案件中作出并依法生效的改变原有物权关系的判决书、裁决书、调解书,以及人民法院在执行程序中作出的拍卖成交裁定书、变卖成交裁定书、以物抵债裁定书,应当认定为民法典第二百二十九条所称导致物权设立、变更、转让或者消灭的人民法院、仲裁机构的法律文书。

《人民法院办理执行案件规范》(第二版)(2022 年)

723.【因法定事由而发生物权变动的不动产】

根据民法典第二百二十九条[1097]、第二百三十条[1098]判断属于被执行人所有的土地使用权、房屋,但尚未办理过户登记的,执行法院可以查封。

[1097]《中华人民共和国民法典》(2020 年 5 月 28 日)

第二百二十九条规定:"因人民法院、仲裁机构的法律文书或者人民政府的征收决定等,导致物权设立、变更、转让或者消灭的,自法律文书或者征收决定等生效时发生效力。"另《最高人民法院关于适用〈中华人民共和国民法典〉物权编的解释(一)》(法释〔2020〕24号)第七条规定:"人民法院、仲裁机构在分割共有不动产或者动产等案件中作出并依法生效的改变原有物权关系的判决书、裁决书、调解书,以及人民法院在执行程序中作出的拍卖成交裁定书、变卖成交裁定书、以物抵债裁定书,应当认定为民法典第二百二十九条所称导致物权设立、变更、转让或者消灭的人民法院、仲裁机构的法律文书。"

[1098]《中华人民共和国民法典》(2020年5月28日)第二百三十条规定:"因继承取得物权的,自继承开始时发生效力。"

第18问:被执行人购买的第三人尚未过户的不动产,能否强制执行?

已经支付部分或全部价款+实际占有+申请执行人已向第三人支付剩余价款或第三人同意剩余价款从该不动产变价中优先支付的=可以查封

【法律依据】

《最高人民法院关于人民法院民事执行中查封、扣押、冻结财产的规定》(法释〔2020〕21号)

第十七条 被执行人购买需要办理过户登记的第三人的财产,已经支付部分或者全部价款并实际占有该财产,虽未办理产权过户登记手续,但申请执行人已向第三人支付剩余价款或者第三人同意剩余价款从该财产变价款中优先支付的,人民法院可以查封、扣押、冻结。

第19问：对被执行人及所扶养家属维持生活必须的居住房屋，是否可以强制执行？

满足下列条件之一的可以执行：

1. 对被执行人有扶养义务的人名下有其他能够维持生活必需的居住房屋的；

2. 执行依据生效后，被执行人为逃避债务转让其名下其他房屋的；

3. 申请执行人按照当地廉租房保障面积标准为被执行人及所扶养家属提供居住房屋的，或同意参照当地房屋租赁市场平均租金标准从该房屋的变价款中扣除五年至八年租金的。

【法律依据】

《最高人民法院关于人民法院办理执行异议和复议案件若干问题的规定》（2020修正）（法释〔2020〕21号）

第二十条 金钱债权执行中，符合下列情形之一，被执行人以执行标的系本人及所扶养家属维持生活必需的居住房屋为由提出异议的，人民法院不予支持：

（一）对被执行人有扶养义务的人名下有其他能够维持生活必需的居住房屋的；

（二）执行依据生效后，被执行人为逃避债务转让其名下其他房屋的；

（三）申请执行人按照当地廉租住房保障面积标准为被执行人及所扶养家属提供居住房屋，或者同意参照当地房屋租赁市场平均租金标准从该房屋的变价款中扣除五至八年租金的。

执行依据确定被执行人交付居住的房屋，自执行通知送达之日起，已经给予三个月的宽限期，被执行人以该房屋系本人及所扶养家属维持生活的必需品为由提出异议的，人民法院不予支持。

第20问：被执行人为房地产开发企业，其在建工程应当如何执行？

1. 可以查封，查封后应积极促成双方当事人达成暂缓执行的和解协议，无法达成和解的，但被执行人提供相应担保并承诺在合理期限内完成建设的，可以暂缓采取强制变价措施。

2. 在查封在建商品房或现房后，确保能够控制相应价款的前提下，可以监督被执行人在一定期限内按照合理价格自行销售房屋。

【法律依据】

《最高人民法院关于在执行工作中进一步强化善意文明执行理念的意见》（法发〔2019〕35号）

5. 灵活采取查封措施。对能"活封"的财产，尽量不进行"死封"，使查封财产能够物尽其用，避免社会资源浪费。查封被执行企业厂房、机器设备等生产资料的，被执行人继续使用对该财产价值无重大影响的，可以允许其使用。对资金周转困难、暂时无力偿还债务的房地产开发企业，人民法院应按照下列情形分别处理：

（1）查封在建工程后，原则上应当允许被执行人继续建设。

（2）查封在建工程后，对其采取强制变价措施虽能实现执行债权人债权，但会明显贬损财产价值、对被执行人显失公平的，应积极促成双方当事人达成暂缓执行的和解协议，待工程完工后再行变价；无法达成和解协议，但被执行人提供相应担保并承诺在合理期限内完成建设的，可以暂缓采取强制变价措施。

（3）查封在建商品房或现房后，在确保能够控制相应价款的前提下，可以监督被执行人在一定期限内按照合理价格自行销售房屋。人民法院在确定期限时，应当明确具体的时间节点，避免期限过长影响执行效率、损害执行债权人合法权益。

第 21 问："无证"的房产应当如何强制执行？

1. 具备初始登记条件的：执行法院向房屋登记机构发出协助执行通知书；

2. 暂时不具备初始登记条件的：执行法院向房屋登记机构发出协助执行通知书，并载明具备条件后，予以查封登记；

3. 不具备初始登记条件的：原则上进行"现状处置"，即买受人或承受人按照房屋现状取得房屋，后续的产权登记事项由买受人或承受人自行负责。

【法律依据】

《最高人民法院关于转发住房和城乡建设部〈关于无证房产依据协助执行文书办理产权登记有关问题的函〉的通知》（法〔2012〕151号）

二、执行程序中处置未办理初始登记的房屋时，具备初始登记条件的，执行法院处置后可以依法向房屋登记机构发出《协助执行通知书》；暂时不具备初始登记条件的，执行法院处置后可以向房屋登记机构发出《协助执行通知书》，并载明待房屋买受人或承受人完善相关手续具备初始登记条件后，由房屋登记机构按照《协助执行通知书》予以登记；不具备初始登记条件的，原则上进行"现状处置"，即处置前披露房屋不具备初始登记条件的现状，买受人或承受人按照房屋的权利现状取得房屋，后续的产权登记事项由买受人或承受人自行负责。

第 22 问：预售商品房应当如何强制执行？

预查封的未登记在被执行人名下的房屋，一般需要待房屋登记在被执行人名下，转为正式查封后，再进行处置；

但被执行人作为买受人，并符合无过错买受人物权期待权或消费者物权期待权保护的，可以进行评估、拍卖。

【法律依据】

《人民法院办理执行案件规范》（第二版）（2022年）
752.【预售商品房的执行】
预查封的未登记在被执行人名下的房屋，一般需要待房屋登记在被执行人名下，预查封转为正式查封后，再对房屋进行处置。但被执行人作为买受人购买开发商的预售商品房屋，符合本规范第1285条或第1286条规定的排除执行的情形，人民法院可以对该房屋进行评估、拍卖。[1131]

[1131] 参见最高人民法院执行局编：《执行工作指导》（总第75辑），人民法院出版社2021年版，第162页。

第23问：设立抵押预告登记的房屋应当如何强制执行？

在预售商品房转移登记至买受人名下之前，一般不予处置该房屋。

【法律依据】

《人民法院办理执行案件规范》（第二版）（2022年）
753.【设立抵押预告登记房屋的执行】
对于被执行人购买的登记在开发商名下、办理了商品房预售合同登记备案手续的房屋，如果该房屋上设立了抵押预告登记，在预售商品房转移登记至买受人名下之前，一般不予处置该房屋。[1132]

[1132] 参见最高人民法院执行局编：《执行工作指导》（总第75辑），人民法院出版社2021年版，第162页。

第24问：抵押土地上新增房屋是否属于抵押财产，能否一并处分？

不属于抵押财产，能一并处分，但是新增房屋所得价款，抵押权人无优先受偿权。

【法律依据】

《中华人民共和国民法典》(2020年5月28日)

第四百一十七条　建设用地使用权抵押后，该土地上新增的建筑物不属于抵押财产。该建设用地使用权实现抵押权时，应当将该土地上新增的建筑物与建设用地使用权一并处分。但是，新增建筑物所得的价款，抵押权人无权优先受偿。

第25问：买受人虚构购房资格参与拍卖并成交，应当如何处理？

拍卖行为无效，并依法承担赔偿责任。

【法律依据】

《最高人民法院关于人民法院司法拍卖房产竞买人资格若干问题的规定》(法释〔2021〕18号)

第四条　买受人虚构购房资格参与司法拍卖房产活动且拍卖成交，当事人、利害关系人以违背公序良俗为由主张该拍卖行为无效的，人民法院应予支持。

依据前款规定，买受人虚构购房资格导致拍卖行为无效的，应当依法承担赔偿责任。

第26问：无购房资格的申请执行人是否可以申请以房抵债？

不可以。

【法律依据】

《最高人民法院关于人民法院司法拍卖房产竞买人资格若干问题的规定》（法释〔2021〕18号）

第五条　司法拍卖房产出现流拍等无法正常处置情形，不具备购房资格的申请执行人等当事人请求以该房抵债的，人民法院不予支持。

第27问：执行法院冻结被执行人对他人的到期债权的期限是多久？

最长不超过3年。

【法律依据】

《最高人民法院关于适用〈中华人民共和国民事诉讼法〉的解释》（法释〔2022〕11号）

第四百八十五条　人民法院冻结被执行人的银行存款的期限不得超过一年，查封、扣押动产的期限不得超过两年，查封不动产、冻结其他财产权的期限不得超过三年。

申请执行人申请延长期限的，人民法院应当在查封、扣押、冻结期限届满前办理续行查封、扣押、冻结手续，续行期限不得超过前款规定的期限。

人民法院也可以依职权办理续行查封、扣押、冻结手续。

第28问：次债务人对执行法院发出的履行通知提出异议的应当如何处理？

1. 人民法院不得对次债务人强制执行。
2. 对提出的异议不进行审查。

3. 将次债务人异议告知申请执行人。

4. 申请执行人提起代位诉讼。

【法律依据】

《最高人民法院关于人民法院执行工作若干问题的规定（试行）》（法释〔2020〕21号）

47. 第三人在履行通知指定的期间内提出异议的，人民法院不得对第三人强制执行，对提出的异议不进行审查。

《中华人民共和国民法典》（2020年5月28日）

第五百三十五条　因债务人怠于行使其债权或者与该债权有关的从权利，影响债权人的到期债权实现的，债权人可以向人民法院请求以自己的名义代位行使债务人对相对人的权利，但是该权利专属于债务人自身的除外。

代位权的行使范围以债权人的到期债权为限。债权人行使代位权的必要费用，由债务人负担。

相对人对债务人的抗辩，可以向债权人主张。

《最高人民法院关于认真贯彻实施民事诉讼法及相关司法解释有关规定的通知》（法〔2017〕369号）

三、被执行人的债权作为其财产的重要组成部分，是其债务的一般担保，不能豁免执行。但是执行到期债权涉及次债务人的权利保护，法律关系较为复杂，在执行程序中适用《民诉法解释》第五百零一条时，应当严格遵守法定条件与程序，兼顾相关各方主体的权利保护。

在对到期债权的执行中，应当依法保护次债务人的利益，对于次债务人在法定期限内提出异议的，除到期债权系经生效法律文书确定的外，人民法院对提出的异议不予审查，即应停止对次债务人的执行，债权人可以另行提起代位权诉讼主张权利。对于其他利害关系人提出的异议符合民事诉讼法第二百二十七条规定的，人民法院应当按照相应程序予以处理。

被执行人有银行存款或者其他能够执行的财产的，人民法院原则上应优先予以执行；对于被执行人未到期的债权，在到期之前，只能冻结，不能责令次债务人履行。

第29问：次债务人在指定期限内未提出异议，又不履行的，应当如何处理？

执行法院有权裁定对其强制执行。

【法律依据】

《最高人民法院关于人民法院执行工作若干问题的规定（试行）》（法释〔2020〕21号）

49. 第三人在履行通知指定的期限内没有提出异议，而又不履行的，执行法院有权裁定对其强制执行。此裁定同时送达第三人和被执行人。

第30问：次债务人在指定期限内未提出异议，又不履行，执行法院裁定对其强制执行的，是否发生其承认债务存在的实体法律效力？

不发生。第三人在法院开始强制执行后仍有异议的，应当参照债务人实体异议的审查进行处理。

【法律依据】

《人民法院办理执行案件规范》（第二版）（2022年）

770.【指定期限内未提异议】

……

次债务人在收到履行到期债务通知书后未在法定期限内提出异议，并不发生承认债务存在的实体法效力。第三人在法院开始强制执行后仍有异议的，应当参照本规范第1262条第1款的规定进行审查。[1160]

1262.【债务人实体异议的审查处理】[1756]

被执行人以债权消灭、丧失强制执行效力[1757]等执行依据生效之后的实体事由提出排除执行异议的,人民法院应当参照民事诉讼法第二百三十二条规定进行审查。[1758]

……

[1160] 参照《最高人民法院执行工作办公室关于第三人收到履行到期债务通知书后未在法定期限内提出异议并不发生承认债务存在的实体法效力问题的复函》(〔2005〕执他字第19号)。复函主要内容为:"一、本案执行法院在向第三人送达履行到期债务通知书的同时,即裁定将第三人列为被执行人,并查封其财产,在程序上是错误的,应予纠正。二、第三人在收到履行到期债务通知书后,未在法定期限内提出异议,并不发生承认债务存在的实体法效力。第三人在法院开始强制执行后仍有异议的,应当得到司法救济。三、考虑到目前我国尚无第三人异议之诉的法律制度,为公平保护各方当事人的合法权益,根据本案中已经责令双方兑帐及当事人提出审计要求的实际情况,可在执行程序中通过对被执行人与第三人双方的全部往来帐目进行逐笔核对,或者委托有关单位进行审计并经三方共同认可,最终审核确认后,决定是否继续执行。鉴于该案各方反映强烈,审核确认宜由你院组织进行。四、参照最高人民法院《关于人民法院执行工作若干问题的规定(试行)》第六十四条第二款(2020年12月23日修正后为第48条,编者注)的规定,审核确认应以被执行人与第三人均认可的法律关系和一致记载的账目为准。经核对确认,如双方账目记载一致的部分说明不欠款,则应撤销对第三人的执行程序;如说明欠款,则可以在执行标的额范围内,予以执行。对于第三人与被执行人之间的法律关系,可按第三人占有被执行人所投入的本金应

予返还的原则把握。"

［1756］对债务人异议审查时，一般应进行听证。

［1757］《最高人民法院关于执行案件立案、结案若干问题的意见》（法发〔2014〕26号）第九条规定："下列案件，人民法院应当按照执行异议案件予以立案：……（五）被执行人以债权消灭、超过申请执行期间或者其他阻止执行的实体事由提出阻止执行的；……"被执行人对申请执行时效期间提出异议，异议审查时应注意本规范第29条的规定，异议成立的，裁定不予执行；异议不成立的，裁定驳回异议。当事人对该裁定不服，可以依据民事诉讼法第二百二十五条（2021年12月24日修正后为第二百三十二条）的规定向上一级人民法院申请复议。

［1758］《最高人民法院关于人民法院办理执行异议和复议案件若干问题的规定》（法释〔2015〕10号，2020年12月23日修正）第七条第二款。

《中华人民共和国民事诉讼法》（2023年9月1日修正）

第二百三十六条 当事人、利害关系人认为执行行为违反法律规定的，可以向负责执行的人民法院提出书面异议。当事人、利害关系人提出书面异议的，人民法院应当自收到书面异议之日起十五日内审查，理由成立的，裁定撤销或者改正；理由不成立的，裁定驳回。当事人、利害关系人对裁定不服的，可以自裁定送达之日起十日内向上一级人民法院申请复议。

第31问：被执行人在收到履行通知后放弃债权或延缓第三人履行期限的行为是否有效？

被执行人在收到履行通知后放弃债权或延缓第三人履行期限的行为是无效的。若第三人无异议且不履行，人民法院仍可予以强制执行。

【法律依据】

《最高人民法院关于人民法院执行工作若干问题的规定（试行）》（法释〔2020〕21号）

50. 被执行人收到人民法院履行通知后，放弃其对第三人的债权或延缓第三人履行期限的行为无效，人民法院仍可在第三人无异议又不履行的情况下予以强制执行。

第32问：在收到人民法院通知履行到期债务后，若第三人未经许可向被执行人履行并导致财产无法追回，第三人需要承担哪些责任？

在这种情况下，第三人不仅需要在已履行的财产范围内与被执行人共同承担连带清偿责任，还可能因妨害执行而被追究相应的法律责任。

【法律依据】

《最高人民法院关于人民法院执行工作若干问题的规定（试行）》（法释〔2020〕21号）

51. 第三人收到人民法院要求其履行到期债务的通知后，擅自向被执行人履行，造成已向被执行人履行的财产不能追回的，除在已履行的财产范围内与被执行人承担连带清偿责任外，可以追究其妨害执行的责任。

第33问：在对第三人作出强制执行裁定后，如果第三人确实没有可供执行的财产，是否可以对第三人对他人享有的到期债权进行强制执行？

在这种情况下，不得就第三人对他人享有的到期债权进行强制执行。

【法律依据】

《最高人民法院关于人民法院执行工作若干问题的规定（试行）》（法释〔2020〕21号）

52. 在对第三人作出强制执行裁定后，第三人确无财产可供执行的，不得就第三人对他人享有的到期债权强制执行。

第34问：当第三人根据人民法院的履行通知向申请执行人履行债务或已经被强制执行后，人民法院是否应出具相关证明？

应当出具。

【法律依据】

《最高人民法院关于人民法院执行工作若干问题的规定（试行）》（法释〔2020〕21号）

53. 第三人按照人民法院履行通知向申请执行人履行了债务或已被强制执行后，人民法院应当出具有关证明。

第35问：当人民法院执行被执行人对他人的到期债权时，可以采取哪些措施？对于他人和利害关系人对到期债权的异议，人民法院应如何处理？

1. 可以作出冻结债权的裁定，并通知该他人向申请执行人履行。

2. 若该他人对到期债权有异议，且申请执行人请求对异议部分强制执行，人民法院不予支持。

3. 对于利害关系人对到期债权的异议，人民法院应按照2023年修正的《民事诉讼法》第二百三十八条规定（案外人对执行标的的异议）处理。

4. 如果对生效法律文书确定的到期债权，该他人予以否认，人民法院不予支持。

【法律依据】

《最高人民法院关于适用〈中华人民共和国民事诉讼法〉的解释》（法释〔2022〕11号）

第四百九十九条　人民法院执行被执行人对他人的到期债权，可以作出冻结债权的裁定，并通知该他人向申请执行人履行。

该他人对到期债权有异议，申请执行人请求对异议部分强制执行的，人民法院不予支持。利害关系人对到期债权有异议的，人民法院应当按照民事诉讼法第二百三十四条①规定处理。

对生效法律文书确定的到期债权，该他人予以否认的，人民法院不予支持。

《中华人民共和国民事诉讼法》（2023年9月1日修正）

第二百三十八条　执行过程中，案外人对执行标的提出书面异议的，人民法院应当自收到书面异议之日起十五日内审查，理由成立的，裁定中止对该标的的执行；理由不成立的，裁定驳回。案外人、当事人对裁定不服，认为原判决、裁定错误的，依照审判监督程序办理；与原判决、裁定无关的，可以自裁定送达之日起十五日内向人民法院提起诉讼。

第36问：如何依法对被执行人的未到期债权进行保全？

1. 对被执行人的未到期债权，执行法院可以依法冻结，待债权到期后参照到期债权予以执行。

2. 第三人仅以该债务未到期为由提出异议的，不影响对该债权的保全。

---

① 现相关规定见《中华人民共和国民事诉讼法》（2023年修正）第二百三十八条。

3. 被执行人有银行存款或其他可供执行财产的，原则上应优先执行；对于被执行人未到期债权，在到期之前，只能冻结，不能责令次债务人履行。

【法律依据】

《最高人民法院关于依法制裁规避执行行为的若干意见》（法〔2011〕195号）

13. 依法保全被执行人的未到期债权。对被执行人的未到期债权，执行法院可以依法冻结，待债权到期后参照到期债权予以执行。第三人仅以该债务未到期为由提出异议的，不影响对该债权的保全。

《最高人民法院关于认真贯彻实施民事诉讼法及相关司法解释有关规定的通知》（法〔2017〕369号）

三、……

在对到期债权的执行中，应当依法保护次债务人的利益，对于次债务人在法定期限内提出异议的，除到期债权系经生效法律文书确定的外，人民法院对提出的异议不予审查，即应停止对次债务人的执行，债权人可以另行提起代位权诉讼主张权利。对于其他利害关系人提出的异议符合民事诉讼法第二百二十七条规定的，人民法院应当按照相应程序予以处理。

被执行人有银行存款或者其他能够执行的财产的，人民法院原则上应优先予以执行；对于被执行人未到期的债权，在到期之前，只能冻结，不能责令次债务人履行。

第37问：当被执行人未按执行通知履行法律文书确定的义务时，人民法院可以采取哪些措施？如何保障被执行人及其所扶养家属的生活必需费用？

1. 人民法院有权扣留、提取被执行人应当履行义务部分的收入。
2. 人民法院应当保留被执行人及其所扶养家属的生活必需费用。

3. 在扣留、提取收入时，人民法院应作出裁定。

4. 人民法院应发出协助执行通知书，被执行人所在单位、银行、信用合作社和其他有储蓄业务的单位必须办理。

【法律依据】

《中华人民共和国民事诉讼法》（2023 年 9 月 1 日修正）

第二百五十四条　被执行人未按执行通知履行法律文书确定的义务，人民法院有权扣留、提取被执行人应当履行义务部分的收入。但应当保留被执行人及其所扶养家属的生活必需费用。

人民法院扣留、提取收入时，应当作出裁定，并发出协助执行通知书，被执行人所在单位、银行、信用合作社和其他有储蓄业务的单位必须办理。

第 38 问：被执行人（自然人）在有关单位的收入尚未支取时，人民法院应采取哪些措施？

1. 被执行人为自然人，不是法人或非法人组织的，人民法院应当作出裁定。
2. 向有关单位发出协助执行通知书。
3. 由有关单位协助扣留或提取被执行人的收入。

【法律依据】

《最高人民法院关于人民法院执行工作若干问题的规定（试行）》（法释〔2020〕21 号）

29. 被执行人在有关单位的收入尚未支取的，人民法院应当作出裁定，向该单位发出协助执行通知书，由其协助扣留或提取。

第 39 问：执行程序中能否扣划离退休人员离休金退休金清偿其债务？

1. 为公平保护债权人和离退休债务人的合法权益，在离退休人员的其他可供执行的财产或者收入不足偿还其债务的情况下，人民法院可以要求其离退休金发放单位或者社会保障机构协助扣划其离休金或退休金，用以偿还该离退休人员的债务。
2. 上述单位或者机构应当予以协助。
3. 人民法院在执行时应当为离退休人员留出必要的生活费用。
4. 生活费用标准可参照当地的有关标准确定。

【法律依据】

《最高人民法院研究室关于执行程序中能否扣划离退休人员离休金退休金清偿其债务问题的答复》（法研〔2002〕13 号）

天津市高级人民法院：

你院津高法〔2001〕28 号《关于劳动保障部门应依法协助人民法院扣划被执行人工资收入的请示》收悉。经研究，答复如下：

为公平保护债权人和离退休债务人的合法权益，根据《民法通则》和《民事诉讼法》的有关规定，在离退休人员的其他可供执行的财产或者收入不足偿还其债务的情况下，人民法院可以要求其离退休金发放单位或者社会保障机构协助扣划其离休金或退休金，用以偿还该离退休人员的债务。上述单位或者机构应当予以协助。

人民法院在执行时应当为离退休人员留出必要的生活费用。生活费用标准可参照当地的有关标准确定。

第 40 问：人民法院如何强制执行公司股东的股权？

1. 当被执行人是公司股东时，人民法院可以强制执行其在公司持有的股权。

2. 人民法院不得直接执行公司的财产。

【法律依据】

《最高人民法院关于人民法院强制执行股权若干问题的规定》（法释〔2021〕20号）

第二条　被执行人是公司股东的，人民法院可以强制执行其在公司持有的股权，不得直接执行公司的财产。

第41问：如何确定强制执行股权的管辖法院？

1. 确定管辖法院应以被执行股权所在地为准；
2. 股权所在地是指股权所在公司的住所地。

【法律依据】

《最高人民法院关于人民法院强制执行股权若干问题的规定》（法释〔2021〕20号）

第三条　依照民事诉讼法第二百二十四条[①]的规定以被执行股权所在地确定管辖法院的，股权所在地是指股权所在公司的住所地。

《中华人民共和国民事诉讼法》（2023年9月1日修正）

第二百三十五条　发生法律效力的民事判决、裁定，以及刑事判决、裁定中的财产部分，由第一审人民法院或者与第一审人民法院同级的被执行的财产所在地人民法院执行。

法律规定由人民法院执行的其他法律文书，由被执行人住所地或者被执行的财产所在地人民法院执行。

[①] 现相关规定见《中华人民共和国民事诉讼法》（2023年修正）第二百三十五条。

第42问：人民法院可以冻结哪些资料或信息载明的属于被执行人的股权？

1. 股权所在公司的章程、股东名册等资料。
2. 公司登记机关的登记、备案信息。
3. 国家企业信用信息公示系统的公示信息。

【法律依据】

《最高人民法院关于人民法院强制执行股权若干问题的规定》（法释〔2021〕20号）

第四条　人民法院可以冻结下列资料或者信息之一载明的属于被执行人的股权：

（一）股权所在公司的章程、股东名册等资料；

（二）公司登记机关的登记、备案信息；

（三）国家企业信用信息公示系统的公示信息。

案外人基于实体权利对被冻结股权提出排除执行异议的，人民法院应当依照民事诉讼法第二百二十七条[①]的规定进行审查。

第43问：人民法院冻结被执行人的股权时有哪些限制？

1. 冻结的股权价额应足以清偿生效法律文书确定的债权额及执行费用，不得明显超标冻结。

2. 股权价额无法确定时，可以根据申请执行人申请冻结的比例或数量进行冻结。

3. 被执行人如认为冻结明显超标，可依照民事诉讼法第二百二十五条规定提出书面异议，并附证明股权等查封、扣押、冻结财产价额的证据材料。人民法院经审查后裁定异议成立的，应自裁定生效之日

[①] 现相关规定见《中华人民共和国民事诉讼法》（2023年修正）第二百三十八条。

起 7 日内解除对明显超标部分的冻结。

【法律依据】

《最高人民法院关于人民法院强制执行股权若干问题的规定》(法释〔2021〕20 号)

第五条第一款　人民法院冻结被执行人的股权，以其价额足以清偿生效法律文书确定的债权额及执行费用为限，不得明显超标的额冻结。股权价额无法确定的，可以根据申请执行人申请冻结的比例或者数量进行冻结。

《中华人民共和国民事诉讼法》(2023 年 9 月 1 日修正)

第二百三十六条　当事人、利害关系人认为执行行为违反法律规定的，可以向负责执行的人民法院提出书面异议。当事人、利害关系人提出书面异议的，人民法院应当自收到书面异议之日起十五日内审查，理由成立的，裁定撤销或者改正；理由不成立的，裁定驳回。当事人、利害关系人对裁定不服的，可以自裁定送达之日起十日内向上一级人民法院申请复议。

第 44 问：被执行人就被冻结股权所作的转让、出质等行为能否对抗申请执行人？

不能对抗。

【法律依据】

《最高人民法院关于人民法院强制执行股权若干问题的规定》(法释〔2021〕20 号)

第七条　被执行人就被冻结股权所作的转让、出质或者其他有碍执行的行为，不得对抗申请执行人。

第45问：人民法院冻结被执行人股权后，股权所在公司应当注意哪些事项？

1. 有关单位不得拒绝或者妨碍人民法院调查取证。
2. 应当协助查询、扣押、冻结、划拨、变价财产。
3. 应当协助扣留被执行人的收入、办理有关财产权证照转移手续、转交有关票证、证照或者其他财产。
4. 股权所在公司或者公司董事、高级管理人员故意通过增资、减资、合并、分立、转让重大资产、对外提供担保等行为导致被冻结股权价值严重贬损，影响申请执行人债权实现的，申请执行人可以依法提起诉讼。

【法律依据】

《最高人民法院关于人民法院强制执行股权若干问题的规定》（法释〔2021〕20号）

第八条 人民法院冻结被执行人股权的，可以向股权所在公司送达协助执行通知书，要求其在实施增资、减资、合并、分立等对被冻结股权所占比例、股权价值产生重大影响的行为前向人民法院书面报告有关情况。人民法院收到报告后，应当及时通知申请执行人，但是涉及国家秘密、商业秘密的除外。

股权所在公司未向人民法院报告即实施前款规定行为的，依照民事诉讼法第一百一十四条[①]的规定处理。

股权所在公司或者公司董事、高级管理人员故意通过增资、减资、合并、分立、转让重大资产、对外提供担保等行为导致被冻结股权价值严重贬损，影响申请执行人债权实现的，申请执行人可以依法提起诉讼。

《中华人民共和国民事诉讼法》（2023年9月1日修正）

第一百一十七条 有义务协助调查、执行的单位有下列行为之一

[①] 现相关规定见《中华人民共和国民事诉讼法》（2023年修正）第一百一十七条。

的，人民法院除责令其履行协助义务外，并可以予以罚款：

（一）有关单位拒绝或者妨碍人民法院调查取证的；

（二）有关单位接到人民法院协助执行通知书后，拒不协助查询、扣押、冻结、划拨、变价财产的；

（三）有关单位接到人民法院协助执行通知书后，拒不协助扣留被执行人的收入、办理有关财产权证照转移手续、转交有关票证、证照或者其他财产的；

（四）其他拒绝协助执行的。

人民法院对有前款规定的行为之一的单位，可以对其主要负责人或者直接责任人员予以罚款；对仍不履行协助义务的，可以予以拘留；并可以向监察机关或者有关机关提出予以纪律处分的司法建议。

第 46 问：人民法院如何冻结被执行人基于股权享有的股息、红利等收益？如果股权所在公司擅自向被执行人支付或者变相支付被冻结的股息、红利等收益，会有什么影响？

1. 人民法院需向股权所在公司送达裁定书，冻结被执行人基于股权享有的股息、红利等收益。

2. 要求股权所在公司在收益到期时通知人民法院。

3. 人民法院可书面通知股权所在公司向申请执行人或者人民法院履行到期的股息、红利等收益。

4. 股权所在公司擅自向被执行人支付或者变相支付被冻结的股息、红利等收益，并不影响人民法院要求股权所在公司支付被冻结的股息、红利等收益。

【法律依据】

《最高人民法院关于人民法院强制执行股权若干问题的规定》（法释〔2021〕20号）

第九条 人民法院冻结被执行人基于股权享有的股息、红利等收益，应当向股权所在公司送达裁定书，并要求其在该收益到期时通知人民法院。人民法院对到期的股息、红利等收益，可以书面通知股权所在公司向申请执行人或者人民法院履行。

股息、红利等收益被冻结后，股权所在公司擅自向被执行人支付或者变相支付的，不影响人民法院要求股权所在公司支付该收益。

第 47 问：在强制执行股权的过程中，被执行人能否申请自行变价被冻结的股权？

1. 被执行人可以申请自行变价被冻结的股权，但需要经申请执行人及其他已知执行债权人同意或者变价款足以清偿执行债务。

2. 人民法院可以准许被执行人的申请，但是应当在能够控制变价款的情况下监督其在指定期限内完成，最长不超过三个月。

【法律依据】

《最高人民法院关于人民法院强制执行股权若干问题的规定》（法释〔2021〕20号）

第十条　被执行人申请自行变价被冻结股权，经申请执行人及其他已知执行债权人同意或者变价款足以清偿执行债务的，人民法院可以准许，但是应当在能够控制变价款的情况下监督其在指定期限内完成，最长不超过三个月。

第 48 问：在强制执行股权的拍卖中，人民法院应当如何确定股权的处置参考价？被执行人或其他主体拒绝提供相关材料时，人民法院可以采取哪些措施？

1. 人民法院应当依照《最高人民法院关于人民法院确定财产处置参考价若干问题的规定》的程序确定股权处置参考价，并参照参考价确定起拍价。

2. 确定参考价需要相关材料的，人民法院可以向公司登记机关、税务机关等部门调取。

3. 被执行人、股权所在公司以及控制相关材料的其他主体应当提供相关材料，若拒不提供，则人民法院可以强制提取，并可以依照民事诉讼法的规定处理。

4. 为确定股权处置参考价，经当事人书面申请，人民法院可以委托审计机构对股权所在公司进行审计。

【法律依据】

《最高人民法院关于人民法院强制执行股权若干问题的规定》（法释〔2021〕20号）

第十一条 拍卖被执行人的股权，人民法院应当依照《最高人民法院关于人民法院确定财产处置参考价若干问题的规定》规定的程序确定股权处置参考价，并参照参考价确定起拍价。

确定参考价需要相关材料的，人民法院可以向公司登记机关、税务机关等部门调取，也可以责令被执行人、股权所在公司以及控制相关材料的其他主体提供；拒不提供的，可以强制提取，并可以依照民事诉讼法第一百一十一条、第一百一十四条的规定处理。

为确定股权处置参考价，经当事人书面申请，人民法院可以委托审计机构对股权所在公司进行审计。

《中华人民共和国民事诉讼法》（2023年9月1日修正）

第一百一十四条 诉讼参与人或者其他人有下列行为之一的，人民法院可以根据情节轻重予以罚款、拘留；构成犯罪的，依法追究刑事责任：

（一）伪造、毁灭重要证据，妨碍人民法院审理案件的；

（二）以暴力、威胁、贿买方法阻止证人作证或者指使、贿买、胁迫他人作伪证的；

（三）隐藏、转移、变卖、毁损已被查封、扣押的财产，或已被清点并责令其保管的财产，转移已被冻结的财产的；

(四) 对司法工作人员、诉讼参加人、证人、翻译人员、鉴定人、勘验人、协助执行的人，进行侮辱、诽谤、诬陷、殴打或者打击报复的；

(五) 以暴力、威胁或者其他方法阻碍司法工作人员执行职务的；

(六) 拒不履行人民法院已经发生法律效力的判决、裁定的。

人民法院对有前款规定的行为之一的单位，可以对其主要负责人或者直接责任人员予以罚款、拘留；构成犯罪的，依法追究刑事责任。

第一百一十七条 有义务协助调查、执行的单位有下列行为之一的，人民法院除责令其履行协助义务外，并可以予以罚款：

(一) 有关单位拒绝或者妨碍人民法院调查取证的；

(二) 有关单位接到人民法院协助执行通知书后，拒不协助查询、扣押、冻结、划拨、变价财产的；

(三) 有关单位接到人民法院协助执行通知书后，拒不协助扣留被执行人的收入、办理有关财产权证照转移手续、转交有关票证、证照或者其他财产的；

(四) 其他拒绝协助执行的。

人民法院对有前款规定的行为之一的单位，可以对其主要负责人或者直接责任人员予以罚款；对仍不履行协助义务的，可以予以拘留；并可以向监察机关或者有关机关提出予以纪律处分的司法建议。

第49问：在委托评估被执行人的股权时，如果评估机构因缺少完整材料无法进行评估应当如何处理？

1. 人民法院应当通知评估机构根据现有材料进行评估，并告知当事人可能产生的不利后果。

2. 如果评估机构根据现有材料无法出具评估报告，经申请执行人书面申请，人民法院可以根据具体情况以适当高于执行费用的金额确定起拍价。

3. 股权所在公司经营严重异常、股权明显没有价值的除外。

4. 依照前款规定确定的起拍价拍卖的，竞买人应当预交的保证金数额由人民法院根据实际情况酌定。

【法律依据】

《最高人民法院关于人民法院强制执行股权若干问题的规定》（法释〔2021〕20号）

第十二条　委托评估被执行人的股权，评估机构因缺少评估所需完整材料无法进行评估或者认为影响评估结果，被执行人未能提供且人民法院无法调取补充材料的，人民法院应当通知评估机构根据现有材料进行评估，并告知当事人因缺乏材料可能产生的不利后果。

评估机构根据现有材料无法出具评估报告的，经申请执行人书面申请，人民法院可以根据具体情况以适当高于执行费用的金额确定起拍价，但是股权所在公司经营严重异常，股权明显没有价值的除外。

依照前款规定确定的起拍价拍卖的，竞买人应当预交的保证金数额由人民法院根据实际情况酌定。

第50问：人民法院拍卖被执行人的股权应当采用哪种方式？被冻结股权所得价款可能高于债权额及执行费用的情况下，人民法院应该采取哪些措施？如果对超出部分的被冻结股权进行拍卖导致被冻结股权价值明显减损的情况下，被执行人可以进行什么样的申请？

1. 人民法院应当采用网络司法拍卖方式。

2. 当被冻结股权所得价款可能明显高于债权额及执行费用时，应当对相应部分的股权进行拍卖。

3. 当拍卖相应部分的股权严重减损被冻结股权价值时，被执行人可以书面申请对超出部分的被冻结股权一并拍卖。

【法律依据】

《最高人民法院关于人民法院强制执行股权若干问题的规定》(法释〔2021〕20号)

第十三条 人民法院拍卖被执行人的股权,应当采取网络司法拍卖方式。

依据处置参考价并结合具体情况计算,拍卖被冻结股权所得价款可能明显高于债权额及执行费用的,人民法院应当对相应部分的股权进行拍卖。对相应部分的股权拍卖严重减损被冻结股权价值的,经被执行人书面申请,也可以对超出部分的被冻结股权一并拍卖。

第51问:在强制执行股权时,人民法院如何保证优先购买权?

1. 人民法院在转让股权时,应当通知公司及全体股东。
2. 其他股东在同等条件下享有优先购买权。
3. 其他股东自通知之日起满二十日未行使优先购买权的,视为放弃。
4. 人民法院应当按照法律规定的程序进行股权转让,确保程序合法有效。

【法律依据】

《中华人民共和国公司法》(2023年12月29日)

第八十五条 人民法院依照法律规定的强制执行程序转让股东的股权时,应当通知公司及全体股东,其他股东在同等条件下有优先购买权。其他股东自人民法院通知之日起满二十日不行使优先购买权的,视为放弃优先购买权。

第 52 问：在强制执行股权时，被执行人、利害关系人的哪些理由不能阻断对股权的拍卖？

1. 被执行人未依法履行或未全面履行出资义务。
2. 被执行人认缴的出资未届履行期限。
3. 法律、行政法规、部门规章等对该股权自行转让有限制。
4. 公司章程、股东协议等对该股权自行转让有限制。

【法律依据】

《最高人民法院关于人民法院强制执行股权若干问题的规定》（法释〔2021〕20号）

第十四条第一款 被执行人、利害关系人以具有下列情形之一为由请求不得强制拍卖股权的，人民法院不予支持：

（一）被执行人未依法履行或者未依法全面履行出资义务；
（二）被执行人认缴的出资未届履行期限；
（三）法律、行政法规、部门规章等对该股权自行转让有限制；
（四）公司章程、股东协议等对该股权自行转让有限制。

第 53 问：工商行政管理机关对按人民法院要求协助执行产生的后果是否承担责任？当事人、案外人对工商行政管理机关协助执行的行为不服应当如何救济？

1. 工商行政管理机关不承担协助执行的后果责任。
2. 当事人和案外人对其协助执行的行为不服，不能提出异议或行政复议，只能按照民事诉讼法规定提出执行异议。
3. 若工商行政管理机关协助执行时，扩大了范围或采取了违法措施，造成当事人损害，当事人可提起行政诉讼，人民法院应受理。

【法律依据】

《最高人民法院、国家工商总局关于加强信息合作规范执行与协助执行的通知》(法〔2014〕251号)

18. 工商行政管理机关对按人民法院要求协助执行产生的后果，不承担责任。

当事人、案外人对工商行政管理机关协助执行的行为不服，提出异议或者行政复议的，工商行政管理机关不予受理；向人民法院起诉的，人民法院不予受理。

当事人、案外人认为人民法院协助执行要求存在错误的，应当按照民事诉讼法第二百二十五条①之规定，向人民法院提出执行异议，人民法院应当受理。

当事人认为工商行政管理机关在协助执行时扩大了范围或者违法采取措施造成其损害，提起行政诉讼的，人民法院应当受理。

第54问：人民法院对被执行人在其他股份有限公司中持有的股份凭证（股票）采取哪些强制措施？

对于被执行人在其他股份有限公司中持有的股票，人民法院可以扣押并根据公司法的相关规定强制转让或直接拍卖、变卖或抵偿给债权人来清偿被执行人的债务。

【法律依据】

《最高人民法院关于人民法院执行工作若干问题的规定（试行）》(法释〔2020〕21号)

37. 对被执行人在其他股份有限公司中持有的股份凭证（股票），人民法院可以扣押，并强制被执行人按照公司法的有关规定转让，也

---

① 现相关规定见《中华人民共和国民事诉讼法》（2023年修正）第二百三十六条。

可以直接采取拍卖、变卖的方式进行处分，或直接将股票抵偿给债权人，用于清偿被执行人的债务。

第 55 问：在强制执行股份有限公司发起人的股份时，是否受一年内不得转让的限制？

不受限制。

【法律依据】

《人民法院办理执行案件规范》（第二版）（2022 年）
803.【公司发起人股份的执行】
人民法院强制执行股份有限公司发起人股份，不受公司法第一百四十一条[1197]第一款关于发起人股份在一年内不得转让的限制。[1198]

[1197]《中华人民共和国公司法》（2018 年 10 月 26 日修正）第一百四十一条第一款规定："发起人持有的本公司股份，自公司成立之日起一年内不得转让。公司公开发行股份前已发行的股份，自公司股票在证券交易所上市交易之日起一年内不得转让。"

[1198] 参照最高人民法院〔2000〕执他字第 1 号复函。复函主要内容为："公司法第一百四十七条中关于发起人股份在 3 年内不得转让的规定，是对公司创办者自主转让其股权的限制，其目的是为防止发起人借设立公司投机牟利，损害其他股东的利益。人民法院强制执行不存在这一问题。被执行人持有发起人股份的有关公司和部门应当协助人民法院办理转让股份的变更登记手续。为保护债权人的利益，该股份转让的时间应从人民法院向有关单位送达转让股份的裁定书和协助执行通知书之日起算。该股份受让人应当继受发起人的地位，承担发起人的责任。"2018 年修正后的《中华人民共和国公司法》第一百四十一条将发起人股份不得转让的

期间从三年修改为一年，复函内容亦应相应调整，但其精神不变，人民法院强制执行仍不受此限制。

《中华人民共和国公司法》（2023年12月29日）

第一百六十条 公司公开发行股份前已发行的股份，自公司股票在证券交易所上市交易之日起一年内不得转让。法律、行政法规或者国务院证券监督管理机构对上市公司的股东、实际控制人转让其所持有的本公司股份另有规定的，从其规定。

公司董事、监事、高级管理人员应当向公司申报所持有的本公司的股份及其变动情况，在就任时确定的任职期间每年转让的股份不得超过其所持有本公司股份总数的百分之二十五；所持本公司股份自公司股票上市交易之日起一年内不得转让。上述人员离职后半年内，不得转让其所持有的本公司股份。公司章程可以对公司董事、监事、高级管理人员转让其所持有的本公司股份作出其他限制性规定。

股份在法律、行政法规规定的限制转让期限内出质的，质权人不得在限制转让期限内行使质权。

第56问：回购质押券、价差担保物、行权担保物、履约担保物等担保物是否可以扣划、冻结？

在交收完成之前，不可以扣划、冻结。

【法律依据】

《最高人民法院、最高人民检察院、公安部、中国证券监督管理委员会关于查询、冻结、扣划证券和证券交易结算资金问题的通知》（法发〔2008〕4号）

七、证券登记结算机构依法按照业务规则要求证券公司等结算参与人、投资者或者发行人提供的回购质押券、价差担保物、行权担保物、履约担保物，在交收完成之前，不得冻结、扣划。

第 57 问：证券公司在银行开立的自营资金账户内的资金是否可以冻结、扣划？

可以。

【法律依据】

《最高人民法院、最高人民检察院、公安部、中国证券监督管理委员会关于查询、冻结、扣划证券和证券交易结算资金问题的通知》（法发〔2008〕4号）

八、证券公司在银行开立的自营资金账户内的资金可以冻结、扣划。

第 58 问：在强制执行中，人民法院如何处理清算交收程序与执行财产顺序的关系？

1. 被执行人提供了其他可供执行的财产的，人民法院应当先执行该财产。

2. 逾期不提供或者提供的财产不足清偿债务的，人民法院可以执行被执行人的已完成清算交收后的证券或者资金。

【法律依据】

《最高人民法院关于冻结、扣划证券交易结算资金有关问题的通知》（法〔2004〕239号）

四、人民法院在执行中应当正确处理清算交收程序与执行财产顺序的关系。当证券公司或者客户为被执行人时，人民法院可以冻结属于该被执行人的已完成清算交收后的证券或者资金，并以书面形式责令其在7日内提供可供执行的其他财产。被执行人提供了其他可供执行的财产的，人民法院应当先执行该财产；逾期不提供或者提供的财产不足清偿债务的，人民法院可以执行上述已经冻结的证券或者资金。

对被执行人的证券交易成交后进入清算交收期间的证券或者资金，以及被执行人为履行清算交收义务交付给登记结算公司但尚未清算的证券或者资金，人民法院不得冻结、扣划。

第 59 问：人民法院对被执行人证券账户内的流通证券采取执行措施时，应当注意哪些问题？

1. 应当查明该证券确属被执行人所有。
2. 指令被执行人所在的证券公司营业部在 30 个交易日内将证券卖出。
3. 价款直接划付到人民法院指定账户。

【法律依据】

《最高人民法院关于冻结、扣划证券交易结算资金有关问题的通知》（法〔2004〕239 号）

五、人民法院对被执行人证券帐户内的流通证券采取执行措施时，应当查明该流通证券确属被执行人所有。

人民法院执行流通证券，可以指令被执行人所在的证券公司营业部在 30 个交易日内通过证券交易将该证券卖出，并将变卖所得价款直接划付到人民法院指定的帐户。

第 60 问：冻结被执行人在上市公司的股票时，应当注意哪些问题？

1. 严禁超标冻结：应当以债权额为限。股票价值应当以冻结前一交易日收盘价为基准，一般在不超过 20% 的幅度内合理确定。股票冻结后，其价值发生重大变化的，经当事人申请，人民法院可以追加冻结或者解除部分冻结。
2. 可售性冻结：被执行人申请通过二级市场交易方式自行变卖股

票清偿债务的，人民法院应当准许，但应当要求其在10个交易日内变卖完毕。特殊情形下，可以适当延长。

【法律依据】

《最高人民法院关于在执行工作中进一步强化善意文明执行理念的意见》（法发〔2019〕35号）

7. 严格规范上市公司股票冻结。为维护资本市场稳定，依法保障债权人合法权益和债务人投资权益，人民法院在冻结债务人在上市公司的股票时，应当依照下列规定严格执行：

（1）严禁超标的冻结。冻结上市公司股票，应当以其价值足以清偿生效法律文书确定的债权额为限。股票价值应当以冻结前一交易日收盘价为基准，结合股票市场行情，一般在不超过20%的幅度内合理确定。股票冻结后，其价值发生重大变化的，经当事人申请，人民法院可以追加冻结或者解除部分冻结。

（2）可售性冻结。保全冻结上市公司股票后，被保全人申请将冻结措施变更为可售性冻结的，应当准许，但应当提前将被保全人在证券公司的资金账户在明确具体的数额范围内予以冻结。在执行过程中，被执行人申请通过二级市场交易方式自行变卖股票清偿债务的，人民法院可以按照前述规定办理，但应当要求其在10个交易日内变卖完毕。特殊情形下，可以适当延长。

（3）已质押股票的冻结。上市公司股票存在质押且质权人非本案保全申请人或申请执行人，目前，人民法院在采取冻结措施时，由于需要计入股票上存在的质押债权且该债权额往往难以准确计算，尤其是当股票存在多笔质押时还需指定对哪一笔质押股票进行冻结，为保障普通债权人合法权益，人民法院一般会对质押股票进行全部冻结，这既存在超标的冻结的风险，也会对质押债权人自行实现债权造成影响，不符合执行经济原则。

最高人民法院经与中国证券监督管理委员会沟通协调，由中国证券登记结算有限公司（以下简称中国结算公司）对现有冻结系统进行改造，确立了质押股票新型冻结方式，并在系统改造完成后正式实施。具体内容如下：

第一，债务人持有的上市公司股票存在质押且质权人非本案保全申请人或申请执行人，人民法院对质押股票冻结时，应当依照7（1）规定的计算方法冻结相应数量的股票，无需将质押债权额计算在内。冻结质押股票时，人民法院应当提前冻结债务人在证券公司的资金账户，并明确具体的冻结数额，不得对资金账户进行整体冻结。

第二，股票冻结后，不影响质权人变价股票实现其债权。质权人解除任何一部分股票质押的，冻结效力在冻结股票数量范围内对解除质押部分的股票自动生效。质权人变价股票实现其债权后变价款有剩余的，冻结效力在本案债权额范围内对剩余变价款自动生效。

第三，在执行程序中，为实现本案债权，人民法院可以在质押债权和本案债权额范围内对相应数量的股票采取强制变价措施，并在优先实现质押债权后清偿本案债务。

第四，两个以上国家机关冻结同一质押股票的，按照在证券公司或中国结算公司办理股票冻结手续的先后确定冻结顺位，依次满足各国家机关的冻结需求。两个以上国家机关在同一交易日分别在证券公司、中国结算公司冻结同一质押股票的，在先在证券公司办理股票冻结手续的为在先冻结。

第五，人民法院与其他国家机关就冻结质押股票产生争议的，由最高人民法院主动与最高人民检察院、公安部等部门依法协调解决。争议协调解决期间，证券公司或中国结算公司控制产生争议的相关股票，不协助任何一方执行。争议协调解决完成，证券公司或中国结算公司按照争议机关协商的最终结论处理。

第六，系统改造完成前已经完成的冻结不适用前述规定。案件保全申请人或申请执行人为质权人的，冻结措施不适用前述规定。

第61问：冻结被执行人在上市公司的股票时，发现股票上存在质押，应当如何处理？

1. 应当明确案件的债权额及执行费用以及需要冻结的数量和冻结期限。

2. 需要冻结的股票数量，以案件债权额及执行费用总额除以每股股票的价值计算。每股股票的价值以冻结前一交易日收盘价为基准，结合股票市场行情，一般在不超过20%的幅度内合理确定。

【法律依据】

《最高人民法院、最高人民检察院、公安部、中国证券监督管理委员会关于进一步规范人民法院冻结上市公司质押股票工作的意见》（法发〔2021〕9号）

第一条　人民法院要求证券登记结算机构或者证券公司协助冻结债务人持有的上市公司股票，该股票已设立质押且质权人非案件保全申请人或者申请执行人的，适用本意见。

人民法院对前款规定的股票进行轮候冻结的，不适用本意见。

第二条　人民法院冻结质押股票时，在协助执行通知书中应当明确案件债权额及执行费用，证券账户持有人名称（姓名）、账户号码，冻结股票的名称、证券代码，需要冻结的数量、冻结期限等信息。

前款规定的需要冻结的股票数量，以案件债权额及执行费用总额除以每股股票的价值计算。每股股票的价值以冻结前一交易日收盘价为基准，结合股票市场行情，一般在不超过20%的幅度内合理确定。

第62问：被执行人的哪些知识产权可以强制执行？

1. 专利权。
2. 注册商标专用权。
3. 著作权中的财产权部分：复制权、发行权、出租权、展览权、表演权、放映权、广播权、信息网络传播权、摄制权、改编权、翻译权、汇编权，应当由著作权人享有的其他权利。

【法律依据】

《人民法院办理执行案件规范》（第二版）（2022年）

833.【一般规定】

被执行人不履行生效法律文书确定的义务，人民法院有权裁定禁止被执行人转让其专利权、注册商标专用权、著作权（财产权部分）[1233]等知识产权。上述权利有登记主管部门的，应当同时向有关部门发出协助执行通知书，要求其不得办理财产权转移手续，必要时可以责令被执行人将产权或使用权证照交人民法院保存。

对前款财产权，可以采取拍卖、变卖等执行措施。[1234]

[1233] 关于著作权中的财产权部分，是指著作权人依据《中华人民共和国著作权法》（2020年11月11日修正）第十条第一款第五项至第十七项规定而享有的权利。该法第十条规定："著作权包括下列人身权和财产权：（一）发表权，即决定作品是否公之于众的权利；（二）署名权，即表明作者身份，在作品上署名的权利；（三）修改权，即修改或者授权他人修改作品的权利；（四）保护作品完整权，即保护作品不受歪曲、篡改的权利；（五）复制权，即以印刷、复印、拓印、录音、录像、翻录、翻拍、数字化等方式将作品制作一份或者多份的权利；（六）发行权，即以出售或者赠与方式向公众提供作品的原件或者复制件的权利；（七）出租权，即有偿许可他人临时使用视听作品、计算机软件的原件或者复制件的权利，计算机软件不是出租的主要标的的除外；（八）展览权，即公开陈列美术作品、摄影作品的原件或者复制件的权利；（九）表演权，即公开表演作品，以及用各种手段公开播送作品的表演的权利；（十）放映权，即通过放映机、幻灯机等技术设备公开再现美术、摄影、视听

作品等的权利;(十一)广播权,即以有线或者无线方式公开传播或者转播作品,以及通过扩音器或者其他传送符号、声音、图像的类似工具向公众传播广播的作品的权利,但不包括本款第十二项规定的权利;(十二)信息网络传播权,即以有线或者无线方式向公众提供,使公众可以在其选定的时间和地点获得作品的权利;(十三)摄制权,即以摄制视听作品的方法将作品固定在载体上的权利;(十四)改编权,即改变作品,创作出具有独创性的新作品的权利;(十五)翻译权,即将作品从一种语言文字转换成另一种语言文字的权利;(十六)汇编权,即将作品或者作品的片段通过选择或者编排,汇集成新作品的权利;(十七)应当由著作权人享有的其他权利。著作权人可以许可他人行使前款第五项至第十七项规定的权利,并依照约定或者本法有关规定获得报酬。著作权人可以全部或者部分转让本条第一款第五项至第十七项规定的权利,并依照约定或者本法有关规定获得报酬。"

[1234]《最高人民法院关于人民法院执行工作若干问题的规定(试行)》(法释〔1998〕15号,2020年12月23日修正)第35条。

《中华人民共和国著作权法》(2020年11月11日修正)

第十条 著作权包括下列人身权和财产权:

(一)发表权,即决定作品是否公之于众的权利;

(二)署名权,即表明作者身份,在作品上署名的权利;

(三)修改权,即修改或者授权他人修改作品的权利;

(四)保护作品完整权,即保护作品不受歪曲、篡改的权利;

(五)复制权,即以印刷、复印、拓印、录音、录像、翻录、翻拍、数字化等方式将作品制作一份或者多份的权利;

(六)发行权,即以出售或者赠与方式向公众提供作品的原件或者复制件的权利;

(七)出租权,即有偿许可他人临时使用视听作品、计算机软件

的原件或者复制件的权利,计算机软件不是出租的主要标的的除外;

（八）展览权,即公开陈列美术作品、摄影作品的原件或者复制件的权利;

（九）表演权,即公开表演作品,以及用各种手段公开播送作品的表演的权利;

（十）放映权,即通过放映机、幻灯机等技术设备公开再现美术、摄影、视听作品等的权利;

（十一）广播权,即以有线或者无线方式公开传播或者转播作品,以及通过扩音器或者其他传送符号、声音、图像的类似工具向公众传播广播的作品的权利,但不包括本款第十二项规定的权利;

（十二）信息网络传播权,即以有线或者无线方式向公众提供,使公众可以在其选定的时间和地点获得作品的权利;

（十三）摄制权,即以摄制视听作品的方法将作品固定在载体上的权利;

（十四）改编权,即改变作品,创作出具有独创性的新作品的权利;

（十五）翻译权,即将作品从一种语言文字转换成另一种语言文字的权利;

（十六）汇编权,即将作品或者作品的片段通过选择或者编排,汇集成新作品的权利;

（十七）应当由著作权人享有的其他权利。

著作权人可以许可他人行使前款第五项至第十七项规定的权利,并依照约定或者本法有关规定获得报酬。

著作权人可以全部或者部分转让本条第一款第五项至第十七项规定的权利,并依照约定或者本法有关规定获得报酬。

第63问：知识产权的冻结期限是多久？

1. 不得超过3年。

2. 申请延长冻结期限的，应当在冻结期限届满前办理续冻结，续冻结不得超过 3 年。

【法律依据】

《最高人民法院关于适用〈中华人民共和国民事诉讼法〉的解释》（法释〔2022〕11 号）

第四百八十五条 人民法院冻结被执行人的银行存款的期限不得超过一年，查封、扣押动产的期限不得超过两年，查封不动产、冻结其他财产权的期限不得超过三年。

申请执行人申请延长期限的，人民法院应当在查封、扣押、冻结期限届满前办理续行查封、扣押、冻结手续，续行期限不得超过前款规定的期限。

人民法院也可以依职权办理续行查封、扣押、冻结手续。

第 64 问：被执行人的专利申请权是否可以冻结？

专利申请权属于专利申请人的一项财产权利，可以冻结。

【法律依据】

《最高人民法院对国家知识产权局〈关于征求对协助执行专利申请权财产保全裁定的意见的函〉的答复意见》（〔2000〕民三函字第 1 号）

一、专利申请权属于专利申请人的一项财产权利，可以作为人民法院财产保全的对象。人民法院根据《民事诉讼法》有关规定采取财产保全措施时，需要对专利申请权进行保全的，应当向国家知识产权局发出协助执行通知书，载明要求保全的专利申请的名称、申请人、申请号、保全期限以及协助执行保全的内容，包括禁止变更著录事项、中止审批程序等，并附人民法院作出的财产保全民事裁定书。

第 65 问：已经签订独占实施许可的专利权、出质的专利权，是否可以冻结？

可以冻结。

【法律依据】

《最高人民法院关于审理专利纠纷案件适用法律问题的若干规定》（2020 年修正）（法释〔2020〕19 号）

第九条 人民法院对专利权进行财产保全，应当向国务院专利行政部门发出协助执行通知书，载明要求协助执行的事项，以及对专利权保全的期限，并附人民法院作出的裁定书。

对专利权保全的期限一次不得超过六个月，自国务院专利行政部门收到协助执行通知书之日起计算。如果仍然需要对该专利权继续采取保全措施的，人民法院应当在保全期限届满前向国务院专利行政部门另行送达继续保全的协助执行通知书。保全期限届满前未送达的，视为自动解除对该专利权的财产保全。

人民法院对出质的专利权可以采取财产保全措施，质权人的优先受偿权不受保全措施的影响；专利权人与被许可人已经签订的独占实施许可合同，不影响人民法院对该专利权进行财产保全。

人民法院对已经进行保全的专利权，不得重复进行保全。

第 66 问：在执行注册商标权时，在被执行人名下相同和近似商标是否应当一并执行？

应当将注册商标及其名下相同或类似商品上相同和近似商标一并采取强制执行措施。

【法律依据】

《中华人民共和国商标法》（2019 年 4 月 23 日修正）

第四十二条 转让注册商标的，转让人和受让人应当签订转让协议,并共同向商标局提出申请。受让人应当保证使用该注册商标的商品质量。

转让注册商标的,商标注册人对其在同一种商品上注册的近似的商标,或者在类似商品上注册的相同或者近似的商标,应当一并转让。

对容易导致混淆或者有其他不良影响的转让,商标局不予核准,书面通知申请人并说明理由。

转让注册商标经核准后,予以公告。受让人自公告之日起享有商标专用权。

《最高人民法院民事审判第三庭关于对注册商标专用权进行财产保全和执行等问题的复函》(〔2001〕民三函字第3号)

四、关于法院裁决将注册商标作为标的执行时应否适用商标法实施细则第二十一条规定的问题

根据商标法实施细则第二十一条的规定,转让注册商标的,商标注册人对其在同一种或者类似商品上注册的相同或者近似的商标,必须一并办理。法院在执行注册商标专用权的过程中,应当根据上述规定的原则,对注册商标及相同或者类似商品上相同和近似的商标一并进行评估、拍卖、变卖等,并在采取执行措施时,裁定将相同或近似注册商标一并予以执行。商标局在接到法院有关部门转让注册商标的裁定时,如发现无上述内容,可以告知执行法院,由执行法院补充裁定后再协助执行。

来函中所涉及的具体案件,可按照上述意见处理。

第67问:信托财产是否可以强制执行?

除下列情形外,不得对信托财产进行强制执行:

1. 设立信托前债权人已对该信托财产享有优先受偿的权利,并依法行使该权利的。

2. 受托人处理信托事务所产生债务,债权人要求清偿该债务的。

3. 信托财产本身应担负的税款。
4. 法律规定的其他情形。

【法律依据】

《中华人民共和国信托法》(2001年4月28日)

第十七条 除因下列情形之一外,对信托财产不得强制执行:

(一) 设立信托前债权人已对该信托财产享有优先受偿的权利,并依法行使该权利的;

(二) 受托人处理信托事务所产生债务,债权人要求清偿该债务的;

(三) 信托财产本身应担负的税款;

(四) 法律规定的其他情形。

对于违反前款规定而强制执行信托财产,委托人、受托人或者受益人有权向人民法院提出异议。

第四十七条 受益人不能清偿到期债务的,其信托受益权可以用于清偿债务,但法律、行政法规以及信托文件有限制性规定的除外。

《全国法院民商事审判工作会议纪要》(法〔2019〕254号)

95.【信托财产的诉讼保全】信托财产在信托存续期间独立于委托人、受托人、受益人各自的固有财产。委托人将其财产委托给受托人进行管理,在信托依法设立后,该信托财产即独立于委托人未设立信托的其他固有财产。受托人因承诺信托而取得的信托财产,以及通过对信托财产的管理、运用、处分等方式取得的财产,均独立于受托人的固有财产。受益人对信托财产享有的权利表现为信托受益权,信托财产并非受益人的责任财产。因此,当事人因其与委托人、受托人或者受益人之间的纠纷申请对存管银行或者信托公司专门账户中的信托资金采取保全措施的,除符合《信托法》第17条规定的情形外,人民法院不应当准许。已经采取保全措施的,存管银行或者信托公司能够提供证据证明该账户为信托账户的,应当立即解除保全措施。对信托公司管理的其他信托财产的保全,也应当根据前述规则办理。

当事人申请对受益人的受益权采取保全措施的，人民法院应当根据《信托法》第47条的规定进行审查，决定是否采取保全措施。决定采取保全措施的，应当将保全裁定送达受托人和受益人。

第68问：信托公司的固有财产能否采取保全措施？

1. 信托公司不作为被告的案件：不应准许。
2. 信托公司作为被告的案件：确有必要对固有财产采取诉讼保全措施的，可以采取相应措施。

【法律依据】

《全国法院民商事审判工作会议纪要》（法〔2019〕254号）

96.【信托公司固有财产的诉讼保全】除信托公司作为被告外，原告申请对信托公司固有资金账户的资金采取保全措施的，人民法院不应准许。信托公司作为被告，确有必要对其固有财产采取诉讼保全措施的，必须强化善意执行理念，防范发生金融风险。要严格遵守相应的适用条件与法定程序，坚决杜绝超标的执行。在采取具体保全措施时，要尽量寻求依法平等保护各方利益的平衡点，优先采取方便执行且对信托公司正常经营影响最小的执行措施，能采取"活封""活扣"措施的，尽量不进行"死封""死扣"。在条件允许的情况下，可以为信托公司预留必要的流动资金和往来账户，最大限度降低对信托公司正常经营活动的不利影响。信托公司申请解除财产保全符合法律、司法解释规定情形的，应当在法定期限内及时解除保全措施。

第五章　非金钱给付请求权的执行

第1问：强制执行交付财务或票证的，应当如何交付？

1. 由执行员传唤双方当事人当面交付。
2. 由执行员转交，被交付人签收。
3. 有关单位持有该项财务或票证的，由相关单位协助转交，被交付人签收。
4. 有关公民持有该项财务或票证的，由法院通知其交出，拒不交出可以强制执行。

【法律依据】

《中华人民共和国民事诉讼法》(2023年9月1日修正)

第二百六十条　法律文书指定交付的财物或者票证，由执行员传唤双方当事人当面交付，或者由执行员转交，并由被交付人签收。

有关单位持有该项财物或者票证的，应当根据人民法院的协助执行通知书转交，并由被交付人签收。

有关公民持有该项财物或者票证的，人民法院通知其交出。拒不交出的，强制执行。

第2问：涉及房屋强制迁出或土地强制退出的执行案件，应当如何执行？

1. 由院长签发公告，责令被执行人在指定期间内履行，逾期不履行的，强制执行。

2. 被执行人是公民的，应当通知被执行人或成年家属到场。

3. 被执行人是法人或其他组织的，应当通知法定代表人或主要负责人到场。

4. 拒不到场，不影响执行。

5. 强制迁出房屋被搬出的财物，运至指定处所，被执行人拒绝接受而造成的损失，由被执行人承担。

【法律依据】

《中华人民共和国民事诉讼法》(2023年9月1日修正)

第二百六十一条　强制迁出房屋或者强制退出土地，由院长签发公告，责令被执行人在指定期间履行。被执行人逾期不履行的，由执行员强制执行。

强制执行时，被执行人是公民的，应当通知被执行人或者他的成年家属到场；被执行人是法人或者其他组织的，应当通知其法定代表人或者主要负责人到场。拒不到场的，不影响执行。被执行人是公民的，其工作单位或者房屋、土地所在地的基层组织应当派人参加。执行员应当将强制执行情况记入笔录，由在场人签名或者盖章。

强制迁出房屋被搬出的财物，由人民法院派人运至指定处所，交给被执行人。被执行人是公民的，也可以交给他的成年家属。因拒绝接收而造成的损失，由被执行人承担。

第3问：执行依据确定被执行人交付房屋，被执行人以强制执行的房屋系本人及所扶养家属维持生活的必需品为由提出异议的，应当如何处理？

应当不予支持，给予三个月的宽限期。

【法律依据】

《最高人民法院关于人民法院办理执行异议和复议案件若干问题的规定》(法释〔2020〕21号)

第二十条　金钱债权执行中，符合下列情形之一，被执行人以执行标的系本人及所扶养家属维持生活必需的居住房屋为由提出异议的，人民法院不予支持：

（一）对被执行人有扶养义务的人名下有其他能够维持生活必需的居住房屋的；

（二）执行依据生效后，被执行人为逃避债务转让其名下其他房屋的；

（三）申请执行人按照当地廉租住房保障面积标准为被执行人及所扶养家属提供居住房屋，或者同意参照当地房屋租赁市场平均租金标准从该房屋的变价款中扣除五至八年租金的。

执行依据确定被执行人交付居住的房屋，自执行通知送达之日起，已经给予三个月的宽限期，被执行人以该房屋系本人及所扶养家属维持生活的必需品为由提出异议的，人民法院不予支持。

第4问：执行标的物为特定物，并且毁损灭失的，应当如何处理？

1. 经双方当事人协商一致的，可以折价赔偿。

2. 不能协商一致的，标的物毁损灭失发生在最后一次法庭辩论结束前的，应当申请再审。

3. 不能协商一致的，标的物毁损灭失发生在最后一次法庭辩论结束后的，应当告知另行起诉。

4. 无法判断毁损灭失时间的，应当告知另行起诉。

【法律依据】

《最高人民法院关于适用〈中华人民共和国民事诉讼法〉的解释》(法释〔2022〕11号)

第四百九十二条 执行标的物为特定物的,应当执行原物。原物确已毁损或者灭失的,经双方当事人同意,可以折价赔偿。

双方当事人对折价赔偿不能协商一致的,人民法院应当终结执行程序。申请执行人可以另行起诉。

第5问:执行标的物为种类物的,被执行人无该种类物,应当如何处理?

1. 应当要求被执行人购买该种类物。
2. 拒不购买的,法院可以该种类物的现时市场价及运费确定债务数额,命被执行人预行交付。
3. 拒不交付的,可裁定执行其他财产。

【法律依据】

《最高人民法院执行办公室关于判决交付的特定物灭失后如何折价问题的复函》(〔2000〕执他字第31号)

山东省高级人民法院:

你院鲁高法函〔1999〕78号《关于判决交付的特定标的物灭失后如何折价问题的请示》收悉。经研究,答复如下:

山东省聊城地区中级人民法院〔1993〕聊中法民终字第166号民事判决,系判决交付可替代的种类物的执行案件而不是判决交付特定物的执行案件。如被执行人有该种类物,执行法院直接执行即可;如被执行人无该种类物,应发出履行通知书要求被执行人依判决购买该种类物偿还债务;被执行人拒不购买交付的,执行法院可以该种类物的现时市场价格及运费确定其债务数额,命被执行人预行交付;拒不交付的，可裁定强制执行被执行人的其他财产。

鉴于本案的特殊情况，可就执行标的问题征求申请执行人意见，或按上述关于执行可替代物的有关原则办理；或直接裁定转入金钱代偿执行。对本案的迟延履行金，应当按照《最高人民法院关于适用〈中华人民共和国民事诉讼法〉若干问题的意见》第二百九十五条①的规定办理。

此复。

第6问：执行内容为交付股权的，生效法律文书作出后增资或减资导致被执行人所持比例降低或升高的，应当如何处理？

1. 生效法律文书已经明确交付股权的出资额的，按照该出资额交付股权。

2. 生效法律文书仅明确交付一定比例的股权的，按照生效法律文书作出时该比例所对应出资额占当前公司注册资本总额的比例交付股权。

【法律依据】

《最高人民法院关于人民法院强制执行股权若干问题的规定》（法释〔2021〕20号）

第十六条　生效法律文书确定被执行人交付股权，因股权所在公司在生效法律文书作出后增资或者减资导致被执行人实际持股比例降低或者升高的，人民法院应当按照下列情形分别处理：

（一）生效法律文书已经明确交付股权的出资额的，按照该出资额交付股权；

（二）生效法律文书仅明确交付一定比例的股权的，按照生效法

---

① 现相关规定见《最高人民法院关于适用〈中华人民共和国民事诉讼法〉的解释（2022修正）》第五百零五条。

律文书作出时该比例所对应出资额占当前公司注册资本总额的比例交付股权。

第十八条 人民法院对被执行人在其他营利法人享有的投资权益强制执行的，参照适用本规定。

第7问：执行内容为指定的行为的，被执行人未履行的，应当如何处理？

1. 可代替履行的行为：（1）法律、行政法规对履行该行为义务有资格限制的，应当从有资格的人中选定；（2）申请执行人可以在符合条件的人中推荐代履行人，也可以申请自己代履行，是否准许，法院决定。

2. 不可代替履行的行为：人民法院可以根据情节严重予以罚款、拘留、追究刑事责任。

3. 行为人因侵害人格权承担消除影响、恢复名誉、赔礼道歉等民事责任的，人民法院可以采取在报刊、网络等媒体上发布公告或者公布生效裁判文书等方式执行，产生的费用由行为人负担。

4. 拒不协助另一方行使探望权的，可以采取拘留、罚款等强制措施。

【法律依据】

《中华人民共和国民事诉讼法》（2023年9月1日修正）

第一百一十四条 诉讼参与人或者其他人有下列行为之一的，人民法院可以根据情节轻重予以罚款、拘留；构成犯罪的，依法追究刑事责任：

（一）伪造、毁灭重要证据，妨碍人民法院审理案件的；

（二）以暴力、威胁、贿买方法阻止证人作证或者指使、贿买、胁迫他人作伪证的；

（三）隐藏、转移、变卖、毁损已被查封、扣押的财产，或者已被清点并责令其保管的财产，转移已被冻结的财产的；

（四）对司法工作人员、诉讼参加人、证人、翻译人员、鉴定人、勘验人、协助执行的人，进行侮辱、诽谤、诬陷、殴打或者打击报复的；

（五）以暴力、威胁或者其他方法阻碍司法工作人员执行职务的；

（六）拒不履行人民法院已经发生法律效力的判决、裁定的。

人民法院对有前款规定的行为之一的单位，可以对其主要负责人或者直接责任人员予以罚款、拘留；构成犯罪的，依法追究刑事责任。

第二百六十三条 对判决、裁定和其他法律文书指定的行为，被执行人未按执行通知履行的，人民法院可以强制执行或者委托有关单位或者其他人完成，费用由被执行人承担。

《最高人民法院关于适用〈中华人民共和国民事诉讼法〉的解释》（法释〔2022〕11号）

第五百零一条 被执行人不履行生效法律文书确定的行为义务，该义务可由他人完成的，人民法院可以选定代履行人；法律、行政法规对履行该行为义务有资格限制的，应当从有资格的人中选定。必要时，可以通过招标的方式确定代履行人。

申请执行人可以在符合条件的人中推荐代履行人，也可以申请自己代为履行，是否准许，由人民法院决定。

《中华人民共和国民法典》（2020年5月28日）

第一千条 行为人因侵害人格权承担消除影响、恢复名誉、赔礼道歉等民事责任的，应当与行为的具体方式和造成的影响范围相当。

行为人拒不承担前款规定的民事责任的，人民法院可以采取在报刊、网络等媒体上发布公告或者公布生效裁判文书等方式执行，产生的费用由行为人负担。

《最高人民法院关于适用〈中华人民共和国民法典〉婚姻家庭编的解释（一）》（法释〔2020〕22号）

第六十八条 对于拒不协助另一方行使探望权的有关个人或者组

织，可以由人民法院依法采取拘留、罚款等强制措施，但是不能对子女的人身、探望行为进行强制执行。

第 8 问：股权确认之诉的执行案件，应当如何处理？

当事人可以持该生效法律文书自行向股权所在公司、公司登记机关申请办理股权变更手续，申请强制执行，不予受理。

【法律依据】

《最高人民法院关于人民法院强制执行股权若干问题的规定》(法释〔2021〕20号)

第十七条　在审理股东资格确认纠纷案件中，当事人提出要求公司签发出资证明书、记载于股东名册并办理公司登记机关登记的诉讼请求且其主张成立的，人民法院应当予以支持；当事人未提出前述诉讼请求的，可以根据案件具体情况向其释明。

生效法律文书仅确认股权属于当事人所有，当事人可以持该生效法律文书自行向股权所在公司、公司登记机关申请办理股权变更手续；向人民法院申请强制执行的，不予受理。

第十八条　人民法院对被执行人在其他营利法人享有的投资权益强制执行的，参照适用本规定。

第六章　保全案件的执行

第1问：人民法院对财产进行诉讼保全需要哪些条件？申请人是否需要提供担保？

1. 根据当事人申请，针对可能导致判决难以执行或造成损害的案件，人民法院可裁定进行财产保全、责令作出或禁止作出一定行为。

2. 即使当事人未提出申请，人民法院在必要时也可主动裁定采取保全措施。

3. 申请保全措施时，人民法院可要求申请人提供担保，如未提供担保则驳回申请。

【法律依据】

《中华人民共和国民事诉讼法》（2023年9月1日修正）

第一百零三条　人民法院对于可能因当事人一方的行为或者其他原因，使判决难以执行或者造成当事人其他损害的案件，根据对方当事人的申请，可以裁定对其财产进行保全、责令其作出一定行为或者禁止其作出一定行为；当事人没有提出申请的，人民法院在必要时也可以裁定采取保全措施。

人民法院采取保全措施，可以责令申请人提供担保，申请人不提供担保的，裁定驳回申请。

人民法院接受申请后，对情况紧急的，必须在四十八小时内作出裁定；裁定采取保全措施的，应当立即开始执行。

第 2 问：在紧急情况下，如何在提起诉讼或申请仲裁前申请保全措施？

1. 利害关系人可在诉讼或仲裁前，向被保全财产所在地、被申请人住所地或有管辖权的人民法院申请保全措施，以免合法权益受到难以弥补的损害。

2. 申请人应提供担保，未提供担保则驳回申请。

3. 人民法院在接受申请后的 48 小时内作出裁定，并在裁定采取保全措施后立即执行。

4. 若申请人在保全措施后 30 日内未依法提起诉讼或申请仲裁，人民法院应解除保全。

【法律依据】

《中华人民共和国民事诉讼法》(2023 年 9 月 1 日修正)

第一百零四条　利害关系人因情况紧急，不立即申请保全将会使其合法权益受到难以弥补的损害的，可以在提起诉讼或者申请仲裁前向被保全财产所在地、被申请人住所地或者对案件有管辖权的人民法院申请采取保全措施。申请人应当提供担保，不提供担保的，裁定驳回申请。

人民法院接受申请后，必须在四十八小时内作出裁定；裁定采取保全措施的，应当立即开始执行。

申请人在人民法院采取保全措施后三十日内不依法提起诉讼或者申请仲裁的，人民法院应当解除保全。

第 3 问：在生效法律文书进入执行程序前，债权人如何申请保全措施？

1. 债权人因对方当事人转移财产等紧急情况，可向执行法院申请采取保全措施，以避免生效法律文书不能执行或难以执行。

2. 若债权人在法律文书指定的履行期间届满后 5 日内未申请执行，人民法院应解除保全。

3. 法律文书生效后，进入执行程序前，债权人申请财产保全的，人民法院可以不要求提供担保。

【法律依据】

《最高人民法院关于适用〈中华人民共和国民事诉讼法〉的解释》（法释〔2022〕11 号）

第一百六十三条　法律文书生效后，进入执行程序前，债权人因对方当事人转移财产等紧急情况，不申请保全将可能导致生效法律文书不能执行或者难以执行的，可以向执行法院申请采取保全措施。债权人在法律文书指定的履行期间届满后五日内不申请执行的，人民法院应当解除保全。

《最高人民法院关于人民法院办理财产保全案件若干问题的规定》（法释〔2020〕21 号）

第九条　当事人在诉讼中申请财产保全，有下列情形之一的，人民法院可以不要求提供担保：

（一）追索赡养费、扶养费、抚育费、抚恤金、医疗费用、劳动报酬、工伤赔偿、交通事故人身损害赔偿的；

（二）婚姻家庭纠纷案件中遭遇家庭暴力且经济困难的；

（三）人民检察院提起的公益诉讼涉及损害赔偿的；

（四）因见义勇为遭受侵害请求损害赔偿的；

（五）案件事实清楚、权利义务关系明确，发生保全错误可能性较小的；

（六）申请保全人为商业银行、保险公司等由金融监管部门批准设立的具有独立偿付债务能力的金融机构及其分支机构的。

法律文书生效后，进入执行程序前，债权人申请财产保全的，人民法院可以不要求提供担保。

第4问：在仲裁过程中，当事人如何申请财产保全？

1. 因另一方当事人的行为或其他原因导致裁决可能无法执行或难以执行的情况下，当事人可以申请财产保全。

2. 仲裁委员会应依照民事诉讼法的相关规定将保全申请提交人民法院。

3. 若申请存在错误，申请人应赔偿被申请人因财产保全所遭受的损失。

【法律依据】

《中华人民共和国仲裁法》（2017年9月1日修正）

第二十八条　一方当事人因另一方当事人的行为或者其他原因，可能使裁决不能执行或者难以执行的，可以申请财产保全。

当事人申请财产保全的，仲裁委员会应当将当事人的申请依照民事诉讼法的有关规定提交人民法院。

申请有错误的，申请人应当赔偿被申请人因财产保全所遭受的损失。

《最高人民法院关于人民法院办理财产保全案件若干问题的规定》（法释〔2020〕21号）

第三条　仲裁过程中，当事人申请财产保全的，应当通过仲裁机构向人民法院提交申请书及仲裁案件受理通知书等相关材料。人民法院裁定采取保全措施或者裁定驳回申请的，应当将裁定书送达当事人，并通知仲裁机构。

第5问：在上诉和再审过程中，人民法院如何采取保全措施？

1. 在第二审人民法院接到报送的案件之前，当事人有转移、隐匿、出卖或毁损财产等行为，第一审人民法院应依当事人申请或依职权采取保全措施。第一审人民法院的保全裁定应及时报送第二审人民法院。

2. 第二审人民法院裁定对第一审人民法院采取的保全措施予以续保或采取新的保全措施时，可以自行实施，也可以委托第一审人民法院实施。

3. 再审人民法院裁定对原保全措施予以续保或采取新的保全措施时，可以自行实施，也可以委托原审人民法院或执行法院实施。

【法律依据】

《最高人民法院关于适用〈中华人民共和国民事诉讼法〉的解释》（法释〔2022〕11号）

第一百六十一条　对当事人不服一审判决提起上诉的案件，在第二审人民法院接到报送的案件之前，当事人有转移、隐匿、出卖或者毁损财产等行为，必须采取保全措施的，由第一审人民法院依当事人申请或者依职权采取。第一审人民法院的保全裁定，应当及时报送第二审人民法院。

第一百六十二条　第二审人民法院裁定对第一审人民法院采取的保全措施予以续保或者采取新的保全措施的，可以自行实施，也可以委托第一审人民法院实施。

再审人民法院裁定对原保全措施予以续保或者采取新的保全措施的，可以自行实施，也可以委托原审人民法院或者执行法院实施。

第6问：申请财产保全时，当事人或利害关系人需要提交哪些信息和材料？

1. 向人民法院提交申请书并提供相关证据材料。
2. 申请书应包括以下内容：
（1）申请保全人与被保全人的身份、送达地址、联系方式；
（2）请求事项及其事实和理由；
（3）请求保全数额或争议标的；
（4）明确的被保全财产信息或具体的被保全财产线索；

(5) 为财产保全提供担保的财产信息或资信证明，或不需要提供担保的理由；

(6) 其他需要载明的事项。

【法律依据】

《最高人民法院关于人民法院办理财产保全案件若干问题的规定》（法释〔2020〕21号）

第一条第一款 当事人、利害关系人申请财产保全，应当向人民法院提交申请书，并提供相关证据材料。

申请书应当载明下列事项：

（一）申请保全人与被保全人的身份、送达地址、联系方式；

（二）请求事项和所根据的事实与理由；

（三）请求保全数额或者争议标的；

（四）明确的被保全财产信息或者具体的被保全财产线索；

（五）为财产保全提供担保的财产信息或资信证明，或者不需要提供担保的理由；

（六）其他需要载明的事项。

第7问：实施保全的部门在执行财产保全案件时，需要承担哪些职责？

1. 实施、续行、解除查封、扣押、冻结措施。

2. 监督被保全人自行处分被保全财产，并控制相应价款。

3. 实施其他需要的保全措施。

【法律依据】

《最高人民法院关于人民法院立案、审判与执行工作协调运行的意见》（法发〔2018〕9号）

19. 实施保全的部门负责执行财产保全案件的下列事项：

（1）实施、续行、解除查封、扣押、冻结措施；

（2）监督被保全人根据《最高人民法院关于人民法院办理财产保全案件若干问题的规定》第二十条第一款规定自行处分被保全财产，并控制相应价款；

（3）其他需要实施的保全措施。

第8问：人民法院在接受财产保全申请后，应在多长时间内作出裁定？对情况紧急的案件，应在多长时间内作出裁定？

1. 人民法院在接受财产保全申请后，一般情况下，应在5日内作出裁定；如果需要提供担保，应在提供担保后5日内作出裁定；裁定采取保全措施后，应在5日内开始执行。

2. 对情况紧急的案件，必须在48小时内作出裁定；裁定采取保全措施后，应立即开始执行。

【法律依据】

《最高人民法院关于人民法院办理财产保全案件若干问题的规定》（法释〔2020〕21号）

第四条　人民法院接受财产保全申请后，应当在五日内作出裁定；需要提供担保的，应当在提供担保后五日内作出裁定；裁定采取保全措施的，应当在五日内开始执行。对情况紧急的，必须在四十八小时内作出裁定；裁定采取保全措施的，应当立即开始执行。

第9问：根据法律规定，人民法院责令申请保全人提供财产保全担保时，担保数额最高为多少？

1. 当申请保全的财产不是争议标的时，担保数额不超过请求保全数额的30%。

2. 当申请保全的财产是争议标的时，担保数额不超过争议标的价值的30%。

3. 对于利害关系人申请诉前财产保全，应提供相当于请求保全数额的担保。

4. 在特殊情况下，人民法院可以酌情处理担保数额。

【法律依据】

《最高人民法院关于人民法院办理财产保全案件若干问题的规定》（法释〔2020〕21号）

第五条　人民法院依照民事诉讼法第一百条规定责令申请保全人提供财产保全担保的，担保数额不超过请求保全数额的百分之三十；申请保全的财产系争议标的的，担保数额不超过争议标的价值的百分之三十。

利害关系人申请诉前财产保全的，应当提供相当于请求保全数额的担保；情况特殊的，人民法院可以酌情处理。

财产保全期间，申请保全人提供的担保不足以赔偿可能给被保全人造成的损失的，人民法院可以责令其追加相应的担保；拒不追加的，可以裁定解除或者部分解除保全。

第10问：保险公司如何为财产保全提供担保？

1. 保险公司与申请保全人签订财产保全责任险合同。

2. 保险公司向人民法院出具担保书。

3. 担保书应载明，因申请财产保全错误，由保险公司赔偿被保全人因保全所遭受的损失等内容。

4. 担保书需附相关证据材料。

【法律依据】

《最高人民法院关于人民法院办理财产保全案件若干问题的规定》（法释〔2020〕21号）

第七条　保险人以其与申请保全人签订财产保全责任险合同的方

式为财产保全提供担保的，应当向人民法院出具担保书。

担保书应当载明，因申请财产保全错误，由保险人赔偿被保全人因保全所遭受的损失等内容，并附相关证据材料。

第11问：金融机构如何为财产保全提供担保？

可以独立保函形式为财产保全提供担保。

【法律依据】

《最高人民法院关于人民法院办理财产保全案件若干问题的规定》（法释〔2020〕21号）

第八条 金融监管部门批准设立的金融机构以独立保函形式为财产保全提供担保的，人民法院应当依法准许。

第12问：在哪些情况下，申请财产保全的当事人可以免予提供担保？

1. 追索赡养费、扶养费、抚育费、抚恤金、医疗费用、劳动报酬、工伤赔偿、交通事故人身损害赔偿的；
2. 婚姻家庭纠纷案件中遭遇家庭暴力且经济困难的；
3. 人民检察院提起的公益诉讼涉及损害赔偿的；
4. 因见义勇为遭受侵害请求损害赔偿的；
5. 案件事实清楚、权利义务关系明确，发生保全错误可能性较小的；
6. 申请保全人为商业银行、保险公司等金融机构及其分支机构的；
7. 法律文书生效后，进入执行程序前，债权人申请财产保全的。

【法律依据】

《最高人民法院关于人民法院办理财产保全案件若干问题的规定》（法释〔2020〕21号）

第九条 当事人在诉讼中申请财产保全,有下列情形之一的,人民法院可以不要求提供担保:

(一)追索赡养费、扶养费、抚育费、抚恤金、医疗费用、劳动报酬、工伤赔偿、交通事故人身损害赔偿的;

(二)婚姻家庭纠纷案件中遭遇家庭暴力且经济困难的;

(三)人民检察院提起的公益诉讼涉及损害赔偿的;

(四)因见义勇为遭受侵害请求损害赔偿的;

(五)案件事实清楚、权利义务关系明确,发生保全错误可能性较小的;

(六)申请保全人为商业银行、保险公司等由金融监管部门批准设立的具有独立偿付债务能力的金融机构及其分支机构的。

法律文书生效后,进入执行程序前,债权人申请财产保全的,人民法院可以不要求提供担保。

第13问:申请财产保全时,是否需要提供明确的被保全财产信息?

1. 原则:应当提供明确的被保全财产信息。

2. 例外:因客观原因不能提供明确的被保全财产信息,但已提供了具体财产线索,人民法院可以依法裁定采取财产保全措施。

【法律依据】

《最高人民法院关于人民法院办理财产保全案件若干问题的规定》（法释〔2020〕21号）

第十条 当事人、利害关系人申请财产保全,应当向人民法院提供明确的被保全财产信息。

当事人在诉讼中申请财产保全,确因客观原因不能提供明确的被保全财产信息,但提供了具体财产线索的,人民法院可以依法裁定采取财产保全措施。

第 14 问:申请保全人如何查询被保全人的财产信息?人民法院在查询财产信息时应采取哪些措施?

1. 申请保全人可以向已经建立网络执行查控系统的执行法院,书面申请通过该系统查询被保全人的财产。

2. 执行法院可以利用网络执行查控系统,对裁定保全的财产或者保全数额范围内的财产进行查询,并采取相应的查封、扣押、冻结措施。

3. 如果人民法院利用网络执行查控系统未查询到可供保全财产,应书面告知申请保全人。

【法律依据】

《最高人民法院关于人民法院办理财产保全案件若干问题的规定》(法释〔2020〕21号)

第十一条 人民法院依照本规定第十条第二款规定作出保全裁定的,在该裁定执行过程中,申请保全人可以向已经建立网络执行查控系统的执行法院,书面申请通过该系统查询被保全人的财产。

申请保全人提出查询申请的,执行法院可以利用网络执行查控系统,对裁定保全的财产或者保全数额范围内的财产进行查询,并采取相应的查封、扣押、冻结措施。

人民法院利用网络执行查控系统未查询到可供保全财产的,应当书面告知申请保全人。

第 15 问：被保全人财产权益应当如何保护？

1. 在能够实现保全目的的情况下，人民法院应选择对被保全人生产经营活动影响较小的财产进行保全。

2. 人民法院对生产经营性财产进行保全时，若指定被保全人保管，应允许其继续使用。

3. 对于可供保全的整体价值明显高于保全裁定金额的不动产，人民法院应对相应价值部分采取措施，但不可分或分割会严重减损其价值的除外。

4. 对银行账户内资金采取冻结措施时，人民法院应明确具体的冻结数额。

5. 保全限于请求的范围，或者与本案有关的财物。

【法律依据】

《最高人民法院关于人民法院办理财产保全案件若干问题的规定》
（法释〔2020〕21号）

第十三条 被保全人有多项财产可供保全的，在能够实现保全目的的情况下，人民法院应当选择对其生产经营活动影响较小的财产进行保全。

人民法院对厂房、机器设备等生产经营性财产进行保全时，指定被保全人保管的，应当允许其继续使用。

第十五条 人民法院应当依据财产保全裁定采取相应的查封、扣押、冻结措施。

可供保全的土地、房屋等不动产的整体价值明显高于保全裁定载明金额的，人民法院应当对该不动产的相应价值部分采取查封、扣押、冻结措施，但该不动产在使用上不可分或者分割会严重减损其价值的除外。

对银行账户内资金采取冻结措施的，人民法院应当明确具体的冻结数额。

《中华人民共和国民事诉讼法》(2023 年 9 月 1 日修正)

第一百零五条　保全限于请求的范围，或者与本案有关的财物。

第 16 问：对于特殊动产如机动车、航空器等被保全的财产，人民法院应采取何种措施？

1. 人民法院应责令被保全人书面报告该动产的权属和占有、使用等情况。
2. 人民法院应核实被保全人报告的情况。
3. 被保全人下落不明的除外。

【法律依据】

《最高人民法院关于人民法院办理财产保全案件若干问题的规定》(法释〔2020〕21 号)

第十四条　被保全财产系机动车、航空器等特殊动产的，除被保全人下落不明的以外，人民法院应当责令被保全人书面报告该动产的权属和占有、使用等情况，并予以核实。

第 17 问：对季节性商品、鲜活、易腐烂变质等不宜长期保存的物品采取保全措施时，应采取哪些措施？

1. 可责令当事人及时处理，由人民法院保存价款。
2. 必要时，人民法院可予以变卖，保存价款。

【法律依据】

《最高人民法院关于适用〈中华人民共和国民事诉讼法〉的解释》(法释〔2022〕11 号)

第一百五十三条　人民法院对季节性商品、鲜活、易腐烂变质以及其他不宜长期保存的物品采取保全措施时，可以责令当事人及时处理，由人民法院保存价款；必要时，人民法院可予以变卖，保存价款。

第 18 问：人民法院对债务人到期应得的收益，可以采取哪些财产保全措施？

1. 限制债务人支取到期应得的收益。
2. 通知有关单位协助执行。

【法律依据】

《最高人民法院关于适用〈中华人民共和国民事诉讼法〉的解释》(法释〔2022〕11 号)

第一百五十八条　人民法院对债务人到期应得的收益，可以采取财产保全措施，限制其支取，通知有关单位协助执行。

第 19 问：人民法院对债务人的债权，可以采取哪些财产保全措施？

1. 裁定该他人不得对债务人清偿。
2. 当该他人要求偿付时，由人民法院提存财物或者价款。
3. 对于被执行人的未到期债权，执行法院可以依法冻结，待债权到期后参照到期债权予以执行。

【法律依据】

《最高人民法院关于适用〈中华人民共和国民事诉讼法〉的解释》(法释〔2022〕11 号)

第一百五十九条　债务人的财产不能满足保全请求，但对他人有到期债权的，人民法院可以依债权人的申请裁定该他人不得对本案债务人清偿。该他人要求偿付的，由人民法院提存财物或者价款。

《最高人民法院关于依法制裁规避执行行为的若干意见》（法〔2011〕195号）

13. 依法保全被执行人的未到期债权。对被执行人的未到期债权，执行法院可以依法冻结，待债权到期后参照到期债权予以执行。第三人仅以该债务未到期为由提出异议的，不影响对该债权的保全。

第20问：当事人向采取财产保全措施以外的其他有管辖权的人民法院起诉或申请执行时，原采取保全措施的人民法院应当如何处理保全手续和财产？

1. 应当将保全手续移送受理案件的人民法院。
2. 原保全的裁定视为受移送人民法院作出的裁定。
3. 采取财产保全措施的人民法院应将保全的财产交执行法院处理。

【法律依据】

《最高人民法院关于适用〈中华人民共和国民事诉讼法〉的解释》（法释〔2022〕11号）

第一百六十条 当事人向采取诉前保全措施以外的其他有管辖权的人民法院起诉的，采取诉前保全措施的人民法院应当将保全手续移送受理案件的人民法院。诉前保全的裁定视为受移送人民法院作出的裁定。

《最高人民法院关于适用〈中华人民共和国民事诉讼法〉执行程序若干问题的解释》（法释〔2020〕21号）

第四条 对人民法院采取财产保全措施的案件，申请执行人向采取保全措施的人民法院以外的其他有管辖权的人民法院申请执行的，采取保全措施的人民法院应当将保全的财产交执行法院处理。

第 21 问：再审审查期间和再审审理期间，债务人或当事人申请财产保全的情况如何处理？

1. 再审审查期间，债务人申请保全生效法律文书确定给付的财产的，人民法院不予受理。
2. 再审审理期间，原生效法律文书中止执行，当事人申请财产保全的，人民法院应当受理。

【法律依据】

《最高人民法院关于人民法院办理财产保全案件若干问题的规定》(法释〔2020〕21号)

第十九条　再审审查期间，债务人申请保全生效法律文书确定给付的财产的，人民法院不予受理。

再审审理期间，原生效法律文书中止执行，当事人申请财产保全的，人民法院应当受理。

第 22 问：他人享有担保物权的财产是否可以保全？

1. 可以采取财产保全措施；
2. 不影响抵押权人、质权人、留置权人的优先受偿权。

【法律依据】

《最高人民法院关于适用〈中华人民共和国民事诉讼法〉的解释》(法释〔2022〕11号)

第一百五十七条　人民法院对抵押物、质押物、留置物可以采取财产保全措施，但不影响抵押权人、质权人、留置权人的优先受偿权。

第 23 问：被保全人在财产保全期间能否申请自行处分被保全财产？

可以，但需满足以下条件：

1. 人民法院经审查认为不会损害申请保全人和其他执行债权人的合法权益；
2. 监督被保全人按照合理价格在指定期限内处分；
3. 人民法院控制相应价款；
4. 如果被保全财产作为争议标的，被保全人自行处分需要申请保全人的同意；
5. 应当通知申请保全人，如申请保全人不同意，可以提出异议。

【法律依据】

《最高人民法院关于人民法院办理财产保全案件若干问题的规定》（法释〔2020〕21号）

第二十条　财产保全期间，被保全人请求对被保全财产自行处分，人民法院经审查，认为不损害申请保全人和其他执行债权人合法权益的，可以准许，但应当监督被保全人按照合理价格在指定期限内处分，并控制相应价款。

被保全人请求对作为争议标的的被保全财产自行处分的，须经申请保全人同意。

人民法院准许被保全人自行处分被保全财产的，应当通知申请保全人；申请保全人不同意的，可以依照民事诉讼法第二百二十五条规定提出异议。

第 24 问：被保全人能否申请变更保全财产？

可以申请，但需满足以下条件：

1. 可以提供其他等值担保财产。
2. 人民法院认为变更有利于执行。

【法律依据】

《最高人民法院关于适用〈中华人民共和国民事诉讼法〉的解释》(法释〔2022〕11号)

第一百六十七条 财产保全的被保全人提供其他等值担保财产且有利于执行的,人民法院可以裁定变更保全标的物为被保全人提供的担保财产。

第25问:被保全人或第三人能否提供充分有效担保以解除财产保全?

可以,但需满足以下条件:

1. 人民法院认为所提供的担保充分有效。

2. 如被保全人请求解除作为争议标的的财产保全,需要得到申请保全人的同意。

【法律依据】

《最高人民法院关于人民法院办理财产保全案件若干问题的规定》(2020修正)(法释〔2020〕21号)

第二十二条 财产纠纷案件,被保全人或第三人提供充分有效担保请求解除保全,人民法院应当裁定准许。被保全人请求对作为争议标的的财产解除保全的,须经申请保全人同意。

第26问:应当裁定解除保全的情形有哪些?

1. 保全错误的。
2. 申请人撤回保全申请的。
3. 起诉或诉讼请求被驳回的。
4. 人民法院认为应当解除的其他情形。

【法律依据】

《最高人民法院关于适用〈中华人民共和国民事诉讼法〉的解释》(法释〔2022〕11号)

第一百六十六条　裁定采取保全措施后，有下列情形之一的，人民法院应当作出解除保全裁定：

(一) 保全错误的；

(二) 申请人撤回保全申请的；

(三) 申请人的起诉或者诉讼请求被生效裁判驳回的；

(四) 人民法院认为应当解除保全的其他情形。

解除以登记方式实施的保全措施的，应当向登记机关发出协助执行通知书。

第27问：如果财产保全裁定的内容与被保全财产的实际情况不符，人民法院应如何处理？

应当予以撤销、变更或补正。

【法律依据】

《最高人民法院关于人民法院办理财产保全案件若干问题的规定》(法释〔2020〕21号)

第二十四条　财产保全裁定执行中，人民法院发现保全裁定的内容与被保全财产的实际情况不符的，应当予以撤销、变更或补正。

第28问：申请保全人、被保全人对保全裁定不服的应当如何救济？

1. 可以自裁定书送达之日起5日内向作出裁定的人民法院申请复议一次。

2. 人民法院应当自收到复议申请后 10 日内审查。

【法律依据】

《最高人民法院关于人民法院办理财产保全案件若干问题的规定》（法释〔2020〕21 号）

第二十五条　申请保全人、被保全人对保全裁定或者驳回申请裁定不服的，可以自裁定书送达之日起五日内向作出裁定的人民法院申请复议一次。人民法院应当自收到复议申请后十日内审查。

对保全裁定不服申请复议的，人民法院经审查，理由成立的，裁定撤销或变更；理由不成立的，裁定驳回。

对驳回申请裁定不服申请复议的，人民法院经审查，理由成立的，裁定撤销，并采取保全措施；理由不成立的，裁定驳回。

第 29 问：申请保全人、被保全人、利害关系人认为保全实施行为违反法律规定的，应当如何救济？

应当提出书面异议。

【法律依据】

《最高人民法院关于人民法院办理财产保全案件若干问题的规定》（法释〔2020〕21 号）

第二十六条　申请保全人、被保全人、利害关系人认为保全裁定实施过程中的执行行为违反法律规定提出书面异议的，人民法院应当依照民事诉讼法第二百二十五条规定审查处理。

第 30 问：案外人对保全财产享有实体权利的，应当如何处理？

1. 书面提出案外人对执行标的的异议，人民法院应当作出裁定。

2. 案外人或申请保全人对裁定不服的，可以在 15 日内提起执行异议之诉。

3. 案外人异议成立后，申请保全人未在 15 日内起诉的，人民法院应当自起诉期限届满之日起 7 日内对该被保全财产解除保全。

【法律依据】

《最高人民法院关于人民法院办理财产保全案件若干问题的规定》（法释〔2020〕21 号）

第二十七条　人民法院对诉讼争议标的以外的财产进行保全，案外人对保全裁定或者保全裁定实施过程中的执行行为不服，基于实体权利对被保全财产提出书面异议的，人民法院应当依照民事诉讼法第二百二十七条规定审查处理并作出裁定。案外人、申请保全人对该裁定不服的，可以自裁定送达之日起十五日内向人民法院提起执行异议之诉。

人民法院裁定案外人异议成立后，申请保全人在法律规定的期间内未提起执行异议之诉的，人民法院应当自起诉期限届满之日起七日内对该被保全财产解除保全。

《最高人民法院关于人民法院立案、审判与执行工作协调运行的意见》（法发〔2018〕9 号）

21. 保全财产不是诉讼争议标的物，案外人基于实体权利对保全裁定或者执行行为不服提出异议的，由负责审查案外人异议的部门根据民事诉讼法第二百二十七条的规定审查该异议。

第 31 问：财产保全案件的结案方式有哪些？

1. 保全完毕；
2. 部分保全；
3. 无标的物可实施保全。

【法律依据】

《最高人民法院关于执行案件立案、结案若干问题的意见》(法发〔2014〕26号)

第二十一条 执行财产保全裁定案件的结案方式包括：

（一）保全完毕，即保全事项全部实施完毕；

（二）部分保全，即因未查询到足额财产，致使保全事项未能全部实施完毕；

（三）无标的物可实施保全，即未查到财产可供保全。

第32问：人身安全保护令的适用情形有哪些？

1. 遭受家庭暴力。
2. 面临家庭暴力的现实危险。

注：不以提起离婚等民事诉讼为前提条件。

【法律依据】

《中华人民共和国反家庭暴力法》(2015年12月27日)

第二十三条 当事人因遭受家庭暴力或者面临家庭暴力的现实危险，向人民法院申请人身安全保护令的，人民法院应当受理。

当事人是无民事行为能力人、限制民事行为能力人，或者因受到强制、威吓等原因无法申请人身安全保护令的，其近亲属、公安机关、妇女联合会、居民委员会、村民委员会、救助管理机构可以代为申请。

《最高人民法院关于办理人身安全保护令案件适用法律若干问题的规定》(法释〔2022〕17号)

第一条 当事人因遭受家庭暴力或者面临家庭暴力的现实危险，依照反家庭暴力法向人民法院申请人身安全保护令的，人民法院应当受理。

向人民法院申请人身安全保护令，不以提起离婚等民事诉讼为条件。

第 33 问：无民事行为能力人、限制民事行为能力人、老人、残疾人、重病患者、因受到强制恐吓等原因无法申请人身保护令的当事人，应当如何保障相关权利？

其近亲属、公安机关、妇女联合会、居民委员会、村民委员会、残疾人联合会、依法设立的老年人组织、救助管理机构等，根据当事人意愿可以代为申请。

【法律依据】

《最高人民法院关于办理人身安全保护令案件适用法律若干问题的规定》（法释〔2022〕17号）

第二条 当事人因年老、残疾、重病等原因无法申请人身安全保护令，其近亲属、公安机关、民政部门、妇女联合会、居民委员会、村民委员会、残疾人联合会、依法设立的老年人组织、救助管理机构等，根据当事人意愿，依照反家庭暴力法第二十三条规定代为申请的，人民法院应当依法受理。

《中华人民共和国反家庭暴力法》（2015年12月27日）

第二十三条 当事人因遭受家庭暴力或者面临家庭暴力的现实危险，向人民法院申请人身安全保护令的，人民法院应当受理。

当事人是无民事行为能力人、限制民事行为能力人，或者因受到强制、威吓等原因无法申请人身安全保护令的，其近亲属、公安机关、妇女联合会、居民委员会、村民委员会、救助管理机构可以代为申请。

第34问：申请人身安全保护令是否可以口头申请？

原则上应当以书面形式提出。书面申请确有困难的，可以口头申请，由人民法院记入笔录。

【法律依据】

《中华人民共和国反家庭暴力法》（2015年12月27日）

第二十四条　申请人身安全保护令应当以书面方式提出；书面申请确有困难的，可以口头申请，由人民法院记入笔录。

第35问：申请人身安全保护令应当由哪些法院管辖？

由以下地区的基层法院管辖：

1. 申请人居住地；
2. 被申请人居住地；
3. 家庭暴力发生地。

【法律依据】

《中华人民共和国反家庭暴力法》（2015年12月27日）

第二十五条　人身安全保护令案件由申请人或者被申请人居住地、家庭暴力发生地的基层人民法院管辖。

第36问：作出人身安全保护令应当具备哪些条件？

1. 有明确的被申请人；
2. 有具体的请求；
3. 有遭受家庭暴力或者面临家庭暴力现实危险的情形。

【法律依据】

《中华人民共和国反家庭暴力法》（2015年12月27日）

第二十七条　作出人身安全保护令，应当具备下列条件：
（一）有明确的被申请人；
（二）有具体的请求；
（三）有遭受家庭暴力或者面临家庭暴力现实危险的情形。

第37问：人身安全保护令的审查时限为多久？

原则上应当在72小时内作出裁定；情况紧急的，应当在24小时内作出裁定。

【法律依据】

《中华人民共和国反家庭暴力法》（2015年12月27日）

第二十八条　人民法院受理申请后，应当在七十二小时内作出人身安全保护令或者驳回申请；情况紧急的，应当在二十四小时内作出。

第38问：可以作为判断当事人是否遭受家庭暴力或者面临家庭暴力现实危险的相关证据包括哪些？

1. 当事人的陈述。
2. 公安机关出具的家庭暴力告诫书、行政处罚决定书。
3. 公安机关的出警记录、讯问笔录、询问笔录、接警记录、报警回执等。
4. 被申请人曾出具的悔过书或者保证书等。
5. 记录家庭暴力发生或者解决过程等的视听资料。
6. 被申请人与申请人或者其近亲属之间的电话录音、短信、即时通讯信息、电子邮件等。

7. 医疗机构的诊疗记录。

8. 申请人或者被申请人所在单位、民政部门、居民委员会、村民委员会、妇女联合会、残疾人联合会、未成年人保护组织、依法设立的老年人组织、救助管理机构、反家暴社会公益机构等单位收到投诉、反映或者求助的记录。

9. 未成年子女提供的与其年龄、智力相适应的证言或者亲友、邻居等其他证人证言。

10. 伤情鉴定意见。

11. 其他能够证明申请人遭受家庭暴力或者面临家庭暴力现实危险的证据。

【法律依据】

《最高人民法院关于办理人身安全保护令案件适用法律若干问题的规定》（法释〔2022〕17号）

第六条 人身安全保护令案件中，人民法院根据相关证据，认为申请人遭受家庭暴力或者面临家庭暴力现实危险的事实存在较大可能性的，可以依法作出人身安全保护令。

前款所称"相关证据"包括：

（一）当事人的陈述；

（二）公安机关出具的家庭暴力告诫书、行政处罚决定书；

（三）公安机关的出警记录、讯问笔录、询问笔录、接警记录、报警回执等；

（四）被申请人曾出具的悔过书或者保证书等；

（五）记录家庭暴力发生或者解决过程等的视听资料；

（六）被申请人与申请人或者其近亲属之间的电话录音、短信、即时通讯信息、电子邮件等；

（七）医疗机构的诊疗记录；

（八）申请人或者被申请人所在单位、民政部门、居民委员会、村民委员会、妇女联合会、残疾人联合会、未成年人保护组织、依法设立的老年人组织、救助管理机构、反家暴社会公益机构等单位收到投诉、反映或者求助的记录；

（九）未成年子女提供的与其年龄、智力相适应的证言或者亲友、邻居等其他证人证言；

（十）伤情鉴定意见；

（十一）其他能够证明申请人遭受家庭暴力或者面临家庭暴力现实危险的证据。

第39问：人身安全保护令的有效期为多久？应当如何申请延期？

1. 有效期：一般不超过6个月；
2. 生效日期：作出之日起生效；
3. 申请撤销、变更或延长：在保护令失效前向人民法院申请。

【法律依据】

《中华人民共和国反家庭暴力法》（2015年12月27日）

第三十条 人身安全保护令的有效期不超过六个月，自作出之日起生效。人身安全保护令失效前，人民法院可以根据申请人的申请撤销、变更或者延长。

第40问：人身安全保护令的被申请人未发表意见的，是否影响人民法院依法作出人身安全保护令？

不影响。

【法律依据】

《最高人民法院关于办理人身安全保护令案件适用法律若干问题的规定》（法释〔2022〕17号）

第七条 人民法院可以通过在线诉讼平台、电话、短信、即时通讯工具、电子邮件等简便方式询问被申请人。被申请人未发表意见的，不影响人民法院依法作出人身安全保护令。

第41问：人身安全保护令的被申请人认可存在家庭暴力行为，但辩称申请人有过错的，是否影响人民法院依法作出人身安全保护令？

不影响。

【法律依据】

《最高人民法院关于办理人身安全保护令案件适用法律若干问题的规定》（法释〔2022〕17号）

第八条 被申请人认可存在家庭暴力行为，但辩称申请人有过错的，不影响人民法院依法作出人身安全保护令。

第42问：人身安全保护令包括哪些措施？

1. 禁止被申请人实施家庭暴力。
2. 禁止被申请人骚扰、跟踪、接触申请人及其相关近亲属。
3. 责令被申请人迁出申请人住所。
4. 禁止被申请人以电话、短信、即时通讯工具、电子邮件等方式侮辱、诽谤、威胁申请人及其相关近亲属。
5. 禁止被申请人在申请人及其相关近亲属的住所、学校、工作单位等经常出入场所的一定范围内从事可能影响申请人及其相关近亲属正常生活、学习、工作的活动。
6. 保护申请人人身安全的其他措施。

【法律依据】

《最高人民法院关于办理人身安全保护令案件适用法律若干问题的规定》（法释〔2022〕17号）

第十条 反家庭暴力法第二十九条第四项规定的"保护申请人人身安全的其他措施"可以包括下列措施：

（一）禁止被申请人以电话、短信、即时通讯工具、电子邮件等方式侮辱、诽谤、威胁申请人及其相关近亲属；

（二）禁止被申请人在申请人及其相关近亲属的住所、学校、工作单位等经常出入场所的一定范围内从事可能影响申请人及其相关近亲属正常生活、学习、工作的活动。

《中华人民共和国反家庭暴力法》（2015年12月27日）

第二十九条 人身安全保护令可以包括下列措施：
（一）禁止被申请人实施家庭暴力；
（二）禁止被申请人骚扰、跟踪、接触申请人及其相关近亲属；
（三）责令被申请人迁出申请人住所；
（四）保护申请人人身安全的其他措施。

第43问：对人身安全保护令的裁定不服的，应当如何救济？

1. 申请人与被申请人均可以自裁定生效之日起五日内向作出裁定的人民法院复议一次。

2. 复议期间不停止人身安全保护令的执行。

【法律依据】

《中华人民共和国反家庭暴力法》（2015年12月27日）

第三十一条 申请人对驳回申请不服或者被申请人对人身安全保护令不服的，可以自裁定生效之日起五日内向作出裁定的人民法院申请复议一次。人民法院依法作出人身安全保护令的，复议期间不停止人身安全保护令的执行。

第 44 问：人身安全保护令作出后，应当如何执行？

由人民法院执行，公安机关、居委会、村委会协助执行。

【法律依据】

《中华人民共和国反家庭暴力法》（2015 年 12 月 27 日）

第三十二条　人民法院作出人身安全保护令后，应当送达申请人、被申请人、公安机关以及居民委员会、村民委员会等有关组织。人身安全保护令由人民法院执行，公安机关以及居民委员会、村民委员会等应当协助执行。

第 45 问：申请人身安全保护令时，当事人主张存在家庭暴力事实的，应当如何分配举证责任？

按照"谁主张，谁举证"的原则综合认定是否存在该事实。

【法律依据】

《最高人民法院关于办理人身安全保护令案件适用法律若干问题的规定》（法释〔2022〕17 号）

第九条　离婚等案件中，当事人仅以人民法院曾作出人身安全保护令为由，主张存在家庭暴力事实的，人民法院应当根据《最高人民法院关于适用〈中华人民共和国民事诉讼法〉的解释》第一百零八条的规定，综合认定是否存在该事实。

第 46 问：被申请人违反人身安全保护令的措施，应当承担何种责任？

1. 构成拒不执行判决、裁定罪的，依法追究刑事责任。
2. 同时构成其他犯罪的，依照刑法有关规则处理。

【法律依据】

《最高人民法院关于办理人身安全保护令案件适用法律若干问题的规定》（法释〔2022〕17号）

第十二条　被申请人违反人身安全保护令，符合《中华人民共和国刑法》第三百一十三条规定的，以拒不执行判决、裁定罪定罪处罚；同时构成其他犯罪的，依照刑法有关规定处理。

《中华人民共和国刑法》（2023年12月29日修正）

第三百一十三条　对人民法院的判决、裁定有能力执行而拒不执行，情节严重的，处三年以下有期徒刑、拘役或者罚金；情节特别严重的，处三年以上七年以下有期徒刑，并处罚金。

单位犯前款罪的，对单位判处罚金，并对其直接负责的主管人员和其他直接责任人员，依照前款的规定处罚。

第七章　先予执行

第1问：哪些情形可以申请先予执行？

1. 追索赡养费、扶养费、抚养费、抚恤金、医疗费用的。
2. 追索劳动报酬的。
3. 因情况紧急需要先予执行的：
（1）需要立即停止侵害、排除妨碍的；
（2）需要立即制止某项行为的；
（3）追索恢复生产、经营急需的保险理赔费的；
（4）需要立即返还社会保险金、社会救助资金的；
（5）不立即返还款项，将严重影响权利人生活和生产经营的。

【法律依据】

《中华人民共和国民事诉讼法》（2023年9月1日修正）

第一百零九条　人民法院对下列案件，根据当事人的申请，可以裁定先予执行：

（一）追索赡养费、扶养费、抚养费、抚恤金、医疗费用的；

（二）追索劳动报酬的；

（三）因情况紧急需要先予执行的。

《最高人民法院关于适用〈中华人民共和国民事诉讼法〉的解释》（法释〔2022〕11号）

第一百七十条　民事诉讼法第一百零九条第三项规定的情况紧急，包括：

（一）需要立即停止侵害、排除妨碍的；
（二）需要立即制止某项行为的；
（三）追索恢复生产、经营急需的保险理赔费的；
（四）需要立即返还社会保险金、社会救助资金的；
（五）不立即返还款项，将严重影响权利人生活和生产经营的。

第2问：申请先予执行应当符合哪些条件？

1. 当事人之间权利义务关系明确；
2. 不先予执行将严重影响申请人的生活或生产经营；
3. 被申请人有履行能力。

【法律依据】

《中华人民共和国民事诉讼法》（2023年9月1日修正）

第一百一十条 人民法院裁定先予执行的，应当符合下列条件：

（一）当事人之间权利义务关系明确，不先予执行将严重影响申请人的生活或者生产经营的；

（二）被申请人有履行能力。

人民法院可以责令申请人提供担保，申请人不提供担保的，驳回申请。申请人败诉的，应当赔偿被申请人因先予执行遭受的财产损失。

第3问：申请先予执行申请人是否需要提供担保？申请人败诉的应当如何处理？

1. 法院可以责令申请人提供担保，申请人拒绝提供的，驳回申请；
2. 申请人败诉的，应当赔偿被申请人因先予执行遭受的财产损失；
3. 执行回转。

【法律依据】

《**中华人民共和国民事诉讼法**》(2023 年 9 月 1 日修正)

第一百一十条　人民法院裁定先予执行的,应当符合下列条件:

(一)当事人之间权利义务关系明确,不先予执行将严重影响申请人的生活或者生产经营的;

(二)被申请人有履行能力。

人民法院可以责令申请人提供担保,申请人不提供担保的,驳回申请。申请人败诉的,应当赔偿被申请人因先予执行遭受的财产损失。

《**最高人民法院关于适用〈中华人民共和国民事诉讼法〉的解释**》(法释〔2022〕11 号)

第一百七十三条　人民法院先予执行后,根据发生法律效力的判决,申请人应当返还因先予执行所取得的利益的,适用民事诉讼法第二百四十条的规定。

第 4 问:采取先予执行措施的期间和范围分别是什么?

1. 期间:案件受理后至终审判决作出前。

2. 范围:限于诉讼请求的范围,并以当事人的生活生产经营的急需为限。

【法律依据】

《**最高人民法院关于适用〈中华人民共和国民事诉讼法〉的解释**》(法释〔2022〕11 号)

第一百六十九条　民事诉讼法规定的先予执行,人民法院应当在受理案件后终审判决作出前采取。先予执行应当限于当事人诉讼请求的范围,并以当事人的生活、生产经营的急需为限。

第 5 问：对先予执行裁定不服的，应当如何救济？

可以在收到裁定书之日起 5 日内向作出裁定的法院申请复议一次，复议期间不停止裁定的执行。

【法律依据】

《中华人民共和国民事诉讼法》（2023 年 9 月 1 日修正）

第一百一十一条 当事人对保全或者先予执行的裁定不服的，可以申请复议一次。复议期间不停止裁定的执行。

《最高人民法院关于适用〈中华人民共和国民事诉讼法〉的解释》（法释〔2022〕11 号）

第一百七十一条 当事人对保全或者先予执行裁定不服的，可以自收到裁定书之日起五日内向作出裁定的人民法院申请复议。人民法院应当在收到复议申请后十日内审查。裁定正确的，驳回当事人的申请；裁定不当的，变更或者撤销原裁定。

第一百七十二条 利害关系人对保全或者先予执行的裁定不服申请复议的，由作出裁定的人民法院依照民事诉讼法第一百一十一条规定处理。

第八章 不含涉外因素仲裁裁决的执行

第1问：人民法院裁定不予执行仲裁裁决（不具有涉外因素）的条件是什么？裁定不予执行之后，当事人的纠纷应当如何处理？

1. 不予执行仲裁裁决的条件：
（1）没有仲裁条款、仲裁协议的。
（2）裁决的事项不属于裁决协议的范围或仲裁机构无权仲裁的。
（3）仲裁庭的组成违反法定程序。
（4）仲裁的程序违反法定程序。
（5）仲裁所根据的证据是伪造的。
（6）对方当事人隐瞒了足以影响公正裁决的证据的。
（7）仲裁员在仲裁该案时有贪污受贿等行为的。
（8）人民法院认定执行该裁决违背社会公共利益的。
（9）人民法院应当组成合议庭对上述情形进行审查核实。

2. 裁定不予执行后的处理：
（1）当事人可以重新达成书面的仲裁协议申请仲裁。
（2）当事人可以向人民法院起诉。

【法律依据】

《中华人民共和国民事诉讼法》（2023年9月1日修正）

第二百四十八条 对依法设立的仲裁机构的裁决，一方当事人不履行的，对方当事人可以向有管辖权的人民法院申请执行。受申请的人民法院应当执行。

被申请人提出证据证明仲裁裁决有下列情形之一的，经人民法院组成合议庭审查核实，裁定不予执行：

（一）当事人在合同中没有订有仲裁条款或者事后没有达成书面仲裁协议的；

（二）裁决的事项不属于仲裁协议的范围或者仲裁机构无权仲裁的；

（三）仲裁庭的组成或者仲裁的程序违反法定程序的；

（四）裁决所根据的证据是伪造的；

（五）对方当事人向仲裁机构隐瞒了足以影响公正裁决的证据的；

（六）仲裁员在仲裁该案时有贪污受贿，徇私舞弊，枉法裁决行为的。

人民法院认定执行该裁决违背社会公共利益的，裁定不予执行。

裁定书应当送达双方当事人和仲裁机构。

仲裁裁决被人民法院裁定不予执行的，当事人可以根据双方达成的书面仲裁协议重新申请仲裁，也可以向人民法院起诉。

第 2 问：申请执行仲裁裁决应当由哪些法院管辖？

1. 原则上被执行人住所地或财产所在地的中级人民法院管辖。

2. 符合一定条件，可以指定基层法院管辖：

（1）经上级人民法院批准；

（2）执行标的额符合基层法院一审民商事案件级别管辖受理范围；

（3）被执行人的住所地或者财产所在地在被指定的基层人民法院辖区内。

【法律依据】

《最高人民法院关于人民法院办理仲裁裁决执行案件若干问题的规定》（法释〔2018〕5号）

第二条 当事人对仲裁机构作出的仲裁裁决或者仲裁调解书申请执

行的，由被执行人住所地或者被执行的财产所在地的中级人民法院管辖。

符合下列条件的，经上级人民法院批准，中级人民法院可以参照民事诉讼法第三十八条的规定指定基层人民法院管辖：

（一）执行标的额符合基层人民法院一审民商事案件级别管辖受理范围；

（二）被执行人住所地或者被执行的财产所在地在被指定的基层人民法院辖区内；

被执行人、案外人对仲裁裁决执行案件申请不予执行的，负责执行的中级人民法院应当另行立案审查处理；执行案件已指定基层人民法院管辖的，应当于收到不予执行申请后三日内移送原执行法院另行立案审查处理。

第3问：被执行人、案外人对仲裁裁决执行案件申请不予执行的，应当如何处理？

1. 由中级人民法院执行的：应当另行立案审查处理。
2. 由指定基层法院执行的：应当在收到不予执行申请后3日内移送原执行法院另行立案审查处理。

【法律依据】

《最高人民法院关于人民法院办理仲裁裁决执行案件若干问题的规定》（法释〔2018〕5号）

第二条 当事人对仲裁机构作出的仲裁裁决或者仲裁调解书申请执行的，由被执行人住所地或者被执行的财产所在地的中级人民法院管辖。

符合下列条件的，经上级人民法院批准，中级人民法院可以参照民事诉讼法第三十八条的规定指定基层人民法院管辖：

（一）执行标的额符合基层人民法院一审民商事案件级别管辖受理范围；

（二）被执行人住所地或者被执行的财产所在地在被指定的基层人民法院辖区内；

被执行人、案外人对仲裁裁决执行案件申请不予执行的，负责执行的中级人民法院应当另行立案审查处理；执行案件已指定基层人民法院管辖的，应当于收到不予执行申请后三日内移送原执行法院另行立案审查处理。

第4问：申请人向两个以上有管辖权的人民法院提出申请的，应当如何处理？

应当由最先立案的人民法院管辖。

【法律依据】

《最高人民法院关于审理仲裁司法审查案件若干问题的规定》（法释〔2017〕22号）

第四条 申请人向两个以上有管辖权的人民法院提出申请的，由最先立案的人民法院管辖。

第5问：申请执行仲裁裁决应当提交哪些材料？

1. 裁决书的正本或经证明无误的副本，外文申请书、裁决书应当附有中文译本。

2. 申请书，内容应当包括：申请人的基本信息、裁决书的主要内容和生效日期、具体的请求和理由。

【法律依据】

《最高人民法院关于审理仲裁司法审查案件若干问题的规定》（法释〔2017〕22号）

第六条 申请人向人民法院申请执行或者撤销我国内地仲裁机构

的仲裁裁决、申请承认和执行外国仲裁裁决的，应当提交申请书及裁决书正本或者经证明无误的副本。

申请书应当载明下列事项：

（一）申请人或者被申请人为自然人的，应当载明其姓名、性别、出生日期、国籍及住所；为法人或者其他组织的，应当载明其名称、住所以及法定代表人或者代表人的姓名和职务；

（二）裁决书的主要内容及生效日期；

（三）具体的请求和理由。

当事人提交的外文申请书、裁决书及其他文件，应当附有中文译本。

第七条　申请人提交的文件不符合第五条、第六条的规定，经人民法院释明后提交的文件仍然不符合规定的，裁定不予受理。

申请人向对案件不具有管辖权的人民法院提出申请，人民法院应当告知其向有管辖权的人民法院提出申请，申请人仍不变更申请的，裁定不予受理。

申请人对不予受理的裁定不服的，可以提起上诉。

第6问：申请人提交的申请执行仲裁裁决的文件不符合要求的，或申请人向不具有管辖权的人民院提出执行申请的，人民法院应当如何处理？

应当裁定不予受理。

【法律依据】

《最高人民法院关于审理仲裁司法审查案件若干问题的规定》（法释〔2017〕22号）

第七条　申请人提交的文件不符合第五条、第六条的规定，经人民法院释明后提交的文件仍然不符合规定的，裁定不予受理。

申请人向对案件不具有管辖权的人民法院提出申请，人民法院应当告知其向有管辖权的人民法院提出申请，申请人仍不变更申请的，裁定不予受理。

申请人对不予受理的裁定不服的，可以提起上诉。

第7问：申请执行仲裁裁决人民法院立案后发现不符合受理条件的，应当如何处理？

1. 应当裁定驳回申请；
2. 申请人再次申请并符合受理条件的，人民法院应当受理。

【法律依据】

《最高人民法院关于审理仲裁司法审查案件若干问题的规定》（法释〔2017〕22号）

第八条 人民法院立案后发现不符合受理条件的，裁定驳回申请。

前款规定的裁定驳回申请的案件，申请人再次申请并符合受理条件的，人民法院应予受理。

当事人对驳回申请的裁定不服的，可以提起上诉。

第8问：仲裁裁决执行内容不明确应当如何处理？

满足以下情形之一的，人民法院可以裁定驳回执行申请或驳回部分执行申请：

1. 权利义务主体不明确。
2. 金钱给付具体金额不明确或计算方法不明确导致无法计算出具体数额的。
3. 交付特定物不明确或无法确定的。
4. 行为履行的标准、对象、范围不明确的。
5. 继续履行合同的，但对继续履行的权利义务、履行方式、期限等具体内容不明确的，导致无法执行的。

【法律依据】

《最高人民法院关于人民法院办理仲裁裁决执行案件若干问题的规定》（法释〔2018〕5号）

第三条 仲裁裁决或者仲裁调解书执行内容具有下列情形之一导致无法执行的，人民法院可以裁定驳回执行申请；导致部分无法执行的，可以裁定驳回该部分的执行申请；导致部分无法执行且该部分与其他部分不可分的，可以裁定驳回执行申请。

（一）权利义务主体不明确；

（二）金钱给付具体数额不明确或者计算方法不明确导致无法计算出具体数额；

（三）交付的特定物不明确或者无法确定；

（四）行为履行的标准、对象、范围不明确；

仲裁裁决或者仲裁调解书仅确定继续履行合同，但对继续履行的权利义务，以及履行的方式、期限等具体内容不明确，导致无法执行的，依照前款规定处理。

第9问：申请执行人对因执行内容不明确裁定驳回申请不服的应当如何救济？

可以自裁定送达之日起10日内向上一级法院申请复议。

【法律依据】

《最高人民法院关于人民法院办理仲裁裁决执行案件若干问题的规定》（法释〔2018〕5号）

第五条 申请执行人对人民法院依照本规定第三条、第四条作出的驳回执行申请裁定不服的，可以自裁定送达之日起十日内向上一级人民法院申请复议。

第 10 问：申请执行仲裁裁决时，裁决书或调解书中的文字错误、计算错误、遗漏事项可以补正说明的应当如何处理？

1. 人民法院应当书面告知仲裁庭补正或说明，或者向仲裁机构调阅仲裁案卷查明。

2. 仲裁庭不补正也不说明，或调阅卷宗后执行内容仍然不具体明确的，可以裁定驳回执行申请。

【法律依据】

《最高人民法院关于人民法院办理仲裁裁决执行案件若干问题的规定》（法释〔2018〕5 号）

第四条　对仲裁裁决主文或者仲裁调解书中的文字、计算错误以及仲裁庭已经认定但在裁决主文中遗漏的事项，可以补正或说明的，人民法院应当书面告知仲裁庭补正或说明，或者向仲裁机构调阅仲裁案卷查明。仲裁庭不补正也不说明，且人民法院调阅仲裁案卷后执行内容仍然不明确具体无法执行的，可以裁定驳回执行申请。

第 11 问：当事人申请执行仲裁机构在纠纷发生前作出的仲裁裁决或者调解书的，人民法院应当如何处理？

应当裁定不予受理，已经受理的应当裁定驳回执行申请。

【法律依据】

《最高人民法院关于仲裁机构"先予仲裁"裁决或者调解书立案、执行等法律适用问题的批复》（法释〔2018〕10 号）

广东省高级人民法院：

你院《关于"先予仲裁"裁决应否立案执行的请示》（粤高法〔2018〕99 号）收悉。经研究，批复如下：

当事人申请人民法院执行仲裁机构根据仲裁法作出的仲裁裁决或

者调解书，人民法院经审查，符合民事诉讼法、仲裁法相关规定的，应当依法及时受理，立案执行。但是，根据仲裁法第二条的规定，仲裁机构可以仲裁的是当事人间已经发生的合同纠纷和其他财产权益纠纷。因此，网络借贷合同当事人申请执行仲裁机构在纠纷发生前作出的仲裁裁决或者调解书的，人民法院应当裁定不予受理；已经受理的，裁定驳回执行申请。

你院请示中提出的下列情形，应当认定为民事诉讼法第二百三十七条第二款第三项规定的"仲裁庭的组成或者仲裁的程序违反法定程序"的情形：

一、仲裁机构未依照仲裁法规定的程序审理纠纷或者主持调解，径行根据网络借贷合同当事人在纠纷发生前签订的和解或者调解协议作出仲裁裁决、仲裁调解书的；

二、仲裁机构在仲裁过程中未保障当事人申请仲裁员回避、提供证据、答辩等仲裁法规定的基本程序权利的。

前款规定情形中，网络借贷合同当事人以约定弃权条款为由，主张仲裁程序未违反法定程序的，人民法院不予支持。

人民法院办理其他合同纠纷、财产权益纠纷仲裁裁决或者调解书执行案件，适用本批复。

此复。

《中华人民共和国仲裁法》（2017 年 9 月 1 日修正）

第二条 平等主体的公民、法人和其他组织之间发生的合同纠纷和其他财产权益纠纷，可以仲裁。

第 12 问：仲裁交付特定物毁损、灭失的应当如何处理？

1. 经双方当事人协商一致的，可以折价赔偿。

2. 不能协商一致的，标的物毁损灭失发生在最后一次法庭辩论结束前的，应当申请再审。

3. 不能协商一致的，标的物毁损灭失发生在最后一次法庭辩论结束后的,应当告知另行起诉。

4. 无法判断毁损灭失时间的,应当告知另行起诉。

【法律依据】

《最高人民法院关于人民法院办理仲裁裁决执行案件若干问题的规定》(法释〔2018〕5号)

第六条 仲裁裁决或者仲裁调解书确定交付的特定物确已毁损或者灭失的,依照《最高人民法院关于适用〈中华人民共和国民事诉讼法〉的解释》第四百九十四条①的规定处理。

《最高人民法院关于适用〈中华人民共和国民事诉讼法〉的解释》(法释〔2022〕11号)

第四百九十二条 执行标的物为特定物的,应当执行原物。原物确已毁损或者灭失的,经双方当事人同意,可以折价赔偿。

双方当事人对折价赔偿不能协商一致的,人民法院应当终结执行程序。申请执行人可以另行起诉。

第13问:仲裁裁决执行期间,被执行人、案外人申请撤销仲裁裁决、申请不予执行仲裁裁决的,法院应当如何处理?

1. 被执行人申请撤销仲裁裁决,并且法院已经受理的,执行法院应当裁定中止执行。

2. 被执行人、案外人申请不予执行仲裁裁决并提供适当担保的,执行法院应当裁定中止执行。

3. 中止执行期间,人民法院应当停止处分性措施,但申请执行人提供充分、有效的担保请求继续执行的除外。

4. 执行标的查封、扣押、冻结期限届满前,人民法院可以根据当事人申请或者依职权办理续行查封、扣押、冻结手续。

---

① 现相关规定见《最高人民法院关于适用〈中华人民共和国民事诉讼法〉的解释》(2022年修正)第四百九十二条。

【法律依据】

《最高人民法院关于人民法院办理仲裁裁决执行案件若干问题的规定》（法释〔2018〕5号）

第七条 被执行人申请撤销仲裁裁决并已由人民法院受理的，或者被执行人、案外人对仲裁裁决执行案件提出不予执行申请并提供适当担保的，执行法院应当裁定中止执行。中止执行期间，人民法院应当停止处分性措施，但申请执行人提供充分、有效的担保请求继续执行的除外；执行标的查封、扣押、冻结期限届满前，人民法院可以根据当事人申请或者依职权办理续行查封、扣押、冻结手续。

申请撤销仲裁裁决、不予执行仲裁裁决案件司法审查期间，当事人、案外人申请对已查封、扣押、冻结之外的财产采取保全措施的，负责审查的人民法院参照民事诉讼法第一百条的规定处理。司法审查后仍需继续执行的，保全措施自动转为执行中的查封、扣押、冻结措施；采取保全措施的人民法院与执行法院不一致的，应当将保全手续移送执行法院，保全裁定视为执行法院作出的裁定。

第14问：仲裁裁决执行期间，当事人、案外人申请对已查封、冻结、扣押之外的财产采取保全措施的，法院应当如何处理？

1. 可以根据具体情况，裁定采取保全措施。
2. 可以根据具体情况，责令申请人提供担保。
3. 情况紧急的应当在48小时内作出裁定，作出裁定后立即执行。

【法律依据】

《最高人民法院关于人民法院办理仲裁裁决执行案件若干问题的规定》（法释〔2018〕5号）

第七条 被执行人申请撤销仲裁裁决并已由人民法院受理的，或者被执行人、案外人对仲裁裁决执行案件提出不予执行申请并提供适当担保的，执行法院应当裁定中止执行。中止执行期间，人民法院应当停止处分性措施，但申请执行人提供充分、有效的担保请求继续执行的除外；执行标的查封、扣押、冻结期限届满前，人民法院可以根据当事人申请或者依职权办理续行查封、扣押、冻结手续。

申请撤销仲裁裁决、不予执行仲裁裁决案件司法审查期间，当事人、案外人申请对已查封、扣押、冻结之外的财产采取保全措施的，负责审查的人民法院参照民事诉讼法第一百条①的规定处理。司法审查后仍需继续执行的，保全措施自动转为执行中的查封、扣押、冻结措施；采取保全措施的人民法院与执行法院不一致的，应当将保全手续移送执行法院，保全裁定视为执行法院作出的裁定。

《中华人民共和国民事诉讼法》（2023年9月1日修正）

第一百零三条 人民法院对于可能因当事人一方的行为或者其他原因，使判决难以执行或者造成当事人其他损害的案件，根据对方当事人的申请，可以裁定对其财产进行保全、责令其作出一定行为或者禁止其作出一定行为；当事人没有提出申请的，人民法院在必要时也可以裁定采取保全措施。

人民法院采取保全措施，可以责令申请人提供担保，申请人不提供担保的，裁定驳回申请。

人民法院接受申请后，对情况紧急的，必须在四十八小时内作出裁定；裁定采取保全措施的，应当立即开始执行。

第15问：被执行人申请不予执行仲裁裁决的期限是多久？

1. 一般情形：应当在执行通知书送达之日起15日内提出书面申请。

2. 存在以下情形且执行程序尚未终结的，应当自知道或应当知道

---

① 现相关规定见《中华人民共和国民事诉讼法》（2023年修正）第一百零三条。

之日起 15 内提出书面申请：

（1）裁决所根据的证据是伪造的；

（2）仲裁员在仲裁该案时有贪污受贿，徇私舞弊，枉法裁决行为的。

3. 在规定期限届满前，被执行人已向有管辖权的法院申请撤销仲裁裁决且已被受理的，自法院驳回申请的裁判文书生效之日起重新计算期限。

【法律依据】

《最高人民法院关于人民法院办理仲裁裁决执行案件若干问题的规定》（法释〔2018〕5号）

第八条 被执行人向人民法院申请不予执行仲裁裁决的，应当在执行通知书送达之日起十五日内提出书面申请；有民事诉讼法第二百三十七条第二款第四、六项[①]规定情形且执行程序尚未终结的，应当自知道或者应当知道有关事实或案件之日起十五日内提出书面申请。

本条前款规定期限届满前，被执行人已向有管辖权的人民法院申请撤销仲裁裁决且已被受理的，自人民法院驳回撤销仲裁裁决申请的裁判文书生效之日起重新计算期限。

《中华人民共和国民事诉讼法》（2023年9月1日修正）

第二百四十八条 对依法设立的仲裁机构的裁决，一方当事人不履行的，对方当事人可以向有管辖权的人民法院申请执行。受申请的人民法院应当执行。

被申请人提出证据证明仲裁裁决有下列情形之一的，经人民法院组成合议庭审查核实，裁定不予执行：

（一）当事人在合同中没有订有仲裁条款或者事后没有达成书面仲裁协议的；

---

① 现相关规定见《中华人民共和国民事诉讼法》（2023年修正）第二百四十八条第二款第四项、第六项。

（二）裁决的事项不属于仲裁协议的范围或者仲裁机构无权仲裁的；

（三）仲裁庭的组成或者仲裁的程序违反法定程序的；

（四）裁决所根据的证据是伪造的；

（五）对方当事人向仲裁机构隐瞒了足以影响公正裁决的证据的；

（六）仲裁员在仲裁该案时有贪污受贿，徇私舞弊，枉法裁决行为的。

人民法院认定执行该裁决违背社会公共利益的，裁定不予执行。

裁定书应当送达双方当事人和仲裁机构。

仲裁裁决被人民法院裁定不予执行的，当事人可以根据双方达成的书面仲裁协议重新申请仲裁，也可以向人民法院起诉。

第16问：案外人申请不予执行仲裁裁决的期限是多久？需要哪些条件？

1. 期限：自知道或应当知道法院对执行标的采取执行措施之日起30日内提出。

2. 条件：

（1）提交申请书以及证据材料证明仲裁案件当事人恶意申请仲裁或者虚假仲裁，损害其合法权益；

（2）所涉及的执行标的尚未执行终结。

【法律依据】

《最高人民法院关于人民法院办理仲裁裁决执行案件若干问题的规定》（法释〔2018〕5号）

第九条 案外人向人民法院申请不予执行仲裁裁决或者仲裁调解书的，应当提交申请书以及证明其请求成立的证据材料，并符合下列条件：

（一）有证据证明仲裁案件当事人恶意申请仲裁或者虚假仲裁，

损害其合法权益；

（二）案外人主张的合法权益所涉及的执行标的尚未执行终结；

（三）自知道或者应当知道人民法院对该标的采取执行措施之日起三十日内提出。

第 17 问：被执行人能否对同一仲裁裁决，根据多个不予执行的事由，多次向法院提出申请？

1. 一般情形：不可以，应当一并提出，被驳回后再次申请的，法院不予审查。

2. 以下情形除外：

（1）裁决所根据的证据是伪造的；

（2）仲裁员在仲裁该案时有贪污受贿，徇私舞弊，枉法裁决行为的。

【法律依据】

《最高人民法院关于人民法院办理仲裁裁决执行案件若干问题的规定》（法释〔2018〕5 号）

第十条　被执行人申请不予执行仲裁裁决，对同一仲裁裁决的多个不予执行事由应当一并提出。不予执行仲裁裁决申请被裁定驳回后，再次提出申请的，人民法院不予审查，但有新证据证明存在民事诉讼法第二百三十七条①第二款第四、六项规定情形的除外。

《中华人民共和国民事诉讼法》（2023 年 9 月 1 日修正）

第二百四十八条　对依法设立的仲裁机构的裁决，一方当事人不履行的，对方当事人可以向有管辖权的人民法院申请执行。受申请的人民法院应当执行。

被申请人提出证据证明仲裁裁决有下列情形之一的，经人民法院

---

① 现相关规定见《中华人民共和国民事诉讼法》（2023 年修正）第二百四十八条。

组成合议庭审查核实，裁定不予执行：

（一）当事人在合同中没有订有仲裁条款或者事后没有达成书面仲裁协议的；

（二）裁决的事项不属于仲裁协议的范围或者仲裁机构无权仲裁的；

（三）仲裁庭的组成或者仲裁的程序违反法定程序的；

（四）裁决所根据的证据是伪造的；

（五）对方当事人向仲裁机构隐瞒了足以影响公正裁决的证据的；

（六）仲裁员在仲裁该案时有贪污受贿，徇私舞弊，枉法裁决行为的。

人民法院认定执行该裁决违背社会公共利益的，裁定不予执行。

裁定书应当送达双方当事人和仲裁机构。

仲裁裁决被人民法院裁定不予执行的，当事人可以根据双方达成的书面仲裁协议重新申请仲裁，也可以向人民法院起诉。

第18问：不予执行仲裁裁决的审查期限是多久？

1. 一般情形：应当在立案之日起两个月内审查完毕。
2. 特殊情况：经院长批准，可延长一个月。

【法律依据】

《最高人民法院关于人民法院办理仲裁裁决执行案件若干问题的规定》（法释〔2018〕5号）

第十二条 人民法院对不予执行仲裁裁决案件的审查，应当在立案之日起两个月内审查完毕并作出裁定；有特殊情况需要延长的，经本院院长批准，可以延长一个月。

第19问：被执行人、案外人申请不予执行仲裁裁决的，法院是否应当进行询问？

应当询问。

【法律依据】

《最高人民法院关于人民法院办理仲裁裁决执行案件若干问题的规定》(法释〔2018〕5号)

第十一条 人民法院对不予执行仲裁裁决案件应当组成合议庭围绕被执行人申请的事由、案外人的申请进行审查；对被执行人没有申请的事由不予审查，但仲裁裁决可能违背社会公共利益的除外。

被执行人、案外人对仲裁裁决执行案件申请不予执行的，人民法院应当进行询问；被执行人在询问终结前提出其他不予执行事由的，应当一并审查。人民法院审查时，认为必要的，可以要求仲裁庭作出说明，或者向仲裁机构调阅仲裁案卷。

第20问：法院对不予执行仲裁裁决案件是否应当全面审查？

1. 应当围绕申请事由进行审查，没有申请的事由不予审查。但裁决可能违背社会公共利益的除外。

2. 但被执行人在询问终结前提出其他不予执行事由的，应当一并审查。

【法律依据】

《最高人民法院关于人民法院办理仲裁裁决执行案件若干问题的规定》(法释〔2018〕5号)

第十一条 人民法院对不予执行仲裁裁决案件应当组成合议庭围绕被执行人申请的事由、案外人的申请进行审查；对被执行人没有申请的事由不予审查，但仲裁裁决可能违背社会公共利益的除外。

被执行人、案外人对仲裁裁决执行案件申请不予执行的，人民法院应当进行询问；被执行人在询问终结前提出其他不予执行事由的，应当一并审查。人民法院审查时，认为必要的，可以要求仲裁庭作出说明，或者向仲裁机构调阅仲裁案卷。

第 21 问："裁决的事项不属于仲裁协议的范围或者仲裁机构无权仲裁"的情形有哪些？

1. 裁决的事项超出仲裁协议约定的范围。
2. 裁决的事项属于依照法律规定或者当事人选择的仲裁规则规定的不可仲裁事项。
3. 裁决内容超出当事人仲裁请求的范围。
4. 作出裁决的仲裁机构非仲裁协议所约定。

【法律依据】

《最高人民法院关于人民法院办理仲裁裁决执行案件若干问题的规定》（法释〔2018〕5号）

第十三条　下列情形经人民法院审查属实的，应当认定为民事诉讼法第二百三十七条第二款第二项规定的"裁决的事项不属于仲裁协议的范围或者仲裁机构无权仲裁的"情形：

（一）裁决的事项超出仲裁协议约定的范围；

（二）裁决的事项属于依照法律规定或者当事人选择的仲裁规则规定的不可仲裁事项；

（三）裁决内容超出当事人仲裁请求的范围；

（四）作出裁决的仲裁机构非仲裁协议所约定。

第 22 问："仲裁庭的组成或者仲裁的程序违反法定程序"的情形有哪些？

1. 违反仲裁法规定的仲裁程序。但经特别提示，当事人仍然参加或者继续参加仲裁程序且未提出异议的除外。
2. 违反当事人选择的仲裁规则。但经特别提示，当事人仍然参加或者继续参加仲裁程序且未提出异议的除外。
3. 违反当事人对仲裁程序的特别约定。

4. 未按照仲裁法或仲裁规定规定的方式送达法律文书，导致未参与仲裁的。但当事人主张送达方式不符合民事诉讼法有关送达规定的，人民法院不予支持。

5. 仲裁员应当回避而未回避的。

6. 仲裁机构未依照仲裁法规定的程序审理纠纷或者主持调解，径行根据网络借贷合同当事人在纠纷发生前签订的和解或者调解协议作出仲裁裁决、仲裁调解书的。

7. 仲裁机构在仲裁过程中未保障当事人申请仲裁员回避、提供证据、答辩等仲裁法规定的基本程序权利的。且当事人以约定弃权条款为由，主张仲裁程序未违反法定程序的，人民法院不予支持。

【法律依据】

《最高人民法院关于人民法院办理仲裁裁决执行案件若干问题的规定》（法释〔2018〕5号）

第十四条 违反仲裁法规定的仲裁程序、当事人选择的仲裁规则或者当事人对仲裁程序的特别约定，可能影响案件公正裁决，经人民法院审查属实的，应当认定为民事诉讼法第二百三十七条[①]第二款第三项规定的"仲裁庭的组成或者仲裁的程序违反法定程序的"情形。

当事人主张未按照仲裁法或仲裁规则规定的方式送达法律文书导致其未能参与仲裁，或者仲裁员根据仲裁法或仲裁规则的规定应当回避而未回避，可能影响公正裁决，经审查属实的，人民法院应当支持；仲裁庭按照仲裁法或仲裁规则以及当事人约定的方式送达仲裁法律文书，当事人主张不符合民事诉讼法有关送达规定的，人民法院不予支持。

适用的仲裁程序或仲裁规则经特别提示，当事人知道或者应当知道法定仲裁程序或选择的仲裁规则未被遵守，但仍然参加或者继续参加仲裁程序且未提出异议，在仲裁裁决作出之后以违反法定程序为由

[①] 现相关规定见《中华人民共和国民事诉讼法》（2023年修正）第二百四十八条。

申请不予执行仲裁裁决的，人民法院不予支持。

《最高人民法院关于仲裁机构"先予仲裁"裁决或者调解书立案、执行等法律适用问题的批复》（法释〔2018〕10号）
广东省高级人民法院：

你院《关于"先予仲裁"裁决应否立案执行的请示》（粤高法〔2018〕99号）收悉。经研究，批复如下：

当事人申请人民法院执行仲裁机构根据仲裁法作出的仲裁裁决或者调解书，人民法院经审查，符合民事诉讼法、仲裁法相关规定的，应当依法及时受理，立案执行。但是，根据仲裁法第二条的规定，仲裁机构可以仲裁的是当事人间已经发生的合同纠纷和其他财产权益纠纷。因此，网络借贷合同当事人申请执行仲裁机构在纠纷发生前作出的仲裁裁决或者调解书的，人民法院应当裁定不予受理；已经受理的，裁定驳回执行申请。

你院请示中提出的下列情形，应当认定为民事诉讼法第二百三十七条[①]第二款第三项规定的"仲裁庭的组成或者仲裁的程序违反法定程序"的情形：

一、仲裁机构未依照仲裁法规定的程序审理纠纷或者主持调解，径行根据网络借贷合同当事人在纠纷发生前签订的和解或者调解协议作出仲裁裁决、仲裁调解书的；

二、仲裁机构在仲裁过程中未保障当事人申请仲裁员回避、提供证据、答辩等仲裁法规定的基本程序权利的。

前款规定情形中，网络借贷合同当事人以约定弃权条款为由，主张仲裁程序未违反法定程序的，人民法院不予支持。

人民法院办理其他合同纠纷、财产权益纠纷仲裁裁决或者调解书执行案件，适用本批复。

此复。

[①] 现相关规定见《中华人民共和国民事诉讼法》（2023年修正）第二百四十八条。

第 23 问："裁决所根据的证据是伪造"应当符合哪些条件？

1. 该证据已被仲裁裁决采信。
2. 该证据属于认定案件基本事实的主要证据。
3. 该证据经查明确属通过捏造、变造、提供虚假证明等非法方式形成或者获取，违反证据的客观性、关联性、合法性要求。

【法律依据】

《最高人民法院关于人民法院办理仲裁裁决执行案件若干问题的规定》（法释〔2018〕5号）

第十五条　符合下列条件的，人民法院应当认定为民事诉讼法第二百三十七条[1]第二款第四项规定的"裁决所根据的证据是伪造的"情形：

（一）该证据已被仲裁裁决采信；

（二）该证据属于认定案件基本事实的主要证据；

（三）该证据经查明确属通过捏造、变造、提供虚假证明等非法方式形成或者获取，违反证据的客观性、关联性、合法性要求。

第 24 问："对方当事人向仲裁机构隐瞒了足以影响公正裁决的证据"应当符合哪些条件？

1. 该证据属于认定案件基本事实的主要证据。
2. 该证据仅为对方当事人掌握，但未向仲裁庭提交。
3. 仲裁过程中知悉存在该证据，且要求对方当事人出示或者请求仲裁庭责令其提交，但对方当事人无正当理由未予出示或者提交。

---

[1] 现相关规定见《中华人民共和国民事诉讼法》（2023年修正）第二百四十八条。

【法律依据】

《最高人民法院关于人民法院办理仲裁裁决执行案件若干问题的规定》（法释〔2018〕5号）

第十六条 符合下列条件的，人民法院应当认定为民事诉讼法第二百三十七条①第二款第五项规定的"对方当事人向仲裁机构隐瞒了足以影响公正裁决的证据的"情形：

（一）该证据属于认定案件基本事实的主要证据；

（二）该证据仅为对方当事人掌握，但未向仲裁庭提交；

（三）仲裁过程中知悉存在该证据，且要求对方当事人出示或者请求仲裁庭责令其提交，但对方当事人无正当理由未予出示或者提交。

当事人一方在仲裁过程中隐瞒己方掌握的证据，仲裁裁决作出后以己方所隐瞒的证据足以影响公正裁决为由申请不予执行仲裁裁决的，人民法院不予支持。

第25问："仲裁员在仲裁该案时有索贿受贿，徇私舞弊，枉法裁决行为"的情形有哪些？

是指已经由生效刑事法律文书或者纪律处分决定所确认的行为。

【法律依据】

《最高人民法院关于审理仲裁司法审查案件若干问题的规定》（法释〔2017〕22号）

第十八条 《中华人民共和国仲裁法》第五十八条第一款第六项和《中华人民共和国民事诉讼法》第二百三十七条②第二款第六项规

---

① 现相关规定见《中华人民共和国民事诉讼法》（2023年修正）第二百四十八条。
② 现相关规定见《中华人民共和国民事诉讼法》（2023年修正）第二百四十八条。

定的仲裁员在仲裁该案时有索贿受贿，徇私舞弊，枉法裁决行为，是指已经由生效刑事法律文书或者纪律处分决定所确认的行为。

第 26 问：被执行人申请不予执行仲裁调解书或者根据和解协议、调解协议作出的仲裁裁决的情形是什么？

仲裁调解书或者仲裁裁决书违背社会公共利益的，被执行人可以申请不予执行。

【法律依据】

《最高人民法院关于人民法院办理仲裁裁决执行案件若干问题的规定》（法释〔2018〕5号）

第十七条　被执行人申请不予执行仲裁调解书或者根据当事人之间的和解协议、调解协议作出的仲裁裁决，人民法院不予支持，但该仲裁调解书或者仲裁裁决违背社会公共利益的除外。

第 27 问：案外人申请不予执行仲裁裁决或者仲裁调解书的情形是什么？

需要同时满足以下条件：
1. 案外人系权利或者利益的主体。
2. 主张的权利或者利益合法真实。
3. 仲裁案件当事人之间存在虚构法律关系，捏造案件事实的情形。
4. 裁决主文或仲裁调解书处理当事人民事权利义务的结果部分或全部错误，损害案外人合法权益。

【法律依据】

《最高人民法院关于人民法院办理仲裁裁决执行案件若干问题的规定》（法释〔2018〕5号）

第十八条　案外人根据本规定第九条申请不予执行仲裁裁决或者

仲裁调解书，符合下列条件的，人民法院应当支持：

（一）案外人系权利或者利益的主体；

（二）案外人主张的权利或者利益合法、真实；

（三）仲裁案件当事人之间存在虚构法律关系，捏造案件事实的情形；

（四）仲裁裁决主文或者仲裁调解书处理当事人民事权利义务的结果部分或者全部错误，损害案外人合法权益。

第28问：人民法院对被执行人、案外人申请不予执行仲裁裁决的，应当如何处理？

1. 逾期申请的：裁定不予受理，已经受理的，裁定驳回不予执行申请。
2. 理由成立的：裁定不予执行。
3. 理由不成立的：裁定驳回不予执行申请。
4. 申请人在法院作出裁定前，请求撤回申请的：裁定准许。

【法律依据】

《最高人民法院关于人民法院办理仲裁裁决执行案件若干问题的规定》（法释〔2018〕5号）

第十九条 被执行人、案外人对仲裁裁决执行案件逾期申请不予执行的，人民法院应当裁定不予受理；已经受理的，应当裁定驳回不予执行申请。

被执行人、案外人对仲裁裁决执行案件申请不予执行，经审查理由成立的，人民法院应当裁定不予执行；理由不成立的，应当裁定驳回不予执行申请。

《最高人民法院关于审理仲裁司法审查案件若干问题的规定》（法释〔2017〕22号）

第十九条 人民法院受理仲裁司法审查案件后，作出裁定前，申请人请求撤回申请的，裁定准许。

第 29 问：申请撤销仲裁裁决和申请不予执行仲裁裁决能否同时主张？法院应当如何处理？

1. 题干二者之一被驳回后，当事人以相同事由申请另一请求的，人民法院不予支持。

2. 不予执行仲裁裁决审查期间，当事人又向有管辖权的人民法院提出撤销仲裁裁决申请并受理的，人民法院应当裁定中止对不予执行申请的审查。

3. 仲裁裁决被撤销或决定重新仲裁的，人民法院应当裁定终结执行。

4. 撤销仲裁裁决申请被驳回或申请执行人撤回撤销仲裁裁决申请的，人民法院应当恢复对不予执行申请的审查。

5. 被执行人撤回撤销仲裁裁决申请的，人民法院应当裁定终结对不予执行申请的审查，但案外人申请不予执行仲裁裁决的除外。

【法律依据】

《最高人民法院关于人民法院办理仲裁裁决执行案件若干问题的规定》（法释〔2018〕5 号）

第二十条　当事人向人民法院申请撤销仲裁裁决被驳回后，又在执行程序中以相同事由提出不予执行申请的，人民法院不予支持；当事人向人民法院申请不予执行被驳回后，又以相同事由申请撤销仲裁裁决的，人民法院不予支持。

在不予执行仲裁裁决案件审查期间，当事人向有管辖权的人民法院提出撤销仲裁裁决申请并被受理的，人民法院应当裁定中止对不予执行申请的审查；仲裁裁决被撤销或者决定重新仲裁的，人民法院应当裁定终结执行，并终结对不予执行申请的审查；撤销仲裁裁决申请被驳回或者申请执行人撤回撤销仲裁裁决申请的，人民法院应当恢复对不予执行申请的审查；被执行人撤回撤销仲裁裁决申请的，人民法院应当裁定终结对不予执行申请的审查，但案外人申请不予执行仲裁裁决的除外。

第30问：不予执行申请或撤销仲裁裁决申请审查后，执行程序应当如何进行？

1. 人民法院裁定驳回申请的：执行法院应当恢复执行。

2. 人民法院裁定准许撤销仲裁裁决申请或准许基于被执行人申请裁定不予执行仲裁裁决的：(1) 原被执行人申请执行回转或者解除强制执行措施的，人民法院应当支持；(2) 原申请执行人对已履行或者被人民法院强制执行的款物申请保全的，人民法院应当准许；(3) 原申请执行人在人民法院采取保全措施之日起30日内，未提起仲裁或起诉的，人民法院应当裁定解除保全。

3. 人民法院裁定准许案外人申请不予执行仲裁裁决或者仲裁调解书的：案外人申请执行回转或解除执行强制措施的，人民法院应当支持。

【法律依据】

《最高人民法院关于人民法院办理仲裁裁决执行案件若干问题的规定》（法释〔2018〕5号）

第二十一条　人民法院裁定驳回撤销仲裁裁决申请或者驳回不予执行仲裁裁决、仲裁调解书申请的，执行法院应当恢复执行。

人民法院裁定撤销仲裁裁决或者基于被执行人申请裁定不予执行仲裁裁决，原被执行人申请执行回转或者解除强制执行措施的，人民法院应当支持。原申请执行人对已履行或者被人民法院强制执行的款物申请保全的，人民法院应当依法准许；原申请执行人在人民法院采取保全措施之日起三十日内，未根据双方达成的书面仲裁协议重新申请仲裁或者向人民法院起诉的，人民法院应当裁定解除保全。

人民法院基于案外人申请裁定不予执行仲裁裁决或者仲裁调解书，案外人申请执行回转或者解除强制执行措施的，人民法院应当支持。

第 31 问：人民法院裁定不予执行仲裁裁决、驳回申请、不予受理的相关权利人应当如何救济？

1. 一般情形：当事人不得提出执行异议或复议；当事人可以重新申请仲裁或起诉。

2. 人民法院基于案外人申请裁定不予执行仲裁裁决或者仲裁调解书，当事人不服的：可以自裁定送达之日起 10 日内向上一级人民法院申请复议；人民法院裁定驳回或者不予受理案外人提出的不予执行仲裁裁决、仲裁调解书申请，案外人不服的，可以自裁定送达之日起 10 日内向上一级人民法院申请复议。

【法律依据】

《最高人民法院关于人民法院办理仲裁裁决执行案件若干问题的规定》（法释〔2018〕5 号）

第二十二条 人民法院裁定不予执行仲裁裁决、驳回或者不予受理不予执行仲裁裁决申请后，当事人对该裁定提出执行异议或者申请复议的，人民法院不予受理。

人民法院裁定不予执行仲裁裁决的，当事人可以根据双方达成的书面仲裁协议重新申请仲裁，也可以向人民法院起诉。

人民法院基于案外人申请裁定不予执行仲裁裁决或者仲裁调解书，当事人不服的，可以自裁定送达之日起十日内向上一级人民法院申请复议；人民法院裁定驳回或者不予受理案外人提出的不予执行仲裁裁决、仲裁调解书申请，案外人不服的，可以自裁定送达之日起十日内向上一级人民法院申请复议。

第九章　劳动争议仲裁裁决的执行

第1问：劳动争议仲裁机构对多个劳动者的劳动争议作出仲裁裁决后，部分劳动者对仲裁裁决不服，依法提起诉讼的，其他未提起诉讼的部分劳动者是否可以申请强制执行？

可以。

【法律依据】

《最高人民法院关于审理劳动争议案件适用法律问题的解释（一）》（法释〔2020〕26号）

第十七条　劳动争议仲裁机构对多个劳动者的劳动争议作出仲裁裁决后，部分劳动者对仲裁裁决不服，依法提起诉讼的，仲裁裁决对提起诉讼的劳动者不发生法律效力；对未提起诉讼的部分劳动者，发生法律效力，如其申请执行的，人民法院应当受理。

第2问：申请劳动争议仲裁的先予执行需要满足哪些条件？

1. 当事人之间权利义务关系明确。
2. 不先予执行将严重影响申请人的生活。

【法律依据】

《中华人民共和国劳动争议调解仲裁法》（2007年12月29日）

第四十四条　仲裁庭对追索劳动报酬、工伤医疗费、经济补偿或者赔偿金的案件,根据当事人的申请,可以裁决先予执行,移送人民法院执行。

仲裁庭裁决先予执行的,应当符合下列条件:

(一) 当事人之间权利义务关系明确;

(二) 不先予执行将严重影响申请人的生活。

劳动者申请先予执行的,可以不提供担保。

第3问:当事人不服预先支付劳动报酬、工伤医疗费、经济补偿或赔偿金的裁决是否可以提起诉讼?用人单位不履行上述给付义务,劳动者是否可以强制执行?

不可以提起诉讼;可以强制执行。

【法律依据】

《最高人民法院关于审理劳动争议案件适用法律问题的解释(一)》(法释〔2020〕26号)

第十条 当事人不服劳动争议仲裁机构作出的预先支付劳动者劳动报酬、工伤医疗费、经济补偿或者赔偿金的裁决,依法提起诉讼的,人民法院不予受理。

用人单位不履行上述裁决中的给付义务,劳动者依法申请强制执行的,人民法院应予受理。

第4问:哪些情形下,被申请人可以申请不予执行劳动争议仲裁裁决书和调解书?

1. 裁决的事项不属于劳动争议仲裁范围,或者劳动争议仲裁机构无权仲裁的。

2. 适用法律、法规确有错误的。

3. 违反法定程序的。

4. 裁决所根据的证据是伪造的。

5. 对方当事人隐瞒了足以影响公正裁决的证据的。

6. 仲裁员在仲裁该案时有索贿受贿、徇私舞弊、枉法裁决行为的。

7. 人民法院认定执行该劳动争议仲裁裁决违背社会公共利益的。

人民法院在不予执行的裁定书中,应当告知当事人在收到裁定书之次日起30日内,可以就该劳动争议事项向人民法院提起诉讼。

【法律依据】

《最高人民法院关于审理劳动争议案件适用法律问题的解释（一）》（法释〔2020〕26号）

第二十四条 当事人申请人民法院执行劳动争议仲裁机构作出的发生法律效力的裁决书、调解书,被申请人提出证据证明劳动争议仲裁裁决书、调解书有下列情形之一,并经审查核实的,人民法院可以根据民事诉讼法第二百三十七条①规定,裁定不予执行：

（一）裁决的事项不属于劳动争议仲裁范围,或者劳动争议仲裁机构无权仲裁的；

（二）适用法律、法规确有错误的；

（三）违反法定程序的；

（四）裁决所根据的证据是伪造的；

（五）对方当事人隐瞒了足以影响公正裁决的证据的；

（六）仲裁员在仲裁该案时有索贿受贿、徇私舞弊、枉法裁决行为的；

（七）人民法院认定执行该劳动争议仲裁裁决违背社会公共利益的。

人民法院在不予执行的裁定书中,应当告知当事人在收到裁定书之次日起三十日内,可以就该劳动争议事项向人民法院提起诉讼。

---

① 现相关规定见《中华人民共和国民事诉讼法》（2023年修正）第二百四十八条。

第 5 问：用人单位申请撤销劳动争议仲裁与执行程序应当如何衔接？

1. 劳动争议仲裁机构作出终局裁决，用人单位申请撤销的，应当向仲裁机构所在地的中院申请，人民法院应当裁定中止执行。

2. 用人单位撤回上述申请或申请被驳回的，人民法院应当裁定恢复执行。

3. 仲裁裁决被撤销的，人民法院应当裁定终结执行。

4. 用人单位向人民法院申请撤销仲裁裁决被驳回后，又在执行程序中以相同理由提出不予执行抗辩的，人民法院不予支持。

【法律依据】

《中华人民共和国劳动争议调解仲裁法》（2007 年 12 月 29 日）

第四十七条 下列劳动争议，除本法另有规定的外，仲裁裁决为终局裁决，裁决书自作出之日起发生法律效力：

（一）追索劳动报酬、工伤医疗费、经济补偿或者赔偿金，不超过当地月最低工资标准十二个月金额的争议；

（二）因执行国家的劳动标准在工作时间、休息休假、社会保险等方面发生的争议。

《最高人民法院关于审理劳动争议案件适用法律问题的解释（一）》（法释〔2020〕26 号）

第二十五条 劳动争议仲裁机构作出终局裁决，劳动者向人民法院申请执行，用人单位向劳动争议仲裁机构所在地的中级人民法院申请撤销的，人民法院应当裁定中止执行。

用人单位撤回撤销终局裁决申请或者其申请被驳回的，人民法院应当裁定恢复执行。仲裁裁决被撤销的，人民法院应当裁定终结执行。

用人单位向人民法院申请撤销仲裁裁决被驳回后，又在执行程序中以相同理由提出不予执行抗辩的，人民法院不予支持。

第十章 刑事裁判涉财产部分的执行

第1问：刑事裁判涉财产部分的执行事项包括哪些部分？

1. 罚金、没收财产。
2. 责令退赔。
3. 处置随案移送的赃款赃物。
4. 没收随案移送的供犯罪所用本人财物。
5. 其他应当由人民法院执行的相关事项。

刑事附带民事裁判的执行，适用民事执行的有关规定。

【法律依据】

《最高人民法院关于刑事裁判涉财产部分执行的若干规定》（法释〔2014〕13号）

第一条 本规定所称刑事裁判涉财产部分的执行，是指发生法律效力的刑事裁判主文确定的下列事项的执行：

（一）罚金、没收财产；

（二）责令退赔；

（三）处置随案移送的赃款赃物；

（四）没收随案移送的供犯罪所用本人财物；

（五）其他应当由人民法院执行的相关事项。

刑事附带民事裁判的执行，适用民事执行的有关规定。

《最高人民法院关于适用〈中华人民共和国刑事诉讼法〉的解释》（法释〔2021〕1号）

第五百二十一条 刑事裁判涉财产部分的执行，是指发生法律效力的刑事裁判中下列判项的执行：

（一）罚金、没收财产；

（二）追缴、责令退赔违法所得；

（三）处置随案移送的赃款赃物；

（四）没收随案移送的供犯罪所用本人财物；

（五）其他应当由人民法院执行的相关涉财产的判项。

第 2 问：刑事裁判涉财产部分的执行由哪些法院管辖？

1. 由第一审人民法院管辖。

2. 第一审人民法院可以委托财产所在地同级法院执行。

【法律依据】

《最高人民法院关于刑事裁判涉财产部分执行的若干规定》（法释〔2014〕13 号）

第二条　刑事裁判涉财产部分，由第一审人民法院执行。第一审人民法院可以委托财产所在地的同级人民法院执行。

《最高人民法院关于适用〈中华人民共和国刑事诉讼法〉的解释》（法释〔2021〕1 号）

第五百二十二条　刑事裁判涉财产部分和附带民事裁判应当由人民法院执行的，由第一审人民法院负责裁判执行的机构执行。

第五百三十条　被执行财产在外地的，第一审人民法院可以委托财产所在地的同级人民法院执行。

第 3 问：刑事裁判涉财产部分的执行期限为多久？

1. 一般情形：6 个月。

2. 特殊情形：院长批准，可以延长。

【法律依据】

《最高人民法院关于刑事裁判涉财产部分执行的若干规定》（法释〔2014〕13号）

第三条 人民法院办理刑事裁判涉财产部分执行案件的期限为六个月。有特殊情况需要延长的，经本院院长批准，可以延长。

第4问：刑事裁判涉财产部分的执行应当如何启动？

1. 刑事审判部门应当及时移送立案部门审查立案。
2. 填写《移送执行表》。
3. 立案部门经审查认为属于移送范围且移送材料齐全的，应当在7日内立案，并移送执行机构。

【法律依据】

《最高人民法院关于刑事裁判涉财产部分执行的若干规定》（法释〔2014〕13号）

第七条 由人民法院执行机构负责执行的刑事裁判涉财产部分，刑事审判部门应当及时移送立案部门审查立案。

移送立案应当提交生效裁判文书及其附件和其他相关材料，并填写《移送执行表》。《移送执行表》应当载明以下内容：

（一）被执行人、被害人的基本信息；
（二）已查明的财产状况或者财产线索；
（三）随案移送的财产和已经处置财产的情况；
（四）查封、扣押、冻结财产的情况；
（五）移送执行的时间；
（六）其他需要说明的情况。

人民法院立案部门经审查，认为属于移送范围且移送材料齐全的，应当在七日内立案，并移送执行机构。

第 5 问：刑事裁判判决缴纳罚金的，行政机关对被告人就同一事实已经处以罚款的，是否应当折抵？

应当折抵。

【法律依据】

《最高人民法院关于适用〈中华人民共和国刑事诉讼法〉的解释》（法释〔2021〕1 号）

第五百二十三条 罚金在判决规定的期限内一次或者分期缴纳。期满无故不缴纳或者未足额缴纳的，人民法院应当强制缴纳。经强制缴纳仍不能全部缴纳的，在任何时候，包括主刑执行完毕后，发现被执行人有可供执行的财产的，应当追缴。

行政机关对被告人就同一事实已经处以罚款的，人民法院判处罚金时应当折抵，扣除行政处罚已执行的部分。

第 6 问：刑事被告人是否可以就罚金申请延期或减免？

1. 存在遭遇不能抗拒的灾祸，缴纳罚金确有困难的情形可以申请延期或减免。
2. 应当提交相关证明材料。
3. 人民法院应当在 1 个月以内作出裁定。

【法律依据】

《最高人民法院关于适用〈中华人民共和国刑事诉讼法〉的解释》（法释〔2021〕1 号）

第五百二十四条 因遭遇不能抗拒的灾祸等原因缴纳罚金确有困难，被执行人申请延期缴纳、酌情减少或者免除罚金的，应当提交相关证明材料。人民法院应当在收到申请后一个月以内作出裁定。符合法定条件的，应当准许；不符合条件的，驳回申请。

第7问：刑事裁判判决没收财产的，应当如何执行？

1. 执行时间：判决生效后立即执行。
2. 执行范围：被执行人合法所有财产。

【法律依据】

《最高人民法院关于刑事裁判涉财产部分执行的若干规定》（法释〔2014〕13号）

第九条 判处没收财产的，应当执行刑事裁判生效时被执行人合法所有的财产。

执行没收财产或罚金刑，应当参照被扶养人住所地政府公布的上年度当地居民最低生活费标准，保留被执行人及其所扶养家属的生活必需费用。

《最高人民法院关于适用〈中华人民共和国刑事诉讼法〉的解释》（法释〔2021〕1号）

第五百二十五条 判处没收财产的，判决生效后，应当立即执行。

第8问：刑事裁判执行财产刑的，应当如何保留被执行人以及被扶养人的生活必需费用？

应当参照被扶养人住所地政府公布的上年度当地居民最低生活费标准保留。

【法律依据】

《最高人民法院关于适用〈中华人民共和国刑事诉讼法〉的解释》（法释〔2021〕1号）

第五百二十六条 执行财产刑，应当参照被扶养人住所地政府公布的上年度当地居民最低生活费标准,保留被执行人及其所扶养人的生活必需费用。

《最高人民法院关于刑事裁判涉财产部分执行的若干规定》(法释〔2014〕13号)

第九条 判处没收财产的,应当执行刑事裁判生效时被执行人合法所有的财产。

执行没收财产或罚金刑,应当参照被扶养人住所地政府公布的上年度当地居民最低生活费标准,保留被执行人及其所扶养家属的生活必需费用。

第9问:刑事裁判涉财产部分的被执行人将赃款赃物投资或者置业的,应当如何执行?

1. 应当对投资或置业产生的财产及收益予以追缴。
2. 赃款赃物与合法财产共同投资或置业的,应当就对应的份额及收益予以追缴。

【法律依据】

《最高人民法院关于刑事裁判涉财产部分执行的若干规定》(法释〔2014〕13号)

第十条 对赃款赃物及其收益,人民法院应当一并追缴。

被执行人将赃款赃物投资或者置业,对因此形成的财产及其收益,人民法院应予追缴。

被执行人将赃款赃物与其他合法财产共同投资或者置业,对因此形成的财产中与赃款赃物对应的份额及其收益,人民法院应予追缴。

对于被害人的损失,应当按照刑事裁判认定的实际损失予以发还或者赔偿。

第 10 问：刑事裁判赃款赃物涉及第三人的，应当如何认定和追缴？

1. 第三人善意取得涉案财务的，不予追缴。
2. 具有下列情形之一的，人民法院应予以追缴：
（1）第三人明知是涉案财物而接受的；
（2）第三人无偿或者以明显低于市场的价格取得涉案财物的；
（3）第三人通过非法债务清偿或者违法犯罪活动取得涉案财物的；
（4）第三人通过其他恶意方式取得涉案财物的。

【法律依据】

《最高人民法院关于刑事裁判涉财产部分执行的若干规定》（法释〔2014〕13号）

第十一条　被执行人将刑事裁判认定为赃款赃物的涉案财物用于清偿债务、转让或者设置其他权利负担，具有下列情形之一的，人民法院应予追缴：

（一）第三人明知是涉案财物而接受的；
（二）第三人无偿或者以明显低于市场的价格取得涉案财物的；
（三）第三人通过非法债务清偿或者违法犯罪活动取得涉案财物的；
（四）第三人通过其他恶意方式取得涉案财物的。

第三人善意取得涉案财物的，执行程序中不予追缴。作为原所有人的被害人对该涉案财物主张权利的，人民法院应当告知其通过诉讼程序处理。

第 11 问：被执行人有多项清偿义务时，如何确定执行顺序？

按照下列顺序执行：
1. 人身损害赔偿中的医疗费用。
2. 债权人对执行标的依法享有的优先受偿权。

3. 退赔被害人的损失。
4. 其他民事债务。
5. 罚金。
6. 没收财产。

【法律依据】

《最高人民法院关于刑事裁判涉财产部分执行的若干规定》(法释〔2014〕13号)

第十三条 被执行人在执行中同时承担刑事责任、民事责任，其财产不足以支付的，按照下列顺序执行：

（一）人身损害赔偿中的医疗费用；

（二）退赔被害人的损失；

（三）其他民事债务；

（四）罚金；

（五）没收财产。

债权人对执行标的依法享有优先受偿权，其主张优先受偿的，人民法院应当在前款第（一）项规定的医疗费用受偿后，予以支持。

第12问：刑事裁判涉财产部分的执行过程中，当事人、利害关系人认为执行行为违法或案外人对执行标的主张实体权利的，应当如何救济？

1. 可以向执行法院书面提出异议。
2. 人民法院审查案外人异议、复议，应当公开听证。

【法律依据】

《最高人民法院关于刑事裁判涉财产部分执行的若干规定》(法释〔2014〕13号)

第十四条 执行过程中，当事人、利害关系人认为执行行为违反法律规定,或者案外人对执行标的主张足以阻止执行的实体权利,向执行法院提出书面异议的,执行法院应当依照民事诉讼法第二百二十五条①的规定处理。

人民法院审查案外人异议、复议,应当公开听证。

最高人民法院执行局编:《执行工作指导》(总第77辑),人民法院出版社2021年版,第120页。

第13问:刑事裁判涉财产部分的执行过程中,案外人或被害人认为裁判中对涉案财物是否属于赃款赃物认定错误或者应予认定而未认定,提出书面异议的,应当如何处理?

1. 可以通过裁定补正的:执行机构应当将异议材料移送刑事审判部门处理。

2. 无法通过裁定补正的:应当告知异议人通过审判监督程序处理。

【法律依据】

《最高人民法院关于刑事裁判涉财产部分执行的若干规定》(法释〔2014〕13号)

第十五条 执行过程中,案外人或被害人认为刑事裁判中对涉案财物是否属于赃款赃物认定错误或者应予认定而未认定,向执行法院提出书面异议,可以通过裁定补正的,执行机构应当将异议材料移送刑事审判部门处理;无法通过裁定补正的,应当告知异议人通过审判监督程序处理。

---

① 现相关规定见《中华人民共和国民事诉讼法》(2023年修正)第二百三十六条。

第 14 问：刑事裁判涉财产部分的执行，什么情况下可以裁定终结执行？

1. 据以执行的判决、裁定被撤销的。
2. 被执行人死亡或者被执行死刑，且无财产可供执行的。
3. 被判处罚金的单位终止，且无财产可供执行的。
4. 遭遇不能抗拒的灾祸等原因缴纳确实有困难，而被免除罚金的。
5. 应当终结执行的其他情形。

裁定终结执行后，发现被执行人的财产有被隐匿、转移等情形的，应当追缴。

【法律依据】

《最高人民法院关于适用〈中华人民共和国刑事诉讼法〉的解释》（法释〔2021〕1号）

第五百二十九条 执行刑事裁判涉财产部分、附带民事裁判过程中，具有下列情形之一的，人民法院应当裁定终结执行：

（一）据以执行的判决、裁定被撤销的；
（二）被执行人死亡或者被执行死刑，且无财产可供执行的；
（三）被判处罚金的单位终止，且无财产可供执行的；
（四）依照刑法第五十三条规定免除罚金的；
（五）应当终结执行的其他情形。

裁定终结执行后，发现被执行人的财产有被隐匿、转移等情形的，应当追缴。

《中华人民共和国刑法》（2023年12月29日修正）

第五十三条 罚金在判决指定的期限内一次或者分期缴纳。期满不缴纳的，强制缴纳。对于不能全部缴纳罚金的，人民法院在任何时候发现被执行人有可以执行的财产，应当随时追缴。

由于遭遇不能抗拒的灾祸等原因缴纳确实有困难的，经人民法院裁定，可以延期缴纳、酌情减少或者免除。

第 15 问：刑事裁判涉财产部分、附带民事裁判全部或部分被撤销的，已经执行的财产应当如何处理？

1. 应当全部返还或部分返还。
2. 不能返还的，应当依照国家赔偿的相关规定进行赔偿。

【法律依据】

《最高人民法院关于适用〈中华人民共和国刑事诉讼法〉的解释》（法释〔2021〕1号）

第五百三十一条　刑事裁判涉财产部分、附带民事裁判全部或者部分被撤销的，已经执行的财产应当全部或者部分返还被执行人；无法返还的，应当依法赔偿。

第 16 问：办理刑事裁判涉财产部分执行案件，刑法、刑诉法及司法解释没有相应规定的，应当如何处理？

参照适用民事执行的有关规定。

【法律依据】

《最高人民法院关于刑事裁判涉财产部分执行的若干规定》（法释〔2014〕13号）

第十六条　人民法院办理刑事裁判涉财产部分执行案件，刑法、刑事诉讼法及有关司法解释没有相应规定的，参照适用民事执行的有关规定。

第 17 问：将非法吸收的资金及其转换财物用于清偿债务或者转让给他人的，是否应当追缴？

有下列情形之一的，应当追缴：

1. 他人明知是上述资金及财物而收取的。
2. 他人无偿取得上述资金及财物的。
3. 他人以明显低于市场的价格取得上述资金及财物的。
4. 他人取得上述资金及财物系源于非法债务或者违法犯罪活动的。
5. 其他依法应当追缴的情形。

【法律依据】

《最高人民法院、最高人民检察院、公安部关于办理非法集资刑事案件适用法律若干问题的意见》

五、关于涉案财物的追缴和处置问题

向社会公众非法吸收的资金属于违法所得。以吸收的资金向集资参与人支付的利息、分红等回报，以及向帮助吸收资金人员支付的代理费、好处费、返点费、佣金、提成等费用，应当依法追缴。集资参与人本金尚未归还的，所支付的回报可予折抵本金。

将非法吸收的资金及其转换财物用于清偿债务或者转让给他人，有下列情形之一的，应当依法追缴：

（一）他人明知是上述资金及财物而收取的；

（二）他人无偿取得上述资金及财物的；

（三）他人以明显低于市场的价格取得上述资金及财物的；

（四）他人取得上述资金及财物系源于非法债务或者违法犯罪活动的；

（五）其他依法应当追缴的情形。

查封、扣押、冻结的易贬值及保管、养护成本较高的涉案财物，可以在诉讼终结前依照有关规定变卖、拍卖。所得价款由查封、扣押、冻结机关予以保管，待诉讼终结后一并处置。

查封、扣押、冻结的涉案财物，一般应在诉讼终结后，返还集资参与人。涉案财物不足全部返还的，按照集资参与人的集资额比例返还。

第18问：应当追缴、没收的财产已用于清偿债务或者转让、或者设置其他权利负担，是否应当依法追缴？

有下列情形之一的，应予以追缴：
1. 第三人明知是涉案财物而接受的。
2. 第三人无偿或者以明显低于市场的价格取得涉案财物的。
3. 第三人通过非法债务清偿或者违法犯罪活动取得涉案财物的。
4. 第三人通过其他恶意方式取得涉案财物的。

【法律依据】

《最高人民法院关于刑事裁判涉财产部分执行的若干规定》（法释〔2014〕13号）

第十一条 被执行人将刑事裁判认定为赃款赃物的涉案财物用于清偿债务、转让或者设置其他权利负担，具有下列情形之一的，人民法院应予追缴：

（一）第三人明知是涉案财物而接受的；

（二）第三人无偿或者以明显低于市场的价格取得涉案财物的；

（三）第三人通过非法债务清偿或者违法犯罪活动取得涉案财物的；

（四）第三人通过其他恶意方式取得涉案财物的。

第三人善意取得涉案财物的，执行程序中不予追缴。作为原所有人的被害人对该涉案财物主张权利的，人民法院应当告知其通过诉讼程序处理。

第十一章　行政案件的执行

第一节　对行政判决书、裁定书、调解书、行政赔偿判决书的执行

第 1 问：法院判决行政机关履行行政赔偿、补偿或者其他给付义务的，当事人能否申请强制执行？

行政机关拒不履行的，对方当事人可以申请强制执行。

【法律依据】

《最高人民法院关于适用〈中华人民共和国行政诉讼法〉的解释》（法释〔2018〕1号）

第一百五十二条　对发生法律效力的行政判决书、行政裁定书、行政赔偿判决书和行政调解书，负有义务的一方当事人拒绝履行的，对方当事人可以依法申请人民法院强制执行。

人民法院判决行政机关履行行政赔偿、行政补偿或者其他行政给付义务，行政机关拒不履行的，对方当事人可以依法向法院申请强制执行。

第 2 问：公民、法人或者其他组织拒绝履行裁判文书的，行政机关能否自行执行？

行政机关可以依法强制执行，也可以向一审法院申请执行。

【法律依据】

《中华人民共和国行政诉讼法》(2017年6月27日修正)

第九十五条 公民、法人或者其他组织拒绝履行判决、裁定、调解书的，行政机关或者第三人可以向第一审人民法院申请强制执行，或者由行政机关依法强制执行。

第3问：申请执行行政裁判文书的期限是多久？

2年，适用法律关于时效中止、中断的有关规定。

【法律依据】

《最高人民法院关于适用〈中华人民共和国行政诉讼法〉的解释》(法释〔2018〕1号)

第一百五十三条 申请执行的期限为二年。申请执行时效的中止、中断，适用法律有关规定。

申请执行的期限从法律文书规定的履行期间最后一日起计算；法律文书规定分期履行的，从规定的每次履行期间的最后一日起计算；法律文书中没有规定履行期限的，从该法律文书送达当事人之日起计算。

逾期申请的，除有正当理由外，人民法院不予受理。

第4问：申请执行行政裁判文书，由哪个法院管辖？

由一审法院管辖。一审法院认为情况特殊需要二审法院执行的，可以报请二审法院，二审法院可以决定自行执行，或者决定由一审法院执行。

【法律依据】

《最高人民法院关于适用〈中华人民共和国行政诉讼法〉的解释》(法释〔2018〕1号)

第一百五十四条　发生法律效力的行政判决书、行政裁定书、行政赔偿判决书和行政调解书,由第一审人民法院执行。

第一审人民法院认为情况特殊,需要由第二审人民法院执行的,可以报请第二审人民法院执行;第二审人民法院可以决定由其执行,也可以决定由第一审人民法院执行。

第5问:行政机关拒绝履行判决、裁定、调解书的,执行法院可以采取哪些措施?

1. 对应当归还的罚款或者应当给付的款项,通知银行从行政机关的账户内划拨。

2. 在规定期限内不履行的,从期满之日起,对该行政机关负责人按日处50-100元罚款。

3. 将行政机关拒绝履行的情况予以公告。

4. 向监察机关或者该行政机关的上一级行政机关提出司法建议,接受司法建议的机关,根据有关规定进行处理,并将处理情况告知法院。

5. 社会影响恶劣的,可以对该行政机关直接负责的主管人员和其他直接责任人予以拘留,情节严重,构成犯罪的,依法追究刑事责任。

【法律依据】

《中华人民共和国行政诉讼法》(2017年6月27日修正)

第九十六条　行政机关拒绝履行判决、裁定、调解书的,第一审人民法院可以采取下列措施:

(一)对应当归还的罚款或者应当给付的款额,通知银行从该行

政机关的账户内划拨;

（二）在规定期限内不履行的,从期满之日起,对该行政机关负责人按日处五十元至一百元的罚款;

（三）将行政机关拒绝履行的情况予以公告;

（四）向监察机关或者该行政机关的上一级行政机关提出司法建议。接受司法建议的机关,根据有关规定进行处理,并将处理情况告知人民法院;

（五）拒不履行判决、裁定、调解书,社会影响恶劣的,可以对该行政机关直接负责的主管人员和其他直接责任人员予以拘留;情节严重,构成犯罪的,依法追究刑事责任。

第二节 对行政机关作出的行政决定的执行

第1问：对于不履行行政行为的公民、法人或者其他组织,行政机关是否有权直接进行强制执行?

1. 公民、法人或者其他组织对行政行为在法定期限内不提起诉讼又不履行的,行政机关可以申请法院强制执行,或者依法直接强制执行。

2. 法律没有规定行政机关强制执行权的,作出行政决定的行政机关应向法院申请强制执行;法院已经授予行政机关强制执行权,行政机关又申请法院强制执行的,法院不予受理。

3. 当事人在法定期限内不申请行政复议或者提起行政诉讼,经催告仍不履行的,在实施行政管理过程中已经采取查封、扣押措施的行政机关,可以将查封、扣押的财物依法拍卖抵缴罚款。

【法律依据】

《中华人民共和国行政诉讼法》(2017年6月27日修正)

第九十七条 公民、法人或者其他组织对行政行为在法定期限内不提起诉讼又不履行的,行政机关可以申请人民法院强制执行,或者依法强制执行。

《中华人民共和国行政强制法》(2011年6月30日)

第十三条 行政强制执行由法律设定。

法律没有规定行政机关强制执行的,作出行政决定的行政机关应当申请人民法院强制执行。

第四十六条第三款 没有行政强制执行权的行政机关应当申请人民法院强制执行。但是,当事人在法定期限内不申请行政复议或者提起行政诉讼,经催告仍不履行的,在实施行政管理过程中已经采取查封、扣押措施的行政机关,可以将查封、扣押的财物依法拍卖抵缴罚款。

第2问:行政机关向法院申请执行其行政行为的,需具备哪些条件?

1. 行政行为可以由法院执行。
2. 行政行为已经生效并具有可执行内容。
3. 申请人是作出该行政行为的行政机关或者法律、法规、规章授权的组织。
4. 被申请人是该行政行为所确定的义务人。
5. 被申请人在行政行为确定的期限内或者行政机关催告期限内未履行义务。
6. 申请人在法定期限内提出申请。
7. 属于受理申请的法院管辖。

【法律依据】

《最高人民法院关于适用〈中华人民共和国行政诉讼法〉的解释》(法释〔2018〕1号)

第一百五十五条第一款 行政机关根据行政诉讼法第九十七条的

规定申请执行其行政行为,应当具备以下条件:

(一)行政行为依法可以由人民法院执行;

(二)行政行为已经生效并具有可执行内容;

(三)申请人是作出该行政行为的行政机关或者法律、法规、规章授权的组织;

(四)被申请人是该行政行为所确定的义务人;

(五)被申请人在行政行为确定的期限内或者行政机关催告期限内未履行义务;

(六)申请人在法定期限内提出申请;

(七)被申请执行的行政案件属于受理执行申请的人民法院管辖。

第3问:行政机关向法院申请执行,需提交什么材料?

1. 强制执行申请书:由行政机关负责人签名、加盖行政机关印章,并注明日期。
2. 行政决定书及作出决定的事实、理由和依据。
3. 当事人的意见及行政机关催告情况。
4. 执行标的情况。
5. 法律、行政法规规定的其他材料。

【法律依据】

《中华人民共和国行政强制法》(2011年6月30日)

第五十五条 行政机关向人民法院申请强制执行,应当提供下列材料:

(一)强制执行申请书;

(二)行政决定书及作出决定的事实、理由和依据;

(三)当事人的意见及行政机关催告情况;

(四)申请强制执行标的情况;

(五)法律、行政法规规定的其他材料。

强制执行申请书应当由行政机关负责人签名,加盖行政机关的印章,并注明日期。

第4问:没有行政强制权的行政机关申请强制执行的期限是多久?

自期限届满之日起3个月内申请,逾期申请的,除有正当理由外,法院不予受理。

【法律依据】

《中华人民共和国行政强制法》(2011年6月30日)

第五十三条 当事人在法定期限内不申请行政复议或者提起行政诉讼,又不履行行政决定的,没有行政强制执行权的行政机关可以自期限届满之日起三个月内,依照本章规定申请人民法院强制执行。

《最高人民法院关于适用〈中华人民共和国行政诉讼法〉的解释》(法释〔2018〕1号)

第一百五十六条 没有强制执行权的行政机关申请人民法院强制执行其行政行为,应当自被执行人的法定起诉期限届满之日起三个月内提出。逾期申请的,除有正当理由外,人民法院不予受理。

第5问:行政机关能否不经催告直接向法院申请强制执行?

不能。行政机关申请强制执行前,应催告当事人履行义务,催告书送达10个工作日后当事人仍未履行的,可以申请强制执行。

【法律依据】

《中华人民共和国行政强制法》(2011年6月30日)

第五十四条 行政机关申请人民法院强制执行前,应当催告当事人履行义务。催告书送达十日后当事人仍未履行义务的,行政机关可以向所在地有管辖权的人民法院申请强制执行；执行对象是不动产的，向不动产所在地有管辖权的人民法院申请强制执行。

第六十九条 本法中十日以内期限的规定是指工作日，不含法定节假日。

第6问：行政机关申请强制执行应向哪个法院申请？

申请人所在地的基层法院。执行对象是不动产的，向不动产所在地的基层法院申请。基层法院执行确有困难的，可报请上级法院执行，上级法院可以决定由其执行或者由下级法院执行。

【法律依据】

《最高人民法院关于适用〈中华人民共和国行政诉讼法〉的解释》（法释〔2018〕1号）

第一百五十七条 行政机关申请人民法院强制执行其行政行为的，由申请人所在地的基层人民法院受理；执行对象为不动产的，由不动产所在地的基层人民法院受理。

基层人民法院认为执行确有困难的，可以报请上级人民法院执行；上级人民法院可以决定由其执行，也可以决定由下级人民法院执行。

第7问：行政机关对法院不予受理的裁定有异议的，如何救济？

在15日内向上一级法院申请复议，上一级法院应在收到复议申请之日起的15日内作出裁定。

【法律依据】

《中华人民共和国行政强制法》（2011年6月30日）

第五十六条 人民法院接到行政机关强制执行的申请，应当在五日内受理。

行政机关对人民法院不予受理的裁定有异议的,可以在十五日内向上一级人民法院申请复议,上一级人民法院应当自收到复议申请之日起十五日内作出是否受理的裁定。

《最高人民法院关于适用〈中华人民共和国行政诉讼法〉的解释》(法释〔2018〕1号)

第一百五十五条第三款 人民法院对符合条件的申请,应当在五日内立案受理,并通知申请人;对不符合条件的申请,应当裁定不予受理。行政机关对不予受理裁定有异议,在十五日内向上一级人民法院申请复议的,上一级人民法院应当在收到复议申请之日起十五日内作出裁定。

第8问:行政机关对平等民事主体之间的民事争议作出裁决后,生效裁决确定的权利人能否向法院申请执行?

可以。行政机关根据法律授权对平等民事主体之间民事争议作出裁决后,当事人在法定期限内不起诉又不履行,作出裁决的行政机关在申请执行的期间内未申请法院执行的,生效行政裁决确定的权利人或者其继承人、权利承受人在6个月内可以向法院申请强制执行。具体的执行规定参照前述行政机关申请执行行政行为的规定。

【法律依据】

《最高人民法院关于适用〈中华人民共和国行政诉讼法〉的解释》(法释〔2018〕1号)

第一百五十八条 行政机关根据法律的授权对平等主体之间民事争议作出裁决后,当事人在法定期限内不起诉又不履行,作出裁决的行政机关在申请执行的期限内未申请人民法院强制执行的,生效行政裁决确定的权利人或者其继承人、权利承受人在六个月内可以申请人民法院强制执行。

享有权利的公民、法人或者其他组织申请人民法院强制执行生效行政裁决,参照行政机关申请人民法院强制执行行政行为的规定。

第9问:行政机关或者权利人申请法院强制执行前,能否申请财产保全?

可以,有充分理由认为被执行人可能逃避执行的,可以申请法院采取财产保全措施。权利人申请执行前保全的,应提供相应的财产担保。

【法律依据】

《最高人民法院关于适用〈中华人民共和国行政诉讼法〉的解释》(法释〔2018〕1号)

第一百五十九条 行政机关或者行政行为确定的权利人申请人民法院强制执行前,有充分理由认为被执行人可能逃避执行的,可以申请人民法院采取财产保全措施。后者申请强制执行的,应当提供相应的财产担保。

第10问:行政机关申请执行其行政行为的,法院是否直接予以执行?

不是。法院应在受理申请后7日内由行政审判庭对行政行为的合法性进行审查,并作出是否准予执行的裁定。

法院在作出裁定前发现行政行为明显违法并损害被执行人合法权益的,应听取被执行人和行政机关的意见,并在受理之日起30日内作出是否准予执行的裁定。

【法律依据】

《中华人民共和国行政强制法》(2011年6月30日)

第五十七条 人民法院对行政机关强制执行的申请进行书面审

查，对符合本法第五十五条规定，且行政决定具备法定执行效力的，除本法第五十八条规定的情形外，人民法院应当自受理之日起七日内作出执行裁定。

《最高人民法院关于适用〈中华人民共和国行政诉讼法〉的解释》（法释〔2018〕1号）

第一百六十条 人民法院受理行政机关申请执行其行政行为的案件后，应当在七日内由行政审判庭对行政行为的合法性进行审查，并作出是否准予执行的裁定。

人民法院在作出裁定前发现行政行为明显违法并损害被执行人合法权益的，应当听取被执行人和行政机关的意见，并自受理之日起三十日内作出是否准予执行的裁定。

需要采取强制执行措施的，由本院负责强制执行非诉行政行为的机构执行。

第11问：什么情形下法院会裁定不准予执行行政行为？行政机关对不准予执行的裁定有异议的，如何救济？

1. 行政行为有下列情形之一的，法院应裁定不准予执行：
（1）实施主体不具有行政主体资格的；
（2）明显缺乏事实依据的；
（3）明显违反法律法规依据的；
（4）其他明显违法并损害被执行人合法权益的情形的。

2. 行政机关对不准予执行的裁定有异议的，在15日内向上一级法院申请复议。

【法律依据】

《中华人民共和国行政强制法》（2011年6月30日）

第五十八条 人民法院发现有下列情形之一的，在作出裁定前可以听取被执行人和行政机关的意见：

(一) 明显缺乏事实根据的；
(二) 明显缺乏法律、法规依据的；
(三) 其他明显违法并损害被执行人合法权益的。

人民法院应当自受理之日起三十日内作出是否执行的裁定。裁定不予执行的，应当说明理由，并在五日内将不予执行的裁定送达行政机关。

行政机关对人民法院不予执行的裁定有异议的，可以自收到裁定之日起十五日内向上一级人民法院申请复议，上一级人民法院应当自收到复议申请之日起三十日内作出是否执行的裁定。

《最高人民法院关于适用〈中华人民共和国行政诉讼法〉的解释》(法释〔2018〕1号)

第一百六十一条 被申请执行的行政行为有下列情形之一的，人民法院应当裁定不准予执行：
(一) 实施主体不具有行政主体资格的；
(二) 明显缺乏事实根据的；
(三) 明显缺乏法律、法规依据的；
(四) 其他明显违法并损害被执行人合法权益的情形。

行政机关对不准予执行的裁定有异议，在十五日内向上一级人民法院申请复议的，上一级人民法院应当在收到复议申请之日起三十日内作出裁定。

第12问：法院判决驳回原告诉讼请求后，行政机关申请法院强制执行的，法院应当如何处理？

1. 法律已授予行政机关强制执行权的：不予受理，并告知行政机关强制执行。

2. 法律未授予行政机关强制执行权的：对符合条件的作出准予强制执行的裁定，并明确强制执行的内容。

【法律依据】

《最高人民法院行政审判庭关于行政机关申请法院强制执行维持或驳回诉讼请求判决应如何处理的答复》[（2013）行他字第 11 号]

湖南省高级人民法院：

你院《关于人民法院判决维持行政决定或者驳回原告诉讼请求后，法律规定有强制执行权的行政机关申请人民法院强制执行，人民法院如何处理的请示》收悉。经研究，答复如下：

人民法院判决维持被诉行政行为或者驳回原告诉讼请求后，行政机关申请人民法院强制执行的，人民法院应当依照《中华人民共和国行政强制法》第十三条第二款的规定，作出如下处理：

一、法律已授予行政机关强制执行权的，人民法院不予受理，并告知由行政机关强制执行。

二、法律未授予行政机关强制执行权的，人民法院对符合法定条件的申请，可以作出准予强制执行的裁定，并应明确强制执行的内容。

第 13 问：涉及公共安全的案件，行政机关能否申请法院立即执行？法院应在几日内执行？

可以申请立即执行。经法院院长批准，法院应在作出执行裁定之日起 5 个工作日内执行。

【法律依据】

《中华人民共和国行政强制法》（2011 年 6 月 30 日）

第五十九条 因情况紧急，为保障公共安全，行政机关可以申请人民法院立即执行。经人民法院院长批准，人民法院应当自作出执行裁定之日起五日内执行。

第六十九条 本法中十日以内期限的规定是指工作日，不含法定节假日。

第 14 问：行政机关申请法院强制执行是否需要缴纳申请费？

不缴纳，强制执行的费用由被执行人承担。

【法律依据】

《中华人民共和国行政强制法》（2011 年 6 月 30 日）

第六十条第一款　行政机关申请人民法院强制执行，不缴纳申请费。强制执行的费用由被执行人承担。

第 15 问：法院在办理行政机关申请执行的案件时，作为被执行人的法人出现分立、合并、兼并、合营等情况的，如何处理？

法院应通知申请机构变更被执行人，对变更后的被执行人，法院应当依法进行审查。

【法律依据】

《最高人民法院对〈关于非诉执行案件中作为被执行人的法人终止，人民法院是否可以直接裁定变更被执行人的请示〉的答复》（法行〔2000〕16 号）

山东省高级人民法院：

你院鲁高法函〔1999〕62 号《关于非诉执行案件中作为被执行人的法人终止，人民法院是否可以直接裁定变更被执行人的请示》收悉。经研究，答复如下：

人民法院在办理行政机关申请人民法院强制执行其具体行政行为的案件过程中，作为被执行人的法人出现分立、合并、兼并、合营等情况，原具体行政行为仍应执行的，人民法院应当通知申请机关变更被执行人。对变更后的被执行人，人民法院应当依法进行审查。

第16问：公民、法人或其他组织认为法院执行具体行政行为违法的，如何救济？

向法院提出申诉，法院可以作为申诉案件进行审查：

1. 法院的执行活动合法，而具体行政行为违法的，应转送作出具体行政行为的行政机关依法处理，并通知申诉人同该行政机关直接联系；

2. 法院采取的强制措施违法，造成损害的，按照国家赔偿法的有关规定办理。

【法律依据】

《最高人民法院对〈当事人对人民法院强制执行生效具体行政行为的案件提出申诉人民法院应如何受理和处理的请示〉的答复》（法行〔1995〕12号）

吉林省高级人民法院：

你院《关于当事人对人民法院强制执行生效具体行政行为的案件提出申诉人民法院应如何受理和处理的请示》收悉。经研究认为：公民、法人和其他组织认为人民法院强制执行生效的具体行政行为违法，侵犯其合法权益，向人民法院提出申诉，人民法院可以作为申诉进行审查。人民法院的全部执行活动合法，而生效具体行政行为违法的，应转送作出具体行政行为的行政机关依法处理，并通知申诉人同该行政机关直接联系；人民法院采取的强制措施等违法，造成损害的，应依照国家赔偿法的有关规定办理。

第17问：对行政机关的强制拆除决定，法院是否受理其提出的执行申请？

不受理。

【法律依据】

《最高人民法院关于违法的建筑物、构筑物、设施等强制拆除问题的批复》（法释〔2013〕5号）
北京市高级人民法院：

根据行政强制法和城乡规划法有关规定精神，对涉及违反城乡规划法的违法建筑物、构筑物、设施等的强制拆除，法律已经授予行政机关强制执行权，人民法院不受理行政机关提出的非诉行政执行申请。

第18问：申请法院强制执行征收补偿决定案件，由哪个法院管辖？

由房屋所在地的基层法院管辖。高院可以根据本地实际情况决定管辖法院。

【法律依据】

《最高人民法院关于办理申请人民法院强制执行国有土地上房屋征收补偿决定案件若干问题的规定》（法释〔2012〕4号）

第一条　申请人民法院强制执行征收补偿决定案件，由房屋所在地基层人民法院管辖，高级人民法院可以根据本地实际情况决定管辖法院。

第19问：申请执行征收补偿决定的，应向法院提供哪些材料？

1. 强制执行申请书，并附具补偿金额和专户存储账号、产权调换房屋和周转用房的地点和面积等材料（申请书应由申请机关负责人签名，加盖申请机关印章并注明日期）。

2. 征收补偿决定及相关证据和所依据的规范性文件。

3. 征收补偿决定送达凭证、催告情况及房屋被征收人、直接利害关系人的意见。

4. 社会稳定风险评估材料。

5. 申请强制执行的房屋状况。

6. 被执行人的姓名或者名称、地址及与强制执行相关的财产状况等具体情况。

7. 法律、行政法规规定应当提交的其他材料。

【法律依据】

《最高人民法院关于办理申请人民法院强制执行国有土地上房屋征收补偿决定案件若干问题的规定》(法释〔2012〕4号)

第二条第一款第二款 申请机关向人民法院申请强制执行，除提供《条例》第二十八条规定的强制执行申请书及附具材料外，还应当提供下列材料：

（一）征收补偿决定及相关证据和所依据的规范性文件；

（二）征收补偿决定送达凭证、催告情况及房屋被征收人、直接利害关系人的意见；

（三）社会稳定风险评估材料；

（四）申请强制执行的房屋状况；

（五）被执行人的姓名或者名称、住址及与强制执行相关的财产状况等具体情况；

（六）法律、行政法规规定应当提交的其他材料。

强制执行申请书应当由申请机关负责人签名，加盖申请机关印章，并注明日期。

《国有土地上房屋征收与补偿条例》(2011年1月21日)

第二十八条第二款 强制执行申请书应当附具补偿金额和专户存储账号、产权调换房屋和周转用房的地点和面积等材料。

第20问：申请执行征收补偿决定的，应何时提出申请？

应在被执行人的法定起诉期限届满之日起3个月内提出申请，逾期申请的，除有正当理由外，不予受理。

【法律依据】

《最高人民法院关于办理申请人民法院强制执行国有土地上房屋征收补偿决定案件若干问题的规定》（法释〔2012〕4号）

第二条第三款 强制执行的申请应当自被执行人的法定起诉期限届满之日起三个月内提出；逾期申请的，除有正当理由外，人民法院不予受理。

第21问：什么情形下法院裁定不准予执行征收补偿决定？

1. 明显缺乏事实依据。
2. 明显缺乏法律法规依据。
3. 明显不符合公平补偿原则，严重损害被执行人合法权益，或者使被执行人基本生活、生产经营条件没有保障的。
4. 明显违反行政目的，严重损害公共利益的。
5. 严重违反法定程序或正当程序。
6. 超越职权。
7. 法律、法规、规章等规定的其他不宜强制执行的情形。

【法律依据】

《最高人民法院关于办理申请人民法院强制执行国有土地上房屋征收补偿决定案件若干问题的规定》（法释〔2012〕4号）

第六条 征收补偿决定存在下列情形之一的，人民法院应当裁定不准予执行：

（一）明显缺乏事实根据；

（二）明显缺乏法律、法规依据；

（三）明显不符合公平补偿原则，严重损害被执行人合法权益，或者使被执行人基本生活、生产经营条件没有保障；

（四）明显违反行政目的，严重损害公共利益；

（五）严重违反法定程序或者正当程序；

（六）超越职权；

（七）法律、法规、规章等规定的其他不宜强制执行的情形。

人民法院裁定不准予执行的，应当说明理由，并在五日内将裁定送达申请机关。

第22问：法院准予执行征收补偿决定的，由谁实施？

一般由作出征收补偿决定的市、县级人民政府组织实施，也可由法院执行。凡法院执行的，须报经上一级法院审查批准方可采取强制手段。

【法律依据】

《最高人民法院关于办理申请人民法院强制执行国有土地上房屋征收补偿决定案件若干问题的规定》（法释〔2012〕4号）

第九条 人民法院裁定准予执行的，一般由作出征收补偿决定的市、县级人民政府组织实施，也可以由人民法院执行。

《最高人民法院关于在征收拆迁案件中进一步严格规范司法行为积极推进"裁执分离"的通知》（法〔2014〕191号）

三、积极推进"裁执分离"，逐步拓宽适用范围

"裁执分离"是最高人民法院为破解征收拆迁案件"执行难""执行乱"难题着力推进的一项重要原则。该原则由有关中央国家机关充分协商后通过司法解释加以确定，既有利于发挥司法专业优势、监督功能，又有利于发挥行政机关资源优势，对明确司法与行政的职能定位，确保依法拆迁、和谐拆迁意义重大。各级人民法院在贯彻执

行过程中，一方面要严格落实司法解释及相关通知有关"由政府组织实施为总原则、由法院执行属个别例外情形"的基本要求，立案、审查、执行机构要注意加强沟通配合，创新工作机制，共同研究解决办案中的重大疑难问题，不得与地方政府搞联合执行、委托执行，杜绝参加地方牵头组织的各类"拆迁领导小组"、"项目指挥部"等，依法受理因行政机关组织实施活动违法而引发的诉讼；另一方面要积极拓宽"裁执分离"适用范围，以践行立法机关提出给相关改革探索"留有空间"的意见和中央有关部门对法院工作的相关建议。今年以来，浙江省高级人民法院在省委、省政府的大力支持下出台相关规定，明确将"裁执分离"扩大至征收集体土地中的房屋拆迁、建筑物非法占地强制拆除等非诉案件和诉讼案件，该做法值得推广和借鉴。

四、进一步加强上级法院监督力度

针对下级法院办理征收拆迁案件，上级法院必须严格把关，切实发挥审级监督指导作用。要建立和完善有案不立、有诉不理的发现机制，严肃追究限制收案、拖延立案的违法违纪行为。要集中清理和废止不符合法律法规和司法解释要求的征地拆迁"土政策"，带头抵制各种非法干预，坚决为下级法院审判执行法官撑腰。要建立科学、合理的考评机制，准确、客观评价下级法院工作，改变以协调撤诉率排名等不科学的考核方式。要严禁下级法院执行机构在未经行政审判庭审查并作出准予执行裁定情况下，擅自采取执行措施以及擅自扩大强制执行范围。要尽快完善申诉、申请再审案件分流机制，避免将有限力量耗费于无理缠访和陈年旧案上。要积极探索行政审判体制改革，在有条件的地方尽早建立与行政区划适当分离的司法管辖制度。今后，凡是未及时向下级法院传达相关司法解释、司法文件精神，或者案件经最高人民法院改判纠正的，最高人民法院将一律予以通报。下级法院在探索司法改革、推进"裁执分离"过程中的各种好经验、好做法与现实困难，要及时向上级法院反映，确保改革依法有序、统筹兼顾；在办案中遇到法律适用方面的各种新情况新问题，要依照法定程序逐级向上级法院反映；在原则上不准先予执行的前提下，确需先予执行的，须报上一级法院批准；在个别例外情形下法院认为自身有足够能力直接执行时，须报上一级法院审查同意；对不按要求向上级法院报告，无视"裁执分离"原则，擅自使用司法强制手段导致矛盾激化，造成人员伤亡、财产严重损失以及大规模群体性事件，或者对重大舆情隐瞒不报、歪曲事实的，要依法依纪严肃追究有关法院领导和直接责任人员的责任。

第十二章　土地承包仲裁的执行

第1问：土地承包仲裁调解书、裁决书如何申请强制执行？

1. 当事人收到裁决书之日起30日内未向法院提起诉讼的，裁决书生效，一方当事人逾期不履行义务的，另一方当事人可以申请强制执行。

2. 管辖：被申请人住所地或者财产所在地基层人民法院。

【法律依据】

《中华人民共和国农村土地承包经营纠纷调解仲裁法》（2009年6月27日）

第四十八条　当事人不服仲裁裁决的，可以自收到裁决书之日起三十日内向人民法院起诉。逾期不起诉的，裁决书即发生法律效力。

第四十九条　当事人对发生法律效力的调解书、裁决书，应当依照规定的期限履行。一方当事人逾期不履行的，另一方当事人可以向被申请人住所地或者财产所在地的基层人民法院申请执行。受理申请的人民法院应当依法执行。

第2问：土地承包仲裁如何先行执行？

1. 权利义务关系明确。
2. 经当事人申请。
3. 可以裁定维持现状、恢复农业生产以及停止取土、占地等行为。

4. 当事人不履行先行裁定的，另一方当事人可以申请执行，但应当提供担保。

【法律依据】

《中华人民共和国农村土地承包经营纠纷调解仲裁法》（2009 年 6 月 27 日）

第四十二条 对权利义务关系明确的纠纷，经当事人申请，仲裁庭可以先行裁定维持现状、恢复农业生产以及停止取土、占地等行为。

一方当事人不履行先行裁定的，另一方当事人可以向人民法院申请执行，但应当提供相应的担保。

第十三章 公证债权文书的执行

第1问：公证债权文书如何申请强制执行？

1. 以给付为内容并载明债务人愿意接受强制执行承诺。
2. 债务人不履行或履行不适当。
3. 债权文书确有错误的，人民法院裁定不予执行，并送达双方当事人和公证机构。

【法律依据】

《中华人民共和国公证法》（2017年9月1日修正）

第三十七条　对经公证的以给付为内容并载明债务人愿意接受强制执行承诺的债权文书，债务人不履行或者履行不适当的，债权人可以依法向有管辖权的人民法院申请执行。

前款规定的债权文书确有错误的，人民法院裁定不予执行，并将裁定书送达双方当事人和公证机构。

《中华人民共和国民事诉讼法》（2023年9月1日修正）

第二百四十九条　对公证机关依法赋予强制执行效力的债权文书，一方当事人不履行的，对方当事人可以向有管辖权的人民法院申请执行，受申请的人民法院应当执行。

公证债权文书确有错误的，人民法院裁定不予执行，并将裁定书送达双方当事人和公证机关。

第2问：申请强制执行公证债权文书由哪些法院管辖？

1. 地域管辖：由被执行人住所地或者被执行财产所在地法院管辖。
2. 级别管辖：参照人民法院受理第一审民商事案件级别管辖的规定。

【法律依据】

《最高人民法院关于公证债权文书执行若干问题的规定》（法释〔2018〕18号）

第二条 公证债权文书执行案件，由被执行人住所地或者被执行的财产所在地人民法院管辖。

前款规定案件的级别管辖，参照人民法院受理第一审民商事案件级别管辖的规定确定。

第3问：申请强制执行公证债权文书应当提交哪些材料？

1. 作为执行依据的公证债权文书等申请执行所需的材料。
2. 证明履行情况等内容的执行证书。

【法律依据】

《最高人民法院关于公证债权文书执行若干问题的规定》（法释〔2018〕18号）

第三条 债权人申请执行公证债权文书，除应当提交作为执行依据的公证债权文书等申请执行所需的材料外，还应当提交证明履行情况等内容的执行证书。

第4问：作为执行依据的公证债权文书中应当包括哪些内容？

1. 公证证词，证词中应当列明权利义务主体、给付内容。

2. 被证明的债权文书。

【法律依据】

《最高人民法院关于公证债权文书执行若干问题的规定》（法释〔2018〕18号）

第四条 债权人申请执行的公证债权文书应当包括公证证词、被证明的债权文书等内容。权利义务主体、给付内容应当在公证证词中列明。

第5问：债权人申请执行公证债权文书，哪些情形下，人民法院应当裁定不予受理或驳回执行申请？

1. 债权文书属于不得经公证赋予强制执行效力的文书。
2. 公证债权文书未载明债务人接受强制执行的承诺。
3. 公证证词载明的权利义务主体或者给付内容不明确。
4. 债权人未提交执行证书。
5. 其他不符合受理条件的情形。

【法律依据】

《最高人民法院关于公证债权文书执行若干问题的规定》（法释〔2018〕18号）

第五条 债权人申请执行公证债权文书，有下列情形之一的，人民法院应当裁定不予受理；已经受理的，裁定驳回执行申请：

（一）债权文书属于不得经公证赋予强制执行效力的文书；

（二）公证债权文书未载明债务人接受强制执行的承诺；

（三）公证证词载明的权利义务主体或者给付内容不明确；

（四）债权人未提交执行证书；

（五）其他不符合受理条件的情形。

第 6 问：公证债权文书中既包含主债务又包含担保债务的，公证债权文书赋予强制执行效力的范围仅包含其中一种债务的，债权人是否可以对两种债务同时申请强制执行？

不可以。强制执行效力的范围包含哪种债务，债权人仅可以申请执行此种债务，申请执行未包含部分的，人民法院应当对此部分的申请不予受理。

【法律依据】

《最高人民法院关于公证债权文书执行若干问题的规定》(法释〔2018〕18号)

第六条 公证债权文书赋予强制执行效力的范围同时包含主债务和担保债务的，人民法院应当依法予以执行；仅包含主债务的，对担保债务部分的执行申请不予受理；仅包含担保债务的，对主债务部分的执行申请不予受理。

第 7 问：债权人申请执行公证债权文书被裁定不予受理、驳回执行申请的，应当如何救济？

1. 裁定送达后10日内，向上一级人民法院申请复议。
2. 未按期申请复议或复议被驳回的，当事人可以就公证债权文书涉及的民事权利义务争议向人民法院提起诉讼。

【法律依据】

《最高人民法院关于公证债权文书执行若干问题的规定》(法释〔2018〕18号)

第七条 债权人对不予受理、驳回执行申请裁定不服的，可以自裁定送达之日起十日内向上一级人民法院申请复议。

申请复议期满未申请复议，或者复议申请被驳回的，当事人可以就公证债权文书涉及的民事权利义务争议向人民法院提起诉讼。

第8问：公证机构不予出具执行证书的，当事人应当如何救济？

当事人可以就公证债权文书涉及的民事权利义务争议直接向人民法院提起诉讼。

【法律依据】

《最高人民法院关于公证债权文书执行若干问题的规定》（法释〔2018〕18号）

第八条　公证机构决定不予出具执行证书的，当事人可以就公证债权文书涉及的民事权利义务争议直接向人民法院提起诉讼。

第9问：债权人申请执行公证债权文书的时效为多久？从何日开始起算？是否适用时效中断？

1. 时效为2年。

2. 自公证债权文书确定的履行期间的最后1日起计算；分期履行的，自公证债权文书确定的每次履行期间的最后一日起计算。

3. 申请执行时效的中止、中断，适用法律有关诉讼时效中止、中断的规定；债权人向公证机构申请出具执行证书的，申请执行时效自债权人提出申请之日起中断。

【法律依据】

《中华人民共和国民事诉讼法》（2023年9月1日修正）

第二百五十条　申请执行的期间为二年。申请执行时效的中止、中断，适用法律有关诉讼时效中止、中断的规定。

前款规定的期间，从法律文书规定履行期间的最后一日起计算；

法律文书规定分期履行的，从最后一期履行期限届满之日起计算；法律文书未规定履行期间的，从法律文书生效之日起计算。

《最高人民法院关于公证债权文书执行若干问题的规定》（法释〔2018〕18号）

第九条　申请执行公证债权文书的期间自公证债权文书确定的履行期间的最后一日起计算；分期履行的，自公证债权文书确定的每次履行期间的最后一日起计算。

债权人向公证机构申请出具执行证书的，申请执行时效自债权人提出申请之日起中断。

第10问：债权人申请执行公证债权文书中涉及利息过高的情形，应当如何处理？

1. 公证债权文书中载明的利息超过法律、司法解释规定应予支持的上限的，超出部分不纳入执行范围。

2. 载明的利息未超过法律、司法解释规定应予支持的上限，但是被执行人主张实际超过的，可以债权人为被告提起债务人异议之诉。

【法律依据】

《最高人民法院关于公证债权文书执行若干问题的规定》（法释〔2018〕18号）

第十一条　因民间借贷形成的公证债权文书，文书中载明的利率超过人民法院依照法律、司法解释规定应予支持的上限的，对超过的利息部分不纳入执行范围；载明的利率未超过人民法院依照法律、司法解释规定应予支持的上限，被执行人主张实际超过的，可以依照本规定第二十二条第一款规定提起诉讼。

第二十二条　有下列情形之一的，债务人可以在执行程序终结前，以债权人为被告，向执行法院提起诉讼，请求不予执行公证债权文书：

（一）公证债权文书载明的民事权利义务关系与事实不符；

（二）经公证的债权文书具有法律规定的无效、可撤销等情形；

（三）公证债权文书载明的债权因清偿、提存、抵销、免除等原因全部或者部分消灭。

债务人提起诉讼，不影响人民法院对公证债权文书的执行。债务人提供充分、有效的担保，请求停止相应处分措施的，人民法院可以准许；债权人提供充分、有效的担保，请求继续执行的，应当继续执行。

第 11 问：哪些情形，被执行人可以申请不予执行公证债权文书？

1. 被执行人未到场且未委托代理人到场办理公证的。

2. 被执行人为无、限制民事行为能力人且没有监护人代为办理公证的。

3. 公证员为本人、近亲属办理公证，或者办理与本人、近亲属有利害关系的公证的。

4. 公证员办理该项公证有贪污受贿、徇私舞弊行为，已经由生效刑事法律文书等确认的。

5. 其他严重违反法定公证程序的情形。

【法律依据】

《最高人民法院关于公证债权文书执行若干问题的规定》（法释〔2018〕18号）

第十二条 有下列情形之一的，被执行人可以依照民事诉讼法第二百三十八条[①]第二款规定申请不予执行公证债权文书：

（一）被执行人未到场且未委托代理人到场办理公证的；

---

① 现相关规定见《中华人民共和国民事诉讼法》（2023年修正）第二百四十九条。

（二）无民事行为能力人或者限制民事行为能力人没有监护人代为办理公证的；

（三）公证员为本人、近亲属办理公证，或者办理与本人、近亲属有利害关系的公证的；

（四）公证员办理该项公证有贪污受贿、徇私舞弊行为，已经由生效刑事法律文书等确认的；

（五）其他严重违反法定公证程序的情形。

被执行人以公证债权文书的内容与事实不符或者违反法律强制性规定等实体事由申请不予执行的，人民法院应当告知其依照本规定第二十二条第一款规定提起诉讼。

第12问：被执行人申请不予执行公证债权文书的期限为多久？

1. 一般情形：在执行通知书送达之日起15日内向执行法院提交书面申请。

2. 特殊情形：公证员存在为本人、近亲属办理公证，或者办理与本人、近亲属有利害关系的公证的或公证员办理该项公证有贪污受贿、徇私舞弊行为，已经由生效刑事法律文书等确认的，被执行人应当自知道或者应当知道之日起15日内提出。

【法律依据】

《最高人民法院关于公证债权文书执行若干问题的规定》（法释〔2018〕18号）

第十三条 被执行人申请不予执行公证债权文书，应当在执行通知书送达之日起十五日内向执行法院提出书面申请，并提交相关证据材料；有本规定第十二条第一款第三项、第四项规定情形且执行程序尚未终结的，应当自知道或者应当知道有关事实之日起十五日内提出。

公证债权文书执行案件被指定执行、提级执行、委托执行后，被执行人申请不予执行的，由提出申请时负责该案件执行的人民法院审查。

第13问：被执行人申请不予执行公证债权文书的理由有多个，能否分多次提出？

1. 一般情形：不可以，应当一并提出，申请被裁定驳回后，同一被执行人再次提出申请的，人民法院不予受理。

2. 例外：有证据证明不予执行事由在不予执行申请被裁定驳回后知道的，可以在执行终结前提出。

【法律依据】

《最高人民法院关于公证债权文书执行若干问题的规定》（法释〔2018〕18号）

第十四条 被执行人认为公证债权文书存在本规定第十二条第一款规定的多个不予执行事由的，应当在不予执行案件审查期间一并提出。

不予执行申请被裁定驳回后，同一被执行人再次提出申请的，人民法院不予受理。但有证据证明不予执行事由在不予执行申请被裁定驳回后知道的，可以在执行程序终结前提出。

第14问：人民法院审查不予执行公证债权文书案件，是否应当听证？

案情复杂、争议较大的，应当进行听证。

【法律依据】

《最高人民法院关于公证债权文书执行若干问题的规定》（法释〔2018〕18号）

第十五条 人民法院审查不予执行公证债权文书案件，案情复杂、争议较大的，应当进行听证。必要时可以向公证机构调阅公证案卷，要求公证机构作出书面说明，或者通知公证员到庭说明情况。

第15问：人民法院审查不予执行公证债权文书案件的审查期限为多久？

1. 一般情形为60日。
2. 有特殊情况需要延长的，经院长批准，可以延长为30日。

【法律依据】

《最高人民法院关于公证债权文书执行若干问题的规定》（法释〔2018〕18号）

第十六条 人民法院审查不予执行公证债权文书案件，应当在受理之日起六十日内审查完毕并作出裁定；有特殊情况需要延长的，经本院院长批准，可以延长三十日。

第16问：人民法院审查不予执行公证债权文书案件期间，是否应当停止执行？

1. 一般情形：不停止执行。
2. 被执行人提供担保的，人民法院可以准许停止处分。
3. 申请执行人提供担保的，人民法院应当继续执行。

【法律依据】

《最高人民法院关于公证债权文书执行若干问题的规定》（法释〔2018〕18号）

第十七条 人民法院审查不予执行公证债权文书案件期间，不停止执行。

被执行人提供充分、有效的担保，请求停止相应处分措施的，人民法院可以准许；申请执行人提供充分、有效的担保，请求继续执行的，应当继续执行。

第 17 问：公证债权文书被裁定不予执行的，当事人应当如何救济？

当事人可以就该公证债权文书涉及的民事权利义务向人民法院起诉。

【法律依据】

《最高人民法院关于公证债权文书执行若干问题的规定》（法释〔2018〕18号）

第二十条　公证债权文书被裁定不予执行的，当事人可以就该公证债权文书涉及的民事权利义务争议向人民法院提起诉讼；公证债权文书被裁定部分不予执行的，当事人可以就该部分争议提起诉讼。

当事人对不予执行裁定提出执行异议或者申请复议的，人民法院不予受理。

第 18 问：当事人不服驳回不予执行公证债权文书申请裁定的，应当如何救济？

可以自裁定送达之日起10日内向上一级人民法院申请复议。复议期间不停止执行。

【法律依据】

《最高人民法院关于公证债权文书执行若干问题的规定》（法释〔2018〕18号）

第二十一条　当事人不服驳回不予执行申请裁定的，可以自裁定送达之日起十日内向上一级人民法院申请复议。上一级人民法院应当自收到复议申请之日起三十日内审查。经审查，理由成立的，裁定撤销原裁定，不予执行该公证债权文书；理由不成立的，裁定驳回复议申请。复议期间，不停止执行。

第 19 问：哪些情形，债务人可以提起债务人异议之诉并请求不予执行公证债权文书？

1. 公证债权文书载明的民事权利义务关系与事实不符。
2. 经公证的债权文书具有法律规定的无效、可撤销等情形。
3. 公证债权文书载明的债权因清偿、提存、抵销、免除等原因全部或者部分消灭。

【法律依据】

《最高人民法院关于公证债权文书执行若干问题的规定》（法释〔2018〕18号）

第二十二条　有下列情形之一的，债务人可以在执行程序终结前，以债权人为被告，向执行法院提起诉讼，请求不予执行公证债权文书：

（一）公证债权文书载明的民事权利义务关系与事实不符；

（二）经公证的债权文书具有法律规定的无效、可撤销等情形；

（三）公证债权文书载明的债权因清偿、提存、抵销、免除等原因全部或者部分消灭。

债务人提起诉讼，不影响人民法院对公证债权文书的执行。债务人提供充分、有效的担保，请求停止相应处分措施的，人民法院可以准许；债权人提供充分、有效的担保，请求继续执行的，应当继续执行。

第 20 问：债权人、利害关系人能否就公证债权文书涉及的民事权利义务争议直接向人民法院起诉？

存在以下情形的，可以直接起诉：
1. 载明的民事权利义务关系与事实不符。
2. 公证债权文书具有法定的无效、可撤销等情形。

【法律依据】

《中华人民共和国公证法》（2017 年 9 月 1 日修正）

第四十条 当事人、公证事项的利害关系人对公证书的内容有争议的，可以就该争议向人民法院提起民事诉讼。

第 21 问：债权人、利害关系人就公证债权文书涉及的民事权利义务争议提起诉讼后，对执行程序有何影响？

1. 债权人：（1）人民法院受理后，债权人又申请执行公证债权文书的，人民法院不予受理；（2）进入执行程序后债权人起诉的，人民法院受理后，可以裁定终结公证债权文书的执行，债权人请求继续执行其未提出争议部分的，人民法院可以准许。

2. 利害关系人：（1）原则不影响执行；（2）厉害关系人提供担保要求停止执行的，人民法院可以准许；（3）债权人提供担保请求继续执行的，应当继续执行。

【法律依据】

《最高人民法院关于公证债权文书执行若干问题的规定》（法释〔2018〕18 号）

第二十四条 有下列情形之一的，债权人、利害关系人可以就公证债权文书涉及的民事权利义务争议直接向有管辖权的人民法院提起诉讼：

（一）公证债权文书载明的民事权利义务关系与事实不符；

（二）经公证的债权文书具有法律规定的无效、可撤销等情形。

债权人提起诉讼，诉讼案件受理后又申请执行公证债权文书的，人民法院不予受理。进入执行程序后债权人又提起诉讼的，诉讼案件受理后，人民法院可以裁定终结公证债权文书的执行；债权人请求继续执行其未提出争议部分的，人民法院可以准许。

利害关系人提起诉讼，不影响人民法院对公证债权文书的执行。利害关系人提供充分、有效的担保，请求停止相应处分措施的，人民法院可以准许；债权人提供充分、有效的担保，请求继续执行的，应当继续执行。

第十四章　涉外案件的执行

第1问：被执行人或财产不在国内，应当如何申请执行？

1. 可以由当事人直接向有管辖权的外国法院申请承认和执行。

2. 可以由人民法院依照中华人民共和国缔结或者参加的国际条约的规定，或者按照互惠原则，请求外国法院承认和执行。

【法律依据】

《中华人民共和国民事诉讼法》（2023年9月1日修正）

第二百九十七条　人民法院作出的发生法律效力的判决、裁定，如果被执行人或者其财产不在中华人民共和国领域内，当事人请求执行的，可以由当事人直接向有管辖权的外国法院申请承认和执行，也可以由人民法院依照中华人民共和国缔结或者参加的国际条约的规定，或者按照互惠原则，请求外国法院承认和执行。

在中华人民共和国领域内依法作出的发生法律效力的仲裁裁决，当事人请求执行的，如果被执行人或者其财产不在中华人民共和国领域内，当事人可以直接向有管辖权的外国法院申请承认和执行。

第2问：人民法院裁定不予执行涉外仲裁裁决、驳回不予执行涉外仲裁裁决申请后，应当如何救济？

当事人可以根据双方达成的书面仲裁协议重新申请仲裁，也可以向人民法院起诉。

【法律依据】

《中华人民共和国民事诉讼法》(2023 年 9 月 1 日修正)

第二百九十二条　仲裁裁决被人民法院裁定不予执行的，当事人可以根据双方达成的书面仲裁协议重新申请仲裁，也可以向人民法院起诉。

《中华人民共和国仲裁法》(2017 年 9 月 1 日修正)

第九条　仲裁实行一裁终局的制度。裁决作出后，当事人就同一纠纷再申请仲裁或者向人民法院起诉的，仲裁委员会或者人民法院不予受理。

裁决被人民法院依法裁定撤销或者不予执行的，当事人就该纠纷可以根据双方重新达成的仲裁协议申请仲裁，也可以向人民法院起诉。

第 3 问：外国法院作出的判决、裁定，如何申请中国法院承认和执行？

1. 可以由当事人直接向中华人民共和国有管辖权的中级人民法院申请承认和执行。

2. 可以由外国法院依照该国与中华人民共和国缔结或者参加的国际条约的规定，或者按照互惠原则，请求人民法院承认和执行。

【法律依据】

《中华人民共和国民事诉讼法》(2021 年 9 月 1 日修正)

第二百九十八条　外国法院作出的发生法律效力的判决、裁定，需要人民法院承认和执行的，可以由当事人直接向有管辖权的中级人民法院申请承认和执行，也可以由外国法院依照该国与中华人民共和国缔结或者参加的国际条约的规定，或者按照互惠原则，请求人民法院承认和执行。

第 4 问：中国法院和外国法院都有管辖权并均作出判决的案件，应当如何执行？

外国法院申请或者当事人请求人民法院承认和执行外国法院对本案作出的判决、裁定的，不予准许；但双方共同缔结或者参加的国际条约另有规定的除外。

【法律依据】

《最高人民法院关于适用〈中华人民共和国民事诉讼法〉的解释》（法释〔2022〕11号）

第五百三十一条　中华人民共和国法院和外国法院都有管辖权的案件，一方当事人向外国法院起诉，而另一方当事人向中华人民共和国法院起诉的，人民法院可予受理。判决后，外国法院申请或者当事人请求人民法院承认和执行外国法院对本案作出的判决、裁定的，不予准许；但双方共同缔结或者参加的国际条约另有规定的除外。

外国法院判决、裁定已经被人民法院承认，当事人就同一争议向人民法院起诉的，人民法院不予受理。

第 5 问：申请承认和执行外国裁判，需要提交哪些材料？

1. 申请书。
2. 外国法院作出的发生法律效力的判决、裁定正本或者经证明无误的副本以及中文译本。
3. 外国法院判决、裁定为缺席判决、裁定的，申请人应当同时提交该外国法院已经合法传唤的证明文件，但判决、裁定已经对此予以明确说明的除外。

【法律依据】

《最高人民法院关于适用〈中华人民共和国民事诉讼法〉的解释》(法释〔2022〕11号)

第五百四十一条 申请人向人民法院申请承认和执行外国法院作出的发生法律效力的判决、裁定,应当提交申请书,并附外国法院作出的发生法律效力的判决、裁定正本或者经证明无误的副本以及中文译本。外国法院判决、裁定为缺席判决、裁定的,申请人应当同时提交该外国法院已经合法传唤的证明文件,但判决、裁定已经对此予以明确说明的除外。

中华人民共和国缔结或者参加的国际条约对提交文件有规定的,按照规定办理。

第6问:作出裁判的法院所在国与中国没有缔结或共同参加国际条约,也没有互惠关系的,能否执行?

1. 一般情形:裁定驳回申请,被驳回后,当事人可以向人民法院起诉。

2. 例外:当事人向人民法院申请承认外国法院作出的发生法律效力的离婚判决除外。

【法律依据】

《最高人民法院关于适用〈中华人民共和国民事诉讼法〉的解释》(法释〔2022〕11号)

第五百四十二条 当事人向中华人民共和国有管辖权的中级人民法院申请承认和执行外国法院作出的发生法律效力的判决、裁定的,如果该法院所在国与中华人民共和国没有缔结或者共同参加国际条约,也没有互惠关系的,裁定驳回申请,但当事人向人民法院申请承认外国法院作出的发生法律效力的离婚判决的除外。

承认和执行申请被裁定驳回的，当事人可以向人民法院起诉。

第 7 问：被申请人对受理承认和执行外国仲裁裁决案件法院的管辖权有异议的，应当如何救济？

1. 应当在收到通知之日起 15 日内提出管辖权异议，对管辖权裁定不服的，可以提起上诉。

2. 被申请人在中国领域内没有住所的，应当在收到通知之日起 30 日内提出管辖权异议。

【法律依据】

《最高人民法院关于审理仲裁司法审查案件若干问题的规定》（法释〔2017〕22 号）

第十条　人民法院受理仲裁司法审查案件后，被申请人对管辖权有异议的，应当自收到人民法院通知之日起十五日内提出。人民法院对被申请人提出的异议，应当审查并作出裁定。当事人对裁定不服的，可以提起上诉。

在中华人民共和国领域内没有住所的被申请人对人民法院的管辖权有异议的，应当自收到人民法院通知之日起三十日内提出。

第 8 问：当事人申请执行海事仲裁裁决，申请承认和执行国外法院判决、裁定以及国外海事仲裁裁决的，应当由哪些法院管辖？

1. 原则上应向被执行的财产所在地或者被执行人住所地海事法院提出。

2. 被执行的财产所在地或者被执行人住所地没有海事法院的，向被执行的财产所在地或者被执行人住所地的中级人民法院提出。

【法律依据】

《中华人民共和国海事诉讼特别程序法》(1999年12月25日)

第十一条 当事人申请执行海事仲裁裁决,申请承认和执行外国法院判决、裁定以及国外海事仲裁裁决的,向被执行的财产所在地或者被执行人住所地海事法院提出。被执行的财产所在地或者被执行人住所地没有海事法院的,向被执行的财产所在地或者被执行人住所地的中级人民法院提出。

第十五章　强制措施与刑事处罚

第一节　强制措施

第 1 问：法院对被执行人采取的强制措施包含哪些？

拘传、罚款、拘留、限制出境、限制消费、信用惩戒。

第 2 问：什么情形下可以适用拘传措施？

1. 对必须接受调查询问的被执行人、被执行人的法定代表人、负责人或者实际控制人，经依法传唤无正当理由拒不到场的，可以拘传其到场。

2. 拘传必须经过院长批准并且用拘传票。

3. 在拘传前应当进行说服教育并告知其拒不到庭的后果，经教育仍拒不到场的才能采取拘传措施。

4. 对已经控制被执行人的财产且财产权属清晰、没必要调查询问的，不宜采取拘传措施。

5. 不能以连续拘传的形式变相羁押被拘传人。

【法律依据】

《最高人民法院关于适用〈中华人民共和国民事诉讼法〉的解释》(法释〔2022〕11 号)

第一百七十五条　拘传必须用拘传票，并直接送达被拘传人；在拘传前，应当向被拘传人说明拒不到庭的后果，经批评教育仍拒不到庭的，可以拘传其到庭。

第四百八十二条第一款 对必须接受调查询问的被执行人、被执行人的法定代表人、负责人或者实际控制人，经依法传唤无正当理由拒不到场的，人民法院可以拘传其到场。

《最高人民法院关于认真贯彻实施民事诉讼法及相关司法解释有关规定的通知》（法〔2017〕369号）

二、在执行程序中适用《民诉法解释》第四百八十四条采取拘传措施的，应当严格遵守法定的条件与程序。拘传措施对于查明被执行财产、调查案件事实具有重要意义，同时也会严重影响被拘传人的人身自由。执行法院在采取拘传措施前必须经过依法传唤，对于无正当理由拒不到场的被执行人、被执行人的法定代表人、负责人或者实际控制人，应进行说服教育，经说服教育后仍拒不到场的，才能采取拘传措施。

对于已经控制被执行人的财产且财产权属清晰、没有必要调查询问的被执行人、被执行人的法定代表人、负责人或者实际控制人，不宜采取拘传措施。采取拘传措施必须严格遵守法定的时间期限，不能以连续拘传的形式变相羁押被拘传人。

第3问：拘传的时限是多久？

法院应及时对被拘传人进行调查询问，调查询问的时间不得超过8小时；情况复杂可能采取拘留措施的，调查询问的时间不得超过24小时。

【法律依据】

《最高人民法院关于适用〈中华人民共和国民事诉讼法〉的解释》（法释〔2022〕11号）

第四百八十二条第二款 人民法院应当及时对被拘传人进行调查

询问，调查询问的时间不得超过八小时；情况复杂，依法可能采取拘留措施的，调查询问的时间不得超过二十四小时。

第 4 问：罚款的金额是多少？

对个人罚款的，10万元以下；对单位罚款的，5万—100万元。

【法律依据】

《中华人民共和国民事诉讼法》（2023年9月1日修正）

第一百一十八条第一款 对个人的罚款金额，为人民币十万元以下。对单位的罚款金额，为人民币五万元以上一百万元以下。

第 5 问：拘留的期限是多久？

15日以下。

【法律依据】

《中华人民共和国民事诉讼法》（2023年9月1日修正）

第一百一十八条第二款 拘留的期限，为十五日以下。

第 6 问：对罚款、拘留决定不服的如何救济？

被罚款、拘留的人对决定不服的，可以自收到决定书之日起三日内向上一级法院申请复议一次。复议期间不停止执行。

【法律依据】

《中华人民共和国民事诉讼法》（2023年9月1日修正）

第一百一十九条第三款 罚款、拘留应当用决定书。对决定不服的，可以向上一级人民法院申请复议一次。复议期间不停止执行。

第 7 问：法院如何启动对被执行人的限制出境措施？

依申请执行人申请，必要时也可以依职权决定。

【法律依据】

《最高人民法院关于适用〈中华人民共和国民事诉讼法〉执行程序若干问题的解释》(法释〔2020〕21 号)

第二十三条 依照民事诉讼法第二百五十五条①规定对被执行人限制出境的，应当由申请执行人向执行法院提出书面申请；必要时，执行法院可以依职权决定。

第 8 问：对限制出境决定不服的如何救济？

被限制出境人可以自收到决定书之日起十日内向上一级法院申请复议。复议期间不停止原决定的执行。

【法律依据】

《最高人民法院关于人民法院办理执行异议和复议案件若干问题的规定》(法释〔2020〕21 号)

第九条 被限制出境的人认为对其限制出境错误的，可以自收到限制出境决定之日起十日内向上一级人民法院申请复议。上一级人民法院应当自收到复议申请之日起十五日内作出决定。复议期间，不停止原决定的执行。

第 9 问：法院对被执行人采取的信用惩戒包含哪些措施？

在征信系统记录、通过媒体公布不履行义务信息、纳入失信被执

---

① 现相关规定见《中华人民共和国民事诉讼法》（2023 年修正）第二百六十六条。

行人名单、将被执行人不履行的信息向其所在单位、征信机构以及其他有关机构通报。

【法律依据】

《中华人民共和国民事诉讼法》(2023年9月1日修正)

第二百六十六条 被执行人不履行法律文书确定的义务的,人民法院可以对其采取或者通知有关单位协助采取限制出境,在征信系统记录、通过媒体公布不履行义务信息以及法律规定的其他措施。

《最高人民法院关于适用〈中华人民共和国民事诉讼法〉的解释》(法释〔2022〕11号)

第五百一十六条 被执行人不履行法律文书确定的义务的,人民法院除对被执行人予以处罚外,还可以根据情节将其纳入失信被执行人名单,将被执行人不履行或者不完全履行义务的信息向其所在单位、征信机构以及其他相关机构通报。

第10问:纳入失信名单的期限是多久?

2年,具有多项失信行为的可以延长1—3年。

被执行人积极履行或者主动纠正失信行为的,可以提前删除失信信息。

【法律依据】

《最高人民法院关于公布失信被执行人名单信息的若干规定》(法释〔2017〕7号)

第二条 被执行人具有本规定第一条第二项至第六项规定情形的,纳入失信被执行人名单的期限为二年。被执行人以暴力、威胁方法妨碍、抗拒执行情节严重或具有多项失信行为的,可以延长一至三年。

失信被执行人积极履行生效法律文书确定义务或主动纠正失信行为的,人民法院可以决定提前删除失信信息。

第 11 问：被纳入失信名单的人在什么情形下可以申请法院纠正？

被纳入失信名单的公民、法人或者其他组织认为有下列情形之一的，可以向法院申请纠正：

1. 不应将其纳入失信被执行人名单的。
2. 记载和公布的失信信息不准确的。
3. 失信信息应当予以删除的。

【法律依据】

《最高人民法院关于公布失信被执行人名单信息的若干规定》（法释〔2017〕7号）

第十一条 被纳入失信被执行人名单的公民、法人或其他组织认为有下列情形之一的，可以向执行法院申请纠正：

（一）不应将其纳入失信被执行人名单的；

（二）记载和公布的失信信息不准确的；

（三）失信信息应予删除的。

第 12 问：申请纠正失信被执行人名单被法院驳回的，如何救济？

可以自驳回决定书送达之日起十日内向上一级法院申请复议。复议期间不停止原决定的执行。

【法律依据】

《最高人民法院关于公布失信被执行人名单信息的若干规定》（法释〔2017〕7号）

第十二条 公民、法人或其他组织对被纳入失信被执行人名单申请纠正的，执行法院应当自收到书面纠正申请之日起十五日内审查，理由成立的，应当在三个工作日内纠正；理由不成立的，决定驳回。公民、法人或其他组织对驳回决定不服的，可以自决定书送达之日起十日内向上一级人民法院申请复议。上一级人民法院应当自收到复议申请之日起十五日内作出决定。

复议期间，不停止原决定的执行。

第 13 问：限制消费措施如何启动？

一般由申请执行人提出书面申请，必要时法院可以依职权决定。

【法律依据】

《最高人民法院关于限制被执行人高消费及有关消费的若干规定》（法释〔2015〕17号）

第四条　限制消费措施一般由申请执行人提出书面申请，经人民法院审查决定；必要时人民法院可以依职权决定。

第 14 问：认为法院采取的限制消费措施有错误的如何救济？

可以申请纠正，法院驳回申请的，可以自收到驳回决定书送达之日起十日内向上一级法院申请复议。复议期间不停止原决定的执行。

【法律依据】

《最高人民法院关于公布失信被执行人名单信息的若干规定》（法释〔2017〕7号）

第十二条　公民、法人或其他组织对被纳入失信被执行人名单申请纠正的，执行法院应当自收到书面纠正申请之日起十五日内审查，理由成立的，应当在三个工作日内纠正；理由不成立的，决定驳回。公民、法人或其他组织对驳回决定不服的，可以自决定书送达之日起十日内向上一级人民法院申请复议。上一级人民法院应当自收到复议申请之日起十五日内作出决定。

复议期间，不停止原决定的执行。

第二节 刑事处罚

第1问：被执行人可能构成的刑事罪名有哪些？

1. 非法处置查封、扣押、冻结的财产罪。
2. 妨害公务罪。
3. 拒不执行判决、裁定罪。

【法律依据】

《中华人民共和国刑法》（2023年12月29日修正）

第二百七十七条 以暴力、威胁方法阻碍国家机关工作人员依法执行职务的，处三年以下有期徒刑、拘役、管制或者罚金。

以暴力、威胁方法阻碍全国人民代表大会和地方各级人民代表大会代表依法执行代表职务的，依照前款的规定处罚。

在自然灾害和突发事件中，以暴力、威胁方法阻碍红十字会工作人员依法履行职责的，依照第一款的规定处罚。

故意阻碍国家安全机关、公安机关依法执行国家安全工作任务，未使用暴力、威胁方法，造成严重后果的，依照第一款的规定处罚。

暴力袭击正在依法执行职务的人民警察的，处三年以下有期徒刑、拘役或者管制；使用枪支、管制刀具，或者以驾驶机动车撞击等手段，严重危及其人身安全的，处三年以上七年以下有期徒刑。

第三百一十三条 对人民法院的判决、裁定有能力执行而拒不执行，情节严重的，处三年以下有期徒刑、拘役或者罚金；情节特别严重的，处三年以上七年以下有期徒刑，并处罚金。

单位犯前款罪的，对单位判处罚金，并对其直接负责的主管人员和其他直接责任人员，依照前款的规定处罚。

第三百一十四条 隐藏、转移、变卖、故意毁损已被司法机关查封、扣押、冻结的财产，情节严重的，处三年以下有期徒刑、拘役或者罚金。

第2问：什么情形下构成非法处置查封、扣押、冻结的财产罪？

隐匿、转移、变卖、故意毁损已经被法院查扣冻的财产，情节严重的。

【法律依据】

《中华人民共和国刑法》（2023年12月29日修正）

第三百一十四条 隐藏、转移、变卖、故意毁损已被司法机关查封、扣押、冻结的财产，情节严重的，处三年以下有期徒刑、拘役或者罚金。

第3问：什么情形下构成妨害公务罪？

1. 聚众哄闹、冲击执行现场，围困、扣押、殴打执行人员，致使执行工作无法进行的。

2. 毁损、抢夺执行案件材料、公务车辆和执行器械、执行人员服装、执行公务证件，造成严重后果的。

3. 其他以暴力、威胁方法妨害或者抗拒执行致使执行工作无法进行的。

4. 被执行人单位的负责人为了本单位利益实施前述行为的，对该负责人以妨害公务罪论处。

【法律依据】

《最高人民法院、最高人民检察院、公安部关于依法严肃查处拒不执行判决裁定和暴力抗拒法院执行犯罪行为有关问题的通知》(法发〔2007〕29号)

二、对下列暴力抗拒执行的行为,依照刑法第二百七十七条的规定,以妨害公务罪论处。

(一)聚众哄闹、冲击执行现场,围困、扣押、殴打执行人员,致使执行工作无法进行的;

(二)毁损、抢夺执行案件材料、执行公务车辆和其他执行器械、执行人员服装以及执行公务证件,造成严重后果的;

(三)其他以暴力、威胁方法妨害或者抗拒执行,致使执行工作无法进行的。

三、负有执行人民法院判决、裁定义务的单位直接负责的主管人员和其他直接责任人员,为了本单位的利益实施本《通知》第一条、第二条所列行为之一的,对该主管人员和其他直接责任人员,依照刑法第三百一十三条和第二百七十七条的规定,分别以拒不执行判决、裁定和妨害公务罪论处。

《中华人民共和国刑法》(2023年12月29日修正)

第二百七十七条 以暴力、威胁方法阻碍国家机关工作人员依法执行职务的,处三年以下有期徒刑、拘役、管制或者罚金。

以暴力、威胁方法阻碍全国人民代表大会和地方各级人民代表大会代表依法执行代表职务的,依照前款的规定处罚。

在自然灾害和突发事件中,以暴力、威胁方法阻碍红十字会工作人员依法履行职责的,依照第一款的规定处罚。

故意阻碍国家安全机关、公安机关依法执行国家安全工作任务,未使用暴力、威胁方法,造成严重后果的,依照第一款的规定处罚。

暴力袭击正在依法执行职务的人民警察的,处三年以下有期徒刑、拘役或者管制;使用枪支、管制刀具,或者以驾驶机动车撞击等手段，严重危及其人身安全的，处三年以上七年以下有期徒刑。

第 4 问：什么情形下构成拒不执行判决、裁定罪？

负有执行义务的人，有能力执行而拒不执行，情节严重的。具体如下：

1. 被执行人隐匿、转移、故意毁损财产或者无偿转让财产，以明显不合理的低价转让财产致使无法执行的。

2. 担保人或者被执行人隐匿、转移、故意毁损或者转让已向法院提供担保的财产致使无法执行的。

3. 协助执行义务人接到法院的协助执行通知书后拒不执行，致使无法执行的。

4. 被执行人、担保人、协助执行义务人与国家机关工作人员通谋，利用国家机关工作人员的职权妨害执行致使无法执行的。

5. 其他情节严重致使无法执行的情形：

（1）具有拒绝报告或者虚假报告财产情况，违反法院限制高消费及有关消费令等行为，经法院采取罚款或者拘留等强制措施后仍拒不执行的；

（2）伪造、毁灭有关被执行人履行能力的重要证据，以暴力、威胁、贿买方法阻止他人作证或者指使、贿买、胁迫他人作伪证，妨害法院查明被执行人的财产情况的；

（3）拒不交付法律文书指定交付的财务、票证或者拒不迁出房屋、退出土地的；

（4）与他人串通，通过虚假诉讼、虚假仲裁、虚假和解等方式妨害执行的；

（5）以暴力、威胁方法阻碍执行人员进入执行现场或者聚众哄闹、冲击执行现场的；

（6）对执行人员进行侮辱、围攻、扣押、殴打，致使执行工作无法进行的；

(7) 毁损、抢夺执行案件材料、执行公务车辆和执行器械、执行人员服装、执行公务证件的；

(8) 拒不执行判决、裁定，致使债权人遭受重大损失的。

【法律依据】

《中华人民共和国刑法》（2023年12月29日修正）

第三百一十三条　对人民法院的判决、裁定有能力执行而拒不执行，情节严重的，处三年以下有期徒刑、拘役或者罚金；情节特别严重的，处三年以上七年以下有期徒刑，并处罚金。

单位犯前款罪的，对单位判处罚金，并对其直接负责的主管人员和其他直接责任人员，依照前款的规定处罚。

《全国人民代表大会常务委员会关于〈中华人民共和国刑法〉第三百一十三条的解释》

全国人民代表大会常务委员会讨论了刑法第三百一十三条规定的"对人民法院的判决、裁定有能力执行而拒不执行，情节严重"的含义问题，解释如下：

刑法第三百一十三条规定的"人民法院的判决、裁定"，是指人民法院依法作出的具有执行内容并已发生法律效力的判决、裁定。人民法院为依法执行支付令、生效的调解书、仲裁裁决、公证债权文书等所作的裁定属于该条规定的裁定。

下列情形属于刑法第三百一十三条规定的"有能力执行而拒不执行，情节严重"的情形：

（一）被执行人隐藏、转移、故意毁损财产或者无偿转让财产、以明显不合理的低价转让财产，致使判决、裁定无法执行的；

（二）担保人或者被执行人隐藏、转移、故意毁损或者转让已向人民法院提供担保的财产，致使判决、裁定无法执行的；

（三）协助执行义务人接到人民法院协助执行通知书后，拒不协助执行，致使判决、裁定无法执行的；

（四）被执行人、担保人、协助执行义务人与国家机关工作人员通谋，利用国家机关工作人员的职权妨害执行，致使判决、裁定无法执行的；

（五）其他有能力执行而拒不执行，情节严重的情形。

国家机关工作人员有上述第四项行为的，以拒不执行判决、裁定罪的共犯追究刑事责任。国家机关工作人员收受贿赂或者滥用职权，有上述第四项行为的，同时又构成刑法第三百八十五条、第三百九十七条规定之罪的，依照处罚较重的规定定罪处罚。

现予公告。

《最高人民法院关于审理拒不执行判决、裁定刑事案件适用法律若干问题的解释》（法释〔2020〕21号）

第二条 负有执行义务的人有能力执行而实施下列行为之一的，应当认定为全国人民代表大会常务委员会关于刑法第三百一十三条的解释中规定的"其他有能力执行而拒不执行，情节严重的情形"：

（一）具有拒绝报告或者虚假报告财产情况、违反人民法院限制高消费及有关消费令等拒不执行行为，经采取罚款或者拘留等强制措施后仍拒不执行的；

（二）伪造、毁灭有关被执行人履行能力的重要证据，以暴力、威胁、贿买方法阻止他人作证或者指使、贿买、胁迫他人作伪证，妨碍人民法院查明被执行人财产情况，致使判决、裁定无法执行的；

（三）拒不交付法律文书指定交付的财物、票证或拒不迁出房屋、退出土地，致使判决、裁定无法执行的；

（四）与他人串通，通过虚假诉讼、虚假仲裁、虚假和解等方式妨害执行，致使判决、裁定无法执行的；

（五）以暴力、威胁方法阻碍执行人员进入执行现场或者聚众哄闹、冲击执行现场，致使执行工作无法进行的；

（六）对执行人员进行侮辱、围攻、扣押、殴打，致使执行工作无法进行的；

（七）毁损、抢夺执行案件材料、执行公务车辆和其他执行器械、执行人员服装以及执行公务证件，致使执行工作无法进行的；

（八）拒不执行法院判决、裁定，致使债权人遭受重大损失的。

第 5 问：拒不执行判决、裁定的起算时间是哪天？

从判决、裁定等法律文书发生法律效力时起算。

【案例指引】

指导案例 71 号：毛建文拒不执行判决、裁定案

裁判要点： 有能力执行而拒不执行判决、裁定的时间从判决、裁定发生法律效力时起算。具有执行内容的判决、裁定发生法律效力后，负有执行义务的人有隐藏、转移、故意毁损财产等拒不执行行为，致使判决、裁定无法执行，情节严重的，应当以拒不执行判决、裁定罪定罪处罚。

第 6 问：法院在执行过程中对于拒不执行判决、裁定的被执行人，如何处理？

可以先行司法拘留，涉嫌犯罪的应当将案件移送有管辖权的公安机关立案侦查。

【法律依据】

《最高人民法院、最高人民检察院、公安部关于依法严肃查处拒不执行判决裁定和暴力抗拒法院执行犯罪行为有关问题的通知》（法发〔2007〕29 号）

七、人民法院在执行判决、裁定过程中，对拒不执行判决、裁定情节严重的人，可以先行司法拘留；拒不执行判决、裁定的行为人涉嫌犯罪的，应当将案件依法移送有管辖权的公安机关立案侦查。

第 7 问：申请执行人认为被执行人涉嫌拒不执行判决、裁定罪的，如何进行维权？

1. 申请人向公安机关提出控告，公安机关不予接受控告材料或接受控告材料后六十日内不予书面答复的，申请执行人可以向法院提起刑事自诉。

2. 法院向公安机关移送拒不执行判决、裁定罪线索，公安机关决定不予立案，或者接受线索后六十日内不予书面答复，或者检察院决定不起诉的，法院可以向申请执行人进行释明，告知其可以提起刑事自诉。

【法律依据】

《最高人民法院关于拒不执行判决、裁定罪自诉案件受理工作有关问题的通知》（法〔2018〕147号）

一、申请执行人向公安机关控告负有执行义务的人涉嫌拒不执行判决、裁定罪，公安机关不予接受控告材料或者接受控告材料后60日内不予书面答复，申请执行人有证据证明该拒不执行判决、裁定行为侵犯了其人身、财产权利，应当依法追究刑事责任的，人民法院可以以自诉案件立案审理。

二、人民法院向公安机关移送拒不执行判决、裁定罪线索，公安机关决定不予立案或者在接受案件线索后60日内不予书面答复，或者人民检察院决定不起诉的，人民法院可以向申请执行人释明；申请执行人有证据证明负有执行义务的人拒不执行判决、裁定侵犯了其人身、财产权利，应当依法追究刑事责任的，人民法院可以以自诉案件立案审理。

三、公安机关接受申请执行人的控告材料或者人民法院移送的拒不执行判决、裁定罪线索，经过60日之后又决定立案的，对于申请执行人的自诉，人民法院未受理的，裁定不予受理；已经受理的，可以向自诉人释明让其撤回起诉或者裁定终止审理。此后再出现公安机关或者人民检察院不予追究情形的,申请执行人可以依法重新提起自诉。

第8问:法院对申请执行人提起的拒不执行判决、裁定罪的自诉案件,进行立案审理的条件是什么?

同时具备下列情形:

1. 负有执行义务的人拒不执行判决、裁定,侵犯了申请执行人的人身、财产权利,应当依法追究刑事责任的。

2. 申请执行人曾经提出控告,而公安机关或检察院不予追究刑事责任的。

【法律依据】

《最高人民法院关于审理拒不执行判决、裁定刑事案件适用法律若干问题的解释》(法释〔2020〕21号)

第三条 申请执行人有证据证明同时具有下列情形,人民法院认为符合刑事诉讼法第二百一十条第三项规定的,以自诉案件立案审理:

(一)负有执行义务的人拒不执行判决、裁定,侵犯了申请执行人的人身、财产权利,应当依法追究刑事责任的;

(二)申请执行人曾经提出控告,而公安机关或者人民检察院对负有执行义务的人不予追究刑事责任的。

《中华人民共和国刑事诉讼法》(2018年10月26日修订)

第二百一十条 自诉案件包括下列案件:

(一)告诉才处理的案件;

(二)被害人有证据证明的轻微刑事案件;

(三)被害人有证据证明对被告人侵犯自己人身、财产权利的行为应当依法追究刑事责任,而公安机关或者人民检察院不予追究被告人刑事责任的案件。

第 9 问：拒不执行判决、裁定罪的管辖法院是哪个法院？

执行法院所在地的法院。

【法律依据】

《最高人民法院关于审理拒不执行判决、裁定刑事案件适用法律若干问题的解释》(法释〔2020〕21号)

第五条　拒不执行判决、裁定刑事案件，一般由执行法院所在地人民法院管辖。

第 10 问：法院对拒不执行判决、裁定罪的被告人，在什么情形下可以从宽处理、什么情形下可以从重处理？

1. 被告人在一审宣告判决前，履行全部或部分执行义务的可以酌情从宽处理。
2. 拒不执行支付赡养费、扶养费、抚育费、抚恤金、医疗费用、劳动报酬等判决、裁定的，可以酌情从重处理。

【法律依据】

《最高人民法院关于审理拒不执行判决、裁定刑事案件适用法律若干问题的解释》(法释〔2020〕21号)

第六条　拒不执行判决、裁定的被告人在一审宣告判决前，履行全部或部分执行义务的，可以酌情从宽处罚。

第七条　拒不执行支付赡养费、扶养费、抚育费、抚恤金、医疗费用、劳动报酬等判决、裁定的，可以酌情从重处罚。

第十六章　执行担保

第1问：什么是执行担保？

在执行中，被执行人向法院提供担保并经过申请执行人同意的，法院可以暂缓执行，若被执行人逾期仍不执行的，法院有权对担保财产或者担保人进行执行。

执行担保应具备以下几个要件：（1）向法院提供担保而不是向对方当事人；（2）要取得申请执行人的同意以及法院的批准；（3）按照《民法典》以及《担保法》的有关规定办理相应的手续。

【法律依据】

《中华人民共和国民事诉讼法》（2023年9月1日修正）

第二百四十二条　在执行中，被执行人向人民法院提供担保，并经申请执行人同意的，人民法院可以决定暂缓执行及暂缓执行的期限。被执行人逾期仍不履行的，人民法院有权执行被执行人的担保财产或者担保人的财产。

《最高人民法院关于执行担保若干问题的规定》（法释〔2020〕21号）

第一条　本规定所称执行担保，是指担保人依照民事诉讼法第二百三十一条规定，为担保被执行人履行生效法律文书确定的全部或者部分义务，向人民法院提供的担保。

【司法观点】

当事人之间私下签订的《担保书》等内容，因不符合法律规定的

"向人民法院提供担保"的条件，不产生执行担保的效力。

【案例指引】

海南（重庆）经济开发总公司、海南深琼实业开发公司合同纠纷执行审查类执行裁定书（2017）最高法执监137号

第2问：执行担保有哪些方式？

1. 可以由被执行人或者他人提供担保，应当按照有关规定办理相应的手续。

2. 可以由他人提供保证，担保人应具有代为履行或者代为承担赔偿责任的能力。他人提供保证的，需要向法院出具保证书同时将副本送交给申请执行人。

【法律依据】

《最高人民法院关于适用〈中华人民共和国民事诉讼法〉的解释》（法释〔2022〕11号）

第四百六十八条　根据民事诉讼法第二百三十八条规定向人民法院提供执行担保的，可以由被执行人或者他人提供财产担保，也可以由他人提供保证。担保人应当具有代为履行或者代为承担赔偿责任的能力。

他人提供执行保证的，应当向执行法院出具保证书，并将保证书副本送交申请执行人。被执行人或者他人提供财产担保的，应当参照民法典的有关规定办理相应手续。

《最高人民法院关于执行担保若干问题的规定》（法释〔2020〕21号）

第二条　执行担保可以由被执行人提供财产担保，也可以由他人提供财产担保或者保证。

第三条　被执行人或者他人提供执行担保的，应当向人民法院提

交担保书，并将担保书副本送交申请执行人。

第四条 担保书中应当载明担保人的基本信息、暂缓执行期限、担保期间、被担保的债权种类及数额、担保范围、担保方式、被执行人于暂缓执行期限届满后仍不履行时担保人自愿接受直接强制执行的承诺等内容。

提供财产担保的，担保书中还应当载明担保财产的名称、数量、质量、状况、所在地、所有权或者使用权归属等内容。

第六条 被执行人或者他人提供执行担保，申请执行人同意的，应当向人民法院出具书面同意意见，也可以由执行人员将其同意的内容记入笔录，并由申请执行人签名或者盖章。

第七条 被执行人或者他人提供财产担保，可以依照民法典规定办理登记等担保物权公示手续；已经办理公示手续的，申请执行人可以依法主张优先受偿权。

申请执行人申请人民法院查封、扣押、冻结担保财产的，人民法院应当准许，但担保书另有约定的除外。

第3问：暂缓执行的期限是多久？

1. 约定的担保期限在一年之内的：暂缓执行的期限应与担保期限一致。

2. 约定的担保期限超过一年或者没有约定担保期限的：暂缓执行的期限最长不得超过一年。

【法律依据】

《最高人民法院关于适用〈中华人民共和国民事诉讼法〉的解释》（法释〔2022〕11号）

第四百六十七条 人民法院依照民事诉讼法第二百三十八条规定决定暂缓执行的，如果担保是有期限的，暂缓执行的期限应当与担保期限一致，但最长不得超过一年。被执行人或者担保人对担保的财产在暂缓执行期间有转移、隐藏、变卖、毁损等行为的,人民法院可以恢复强制执行。

《最高人民法院关于执行担保若干问题的规定》(法释〔2020〕21号)

第十条 暂缓执行的期限应当与担保书约定一致,但最长不得超过一年。

第4问:暂缓执行期间能否对被执行人的财产恢复执行?

暂缓执行期间,若被执行人或者担保人对担保的财产有转移、隐藏、变卖、毁损等行为的,法院可以恢复执行。

【法律依据】

《最高人民法院关于执行担保若干问题的规定》(法释〔2020〕21号)

第十一条 暂缓执行期限届满后被执行人仍不履行义务,或者暂缓执行期间担保人有转移、隐藏、变卖、毁损担保财产等行为的,人民法院可以依申请执行人的申请恢复执行,并直接裁定执行担保财产或者保证人的财产,不得将担保人变更、追加为被执行人。

执行担保财产或者保证人的财产,以担保人应当履行义务部分的财产为限。被执行人有便于执行的现金、银行存款的,应当优先执行该现金、银行存款。

第5问:暂缓执行期限届满之后,被执行人仍不能履行义务的,法院如何处理?

法院可以依申请恢复执行,并且直接裁定执行担保财产或者保证人的财产,但是不得将担保人变更、追加为被执行人。

执行担保财产或者保证人的财产,以担保人应当履行义务部分的财产为限,有现金、银行存款的,应当优先执行现金、银行存款。

【法律依据】

《最高人民法院关于适用〈中华人民共和国民事诉讼法〉的解释》(法释〔2022〕11号)

第四百六十九条 被执行人在人民法院决定暂缓执行的期限届满后仍不履行义务的,人民法院可以直接执行担保财产,或者裁定执行担保人的财产,但执行担保人的财产以担保人应当履行义务部分的财产为限。

《最高人民法院关于执行担保若干问题的规定》(法释〔2020〕21号)

第十一条 暂缓执行期限届满后被执行人仍不履行义务,或者暂缓执行期间担保人有转移、隐藏、变卖、毁损担保财产等行为的,人民法院可以依申请执行人的申请恢复执行,并直接裁定执行担保财产或者保证人的财产,不得将担保人变更、追加为被执行人。

执行担保财产或者保证人的财产,以担保人应当履行义务部分的财产为限。被执行人有便于执行的现金、银行存款的,应当优先执行该现金、银行存款。

第6问:执行担保期间是多久?

1. 以担保书记载为准,没有记载或者记载不明的,担保期间是一年。
2. 担保期间自暂缓执行期限届满之日起计算。

【法律依据】

《最高人民法院关于执行担保若干问题的规定》(法释〔2020〕21号)

第十二条 担保期间自暂缓执行期限届满之日起计算。

担保书中没有记载担保期间或者记载不明的,担保期间为一年。

第 7 问：执行担保期间届满之后，还能否执行担保财产或者保证人的财产？

不可以。执行担保期间届满之后不再产生担保效力，法院可以依据申请解除对担保财产的查封、扣押、冻结。

【法律依据】

《最高人民法院关于执行担保若干问题的规定》（法释〔2020〕21号）

第十三条　担保期间届满后，申请执行人申请执行担保财产或者保证人财产的，人民法院不予支持。他人提供财产担保的，人民法院可以依其申请解除对担保财产的查封、扣押、冻结。

第 8 问：担保人承担担保责任之后如何救济？

可以通过诉讼向被执行人追偿。

【法律依据】

《最高人民法院关于执行担保若干问题的规定》（法释〔2020〕21号）

第十四条　担保人承担担保责任后，提起诉讼向被执行人追偿的，人民法院应予受理。

第 9 问：在案件审理期间，保证人为被执行人提供保证致使法院未对被执行人的财产采取保全措施或者解除保全措施的，案件审结后被执行人无财产可供执行或者财产不足以清偿债务的，如何处理？

1. 即使法律文书中未确定保证人承担责任，法院在执行过程中也有权裁定直接执行保证人在保证责任范围内的财产。

2. 如果保证人的保证是在一审或二审程序中作出的，终审判决确定被告无须承担责任,但是再审又改判被告承担责任的,不能在执行过程中直接执行保证人的财产。

3. 被执行人无财产可供执行,包括被执行人虽有财产但不能处置的情形。

【法律依据】

《最高人民法院关于人民法院执行工作若干问题的规定(试行)》(法释〔2020〕21号)

54. 人民法院在审理案件期间,保证人为被执行人提供保证,人民法院据此未对被执行人的财产采取保全措施或解除保全措施的,案件审结后如果被执行人无财产可供执行或其财产不足清偿债务时,即使生效法律文书中未确定保证人承担责任,人民法院有权裁定执行保证人在保证责任范围内的财产。

《最高人民法院关于严格规范终结本次执行程序的规定(试行)》(法〔2016〕373号)

第四条 本规定第一条第三项中的"发现的财产不能处置",包括下列情形:

(一)被执行人的财产经法定程序拍卖、变卖未成交,申请执行人不接受抵债或者依法不能交付其抵债,又不能对该财产采取强制管理等其他执行措施的;

(二)人民法院在登记机关查封的被执行人车辆、船舶等财产,未能实际扣押的。

第10问:执行担保既有物的担保又有保证的,实现顺序是什么?

1. 有约定的:按照约定。

2. 没有约定或约定不明确的:若是被执行人自己提供物保的,申请执行人应当先就该物保申请法院执行;若是第三人提供物保的,申请执行人可以就物保申请法院执行,也可以要求保证人承担保证责任。

【法律依据】

《中华人民共和国民法典》(2020 年 5 月 28 日)
　　第三百九十二条　被担保的债权既有物的担保又有人的担保的,债务人不履行到期债务或者发生当事人约定的实现担保物权的情形,债权人应当按照约定实现债权;没有约定或者约定不明确,债务人自己提供物的担保的,债权人应当先就该物的担保实现债权;第三人提供物的担保的,债权人可以就物的担保实现债权,也可以请求保证人承担保证责任。提供担保的第三人承担担保责任后,有权向债务人追偿。

第十七章　执行和解

第 1 问：什么是执行和解？

执行和解是指：执行案件的当事人之间基于双方自愿，就生效法律文书确定的权利义务主体、履行标的、期限、地点和方式等内容，达成书面协议进行变更。和解协议履行完毕该案即执行完毕。

注：如委托代理人代为执行和解的，应当有委托人的特别授权。

【法律依据】

《最高人民法院关于执行和解若干问题的规定》（法释〔2020〕21 号）

第一条　当事人可以自愿协商达成和解协议，依法变更生效法律文书确定的权利义务主体、履行标的、期限、地点和方式等内容。

和解协议一般采用书面形式。

第四条　委托代理人代为执行和解，应当有委托人的特别授权。

第 2 问：执行和解协议达成后，是否还能变更协议内容？

可以。只要双方当事人协商一致达成新的协议，并向法院提交变更后的协议，或者由执行人员将变更后的内容记入笔录，各方当事人签名盖章即可。

【法律依据】

《最高人民法院关于执行和解若干问题的规定》（法释〔2020〕21 号）

第五条　当事人协商一致，可以变更执行和解协议，并向人民法院提交变更后的协议，或者由执行人员将变更后的内容记入笔录，并由各方当事人签名或者盖章。

第3问：当事人之间达成以物抵债执行和解协议的，法院能否直接据此作出以物抵债的裁定？

不可以。

【法律依据】

《最高人民法院关于执行和解若干问题的规定》（法释〔2020〕21号）

第六条　当事人达成以物抵债执行和解协议的，人民法院不得依据该协议作出以物抵债裁定。

第4问：执行和解协议履行过程中，债务人能否申请提存？

1. 约定给付金钱的，债务人可以向执行法院申请提存。

2. 债权人存在下列情形之一的，债务人可以向有关机构申请提存：(1) 债权人无正当理由拒绝受领；(2) 债权人下落不明；(3) 债权人死亡未确定继承人、遗产管理人，或者丧失民事行为能力未确定监护人；(4) 法律规定的其他情形。

【法律依据】

《最高人民法院关于执行和解若干问题的规定》（法释〔2020〕21号）

第七条　执行和解协议履行过程中，符合民法典第五百七十条规定情形的，债务人可以依法向有关机构申请提存；执行和解协议约定给付金钱的，债务人也可以向执行法院申请提存。

《中华人民共和国民法典》（2020年5月28日）

第五百七十条　有下列情形之一，难以履行债务的，债务人可以将标的物提存：

（一）债权人无正当理由拒绝受领；

（二）债权人下落不明；

（三）债权人死亡未确定继承人、遗产管理人，或者丧失民事行为能力未确定监护人；

（四）法律规定的其他情形。

标的物不适于提存或者提存费用过高的，债务人依法可以拍卖或者变卖标的物，提存所得的价款。

第5问：双方当事人达成执行和解协议后，法院能否裁定中止执行或终结执行？中止执行的效力如何？

1. 有下列情形之一的，法院可以裁定中止执行：

（1）各方当事人共同向法院提交书面和解协议的；

（2）一方当事人向法院提交书面和解协议，其他当事人予以认可的；

（3）当事人达成口头和解协议，执行人员将内容记入笔录，由各方当事人签名盖章的。

2. 达成执行和解协议后，申请执行人请求撤回执行申请的，法院可以裁定终结执行。

3. 中止执行后，申请执行人申请解除查封、扣押、冻结措施的，法院可以准许。

【法律依据】

《最高人民法院关于适用〈中华人民共和国民事诉讼法〉的解释》（法释〔2022〕11号）

第四百六十四条　申请执行人与被执行人达成和解协议后请求中止执行或者撤回执行申请的，人民法院可以裁定中止执行或者终结执行。

《最高人民法院关于执行和解若干问题的规定》（法释〔2020〕21号）

第二条　和解协议达成后，有下列情形之一的，人民法院可以裁定中止执行：

（一）各方当事人共同向人民法院提交书面和解协议的；

（二）一方当事人向人民法院提交书面和解协议，其他当事人予以认可的；

（三）当事人达成口头和解协议，执行人员将和解协议内容记入笔录，由各方当事人签名或者盖章的。

第三条 中止执行后，申请执行人申请解除查封、扣押、冻结的，人民法院可以准许。

第6问：达成执行和解之后，履行与否的后果是什么？

1. 执行和解协议并不具备强制执行效力，不可以强制要求被执行人一方履行和解协议内容。

2. 和解协议履行完毕的，法院作结案处理。

3. 被执行一方不履行或者不完全履行执行和解协议的，申请执行人可以申请恢复执行原生效法律文书，也可以就履行执行和解协议向执行法院提起诉讼。

4. 申请执行人因受欺诈、胁迫与被执行人达成和解协议的，可向法院申请恢复执行原生效法律文书。

5. 申请恢复执行原生效法律文书的期间为两年，若是当事人不履行执行和解协议的，申请恢复执行期间自执行和解协议约定履行期间的最后一日起计算。

6. 法院决定恢复执行的，应告知各方当事人，并将和解协议已经履行的部分予以扣除，当事人认为法院的扣除行为违法的，可以提起书面异议。

【法律依据】

《中华人民共和国民事诉讼法》（2023年9月1日修正）

第二百四十一条 在执行中，双方当事人自行和解达成协议的，执行员应当将协议内容记入笔录，由双方当事人签名或者盖章。

申请执行人因受欺诈、胁迫与被执行人达成和解协议，或者当事人不履行和解协议的，人民法院可以根据当事人的申请，恢复对原生效法律文书的执行。

《最高人民法院关于适用〈中华人民共和国民事诉讼法〉的解释》（法释〔2022〕11号）

第四百六十五条 一方当事人不履行或者不完全履行在执行中双方自愿达成的和解协议，对方当事人申请执行原生效法律文书的，人民法院应当恢复执行，但和解协议已履行的部分应当扣除。和解协议已经履行完毕的，人民法院不予恢复执行。

第四百六十六条 申请恢复执行原生效法律文书，适用民事诉讼法第二百四十六条申请执行期间的规定。申请执行期间因达成执行中的和解协议而中断，其期间自和解协议约定履行期限的最后一日起重新计算。

《最高人民法院关于执行和解若干问题的规定》（法释〔2020〕21号）

第八条 执行和解协议履行完毕的，人民法院作执行结案处理。

第九条 被执行人一方不履行执行和解协议的，申请执行人可以申请恢复执行原生效法律文书，也可以就履行执行和解协议向执行法院提起诉讼。

第十条 申请恢复执行原生效法律文书，适用民事诉讼法第二百三十九条申请执行期间的规定。

当事人不履行执行和解协议的，申请恢复执行期间自执行和解协议约定履行期间的最后一日起计算。

第十七条 恢复执行后，执行和解协议已经履行部分应当依法扣除。当事人、利害关系人认为人民法院的扣除行为违反法律规定的，可以依照民事诉讼法第二百二十五条规定提出异议。

第 7 问：和解协议已履行完毕的，还能否申请恢复执行？

和解协议已履行完毕的，或者即使履行存在瑕疵，但申请执行人已接受履行且已履行完毕的，不予恢复执行。

【法律依据】

《最高人民法院关于适用〈中华人民共和国民事诉讼法〉的解释》（法释〔2022〕11号）

第四百六十五条 一方当事人不履行或者不完全履行在执行中双方自愿达成的和解协议，对方当事人申请执行原生效法律文书的，人民法院应当恢复执行，但和解协议已履行的部分应当扣除。和解协议已经履行完毕的，人民法院不予恢复执行。

《最高人民法院关于当事人对迟延履行和解协议的争议应当另诉解决的复函》（〔2005〕执监字第24-1号）

答复主要内容："……根据我国民事诉讼法和我院司法解释的有关规定，执行和解协议已履行完毕的人民法院不予恢复执行。本案执行和解协议的履行尽管存在瑕疵，但和解协议确已履行完毕，人民法院应不予恢复执行。至于当事人对迟延履行和解协议的争议，不属于执行程序处理，应由当事人另诉解决。请你院按此意见妥善处理该案。"

第 8 问：申请执行人以被执行人一方不履行执行和解协议为由申请恢复执行，什么情况下法院不予恢复？

1. 执行和解协议已履行完毕的。
2. 执行和解协议约定的期限尚未届至或者履行条件尚未成就的，但是被执行人明确表示或者以自己的行为表明不履行义务的除外。
3. 被执行人一方正在履行义务的。
4. 其他不符合恢复执行条件的。

【法律依据】

《最高人民法院关于执行和解若干问题的规定》（法释〔2020〕21号）

第十一条　申请执行人以被执行人一方不履行执行和解协议为由申请恢复执行，人民法院经审查，理由成立的，裁定恢复执行；有下列情形之一的，裁定不予恢复执行：

（一）执行和解协议履行完毕后申请恢复执行的；

（二）执行和解协议约定的履行期限尚未届至或者履行条件尚未成就的，但符合民法典第五百七十八条规定情形的除外；

（三）被执行人一方正在按照执行和解协议约定履行义务的；

（四）其他不符合恢复执行条件的情形。

《中华人民共和国民法典》（2020年5月28日）

第五百七十八条　当事人一方明确表示或者以自己的行为表明不履行合同义务的，对方可以在履行期限届满前请求其承担违约责任。

第9问：对法院恢复执行或者不予恢复执行的裁定不服的，如何救济？

当事人、利害关系人认为法院恢复执行或者不予恢复执行违反法律规定的，可以向执行法院提起书面异议。

【法律依据】

《最高人民法院关于执行和解若干问题的规定》（法释〔2020〕21号）

第十二条　当事人、利害关系人认为恢复执行或者不予恢复执行违反法律规定的，可以依照民事诉讼法第二百二十五条规定提出异议。

《中华人民共和国民事诉讼法》（2023年9月1日修正）

第二百三十六条　当事人、利害关系人认为执行行为违反法律规定的，可以向负责执行的人民法院提出书面异议。当事人、利害关系人提出书面异议的，人民法院应当自收到书面异议之日起十五日内审查，理由成立的，裁定撤销或者改正；理由不成立的，裁定驳回。当事人、利害关系人对裁定不服的，可以自裁定送达之日起十日内向上一级人民法院申请复议。

第10问：申请执行人就履行执行和解协议提起诉讼的，法院如何处理？

1. 恢复执行之后，申请执行人又就履行执行和解协议提起诉讼的，法院不予受理。
2. 申请执行人提起诉讼法院受理后，可以裁定终结原生效法律文书的执行，执行中的查封、扣押、冻结措施自动转为诉讼中的保全措施。

【法律依据】

《最高人民法院关于执行和解若干问题的规定》（法释〔2020〕21号）

第十三条 恢复执行后，对申请执行人就履行执行和解协议提起的诉讼，人民法院不予受理。

第十四条 申请执行人就履行执行和解协议提起诉讼，执行法院受理后，可以裁定终结原生效法律文书的执行。执行中的查封、扣押、冻结措施，自动转为诉讼中的保全措施。

第11问：执行和解协议履行完毕，被执行人迟延履行、瑕疵履行执行和解协议，给申请执行人造成损害的，应如何处理？

申请执行人可以向法院另行起诉。

【法律依据】

《最高人民法院关于执行和解若干问题的规定》（法释〔2020〕21号）
第十五条　执行和解协议履行完毕，申请执行人因被执行人迟延履行、瑕疵履行遭受损害的，可以向执行法院另行提起诉讼。

《最高人民法院关于当事人对迟延履行和解协议的争议应当另诉解决的复函》（〔2005〕执监字第24-1号）
……根据我国民事诉讼法和我院司法解释的有关规定，执行和解协议已履行完毕的人民法院不予恢复执行。本案执行和解协议的履行尽管存在瑕疵，但和解协议确已履行完毕，人民法院应不予恢复执行。至于当事人对迟延履行和解协议的争议，不属执行程序处理，应由当事人另诉解决。……

第12问：若认为执行和解协议无效或者应予撤销的，如何处理？

1. 当事人、利害关系人认为执行和解协议无效或者应予撤销的，可向执行法院提起诉讼；执行和解协议被确认无效或撤销之后，申请执行人可以据此申请恢复执行。

2. 被执行人以协议无效或者应予撤销为由起诉的，不影响申请执行人申请恢复执行。

【法律依据】

《最高人民法院关于执行和解若干问题的规定》（法释〔2020〕21号）
第十六条　当事人、利害关系人认为执行和解协议无效或者应予撤销的，可以向执行法院提起诉讼。执行和解协议被确认无效或者撤销后，申请执行人可以据此申请恢复执行。

被执行人以执行和解协议无效或者应予撤销为由提起诉讼的，不影响申请执行人申请恢复执行。

第13问：执行和解中约定担保条款的，恢复执行原生效法律文书之后，法院能否直接执行担保人的财产？

执行和解协议中约定担保条款，且担保人向人民法院承诺在被执行人不履行执行和解协议时自愿接受强制执行的，恢复执行原生效法律文书后，人民法院可以依申请执行人申请，直接裁定执行担保财产或者担保人的财产。

【法律依据】

《最高人民法院关于执行和解若干问题的规定》（法释〔2020〕21号）

第十八条 执行和解协议中约定担保条款，且担保人向人民法院承诺在被执行人不履行执行和解协议时自愿接受直接强制执行的，恢复执行原生效法律文书后，人民法院可以依申请执行人申请及担保条款的约定，直接裁定执行担保财产或者保证人的财产。

【注意事项】

第三人向法院书面承诺代为履行债务、执行担保、执行和解协议中担保，三者的不同表现为以下两个方面：

1. 承担责任事由不同

第一种是"债的加入"，第三人承担责任无须担保事由的出现；

第二种与第三种都具有担保的意思表示：但是第二种是对被执行人履行生效法律文书确定的义务提供担保，暂缓执行期限届满之后被执行人仍不能履行义务的，担保人承担担保责任；

第三种是对执行和解协议的担保，在因不履行执行和解协议而恢复执行原生效法律文书时，担保人承担担保责任。

2. 承担责任的方式不同

第一种是将第三人变更、追加为被执行人；

第二种和第三种都是直接裁定执行担保财产或者保证人的财产，不得将担保人变更、追加为被执行人。

第 14 问：在执行过程中，被执行人依据当事人自行达成但未提交法院的和解协议，或者一方当事人提交法院但其他当事人不予认可的和解协议，认为法院的执行行为违法向法院提出异议的，如何处理？

按照下列情形分别处理：

1. 和解协议已经履行完毕的，裁定终结原生效法律文书的执行。

2. 和解协议约定的履行期限尚未届至或者履行条件尚未成就的，裁定中止执行，但是被执行人明确表示或者以自己的行为表明不履行义务的除外。

3. 被执行人正在按照和解协议的约定履行的，裁定中止执行。

4. 被执行人不履行和解协议的，裁定驳回异议。

5. 和解协议不成立、未生效或者无效的，裁定驳回异议。

【法律依据】

《最高人民法院关于执行和解若干问题的规定》（法释〔2020〕21号）

第十九条　执行过程中，被执行人根据当事人自行达成但未提交人民法院的和解协议，或者一方当事人提交人民法院但其他当事人不予认可的和解协议，依照民事诉讼法第二百二十五条规定提出异议的，人民法院按照下列情形，分别处理：

（一）和解协议履行完毕的，裁定终结原生效法律文书的执行；

（二）和解协议约定的履行期限尚未届至或者履行条件尚未成就的，裁定中止执行，但符合民法典第五百七十八条规定情形的除外；

（三）被执行人一方正在按照和解协议约定履行义务的，裁定中止执行；

（四）被执行人不履行和解协议的，裁定驳回异议；

（五）和解协议不成立、未生效或者无效的，裁定驳回异议。

第15问：当事人在执行立案前达成和解，后续还能否申请执行原生效法律文书？

可以。执行立案前达成的和解不属于执行和解，一方当事人不履行或者不完全履行该和解协议的，另一方当事人可以向法院申请执行原生效法律文书。但是已经履行的部分视为有效履行，应予以扣除。

【案例指引】

指导案例 119 号：安徽省滁州市建筑安装工程有限公司与湖北追日电气股份有限公司执行复议案（2018）最高法执复88号

裁判要点： 执行程序开始前，双方当事人自行达成和解协议并履行，一方当事人申请强制执行原生效法律文书的，人民法院应予受理。被执行人以已履行和解协议为由提出执行异议的，可以参照《最高人民法院关于执行和解若干问题的规定》第十九条的规定审查处理。

第16问：当事人因客观原因无法继续履行执行和解协议的，应如何处理？

可以执行原生效法律文书。对执行和解协议中约定的，但是生效法律文书未涉及的内容，以及履行过程中产生的争议，可以另行诉讼。

【案例指引】

指导案例 124 号：中国防卫科技学院与联合资源教育发展（燕郊）有限公司执行监督案（2017）最高法执监344号

裁判要点： 申请执行人与被执行人对执行和解协议的内容产生争议，客观上已无法继续履行的，可以执行原生效法律文书。对执行和解协议中原执行依据未涉及的内容，以及履行过程中产生的争议，当事人可以通过其他救济程序解决。

第十八章　暂缓执行与中止执行

第一节　暂缓执行

第1问：什么是暂缓执行？

暂缓执行是指执行程序开始后，法院可以因法定事由决定对某一项或某几项执行措施在规定的期限内暂缓实施。

【法律依据】

《最高人民法院关于正确适用暂缓执行措施若干问题的规定》(法发〔2002〕16号)

第一条　执行程序开始后，人民法院因法定事由，可以决定对某一项或者某几项执行措施在规定的期限内暂缓实施。

执行程序开始后，除法定事由外，人民法院不得决定暂缓执行。

第2问：暂缓执行的决定由谁作出？

由执行法院或者其上级法院的执行机构作出决定。法院作出决定暂缓执行的，应制作暂缓执行决定书并及时送达当事人。

【法律依据】

《最高人民法院关于正确适用暂缓执行措施若干问题的规定》(法发〔2002〕16号)

第二条　暂缓执行由执行法院或者其上级人民法院作出决定，由执行机构统一办理。

人民法院决定暂缓执行的,应当制作暂缓执行决定书,并及时送达当事人。

第3问:当事人或者其他利害关系人能否申请暂缓执行?

1. 符合下列情形之一的,可以向法院申请暂缓执行:
（1）执行措施或者执行程序违反法律规定的;
（2）执行标的物存在权属争议的;
（3）被执行人对申请执行人享有抵销权的。

2. 法院在收到申请后,应在15日内作出决定,并在决定后5日内将决定书发送给当事人或其他利害关系人。

【法律依据】

《最高人民法院关于正确适用暂缓执行措施若干问题的规定》（法发〔2002〕16号）

第三条 有下列情形之一的,经当事人或者其他利害关系人申请,人民法院可以决定暂缓执行:
（一）执行措施或者执行程序违反法律规定的;
（二）执行标的物存在权属争议的;
（三）被执行人对申请执行人享有抵销权的。

第六条 人民法院在收到暂缓执行申请后,应当在十五日内作出决定,并在作出决定后五日内将决定书发送当事人或者其他利害关系人。

第4问:什么情形下法院可以依职权决定暂缓执行?

1. 上级法院已经受理执行争议案件并且正在处理的。
2. 法院据以执行的生效法律文书确有错误正在按照审判监督程序

审查的。

3. 当事人、利害关系人对网络司法拍卖行为提出异议的,异议、复议期间,法院可以决定暂缓拍卖;案外人对网络司法拍卖的标的提出异议的,法院应决定暂缓拍卖。

注:法院依照上述第 1 款、第 2 款决定暂缓执行的,一般应由申请执行人或者被执行人提供相应的担保。

【法律依据】

《最高人民法院关于正确适用暂缓执行措施若干问题的规定》(法发〔2002〕16 号)

第七条 有下列情形之一的,人民法院可以依职权决定暂缓执行:

(一) 上级人民法院已经受理执行争议案件并正在处理的;

(二) 人民法院发现据以执行的生效法律文书确有错误,并正在按照审判监督程序进行审查的。

人民法院依照前款规定决定暂缓执行的,一般应由申请执行人或者被执行人提供相应的担保。

第八条 依照本规定第七条第一款第 (一) 项决定暂缓执行的,由上级人民法院作出决定。依照本规定第七条第一款第 (二) 项决定暂缓执行的,审判机构应当向本院执行机构发出暂缓执行建议书,执行机构收到建议书后,应当办理暂缓相关执行措施的手续。

《最高人民法院关于人民法院网络司法拍卖若干问题的规定》(法释〔2016〕18 号)

第三十六条 当事人、利害关系人认为网络司法拍卖行为违法侵害其合法权益的,可以提出执行异议。异议、复议期间,人民法院可以决定暂缓或者裁定中止拍卖。

案外人对网络司法拍卖的标的提出异议的,人民法院应当依据《中华人民共和国民事诉讼法》第二百二十七条及相关司法解释的规定处理,并决定暂缓或者裁定中止拍卖。

《最高人民法院关于人民法院执行工作若干问题的规定（试行）》（法释〔2020〕21号）

75. 上级法院在监督、指导、协调下级法院执行案件中，发现据以执行的生效法律文书确有错误的，应当书面通知下级法院暂缓执行，并按照审判监督程序处理。

第5问：暂缓执行的期限是多久？从何时起算？

1. 期限不得超过三个月，因特殊事由需要延长的，延长期限不得超过三个月。

2. 暂缓执行的期限从执行法院作出决定之日起计算，若决定是由上级法院作出的，从执行法院收到暂缓执行决定之日起计算。

【法律依据】

《最高人民法院关于正确适用暂缓执行措施若干问题的规定》（法发〔2002〕16号）

第十条 暂缓执行的期间不得超过三个月。因特殊事由需要延长的，可以适当延长，延长的期限不得超过三个月。

暂缓执行的期限从执行法院作出暂缓执行决定之日起计算。暂缓执行的决定由上级人民法院作出的，从执行法院收到暂缓执行决定之日起计算。

《最高人民法院关于人民法院办理执行案件若干期限的规定》（法发〔2006〕35号）

第十三条 下列期间不计入办案期限：

1. 公告送达执行法律文书的期间；
2. 暂缓执行的期间；
3. 中止执行的期间；
4. 就法律适用问题向上级法院请示的期间；
5. 与其他法院发生执行争议报请共同的上级法院协调处理的期间。

《最高人民法院关于人民法院执行工作若干问题的规定（试行）》（法释〔2020〕21号）

77. 上级法院通知暂缓执行的，应同时指定暂缓执行的期限。暂缓执行的期限一般不得超过三个月。有特殊情况需要延长的，应报经院长批准，并及时通知下级法院。暂缓执行的原因消除后，应当及时通知执行法院恢复执行。期满后上级法院未通知继续暂缓执行的，执行法院可以恢复执行。

第6问：暂缓执行期限届满之后应如何处理？

应立即恢复执行。

若期限届满之前，据以决定暂缓执行的事由消灭的，也应当恢复执行。

【法律依据】

《最高人民法院关于正确适用暂缓执行措施若干问题的规定》（法发〔2002〕16号）

第十三条　暂缓执行期限届满后，人民法院应当立即恢复执行。

暂缓执行期限届满前，据以决定暂缓执行的事由消灭的，如果该暂缓执行的决定是由执行法院作出的，执行法院应当立即作出恢复执行的决定；如果该暂缓执行的决定是由执行法院的上级人民法院作出的，执行法院应当将该暂缓执行事由消灭的情况及时报告人民法院，该上级人民法院应当在收到报告后十日内审查核实并作出恢复执行的决定。

第7问：法官能否独自决定是否暂缓执行？

不可以。法院应当组成合议庭对是否暂缓执行进行审查并作出决定，必要时应当听取当事人或者利害关系人的意见。

【法律依据】

《最高人民法院关于正确适用暂缓执行措施若干问题的规定》(法发〔2002〕16号)

第十一条　人民法院对暂缓执行的案件,应当组成合议庭对是否暂缓执行进行审查,必要时应当听取当事人或者其他利害关系人的意见。

第8问：当事人或利害关系人申请暂缓执行的,是否需要提供担保？

需要。法院依据当事人或者利害关系人的申请决定暂缓执行的,应同时责令申请人在指定的期限内提供相应的担保。

【法律依据】

《最高人民法院关于正确适用暂缓执行措施若干问题的规定》(法发〔2002〕16号)

第四条　人民法院根据本规定第三条决定暂缓执行的,应当同时责令申请暂缓执行的当事人或者其他利害关系人在指定的期限内提供相应的担保。

被执行人或者其他利害关系人提供担保申请暂缓执行,申请执行人提供担保要求继续执行的,执行法院可以继续执行。

第9问：若被执行人或其他利害关系人提供担保申请暂缓执行,申请执行人提供担保要求继续执行的,应当暂缓执行还是继续执行？

法院可以继续执行。

【法律依据】

《最高人民法院关于正确适用暂缓执行措施若干问题的规定》(法发〔2002〕16号)

第四条 人民法院根据本规定第三条决定暂缓执行的,应当同时责令申请暂缓执行的当事人或者其他利害关系人在指定的期限内提供相应的担保。

被执行人或者其他利害关系人提供担保申请暂缓执行,申请执行人提供担保要求继续执行的,执行法院可以继续执行。

第10问:法院作出的暂缓执行决定由谁进行监督?

上级法院负责监督执行法院的暂缓执行决定是否符合条件。

对于符合条件但是法院未予暂缓执行,或者不符合条件但法院决定暂缓执行的案件,上级法院应作出决定予以纠正,执行法院收到该决定后应当遵照执行。

【法律依据】

《最高人民法院关于正确适用暂缓执行措施若干问题的规定》(法发〔2002〕16号)

第十二条 上级人民法院发现执行法院对不符合暂缓执行条件的案件决定暂缓执行,或者对符合暂缓执行条件的案件未予暂缓执行的,应当作出决定予以纠正。执行法院收到该决定后,应当遵照执行。

第二节　中止执行

第1问：什么情形下应当中止执行？

1. 申请执行人表示可以延期执行的。
2. 案外人对执行标的提出确有理由的异议的。
3. 作为一方当事人的公民死亡，需要等待继承人继承权利或者承担义务的。
4. 作为一方当事人的法人或其他组织终止，尚未确定权利义务承受人的。
5. 法院将案件移送破产审查的。
6. 执行依据按照审判监督程序决定再审的，但追索赡养费、扶养费、抚育费、抚恤金、医疗费用、劳动报酬等案件的除外。
7. 执行过程中发现有非法集资犯罪嫌疑，或者执行标的物属于非法集资刑事案件涉案财务的。
8. 被执行人申请撤销仲裁裁决并已由法院受理的，或者被执行人、案外人对仲裁裁决执行案件提出不予执行申请并提供适当担保的。
9. 法院认为应当中止执行的其他情形。

【法律依据】

《中华人民共和国民事诉讼法》（2023年9月1日修正）

第二百一十七条　按照审判监督程序决定再审的案件，裁定中止原判决、裁定、调解书的执行，但追索赡养费、扶养费、抚养费、抚恤金、医疗费用、劳动报酬等案件，可以不中止执行。

第二百六十七条　有下列情形之一的，人民法院应当裁定中止执行：

（一）申请人表示可以延期执行的；

（二）案外人对执行标的提出确有理由的异议的；

（三）作为一方当事人的公民死亡，需要等待继承人继承权利或者承担义务的；

（四）作为一方当事人的法人或者其他组织终止，尚未确定权利义务承受人的；

（五）人民法院认为应当中止执行的其他情形。

中止的情形消失后，恢复执行。

《最高人民法院关于适用〈中华人民共和国民事诉讼法〉的解释》（法释〔2022〕11号）

第三百九十四条　人民法院对已经发生法律效力的判决、裁定、调解书依法决定再审，依照民事诉讼法第二百一十三条①规定，需要中止执行的，应当在再审裁定中同时写明中止原判决、裁定、调解书的执行；情况紧急的，可以将中止执行裁定口头通知负责执行的人民法院，并在通知后十日内发出裁定书。

第五百一十一条　在执行中，作为被执行人的企业法人符合企业破产法第二条第一款规定情形的，执行法院经申请执行人之一或者被执行人同意，应当裁定中止对该被执行人的执行，将执行案件相关材料移送被执行人住所地人民法院。

《最高人民法院、最高人民检察院、公安部关于办理非法集资刑事案件适用法律若干问题的意见》

七、关于涉及民事案件的处理问题

对于公安机关、人民检察院、人民法院正在侦查、起诉、审理的非法集资刑事案件，有关单位或者个人就同一事实向人民法院提起民事诉讼或者申请执行涉案财物的，人民法院应当不予受理，并将有关材料移送公安机关或者检察机关。

人民法院在审理民事案件或者执行过程中，发现有非法集资犯罪

---

① 现相关规定见《中华人民共和国民事诉讼法》（2023年修正）第二百一十七条。

嫌疑的，应当裁定驳回起诉或者中止执行，并及时将有关材料移送公安机关或者检察机关。

公安机关、人民检察院、人民法院在侦查、起诉、审理非法集资刑事案件中，发现与人民法院正在审理的民事案件属同一事实，或者被申请执行的财物属于涉案财物的，应当及时通报相关人民法院。人民法院经审查认为确属涉嫌犯罪的，依照前款规定处理。

《中华人民共和国企业破产法》（2006年8月27日）

第十九条 人民法院受理破产申请后，有关债务人财产的保全措施应当解除，执行程序应当中止。

《最高人民法院印发〈关于执行案件移送破产审查若干问题的指导意见〉的通知》（法发〔2017〕2号）

8. 执行法院作出移送决定后，应当书面通知所有已知执行法院，执行法院均应中止对被执行人的执行程序。但是，对被执行人的季节性商品、鲜活、易腐烂变质以及其他不宜长期保存的物品，执行法院应当及时变价处置，处置的价款不作分配。受移送法院裁定受理破产案件的，执行法院应当在收到裁定书之日起七日内，将该价款移交受理破产案件的法院。

案件符合终结本次执行程序条件的，执行法院可以同时裁定终结本次执行程序。

《中华人民共和国仲裁法》（2017年9月1日修正）

第六十四条 一方当事人申请执行裁决，另一方当事人申请撤销裁决的，人民法院应当裁定中止执行。

人民法院裁定撤销裁决的，应当裁定终结执行。撤销裁决的申请被裁定驳回的，人民法院应当裁定恢复执行。

《最高人民法院关于人民法院办理仲裁裁决执行案件若干问题的规定》（法释〔2018〕5号）

第七条 被执行人申请撤销仲裁裁决并已由人民法院受理的，或者被执行人、案外人对仲裁裁决执行案件提出不予执行申请并提供适当担保的，执行法院应当裁定中止执行。中止执行期间，人民法院应当停止处分性措施,但申请执行人提供充分、有效的担保请求继续执行的除外;执行标的查封、扣押、冻结期限届满前,人民法院可以根据当事人申请或者依职权办理续行查封、扣押、冻结手续。

申请撤销仲裁裁决、不予执行仲裁裁决案件司法审查期间,当事人、案外人申请对已查封、扣押、冻结之外的财产采取保全措施的,负责审查的人民法院参照民事诉讼法第一百条的规定处理。司法审查后仍需继续执行的,保全措施自动转为执行中的查封、扣押、冻结措施;采取保全措施的人民法院与执行法院不一致的,应当将保全手续移送执行法院,保全裁定视为执行法院作出的裁定。

《最高人民法院关于人民法院执行工作若干问题的规定(试行)》(法释〔2020〕21号)

59. 按照审判监督程序提审或再审的案件,执行机构根据上级法院或本院作出的中止执行裁定书中止执行。

《中华人民共和国民法典》(2020年5月28日)

第一千零八十六条 离婚后,不直接抚养子女的父或者母,有探望子女的权利,另一方有协助的义务。

行使探望权利的方式、时间由当事人协议;协议不成的,由人民法院判决。

父或者母探望子女,不利于子女身心健康的,由人民法院依法中止探望;中止的事由消失后,应当恢复探望。

《最高人民法院关于适用〈中华人民共和国民法典〉婚姻家庭编的解释(一)》(法释〔2020〕22号)

第六十六条 当事人在履行生效判决、裁定或者调解书的过程中,一方请求中止探望的,人民法院在征询双方当事人意见后,认为需要中止探望的,依法作出裁定;中止探望的情形消失后,人民法院应当根据当事人的请求书面通知其恢复探望。

第六十七条 未成年子女、直接抚养子女的父或者母以及其他对未成年子女负担抚养、教育、保护义务的法定监护人,有权向人民法院提出中止探望的请求。

第六十八条 对于拒不协助另一方行使探望权的有关个人或者组织,可以由人民法院依法采取拘留、罚款等强制措施,但是不能对子女的人身、探望行为进行强制执行。

《最高人民法院关于审理侵犯专利权纠纷案件应用法律若干问题的解释(二)》(法释〔2020〕19号)

第二十九条 宣告专利权无效的决定作出后,当事人根据该决定依法申请再审,请求撤销专利权无效宣告前人民法院作出但未执行的专利侵权的判决、调解书的,人民法院可以裁定中止再审审查,并中止原判决、调解书的执行。

专利权人向人民法院提供充分、有效的担保,请求继续执行前款所称判决、调解书的,人民法院应当继续执行;侵权人向人民法院提供充分、有效的反担保,请求中止执行的,人民法院应当准许。人民法院生效裁判未撤销宣告专利权无效的决定的,专利权人应当赔偿因继续执行给对方造成的损失;宣告专利权无效的决定被人民法院生效裁判撤销,专利权仍有效的,人民法院可以依据前款所称判决、调解书直接执行上述反担保财产。

第2问:什么情形下可以中止执行?

1. 法院受理第三人撤销之诉案件后,该第三人提供相应担保请求中止原生效法律文书执行的。

2. 申请执行人与被执行人达成和解协议后请求中止执行的。

【法律依据】

《最高人民法院关于适用〈中华人民共和国民事诉讼法〉的解释》(法释〔2022〕11号)

第二百九十条 第三人对已经发生法律效力的判决、裁定、调解书提起撤销之诉的,应当自知道或者应当知道其民事权益受到损害之日起六个月内,向作出生效判决、裁定、调解书的人民法院提出,并

应当提供存在下列情形的证据材料:

(一) 因不能归责于本人的事由未参加诉讼;

(二) 发生法律效力的判决、裁定、调解书的全部或者部分内容错误;

(三) 发生法律效力的判决、裁定、调解书内容错误损害其民事权益。

第二百九十七条 受理第三人撤销之诉案件后,原告提供相应担保,请求中止执行的,人民法院可以准许。

第四百六十四条 申请执行人与被执行人达成和解协议后请求中止执行或者撤回执行申请的,人民法院可以裁定中止执行或者终结执行。

《最高人民法院关于执行和解若干问题的规定》(法释〔2020〕21号)

第二条 和解协议达成后,有下列情形之一的,人民法院可以裁定中止执行:

(一) 各方当事人共同向人民法院提交书面和解协议的;

(二) 一方当事人向人民法院提交书面和解协议,其他当事人予以认可的;

(三) 当事人达成口头和解协议,执行人员将和解协议内容记入笔录,由各方当事人签名或者盖章的。

第3问:中止执行能否口头决定?

不可以。法院决定中止执行的,应制作裁定书,载明事由和依据并送达给各方当事人。裁定书自送达当事人后立即生效。

【法律依据】

《最高人民法院关于人民法院执行工作若干问题的规定(试行)》(法释〔2020〕21号)

62. 中止执行和终结执行的裁定书应当写明中止或终结执行的理

由和法律依据。

《中华人民共和国民事诉讼法》（2023 年 9 月 1 日修正）

第二百六十九条　中止和终结执行的裁定，送达当事人后立即生效。

第 4 问：中止执行的情形消失后案件如何处理？

法院可以依据当事人的申请或者依职权恢复执行。恢复执行应书面通知当事人。

【法律依据】

《最高人民法院关于人民法院执行工作若干问题的规定（试行）》（法释〔2020〕21 号）

60. 中止执行的情形消失后，执行法院可以根据当事人的申请或依职权恢复执行。

恢复执行应当书面通知当事人。

第 5 问：中止执行期间，需要对执行标的物续行查封、扣押、冻结的，如何处理？

申请执行人可以向法院申请续行查扣冻措施，法院也可以依职权办理。

【法律依据】

《最高人民法院关于适用〈中华人民共和国民事诉讼法〉的解释》（法释〔2022〕11 号）

第四百八十五条　人民法院冻结被执行人的银行存款的期限不得超过一年，查封、扣押动产的期限不得超过两年，查封不动产、冻结其他财产权的期限不得超过三年。

申请执行人申请延长期限的,人民法院应当在查封、扣押、冻结期限届满前办理续行查封、扣押、冻结手续,续行期限不得超过前款规定的期限。

人民法院也可以依职权办理续行查封、扣押、冻结手续。

第6问:中止执行期间提出异议的,如何处理?

执行法院应当依法审查并作出裁定。

【法律依据】

《中华人民共和国民事诉讼法》(2023年9月1日修正)

第二百三十六条 当事人、利害关系人认为执行行为违反法律规定的,可以向负责执行的人民法院提出书面异议。当事人、利害关系人提出书面异议的,人民法院应当自收到书面异议之日起十五日内审查,理由成立的,裁定撤销或者改正;理由不成立的,裁定驳回。当事人、利害关系人对裁定不服的,可以自裁定送达之日起十日内向上一级人民法院申请复议。

第二百三十八条 执行过程中,案外人对执行标的提出书面异议的,人民法院应当自收到书面异议之日起十五日内审查,理由成立的,裁定中止对该标的的执行;理由不成立的,裁定驳回。案外人、当事人对裁定不服,认为原判决、裁定错误的,依照审判监督程序办理;与原判决、裁定无关的,可以自裁定送达之日起十五日内向人民法院提起诉讼。

第7问:中止执行期间能否申请变更、追加当事人?

可以。申请执行人或者其继承人、权利承受人申请变更、追加当事人的,法院应依法审查并作出处理。

【法律依据】

《人民法院办理执行案件规范》（第二版）（2022年）

127.【中止执行期间当事人的变更、追加】

中止执行期间，申请执行人或其继承人、权利承受人申请变更、追加执行当事人的，执行法院应当依法审查并作出处理。

第十九章 终结本次执行程序

第1问：法院终结本次执行程序需要什么条件？

应当同时符合下列条件：

1. 已向被执行人发出执行通知，责令被执行人报告财产。

2. 已向被执行人发出限制消费令，并将符合条件的被执行人纳入失信被执行人名单。

3. 已穷尽财产调查措施，未发现被执行人有可供执行的财产或者发现的财产不能处置。

4. 自执行案件立案之日起已超过三个月。

5. 被执行人下落不明的，已依法予以查找；被执行人或者其他人妨害执行的，已依法采取罚款、拘留等强制措施，构成犯罪的，已依法启动刑事追责程序。

【法律依据】

《最高人民法院关于严格规范终结本次执行程序的规定（试行）》（法〔2016〕373号）

第一条 人民法院终结本次执行程序，应当同时符合下列条件：

（一）已向被执行人发出执行通知、责令被执行人报告财产；

（二）已向被执行人发出限制消费令，并将符合条件的被执行人纳入失信被执行人名单；

（三）已穷尽财产调查措施，未发现被执行人有可供执行的财产或者发现的财产不能处置；

(四)自执行案件立案之日起已超过三个月;

(五)被执行人下落不明的,已依法予以查找;被执行人或者其他人妨害执行的,已依法采取罚款、拘留等强制措施,构成犯罪的,已依法启动刑事责任追究程序。

《最高人民法院关于执行案件立案、结案若干问题的意见》(法发〔2014〕26号)

第十六条 有下列情形之一的,可以以"终结本次执行程序"方式结案:

(一)被执行人确无财产可供执行,申请执行人书面同意人民法院终结本次执行程序的;

(二)因被执行人无财产而中止执行满两年,经查证被执行人确无财产可供执行的;

(三)申请执行人明确表示提供不出被执行人的财产或财产线索,并在人民法院穷尽财产调查措施之后,对人民法院认定被执行人无财产可供执行书面表示认可的;

(四)被执行人的财产无法拍卖变卖,或者动产经两次拍卖、不动产或其他财产权经三次拍卖仍然流拍,申请执行人拒绝接受或者依法不能交付其抵债,经人民法院穷尽财产调查措施,被执行人确无其他财产可供执行的;

(五)经人民法院穷尽财产调查措施,被执行人确无财产可供执行或虽有财产但不宜强制执行,当事人达成分期履行和解协议,且未履行完毕的;

(六)被执行人确无财产可供执行,申请执行人属于特困群体,执行法院已经给予其适当救助的。

人民法院应当依法组成合议庭,就案件是否终结本次执行程序进行合议。

终结本次执行程序应当制作裁定书,送达申请执行人。裁定应当载明案件的执行情况、申请执行人债权已受偿和未受偿的情况、终结本次执行程序的理由,以及发现被执行人有可供执行财产,可以申请恢复执行等内容。

依据本条第一款第（二）（四）（五）（六）项规定的情形裁定终结本次执行程序前，应当告知申请执行人可以在指定的期限内提出异议。申请执行人提出异议的，应当另行组成合议庭组织当事人就被执行人是否有财产可供执行进行听证；申请执行人提供被执行人财产线索的，人民法院应当就其提供的线索重新调查核实，发现被执行人有财产可供执行的，应当继续执行；经听证认定被执行人确无财产可供执行，申请执行人亦不能提供被执行人有可供执行财产的，可以裁定终结本次执行程序。

本条第一款第（三）（四）（五）项中规定的"人民法院穷尽财产调查措施"，是指至少完成下列调查事项：

（一）被执行人是法人或其他组织的，应当向银行业金融机构查询银行存款，向有关房地产管理部门查询房地产登记，向法人登记机关查询股权，向有关车管部门查询车辆等情况；

（二）被执行人是自然人的，应当向被执行人所在单位及居住地周边群众调查了解被执行人的财产状况或财产线索，包括被执行人的经济收入来源、被执行人到期债权等。如果根据财产线索判断被执行人有较高收入，应当按照对法人或其他组织的调查途径进行调查；

（三）通过最高人民法院的全国法院网络执行查控系统和执行法院所属高级人民法院的"点对点"网络执行查控系统能够完成的调查事项；

（四）法律、司法解释规定必须完成的调查事项。

人民法院裁定终结本次执行程序后，发现被执行人有财产的，可以依申请执行人的申请或依职权恢复执行。申请执行人申请恢复执行的，不受申请执行期限的限制。

《最高人民法院关于进一步规范近期执行工作相关问题的通知》（法〔2018〕141号）

二、关于终结本次执行程序相关问题

（一）原终结本次执行程序中已发出限制消费令的恢复执行案件，

人民法院再次终结本次执行程序的,可无须再根据《终本规定》第一条第二项发出限制消费令。

(二)在严格按照《终本规定》的程序标准和实质标准完成必要的执行措施后,人民法院终结本次执行程序,可不受《终本规定》第一条第四项三个月期限的限制。同时,要严格杜绝随立随结、违规报结等滥用终结本次程序的行为。立案后不满三个月即终结本次执行程序的案件,将作为日常考核和本次巡查、评估工作中重点抽查的案件。

(三)执行法院通过总对总网络执行查控系统查询被执行人财产的,必须完成对所有已开通查询功能的财产项目的查询,仅查询部分财产项目的,不符合完成网络调查事项的要求。拟终结本次执行程序时距完成前次总对总网络查控已超过三个月的,还应在终结本次程序之前再次通过总对总网络执行查控系统查询被执行人的财产。

(四)根据《终本规定》第五条征求申请执行人意见时,可以采取面谈、电话、邮件、传真、短信、微信等方式,必须将征求意见情况记录入卷为凭;有下列情形之一的,可不再征求申请执行人意见:

1. 执行内容仅为追缴诉讼费或罚款的;
2. 行政非诉执行案件;
3. 刑事财产刑执行案件;
4. 申请执行人申终结本次执行程序的。

(五)人民法院终结本次执行程序前,应严格执行《最高人民法院关于民事执行中财产调查若干问题的规定》,积极采取现场调查等方式,查明被执行人财产状况和履行义务能力,一般应当完成下列调查事项:

1. 对申请执行人提供的财产线索,必须予以核实,并将核实情况记录入卷;
2. 向被执行人发出报告财产令时,应及时传唤被执行人或其法定代表人、负责人、实际控制人到人民法院接受调查询问;
3. 住房公积金、金融理财产品、收益类保险、股息红利等未实现网络查控的财产，应前往现场调查，并制作调查笔录附卷为凭；

4. 被执行人是自然人的，向被执行人所在单位及居住地周边群众调查了解被执行人生活居住、劳动就业、收入、债权、股权等情况，并制作调查笔录附卷为凭；

5. 被执行人是法人或其他组织的，对其住所地、经营场所进行现场调查；全面核查被执行人企业性质及设立、合并分立、投资经营、债权债务、变更终止等情况，并可依申请进行审计调查。

（六）本辖区中级、基层人民法院机构发生调整的，对此前已裁定终结本次执行程序的案件，高级人民法院应及时指定相关法院负责后续管理。

第2问：执行法官责令被执行人报告财产的具体要求有哪些?

1. 向被执行人发出报告财产令。
2. 对被执行人报告的财产情况予以核查。
3. 对逾期报告、拒绝报告或者虚假报告的被执行人或相关人员，依法采取罚款、拘留等强制措施，构成犯罪的，依法追究其刑事责任。

【法律依据】

《最高人民法院关于严格规范终结本次执行程序的规定（试行）》（法〔2016〕373号）

第二条 本规定第一条第一项中的"责令被执行人报告财产"，是指应当完成下列事项：

（一）向被执行人发出报告财产令；

（二）对被执行人报告的财产情况予以核查；

（三）对逾期报告、拒绝报告或者虚假报告的被执行人或者相关人员，依法采取罚款、拘留等强制措施，构成犯罪的，依法启动刑事责任追究程序。

人民法院应当将财产报告、核实及处罚的情况记录入卷。

第3问：具备哪些情形才属于"穷尽财产调查措施"？

1. 对申请执行人或者其他人提供的财产线索进行核查。

2. 通过网络执行查控系统对被执行人的存款、车辆及其他交通运输工具、不动产、有价证券等财产情况进行查询。

3. 无法通过网络执行查控系统查询的，在被执行人住所地或者可能隐匿、转移财产所在地进行必要调查。

4. 被执行人隐匿财产、会计账簿等资料拒不交出的，依法采取搜查措施。

5. 经申请执行人申请，根据案件实际情况，依法采取审计调查、公告悬赏等调查措施。

6. 法律、司法解释规定的其他财产调查措施。

【法律依据】

《最高人民法院关于严格规范终结本次执行程序的规定（试行）》（法〔2016〕373号）

第三条 本规定第一条第三项中的"已穷尽财产调查措施"，是指应当完成下列调查事项：

（一）对申请执行人或者其他人提供的财产线索进行核查；

（二）通过网络执行查控系统对被执行人的存款、车辆及其他交通运输工具、不动产、有价证券等财产情况进行查询；

（三）无法通过网络执行查控系统查询本款第二项规定的财产情况的，在被执行人住所地或者可能隐匿、转移财产所在地进行必要调查；

（四）被执行人隐匿财产、会计账簿等资料且拒不交出的，依法采取搜查措施；

（五）经申请执行人申请，根据案件实际情况，依法采取审计调查、公告悬赏等调查措施；

（六）法律、司法解释规定的其他财产调查措施。

人民法院应当将财产调查情况记录入卷。

第 4 问："发现的财产不能处置"是指什么情形？

1. 被执行人的财产经过法定拍卖、变卖程序未成交，申请执行人不接受抵债或者依法不能交付抵债，又不能对该财产采取强制管理等其他执行措施的。

2. 法院虽然在登记机关查封了被执行人的车辆、船舶等财产，但未能实际扣押的。

3. 有财产但是属于轮候查封的，也属于"发现的财产不能处置"的情形。

【法律依据】

《最高人民法院关于严格规范终结本次执行程序的规定（试行）》（法〔2016〕373号）

第四条 本规定第一条第三项中的"发现的财产不能处置"，包括下列情形：

（一）被执行人的财产经法定程序拍卖、变卖未成交，申请执行人不接受抵债或者依法不能交付其抵债，又不能对该财产采取强制管理等其他执行措施的；

（二）人民法院在登记机关查封的被执行人车辆、船舶等财产，未能实际扣押的。

第 5 问：终结本次执行程序之前法院应当做什么？

将案件的执行情况、采取的财产调查措施、被执行人的财产情况、终结本次执行程序的依据以及法律后果等信息告知申请执行人，并听取其对终结本次执行程序的意见，将其记录入卷。

【法律依据】

《最高人民法院关于严格规范终结本次执行程序的规定（试行）》（法〔2016〕373号）

第五条 终结本次执行程序前，人民法院应当将案件执行情况、采取的财产调查措施、被执行人的财产情况、终结本次执行程序的依据及法律后果等信息告知申请执行人，并听取其对终结本次执行程序的意见。

人民法院应当将申请执行人的意见记录入卷。

《最高人民法院关于进一步规范近期执行工作相关问题的通知》（法〔2018〕141号）

二、关于终结本次执行程序相关问题

（四）根据《终本规定》第五条征求申请执行人意见时，可以采取面谈、电话、邮件、传真、短信、微信等方式，必须将征求意见情况记录入卷为凭；有下列情形之一的，可不再征求申请执行人意见：

1. 执行内容仅为追缴诉讼费或罚款的；
2. 行政非诉执行案件；
3. 刑事财产刑执行案件；
4. 申请执行人申请终结本次执行程序的。

第6问：执行法官能否擅自作出终结本次执行程序的裁定？

不能。经过财产调查未发现可供执行的财产，在申请执行人签字确认或者执行法院组成合议庭审查核实并经过院长批准之后，方可裁定终结本次执行程序。

【法律依据】

《最高人民法院关于适用〈中华人民共和国民事诉讼法〉的解释》（法释〔2022〕11号）

第五百一十七条 经过财产调查未发现可供执行的财产，在申执行人签字确认或者执行法院组成合议庭审查核实并经院长批准后，可以裁定终结本次执行程序。

依照前款规定终结执行后，申请执行人发现被执行人有可供执行财产的，可以再次申请执行。再次申请不受申请执行时效期间的限制。

第7问：终结本次执行程序裁定书应包含哪些内容？

1. 申请执行的债权情况。
2. 执行经过及采取的执行措施、强制措施。
3. 查明的被执行人的财产情况。
4. 实现的债权情况。
5. 申请执行人享有要求被执行人继续履行债务及向法院申请恢复执行的权利，被执行人负有继续履行债务的义务。

【法律依据】

《最高人民法院关于严格规范终结本次执行程序的规定（试行）》（法〔2016〕373号）

第六条 终结本次执行程序应当制作裁定书，载明下列内容：

（一）申请执行的债权情况；

（二）执行经过及采取的执行措施、强制措施；

（三）查明的被执行人财产情况；

（四）实现的债权情况；

（五）申请执行人享有要求被执行人继续履行债务及依法向人民法院申请恢复执行的权利，被执行人负有继续向申请执行人履行债务的义务。

终结本次执行程序裁定书送达申请执行人后，执行案件可以作结案处理。人民法院进行相关统计时，应当对以终结本次执行程序方式结案的案件与其他方式结案的案件予以区分。

终结本次执行程序裁定书应当依法在互联网上公开。

第8问：当事人、利害关系人认为法院终结本次执行程序违反法律规定的，如何救济？

可以提出执行异议。法院应当在收到书面异议申请之日起十五日内进行审查，异议成立的裁定撤销或者改正；异议不成立的裁定驳回。

【法律依据】

《最高人民法院关于严格规范终结本次执行程序的规定（试行）》（法〔2016〕373号）

第七条 当事人、利害关系人认为终结本次执行程序违反法律规定的，可以提出执行异议。人民法院应当依照民事诉讼法第二百二十五条[①]的规定进行审查。

《中华人民共和国民事诉讼法》（2023年9月1日修正）

第二百三十六条 当事人、利害关系人认为执行行为违反法律规定的，可以向负责执行的人民法院提出书面异议。当事人、利害关系人提出书面异议的，人民法院应当自收到书面异议之日起十五日内审查，理由成立的，裁定撤销或者改正；理由不成立的，裁定驳回。当事人、利害关系人对裁定不服的，可以自裁定送达之日起十日内向上一级人民法院申请复议。

《最高人民法院关于对人民法院终结执行行为提出执行异议期限问题的批复》（法释〔2016〕3号）

湖北省高级人民法院：

你院《关于咸宁市广泰置业有限公司与咸宁市枫丹置业有限公司房地产开发经营合同纠纷案的请示》（鄂高法〔2015〕295号）收悉。经研究，批复如下：

[①] 现相关规定见《中华人民共和国民事诉讼法》（2023年修正）第二百三十六条。

当事人、利害关系人依照民事诉讼法第二百二十五条[①]规定对终结执行行为提出异议的，应当自收到终结执行法律文书之日起六十日内提出；未收到法律文书的，应当自知道或者应当知道人民法院终结执行之日起六十日内提出。批复发布前终结执行的，自批复发布之日起六十日内提出。超出该期限提出执行异议的，人民法院不予受理。

此复。

第9问：终结本次执行程序之后，被执行人是否还需要继续履行义务？

需要继续履行。被执行人自动履行完毕的，还需要及时告知执行法院。

【法律依据】

《最高人民法院关于严格规范终结本次执行程序的规定（试行）》（法〔2016〕373号）

第八条　终结本次执行程序后，被执行人应当继续履行生效法律文书确定的义务。被执行人自动履行完毕的，当事人应当及时告知执行法院。

第10问：终结本次执行程序之后，还能否恢复执行？什么情况下可以恢复执行？

1. 申请执行人发现被执行人有可供执行财产的，可以向法院申请恢复执行，法院核查属实的应当恢复；申请恢复执行不受两年时效期间的限制。

2. 法院在终结本次执行程序后的五年内，应当每六个月通过网络

[①] 现相关规定见《中华人民共和国民事诉讼法》（2023年修正）第二百三十六条。

执行查控系统查询一次被执行人的财产，并将查询结果告知申请执行人。若符合恢复执行条件的，法院应当及时恢复执行。

【法律依据】

《最高人民法院关于严格规范终结本次执行程序的规定（试行）》（法〔2016〕373号）

第九条　终结本次执行程序后，申请执行人发现被执行人有可供执行财产的，可以向执行法院申请恢复执行。申请恢复执行不受申请执行时效期间的限制。执行法院核查属实的，应当恢复执行。

终结本次执行程序后的五年内，执行法院应当每六个月通过网络执行查控系统查询一次被执行人的财产，并将查询结果告知申请执行人。符合恢复执行条件的，执行法院应当及时恢复执行。

第11问：终结本次执行程序之后，发现被执行人有可供执行财产，不立即采取措施可能导致财产被转移、隐匿、出卖或者毁损的，如何处理？

法院可以依据申请执行人的申请或者依职权立即采取查封、扣押、冻结等控制性措施。

【法律依据】

《最高人民法院关于严格规范终结本次执行程序的规定（试行）》（法〔2016〕373号）

第十条　终结本次执行程序后，发现被执行人有可供执行财产，不立即采取执行措施可能导致财产被转移、隐匿、出卖或者毁损的，执行法院可以依申请执行人申请或依职权立即采取查封、扣押、冻结等控制性措施。

第 12 问：执行案件既符合终结本次执行程序的条件，又符合移送破产审查相关规定的，如何处理？

法院应当在作出终结本次执行程序裁定的同时，将案件相关材料移送被执行人住所地法院进行破产审查。

【法律依据】

《最高人民法院关于严格规范终结本次执行程序的规定（试行）》（法〔2016〕373号）

第十一条 案件符合终结本次执行程序条件，又符合移送破产审查相关规定的，执行法院应当在作出终结本次执行程序裁定的同时，将执行案件相关材料移送被执行人住所地人民法院进行破产审查。

第 13 问：最高人民法院建立的"终结本次执行程序案件信息库"对执行法院有何要求？

1. 终结本次执行程序裁定书送达给申请执行人之后，执行法院应在七日内将案件相关信息录入该信息库内，并通过该信息库向社会统一公布。

2. 该信息库记载的信息应包含：（1）作为被执行人的法人或者其他组织的名称、住所地、组织机构代码及其法定代表人或者负责人的姓名，作为被执行人的自然人的姓名、性别、年龄、身份证号码以及住址；（2）生效法律文书的制作单位和文号，执行案号、立案时间、执行法院；（3）生效法律文书确定的义务以及被执行人的履行情况；（4）其他事项。

3. 当事人、利害关系人认为该信息库内的信息记录错误的，可以向执行法院申请更正，法院若查证属实的，应当在三日内予以更正。

4. 有下列情形之一的，执行法院应当在三日内将执行案件信息从该信息库中屏蔽：（1）生效法律文书确定的义务执行完毕的；（2）依法裁定终结执行的；（3）依法应当屏蔽的其他情形。

【法律依据】

《最高人民法院关于严格规范终结本次执行程序的规定（试行）》（法〔2016〕373号）

第十二条 终结本次执行程序裁定书送达申请执行人以后，执行法院应当在七日内将相关案件信息录入最高人民法院建立的终结本次执行程序案件信息库，并通过该信息库统一向社会公布。

第十三条 终结本次执行程序案件信息库记载的信息应当包括下列内容：

（一）作为被执行人的法人或者其他组织的名称、住所地、组织机构代码及其法定代表人或者负责人的姓名，作为被执行人的自然人的姓名、性别、年龄、身份证件号码和住址；

（二）生效法律文书的制作单位和文号，执行案号、立案时间、执行法院；

（三）生效法律文书确定的义务和被执行人的履行情况；

（四）人民法院认为应当记载的其他事项。

第十四条 当事人、利害关系人认为公布的终结本次执行程序案件信息错误的，可以向执行法院申请更正。执行法院审查属实的，应当在三日内予以更正。

第十八条 有下列情形之一的，人民法院应当在三日内将案件信息从终结本次执行程序案件信息库中屏蔽：

（一）生效法律文书确定的义务执行完毕的；

（二）依法裁定终结执行的；

（三）依法应予屏蔽的其他情形。

第 14 问：终结本次执行程序之后，法院对被执行人采取的执行措施和强制措施是否还有效？

继续有效。若申请人申请延长查封、扣押、冻结期限的，法院应依法办理续行查扣冻手续。

【法律依据】

《最高人民法院关于严格规范终结本次执行程序的规定（试行）》（法〔2016〕373号）

第十五条　终结本次执行程序后，人民法院已对被执行人依法采取的执行措施和强制措施继续有效。

第十六条第一款　终结本次执行程序后，申请执行人申请延长查封、扣押、冻结期限的，人民法院应当依法办理续行查封、扣押、冻结手续。

第 15 问：终结本次执行程序之后，还能否申请变更、追加当事人？

可以，并且变更追加成功之后可以申请恢复执行。

【法律依据】

《最高人民法院关于严格规范终结本次执行程序的规定（试行）》（法〔2016〕373号）

第十六条第二款　终结本次执行程序后，当事人、利害关系人申请变更、追加执行当事人，符合法定情形的，人民法院应予支持。变更、追加被执行人后，申请执行人申请恢复执行的，人民法院应予支持。

第 16 问：终结本次执行程序之后，被执行人或者其他人妨害执行的，法院还能否追究其责任？

可以，法院可以依法对其予以罚款、拘留；构成犯罪的依法追究刑事责任。

【法律依据】

《最高人民法院关于严格规范终结本次执行程序的规定（试行）》（法〔2016〕373号）

第十七条　终结本次执行程序后，被执行人或者其他人妨害执行的，人民法院可以依法予以罚款、拘留；构成犯罪的，依法追究刑事责任。

第二十章　执行当事人及其变更、追加

第1问：哪些人属于执行案件的当事人？

1. 执行案件的当事人包括申请执行人和被执行人，主要有：

（1）申请执行人：执行申请受理时的权利人、经另案裁判确认的共同权利人或连带权利人、经执行程序依法变更的申请执行人、其他法律规定的主体；

（2）被执行人：执行申请受理时确定的义务人、经另案裁判确认的共同义务人或连带义务人、经执行程序依法追加或变更的被执行人、其他法律规定的主体。

2. 执行案件的当事人主体类型包含：公民、法人、其他组织、个体工商户、期货交易所、证券公司营业部、个人独资企业、事业单位、社会团体、民办非企业单位等。

【法律依据】

《中华人民共和国民事诉讼法》（2023年9月1日修正）

第五十一条　公民、法人和其他组织可以作为民事诉讼的当事人。

法人由其法定代表人进行诉讼。其他组织由其主要负责人进行诉讼。

《最高人民法院关于适用〈中华人民共和国民事诉讼法〉的解释》（法释〔2022〕11号）

第五十二条　民事诉讼法第五十一条规定的其他组织是指合法

成立、有一定的组织机构和财产，但又不具备法人资格的组织，包括：

（一）依法登记领取营业执照的个人独资企业；

（二）依法登记领取营业执照的合伙企业；

（三）依法登记领取我国营业执照的中外合作经营企业、外资企业；

（四）依法成立的社会团体的分支机构、代表机构；

（五）依法设立并领取营业执照的法人的分支机构；

（六）依法设立并领取营业执照的商业银行、政策性银行和非银行金融机构的分支机构；

（七）经依法登记领取营业执照的乡镇企业、街道企业；

（八）其他符合本条规定条件的组织。

《中华人民共和国公司法》（2023年12月29日）

第二条 本法所称公司，是指依照本法在中华人民共和国境内设立的有限责任公司和股份有限公司。

第三条 公司是企业法人，有独立的法人财产，享有法人财产权。公司以其全部财产对公司的债务承担责任。

公司的合法权益受法律保护，不受侵犯。

第四条第一款 有限责任公司的股东以其认缴的出资额为限对公司承担责任；股份有限公司的股东以其认购的股份为限对公司承担责任。

《最高人民法院关于适用〈中华人民共和国民事诉讼法〉的解释》（法释〔2022〕11号）

第五十九条 在诉讼中，个体工商户以营业执照上登记的经营者为当事人。有字号的，以营业执照上登记的字号为当事人，但应同时注明该字号经营者的基本信息。

营业执照上登记的经营者与实际经营者不一致的，以登记的经营者和实际经营者为共同诉讼人。

《期货交易管理条例》（2017年3月1日修订）

第七条 期货交易所不以营利为目的，按照其章程的规定实行自律管理。期货交易所以其全部财产承担民事责任。期货交易所的负责人由国务院期货监督管理机构任免。

期货交易所的管理办法由国务院期货监督管理机构制定。

《最高人民法院关于领取营业执照的证券公司营业部是否具有民事诉讼主体资格的复函》（法函〔1997〕98号）

上海市高级人民法院：

你院（1997）沪高经他字第4号请示收悉。经研究，答复如下：

证券公司营业部是经中国人民银行或其授权的分支机构依据《中华人民共和国银行法》的有关规定批准设立，专营证券交易等业务的机构。其领有《经营金融业务许可证》和《营业执照》，具有一定的运营资金和在核准的经营范围内开展证券交易等业务的行为能力。根据最高人民法院《关于适用〈中华人民共和国民事诉讼法〉若干问题的意见》第40条第（5）项之规定，证券公司营业部可以作为民事诉讼当事人。

《中华人民共和国个人独资企业法》（1999年8月30日）

第二条 本法所称个人独资企业，是指依照本法在中国境内设立，由一个自然人投资，财产为投资人个人所有，投资人以其个人财产对企业债务承担无限责任的经营实体。

第二十八条 个人独资企业解散后，原投资人对个人独资企业存续期间的债务仍应承担偿还责任，但债权人在五年内未向债务人提出偿债请求的，该责任消灭。

第二十九条 个人独资企业解散的，财产应当按照下列顺序清偿：

（一）所欠职工工资和社会保险费用；

（二）所欠税款；

（三）其他债务。

第三十条 清算期间，个人独资企业不得开展与清算目的无关的经营活动。在按前条规定清偿债务前，投资人不得转移、隐匿财产。

第三十一条 个人独资企业财产不足以清偿债务的，投资人应当以其个人的其他财产予以清偿。

《事业单位登记管理暂行条例》（2004年6月27日修订）

第二条 本条例所称事业单位，是指国家为了社会公益目的，由国家机关举办或者其他组织利用国有资产举办的，从事教育、科技、文化、卫生等活动的社会服务组织。

事业单位依法举办的营利性经营组织，必须实行独立核算，依照国家有关公司、企业等经营组织的法律、法规登记管理。

第三条 事业单位经县级以上各级人民政府及其有关主管部门（以下统称审批机关）批准成立后，应当依照本条例的规定登记或者备案。

事业单位应当具备法人条件。

第六条 申请事业单位法人登记，应当具备下列条件：

（一）经审批机关批准设立；

（二）有自己的名称、组织机构和场所；

（三）有与其业务活动相适应的从业人员；

（四）有与其业务活动相适应的经费来源；

（五）能够独立承担民事责任。

《社会团体登记管理条例》（2016年2月6日修订）

第三条 成立社会团体，应当经其业务主管单位审查同意，并依照本条例的规定进行登记。

社会团体应当具备法人条件。

下列团体不属于本条例规定登记的范围：

（一）参加中国人民政治协商会议的人民团体；

（二）由国务院机构编制管理机关核定，并经国务院批准免于登记的团体；

（三）机关、团体、企业事业单位内部经本单位批准成立、在本单位内部活动的团体。

《民办非企业单位登记暂行办法》（2010年12月27日修正）

第二条 民办非企业单位根据其依法承担民事责任的不同方式分为民办非企业单位（法人）、民办非企业单位（合伙）和民办非企业单位（个体）三种。

个人出资且担任民办非企业单位负责人的，可申请办理民办非企业单位（个体）登记；

两人或两人以上合伙举办的，可申请办理民办非企业单位（合伙）登记；

两人或两人以上举办且具备法人条件的，可申请办理民办非企业单位（法人）登记。

由企业事业单位、社会团体和其他社会力量举办的或由上述组织与个人共同举办的，应当申请民办非企业单位（法人）登记。

第五条 申请登记民办非企业单位，应当具备条例第八条规定的条件。

民办非企业单位的名称，必须符合国务院民政部门制订的《民办非企业单位名称管理暂行规定》。

民办非企业单位必须拥有与其业务活动相适应的合法财产，且其合法财产中的非国有资产份额不得低于总财产的三分之二。开办资金必须达到本行（事）业所规定的最低限额。

第2问：被执行人是"工商联"的，能否申请执行总商会的财产？

不可以。工商联与总商会是两个独立的法人单位，不能视同同一单位进行执行。

1. 工商联是党委领导下的人民团体，列入省编委编制序列，为财政预算划拨单位；而总商会是在省民政厅单独注册的社团法人，经费由会员的会费构成。

2. 工商联的财产不足以清偿债务时，法院不得对其国库款、财政经费账户、办公用房、车辆等其他办公必需品采取查封、扣押、冻结、拍卖、变卖等执行措施。其只能用财政资金以外的自有资金清偿债务。

【法律依据】

《最高人民法院执行工作办公室关于河北省工商联、河北省总商会申诉案的复函》(〔2003〕执他字第3号)

天津市高级人民法院：

你院《关于对被执行人河北省工商联（又称河北省总商会）欠款案执行情况的报告》收悉。经研究，答复如下：

一、各级工商联是党领导下的具有统战性质的人民团体。其与挂靠企业脱钩时，是按照中央文件的要求执行的。因此人民法院在执行与其脱钩企业的案件时，也应比照适用最高人民法院法释〔2001〕8号《关于审理军队、武警部队、政法机关移交、撤销企业和与党政机关脱钩企业相关纠纷案件若干问题的规定》。根据该司法解释第十五条、第十六条的规定，开办单位应当承担民事责任的，人民法院不得对开办单位的国库款、财政经费账户、办公用房、车辆等其他办公必需品采取查封、扣押、冻结、拍卖、变卖等执行措施。开办单位只能用其财政资金以外的自有资金清偿债务。如果开办单位没有财政资金以外自有资金的，应当依法裁定终结执行。请你院监督南开区人民法院在执行河北省工商联时，严格按照上述规定执行。

二、河北省工商联和河北省总商会是两个独立的法人单位。河北省工商联是党委领导下的具有统战性质的人民团体，列入省编委编制序列，为财政预算拨款单位。而河北省总商会是在省民政厅单独注册的社团法人，经费由会员的会费构成。南开区人民法院将河北省工商联与河北省总商会视为同一个单位，将河北省总商会列为被执行人并扣划其银行存款是错误的，你院应监督该院立即纠正。

你院将督办结果报告我院。

第3问：中国少年先锋队工作委员会是否属于执行案件当事人？

不属于。中国少年先锋队工作委员会没有独立的财产和经费来源，编制也属于共青团，其自身不具备独立承担民事责任的能力，不具备法人资格，因此不能作为执行案件的当事人。

【法律依据】

《最高人民法院执行工作办公室关于中国少年先锋队江苏省工作委员会是否具备独立法人资格问题的复函》（〔2002〕执他字第5号）江苏省高级人民法院：

你院苏高法〔1999〕38号《关于中国少年先锋队江苏省工作委员会是否具备独立法人资格的请示》收悉。经研究，答复如下：

原则上同意你院的倾向性意见。中国少年先锋队江苏省工作委员会没有独立的财产和经费来源，编制也在共青团江苏委员会，其自身并不具有独立承担民事责任的能力，不具备法人资格。

第4问：企业法人被吊销营业执照后还能否作为执行案件的当事人？

可以。企业法人被吊销营业执照，依法应当进行清算，清算程序结束并办理工商注销登记后，企业法人才归于消灭。因为被吊销营业执照至被注销登记之前，该企业法人仍视为存续，可以以自己的名义进行诉讼活动，参与执行程序。

【法律依据】

《最高人民法院关于企业法人营业执照被吊销后，其民事诉讼地位如何确定的复函》（法经〔2000〕24号函）辽宁省高级人民法院：

你院《关于企业法人营业执照被吊销后,其民事诉讼地位如何确定的请示》收悉。经研究,答复如下:

吊销企业法人营业执照,是工商行政管理机关依据国家工商行政法规对违法的企业法人作出的一种行政处罚。企业法人被吊销营业执照后,应当依法进行清算,清算程序结束并办理工商注销登记后,该企业法人才归于消灭。因此,企业法人被吊销营业执照后至被注销登记前,该企业法人仍应视为存续,可以自己的名义进行诉讼活动。如果该企业法人组成人员下落不明,无法通知参加诉讼,债权人以被吊销营业执照企业的开办单位为被告起诉的,人民法院也应予以准许。该开办单位对被吊销营业执照的企业法人,如果不存在投资不足或者转移资产逃避债务情形的,仅应作为企业清算人参加诉讼,承担清算责任。你院请示中涉及的问题,可参照上述精神办理。

此复。

第5问:军队、武警部队、政法机关和党政机关开办的企业能否作为执行案件的当事人?

可以。

1. 军队、武警部队、政法机关和党政机关开办的企业符合法人条件并领取了企业法人营业执照的,以其全部财产独立承担民事责任。

2. 开办单位抽逃、转移资金或者隐匿财产以逃避被开办企业债务的,应当将该财产退回用以清偿被开办企业的债务。

【法律依据】

《最高人民法院关于审理军队、武警部队、政法机关移交、撤销企业和与党政机关脱钩企业相关纠纷案件若干问题的规定》(法释〔2020〕18号)

第一条 军队、武警部队、政法机关和党政机关开办的企业(以下简称被开办企业)具备法人条件并领取了企业法人营业执照的,根据民法典第六十条的规定，应当以其全部财产独立承担民事责任。

第二条 被开办企业领取了企业法人营业执照，虽然实际投入的资金与注册资金不符，但已达到了《中华人民共和国企业法人登记管理条例施行细则》第十二条第七项规定数额的，应当认定其具备法人资格，开办单位应当在该企业实际投入资金与注册资金的差额范围内承担民事责任。

第三条 被开办企业虽然领取了企业法人营业执照，但投入的资金未达到《中华人民共和国企业法人登记管理条例施行细则》第十二条第七项规定数额的，或者不具备企业法人其他条件的，应当认定其不具备法人资格，其民事责任由开办单位承担。

第四条 开办单位抽逃、转移资金或者隐匿财产以逃避被开办企业债务的，应当将所抽逃、转移的资金或者隐匿的财产退回，用以清偿被开办企业的债务。

第五条 开办单位或其主管部门在被开办企业撤销时，向工商行政管理机关出具证明文件，自愿对被开办企业的债务承担责任的，应当按照承诺对被开办企业的债务承担民事责任。

第六条 开办单位已经在被开办企业注册资金不实的范围内承担了民事责任的，应视为开办单位的注册资金已经足额到位，不再继续承担注册资金不实的责任。

第十条 人民法院在审理有关移交、撤销、脱钩的企业的案件时，认定开办单位应当承担民事责任的，不得对开办单位的国库款、军费、财政经费账户、办公用房、车辆等其他办公必需品采取查封、扣押、冻结、拍卖等保全和执行措施。

第6问：出版单位领取营业执照之后，能否作为执行案件的当事人？

可以。报社、期刊社、图书出版社、音像出版社和电子出版物出版社等应当具备法人条件，经核准登记后，取得法人资格，以其全部法人财产独立承担民事责任，可以作为执行案件的当事人。

视为出版单位的报纸编辑部、期刊编辑部不具有法人资格，其民事责任由其主办单位承担。

【法律依据】

《出版管理条例》（国务院令第 732 号）

第十五条　设立出版单位的主办单位应当自收到批准决定之日起 60 日内，向所在地省、自治区、直辖市人民政府出版行政主管部门登记，领取出版许可证。登记事项由国务院出版行政主管部门规定。

出版单位领取出版许可证后，属于事业单位法人的，持出版许可证向事业单位登记管理机关登记，依法领取事业单位法人证书；属于企业法人的，持出版许可证向工商行政管理部门登记，依法领取营业执照。

第十六条　报社、期刊社、图书出版社、音像出版社和电子出版物出版社等应当具备法人条件，经核准登记后，取得法人资格，以其全部法人财产独立承担民事责任。

依照本条例第九条第三款的规定，视为出版单位的报纸编辑部、期刊编辑部不具有法人资格，其民事责任由其主办单位承担。

第 7 问：被执行人是企业法人分支机构的，申请执行人能否变更、追加该法人为被执行人？

可以。

1. 法人分支机构作为被执行人不能清偿债务的，申请执行人可申请变更、追加该法人为被执行人；法人直接管理的责任财产仍不能清偿债务的，法院可以直接执行该法人其他分支机构的财产。

2. 法人作为被执行人，其直接管理的责任财产不能清偿债务的，无须变更、追加被执行人，法院可以直接执行该法人分支机构的财产。

3. 金融机构的分支机构作为被执行人不能提供可供执行财产的，法院应裁定逐级变更其上级机构为被执行人，直至其总行、总公司。法院每次变更之前，应给予被变更主体十五日的主动履行期，逾期未履行的再强制执行。

【法律依据】

《中华人民共和国民法典》（2020年5月28日）

第七十四条　法人可以依法设立分支机构。法律、行政法规规定分支机构应当登记的，依照其规定。

分支机构以自己的名义从事民事活动，产生的民事责任由法人承担；也可以先以该分支机构管理的财产承担，不足以承担的，由法人承担。

《最高人民法院关于民事执行中变更、追加当事人若干问题的规定》（法释〔2020〕21号）

第十五条　作为被执行人的法人分支机构，不能清偿生效法律文书确定的债务，申请执行人申请变更、追加该法人为被执行人的，人民法院应予支持。法人直接管理的责任财产仍不能清偿债务的，人民法院可以直接执行该法人其他分支机构的财产。

作为被执行人的法人，直接管理的责任财产不能清偿生效法律文书确定债务的，人民法院可以直接执行该法人分支机构的财产。

《最高人民法院、中国人民银行关于依法规范人民法院执行和金融机构协助执行的通知》（法发〔2000〕21号）

八、金融机构的分支机构作为被执行人的，执行法院应当向其发出限期履行通知书，期限为十五日；逾期未自动履行的，依法予以强制执行；对被执行人未能提供可供执行财产的，应当依法裁定逐级变更其上级机构为被执行人，直至其总行、总公司。每次变更前，均应当给予被变更主体十五日的自动履行期限；逾期未自动履行的，依法予以强制执行。

第8问：被执行人是合伙企业的，申请执行人能否申请变更、追加合伙人为被执行人？

1. 被执行人是合伙企业，不能清偿债务的，申请执行人可以申请变更、追加普通合伙人为被执行人。

2. 被执行人是有限合伙企业，财产不足以清偿债务的，申请执行人可以申请变更、追加未按期足额缴纳出资的有限合伙人为被执行人，要求其在未足额缴纳出资的范围内承担责任。

【法律依据】

《最高人民法院关于民事执行中变更、追加当事人若干问题的规定》（法释〔2020〕21号）

第十四条　作为被执行人的合伙企业，不能清偿生效法律文书确定的债务，申请执行人申请变更、追加普通合伙人为被执行人的，人民法院应予支持。

作为被执行人的有限合伙企业，财产不足以清偿生效法律文书确定的债务，申请执行人申请变更、追加未按期足额缴纳出资的有限合伙人为被执行人，在未足额缴纳出资的范围内承担责任的，人民法院应予支持。

《中华人民共和国合伙企业法》（2006年8月27日修订）

第二条　本法所称合伙企业，是指自然人、法人和其他组织依照本法在中国境内设立的普通合伙企业和有限合伙企业。

普通合伙企业由普通合伙人组成，合伙人对合伙企业债务承担无限连带责任。本法对普通合伙人承担责任的形式有特别规定的，从其规定。

有限合伙企业由普通合伙人和有限合伙人组成，普通合伙人对合伙企业债务承担无限连带责任，有限合伙人以其认缴的出资额为限对合伙企业债务承担责任。

第二十条　合伙人的出资、以合伙企业名义取得的收益和依法取得的其他财产,均为合伙企业的财产。

第二十一条　合伙人在合伙企业清算前,不得请求分割合伙企业的财产;但是,本法另有规定的除外。

合伙人在合伙企业清算前私自转移或者处分合伙企业财产的,合伙企业不得以此对抗善意第三人。

第二十二条　除合伙协议另有约定外,合伙人向合伙人以外的人转让其在合伙企业中的全部或者部分财产份额时,须经其他合伙人一致同意。

合伙人之间转让在合伙企业中的全部或者部分财产份额时,应当通知其他合伙人。

第二十三条　合伙人向合伙人以外的人转让其在合伙企业中的财产份额的,在同等条件下,其他合伙人有优先购买权;但是,合伙协议另有约定的除外。

第二十四条　合伙人以外的人依法受让合伙人在合伙企业中的财产份额的,经修改合伙协议即成为合伙企业的合伙人,依照本法和修改后的合伙协议享有权利,履行义务。

第二十五条　合伙人以其在合伙企业中的财产份额出质的,须经其他合伙人一致同意;未经其他合伙人一致同意,其行为无效,由此给善意第三人造成损失的,由行为人依法承担赔偿责任。

第三十八条　合伙企业对其债务,应先以其全部财产进行清偿。

第三十九条　合伙企业不能清偿到期债务的,合伙人承担无限连带责任。

第四十条　合伙人由于承担无限连带责任,清偿数额超过本法第三十三条第一款规定的其亏损分担比例的,有权向其他合伙人追偿。

第四十一条　合伙人发生与合伙企业无关的债务,相关债权人不得以其债权抵销其对合伙企业的债务;也不得代位行使合伙人在合伙企业中的权利。

第四十二条　合伙人的自有财产不足清偿其与合伙企业无关的债务的,该合伙人可以以其从合伙企业中分取的收益用于清偿;债权人也可以依法请求人民法院强制执行该合伙人在合伙企业中的财产份额用于清偿。

人民法院强制执行合伙人的财产份额时,应当通知全体合伙人,其他合伙人有优先购买权;其他合伙人未购买,又不同意将该财产份额转让给他人的,依照本法第五十一条的规定为该合伙人办理退伙结算,或者办理削减该合伙人相应财产份额的结算。

第四十四条 入伙的新合伙人与原合伙人享有同等权利,承担同等责任。入伙协议另有约定的,从其约定。

新合伙人对入伙前合伙企业的债务承担无限连带责任。

第9问:被执行人是有字号的个体工商户的,能否执行其经营者?

可以。个体工商户的字号为被执行人的,人民法院可以直接执行该字号经营者的财产。

【法律依据】

《最高人民法院关于人民法院立案、审判与执行工作协调运行的意见》(法发〔2018〕9号)

3. 在执行案件立案时,有字号的个体工商户为被执行人的,立案部门应当将生效法律文书注明的该字号个体工商户经营者一并列为被执行人。

《最高人民法院关于民事执行中变更、追加当事人若干问题的规定》(法释〔2020〕21号)

第十三条 作为被执行人的个人独资企业,不能清偿生效法律文书确定的债务,申请执行人申请变更、追加其出资人为被执行人的,人民法院应予支持。个人独资企业出资人作为被执行人的,人民法院可以直接执行该个人独资企业的财产。

个体工商户的字号为被执行人的,人民法院可以直接执行该字号经营者的财产。

第 10 问：执行案件能否委托代理人？

可以。当事人、法定代理人可以委托 1—2 人作为执行案件的代理人。

下列人员可以作为执行案件的委托代理人：(1) 律师、基层法律服务工作者；(2) 当事人的近亲属或工作人员；(3) 当事人所在社区、单位以及有关社会团体推荐的公民。

【法律依据】

《最高人民法院关于适用〈中华人民共和国民事诉讼法〉的解释》（法释〔2022〕11 号）

第八十五条　根据民事诉讼法第六十一条第二款第二项规定，与当事人有夫妻、直系血亲、三代以内旁系血亲、近姻亲关系以及其他有抚养、赡养关系的亲属，可以当事人近亲属的名义作为诉讼代理人。

《中华人民共和国民事诉讼法》（2023 年 9 月 1 日修正）

第六十一条　当事人、法定代理人可以委托一至二人作为诉讼代理人。

下列人员可以被委托为诉讼代理人：

（一）律师、基层法律服务工作者；

（二）当事人的近亲属或者工作人员；

（三）当事人所在社区、单位以及有关社会团体推荐的公民。

第 11 问：委托他人代理执行案件的，应该提交什么手续？

1. 应提交授权委托书，写明委托事项和代理人权限。
2. 委托代理人代为放弃、变更民事权利，或代为进行执行和解，或代为收取执行款项的,委托人应当在授权委托书中特别授权。

3. 侨居在国外的中国公民从国外寄交或者托交的授权委托书,必须经我国驻该国的使领馆证明;没有使领馆的,由与我国有外交关系的第三国驻该国的使领馆证明,再转由我国驻该第三国使领馆证明,或者由当地的爱国华侨团体证明。

4. 人民法院认为确有必要的,可以要求当事人到庭核实委托代理的相关情况,并制作笔录入卷。

【法律依据】

《中华人民共和国民事诉讼法》(2023 年 9 月 1 日修正)

第六十二条 委托他人代为诉讼,必须向人民法院提交由委托人签名或者盖章的授权委托书。

授权委托书必须记明委托事项和权限。诉讼代理人代为承认、放弃、变更诉讼请求,进行和解,提起反诉或者上诉,必须有委托人的特别授权。

侨居在国外的中华人民共和国公民从国外寄交或者托交的授权委托书,必须经中华人民共和国驻该国的使领馆证明;没有使领馆的,由与中华人民共和国有外交关系的第三国驻该国的使领馆证明,再转由中华人民共和国驻该第三国使领馆证明,或者由当地的爱国华侨团体证明。

第二百七十二条 对享有外交特权与豁免的外国人、外国组织或者国际组织提起的民事诉讼,应当依照中华人民共和国有关法律和中华人民共和国缔结或者参加的国际条约的规定办理。

第二百七十三条 人民法院审理涉外民事案件,应当使用中华人民共和国通用的语言、文字。当事人要求提供翻译的,可以提供,费用由当事人承担。

第二百七十四条 外国人、无国籍人、外国企业和组织在人民法院起诉、应诉,需要委托律师代理诉讼的,必须委托中华人民共和国的律师。

《中华人民共和国民法典》（2020 年 5 月 28 日）

第一百六十五条 委托代理授权采用书面形式的，授权委托书应当载明代理人的姓名或者名称、代理事项、权限和期限，并由被代理人签名或者盖章。

《最高人民法院关于人民法院执行工作若干问题的规定（试行）》（法释〔2020〕21 号）

20. 申请执行人可以委托代理人代为申请执行。委托代理的，应当向人民法院提交经委托人签字或盖章的授权委托书，写明代理人的姓名或者名称、代理事项、权限和期限。

委托代理人代为放弃、变更民事权利，或代为进行执行和解，或代为收取执行款项的，应当有委托人的特别授权。

第 12 问：外籍当事人在执行案件中可以委托哪些人作为代理人？

外籍当事人可以委托本国人为代理人，也可以委托本国律师以非律师身份担任代理人；需要委托律师作为代理人的必须委托中国律师。

外国驻华使领馆官员，受本国公民的委托，可以以个人名义担任执行案件代理人，但在执行程序中不享有外交或者领事特权和豁免权。

外国驻华使领馆授权其本馆官员，在作为当事人的本国国民不在中国领域内的情况下，可以以外交代表身份为其本国国民在中国聘请中国律师或者中国公民代理执行案件。

【法律依据】

《中华人民共和国民事诉讼法》（2023 年 9 月 1 日修正）

第二百七十四条 外国人、无国籍人、外国企业和组织在人民法院起诉、应诉，需要委托律师代理诉讼的，必须委托中华人民共和国的律师。

第二百七十五条 在中华人民共和国领域内没有住所的外国人、无国籍人、外国企业和组织委托中华人民共和国律师或者其他人代理诉讼，从中华人民共和国领域外寄交或者托交的授权委托书，应当经所在国公证机关证明，并经中华人民共和国驻该国使领馆认证，或者履行中华人民共和国与该所在国订立的有关条约中规定的证明手续后，才具有效力。

《最高人民法院关于适用〈中华人民共和国民事诉讼法〉的解释》（法释〔2022〕11号）

第五百二十六条 涉外民事诉讼中的外籍当事人，可以委托本国人为诉讼代理人，也可以委托本国律师以非律师身份担任诉讼代理人；外国驻华使领馆官员，受本国公民的委托，可以以个人名义担任诉讼代理人，但在诉讼中不享有外交或者领事特权和豁免。

第五百二十七条 涉外民事诉讼中，外国驻华使领馆授权其本馆官员，在作为当事人的本国国民不在中华人民共和国领域内的情况下，可以以外交代表身份为其本国国民在中华人民共和国聘请中华人民共和国律师或者中华人民共和国公民代理民事诉讼。

第13问：外籍当事人委托代理人参与执行程序的，应提交哪种手续？

1. 代表外国企业或组织参加执行程序的人，应提交其有权作为代表人参加执行程序的证明，该证明应当经该企业或者组织的设立登记地国或者办理了营业登记手续的第三国所在国公证机关公证，并经中国驻该国使领馆认证，或者履行中国与该所在国订立的有关条约中规定的证明手续。

2. 外国人、外国企业或者组织的代表人委托代理人代理执行案件，授权委托书应当具备以下条件之一：（1）在人民法院法官的见证下签署；（2）在中国境内签署并经我国公证机构公证。

3. 在中国领域内没有住所的外国人、无国籍人、外国企业和组织委托中国律师或者其他人代理执行案件,从中国领域外寄交或者托交的授权委托书,应当经所在国公证机关证明,并经我国驻该国使领馆认证,或者履行中国与该所在国订立的有关条约中规定的证明手续后,才具有效力。

4. 依照以上规定,需要办理公证、认证手续,而外国当事人所在国与中国没有建立外交关系的,可以经该国公证机关公证,经与中国有外交关系的第三国驻该国使领馆认证,再转由中国驻该第三国使领馆认证。

【法律依据】

《最高人民法院关于人民法院执行工作若干问题的规定(试行)》(法释〔2020〕21号)

20. 申请执行人可以委托代理人代为申请执行。委托代理的,应当向人民法院提交经委托人签字或盖章的授权委托书,写明代理人的姓名或者名称、代理事项、权限和期限。

委托代理人代为放弃、变更民事权利,或代为进行执行和解,或代为收取执行款项的,应当有委托人的特别授权。

《最高人民法院关于适用〈中华人民共和国民事诉讼法〉的解释》(法释〔2022〕11号)

第五百二十一条 外国人参加诉讼,应当向人民法院提交护照等用以证明自己身份的证件。

外国企业或者组织参加诉讼,向人民法院提交的身份证明文件,应当经所在国公证机关公证,并经中华人民共和国驻该国使领馆认证,或者履行中华人民共和国与该所在国订立的有关条约中规定的证明手续。

代表外国企业或者组织参加诉讼的人,应当向人民法院提交其有权作为代表人参加诉讼的证明,该证明应当经所在国公证机关公证,并经中华人民共和国驻该国使领馆认证,或者履行中华人民共和国与该所在国订立的有关条约中规定的证明手续。

本条所称的"所在国",是指外国企业或者组织的设立登记地国,也可以是办理了营业登记手续的第三国。

第五百二十二条 依照民事诉讼法第二百七十一条以及本解释第五百二十一条规定,需要办理公证、认证手续,而外国当事人所在国与中华人民共和国没有建立外交关系的,可以经该国公证机关公证,经与中华人民共和国有外交关系的第三国驻该国使领馆认证,再转由中华人民共和国驻该第三国使领馆认证。

第五百二十三条 外国人、外国企业或者组织的代表人在人民法院法官的见证下签署授权委托书,委托代理人进行民事诉讼的,人民法院应予认可。

第五百二十四条 外国人、外国企业或者组织的代表人在中华人民共和国境内签署授权委托书,委托代理人进行民事诉讼,经中华人民共和国公证机构公证的,人民法院应予认可。

第五百二十五条 当事人向人民法院提交的书面材料是外文的,应当同时向人民法院提交中文翻译件。

当事人对中文翻译件有异议的,应当共同委托翻译机构提供翻译文本;当事人对翻译机构的选择不能达成一致的,由人民法院确定。

第五百二十六条 涉外民事诉讼中的外籍当事人,可以委托本国人为诉讼代理人,也可以委托本国律师以非律师身份担任诉讼代理人;外国驻华使领馆官员,受本国公民的委托,可以以个人名义担任诉讼代理人,但在诉讼中不享有外交或者领事特权和豁免。

第五百二十七条 涉外民事诉讼中,外国驻华使领馆授权其本馆官员,在作为当事人的本国国民不在中华人民共和国领域内的情况下,可以以外交代表身份为其本国国民在中华人民共和国聘请中华人民共和国律师或者中华人民共和国公民代理民事诉讼。

《中华人民共和国民事诉讼法》(2023 年 9 月 1 日修正)

第二百七十五条 在中华人民共和国领域内没有住所的外国人、无国籍人、外国企业和组织委托中华人民共和国律师或者其他人代理诉讼,从中华人民共和国领域外寄交或者托交的授权委托书,应当经所在国公证机关证明，并经中华人民共和国驻该国使领馆认证，或者履行中华人民共和国与该所在国订立的有关条约中规定的证明手续后，才具有效力。

第14问：我国港澳台地区的当事人委托代理人参与执行程序的，应提交什么手续？

应提交授权委托书。授权委托书应当履行相关的公证、认证或者其他证明手续，或者在人民法院法官见证下签署、或者经过中国大陆公证机关公证证明是在中国大陆签署的。

【法律依据】

《最高人民法院关于认可和执行台湾地区法院民事判决的规定》（法释〔2015〕13号）

第六条　申请人委托他人代理申请认可台湾地区法院民事判决的，应当向人民法院提交由委托人签名或者盖章的授权委托书。

台湾地区、香港特别行政区、澳门特别行政区或者外国当事人签名或者盖章的授权委托书应当履行相关的公证、认证或者其他证明手续，但授权委托书在人民法院法官的见证下签署或经中国大陆公证机关公证证明是在中国大陆签署的除外。

《最高人民法院、司法部、中华全国律师协会关于深入推进律师参与人民法院执行工作的意见》（法发〔2019〕34号）

12. 保障当事人依法委托律师代理执行案件的权利。人民法院应当在执行案件受理通知书中告知当事人有权委托律师代理执行案件，并列明律师的职能作用。对于符合法律援助条件而没有委托律师的，人民法院应当及时告知当事人有权申请法律援助。因追索赡养费、扶养费、抚育费、抚恤金、劳动报酬等涉民生案件向人民法院申请执行，符合法律援助条件的，人民法院可以按照相关规定向法律援助机构转交申请材料，法律援助机构应当加大法律援助力度。

第 15 问：申请执行人死亡或者被宣告失踪的，能否申请变更、追加其他人为申请执行人？

可以。申请执行人死亡或者被宣告失踪的，下列人员可以申请变更、追加为申请执行人：

1. 申请执行人死亡或者被宣告死亡的：其遗嘱管理人、受遗赠人、继承人或者其他因该自然人死亡或被宣告死亡依法承受生效法律文书确定权利的主体。

2. 申请执行人被宣告失踪的：该自然人的财产代管人。

【法律依据】

《中华人民共和国民法典》（2020 年 5 月 28 日）

第四十条　自然人下落不明满二年的，利害关系人可以向人民法院申请宣告该自然人为失踪人。

第四十二条　失踪人的财产由其配偶、成年子女、父母或者其他愿意担任财产代管人的人代管。

代管有争议，没有前款规定的人，或者前款规定的人无代管能力的，由人民法院指定的人代管。

第四十六条　自然人有下列情形之一的，利害关系人可以向人民法院申请宣告该自然人死亡：

（一）下落不明满四年；

（二）因意外事件，下落不明满二年。

因意外事件下落不明，经有关机关证明该自然人不可能生存的，申请宣告死亡不受二年时间的限制。

《最高人民法院关于民事执行中变更、追加当事人若干问题的规定》（法释〔2020〕21 号）

第二条　作为申请执行人的自然人死亡或被宣告死亡，该自然人的遗产管理人、继承人、受遗赠人或其他因该自然人死亡或被宣告死亡依法承受生效法律文书确定权利的主体，申请变更、追加其为申请执行人的，人民法院应予支持。

作为申请执行人的自然人被宣告失踪，该自然人的财产代管人申请变更、追加其为申请执行人的，人民法院应予支持。

第16问：申请执行人离婚时将法律文书确定的权利全部或者部分分割给其配偶的，能否申请变更、追加其为申请执行人？

可以。作为申请执行人的自然人离婚时，生效法律文书确定的权利全部或部分分割给其配偶，该配偶申请变更、追加其为申请执行人的，法院应予支持。

【法律依据】

《最高人民法院关于民事执行中变更、追加当事人若干问题的规定》（法释〔2020〕21号）

第三条　作为申请执行人的自然人离婚时，生效法律文书确定的权利全部或部分分割给其配偶，该配偶申请变更、追加其为申请执行人的，人民法院应予支持。

第17问：作为申请执行人的法人或者非法人组织终止的，执行主体怎么确认？

作为申请执行人的法人或非法人组织终止的，因该法人或非法人组织终止依法承受生效法律文书确定权利的主体，可以申请变更、追加其为申请执行人。

【法律依据】

《中华人民共和国民法典》（2020年5月28日）

第六十八条　有下列原因之一并依法完成清算、注销登记的，法人终止：

（一）法人解散；

（二）法人被宣告破产；

（三）法律规定的其他原因。

法人终止，法律、行政法规规定须经有关机关批准的，依照其规定。

《最高人民法院关于民事执行中变更、追加当事人若干问题的规定》（法释〔2020〕21号）

第四条 作为申请执行人的法人或非法人组织终止，因该法人或非法人组织终止依法承受生效法律文书确定权利的主体，申请变更、追加其为申请执行人的，人民法院应予支持。

第18问：作为申请执行人的法人或者非法人组织合并、分立、清算或破产的，执行主体怎么确认？

1. 作为申请执行人的法人或非法人组织因合并终止的：合并后存续或新设的法人、非法人组织可以申请变更其为申请执行人。

2. 作为申请执行人的法人或非法人组织分立的：依分立协议约定承受生效法律文书确定权利的新设法人或者非法人组织，可以申请变更、追加其为申请执行人。

3. 作为申请执行人的法人或非法人组织清算或者破产时，生效法律文书确定的权利依法分配给第三人的：该第三人可以申请变更、追加其为申请执行人。

【法律依据】

《中华人民共和国民法典》（2020年5月28日）

第六十七条 法人合并的，其权利和义务由合并后的法人享有和承担。

法人分立的，其权利和义务由分立后的法人享有连带债权，承担连带债务,但是债权人和债务人另有约定的除外。

第七十条 法人解散的,除合并或者分立的情形外,清算义务人应当及时组成清算组进行清算。

法人的董事、理事等执行机构或者决策机构的成员为清算义务人。法律、行政法规另有规定的,依照其规定。

清算义务人未及时履行清算义务,造成损害的,应当承担民事责任;主管机关或者利害关系人可以申请人民法院指定有关人员组成清算组进行清算。

第七十三条 法人被宣告破产的,依法进行破产清算并完成法人注销登记时,法人终止。

《最高人民法院关于民事执行中变更、追加当事人若干问题的规定》(法释〔2020〕21号)

第五条 作为申请执行人的法人或非法人组织因合并而终止,合并后存续或新设的法人、非法人组织申请变更其为申请执行人的,人民法院应予支持。

第六条 作为申请执行人的法人或非法人组织分立,依分立协议约定承受生效法律文书确定权利的新设法人或非法人组织,申请变更、追加其为申请执行人的,人民法院应予支持。

第七条 作为申请执行人的法人或非法人组织清算或破产时,生效法律文书确定的权利依法分配给第三人,该第三人申请变更、追加其为申请执行人的,人民法院应予支持。

第19问:作为申请执行人的机关法人被撤销的,执行主体怎么确认?

1. 作为申请执行人的机关法人被撤销的,继续履行其职能的主体可以申请变更、追加其为申请执行人;但是生效法律文书确定的权利依法应由其他主体承受的除外。

2. 没有继续履行其职能的主体,并且生效法律文书确定权利的承受主体不明确的,作出撤销决定的主体可以申请变更、追加其为申请执行人。

【法律依据】

《中华人民共和国民法典》(2020 年 5 月 28 日)

第九十七条 有独立经费的机关和承担行政职能的法定机构从成立之日起,具有机关法人资格,可以从事为履行职能所需要的民事活动。

第九十八条 机关法人被撤销的,法人终止,其民事权利和义务由继任的机关法人享有和承担;没有继任的机关法人的,由作出撤销决定的机关法人享有和承担。

《最高人民法院关于民事执行中变更、追加当事人若干问题的规定》(法释〔2020〕21 号)

第八条 作为申请执行人的机关法人被撤销,继续履行其职能的主体申请变更、追加其为申请执行人的,人民法院应予支持,但生效法律文书确定的权利依法应由其他主体承受的除外;没有继续履行其职能的主体,且生效法律文书确定权利的承受主体不明确,作出撤销决定的主体申请变更、追加其为申请执行人的,人民法院应予支持。

第 20 问:申请执行人将债权转让给第三人的,第三人能否申请变更、追加为申请执行人?

可以,但是需要申请执行人将债权转让给第三人的同时书面认可该第三人取得债权。

【法律依据】

《最高人民法院关于民事执行中变更、追加当事人若干问题的规定》(法释〔2020〕21 号)

第九条 申请执行人将生效法律文书确定的债权依法转让给第三

人，且书面认可第三人取得该债权，该第三人申请变更、追加其为申请执行人的，人民法院应予支持。

第 21 问：被执行人死亡或者被宣告失踪的，申请执行人能否申请变更、追加其他人为被执行人？

1. 被执行人死亡或被宣告死亡的，申请执行人可以申请变更、追加该自然人的遗嘱执行人、继承人、受遗赠人或其他因该自然人死亡或被宣告死亡取得遗产的主体为被执行人，要求其在遗产范围内承担责任；若继承人放弃继承或者受遗赠人放弃受遗赠，又没有其他遗嘱执行人的，法院可以直接执行该遗产。

2. 被执行人被宣告失踪的，申请执行人可以申请变更该自然人的财产代管人为被执行人，要求其在代管的财产范围内承担责任。

【法律依据】

《最高人民法院关于民事执行中变更、追加当事人若干问题的规定》（法释〔2020〕21号）

第十条 作为被执行人的自然人死亡或被宣告死亡，申请执行人申请变更、追加该自然人的遗产管理人、继承人、受遗赠人或其他因该自然人死亡或被宣告死亡取得遗产的主体为被执行人，在遗产范围内承担责任的，人民法院应予支持。

作为被执行人的自然人被宣告失踪，申请执行人申请变更该自然人的财产代管人为被执行人，在代管的财产范围内承担责任的，人民法院应予支持。

第 22 问：作为被执行人的法人或者非法人组织合并、分立的，申请执行人能否申请变更、追加其他人为被执行人？

1. 作为被执行人的法人或者非法人组织因合并而终止的，申请执行人可以申请变更合并后存续或新设的法人、非法人组织为被执行人。

2. 作为被执行人的法人或者非法人组织分立的，申请执行人可以申请变更、追加分立后新设的法人或非法人组织为被执行人；但是，被执行人在分立前与申请执行人就债务清偿达成书面协议另有约定的除外。

【法律依据】

《最高人民法院关于民事执行中变更、追加当事人若干问题的规定》（法释〔2020〕21号）

第十一条 作为被执行人的法人或非法人组织因合并而终止，申请执行人申请变更合并后存续或新设的法人、非法人组织为被执行人的，人民法院应予支持。

第十二条 作为被执行人的法人或非法人组织分立，申请执行人申请变更、追加分立后新设的法人或非法人组织为被执行人，对生效法律文书确定的债务承担连带责任的，人民法院应予支持。但被执行人在分立前与申请执行人就债务清偿达成的书面协议另有约定的除外。

第23问：个人独资企业作为被执行人时，能否申请变更、追加其投资人为被执行人？

可以。

1. 个人独资企业作为被执行人不能清偿生效法律文书确定的债务的，申请执行人可以申请变更、追加其出资人为被执行人。

2. 个人独资企业的投资人作为被执行人的，法院可以直接执行该个人独资企业的财产。

【法律依据】

《最高人民法院关于民事执行中变更、追加当事人若干问题的规定》(法释〔2020〕21号)

第十三条 作为被执行人的个人独资企业，不能清偿生效法律文书确定的债务，申请执行人申请变更、追加其出资人为被执行人的，人民法院应予支持。个人独资企业出资人作为被执行人的，人民法院可以直接执行该个人独资企业的财产。

个体工商户的字号为被执行人的，人民法院可以直接执行该字号经营者的财产。

第24问：个人独资企业、合伙企业、法人分支机构以外的非法人组织作为被执行人时，能否申请变更、追加其为被执行人？

个人独资企业、合伙企业、法人分支机构以外的非法人组织作为被执行人不能清偿债务的，申请执行人可以申请变更、追加依法对该非法人组织的债务承担责任的主体为被执行人。

【法律依据】

《中华人民共和国民法典》(2020年5月28日)

第一百零二条 非法人组织是不具有法人资格，但是能够依法以自己的名义从事民事活动的组织。

非法人组织包括个人独资企业、合伙企业、不具有法人资格的专业服务机构等。

《最高人民法院关于民事执行中变更、追加当事人若干问题的规定》(法释〔2020〕21号)

第十六条 个人独资企业、合伙企业、法人分支机构以外的非法人组织作为被执行人，不能清偿生效法律文书确定的债务，申请执行人申请变更、追加依法对该非法人组织的债务承担责任的主体为被执行人的，人民法院应予支持。

第 25 问：公司股东出资不足的情况下，能否变更、追加其为被执行人？

营利法人作为被执行人不能清偿生效法律文书确定的债务，且该公司股东未缴纳或者未足额缴纳出资的，申请执行人可以申请变更、追加该股东、出资人或者依公司法规定对该出资承担连带责任的发起人为被执行人，在股东尚未缴纳出资的范围内承担责任。

【法律依据】

《最高人民法院关于民事执行中变更、追加当事人若干问题的规定》（法释〔2020〕21 号）

第十七条　作为被执行人的营利法人，财产不足以清偿生效法律文书确定的债务，申请执行人申请变更、追加未缴纳或未足额缴纳出资的股东、出资人或依公司法规定对该出资承担连带责任的发起人为被执行人，在尚未缴纳出资的范围内依法承担责任的，人民法院应予支持。

第 26 问：公司增资时，股东存在增资瑕疵的，申请人能否申请变更、追加该股东为被执行人？

看公司的增资时间与申请人债权产生时间的先后顺序：若债权人的债权产生在先，之后公司增加注册资本，而公司股东对新增资本的出资存在瑕疵，这种情况下不可以追加该股东为被执行人。

【法律依据】

《最高人民法院执行工作办公室关于股东因公司设立后的增资瑕疵应否对公司债权人承担责任问题的复函》（〔2003〕执他字第 33 号）

江苏省高级人民法院：

你院〔2002〕苏执监字第 171 号《关于南通开发区富马物资公司申请执行深圳龙岗电影城实业有限公司一案的请示报告》收悉，经研究，答复如下：

我们认为，公司增加注册资金是扩张经营规模、增强责任能力的行为，原股东约定按照原出资比例承担增资责任，与公司设立时的初始出资是没有区别的。公司股东若有增资瑕疵，应承担与公司设立时的出资瑕疵相同的责任。但是，公司设立后增资与公司设立时出资的不同之处在于，股东履行交付资产的时间不同。正因为这种时间上的差异，导致交易人（公司债权人）对于公司责任能力的预期是不同的。股东按照其承诺履行出资或增资的义务是相对于社会的一种法定的资本充实义务，股东出资或增资的责任应与公司债权人基于公司的注册资金对其责任能力产生的判断相对应。本案中，南通开发区富马物资公司（以下简称富马公司）与深圳龙岗电影城实业有限公司（以下简称龙岗电影城）的交易发生在龙岗电影城变更注册资金之前，富马公司对于龙岗电影城责任能力的判断应以其当时的注册资金 500 万元为依据，而龙岗电影城能否偿还富马公司的债务与此后龙岗电影城股东深圳长城（惠华）实业企业集团（以下简称惠华集团）增加注册资金是否到位并无直接的因果关系。惠华集团的增资瑕疵行为仅对龙岗电影城增资注册之后的交易人（公司债权人）承担相应的责任，富马公司在龙岗电影城增资前与之交易所产生的债权，不能要求此后增资行为瑕疵的惠华集团承担责任。

此复。

第 27 问：公司股东抽逃出资的情况下，能否变更、追加其为被执行人？

营利法人作为被执行人不能清偿生效法律文书确定的债务，且该公司股东抽逃出资的，申请执行人可以申请变更、追加该股东、出资人为被执行人，在股东抽逃出资的范围内承担责任。

【法律依据】

《最高人民法院关于民事执行中变更、追加当事人若干问题的规定》（法释〔2020〕21号）

第十八条 作为被执行人的营利法人，财产不足以清偿生效法律文书确定的债务，申请执行人申请变更、追加抽逃出资的股东、出资人为被执行人，在抽逃出资的范围内承担责任的，人民法院应予支持。

第28问：公司股东未依法履行出资义务的情形下就转让股权的，能否变更、追加其为被执行人？

公司作为被执行人不能清偿生效法律文书确定的债务，且该公司股东未依法履行出资义务就转让股权的，申请执行人可以申请变更、追加原股东或者依公司法规定对该出资承担连带责任的发起人为被执行人，在未依法出资的范围内承担责任。

【法律依据】

《最高人民法院关于民事执行中变更、追加当事人若干问题的规定》（法释〔2020〕21号）

第十九条 作为被执行人的公司，财产不足以清偿生效法律文书确定的债务，其股东未依法履行出资义务即转让股权，申请执行人申请变更、追加该原股东或依公司法规定对该出资承担连带责任的发起人为被执行人，在未依法出资的范围内承担责任的，人民法院应予支持。

第29问：一人有限责任公司的财产不足以清偿债务的，能否申请变更、追加其股东为被执行人？

可以。一人有限责任公司的股东不能证明公司财产独立于自己的财产的，申请执行人可以申请变更、追加该股东为被执行人，对公司债务承担连带责任。

【法律依据】

《最高人民法院关于民事执行中变更、追加当事人若干问题的规定》（法释〔2020〕21号）

第二十条 作为被执行人的一人有限责任公司，财产不足以清偿生效法律文书确定的债务，股东不能证明公司财产独立于自己的财产，申请执行人申请变更、追加该股东为被执行人，对公司债务承担连带责任的，人民法院应予支持。

【实务经验】

1. 此类案件的举证责任在该一人公司的股东，申请执行人只需要提供企业工商信息，证明该企业为"一人有限责任公司"即可。

2. 一人有限责任公司的股东一般需提供经会计师事务所审计的每一会计年度的《年度财务会计报告》，才可达到举证标准。

第30问：作为被执行人的公司未经清算即办理注销登记的，能否申请变更、追加其为被执行人？

作为被执行人的公司未经清算即办理注销，导致公司无法进行清算的，申请执行人可以申请变更、追加有限责任公司的股东、股份有限公司的董事和控股股东为被执行人，对公司债务承担连带清偿责任。

【法律依据】

《最高人民法院关于民事执行中变更、追加当事人若干问题的规定》（法释〔2020〕21号）

第二十一条 作为被执行人的公司，未经清算即办理注销登记，导致公司无法进行清算，申请执行人申请变更、追加有限责任公司的股东、股份有限公司的董事和控股股东为被执行人，对公司债务承担连带清偿责任的，人民法院应予支持。

第31问：法人或非法人组织被注销或者出现解散事由后，其股东、出资人或主管部门无偿接受其财产的，申请执行人能否申请变更、追加这些人为被执行人？

可以。作为被执行人的法人或者非法人组织，被注销或者出现被吊销营业执照、被撤销、被责令关闭、歇业等解散事由后，其股东、出资人或者主管部门无偿接受其财产，致使该被执行人无遗留财产或遗留财产不足以清偿债务的，申请执行人可以申请变更、追加该股东、出资人或者主管部门为被执行人，要求其在接受的财产范围内承担责任。

【法律依据】

《最高人民法院关于民事执行中变更、追加当事人若干问题的规定》（法释〔2020〕21号）

第二十二条 作为被执行人的法人或非法人组织，被注销或出现被吊销营业执照、被撤销、被责令关闭、歇业等解散事由后，其股东、出资人或主管部门无偿接受其财产，致使该被执行人无遗留财产或遗留财产不足以清偿债务，申请执行人申请变更、追加该股东、出资人或主管部门为被执行人，在接受的财产范围内承担责任的，人民法院应予支持。

第32问：法人或非法人组织未经依法清算即办理注销登记，且办理注销登记时第三人书面承诺对被执行人的债务承担清偿责任的，申请执行人能否申请变更、追加该第三人为被执行人？

可以。作为被执行人的法人或非法人组织未经依法清算即办理注销登记，在登记机关办理注销登记时，第三人书面承诺对该被执行人的债务承担清偿责任的，申请执行人可以申请变更、追加该第三人为被执行人。

【法律依据】

《最高人民法院关于民事执行中变更、追加当事人若干问题的规定》(法释〔2020〕21号)

第二十三条 作为被执行人的法人或非法人组织，未经依法清算即办理注销登记，在登记机关办理注销登记时，第三人书面承诺对被执行人的债务承担清偿责任，申请执行人申请变更、追加该第三人为被执行人，在承诺范围内承担清偿责任的，人民法院应予支持。

第33问：在执行过程中第三人承诺自愿代被执行人履行债务的，申请执行人能否申请变更、追加该第三人为被执行人？

可以。但是必须具备如下条件：

1. 第三人是书面作出履行承诺的。
2. 第三人的承诺是向执行法院作出的。
3. 第三人的承诺是自愿作出的。

【法律依据】

《最高人民法院关于民事执行中变更、追加当事人若干问题的规定》(法释〔2020〕21号)

第二十四条 执行过程中，第三人向执行法院书面承诺自愿代被执行人履行生效法律文书确定的债务，申请执行人申请变更、追加该第三人为被执行人，在承诺范围内承担责任的，人民法院应予支持。

第34问：作为被执行人的法人或非法人组织，财产被无偿调拨、划拨给第三人的，申请执行人能否申请变更、追加该第三人为被执行人？

可以。作为被执行人的法人或非法人组织，财产依行政命令被无偿调拨、划拨给了第三人，致使该被执行人的财产不足以清偿生效法律文书确定的债务，申请执行人可以申请变更、追加该第三人为被执行人，在接受财产的范围内承担责任。

【法律依据】

《最高人民法院关于民事执行中变更、追加当事人若干问题的规定》（法释〔2020〕21号）

第二十五条　作为被执行人的法人或非法人组织，财产依行政命令被无偿调拨、划转给第三人，致使该被执行人财产不足以清偿生效法律文书确定的债务，申请执行人申请变更、追加该第三人为被执行人，在接受的财产范围内承担责任的，人民法院应予支持。

第35问：被申请人已经承担相应责任的，能否要求其重复承担责任？

不可以。被申请人在应承担责任范围内已经承担相应责任的，法院不得责令其重复承担。

【法律依据】

《最高人民法院关于民事执行中变更、追加当事人若干问题的规定》（法释〔2020〕21号）

第二十六条　被申请人在应承担责任范围内已承担相应责任的，人民法院不得责令其重复承担责任。

第36问：执行当事人的姓名或名称发生变更的，是否需要重新申请执行？

不需要。姓名或名称发生变更的，法院可以直接把变更后的主体作为执行当事人，并在法律文书中注明变更前的姓名或名称。

【法律依据】

《最高人民法院关于民事执行中变更、追加当事人若干问题的规定》（法释〔2020〕21号）

第二十七条 执行当事人的姓名或名称发生变更的，人民法院可以直接将姓名或名称变更后的主体作为执行当事人，并在法律文书中注明变更前的姓名或名称。

第37问：变更、追加执行当事人有哪些要求？

1. 申请人应当提交书面的申请以及相关的证据材料。
2. 法院应当组成合议庭审查并公开听证，但是事实清楚、权利义务关系明确、争议不大的案件除外。
3. 法院应当在收到申请书之日起的60日内作出裁定，有特殊情况需要延长期限的，需要本院院长批准。

【法律依据】

《最高人民法院关于民事执行中变更、追加当事人若干问题的规定》（法释〔2020〕21号）

第二十八条 申请人申请变更、追加执行当事人，应当向执行法院提交书面申请及相关证据材料。

除事实清楚、权利义务关系明确、争议不大的案件外，执行法院应当组成合议庭审查并公开听证。经审查，理由成立的，裁定变更、追加；理由不成立的，裁定驳回。

执行法院应当自收到书面申请之日起六十日内作出裁定。有特殊情况需要延长的，由本院院长批准。

第 38 问：在变更、追加被执行人期间，能否申请财产保全？

可以。在法院审查变更、追加被执行人的期间，或者是申请人申请之前，可以按照民事诉讼程序中关于财产保全的规定，向法院申请对被申请人的财产采取查封、扣押、冻结措施。

【法律依据】

《最高人民法院关于民事执行中变更、追加当事人若干问题的规定》（法释〔2020〕21 号）

第二十九条 执行法院审查变更、追加被执行人申请期间，申请人申请对被申请人的财产采取查封、扣押、冻结措施的，执行法院应当参照民事诉讼法第一百条的规定办理。

申请执行人在申请变更、追加第三人前，向执行法院申请查封、扣押、冻结该第三人财产的，执行法院应当参照民事诉讼法第一百零一条的规定办理。

《中华人民共和国民事诉讼法》（2023 年 9 月 1 日修正）

第一百零三条 人民法院对于可能因当事人一方的行为或者其他原因，使判决难以执行或者造成当事人其他损害的案件，根据对方当事人的申请，可以裁定对其财产进行保全、责令其作出一定行为或者禁止其作出一定行为；当事人没有提出申请的，人民法院在必要时也可以裁定采取保全措施。

人民法院采取保全措施，可以责令申请人提供担保，申请人不提供担保的，裁定驳回申请。

人民法院接受申请后，对情况紧急的，必须在四十八小时内作出裁定；裁定采取保全措施的，应当立即开始执行。

第一百零四条 利害关系人因情况紧急，不立即申请保全将会使其合法权益受到难以弥补的损害的，可以在提起诉讼或者申请仲裁前向被保全财产所在地、被申请人住所地或者对案件有管辖权的人民法院申请采取保全措施。申请人应当提供担保，不提供担保的，裁定驳回申请。

人民法院接受申请后，必须在四十八小时内作出裁定；裁定采取保全措施的，应当立即开始执行。

申请人在人民法院采取保全措施后三十日内不依法提起诉讼或者申请仲裁的，人民法院应当解除保全。

第39问：变更、追加被执行人案件审查之后，申请人或者被申请人对法院作出的裁定书不服怎么办？

1. 一般情况：可以自裁定书送达之日起的十日内向上一级人民法院申请复议；法院对复议申请应当组成合议庭审查并在六十日内作出复议裁定。

2. 依据以下几种情形向法院申请变更、追加被执行人的，对法院作出的裁定书不服，应当自裁定书送达之日起十五日内向执行法院提起执行异议之诉：

（1）作为合伙企业的有限合伙人，未按期足额缴纳出资的；
（2）公司股东未缴纳或者未足额缴纳出资的；
（3）公司股东抽逃出资的；
（4）公司股东未履行出资义务即转让股权的；
（5）一人有限责任公司的股东；
（6）公司未清算即办理注销登记的。

【法律依据】

《最高人民法院关于民事执行中变更、追加当事人若干问题的规定》(法释〔2020〕21号)

第十四条 作为被执行人的合伙企业，不能清偿生效法律文书确定的债务,申请执行人申请变更、追加普通合伙人为被执行人的,人民法院应予支持。

作为被执行人的有限合伙企业,财产不足以清偿生效法律文书确定的债务,申请执行人申请变更、追加未按期足额缴纳出资的有限合伙人为被执行人,在未足额缴纳出资的范围内承担责任的,人民法院应予支持。

第十七条 作为被执行人的营利法人,财产不足以清偿生效法律文书确定的债务,申请执行人申请变更、追加未缴纳或未足额缴纳出资的股东、出资人或依公司法规定对该出资承担连带责任的发起人为被执行人,在尚未缴纳出资的范围内依法承担责任的,人民法院应予支持。

第十八条 作为被执行人的营利法人,财产不足以清偿生效法律文书确定的债务,申请执行人申请变更、追加抽逃出资的股东、出资人为被执行人,在抽逃出资的范围内承担责任的,人民法院应予支持。

第十九条 作为被执行人的公司,财产不足以清偿生效法律文书确定的债务,其股东未依法履行出资义务即转让股权,申请执行人申请变更、追加该原股东或依公司法规定对该出资承担连带责任的发起人为被执行人,在未依法出资的范围内承担责任的,人民法院应予支持。

第二十条 作为被执行人的一人有限责任公司,财产不足以清偿生效法律文书确定的债务,股东不能证明公司财产独立于自己的财产,申请执行人申请变更、追加该股东为被执行人,对公司债务承担连带责任的,人民法院应予支持。

第二十一条 作为被执行人的公司,未经清算即办理注销登记,导致公司无法进行清算,申请执行人申请变更、追加有限责任公司的股东、股份有限公司的董事和控股股东为被执行人,对公司债务承担连带清偿责任的,人民法院应予支持。

第三十条 被申请人、申请人或其他执行当事人对执行法院作出的变更、追加裁定或驳回申请裁定不服的，可以自裁定书送达之日起十日内向上一级人民法院申请复议，但依据本规定第三十二条的规定应当提起诉讼的除外。

第三十二条 被申请人或申请人对执行法院依据本规定第十四条第二款、第十七条至第二十一条规定作出的变更、追加裁定或驳回申请裁定不服的，可以自裁定书送达之日起十五日内，向执行法院提起执行异议之诉。

被申请人提起执行异议之诉的，以申请人为被告。申请人提起执行异议之诉的，以被申请人为被告。

第40问：复议期间能否对被追加人的财产进行处分？

复议期间不得对被追加人争议范围内的财产进行处分，但是申请人请求法院继续执行并且提供相应担保的除外。

【法律依据】

《最高人民法院关于民事执行中变更、追加当事人若干问题的规定》（法释〔2020〕21号）

第三十一条 上一级人民法院对复议申请应当组成合议庭审查，并自收到申请之日起六十日内作出复议裁定。有特殊情况需要延长的，由本院院长批准。

被裁定变更、追加的被申请人申请复议的，复议期间，人民法院不得对其争议范围内的财产进行处分。申请人请求人民法院继续执行并提供相应担保的，人民法院可以准许。

第41问：申请人或者被申请人提起执行异议之诉的，法院如何处理？

1. 申请人提起执行异议之诉的：

(1) 理由成立的：判决变更、追加被申请人为被执行人并承担相应的责任，或者判决变更责任范围；

(2) 理由不成立的：判决驳回诉讼请求。

2. 被申请人提起执行异议之诉的：

(1) 理由成立的：法院判决不得变更、追加被执行人或者判决变更责任范围；

(2) 理由不成立的：判决驳回诉讼请求。

(3) 诉讼期间不得对被申请人争议范围内的财产进行处分，但是申请人请求法院继续执行并提供相应担保的除外。

【法律依据】

《最高人民法院关于民事执行中变更、追加当事人若干问题的规定》（法释〔2020〕21号）

第三十三条 被申请人提起的执行异议之诉，人民法院经审理，按照下列情形分别处理：

（一）理由成立的，判决不得变更、追加被申请人为被执行人或者判决变更责任范围；

（二）理由不成立的，判决驳回诉讼请求。

诉讼期间，人民法院不得对被申请人争议范围内的财产进行处分。申请人请求人民法院继续执行并提供相应担保的，人民法院可以准许。

第三十四条 申请人提起的执行异议之诉，人民法院经审理，按照下列情形分别处理：

（一）理由成立的，判决变更、追加被申请人为被执行人并承担相应责任或者判决变更责任范围；

（二）理由不成立的，判决驳回诉讼请求。

第42问：能否申请追加被执行人的配偶为被执行人？

不可以。现行法律规定中没有关于执行程序中可以追加被执行人的配偶为共同执行人的相关规定。申请人即使以《民法典》等法律规定中关于夫妻共同财产的相关规定为依据，申请追加被执行人的配偶为共同执行人的，法院也不予支持。

【案例指引】

上海瑞新恒捷投资有限公司与保定市满城振兴化工厂、王某合同纠纷、申请承认与执行法院判决、仲裁裁决案件执行裁定书（最高人民法院（2015）执申字第111号）

裁判摘要：执行程序中追加被执行人，意味着直接通过执行程序确定由生效法律文书列明的被执行人以外的人承担实体责任，对各方当事人的实体和程序权利将产生极大影响。因此，追加被执行人必须遵循法定主义原则，即应当限于法律和司法解释明确规定的追加范围，既不能超出法定情形进行追加，也不能直接引用有关实体裁判规则进行追加。从现行法律和司法解释的规定看，并无关于在执行程序中可以追加被执行人的配偶或原配偶为共同被执行人的规定，申请执行人上海瑞新根据婚姻法及婚姻法司法解释等实体裁判规则，以被执行人前妻应当承担其二人婚姻关系存续期间之共同债务为由，请求追加被执行人前妻为被执行人，甘肃高院因现行法律或司法解释并未明确规定而裁定不予追加，并无不当，上海瑞新的申诉请求应予驳回。但是，本院驳回上海瑞新的追加请求，并非对被执行人所负债务是否属于夫妻共同债务或者被执行人前妻是否应承担该项债务进行认定，上海瑞新仍可以通过其他法定程序进行救济。

第43问：能否以子公司是母公司的分支机构为由申请追加子公司为被执行人，与母公司承担连带责任？

不可以。

【法律依据】

《中华人民共和国公司法》（2023年12月29日）

第十三条第一款　公司可以设立子公司。子公司具有法人资格，依法独立承担民事责任。

【案例指引】

廖某与北京中金美林投资基金管理有限公司等执行裁定书，北京市第三中级人民法院（2017）京03执异1号

第44问：追加村委会为被执行人之后，能否执行各村民小组的财产？

可以。

【法律依据】

《最高人民法院执行工作办公室关于追加村委会为被执行人后可以执行各村民小组的财产等有关问题的答复》（〔2000〕执他字第28号）

山东省高级人民法院：

你院〔1999〕鲁高法执字第127号《关于山东省济南第一纺织厂与四川省成都市成华区联合毛麻纤维厂购销棉纱欠款纠纷一案执行情况的请示报告》收悉。经研究，答复如下：

根据你院的报告，被执行人成都市成华区联合毛麻纤维厂的开办单位成都市成华区联合村村委会应投入的52.5万元注册资金未能到位，故其应在注册资金不实的范围内承担责任；而村民小组不具备法人地位，各村民小组的财产是村委会法人的财产，因此，追加村委会为被执行人后，可执行各村民小组的财产。

但是，根据成都市成华区联合村村民委员会的反映，此案所涉的注册资金已经到位；又根据该村的村民小组反映，被冻结的款项有应

发给五保户的生活、医疗费用。

本院认为：在适用法律上同意你院的意见，投资者在注册资金不实的范围内承担责任，各村民小组不是独立法人，其财产可作为村委会的财产予以执行；在认定事实上因你院的报告情况与被执行人反映的情况不符，请你院监督执行法院认真核查后，根据实际情况依法妥善处理（五保户的生活费、医疗费不应执行）。

第 45 问：对于已经参加过诉讼，并且生效判决中未判决其承担实体义务的当事人，法院在执行过程中还能否依据其他法律规定追加、变更其为被执行人？

只要符合法律规定就可以，不受生效裁判未判决该当事人承担实体义务的限制。

【法律依据】

《最高人民法院关于人民法院在执行程序中能否将已参加过诉讼、但生效裁判未判决其承担实体义务的当事人追加或变更为被执行人的问题的答复》（〔2007〕执他字第 5 号）

青海省高级人民法院：

你院〔2006〕青执他字第 1 号《关于青海省储备物资管理局二五一处与中国建设银行李家峡支行、原建行李家峡支行劳动服务公司、原李家峡加油站借欠油料款纠纷一案的请示报告》收悉。经研究，答复如下：

对已参加过诉讼、但生效裁判未判决其承担实体义务的当事人，人民法院在执行程序中如需追加或变更该当事人为被执行人，除非追加或变更该当事人为被执行人的事实和理由，已在诉讼过程中经审判部门审查并予以否定，否则，并不受生效裁判未判决该当事人承担实体义务的限制。根据现行法律和司法解释，人民法院有权依据相关法律规定，直接在执行程序中作出追加或变更该当事人为被执行人的裁定。

基于以上答复意见，请你院自行依法妥善处理本案。

此复。

第 46 问：执行程序中被执行人无偿转让抵押财产，受让人可以被追加为被执行人吗？

只要该抵押财产已经依法办理了抵押登记，则不论转让行为是有偿还是无偿，也不论是否通知了抵押权人，只要抵押权人没有放弃抵押权，人民法院均可以直接执行该抵押物，必要时可以将现行的登记名义人列为被执行人。

【法律依据】

《最高人民法院关于执行程序中被执行人无偿转让抵押财产人民法院应如何处理的请示的答复》（〔2006〕执他字第 13 号）

山东省高级人民法院：

你院《关于执行程序中被执行人无偿转让抵押财产人民法院应如何处理的请示》收悉。经研究，答复如下：

作为执行标的物的抵押财产在执行程序中被转让的，如果抵押财产已经依法办理了抵押登记，则不论转让行为是有偿还是无偿，也不论是否通知了抵押权人，只要抵押权人没有放弃抵押权，人民法院均可以直接对该抵押物进行执行。因此，你院可以直接对被执行人已经设定抵押的财产采取执行措施，必要时，可以将抵押财产的现登记名义人列为被执行人。

此复。

第二十一章　执行程序与破产程序的衔接

第1问：执行案件能否移送破产审查？

可以。涉及执行程序与破产程序之间的转换衔接，不同法院之间、法院不同部门之间应当坚持依法有序、协调配合、高效便捷的工作原则。

【法律依据】

《最高人民法院印发〈关于执行案件移送破产审查若干问题的指导意见〉的通知》（法发〔2017〕2号）

1. 执行案件移送破产审查工作，涉及执行程序与破产程序之间的转换衔接，不同法院之间、同一法院内部执行部门、立案部门、破产审判部门之间，应坚持依法有序、协调配合、高效便捷的工作原则，防止推诿扯皮，影响司法效率，损害当事人合法权益。

《最高人民法院关于印发〈全国法院破产审判工作会议纪要〉的通知》（法〔2018〕53号）

40. 执行法院的审查告知、释明义务和移送职责。执行部门要高度重视执行与破产的衔接工作，推动符合条件的执行案件向破产程序移转。执行法院发现作为被执行人的企业法人符合企业破产法第二条规定的，应当及时询问当事人是否同意将案件移送破产审查并释明法律后果。执行法院作出移送决定后，应当书面通知所有已知执行法院，执行法院均应中止对被执行人的执行程序。

41. 执行转破产案件的移送和接收。执行法院与受移送法院应加强移送环节的协调配合，提升工作实效。执行法院移送案件时，应当确保材料完备，内容、形式符合规定。受移送法院应当认真审核并及时反馈意见，不得无故不予接收或暂缓立案。

42. 破产案件受理后查封措施的解除或查封财产的移送。执行法院收到破产受理裁定后，应当解除对债务人财产的查封、扣押、冻结措施；或者根据破产受理法院的要求，出具函件将查封、扣押、冻结财产的处置权交破产受理法院。破产受理法院可以持执行法院的移送处置函件进行续行查封、扣押、冻结，解除查封、扣押、冻结，或者予以处置。

执行法院收到破产受理裁定拒不解除查封、扣押、冻结措施的，破产受理法院可以请求执行法院的上级法院依法予以纠正。

43. 破产审判部门与执行部门的信息共享。破产受理法院可以利用执行查控系统查控债务人财产，提高破产审判工作效率，执行部门应予以配合。

各地法院要树立线上线下法律程序同步化的观念，逐步实现符合移送条件的执行案件网上移送，提升移送工作的透明度，提高案件移送、通知、送达、沟通协调等相关工作的效率。

44. 强化执行转破产工作的考核与管理。各级法院要结合工作实际建立执行转破产工作考核机制，科学设置考核指标，推动执行转破产工作开展。对应当征询当事人意见不征询、应当提交移送审查不提交、受移送法院违反相关规定拒不接收执行转破产材料或者拒绝立案的，除应当纳入绩效考核和业绩考评体系外，还应当公开通报和严肃追究相关人员的责任。

第 2 问：执行案件移送破产审查，应由哪个法院管辖？

原则上应由被执行人住所地的中级法院管辖；例外：中院经过高院批准，也可将案件交由具备条件的基层法院审理。

【法律依据】

《最高人民法院印发〈关于执行案件移送破产审查若干问题的指导意见〉的通知》（法发〔2017〕2号）

3. 执行案件移送破产审查，由被执行人住所地人民法院管辖。在级别管辖上，为适应破产审判专业化建设的要求，合理分配审判任务，实行以中级人民法院管辖为原则、基层人民法院管辖为例外的管辖制度。中级人民法院经高级人民法院批准，也可以将案件交由具备审理条件的基层人民法院审理。

《中华人民共和国企业破产法》（2006年8月27日）

第三条 破产案件由债务人住所地人民法院管辖。

《最高人民法院关于审理企业破产案件若干问题的规定》（法释〔2002〕23号）

第一条 企业破产案件由债务人住所地人民法院管辖。债务人住所地指债务人的主要办事机构所在地。债务人无办事机构的，由其注册地人民法院管辖。

第3问：执行案件移送破产审查，需要具备哪些条件？

应同时符合以下条件：

1. 被执行人为企业法人。
2. 被执行人或有关被执行人的任何一个执行案件的申请执行人书面同意将案件移送破产审查。
3. 被执行人不能清偿到期债务，并且资产不足以清偿全部债务或者明显缺乏清偿能力。

【法律依据】

《最高人民法院印发〈关于执行案件移送破产审查若干问题的指导意见〉的通知》（法发〔2017〕2号）

2. 执行案件移送破产审查，应同时符合下列条件：

（1）被执行人为企业法人；

（2）被执行人或者有关被执行人的任何一个执行案件的申请执行人书面同意将执行案件移送破产审查；

（3）被执行人不能清偿到期债务，并且资产不足以清偿全部债务或者明显缺乏清偿能力。

《最高人民法院关于适用〈中华人民共和国民事诉讼法〉的解释》（法释〔2022〕11号）

第五百一十一条　在执行中，作为被执行人的企业法人符合企业破产法第二条第一款规定情形的，执行法院经申请执行人之一或者被执行人同意，应当裁定中止对该被执行人的执行，将执行案件相关材料移送被执行人住所地人民法院。

第4问：法院将执行案件移送破产审查，是否应提前询问案件当事人的意见？

是的。法院发现作为被执行人的企业法人具备破产条件时，应及时询问申请执行人、被执行人是否同意将案件移送破产审查并释明法律后果。

【法律依据】

《最高人民法院印发〈关于执行案件移送破产审查若干问题的指导意见〉的通知》（法发〔2017〕2号）

4. 执行法院在执行程序中应加强对执行案件移送破产审查有关事宜的告知和征询工作。执行法院采取财产调查措施后，发现作为被执行人的企业法人符合破产法第二条规定的，应当及时询问申请执行人、被执行人是否同意将案件移送破产审查。申请执行人、被执行人均不同意移送且无人申请破产的，执行法院应当按照《最高人民法院关于适用〈中华人民共和国民事诉讼法〉的解释》第五百一十六条的规定处理，企业法人的其他已经取得执行依据的债权人申请参与分配的，人民法院不予支持。

《最高人民法院关于印发〈全国法院破产审判工作会议纪要〉的通知》（法〔2018〕53号）

40. 执行法院的审查告知、释明义务和移送职责。执行部门要高度重视执行与破产的衔接工作，推动符合条件的执行案件向破产程序移转。执行法院发现作为被执行人的企业法人符合企业破产法第二条规定的，应当及时询问当事人是否同意将案件移送破产审查并释明法律后果。执行法院作出移送决定后，应当书面通知所有已知执行法院，执行法院均应中止对被执行人的执行程序。

第5问：申请执行人、被执行人均不同意将案件移送破产审查且无人申请破产的，应如何处理？

执行法院不得移送，应当就执行变价所得的财产，在扣除执行费用及清偿优先受偿的债权后，对于普通债权，按照财产保全和执行中查封、扣押、冻结财产的先后顺序清偿。

企业法人的其他已经取得执行依据的债权人申请参与分配的，人民法院不予支持。

【法律依据】

《最高人民法院关于适用〈中华人民共和国民事诉讼法〉的解释》（法释〔2022〕11号）

第五百一十四条 当事人不同意移送破产或者被执行人住所地人民法院不受理破产案件的，执行法院就执行变价所得财产，在扣除执行费用及清偿优先受偿的债权后，对于普通债权，按照财产保全和执行中查封、扣押、冻结财产的先后顺序清偿。

第6问：执行法官认为执行案件符合移送破产审查条件的，能否自行决定移送？

不可以。需严格遵守法院内部决定程序，由承办人提出审查意见，经合议庭评议同意后，由执行法院院长签署移送决定。

若基层法院拟决定将执行案件移送异地中院的，在作出移送决定前，应先报请基层法院所在地的中院执行部门审核同意。

【法律依据】

《最高人民法院印发〈关于执行案件移送破产审查若干问题的指导意见〉的通知》（法发〔2017〕2号）

5. 执行部门应严格遵守执行案件移送破产审查的内部决定程序。承办人认为执行案件符合移送破产审查条件的，应提出审查意见，经合议庭评议同意后，由执行法院院长签署移送决定。

6. 为减少异地法院之间移送的随意性，基层人民法院拟将执行案件移送异地中级人民法院进行破产审查的，在作出移送决定前，应先报请其所在地中级人民法院执行部门审核同意

第7问：执行法院作出移送决定之后，执行程序是否继续进行？

执行法院作出移送决定之后应当书面通知所有已知的执行法院，所有执行法院均应当中止执行程序。案件符合终结本次执行程序条件的，可以同时裁定终结本次执行程序。

执行法院未中止的，采取执行措施的相关单位应依法予以纠正，依法执行回转的财产应认定为债务人财产。

对被执行人的季节性商品、鲜活、易腐烂变质以及其他不宜长期保存的物品，执行法院应及时变价处置，处置的价款不作分配。受移送法院裁定受理破产案件的，执行法院应在收到裁定书之日起七日内

将该价款移交给破产法院。

【法律依据】

《最高人民法院印发〈关于执行案件移送破产审查若干问题的指导意见〉的通知》（法发〔2017〕2号）

8. 执行法院作出移送决定后，应当书面通知所有已知执行法院，执行法院均应中止对被执行人的执行程序。但是，对被执行人的季节性商品、鲜活、易腐烂变质以及其他不宜长期保存的物品，执行法院应当及时变价处置，处置的价款不作分配。受移送法院裁定受理破产案件的，执行法院应当在收到裁定书之日起七日内，将该价款移交受理破产案件的法院。

案件符合终结本次执行程序条件的，执行法院可以同时裁定终结本次执行程序。

《中华人民共和国企业破产法》（2006年8月27日）

第十九条 人民法院受理破产申请后，有关债务人财产的保全措施应当解除，执行程序应当中止。

《最高人民法院关于适用〈中华人民共和国民事诉讼法〉的解释》（法释〔2022〕11号）

第五百一十一条 在执行中，作为被执行人的企业法人符合企业破产法第二条第一款规定情形的，执行法院经申请执行人之一或者被执行人同意，应当裁定中止对该被执行人的执行，将执行案件相关材料移送被执行人住所地人民法院。

《最高人民法院关于适用〈中华人民共和国企业破产法〉若干问题的规定（二）》（法释〔2020〕18号）

第五条 破产申请受理后，有关债务人财产的执行程序未依照企业破产法第十九条的规定中止的，采取执行措施的相关单位应当依法予以纠正。依法执行回转的财产，人民法院应当认定为债务人财产。

第8问：执行法院作出移送决定之后，需要向受移送法院移送哪些材料？

1. 执行案件移送破产审查决定书。
2. 申请执行人或被执行人同意移送的书面材料。
3. 执行法院采取财产调查措施查明的被执行人的财产状况、已查封、扣押、冻结财产清单及相关材料。
4. 执行法院已分配财产清单及相关材料。
5. 被执行人债务清单。
6. 其他应当移送的材料。

受移送法院需要查阅执行程序中其他案件材料，或者依法委托执行法院办理财产处置等事项的，执行法院应予以协助配合。

【法律依据】

《最高人民法院印发〈关于执行案件移送破产审查若干问题的指导意见〉的通知》（法发〔2017〕2号）

10. 执行法院作出移送决定后，应当向受移送法院移送下列材料：

（1）执行案件移送破产审查决定书；

（2）申请执行人或被执行人同意移送的书面材料；

（3）执行法院采取财产调查措施查明的被执行人的财产状况、已查封、扣押、冻结财产清单及相关材料；

（4）执行法院已分配财产清单及相关材料；

（5）被执行人债务清单；

（6）其他应当移送的材料。

11. 移送的材料不完备或内容错误，影响受移送法院认定破产原因是否具备的，受移送法院可以要求执行法院补齐、补正，执行法院应于十日内补齐、补正。该期间不计入受移送法院破产审查的期间。

受移送法院需要查阅执行程序中的其他案件材料，或者依法委托执行法院办理财产处置等事项的，执行法院应予以协助配合。

第 9 问：受移送法院能否以执行法院移送的材料不完备为由拒绝接收？受移送法院经审查认为本院对案件不具有管辖权的如何处理？

执行案件移送破产审查的材料，由受移送法院立案部门负责接收，受移送法院不得以材料不完备为由拒绝接收。

破产审判部门在审查过程中发现本院对案件不具有管辖权的，应当移送有管辖权的法院。

【法律依据】

《最高人民法院印发〈关于执行案件移送破产审查若干问题的指导意见〉的通知》（法发〔2017〕2 号）

12. 执行法院移送破产审查的材料，由受移送法院立案部门负责接收。受移送法院不得以材料不完备等为由拒绝接收。立案部门经审核认为移送材料完备的，应以"破申"作为案件类型代字编制案号登记立案，并及时将案件移送破产审判部门进行破产审查。破产审判部门在审查过程中发现本院对案件不具有管辖权的，应当按照《中华人民共和国民事诉讼法》第三十六条的规定处理。

《中华人民共和国民事诉讼法》（2023 年 9 月 1 日修正）

第三十七条 人民法院发现受理的案件不属于本院管辖的，应当移送有管辖权的人民法院，受移送的人民法院应当受理。受移送的人民法院认为受移送的案件依照规定不属于本院管辖的，应当报请上级人民法院指定管辖，不得再自行移送。

第 10 问：执行法院作出移送决定后，是否应当通知案件当事人？申请执行人或者被执行人对决定有异议的，如何处理？

1. 应当在五日内将移送决定送达申请执行人和被执行人。
2. 申请执行人或被执行人对决定有异议的，可以在受移送法院破产审查期间提出，由受移送法院一并处理。

【法律依据】

《最高人民法院印发〈关于执行案件移送破产审查若干问题的指导意见〉的通知》（法发〔2017〕2号）

7. 执行法院作出移送决定后，应当于五日内送达申请执行人和被执行人。申请执行人或被执行人对决定有异议的，可以在受移送法院破产审查期间提出，由受移送法院一并处理。

第11问：受移送法院作出是否受理的裁定之后，是否应当告知申请执行人、被执行人？

是的，应当在五日内送达申请执行人和被执行人。

【法律依据】

《最高人民法院印发〈关于执行案件移送破产审查若干问题的指导意见〉的通知》（法发〔2017〕2号）

13. 受移送法院的破产审判部门应当自收到移送的材料之日起三十日内作出是否受理的裁定。受移送法院作出裁定后，应当在五日内送达申请执行人、被执行人，并送交执行法院。

《中华人民共和国企业破产法》（2006年8月27日）

第十一条第一款　人民法院受理破产申请的，应当自裁定作出之日起五日内送达申请人。

第十二条第一款　人民法院裁定不受理破产申请的，应当自裁定作出之日起五日内送达申请人并说明理由。申请人对裁定不服的，可以自裁定送达之日起十日内向上一级人民法院提起上诉。

第 12 问：执行法院决定移送之后，受移送法院受理破产案件之前，对被执行人的查封、扣押、冻结措施如何处理？

不解除。若查封、扣押、冻结期限在破产期间届满的，申请执行人可以向执行法院申请延长期限，由执行法院负责办理。

【法律依据】

《最高人民法院印发〈关于执行案件移送破产审查若干问题的指导意见〉的通知》（法发〔2017〕2 号）

9. 确保对被执行人财产的查封、扣押、冻结措施的连续性，执行法院决定移送后、受移送法院裁定受理破产案件之前，对被执行人的查封、扣押、冻结措施不解除。查封、扣押、冻结期限在破产审查期间届满的，申请执行人可以向执行法院申请延长期限，由执行法院负责办理。

第 13 问：受移送法院受理破产案件的，执行程序中产生的评估费、公告费、保管费等执行费用如何处理？

参照破产费用的相关规定，从债务人的财产中随时清偿。

【法律依据】

《最高人民法院印发〈关于执行案件移送破产审查若干问题的指导意见〉的通知》（法发〔2017〕2 号）

15. 受移送法院裁定受理破产案件的，在此前的执行程序中产生的评估费、公告费、保管费等执行费用，可以参照破产费用的规定，从债务人财产中随时清偿。

第 14 问：法院受理破产审查之后，被执行人的财产如何处置？

1. 对已经划扣到账的银行存款、实际扣押的动产、有价证券等财产，应当在收到受理裁定后七日内移交给破产法院或管理人。

2. 对执行法院收到受理裁定时，已通过拍卖、变卖程序处置且成交裁定已送达买受人的拍卖、变卖财产，通过以物抵债偿还债务且抵债裁定已送达债权人的抵债财产，已完成转账、汇款、现金交付的执行款，不属于被执行人的财产，不再移交。

【法律依据】

《最高人民法院印发〈关于执行案件移送破产审查若干问题的指导意见〉的通知》（法发〔2017〕2号）

16. 执行法院收到受移送法院受理裁定后，应当于七日内将已经扣划到账的银行存款、实际扣押的动产、有价证券等被执行人财产移交给受理破产案件的法院或管理人。

17. 执行法院收到受移送法院受理裁定时，已通过拍卖程序处置且成交裁定已送达买受人的拍卖财产，通过以物抵债偿还债务且抵债裁定已送达债权人的抵债财产，已完成转账、汇款、现金交付的执行款，因财产所有权已经发生变动，不属于被执行人的财产，不再移交。

《最高人民法院关于对重庆高院〈关于破产申请受理前已经划扣到执行法院账户尚未支付给申请执行人的款项是否属于债务人财产及执行法院收到破产管理人中止执行告知函后应否中止执行问题的请示〉的答复函》（〔2017〕最高法民他72号）

重庆市高级人民法院：

你院（2017）渝民他12号《关于破产申请受理前已经划扣到执行法院账户尚未支付给申请执行人的款项是否属于债务人财产及执行法院收到破产管理人中止执行告知函后应否中止执行问题的请示》收

悉，经研究，答复如下：

人民法院裁定受理破产申请时已经扣划到执行法院账户但尚未支付给申请执行人的款项，仍属于债务人财产，人民法院裁定受理破产申请后，执行法院应当中止对该财产的执行。执行法院收到破产管理人发送的中止执行告知函后仍继续执行的，应当根据《最高人民法院关于适用〈中华人民共和国破产法〉若干问题的规定（二）》第五条依法予以纠正，故同意你院审判委员会的倾向性意见，由于法律、司法解释和司法政策的变化，我院2004年12月22日作出的《关于如何理解〈最高人民法院关于破产司法解释〉第六十八条的请示的答复》（〔2003〕民二他字第52号）相应废止。

此复。

第15问：受移送法院不予受理或者驳回申请的，如何处理？

应当作出裁定并且在裁定生效后的七日内将接收的材料、被执行人的财产退回执行法院。

执行法院应当恢复执行，就执行变价所得的财产，在扣除执行费用及清偿优先受偿的债权后，对普通债权按照查封、扣押、冻结财产的先后顺序清偿。

【法律依据】

《最高人民法院印发〈关于执行案件移送破产审查若干问题的指导意见〉的通知》（法发〔2017〕2号）

18. 受移送法院做出不予受理或驳回申请裁定的，应当在裁定生效后七日内将接收的材料、被执行人的财产退回执行法院，执行法院应当恢复对被执行人的执行。

《最高人民法院关于适用〈中华人民共和国民事诉讼法〉的解释》（法释〔2022〕11号）

第五百一十四条 当事人不同意移送破产或者被执行人住所地人

民法院不受理破产案件的，执行法院就执行变价所得财产，在扣除执行费用及清偿优先受偿的债权后，对于普通债权，按照财产保全和执行中查封、扣押、冻结财产的先后顺序清偿。

第 16 问：法院能否重复启动执行案件移送破产审查程序？

不可以。受移送法院作出不予受理或者驳回申请的裁定后，执行法院不得重复移送。

申请执行人或被执行人以有新证据足以证明被执行人已经具备破产原因为由，要求执行法院再次移送的，法院不予支持。但是申请执行人或被执行人可以直接向有管辖权的法院提出破产申请。

【法律依据】

《最高人民法院印发〈关于执行案件移送破产审查若干问题的指导意见〉的通知》（法发〔2017〕2号）

19. 受移送法院作出不予受理或驳回申请的裁定后，人民法院不得重复启动执行案件移送破产审查程序。申请执行人或被执行人以有新证据足以证明被执行人已经具备了破产原因为由，再次要求将执行案件移送破产审查的，人民法院不予支持。但是，申请执行人或被执行人可以直接向具有管辖权的法院提出破产申请。

第 17 问：受移送法院裁定破产与否，后续分别应如何处理？

1. 受移送法院裁定宣告被执行人破产，应自裁定作出之日起五日内送交执行法院，执行法院应裁定终结对被执行人的执行。

2. 法院受破产申请之后至破产宣告前裁定驳回破产申请的，或裁定终结破产程序的，应及时通知原已采取保全措施并依法解除保全措施的单位按照原保全顺位恢复相关保全措施；在已依法解除保全的单位恢复保全措施或者表示不再恢复之前，受理破产申请的法院不得解除对债务人财产的保全措施。

3. 执行法院决定恢复查控措施或者表示不再恢复的，应及时通知受理破产申请的法院。

【法律依据】

《最高人民法院印发〈关于执行案件移送破产审查若干问题的指导意见〉的通知》（法发〔2017〕2号）

20. 受移送法院裁定宣告被执行人破产或裁定终止和解程序、重整程序的，应当自裁定作出之日起五日内送交执行法院，执行法院应当裁定终结对被执行人的执行。

《中华人民共和国企业破产法》（2006年8月27日）

第一百零八条 破产宣告前，有下列情形之一的，人民法院应当裁定终结破产程序，并予以公告：

（一）第三人为债务人提供足额担保或者为债务人清偿全部到期债务的；

（二）债务人已清偿全部到期债务的。

《最高人民法院关于适用〈中华人民共和国企业破产法〉若干问题的规定（二）》（法释〔2020〕18号）

第八条 人民法院受理破产申请后至破产宣告前裁定驳回破产申请，或者依据企业破产法第一百零八条的规定裁定终结破产程序的，应当及时通知原已采取保全措施并已依法解除保全措施的单位按照原保全顺位恢复相关保全措施。

在已依法解除保全的单位恢复保全措施或者表示不再恢复之前，受理破产申请的人民法院不得解除对债务人财产的保全措施。

《最高人民法院关于适用〈中华人民共和国民事诉讼法〉的解释》（法释〔2022〕11号）

第五百一十三条 被执行人住所地人民法院裁定受理破产案件的，执行法院应当解除对被执行人财产的保全措施。被执行人住所地人民法院裁定宣告被执行人破产的，执行法院应当裁定终结对该被执行人的执行。

被执行人住所地人民法院不受理破产案件的,执行法院应当恢复执行。

第18问:因法院受理破产致使执行法院裁定中止执行的,申请执行人应如何做?

申请执行人应当向管理人申报债权。

【法律依据】

《中华人民共和国企业破产法》(2006年8月27日)

第四十四条 人民法院受理破产申请时对债务人享有债权的债权人,依照本法规定的程序行使权利。

《最高人民法院关于适用〈中华人民共和国企业破产法〉若干问题的规定(二)》(法释〔2020〕18号)

第二十二条 破产申请受理前,债权人就债务人财产向人民法院提起本规定第二十一条第一款所列诉讼,人民法院已经作出生效民事判决书或者调解书但尚未执行完毕的,破产申请受理后,相关执行行为应当依据企业破产法第十九条的规定中止,债权人应当依法向管理人申报相关债权。

第19问:受移送法院拒绝接收移送的材料,或者收到移送的材料之后不按照规定期限作出是否受理裁定的,执行法院如何救济?

执行法院可以函请受移送法院的上一级法院进行监督,上一级法院收到函件后应当指令受移送法院在十日内接收材料或作出是否受理的裁定。

受移送法院收到上级法院的通知后,十日内仍不接收材料或者不作出裁定的，上一级法院可以直接对移送的案件行使管辖权。上一级法院裁定受理破产案件的，可以指令受移送法院审理。

【法律依据】

《最高人民法院印发〈关于执行案件移送破产审查若干问题的指导意见〉的通知》（法发〔2017〕2号）

21. 受移送法院拒绝接收移送的材料，或者收到移送的材料后不按规定的期限作出是否受理裁定的，执行法院可函请受移送法院的上一级法院进行监督。上一级法院收到函件后应当指令受移送法院在十日内接收材料或作出是否受理的裁定。

受移送法院收到上级法院的通知后，十日内仍不接收材料或不作出是否受理裁定的，上一级法院可以径行对移送破产审查的案件行使管辖权。上一级法院裁定受理破产案件的，可以指令受移送法院审理。

《最高人民法院关于适用〈中华人民共和国企业破产法〉若干问题的规定（一）》（法释〔2011〕22号）

第九条　申请人向人民法院提出破产申请，人民法院未接收其申请，或者未按本规定第七条执行的，申请人可以向上一级人民法院提出破产申请。

上一级人民法院接到破产申请后，应当责令下级法院依法审查并及时作出是否受理的裁定；下级法院仍不作出是否受理裁定的，上一级人民法院可以径行作出裁定。

上一级人民法院裁定受理破产申请的，可以同时指令下级人民法院审理该案件。

第20问：执行法院或者申请执行人认为被执行人存在虚假破产情形的，应如何做？

1. 执行法院发现被执行人有虚假破产情形的，应及时向受理破产案件的法院提出。

2. 申请执行人认为被执行人利用破产逃债的，可以向受理破产案件的法院或者其上一级法院提出异议，受理异议的法院应依法进行监督。

【法律依据】

《最高人民法院关于依法制裁规避执行行为的若干意见》（法〔2011〕195号）

10. 加强对破产案件的监督。执行法院发现被执行人有虚假破产情形的，应当及时向受理破产案件的人民法院提出。申请执行人认为被执行人利用破产逃债的，可以向受理破产案件的人民法院或者其上级人民法院提出异议，受理异议的法院应当依法进行监督。

第三编　执行结束

第一章　终结执行

 第 1 问：什么情形下法院应当裁定终结执行？

1. 申请人撤销申请的。
2. 当事人双方达成和解协议，申请执行人撤回执行申请的。
3. 据以执行的法律文书被撤销的。
4. 作为被执行人的公民死亡，无遗产可供执行，又无义务承担人的。
5. 追索赡养费、扶养费、抚育费案件的权利人死亡的。
6. 作为被执行人的公民因生活困难无力偿还借款，无收入来源，又丧失劳动能力的。
7. 被执行人被法院裁定宣告破产的。
8. 被执行人在破产程序中与全体债权人达成破产和解协议经破产法院确认并已经履行完毕的。
9. 作为被执行人的企业法人或其他组织被撤销、注销、吊销营业执照或者歇业、终止后既无财产可供执行，又无义务承受人，也没有能够依法追加变更执行主体的。
10. 案件被上级法院裁定提级执行或者指定由其他法院执行的。
11. 按照相关规定办理了委托执行手续，并且收到受托法院立案通知书的。
12. 特定物的执行中，物品毁损、灭失，双方当事人对折价赔偿不能协商一致的。
13. 依照刑法第五十三条的规定，由于遭遇不能抗拒的灾祸等原因缴纳罚金确实有困难，经人民法院裁定免除缴纳罚金的。

14. 行政执行标的灭失的。

15. 其他。

【法律依据】

《中华人民共和国民事诉讼法》（2023年9月1日修正）

第二百六十八条 有下列情形之一的，人民法院裁定终结执行：

（一）申请人撤销申请的；

（二）据以执行的法律文书被撤销的；

（三）作为被执行人的公民死亡，无遗产可供执行，又无义务承担人的；

（四）追索赡养费、扶养费、抚养费案件的权利人死亡的；

（五）作为被执行人的公民因生活困难无力偿还借款，无收入来源，又丧失劳动能力的；

（六）人民法院认为应当终结执行的其他情形。

《最高人民法院关于执行案件立案、结案若干问题的意见》（法发〔2014〕26号）

第十七条 有下列情形之一的，可以以"终结执行"方式结案：

（一）申请人撤销申请或者是当事人双方达成执行和解协议，申请执行人撤回执行申请的；

（二）据以执行的法律文书被撤销的；

（三）作为被执行人的公民死亡，无遗产可供执行，又无义务承担人的；

（四）追索赡养费、扶养费、抚育费案件的权利人死亡的；

（五）作为被执行人的公民因生活困难无力偿还借款，无收入来源，又丧失劳动能力的；

（六）作为被执行人的企业法人或其他组织被撤销、注销、吊销营业执照或者歇业、终止后既无财产可供执行，又无义务承受人，也没有能够依法追加变更执行主体的；

（七）依照刑法第五十三条规定免除罚金的；

（八）被执行人被人民法院裁定宣告破产的；

（九）行政执行标的灭失的；

（十）案件被上级人民法院裁定提级执行的；

（十一）案件被上级人民法院裁定指定由其他法院执行的；

（十二）按照《最高人民法院关于委托执行若干问题的规定》，办理了委托执行手续，且收到受托法院立案通知书的；

（十三）人民法院认为应当终结执行的其他情形。

前款除第（十）项、第（十一）项、第（十二）项规定的情形外，终结执行的，应当制作裁定书，送达当事人。

《最高人民法院关于适用〈中华人民共和国民事诉讼法〉的解释》（法释〔2022〕11号）

第四百六十四条 申请执行人与被执行人达成和解协议后请求中止执行或者撤回执行申请的，人民法院可以裁定中止执行或者终结执行。

第四百九十二条 执行标的物为特定物的，应当执行原物。原物确已毁损或者灭失的，经双方当事人同意，可以折价赔偿。

双方当事人对折价赔偿不能协商一致的，人民法院应当终结执行程序。申请执行人可以另行起诉。

第五百一十七条 经过财产调查未发现可供执行的财产，在申请执行人签字确认或者执行法院组成合议庭审查核实并经院长批准后，可以裁定终结本次执行程序。

依照前款规定终结执行后，申请执行人发现被执行人有可供执行财产的，可以再次申请执行。再次申请不受申请执行时效期间的限制。

《最高人民法院关于人民法院执行工作若干问题的规定（试行）》（法释〔2020〕21号）

61. 在执行中，被执行人被人民法院裁定宣告破产的，执行法院应当依照民事诉讼法第二百五十七条第六项的规定，裁定终结执行。

《最高人民法院执行工作办公室就湖南高院继续执行中科软件集团有限公司诉圣方科技公司一案的答复意见》〔〔执〕明传（2007）10号〕

内容摘要："……牡丹江中院破产案件终结，是因为债权人会议通过了和解协议并执行完毕，债务人圣方科技公司按照和解协议规定的条件清偿了债务，破产原因消除。经破产法院裁定认可的和解协议，对债务人和全体债权人均有约束力。中科软件公司参加了破产程序，依法应当受该和解协议的约束。破产和解是债务人破产再生程序，和解协议执行完毕后，其法人资格仍存续，但不再承担和解协议规定以外的债务的清偿责任。对此，当时法律虽无明文规定，但参照新企业破产法，应作此理解。此种情况下圣方科技公司未被宣告破产，并保留主体资格，这一点不能成为你院恢复执行的理由。在牡丹江中院裁定终结破产程序后，你院应当裁定对圣方科技公司执行终结。"

《中华人民共和国刑法》（2023年12月29日修正）

第五十三条第二款 由于遭遇不能抗拒的灾祸等原因缴纳确实有困难，经人民法院裁定，可以延期缴纳、酌情减少或者免除。

第2问：终结执行是否必须制作书面裁定？

除以下三种情形外，均需要制作裁定书，载明终结执行的事由和法律依据，并送达给当事人：

1. 案件被上级法院裁定提级执行的。
2. 案件被上级法院指定由其他法院执行的。
3. 按照相关规定办理了委托执行手续，并且收到受托法院立案通知书的。

终结执行的裁定自送达当事人后立即生效。

【法律依据】

《最高人民法院关于执行案件立案、结案若干问题的意见》（法发〔2014〕26号）

第十七条 有下列情形之一的，可以以"终结执行"方式结案：

（一）申请人撤销申请或者是当事人双方达成执行和解协议，申

请执行人撤回执行申请的;

(二) 据以执行的法律文书被撤销的;

(三) 作为被执行人的公民死亡,无遗产可供执行,又无义务承担人的;

(四) 追索赡养费、扶养费、抚育费案件的权利人死亡的;

(五) 作为被执行人的公民因生活困难无力偿还借款,无收入来源,又丧失劳动能力的;

(六) 作为被执行人的企业法人或其他组织被撤销、注销、吊销营业执照或者歇业、终止后既无财产可供执行,又无义务承受人,也没有能够依法追加变更执行主体的;

(七) 依照刑法第五十三条规定免除罚金的;

(八) 被执行人被人民法院裁定宣告破产的;

(九) 行政执行标的灭失的;

(十) 案件被上级人民法院裁定提级执行的;

(十一) 案件被上级人民法院裁定指定由其他法院执行的;

(十二) 按照《最高人民法院关于委托执行若干问题的规定》,办理了委托执行手续,且收到受托法院立案通知书的;

(十三) 人民法院认为应当终结执行的其他情形。

前款除第(十)项、第(十一)项、第(十二)项规定的情形外,终结执行的,应当制作裁定书,送达当事人。

《最高人民法院关于人民法院执行工作若干问题的规定(试行)》(法释〔2020〕21号)

62. 中止执行和终结执行的裁定书应当写明中止或终结执行的理由和法律依据。

《中华人民共和国民事诉讼法》(2023年9月1日修正)

第二百六十九条　中止和终结执行的裁定,送达当事人后立即生效。

第3问：当事人、利害关系人是否可以就终结执行提出异议？

可以。当事人、利害关系人对终结执行行为有异议的，可以自收到裁定书之日起六十日内提出；未收到裁定书的，自知道或者应当知道之日起六十日内提出。

【法律依据】

《最高人民法院关于人民法院办理执行异议和复议案件若干问题的规定》（法释〔2020〕21号）

第六条 当事人、利害关系人依照民事诉讼法第二百二十五条规定提出异议的，应当在执行程序终结之前提出，但对终结执行措施提出异议的除外。

案外人依照民事诉讼法第二百二十七条规定提出异议的，应当在异议指向的执行标的执行终结之前提出；执行标的由当事人受让的，应当在执行程序终结之前提出。

《最高人民法院关于对人民法院终结执行行为提出执行异议期限问题的批复》（法释〔2016〕3号）

湖北省高级人民法院：

你院《关于咸宁市广泰置业有限公司与咸宁市枫丹置业有限公司房地产开发经营合同纠纷案的请示》（鄂高法〔2015〕295号）收悉。经研究，批复如下：

当事人、利害关系人依照民事诉讼法第二百二十五条规定对终结执行行为提出异议的，应当自收到终结执行法律文书之日起六十日内提出；未收到法律文书的，应当自知道或者应当知道人民法院终结执行之日起六十日内提出。批复发布前终结执行的，自批复发布之日起六十日内提出。超出该期限提出执行异议的，人民法院不予受理。

此复。

第 4 问：终结执行之后还能否再次申请执行？

1. 终结执行的案件，申请执行的条件具备时，申请执行人可申请恢复执行。

2. 因撤销申请而终结执行的案件，当事人可以在申请执行时效期间内再次申请执行。

3. 因达成和解协议而撤回执行申请的案件，符合条件的也可以申请恢复原生效法律文书的执行。

【法律依据】

《最高人民法院关于执行案件立案、结案若干问题的意见》（法发〔2014〕26号）

第六条 下列案件，人民法院应当按照恢复执行案件予以立案：

（五）依照民事诉讼法第二百五十七条的规定而终结执行的案件，申请执行的条件具备时，申请执行人申请恢复执行的。

《最高人民法院关于适用〈中华人民共和国民事诉讼法〉的解释》（法释〔2022〕11号）

第五百一十八条 因撤销申请而终结执行后，当事人在民事诉讼法第二百四十六条规定的申请执行时效期间内再次申请执行的，人民法院应当受理。

《中华人民共和国民事诉讼法》（2023年9月1日修正）

第二百四十一条 在执行中，双方当事人自行和解达成协议的，执行员应当将协议内容记入笔录，由双方当事人签名或者盖章。

申请执行人因受欺诈、胁迫与被执行人达成和解协议，或者当事人不履行和解协议的，人民法院可以根据当事人的申请，恢复对原生效法律文书的执行。

第 5 问：执行程序终结后，被执行人或其他人有妨害执行行为的，如何处理？

在执行终结六个月内，被执行人或其他人对已执行的标的有妨害行为的，法院可以依据申请排除妨害，并对其进行处罚。因妨害行为给债权人或者其他人造成损失的，受害人可以另行起诉。

【法律依据】

《最高人民法院关于适用〈中华人民共和国民事诉讼法〉的解释》(法释〔2022〕11号)

第五百一十九条 在执行终结六个月内，被执行人或者其他人对已执行的标的有妨害行为的，人民法院可以依申请排除妨害，并可以依照民事诉讼法第一百一十四条规定进行处罚。因妨害行为给执行债权人或者其他人造成损失的，受害人可以另行起诉。

《中华人民共和国民事诉讼法》(2023年9月1日修正)

第一百一十四条 诉讼参与人或者其他人有下列行为之一的，人民法院可以根据情节轻重予以罚款、拘留；构成犯罪的，依法追究刑事责任：

(一) 伪造、毁灭重要证据，妨碍人民法院审理案件的；

(二) 以暴力、威胁、贿买方法阻止证人作证或者指使、贿买、胁迫他人作伪证的；

(三) 隐藏、转移、变卖、毁损已被查封、扣押的财产，或者已被清点并责令其保管的财产，转移已被冻结的财产的；

(四) 对司法工作人员、诉讼参加人、证人、翻译人员、鉴定人、勘验人、协助执行的人，进行侮辱、诽谤、诬陷、殴打或者打击报复的；

(五) 以暴力、威胁或者其他方法阻碍司法工作人员执行职务的；

(六) 拒不履行人民法院已经发生法律效力的判决、裁定的。

人民法院对有前款规定的行为之一的单位，可以对其主要负责人或者直接责任人员予以罚款、拘留；构成犯罪的，依法追究刑事责任。

第二章　执行案件结案

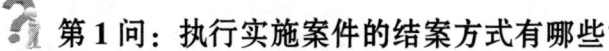第 1 问：执行实施案件的结案方式有哪些？

1. 执行完毕。
2. 终结本次执行程序。
3. 终结执行。
4. 销案。
5. 不予执行。
6. 驳回申请。

【法律依据】

《最高人民法院关于人民法院执行工作若干问题的规定（试行）》（法释〔2020〕21号）

64. 执行结案的方式为：

（1）执行完毕；

（2）终结本次执行程序；

（3）终结执行；

（4）销案；

（5）不予执行；

（6）驳回申请。

《最高人民法院关于执行案件立案、结案若干问题的意见》（法发〔2014〕26号）

第十四条　除执行财产保全裁定、恢复执行的案件外，其他执行实施类案件的结案方式包括：

（一）执行完毕；

（二）终结本次执行程序；

（三）终结执行；

（四）销案；

（五）不予执行；

（六）驳回申请。

第2问：什么情形下执行实施案件可以以"执行完毕"方式结案？

1. 被执行人自动履行完毕。

2. 经法院强制执行，已经全部执行完毕。

3. 当事人达成了执行和解协议，且执行和解协议履行完毕。

【法律依据】

《最高人民法院关于执行案件立案、结案若干问题的意见》（法发〔2014〕26号）

第十五条　生效法律文书确定的执行内容，经被执行人自动履行、人民法院强制执行，已全部执行完毕，或者是当事人达成执行和解协议，且执行和解协议履行完毕，可以以"执行完毕"方式结案。

执行完毕应当制作结案通知书并发送当事人。双方当事人书面认可执行完毕或口头认可执行完毕并记入笔录的，无需制作结案通知书。

执行和解协议应当附卷，没有签订书面执行和解协议的，应当将口头和解协议的内容作成笔录，经当事人签字后附卷。

第3问：什么情形下执行实施案件可以以"销案"方式结案？

1. 被执行人提出管辖异议，经审查异议成立，将案件移送有管辖权的法院或者申请执行人撤回申请的。
2. 发现其他有管辖权的法院已经立案在先的。
3. 受托法院报经高级法院同意退回委托的。

【法律依据】

《最高人民法院关于执行案件立案、结案若干问题的意见》（法发〔2014〕26号）

第十八条 执行实施案件立案后，有下列情形之一的，可以以"销案"方式结案：

（一）被执行人提出管辖异议，经审查异议成立，将案件移送有管辖权的法院或申请执行人撤回申请的；

（二）发现其他有管辖权的人民法院已经立案在先的；

（三）受托法院报经高级人民法院同意退回委托的。

第4问：什么情形下执行实施案件可以以"不予执行"方式结案？

1. 被执行人对仲裁裁决或公证债权文书提出不予执行申请，经法院审查，裁定不予执行的，以"不予执行"方式结案。

2. 仲裁裁决具有下列情形之一的，经法院审查核实，裁定不予执行：（1）当事人在合同中没有订立仲裁条款或者事后没有达成书面仲裁协议的；（2）裁决事项不属于仲裁协议的范围或者仲裁机构无权仲裁的；（3）仲裁庭的组成或仲裁的程序违反法定程序的；（4）仲裁所依据的证据是伪造的；（5）对方当事人向仲裁机构隐瞒了足以影响公正裁决的证据的；（6）仲裁员在仲裁该案时贪污受贿、徇私舞弊、枉法裁判的；（7）法院认定执行该裁决违背社会公共利益的。

3. 公证债权文书确有错误的，法院裁定不予执行。

【法律依据】

《最高人民法院关于执行案件立案、结案若干问题的意见》（法发〔2014〕26号）

第十九条 执行实施案件立案后，被执行人对仲裁裁决或公证债权文书提出不予执行申请，经人民法院审查，裁定不予执行的，以"不予执行"方式结案。

《中华人民共和国民事诉讼法》（2023年9月1日修正）

第二百四十八条 对依法设立的仲裁机构的裁决，一方当事人不履行的，对方当事人可以向有管辖权的人民法院申请执行。受申请的人民法院应当执行。

被申请人提出证据证明仲裁裁决有下列情形之一的，经人民法院组成合议庭审查核实，裁定不予执行：

（一）当事人在合同中没有订有仲裁条款或者事后没有达成书面仲裁协议的；

（二）裁决的事项不属于仲裁协议的范围或者仲裁机构无权仲裁的；

（三）仲裁庭的组成或者仲裁的程序违反法定程序的；

（四）裁决所根据的证据是伪造的；

（五）对方当事人向仲裁机构隐瞒了足以影响公正裁决的证据的；

（六）仲裁员在仲裁该案时有贪污受贿，徇私舞弊，枉法裁决行为的。

人民法院认定执行该裁决违背社会公共利益的，裁定不予执行。

裁定书应当送达双方当事人和仲裁机构。

仲裁裁决被人民法院裁定不予执行的，当事人可以根据双方达成的书面仲裁协议重新申请仲裁，也可以向人民法院起诉。

第二百四十九条 对公证机关依法赋予强制执行效力的债权文书，一方当事人不履行的，对方当事人可以向有管辖权的人民法院申请执行,受申请的人民法院应当执行。

公证债权文书确有错误的,人民法院裁定不予执行,并将裁定书送达双方当事人和公证机关。

第 5 问:什么情形下执行实施案件可以以"驳回申请"方式结案?

案件立案后,经审查发现不符合法律、司法解释规定的受理条件,裁定驳回申请的,以"驳回申请"方式结案。

【法律依据】

《最高人民法院关于执行案件立案、结案若干问题的意见》(法发〔2014〕26号)

第二十条 执行实施案件立案后,经审查发现不符合《最高人民法院关于人民法院执行工作若干问题的规定(试行)》第18条[①]规定的受理条件,裁定驳回申请的,以"驳回申请"方式结案。

《最高人民法院关于人民法院执行工作若干问题的规定(试行)》(法释〔2020〕21号)

16. 人民法院受理执行案件应当符合下列条件:

(1)申请或移送执行的法律文书已经生效;

(2)申请执行人是生效法律文书确定的权利人或其继承人、权利承受人;

(3)申请执行的法律文书有给付内容,且执行标的和被执行人明确;

(4)义务人在生效法律文书确定的期限内未履行义务;

(5)属于受申请执行的人民法院管辖。

人民法院对符合上述条件的申请,应当在七日内予以立案;不符

[①] 现相关规定见《最高人民法院关于人民法院执行工作若干问题的规定(试行)》(2020年修正)第16条。

合上述条件之一的，应当在七日内裁定不予受理。

第6问：什么情形下，法院不得将案件作结案处理？

1. 裁定中止执行的。
2. 决定暂缓执行的。
3. 执行和解协议未全部履行完毕，且不符合终结本次执行程序、终结执行条件的。

【法律依据】

《最高人民法院关于执行案件立案、结案若干问题的意见》（法发〔2014〕26号）

第二十三条　下列案件不得作结案处理：

（一）人民法院裁定中止执行的；

（二）人民法院决定暂缓执行的；

（三）执行和解协议未全部履行完毕，且不符合本意见第十六条、第十七条规定终结本次执行程序、终结执行条件的。

第7问：恢复执行的案件结案方式有哪些？

1. 执行完毕。
2. 终结本次执行程序。
3. 终结执行。

【法律依据】

《最高人民法院关于执行案件立案、结案若干问题的意见》（法发〔2014〕26号）

第二十二条　恢复执行案件的结案方式包括：

（一）执行完毕；

（二）终结本次执行程序；

（三）终结执行。

第 8 问：执行异议案件的结案方式有哪些？

1. 异议人撤回异议或申请的：准予撤回异议或申请。

2. 异议不成立的：驳回异议或申请。

3. 异议成立的：撤销相关执行行为、中止对执行标的的执行、不予执行、追加变更当事人。

4. 异议部分成立的：部分撤销并变更执行行为、部分不予执行、部分追加变更当事人。

5. 异议成立或部分成立，但不能撤销、变更执行行为的：不能撤销、变更执行行为。

6. 管辖权异议成立的：移送管辖。

【法律依据】

《最高人民法院关于执行案件立案、结案若干问题的意见》（法发〔2014〕26号）

第二十四条 执行异议案件的结案方式包括：

（一）准予撤回异议或申请，即异议人撤回异议或申请的；

（二）驳回异议或申请，即异议不成立或者案外人虽然对执行标的享有实体权利但不能阻止执行的；

（三）撤销相关执行行为、中止对执行标的的执行、不予执行、追加变更当事人，即异议成立的；

（四）部分撤销并变更执行行为、部分不予执行、部分追加变更当事人，即异议部分成立的；

（五）不能撤销、变更执行行为，即异议成立或部分成立，但不能撤销、变更执行行为的；

（六）移送其他人民法院管辖，即管辖权异议成立的。

执行异议案件应当制作裁定书，并送达当事人。法律、司法解释规定对执行异议案件可以口头裁定的，应当记入笔录。

《最高人民法院关于人民法院办理执行异议和复议案件若干问题的规定》（法释〔2020〕21号）

第十三条 执行异议、复议案件审查期间，异议人、复议申请人申请撤回异议、复议申请的，是否准许由人民法院裁定。

第十七条 人民法院对执行行为异议，应当按照下列情形，分别处理：

（一）异议不成立的，裁定驳回异议；

（二）异议成立的，裁定撤销相关执行行为；

（三）异议部分成立的，裁定变更相关执行行为；

（四）异议成立或者部分成立，但执行行为无撤销、变更内容的，裁定异议成立或者相应部分异议成立。

第9问：执行复议案件的结案方式有哪些？

上一级法院对不服异议裁定的复议申请经审查之后，按照下列情形分别处理：

1. 复议人撤回复议申请的：准予撤回申请。
2. 复议理由不成立的：驳回复议申请。
3. 复议理由成立的：撤销或变更异议裁定。
4. 异议裁定认定事实不清、证据不足的：查清事实后作出裁定。
5. 异议裁定遗漏异议请求或者适用程序错误的：撤销异议裁定，发回重新审查。

【法律依据】

《最高人民法院关于执行案件立案、结案若干问题的意见》（法发〔2014〕26号）

第二十五条 执行复议案件的结案方式包括：

（一）准许撤回申请，即申请复议人撤回复议申请的；

（二）驳回复议申请，维持异议裁定，即异议裁定认定事实清楚，适用法律正确，复议理由不成立的；

（三）撤销或变更异议裁定，即异议裁定认定事实错误或者适用法律错误，复议理由成立的；

（四）查清事实后作出裁定，即异议裁定认定事实不清，证据不足的；

（五）撤销异议裁定，发回重新审查，即异议裁定遗漏异议请求或者异议裁定错误对案外人异议适用执行行为异议审查程序的。

人民法院对重新审查的案件作出裁定后，当事人申请复议的，上级人民法院不得再次发回重新审查。

执行复议案件应当制作裁定书，并送达当事人。法律、司法解释规定对执行复议案件可以口头裁定的，应当记入笔录。

《最高人民法院关于人民法院办理执行异议和复议案件若干问题的规定》（法释〔2020〕21号）

第二十三条 上一级人民法院对不服异议裁定的复议申请审查后，应当按照下列情形，分别处理：

（一）异议裁定认定事实清楚，适用法律正确，结果应予维持的，裁定驳回复议申请，维持异议裁定；

（二）异议裁定认定事实错误，或者适用法律错误，结果应予纠正的，裁定撤销或者变更异议裁定；

（三）异议裁定认定基本事实不清、证据不足的，裁定撤销异议裁定，发回作出裁定的人民法院重新审查，或者查清事实后作出相应裁定；

（四）异议裁定遗漏异议请求或者存在其他严重违反法定程序的情形，裁定撤销异议裁定，发回作出裁定的人民法院重新审查；

（五）异议裁定对应当适用民事诉讼法第二百二十七条规定审查处理的异议，错误适用民事诉讼法第二百二十五条规定审查处理的，裁定撤销异议裁定，发回作出裁定的人民法院重新作出裁定。

除依照本条第一款第三、四、五项发回重新审查或者重新作出裁定的情形外，裁定撤销或者变更异议裁定且执行行为可撤销、变更的，应当同时撤销或者变更该裁定维持的执行行为。

人民法院对发回重新审查的案件作出裁定后，当事人、利害关系人申请复议的，上一级人民法院复议后不得再次发回重新审查。

第 10 问：执行监督案件的结案方式有哪些？

1. 当事人撤回监督申请的：准予撤回申请。
2. 监督申请不成立的：驳回申请。
3. 监督申请成立：（1）限期改正；（2）撤销并改正；（3）提级执行；（4）指定执行。
4. 其他方式。

【法律依据】

《最高人民法院关于执行案件立案、结案若干问题的意见》（法发〔2014〕26 号）

第二十六条 执行监督案件的结案方式包括：

（一）准许撤回申请，即当事人撤回监督申请的；

（二）驳回申请，即监督申请不成立的；

（三）限期改正，即监督申请成立，指定执行法院在一定期限内改正的；

（四）撤销并改正，即监督申请成立，撤销执行法院的裁定直接改正的；

（五）提级执行，即监督申请成立，上级人民法院决定提级自行执行的；

（六）指定执行，即监督申请成立，上级人民法院决定指定其他法院执行的；

（七）其他，即其他可以报结的情形。

《最高人民法院关于人民法院执行工作若干问题的规定（试行）》(法释〔2020〕21号)

72. 上级法院发现下级法院在执行中作出的裁定、决定、通知或具体执行行为不当或有错误的，应当及时指令下级法院纠正，并可以通知有关法院暂缓执行。

下级法院收到上级法院的指令后必须立即纠正。如果认为上级法院的指令有错误，可以在收到该指令后五日内请求上级法院复议。

上级法院认为请求复议的理由不成立，而下级法院仍不纠正的，上级法院可直接作出裁定或决定予以纠正，送达有关法院及当事人，并可直接向有关单位发出协助执行通知书。

73. 上级法院发现下级法院执行的非诉讼生效法律文书有不予执行事由，应当依法作出不予执行裁定而不制作的，可以责令下级法院在指定时限内作出裁定，必要时可直接裁定不予执行。

74. 上级法院发现下级法院的执行案件（包括受委托执行的案件）在规定的期限内未能执行结案的，应当作出裁定、决定、通知而不制作的，或应当依法实施具体执行行为而不实施的，应当督促下级法院限期执行，及时作出有关裁定等法律文书，或采取相应措施。

对下级法院长期未能执结的案件，确有必要的，上级法院可以决定由本院执行或与下级法院共同执行，也可以指定本辖区其他法院执行。

75. 上级法院在监督、指导、协调下级法院执行案件中，发现据以执行的生效法律文书确有错误的，应当书面通知下级法院暂缓执行，并按照审判监督程序处理。

第11问：执行请示案件的结案方式有哪些？

1. 符合请示条件的：答复。
2. 不符合请示条件的：销案。

【法律依据】

《最高人民法院关于执行案件立案、结案若干问题的意见》（法发〔2014〕26号）

第二十七条 执行请示案件的结案方式包括：
（一）答复，即符合请示条件的；
（二）销案，即不符合请示条件的。

第12问：执行协调案件的结案方式有哪些？

1. 争议法院自行协商一致，撤回协调请求的：撤回协调请求。

2. 经过协调，争议法院达成一致意见，将协调意见记入笔录或者向争议法院发出协调意见函的：协调解决。

【法律依据】

《最高人民法院关于执行案件立案、结案若干问题的意见》（法发〔2014〕26号）

第二十八条 执行协调案件的结案方式包括：
（一）撤回协调请求，即执行争议法院自行协商一致，撤回协调请求的；
（二）协调解决，即经过协调，执行争议法院达成一致协调意见，将协调意见记入笔录或者向执行争议法院发出协调意见函的。

《最高人民法院关于人民法院执行工作若干问题的规定（试行）》（法释〔2020〕21号）

70. 上级法院协调下级法院之间的执行争议所作出的处理决定，有关法院必须执行。

《最高人民法院关于进一步规范跨省、自治区、直辖市执行案件协调工作的通知》（法〔2006〕285号）

八、跨省执行争议案件经最高人民法院协调达成一致处理意见的，形成协调纪要。相关高级人民法院应当负责协调意见的落实；协调不成的，由最高人民法院作出处理意见。必要时，最高人民法院可以作出决定或者裁定，并直接向有关部门发出协助执行通知书。

第三章　执行纠错

第一节　执行回转

第1问：什么是执行回转？

在执行中或者执行完毕后，据以执行的法律文书被撤销或者变更的，原执行机构应当依照当事人申请或者依职权，按照新的生效法律文书，作出执行回转的裁定，责令原申请执行人返还已取得的财产及其孳息，拒不返还的，强制执行。

执行回转应当重新进行执行立案。

【法律依据】

《最高人民法院关于人民法院执行工作若干问题的规定（试行）》（法释〔2020〕21号）

65. 在执行中或执行完毕后，据以执行的法律文书被人民法院或其他有关机关撤销或变更的，原执行机构应当依照民事诉讼法第二百三十三条的规定，依当事人申请或依职权，按照新的生效法律文书，作出执行回转的裁定，责令原申请执行人返还已取得的财产及其孳息。拒不返还的，强制执行。

执行回转应重新立案，适用执行程序的有关规定。

《中华人民共和国民事诉讼法》（2023年9月1日修正）

第二百四十四条　执行完毕后，据以执行的判决、裁定和其他法律文书确有错误，被人民法院撤销的，对已被执行的财产，人民法院应当作出裁定,责令取得财产的人返还;拒不返还的,强制执行。

第 2 问:执行回转的标的物为特定物的,如何处理?

应当返还原物,不能退还原物的,经双方当事人同意可以折价赔偿。

双方对折价不能协商一致的,应当终结执行回转程序,申请执行人可以另行起诉。

【法律依据】

《最高人民法院关于人民法院执行工作若干问题的规定(试行)》(法释〔2020〕21 号)

66. 执行回转时,已执行的标的物系特定物的,应当退还原物。不能退还原物的,经双方当事人同意,可以折价赔偿。

双方当事人对折价赔偿不能协商一致的,人民法院应当终结执行回转程序。申请执行人可以另行起诉。

《最高人民法院执行工作办公室关于原执行裁定被撤销后能否对第三人从债权人处买受的财产进行回转的请示的答复》(〔2007〕执他字第 2 号)

辽宁省高级人民法院:

你院《关于申请执行人中国工商银行铁岭市清河支行西丰分理处与被执行人西丰县百货公司第三商店借款合同纠纷一案的请示报告》收悉。经研究,答复如下:

依据我院《最高人民法院关于人民法院执行工作若干问题的规定(试行)》第一百零九条、第一百一十条[1]的规定,如果涉案执行财产已经被第三人合法取得,执行回转时应当由原申请执行人折价抵

---

[1] 现相关规定见《最高人民法院关于人民法院执行工作若干问题的规定(试行)》(2020 年修正)第十五条、第十六条。

偿。至于涉案执行财产的原所有人是否申请国家赔偿，可告知其自行按照国家有关法律规定办理。

此复。

第 3 问：执行回转时被执行人破产的，申请执行人的权利如何维护？

对于执行回转案件中申请执行人的权利优先予以保护，执行回转部分的财产数额不被认定为被执行人的破产财产。审理破产案件的法院应当将该部分财产交由执行法院继续执行。

【法律依据】

《最高人民法院执行工作办公室关于执行回转案件的申请执行人在被执行人破产案件中能否得到优先受偿保护的请示的答复》（〔2005〕执他字第 27 号）

天津市高级人民法院：

你院《关于执行回转案件的申请执行人在被执行人破产案件中能否得到优先受偿保护的请示》收悉。经研究，答复如下：

人民法院因原错误判决被撤销而进行执行回转，申请执行人在被执行人破产案件中能否得到优先受偿保护的问题，目前我国法律尚无明确规定。我们认为，因原错误判决而被执行的财产，并非因当事人的自主交易而转移。为此，不应当将当事人请求执行回转的权利作为普通债权对待。在执行回转案件被执行人破产的情况下，可以比照取回权制度，对执行回转案件申请执行人的权利予以优先保护，认定应当执行回转部分的财产数额，不属于破产财产。因此，审理破产案件的法院应当将该部分财产交由执行法院继续执行。

第二节 涉执行司法赔偿

第1问：什么是涉执行司法赔偿？

法院在执行过程中，错误的采取执行措施或者强制措施，侵犯公民、法人和其他组织合法权益并造成损害的，受害人有权依照国家赔偿法的规定申请赔偿。

【法律依据】

《最高人民法院关于审理涉执行司法赔偿案件适用法律若干问题的解释》（法释〔2022〕3号）

第一条　人民法院在执行判决、裁定及其他生效法律文书过程中，错误采取财产调查、控制、处置、交付、分配等执行措施或者罚款、拘留等强制措施，侵犯公民、法人和其他组织合法权益并造成损害，受害人依照国家赔偿法第三十八条规定申请赔偿的，适用本解释。

《中华人民共和国国家赔偿法》（2012年10月26日修正）

第三十八条　人民法院在民事诉讼、行政诉讼过程中，违法采取对妨害诉讼的强制措施、保全措施或者对判决、裁定及其他生效法律文书执行错误，造成损害的，赔偿请求人要求赔偿的程序，适用本法刑事赔偿程序的规定。

第2问：什么情形下的错误执行行为可以申请赔偿？

1. 执行未生效的法律文书，或者明显超出生效法律文书确定的数额、范围执行的。

2. 发现被执行人有可供执行的财产，但故意拖延执行、不执行，或者应当依法恢复执行而不恢复的。

3. 违法执行案外人财产，或者违法将执行款物交给其他当事人、案外人的。

4. 对质押、留置、保留所有权的财产采取执行措施，未依法保护权利人优先受偿权等合法权益的。

5. 对其他法院已经采取保全或者执行措施的财产违法执行的。

6. 对执行中查封、扣押、冻结的财产故意不履行或者怠于履行监管职责的。

7. 对不宜长期保存或易贬值的财产采取执行措施，未及时处理或者违法处理的。

8. 违法拍卖、变卖、以物抵债，或者依法应当评估而未评估，依法应当拍卖而未拍卖的。

9. 违法撤销拍卖、变卖或者以物抵债的。

10. 违法采取纳入失信被执行人名单、限制消费、限制出境等措施的。

11. 违法或者过错的其他行为。

【法律依据】

《最高人民法院关于审理涉执行司法赔偿案件适用法律若干问题的解释》（法释〔2022〕3号）

第二条 公民、法人和其他组织认为有下列错误执行行为造成损害申请赔偿的，人民法院应当依法受理：

（一）执行未生效法律文书，或者明显超出生效法律文书确定的数额和范围执行的；

（二）发现被执行人有可供执行的财产，但故意拖延执行、不执行，或者应当依法恢复执行而不恢复的；

（三）违法执行案外人财产，或者违法将案件执行款物交付给其他当事人、案外人的；

（四）对抵押、质押、留置、保留所有权等财产采取执行措施，未依法保护上述权利人优先受偿权等合法权益的；

（五）对其他人民法院已经依法采取保全或者执行措施的财产违法执行的；

（六）对执行中查封、扣押、冻结的财产故意不履行或者怠于履行监管职责的；

（七）对不宜长期保存或者易贬值的财产采取执行措施，未及时处理或者违法处理的；

（八）违法拍卖、变卖、以物抵债，或者依法应当评估而未评估，依法应当拍卖而未拍卖的；

（九）违法撤销拍卖、变卖或者以物抵债的；

（十）违法采取纳入失信被执行人名单、限制消费、限制出境等措施的；

（十一）因违法或者过错采取执行措施或者强制措施的其他行为。

第3问：法院工作人员在民事、行政诉讼过程中造成公民身体伤害或死亡的，是否需要进行赔偿？

需要。法院工作人员在民事、行政诉讼过程中，有殴打、虐待或者唆使、放纵他人殴打、虐待等行为，以及违法使用武器、器械，造成公民身体伤害或者死亡的，受害人有权取得赔偿。

【法律依据】

《最高人民法院关于审理民事、行政诉讼中司法赔偿案件适用法律若干问题的解释》（法释〔2016〕20号）

第六条 人民法院工作人员在民事、行政诉讼过程中，有殴打、虐待或者唆使、放纵他人殴打、虐待等行为，以及违法使用武器、警械，造成公民身体伤害或者死亡的，适用国家赔偿法第十七条第四项、第五项的规定予以赔偿。

《中华人民共和国国家赔偿法》(2012年10月26日修正)

第十七条 行使侦查、检察、审判职权的机关以及看守所、监狱管理机关及其工作人员在行使职权时有下列侵犯人身权情形之一的,受害人有取得赔偿的权利:

(一)违反刑事诉讼法的规定对公民采取拘留措施的,或者依照刑事诉讼法规定的条件和程序对公民采取拘留措施,但是拘留时间超过刑事诉讼法规定的时限,其后决定撤销案件、不起诉或者判决宣告无罪终止追究刑事责任的;

(二)对公民采取逮捕措施后,决定撤销案件、不起诉或者判决宣告无罪终止追究刑事责任的;

(三)依照审判监督程序再审改判无罪,原判刑罚已经执行的;

(四)刑讯逼供或者以殴打、虐待等行为或者唆使、放纵他人以殴打、虐待等行为造成公民身体伤害或者死亡的;

(五)违法使用武器、警械造成公民身体伤害或者死亡的。

第4问:除受害人外,合法占有使用财产的人是否可以申请赔偿?

可以。用益物权人、担保物权人、承租人或者其他合法占有使用财产的人,均有权提起赔偿程序。

【法律依据】

《最高人民法院关于审理民事、行政诉讼中司法赔偿案件适用法律若干问题的解释》(法释〔2016〕20号)

第十七条 用益物权人、担保物权人、承租人或者其他合法占有使用财产的人,依据国家赔偿法第三十八条规定申请赔偿的,人民法院应当依照《最高人民法院关于国家赔偿案件立案工作的规定》予以审查立案。

《中华人民共和国国家赔偿法》(2012年10月26日修正)

第三十八条 人民法院在民事诉讼、行政诉讼过程中，违法采取对妨害诉讼的强制措施、保全措施或者对判决、裁定及其他生效法律文书执行错误，造成损害的，赔偿请求人要求赔偿的程序，适用本法刑事赔偿程序的规定。

第5问：什么情形下是由上一级人民法院作为赔偿义务机关？

法院违法采取妨害诉讼的强制措施、保全措施、先予执行措施，或者对判决、裁定及其他生效法律文书执行错误，是因上一级法院复议改变原裁决所致的，由上一级法院作为赔偿义务机关。

【法律依据】

《最高人民法院关于审理民事、行政诉讼中司法赔偿案件适用法律若干问题的解释》(法释〔2016〕20号)

第十八条 人民法院在民事、行政诉讼过程中，违法采取对妨害诉讼的强制措施、保全措施、先予执行措施，或者对判决、裁定及其他生效法律文书执行错误，系因上一级人民法院复议改变原裁决所致的，由该上一级人民法院作为赔偿义务机关。

第6问：原债权人转让债权的，其基于债权申请国家赔偿的权利是否一并转让？

是的，但是依据权利性质、当事人约定或者法律规定不得转让的除外。

【法律依据】

《最高人民法院关于审理涉执行司法赔偿案件适用法律若干问题的解释》(法释〔2022〕3号)

第三条 原债权人转让债权的，其基于债权申请国家赔偿的权利随之转移，但根据债权性质、当事人约定或者法律规定不得转让的除外。

第7问：委托执行的案件因执行错误需要进行司法赔偿的，谁是赔偿义务机关？

法院将查封、扣押、冻结等事项委托其他法院执行，公民、法人和其他组织认为错误执行行为造成损害申请赔偿的，委托法院为赔偿义务机关。

【法律依据】

《最高人民法院关于审理涉执行司法赔偿案件适用法律若干问题的解释》(法释〔2022〕3号)

第四条 人民法院将查封、扣押、冻结等事项委托其他人民法院执行的，公民、法人和其他组织认为错误执行行为造成损害申请赔偿的，委托法院为赔偿义务机关。

第8问：申请错误执行赔偿的，应在何时提出？

1. 应当在执行程序终结后提出，终结前提出的不予受理。但是有下列情形之一，且无法在相关诉讼或者执行程序中予以补救的除外：

（1）罚款、拘留等强制措施已被依法撤销，或者实施过程中造成人身损害的；

（2）被执行的财产经诉讼程序依法确认不属于被执行人，或者法院生效法律文书已确认执行行为违法的；

（3）自立案执行之日起已经超过五年，且已裁定终结本次执行程序，被执行人无可供执行财产的；

（4）其他情形。

2. 在执行程序终结后申请赔偿的，该执行程序期间不计入赔偿请求时效。

【法律依据】

《最高人民法院关于审理涉执行司法赔偿案件适用法律若干问题的解释》（法释〔2022〕3号）

第五条 公民、法人和其他组织申请错误执行赔偿，应当在执行程序终结后提出，终结前提出的不予受理。但有下列情形之一，且无法在相关诉讼或者执行程序中予以补救的除外：

（一）罚款、拘留等强制措施已被依法撤销，或者实施过程中造成人身损害的；

（二）被执行的财产经诉讼程序依法确认不属于被执行人，或者人民法院生效法律文书已确认执行行为违法的；

（三）自立案执行之日起超过五年，且已裁定终结本次执行程序，被执行人已无可供执行财产的；

（四）在执行程序终结前可以申请赔偿的其他情形。

赔偿请求人依据前款规定，在执行程序终结后申请赔偿的，该执行程序期间不计入赔偿请求时效。

第9问：公民、法人和其他组织未就相关执行措施、强制措施提出异议、申请复议或执行监督的，是否影响其申请赔偿的权利？

不影响。

【法律依据】

《最高人民法院关于审理涉执行司法赔偿案件适用法律若干问题的解释》（法释〔2022〕3号）

第六条 公民、法人和其他组织在执行异议、复议或者执行监督程序审查期间，就相关执行措施或者强制措施申请赔偿的，人民法院不予受理，已经受理的予以驳回，并告知其在上述程序终结后可以依照本解释第五条的规定依法提出赔偿申请。

公民、法人和其他组织在执行程序中未就相关执行措施、强制措施提出异议、申请复议或者申请执行监督，不影响其依法申请赔偿的权利。

第 10 问：法院赔偿委员会审查执行行为合法性的根据是什么？

经执行异议、复议或者执行监督程序作出的生效法律文书，对执行行为是否合法已经有认定的，该生效法律文书可以作为法院赔偿委员会认定执行行为合法性的根据。

但是赔偿请求人对执行行为合法性提出相反主张，并提供相应证据进行证明的，法院赔偿委员会应当对执行行为进行审查并作出认定。

【法律依据】

《最高人民法院关于审理涉执行司法赔偿案件适用法律若干问题的解释》（法释〔2022〕3号）

第七条 经执行异议、复议或者执行监督程序作出的生效法律文书，对执行行为是否合法已有认定的，该生效法律文书可以作为人民法院赔偿委员会认定执行行为合法性的根据。

赔偿请求人对执行行为的合法性提出相反主张，且提供相应证据予以证明的，人民法院赔偿委员会应当对执行行为进行合法性审查并作出认定。

第 11 问：不认定为执行错误的情形有哪些？

根据当时有效的执行依据或者依法认定的基本事实作出的执行行为，不因下列情形而认定为错误执行：

1. 采取执行措施或者强制措施后，据以执行的判决、裁定及其他生效法律文书被撤销或者变更的。

2. 被执行人足以对抗执行的实体事由，系在执行措施完成后发生或者被依法确认的。

3. 案外人对执行标的享有足以排除执行的实体权利，系在执行措施完成后经法定程序确认的。

4. 法院作出准予执行行政行为的裁定并实施后，该行政行为被依法变更、撤销、确认违法或者确认无效的。

5. 根据财产登记采取执行措施后，该登记被依法确认错误的。

6. 执行依据或者基本事实嗣后改变的其他情形。

【法律依据】

《最高人民法院关于审理涉执行司法赔偿案件适用法律若干问题的解释》（法释〔2022〕3号）

第八条 根据当时有效的执行依据或者依法认定的基本事实作出的执行行为，不因下列情形而认定为错误执行：

（一）采取执行措施或者强制措施后，据以执行的判决、裁定及其他生效法律文书被撤销或者变更的；

（二）被执行人足以对抗执行的实体事由，系在执行措施完成后发生或者被依法确认的；

（三）案外人对执行标的享有足以排除执行的实体权利，系在执行措施完成后经法定程序确认的；

（四）人民法院作出准予执行行政行为的裁定并实施后，该行政行为被依法变更、撤销、确认违法或者确认无效的；

（五）根据财产登记采取执行措施后，该登记被依法确认错误的；

（六）执行依据或者基本事实嗣后改变的其他情形。

第12问：申请赔偿的举证责任如何分配？

赔偿请求人应当对其主张的损害负举证责任。但是因法院未列清单、列举不详等过错致使赔偿请求人无法就损害举证的，应由法院对上述事实承担举证责任。

双方主张损害的价值无法认定的，应由负有举证责任的一方申请鉴定；其拒绝申请的，承担不利后果；无法鉴定的，法院赔偿委员会结合双方的主张、在案证据，运用逻辑推理、日常生活经验法则进行判断。

【法律依据】

《最高人民法院关于审理涉执行司法赔偿案件适用法律若干问题的解释》（法释〔2022〕3号）

第九条　赔偿请求人应当对其主张的损害负举证责任。但因人民法院未列清单、列举不详等过错致使赔偿请求人无法就损害举证的，应当由人民法院对上述事实承担举证责任。

双方主张损害的价值无法认定的，应当由负有举证责任的一方申请鉴定。负有举证责任的一方拒绝申请鉴定的，由其承担不利的法律后果；无法鉴定的，人民法院赔偿委员会应当结合双方的主张和在案证据，运用逻辑推理、日常生活经验等进行判断。

第13问：被执行人因申请赔偿获得赔偿金，但其所负债务尚未清偿的，如何处理？

所获赔偿金应当首先用于清偿其债务。

【法律依据】

《最高人民法院关于审理涉执行司法赔偿案件适用法律若干问题的解释》（法释〔2022〕3号）

第十条　被执行人因财产权被侵犯依照本解释第五条第一款规定申请赔偿，其债务尚未清偿的，获得的赔偿金应当首先用于清偿其债务。

第 14 问：法院在承担了赔偿责任之后，是否可以进行追偿？

可以。

1. 因错误执行取得不当利益且无法返还的，法院在承担赔偿责任之后，可以依据赔偿决定向取得不当利益的人追偿。

2. 因错误执行致使生效法律文书无法执行的，申请执行人获得国家赔偿后申请继续执行的，不予支持。法院在承担赔偿责任之后，可以依据赔偿决定向被执行人追偿。

【法律依据】

《最高人民法院关于审理涉执行司法赔偿案件适用法律若干问题的解释》（法释〔2022〕3 号）

第十一条　因错误执行取得不当利益且无法返还的，人民法院承担赔偿责任后，可以依据赔偿决定向取得不当利益的人追偿。

因错误执行致使生效法律文书无法执行，申请执行人获得国家赔偿后申请继续执行的，不予支持。人民法院承担赔偿责任后，可以依据赔偿决定向被执行人追偿。

第 15 问：因法院未尽监管职责给公民、法人和其他组织造成损害的，是否需要进行赔偿？

需要。在执行过程中，因保管人或者第三人的行为侵犯公民、法人和其他组织合法权益并造成损害的，应由保管人或第三人承担责任。但是法院未尽到监管职责的，应当在其能够防止或者制止损害发生、扩大的范围内承担相应的赔偿责任，并可以依据赔偿决定向保管人或第三人进行追偿。

【法律依据】

《最高人民法院关于审理涉执行司法赔偿案件适用法律若干问题的解释》（法释〔2022〕3号）

第十二条　在执行过程中，因保管人或者第三人的行为侵犯公民、法人和其他组织合法权益并造成损害的，应当由保管人或者第三人承担责任。但人民法院未尽监管职责的，应当在其能够防止或者制止损害发生、扩大的范围内承担相应的赔偿责任，并可以依据赔偿决定向保管人或者第三人追偿。

第16问：法院不承担赔偿责任的情形有哪些？

1. 申请执行人提供财产线索错误的。
2. 执行措施系根据依法提供的担保而采取或者解除的。
3. 法院工作人员实施的与行使职权无关的个人行为的。
4. 评估、拍卖机构实施违法行为造成损害的。
5. 因不可抗力、正当防卫或者紧急避险造成损害的。
6. 其他法定情形。

【法律依据】

《最高人民法院关于审理涉执行司法赔偿案件适用法律若干问题的解释》（法释〔2022〕3号）

第十三条　属于下列情形之一的，人民法院不承担赔偿责任：

（一）申请执行人提供财产线索错误的；

（二）执行措施系根据依法提供的担保而采取或者解除的；

（三）人民法院工作人员实施与行使职权无关的个人行为的；

（四）评估或者拍卖机构实施违法行为造成损害的；

（五）因不可抗力、正当防卫或者紧急避险造成损害的；

（六）依法不应由人民法院承担赔偿责任的其他情形。

前款情形中，人民法院有错误执行行为的，应当根据其在损害发生过程和结果中所起的作用承担相应的赔偿责任。

第 17 问：错误执行给公民、法人和其他组织造成实际损失的，如何进行赔偿？

错误执行造成公民、法人和其他组织利息、租金等实际损失的，按照直接损失予以赔偿。

【法律依据】

《最高人民法院关于审理涉执行司法赔偿案件适用法律若干问题的解释》（法释〔2022〕3号）

第十四条 错误执行造成公民、法人和其他组织利息、租金等实际损失的，适用国家赔偿法第三十六条第八项的规定予以赔偿。

《中华人民共和国国家赔偿法》（2012年10月26日修正）

第三十六条 侵犯公民、法人和其他组织的财产权造成损害的，按照下列规定处理：

（八）对财产权造成其他损害的，按照直接损失给予赔偿。

第 18 问：侵犯公民、法人和其他组织的财产权，按照错误执行行为发生时市场价格计算不足以弥补受害人损失或价格无法确定的，如何进行赔偿？

1. 按照错误执行行为发生时的市场价格计算财产损失并支付利息，利息计算期间从错误执行行为实施之日起至赔偿决定作出之日止。

2. 错误执行行为发生时的市场价格无法确定，或者因时间跨度长、市场价格波动大等因素按照当时的市场价格计算显失公平的，可参照赔偿决定作出时同类财产市场价格计算。

3. 按照其他合理方式进行计算。

【法律依据】

《最高人民法院关于审理涉执行司法赔偿案件适用法律若干问题的解释》（法释〔2022〕3号）

第十五条 侵犯公民、法人和其他组织的财产权，按照错误执行行为发生时的市场价格不足以弥补受害人损失或者该价格无法确定的，可以采用下列方式计算损失：

（一）按照错误执行行为发生时的市场价格计算财产损失并支付利息，利息计算期间从错误执行行为实施之日起至赔偿决定作出之日止；

（二）错误执行行为发生时的市场价格无法确定，或者因时间跨度长、市场价格波动大等因素按照错误执行行为发生时的市场价格计算显失公平的，可以参照赔偿决定作出时同类财产市场价格计算；

（三）其他合理方式。

第19问：错误执行造成受害人停产停业的，如何进行赔偿？

1. 赔偿受害人停业期间必要的经营性费用开支，包括：

（1）必要留守职工工资；

（2）必须缴纳的税款、社会保险费；

（3）应当缴纳的水电费、保管费、仓储费、承包费；

（4）合理的房屋场地租金、设备租金、设备折旧费；

（5）维系停产停业期间运营所需的其他基本开支。

2. 错误执行生产设备、用于营运的运输工具，致使受害人丧失唯一生活来源的，按照其实际损失予以赔偿。

【法律依据】

《最高人民法院关于审理涉执行司法赔偿案件适用法律若干问题的解释》（法释〔2022〕3号）

第十六条 错误执行造成受害人停产停业的，下列损失属于停产停业期间必要的经常性费用开支：

（一）必要留守职工工资；

（二）必须缴纳的税款、社会保险费；

（三）应当缴纳的水电费、保管费、仓储费、承包费；

（四）合理的房屋场地租金、设备租金、设备折旧费；

（五）维系停产停业期间运营所需的其他基本开支。

错误执行生产设备、用于营运的运输工具，致使受害人丧失唯一生活来源的，按照其实际损失予以赔偿。

第 20 问：错误执行行为侵犯债权的，如何进行赔偿？

错误执行侵犯债权的，赔偿范围一般应当以债权标的额为限。债权受让人申请赔偿的，以其受让债权时支付的对价为限。

【法律依据】

《最高人民法院关于审理涉执行司法赔偿案件适用法律若干问题的解释》(法释〔2022〕3 号)

第十七条　错误执行侵犯债权的，赔偿范围一般应当以债权标的额为限。债权受让人申请赔偿的，赔偿范围以其受让债权时支付的对价为限。

第 21 问：违法拍卖造成的损失如何计算？

1. 法院执行错误且对公民、法人和其他组织的财产已经依照法定程序拍卖或变卖的，应当给付拍卖或者变卖所得的价款。

2. 法院违法拍卖或者变卖价款明显低于财产价值的，参照本章第 18 问计算相应的赔偿金。

【法律依据】

《最高人民法院关于审理民事、行政诉讼中司法赔偿案件适用法律若干问题的解释》(法释〔2016〕20号)

第十三条 人民法院及其工作人员对判决、裁定及其他生效法律文书执行错误,且对公民、法人或者其他组织的财产已经依照法定程序拍卖或者变卖的,应当给付拍卖或者变卖所得的价款。

人民法院违法拍卖,或者变卖价款明显低于财产价值的,应当依照本解释第十二条的规定支付相应的赔偿金。

第22问:侵犯公民人身权的,赔偿损失如何计算?

1. 侵犯人身自由的,每日赔偿金按照国家上年度职工日平均工资计算。

2. 侵犯生命健康权的,赔偿金按照如下方式计算:

(1) 造成身体伤害的,应支付医疗费、护理费以及赔偿因误工减少的收入;减少的收入每日赔偿金按照国家上年度职工日平均工资计算,最高额为国家上年度职工年平均工资的五倍;

(2) 造成部分或者全部丧失劳动能力的,应支付医疗费、护理费、残疾生活辅助具费、康复费等因残疾而增加的必要支出和继续治疗所必需的费用,以及残疾赔偿金;残疾赔偿金根据丧失劳动能力的程度,按照国家规定的伤残等级确定,最高不超过国家上年度职工年平均工资的二十倍;造成全部丧失劳动能力的,对其扶养的无劳动能力的人,还应当支付生活费;

(3) 造成死亡的,应当支付死亡赔偿金、丧葬费,总额为国家上年度职工年平均工资的二十倍;对死者生前扶养的无劳动能力的人,还应当支付生活费;

(4) 前述第(2)项、第(3)项规定的生活费的发放标准,参照当地最低生活保障标准执行;被扶养的人是未成年人的,生活费给付至十八周岁止；其他无劳动能力的人，生活费给付至死亡时止。

3. 致人精神损害的，应在侵权行为影响范围内，为受害人消除影响、恢复名誉、赔礼道歉；造成严重后果的，应支付相应的精神损害抚慰金。

【法律依据】

《最高人民法院关于审理民事、行政诉讼中司法赔偿案件适用法律若干问题的解释》（法释〔2016〕20号）

第十一条 人民法院及其工作人员在民事、行政诉讼过程中，具有本解释第二条、第六条规定情形，侵犯公民人身权的，应当依照国家赔偿法第三十三条、第三十四条的规定计算赔偿金。致人精神损害的，应当依照国家赔偿法第三十五条的规定，在侵权行为影响的范围内，为受害人消除影响、恢复名誉、赔礼道歉；造成严重后果的，还应当支付相应的精神损害抚慰金。

《中华人民共和国国家赔偿法》（2012年10月26日修正）

第三十三条 侵犯公民人身自由的，每日赔偿金按照国家上年度职工日平均工资计算。

第三十四条 侵犯公民生命健康权的，赔偿金按照下列规定计算：

（一）造成身体伤害的，应当支付医疗费、护理费，以及赔偿因误工减少的收入。减少的收入每日的赔偿金按照国家上年度职工日平均工资计算，最高额为国家上年度职工年平均工资的五倍；

（二）造成部分或者全部丧失劳动能力的，应当支付医疗费、护理费、残疾生活辅助具费、康复费等因残疾而增加的必要支出和继续治疗所必需的费用，以及残疾赔偿金。残疾赔偿金根据丧失劳动能力的程度，按照国家规定的伤残等级确定，最高不超过国家上年度职工年平均工资的二十倍。造成全部丧失劳动能力的，对其扶养的无劳动能力的人，还应当支付生活费；

（三）造成死亡的，应当支付死亡赔偿金、丧葬费，总额为国家上年度职工年平均工资的二十倍。对死者生前扶养的无劳动能力的人，还应当支付生活费。

前款第二项、第三项规定的生活费的发放标准，参照当地最低生活保障标准执行。被扶养的人是未成年人的，生活费给付至十八周岁止；其他无劳动能力的人，生活费给付至死亡时止。

第三十五条 有本法第三条或者第十七条规定情形之一，致人精神损害的，应当在侵权行为影响的范围内，为受害人消除影响，恢复名誉，赔礼道歉；造成严重后果的，应当支付相应的精神损害抚慰金。

第23问：违法采取保全措施的案件进入执行程序后，是否可以申请赔偿？

可以。

【法律依据】

《最高人民法院关于审理涉执行司法赔偿案件适用法律若干问题的解释》（法释〔2022〕3号）

第十八条 违法采取保全措施的案件进入执行程序后，公民、法人和其他组织申请赔偿的，应当作为错误执行案件予以立案审查。

第十九条 审理违法采取妨害诉讼的强制措施、保全、先予执行赔偿案件，可以参照适用本解释。

第四编　执行审查

第一章 一般规定

第1问：执行审查案件包含哪些？

执行异议、复议、监督、请示、协调等案件。

【法律依据】

《最高人民法院关于执行案件立案、结案若干问题的意见》（法发〔2014〕26号）

第一条 本意见所称执行案件包括执行实施类案件和执行审查类案件。

执行实施类案件是指人民法院因申请执行人申请、审判机构移送、受托、提级、指定和依职权，对已发生法律效力且具有可强制执行内容的法律文书所确定的事项予以执行的案件。

执行审查类案件是指在执行过程中，人民法院审查和处理执行异议、复议、申诉、请示、协调以及决定执行管辖权的移转等事项的案件。

第八条 执行审查类案件按下列规则确定类型代字和案件编号：

（一）执行异议案件类型代字为"执异字"，按照立案时间的先后顺序确定案件编号，单独进行排序；

（二）执行复议案件类型代字为"执复字"，按照立案时间的先后顺序确定案件编号，单独进行排序；

（三）执行监督案件类型代字为"执监字"，按照立案时间的先后顺序确定案件编号，单独进行排序；

（四）执行请示案件类型代字为"执请字"，按照立案时间的先后顺序确定案件编号，单独进行排序；

（五）执行协调案件类型代字为"执协字"，按照立案时间的先后顺序确定案件编号，单独进行排序。

第 2 问：执行审查案件如何立案？

立案机构根据当事人的申请或者执行机构的移送进行登记立案。

【法律依据】

《最高人民法院关于执行权合理配置和科学运行的若干意见》（法发〔2011〕15号）

11. 办理执行实施、执行异议、执行复议、执行监督、执行协调、执行请示等执行案件和案外人执行异议之诉、申请执行人执行异议之诉、执行分配方案异议之诉、代位析产之诉等涉执行的诉讼案件，由立案机构进行立案审查，并纳入审判和执行案件统一管理体系。

人民法庭经授权执行自审案件，可由其自行办理立案登记手续，并纳入执行案件的统一管理。

第 3 问：审查的方式是什么？

由法官组成合议庭，执行异议和复议案件采取书面审查，案情复杂、争议较大的，应当进行听证；执行监督、请示、协调案件原则上实行书面审查，必要时也可以进行听证。

【法律依据】

《最高人民法院关于执行权合理配置和科学运行的若干意见》（法发〔2011〕15号）

4. 执行审查权的范围主要是审查和处理执行异议、复议、申诉以及决定执行管辖权的移转等审查事项。执行审查权由法官行使。

5. 执行实施事项的处理应当采取审批制，执行审查事项的处理应当采取合议制。

《最高人民法院关于人民法院办理执行异议和复议案件若干问题的规定》（法释〔2020〕21号）

第十一条 人民法院审查执行异议或者复议案件，应当依法组成合议庭。

指令重新审查的执行异议案件，应当另行组成合议庭。

办理执行实施案件的人员不得参与相关执行异议和复议案件的审查。

第十二条 人民法院对执行异议和复议案件实行书面审查。案情复杂、争议较大的，应当进行听证。

第十三条 执行异议、复议案件审查期间，异议人、复议申请人申请撤回异议、复议申请的，是否准许由人民法院裁定。

第十四条 异议人或者复议申请人经合法传唤，无正当理由拒不参加听证，或者未经法庭许可中途退出听证，致使人民法院无法查清相关事实的，由其自行承担不利后果。

第4问：当事人撤回申请的如何处理？

1. 执行异议、复议案件审查期间，当事人撤回异议、复议申请的，是否准许由法院裁定。

2. 执行复议审查期间，异议人撤回异议申请的，参照二审诉讼程序中原审原告撤回起诉的处理方式：经其他当事人同意且不损害国家利益、社会公共利益、他人合法权益的，法院可以准许。

3. 执行监督案件审查期间，申诉人撤回督促、监督申请的，是否准许由法院裁定。

【法律依据】

《最高人民法院关于人民法院办理执行异议和复议案件若干问题的规定》（法释〔2020〕21号）

第十三条　执行异议、复议案件审查期间，异议人、复议申请人申请撤回异议、复议申请的，是否准许由人民法院裁定。

《最高人民法院关于适用〈中华人民共和国民事诉讼法〉的解释》（法释〔2022〕11号）

第三百三十六条　在第二审程序中，原审原告申请撤回起诉，经其他当事人同意，且不损害国家利益、社会公共利益、他人合法权益的，人民法院可以准许。准许撤诉的，应当一并裁定撤销一审裁判。

原审原告在第二审程序中撤回起诉后重复起诉的，人民法院不予受理。

第5问：执行听证程序的要求有哪些？

1. 执行听证应当公开进行，除涉及国家秘密、个人隐私或法律另有规定的除外。

2. 听证参与人因客观原因不能自行收集的证据，向法院提出申请的，法院应当收集。

3. 应当在听证会召开前三天通知听证参与人。

4. 听证一般包括调查、辩论和最后陈述阶段。

5. 有下列情形之一的，法院可以决定延期召开听证会：

（1）必须出席听证会的听证参与人有正当理由不能出席的；

（2）听证参与人临时提出回避申请，一时难以决定的；

（3）需要通知新的证人到庭，调取新的证据，或者需要补充调查的；

（4）其他应当延期的情形。

6. 听证应制作笔录由各方参与人签名。

【法律依据】

《中华人民共和国民事诉讼法》（2023年9月1日修正）

第六十七条 当事人对自己提出的主张，有责任提供证据。

当事人及其诉讼代理人因客观原因不能自行收集的证据，或者人民法院认为审理案件需要的证据，人民法院应当调查收集。

人民法院应当按照法定程序，全面地、客观地审查核实证据。

第一百三十二条 审判人员必须认真审核诉讼材料，调查收集必要的证据。

第一百三十七条 人民法院审理民事案件，除涉及国家秘密、个人隐私或者法律另有规定的以外，应当公开进行。

离婚案件，涉及商业秘密的案件，当事人申请不公开审理的，可以不公开审理。

第一百四十九条 有下列情形之一的，可以延期开庭审理：

（一）必须到庭的当事人和其他诉讼参与人有正当理由没有到庭的；

（二）当事人临时提出回避申请的；

（三）需要通知新的证人到庭，调取新的证据，重新鉴定、勘验，或者需要补充调查的；

（四）其他应当延期的情形。

第一百五十条 书记员应当将法庭审理的全部活动记入笔录，由审判人员和书记员签名。

法庭笔录应当当庭宣读，也可以告知当事人和其他诉讼参与人当庭或者在五日内阅读。当事人和其他诉讼参与人认为对自己的陈述记录有遗漏或者差错的，有权申请补正。如果不予补正，应当将申请记录在案。

法庭笔录由当事人和其他诉讼参与人签名或者盖章。拒绝签名盖章的，记明情况附卷。

第二章　执行异议案件

第一节　执行行为异议

第1问：什么是执行行为异议？

执行过程中，当事人、利害关系人认为执行法院的执行行为违反法律或司法解释规定的，可向法院提出执行行为异议，法院对该异议审查处理的，应当在15日内作出裁定。

【法律依据】

《中华人民共和国民事诉讼法》(2023年9月1日修正)

第二百三十六条　当事人、利害关系人认为执行行为违反法律规定的，可以向负责执行的人民法院提出书面异议。当事人、利害关系人提出书面异议的，人民法院应当自收到书面异议之日起十五日内审查，理由成立的，裁定撤销或者改正；理由不成立的，裁定驳回。当事人、利害关系人对裁定不服的，可以自裁定送达之日起十日内向上一级人民法院申请复议。

《最高人民法院关于适用〈中华人民共和国民事诉讼法〉执行程序若干问题的解释》(法释〔2020〕21号)

第五条　执行过程中，当事人、利害关系人认为执行法院的执行行为违反法律规定的，可以依照民事诉讼法第二百二十五条[1]的规定

---

[1] 现相关规定见《中华人民共和国民事诉讼法》(2023年修正)第二百三十六条。

提出异议。

执行法院审查处理执行异议，应当自收到书面异议之日起十五日内作出裁定。

第 2 问：申请执行行为异议，应当向法院提交什么材料？

1. 申请书：应当载明具体的异议请求、事实、理由等内容。
2. 异议人的身份证明材料。
3. 相关证据材料。
4. 送达地址和联系方式。

【法律依据】

《最高人民法院关于人民法院办理执行异议和复议案件若干问题的规定》（法释〔2020〕21号）

第一条 异议人提出执行异议或者复议申请人申请复议，应当向人民法院提交申请书。申请书应当载明具体的异议或者复议请求、事实、理由等内容，并附下列材料：

（一）异议人或者复议申请人的身份证明；

（二）相关证据材料；

（三）送达地址和联系方式。

第 3 问：申请执行行为异议的时间是什么时候？

1. 认为执行行为违反法律规定的，应当在执行程序终结之前提出。
2. 对终结执行行为（如执行完毕、终结执行、销案）提出异议的，应当在收到终结执行法律文书之日起的 60 日内提出；未收到法律文书的，应当自知道或者应当知道法院终结执行之日起的 60 日内提出。

3. "终结执行行为"仅包含三种，不包括"终结本次执行程序。"对法院"终结本次执行程序"有异议的，按照第1条规定，在执行程序终结之前提出。

【法律依据】

《最高人民法院关于人民法院办理执行异议和复议案件若干问题的规定》(法释〔2020〕21号)

第六条第一款　当事人、利害关系人依照民事诉讼法第二百二十五条①规定提出异议的，应当在执行程序终结之前提出，但对终结执行措施提出异议的除外。

《最高人民法院关于对人民法院终结执行行为提出执行异议期限问题的批复》(法释〔2016〕3号)

湖北省高级人民法院：

你院《关于咸宁市广泰置业有限公司与咸宁市枫丹置业有限公司房地产开发经营合同纠纷案的请示》(鄂高法〔2015〕295号)收悉。经研究，批复如下：

当事人、利害关系人依照民事诉讼法第二百二十五条②规定对终结执行行为提出异议的，应当自收到终结执行法律文书之日起六十日内提出；未收到法律文书的，应当自知道或者应当知道人民法院终结执行之日起六十日内提出。批复发布前终结执行的，自批复发布之日起六十日内提出。超出该期限提出执行异议的，人民法院不予受理。

此复。

---

① 现相关规定见《中华人民共和国民事诉讼法》(2023年修正)第二百三十六条。
② 现相关规定见《中华人民共和国民事诉讼法》(2023年修正)第二百三十六条。

第4问：申请执行行为异议，但法院消极立案、审查的，如何救济？

法院收到执行行为异议后三日内既不立案又不作出不予受理裁定，或者受理后无正当理由超过法定期限不作出异议裁定的，异议人可以向上一级法院提出异议。

上一级法院经审查后认为理由成立的，应指令执行法院在三日内立案或在十五日内作出异议裁定。

【法律依据】

《最高人民法院关于人民法院办理执行异议和复议案件若干问题的规定》（法释〔2020〕21号）

第三条 执行法院收到执行异议后三日内既不立案又不作出不予受理裁定，或者受理后无正当理由超过法定期限不作出异议裁定的，异议人可以向上一级人民法院提出异议。上一级人民法院审查后认为理由成立的，应当指令执行法院在三日内立案或者在十五日内作出异议裁定。

第5问：有权利提出执行行为异议的主体包含哪些？

当事人和利害关系人。其中利害关系人包括：

1. 认为法院执行行为违法，妨碍其轮候查封、扣押、冻结的债权受偿的。

2. 认为法院的拍卖措施违法，妨碍其参与公平竞价的。

3. 认为法院的拍卖、变卖或者以物抵债措施违法，侵害其对执行标的的优先购买权的。

4. 认为法院要求协助执行的事项超出其协助范围或违反法律规定的。

5. 认为其他合法权益受到法院违法执行行为侵害的。

【法律依据】

《最高人民法院关于人民法院办理执行异议和复议案件若干问题的规定》（法释〔2020〕21号）

第五条　有下列情形之一的，当事人以外的自然人、法人和非法人组织，可以作为利害关系人提出执行行为异议：

（一）认为人民法院的执行行为违法，妨碍其轮候查封、扣押、冻结的债权受偿的；

（二）认为人民法院的拍卖措施违法，妨碍其参与公平竞价的；

（三）认为人民法院的拍卖、变卖或者以物抵债措施违法，侵害其对执行标的的优先购买权的；

（四）认为人民法院要求协助执行的事项超出其协助范围或者违反法律规定的；

（五）认为其他合法权益受到人民法院违法执行行为侵害的。

第6问："执行行为"的范围包含哪些？

执行过程中或者执行保全、先予执行裁定过程中的下列行为，属于本节所述的"执行行为"：

1. 查封、扣押、冻结、拍卖、变卖、以物抵债、暂缓执行、中止执行、终结执行等执行措施。

2. 执行的期间、顺序等应当遵守的法定程序。

3. 法院作出的侵害当事人、利害关系人合法权益的其他行为。

【法律依据】

《最高人民法院关于人民法院办理执行异议和复议案件若干问题的规定》（法释〔2020〕21号）

第七条第一款　当事人、利害关系人认为执行过程中或者执行保全、先予执行裁定过程中的下列行为违法提出异议的，人民法院应当

依照民事诉讼法第二百二十五条规定进行审查:

(一) 查封、扣押、冻结、拍卖、变卖、以物抵债、暂缓执行、中止执行、终结执行等执行措施;

(二) 执行的期间、顺序等应当遵守的法定程序;

(三) 人民法院作出的侵害当事人、利害关系人合法权益的其他行为。

第7问:本节所述的可以提出执行行为异议的案件,是否有例外情形?

有。对于2008年4月1日之前发生的执行行为,不能提出异议或者申请复议,只能依法提起申诉,按照审判监督程序处理。

【法律依据】

《最高人民法院关于执行工作中正确适用修改后民事诉讼法第202条、第204条①规定的通知》(法明传〔2008〕1223号)

一、当事人、利害关系人根据民事诉讼法第202条的规定,提出异议或申请复议,只适用于发生在2008年4月1日后作出的执行行为;对于2008年4月1日前发生的执行行为,当事人、利害关系人可以依法提起申诉,按监督案件处理。

二、案外人对执行标的提出异议的,执行法院应当审查并作出裁定。按民事诉讼法第204条的规定,案外人不服此裁定只能提起诉讼或者按审判监督程序办理。执行法院在针对异议作出的裁定书中赋予案外人、当事人申请复议的权利,无法律依据。

三、当事人、利害关系人认为执行法院的执行行为违法的,应当先提出异议,对执行法院作出的异议裁定不服的才能申请复议。执行法

---

① 现相关规定见《中华人民共和国民事诉讼法》(2023年修正)第二百三十六条、第二百三十八条。

院不得在作出执行行为的裁定书中直接赋予当时人申请复议的权力。

第8问：对同一个执行行为有多个异议事由的，应一并提出还是分别提出？

应一并提出，如果未在异议审查过程中一并提出，撤回异议或者被裁定驳回异议后，再次就该执行行为提出异议的，法院不予受理。

【法律依据】

《最高人民法院关于人民法院办理执行异议和复议案件若干问题的规定》（法释〔2020〕21号）

第十五条第一款　当事人、利害关系人对同一执行行为有多个异议事由，但未在异议审查过程中一并提出，撤回异议或者被裁定驳回异议后，再次就该执行行为提出异议的，人民法院不予受理。

第9问：执行行为异议的处理结果有哪几种？

1. 不符合受理条件的，裁定驳回异议申请。
2. 经审查异议不成立的，裁定驳回异议请求。
3. 异议成立的，裁定撤销相关执行行为。
4. 异议部分成立的，裁定变更相关执行行为。
5. 异议成立或部分成立，但是执行行为无撤销、变更内容的，裁定异议成立或者相应部分异议成立。

【法律依据】

《最高人民法院关于人民法院办理执行异议和复议案件若干问题的规定》（法释〔2020〕21号）

第十七条　人民法院对执行行为异议，应当按照下列情形，分别处理：

（一）异议不成立的，裁定驳回异议；

（二）异议成立的，裁定撤销相关执行行为；

（三）异议部分成立的，裁定变更相关执行行为；

（四）异议成立或者部分成立，但执行行为无撤销、变更内容的，裁定异议成立或者相应部分异议成立。

第 10 问：对执行行为异议裁定不服的，如何救济？

可以自裁定送达之日起的 10 日内向上一级法院申请复议。

【法律依据】

《中华人民共和国民事诉讼法》（2023 年 9 月 1 日修正）

第二百三十六条 当事人、利害关系人认为执行行为违反法律规定的，可以向负责执行的人民法院提出书面异议。当事人、利害关系人提出书面异议的，人民法院应当自收到书面异议之日起十五日内审查，理由成立的，裁定撤销或者改正；理由不成立的，裁定驳回。当事人、利害关系人对裁定不服的，可以自裁定送达之日起十日内向上一级人民法院申请复议。

第 11 问：执行行为异议审查期间，是否停止执行？

不停止。被执行人、利害关系人提供充分、有效的担保请求停止相应处分措施的，法院可以准许；申请执行人提供充分、有效的担保请求继续执行的，应当继续执行。

【法律依据】

《最高人民法院关于适用〈中华人民共和国民事诉讼法〉执行程序若干问题的解释》（法释〔2020〕21 号）

第九条 执行异议审查和复议期间，不停止执行。

被执行人、利害关系人提供充分、有效的担保请求停止相应处分措施的，人民法院可以准许；申请执行人提供充分、有效的担保请求继续执行的，应当继续执行。

第 12 问：执行行为异议与案外人异议同时提出的，如何处理？

1. 案外人基于实体权利既对执行标的提出排除执行异议，又作为利害关系人提出执行行为异议的，法院应按照案外人执行标的异议的程序，在收到书面异议之日起的 15 日内审查：理由成立的，裁定中止对该标的的执行；理由不成立的，裁定驳回。

2. 案外人基于实体权利既对执行标的提出排除执行异议，又作为利害关系人提出与实体权利无关的执行行为异议的，法院应分别按照案外人执行标的异议和执行行为异议的程序进行审查处理。

【法律依据】

《最高人民法院关于人民法院办理执行异议和复议案件若干问题的规定》（法释〔2020〕21 号）

第八条　案外人基于实体权利既对执行标的提出排除执行异议又作为利害关系人提出执行行为异议的，人民法院应当依照民事诉讼法第二百二十七条规定进行审查。

案外人既基于实体权利对执行标的提出排除执行异议又作为利害关系人提出与实体权利无关的执行行为异议的，人民法院应当分别依照民事诉讼法第二百二十七条和第二百二十五条规定进行审查。

《中华人民共和国民事诉讼法》（2023 年 9 月 1 日修正）

第二百三十六条　当事人、利害关系人认为执行行为违反法律规定的，可以向负责执行的人民法院提出书面异议。当事人、利害关系人提出书面异议的，人民法院应当自收到书面异议之日起十五日内审查，理由成立的，裁定撤销或者改正；理由不成立的，裁定驳回。当事人、利害关系人对裁定不服的，可以自裁定送达之日起十日内向上一级人民法院申请复议。

第二百三十八条 执行过程中，案外人对执行标的提出书面异议的，人民法院应当自收到书面异议之日起十五日内审查，理由成立的，裁定中止对该标的的执行；理由不成立的，裁定驳回。案外人、当事人对裁定不服，认为原判决、裁定错误的，依照审判监督程序办理；与原判决、裁定无关的，可以自裁定送达之日起十五日内向人民法院提起诉讼。

第13问：异议人将执行行为异议与案外人异议混淆的，法院如何进行处理？

法院在审查过程中发现第三人对执行行为提出异议，但是其异议内容实质上是对执行标的主张实体权利以对抗执行的，应告知其变更异议请求内容和理由，第三人拒不变更的，依照案外人执行标的异议的程序审查处理。

【法律依据】

《中华人民共和国民事诉讼法》（2023年9月1日修正）

第二百三十八条 执行过程中，案外人对执行标的提出书面异议的，人民法院应当自收到书面异议之日起十五日内审查，理由成立的，裁定中止对该标的的执行；理由不成立的，裁定驳回。案外人、当事人对裁定不服，认为原判决、裁定错误的，依照审判监督程序办理；与原判决、裁定无关的，可以自裁定送达之日起十五日内向人民法院提起诉讼。

《人民法院办理执行案件规范》（第二版）（2022年）

1259.【执行行为异议与案外人异议相混淆的处理】

人民法院在审查过程中发现第三人对执行行为提出异议，但其主张的实质内容是对执行标的主张实体权利以对抗执行的，应当告知第三人变更其异议请求的内容和理由，第三人拒不变更的，依照民事诉讼法第二百三十四条的规定处理。

第14问：被执行人认为执行案件不符合受理条件而提出异议的，如何处理？

参照执行行为异议的规定进行审查。理由成立的，裁定异议成立并驳回申请执行人的执行申请，已经采取执行措施的，予以纠正；理由不成立的，裁定驳回异议。

【法律依据】

《人民法院办理执行案件规范》（第二版）（2022年）

1260.【案件受理异议的审查处理】

被执行人认为执行案件不符合受理条件而提出异议，或者虽针对执行通知、执行裁定书等提出异议，但实质是认为执行案件不符合受理条件的，执行审查机构应当参照执行行为异议的规定进行审查。理由成立的，裁定异议成立，并驳回申请执行人的执行申请，已经采取执行措施的，予以纠正；理由不成立的，裁定驳回异议。

异议审查和复议期间不停止执行。

第15问：当事人对法院执行管辖权有异议的，如何提出？法院如何处理？

1. 当事人应当自收到执行通知书之日起10日内提出管辖权异议。
2. 法院参照执行行为异议的规定审查处理：异议成立的，裁定撤销执行案件，并告知当事人向有管辖权的法院申请执行；异议不成立的，裁定驳回。
3. 当事人对裁定不服的，可以向上一级法院申请复议。
4. 管辖权异议审查和复议期间，不停止执行。

【法律依据】

《最高人民法院关于适用〈中华人民共和国民事诉讼法〉执行程序若干问题的解释》(法释〔2020〕21号)

第三条 人民法院受理执行申请后,当事人对管辖权有异议的,应当自收到执行通知书之日起十日内提出。

人民法院对当事人提出的异议,应当审查。异议成立的,应当撤销执行案件,并告知当事人向有管辖权的人民法院申请执行;异议不成立的,裁定驳回。当事人对裁定不服的,可以向上一级人民法院申请复议。

管辖权异议审查和复议期间,不停止执行。

《最高人民法院关于执行案件立案、结案若干问题的意见》(法发〔2014〕26号)

第九条 下列案件,人民法院应当按照执行异议案件予以立案:

(一)当事人、利害关系人认为人民法院的执行行为违反法律规定,提出书面异议的;

(二)执行过程中,案外人对执行标的提出书面异议的;

(三)人民法院受理执行申请后,当事人对管辖权提出异议的;

(四)申请执行人申请追加、变更被执行人的;

(五)被执行人以债权消灭、超过申请执行期间或者其他阻止执行的实体事由提出阻止执行的;

(六)被执行人对仲裁裁决或者公证机关赋予强制执行效力的公证债权文书申请不予执行的;

(七)其他依法可以申请执行异议的。

第16问:被执行人以实体事由提出排除执行异议的,法院如何处理?

1. 被执行人以债权消灭、丧失强制执行效力等执行依据生效之后的实体事由提出排除执行异议的，法院参照本节执行行为异议的规定进行审查。

2. 被执行人以执行依据生效之前的实体事由（本节第 17 问所述的抵销情形除外）提出排除执行异议的，法院应告知其申请再审或通过其他程序解决。

3. 对于此种异议，一般应进行听证。

4. 发生效力的异议或复议裁定确认债务已经消灭或部分消灭的，执行机构应当依此确定应执行的标的额，已经执行的超过应执行标的额的部分，应责令申请执行人退还。

【法律依据】

《最高人民法院关于人民法院办理执行异议和复议案件若干问题的规定》（法释〔2020〕21 号）

第七条第二款 被执行人以债权消灭、丧失强制执行效力等执行依据生效之后的实体事由提出排除执行异议的，人民法院应当参照民事诉讼法第二百二十五条规定进行审查。

第七条第三款 除本规定第十九条规定的情形外，被执行人以执行依据生效之前的实体事由提出排除执行异议的，人民法院应当告知其依法申请再审或者通过其他程序解决。

《中华人民共和国民事诉讼法》（2023 年 9 月 1 日修正）

第二百三十六条 当事人、利害关系人认为执行行为违反法律规定的，可以向负责执行的人民法院提出书面异议。当事人、利害关系人提出书面异议的，人民法院应当自收到书面异议之日起十五日内审查，理由成立的，裁定撤销或者改正；理由不成立的，裁定驳回。当事人、利害关系人对裁定不服的，可以自裁定送达之日起十日内向上一级人民法院申请复议。

《最高人民法院关于执行案件立案、结案若干问题的意见》（法发〔2014〕26 号）

第九条 下列案件，人民法院应当按照执行异议案件予以立案：

……

（五）被执行人以债权消灭、超过申请执行期间或者其他阻止执行的实体事由提出阻止执行的；

……

第17问：当事人互负到期债务，被执行人请求抵销的，法院能否支持抵销？

除依照法律规定或按照债务性质不得抵销的债务外，被执行人请求抵销的债务符合下列情形的，法院应予支持：

1. 经过生效法律文书确认或者经过申请执行人认可。
2. 债务的标的物种类、品质相同的。

【法律依据】

《最高人民法院关于人民法院办理执行异议和复议案件若干问题的规定》（法释〔2020〕21号）

第十九条　当事人互负到期债务，被执行人请求抵销，请求抵销的债务符合下列情形的，除依照法律规定或者按照债务性质不得抵销的以外，人民法院应予支持：

（一）已经生效法律文书确定或者经申请执行人认可；

（二）与被执行人所负债务的标的物种类、品质相同。

【实务经验】

被执行人主张与申请执行人进行抵销在实务中存在多种不同类型，需要根据双方债权的取得时间以及是否会损害第三人的利益来判断是否允许抵销：

若被执行人对申请执行人享有的债权取得时间，在申请执行人的其他债权人债权成立之前，申请执行人对被执行人享有的债权取得时间，也在被执行人的其他债权人债权成立之前，双方主张抵销不会侵害其他债权人的利益，法院予以支持。

若行使抵销权可能导致该债权优于其他债权优先受偿，损害其他债权人的合法权益，则不应直接进行抵销，而需要按照相关执行程序进行债权受偿。

第18问：当事人互负到期债务，法院支持抵销的后果是什么？

1. 抵销一经生效，效力溯及自抵销条件成就之时，双方互负的债务在同等数额内消灭。

2. 双方互负的债务数额，是截至抵销条件成就之时各自负有的全部债务数额，包括：主债务、利息、违约金、赔偿金等。

3. 行使抵销权的一方享有的债权不足以抵销全部债务数额，当事人对抵销顺序又没有特别约定的，按照"实现债权的费用→利息→主债务"的顺序进行抵销。

【法律依据】

《全国法院民商事审判工作会议纪要》（法〔2019〕254号）

43. 抵销权既可以通知的方式行使，也可以提出抗辩或者提起反诉的方式行使。抵销的意思表示自到达对方时生效，抵销一经生效，其效力溯及自抵销条件成就之时，双方互负的债务在同等数额内消灭。双方互负的债务数额，是截至抵销条件成就之时各自负有的包括主债务、利息、违约金、赔偿金等在内的全部债务数额。行使抵销权一方享有的债权不足以抵销全部债务数额，当事人对抵销顺序又没有特别约定的，应当根据实现债权的费用、利息、主债务的顺序进行抵销。

第二节 案外人执行异议

第1问：什么是案外人执行异议？

执行过程中，案外人对执行标的主张所有权或者有其他足以排除执行标的的转让、交付的实体权利的，可以向法院提出案外人异议，法院应在15日内进行审查处理。

【法律依据】

《中华人民共和国民事诉讼法》(2023年9月1日修正)

第二百三十八条 执行过程中，案外人对执行标的提出书面异议的，人民法院应当自收到书面异议之日起十五日内审查，理由成立的，裁定中止对该标的的执行；理由不成立的，裁定驳回。案外人、当事人对裁定不服，认为原判决、裁定错误的，依照审判监督程序办理；与原判决、裁定无关的，可以自裁定送达之日起十五日内向人民法院提起诉讼。

《最高人民法院关于适用〈中华人民共和国民事诉讼法〉执行程序若干问题的解释》(法释〔2020〕21号)

第十四条 案外人对执行标的主张所有权或者有其他足以阻止执行标的的转让、交付的实体权利的，可以依照民事诉讼法第二百二十七条的规定，向执行法院提出异议。

第2问：案外人提出异议的，应当向法院提交什么材料？

1. 申请书：应当载明具体的异议请求、事实、理由等内容。
2. 异议人的身份证明材料。
3. 相关证据材料。

4. 送达地址和联系方式。

【法律依据】

《最高人民法院关于人民法院办理执行异议和复议案件若干问题的规定》(法释〔2020〕21号)

第一条 异议人提出执行异议或者复议申请人申请复议，应当向人民法院提交申请书。申请书应当载明具体的异议或者复议请求、事实、理由等内容，并附下列材料：

（一）异议人或者复议申请人的身份证明；

（二）相关证据材料；

（三）送达地址和联系方式。

第3问：案外人在什么时间可以提出异议？

应在异议指向的执行标的执行终结之前提出，执行标的由当事人受让的，应在执行程序终结之前提出。

【法律依据】

《最高人民法院关于人民法院办理执行异议和复议案件若干问题的规定》(法释〔2020〕21号)

第六条第二款 案外人依照民事诉讼法第二百二十七条规定提出异议的，应当在异议指向的执行标的执行终结之前提出；执行标的由当事人受让的，应当在执行程序终结之前提出。

第4问：案外人申请异议，但法院消极立案、审查的，如何救济？

法院收到案外人异议后三日内既不立案又不作出不予受理裁定，或者受理后无正当理由超过法定期限不作出异议裁定的，异议人可以向上一级法院提出异议。

上一级法院审查后认为理由成立的，应指令执行法院在三日内立案或在十五日内作出异议裁定。

【法律依据】

《最高人民法院关于人民法院办理执行异议和复议案件若干问题的规定》（法释〔2020〕21号）

第三条　执行法院收到执行异议后三日内既不立案又不作出不予受理裁定，或者受理后无正当理由超过法定期限不作出异议裁定的，异议人可以向上一级人民法院提出异议。上一级人民法院审查后认为理由成立的，应当指令执行法院在三日内立案或者在十五日内作出异议裁定。

第5问：案外人提出异议的，法院立案之后是否需要通知当事人？

需要，法院应在立案后3日内通知异议人以及相关当事人。

【法律依据】

《最高人民法院关于人民法院办理执行异议和复议案件若干问题的规定》（法释〔2020〕21号）

第二条第一款　执行异议符合民事诉讼法第二百二十五条或者第二百二十七条规定条件的，人民法院应当在三日内立案，并在立案后三日内通知异议人和相关当事人。不符合受理条件的，裁定不予受理；立案后发现不符合受理条件的，裁定驳回申请。

第6问：案外人撤回异议或被裁定驳回异议后，再就同一执行标的提出异议的，法院是否会再次受理？

不会。

【法律依据】

《最高人民法院关于人民法院办理执行异议和复议案件若干问题的规定》（法释〔2020〕21号）

第十五条第二款　案外人撤回异议或者被裁定驳回异议后，再次就同一执行标的提出异议的，人民法院不予受理。

第7问：法院审查案外人异议案件的内容包含哪些？

1. 案外人是否系权利人；
2. 该权利的合法性与真实性；
3. 该权利能否排除执行。

【法律依据】

《最高人民法院关于人民法院办理执行异议和复议案件若干问题的规定》（法释〔2020〕21号）

第二十四条　对案外人提出的排除执行异议，人民法院应当审查下列内容：

（一）案外人是否系权利人；
（二）该权利的合法性与真实性；
（三）该权利能否排除执行。

第8问：对于案外人提出异议，法院如何判断其是否系权利人？

1. 已登记的不动产，按照不动产登记簿判断；未登记的建筑物、构筑物及其附属设施，按照土地使用权登记簿、建设工程规划许可、施工许可等相关证据判断。

2. 已登记的机动车、船舶、航空器等特定动产，按照相关管理部门的登记判断；未登记的特定动产和其他动产，按照实际占有情况判断。

3. 银行存款和存管在金融机构的有价证券，按照金融机构和登记结算机构登记的账户名称判断；有价证券由具备合法经营资质的托管机构名义持有的，按照该机构登记的实际投资人账户名称判断。

4. 股权按照股权所在公司的章程、股东名称等资料，公司登记机关的登记、备案信息，国家企业信用信息公示系统的公示信息判断。

5. 其他财产和权利，有登记的按照登记机构的登记判断；无登记的按照合同等证明财产权属或权利人的证据判断。

【法律依据】

《最高人民法院关于人民法院办理执行异议和复议案件若干问题的规定》（法释〔2020〕21号）

第二十五条 对案外人的异议，人民法院应当按照下列标准判断其是否系权利人：

（一）已登记的不动产，按照不动产登记簿判断；未登记的建筑物、构筑物及其附属设施，按照土地使用权登记簿、建设工程规划许可、施工许可等相关证据判断；

（二）已登记的机动车、船舶、航空器等特定动产，按照相关管理部门的登记判断；未登记的特定动产和其他动产，按照实际占有情况判断；

（三）银行存款和存管在金融机构的有价证券，按照金融机构和登记结算机构登记的账户名称判断；有价证券由具备合法经营资质的托管机构名义持有的，按照该机构登记的实际出资人账户名称判断；

（四）股权按照工商行政管理机关的登记和企业信用信息公示系统公示的信息判断；

（五）其他财产和权利，有登记的，按照登记机构的登记判断；无登记的，按照合同等证明财产权属或者权利人的证据判断。

案外人依据另案生效法律文书提出排除执行异议，该法律文书认定的执行标的权利人与依照前款规定得出的判断不一致的，依照本规定第二十六条规定处理。

《最高人民法院关于人民法院强制执行股权若干问题的规定》(法释〔2021〕20号)

第四条第一款 人民法院可以冻结下列资料或者信息之一载明的属于被执行人的股权：

(一) 股权所在公司的章程、股东名册等资料；

(二) 公司登记机关的登记、备案信息；

(三) 国家企业信用信息公示系统的公示信息。

第9问：金钱债权的执行中，案外人依据执行标的被查封、扣押、冻结之前作出的另案生效的法律文书提出排除执行异议的，法院如何处理？

1. 该法律文书系就案外人与被执行人之间的权属纠纷以及租赁、借用、保管等不以转移财产权属为目的的合同纠纷，判决、裁定执行标的归属于案外人或者向其返还执行标的且其权利能够排除执行的，应予支持。

2. 该法律文书系就案外人与被执行人之间除前款所列合同外的债权纠纷，判决、裁定执行标的归属于案外人或者向其交付、返还执行标的的，不予支持。

3. 该法律文书系案外人受让执行标的的拍卖、变卖成交裁定或者以物抵债裁定且其权利能够排除执行的，应予支持。

注：申请执行人或案外人不服法院依据上述第1条、第2条规定作出的裁定，可以提起执行异议之诉。

【法律依据】

《最高人民法院关于人民法院办理执行异议和复议案件若干问题的规定》(法释〔2020〕21号)

第二十六条第一款、第四款 金钱债权执行中，案外人依据执行标的被查封、扣押、冻结前作出的另案生效法律文书提出排除执行异议，人民法院应当按照下列情形，分别处理：

（一）该法律文书系就案外人与被执行人之间的权属纠纷以及租赁、借用、保管等不以转移财产权属为目的的合同纠纷，判决、裁决执行标的归属于案外人或者向其返还执行标的且其权利能够排除执行的，应予支持；

（二）该法律文书系就案外人与被执行人之间除前项所列合同之外的债权纠纷，判决、裁决执行标的归属于案外人或者向其交付、返还执行标的的，不予支持。

（三）该法律文书系案外人受让执行标的的拍卖、变卖成交裁定或者以物抵债裁定且其权利能够排除执行的，应予支持。

申请执行人或者案外人不服人民法院依照本条第一、二款规定作出的裁定，可以依照民事诉讼法第二百二十七条规定提起执行异议之诉。

《最高人民法院关于印发〈全国法院民商事审判工作会议纪要〉的通知》（法〔2019〕254号）

124.【案外人依据另案生效裁判对金钱债权的执行提起执行异议之诉】作为执行依据的生效裁判并未涉及执行标的物，只是执行中为实现金钱债权对特定标的物采取了执行措施。对此种情形，《最高人民法院关于人民法院办理执行异议和复议案件若干问题的规定》第26条规定了解决案外人执行异议的规则，在审理执行异议之诉时可以参考适用。依据该条规定，作为案外人提起执行异议之诉依据的裁判将执行标的物确权给案外人，可以排除执行；作为案外人提起执行异议之诉依据的裁判，未将执行标的物确权给案外人，而是基于不以转移所有权为目的的有效合同（如租赁、借用、保管合同），判令向案外人返还执行标的物的，其性质属于物权请求权，亦可以排除执行；基于以转移所有权为目的的有效合同（如买卖合同），判令向案外人交付标的物的，其性质属于债权请求权，不能排除执行。

应予注意的是，在金钱债权执行中，如果案外人提出执行异议之诉依据的生效裁判认定以转移所有权为目的的合同（如买卖合同）无效或应当解除，进而判令向案外人返还执行标的物的，此时案外人享有的是物权性质的返还请求权，本可排除金钱债权的执行，但在双务合同无效的情况下，双方互负返还义务，在案外人未返还价款的情况下，如果允许其排除金钱债权的执行，将会使申请执行人既执行不到被执行人名下的财产，又执行不到本应返还给被执行人的价款，显然有失公允。为平衡各方当事人的利益，只有在案外人已经返还价款的情况下，才能排除普通债权人的执行。反之，案外人未返还价款的，不能排除执行。

第10问：金钱债权的执行中，案外人依据执行标的被查封、扣押、冻结之后作出的另案生效的法律文书提出排除执行异议的，法院如何处理？

法院不予支持。

【法律依据】

《最高人民法院关于人民法院办理执行异议和复议案件若干问题的规定》（法释〔2020〕21号）

第二十六条第二款　金钱债权执行中，案外人依据执行标的被查封、扣押、冻结后作出的另案生效法律文书提出排除执行异议的，人民法院不予支持。

第11问：非金钱债权的执行中，案外人依据另案生效法律文书提出排除执行异议，该法律文书对执行标的权属作出不同认定的，法院如何处理？

告知案外人依法申请再审或通过其他程序解决。

【法律依据】

《最高人民法院关于适用〈中华人民共和国民事诉讼法〉执行程序若干问题的解释》(法释〔2020〕21号)

第二十六条第三款　非金钱债权执行中,案外人依据另案生效法律文书提出排除执行异议,该法律文书对执行标的权属作出不同认定的,人民法院应当告知案外人依法申请再审或者通过其他程序解决。

第12问：案外人异议的处理结果有哪几种？

1. 案外人对执行标的不享有足以排除强制执行的权益的,裁定驳回其异议。

2. 案外人对执行标的享有足以排除强制执行的权益的,裁定中止执行。

【法律依据】

《最高人民法院关于适用〈中华人民共和国民事诉讼法〉的解释》(法释〔2022〕11号)

第四百六十三条第一款　案外人对执行标的提出的异议,经审查,按照下列情形分别处理：

(一)案外人对执行标的不享有足以排除强制执行的权益的,裁定驳回其异议；

(二)案外人对执行标的享有足以排除强制执行的权益的,裁定中止执行。

第13问：当事人、案外人对异议裁定不服,如何救济？

1. 认为原判决、裁定错误的,依照审判监督程序申请再审。

2. 认为与原判决、裁定无关的,可以在15日内提起执行异议之诉。

【法律依据】

《中华人民共和国民事诉讼法》（2023年9月1日修正）

第二百三十八条 执行过程中，案外人对执行标的提出书面异议的，人民法院应当自收到书面异议之日起十五日内审查，理由成立的，裁定中止对该标的的执行；理由不成立的，裁定驳回。案外人、当事人对裁定不服，认为原判决、裁定错误的，依照审判监督程序办理；与原判决、裁定无关的，可以自裁定送达之日起十五日内向人民法院提起诉讼。

【司法观点】

案外人认为原判决、裁定错误的，若既符合申请再审的条件，又符合第三人撤销之诉的条件，案外只能按照启动程序的先后顺序，选择其中一种方式进行救济：(1) 案外人先启动执行异议程序的，对异议裁定不服，认为原裁判内容错误损害其合法权益的，只能向作出原裁判的法院申请再审，而不能提起第三人撤销之诉；(2) 案外人先启动了第三人撤销之诉，即便在执行程序中又提出了执行异议，也只能继续进行第三人撤销之诉，而不能依《民事诉讼法》（2023年修正）第二百三十八条申请再审。(《全国法院民商事审判工作会议纪要》第122条)

第14问：案外人异议审查期间，法院能否对执行标的进行处分？

案外人异议审查期间以及驳回案外人执行异议裁定送达案外人之日起15日内，法院均不得对执行标的进行处分。

1. 案外人向法院提供充分、有效的担保请求解除对异议标的的查封、扣押、冻结的，法院可以准许；但解除查扣冻有错误致使该标的无法继续执行的，法院可以直接执行案外人提供的担保财产。

2. 申请执行人提供充分、有效的担保请求继续执行的，应当继续执行；但继续执行有错误给对方造成损失的，申请执行人应予以赔偿。

【法律依据】

《最高人民法院关于适用〈中华人民共和国民事诉讼法〉执行程序若干问题的解释》(法释〔2020〕21号)

第十五条 案外人异议审查期间，人民法院不得对执行标的进行处分。

案外人向人民法院提供充分、有效的担保请求解除对异议标的的查封、扣押、冻结的，人民法院可以准许；申请执行人提供充分、有效的担保请求继续执行的，应当继续执行。

因案外人提供担保解除查封、扣押、冻结有错误，致使该标的无法执行的，人民法院可以直接执行担保财产；申请执行人提供担保请求继续执行有错误，给对方造成损失的，应当予以赔偿。

《最高人民法院关于适用〈中华人民共和国民事诉讼法〉的解释》(法释〔2022〕11号)

第四百六十三条第二款 驳回案外人执行异议裁定送达案外人之日起十五日内，人民法院不得对执行标的进行处分。

第15问：案外人执行异议之诉审理期间，法院能否对执行标的进行处分？

不能，申请执行人请求法院继续执行并提供相应担保的，法院可以准许。

案外人请求解除查扣冻或者申请执行人请求继续执行有错误，给对方造成损失的，应予以赔偿。

被执行人与案外人恶意串通，通过执行异议、执行异议之诉妨害执行的，法院应根据情节轻重予以罚款、拘留，构成犯罪的依法追究刑事责任；申请执行人因此受到损害的，可以提起诉讼要求被执行人、案外人赔偿。

【法律依据】

《最高人民法院关于适用〈中华人民共和国民事诉讼法〉执行程序若干问题的解释》（法释〔2020〕21号）

第十六条 案外人执行异议之诉审理期间，人民法院不得对执行标的进行处分。申请执行人请求人民法院继续执行并提供相应担保的，人民法院可以准许。

案外人请求解除查封、扣押、冻结或者申请执行人请求继续执行有错误，给对方造成损失的，应当予以赔偿。

《最高人民法院关于适用〈中华人民共和国民事诉讼法〉的解释》（法释〔2022〕11号）

第三百一十三条 案外人执行异议之诉审理期间，人民法院不得对执行标的进行处分。申请执行人请求人民法院继续执行并提供相应担保的，人民法院可以准许。

被执行人与案外人恶意串通，通过执行异议、执行异议之诉妨害执行的，人民法院应当依照民事诉讼法第一百一十六条规定处理。申请执行人因此受到损害的，可以提起诉讼要求被执行人、案外人赔偿。

《中华人民共和国民事诉讼法》（2023年9月1日修正）

第一百一十六条 被执行人与他人恶意串通，通过诉讼、仲裁、调解等方式逃避履行法律文书确定的义务的，人民法院应当根据情节轻重予以罚款、拘留；构成犯罪的，依法追究刑事责任。

第16问：申请执行人未提起执行异议之诉的，法院对执行标的采取的措施是否应解除？

应解除。申请执行人未提起执行异议之诉，法院应在起诉期限届满之日起的 7 日内解除对该执行标的采取的执行措施。

【法律依据】

《最高人民法院关于适用〈中华人民共和国民事诉讼法〉的解释》（法释〔2022〕11 号）

第三百一十四条　人民法院对执行标的裁定中止执行后，申请执行人在法律规定的期间内未提起执行异议之诉的，人民法院应当自起诉期限届满之日起七日内解除对该执行标的采取的执行措施。

第 17 问：申请执行人或案外人对执行异议裁定不服提起执行异议之诉，法院作出判决之后，执行法院如何处理？

1. 案外人提起执行异议之诉的，法院判决不得对执行标的执行的，执行异议的裁定失效。

2. 申请执行人提起执行异议之诉的，法院判决准许对该执行标的执行的，执行异议裁定失效，执行法院可依据申请执行人的申请或者依职权恢复执行。

【法律依据】

《最高人民法院关于适用〈中华人民共和国民事诉讼法〉的解释》（法释〔2022〕11 号）

第三百一十二条　对案外人执行异议之诉，人民法院判决不得对执行标的执行的，执行异议裁定失效。

对申请执行人执行异议之诉，人民法院判决准许对该执行标的执行的，执行异议裁定失效，执行法院可以根据申请执行人的申请或者依职权恢复执行。

第 18 问：申请执行人对执行标的享有优先受偿权，案外人提出的排除执行的异议能否获得支持？

不能，但法律、司法解释另有规定的除外。

【法律依据】

《最高人民法院关于人民法院办理执行异议和复议案件若干问题的规定》（法释〔2020〕21号）

第二十七条　申请执行人对执行标的依法享有对抗案外人的担保物权等优先受偿权，人民法院对案外人提出的排除执行异议不予支持，但法律、司法解释另有规定的除外。

第 19 问：被执行人将其所有的需要办理过户登记的财产出卖给了第三人，法院能否查扣冻？

1. 第三人已经支付部分或全部价款并实际占有该财产，但尚未办理过户手续的，法院可以查扣冻。

2. 第三人已经支付全部价款并实际占有，但未办理过户登记手续的，如第三人对此没有过错，法院不得查扣冻。

【法律依据】

《最高人民法院关于人民法院民事执行中查封、扣押、冻结财产的规定》（法释〔2020〕21号）

第十五条　被执行人将其所有的需要办理过户登记的财产出卖给第三人，第三人已经支付部分或者全部价款并实际占有该财产，但尚未办理产权过户登记手续的，人民法院可以查封、扣押、冻结；第三人已经支付全部价款并实际占有，但未办理过户登记手续的，如果第三人对此没有过错，人民法院不得查封、扣押、冻结。

第 20 问：金钱债权执行中，买受人对登记在被执行人名下的不动产提出异议，什么情形下法院会支持其异议？

符合下列情形且买受人的权利能够排除执行的，法院应予支持：

1. 在法院查封之前已经签订合法有效的书面买卖合同；
2. 在法院查封之前已合法占有该不动产；
3. 已支付全部价款，或者已按照合同约定支付部分价款且将剩余价款按照法院的要求交付执行；
4. 非因买受人自身原因未办理过户登记。

【法律依据】

《最高人民法院关于人民法院办理执行异议和复议案件若干问题的规定》（法释〔2020〕21号）

第二十八条　金钱债权执行中，买受人对登记在被执行人名下的不动产提出异议，符合下列情形且其权利能够排除执行的，人民法院应予支持：

（一）在人民法院查封之前已签订合法有效的书面买卖合同；

（二）在人民法院查封之前已合法占有该不动产；

（三）已支付全部价款，或者已按照合同约定支付部分价款且将剩余价款按照人民法院的要求交付执行；

（四）非因买受人自身原因未办理过户登记。

【实务经验】

实践中，一般只要买受人有向房屋登记机构递交过过户登记材料，或者向出卖人提出了办理过户登记的请求等积极行为的，可以认定为符合本问第4点所述的"非因买受人自身原因未办理过户登记"。

即使买受人无前述积极行为，但其未办理过户登记有合理的客观理由的，亦可以认定为符合本文第4点。（《全国法院民商事审判工作会议纪要》第127条）

第 21 问：金钱债权执行中，买受人对登记在被执行的房地产开发商名下的商品房提出异议，什么情形下法院会支持其异议？

符合下列情形且其权利能够排除执行的，法院应予支持：
1. 在法院查封之前已签订合法有效的书面买卖合同。
2. 所购商品房系用于居住且买受人名下无其他用于居住的房屋。
3. 已支付的价款超过合同约定总价款的 50%。

【法律依据】

《最高人民法院关于人民法院办理执行异议和复议案件若干问题的规定》（法释〔2020〕21 号）

第二十九条　金钱债权执行中，买受人对登记在被执行的房地产开发企业名下的商品房提出异议，符合下列情形且其权利能够排除执行的，人民法院应予支持：

（一）在人民法院查封之前已签订合法有效的书面买卖合同；

（二）所购商品房系用于居住且买受人名下无其他用于居住的房屋；

（三）已支付的价款超过合同约定总价款的百分之五十。

【实务经验】

1. 实践中对于"买受人名下无其他用于居住的房屋"可理解为：在涉案房屋同一设区的市或县级市范围内，买受人名下无其他用于居住的房屋；或者名下虽有一套房屋，但是购买的房屋在面积上仍然属于满足基本居住需要的。

2. 实践中认为买受人已支付的价款接近 50% 且按照合同约定将剩余价款支付给申请执行人或者按照法院的要求交付执行的，属于前述"已支付价款超过合同约定总价款的 50%"。

第 22 问：承包人享有的建设工程价款优先受偿权能否对抗商品房消费者作为买受人的权利？

承包人根据《民法典》第八百零七条规定享有的建设工程价款优先受偿权优于抵押权和其他债权，但是消费者交付购买商品房的全部或者大部分款项后，承包人就该商品房享有的工程价款优先受偿权不得对抗买受人。

【法律依据】

《最高人民法院关于审理建设工程施工合同纠纷案件适用法律问题的解释（一）》（法释〔2020〕25号）

第三十五条 与发包人订立建设工程施工合同的承包人，依据民法典第八百零七条的规定请求其承建工程的价款就工程折价或者拍卖的价款优先受偿的，人民法院应予支持。

第三十六条 承包人根据民法典第八百零七条规定享有的建设工程价款优先受偿权优于抵押权和其他债权。

第四十条 承包人建设工程价款优先受偿的范围依照国务院有关行政主管部门关于建设工程价款范围的规定确定。

承包人就逾期支付建设工程价款的利息、违约金、损害赔偿金等主张优先受偿的，人民法院不予支持。

第四十一条 承包人应当在合理期限内行使建设工程价款优先受偿权，但最长不得超过十八个月，自发包人应当给付建设工程价款之日起算。

《最高人民法院关于商品房消费者权利保护问题的批复》（法释〔2023〕1号）

一、建设工程价款优先受偿权、抵押权以及其他债权之间的权利顺位关系，按照《最高人民法院关于审理建设工程施工合同纠纷案件适用法律问题的解释（一）》第三十六条的规定处理。

二、商品房消费者以居住为目的购买房屋并已支付全部价款，主张其房屋交付请求权优先于建设工程价款优先受偿权、抵押权以及其他债权的,人民法院应当予以支持。

只支付了部分价款的商品房消费者,在一审法庭辩论终结前已实际支付剩余价款的,可以适用前款规定。

三、在房屋不能交付且无实际交付可能的情况下,商品房消费者主张价款返还请求权优先于建设工程价款优先受偿权、抵押权以及其他债权的,人民法院应当予以支持。

第23问:金钱债权执行中,法院查封了已办理预告登记的不动产,受让人能否提出异议?

可以。对被查封的已办理受让物权预告登记的不动产,受让人提出停止处分异议的,法院应予支持;符合物权登记条件的,受让人提出排除执行异议的,应予支持。

【法律依据】

《最高人民法院关于人民法院办理执行异议和复议案件若干问题的规定》(法释〔2020〕21号)

第三十条 金钱债权执行中,对被查封的办理了受让物权预告登记的不动产,受让人提出停止处分异议的,人民法院应予支持;符合物权登记条件,受让人提出排除执行异议的,应予支持。

第24问:在租赁期内的承租人能否请求阻止法院向受让人移交其占有的被执行的不动产?

1. 承租人在法院查封之前已经签订了合法有效的书面租赁合同并占有使用该不动产的,其请求在租赁期内阻止向受让人移交占有被执行的不动产,法院应予支持。

2. 承租人与被执行人恶意串通,以明显不合理的低价承租被执行的不动产或者伪造交付租金证据的,对其提出的阻止移交占有的请求,法院不予支持。

【法律依据】

《最高人民法院关于人民法院办理执行异议和复议案件若干问题的规定》(法释〔2020〕21号)

第三十一条 承租人请求在租赁期内阻止向受让人移交占有被执行的不动产,在人民法院查封之前已签订合法有效的书面租赁合同并占有使用该不动产的,人民法院应予支持。

承租人与被执行人恶意串通,以明显不合理的低价承租被执行的不动产或者伪造交付租金证据的,对其提出的阻止移交占有的请求,人民法院不予支持。

第三章　执行复议案件

 第1问：申请复议需要向法院提交什么材料？

1. 申请书：载明具体的复议请求、事实、理由等内容。
2. 相关证据材料。
3. 复议申请人的身份证明材料。
4. 复议申请人的送达地址和联系方式。

【法律依据】

《最高人民法院关于人民法院办理执行异议和复议案件若干问题的规定》（法释〔2020〕21号）

第一条　异议人提出执行异议或者复议申请人申请复议，应当向人民法院提交申请书。申请书应当载明具体的异议或者复议请求、事实、理由等内容，并附下列材料：

（一）异议人或者复议申请人的身份证明；

（二）相关证据材料；

（三）送达地址和联系方式。

 第2问：上一级法院对于复议申请审查后有哪几种处理结果？

1. 裁定驳回复议申请，维持异议裁定：异议裁定认定事实清楚，适用法律正确的。
2. 裁定撤销或者变更异议裁定：异议裁定认定事实错误，或者适用法律错误，结果应予纠正的。

3. 裁定撤销异议裁定，发回作出裁定的法院重新审查或者查清事实后作出相应裁定：异议裁定认定基本事实不清、证据不足的。

4. 裁定撤销异议裁定，发回作出裁定的法院重新审查：异议裁定遗漏异议请求或者存在其他严重违反法定程序的情形。

5. 裁定撤销异议裁定，发回作出裁定的法院重新作出裁定：异议裁定对应当适用《民事诉讼法》第二百三十八条规定审查处理的案外人异议，错误的适用《民事诉讼法》第二百三十六条规定按照执行行为异议审查处理的。

注：除依照上述第3、4、5种发回重新审查或者重新作出裁定的情形外，法院裁定撤销或者变更异议裁定且执行行为可撤销、变更的，应当同时撤销或者变更该裁定维持的执行行为。

【法律依据】

《最高人民法院关于人民法院办理执行异议和复议案件若干问题的规定》（法释〔2020〕21号）

第二十三条第一款 上一级人民法院对不服异议裁定的复议申请审查后，应当按照下列情形，分别处理：

（一）异议裁定认定事实清楚，适用法律正确，结果应予维持的，裁定驳回复议申请，维持异议裁定；

（二）异议裁定认定事实错误，或者适用法律错误，结果应予纠正的，裁定撤销或者变更异议裁定；

（三）异议裁定认定基本事实不清、证据不足的，裁定撤销异议裁定，发回作出裁定的人民法院重新审查，或者查清事实后作出相应裁定；

（四）异议裁定遗漏异议请求或者存在其他严重违反法定程序的情形，裁定撤销异议裁定，发回作出裁定的人民法院重新审查；

（五）异议裁定对应当适用民事诉讼法第二百二十七条[1]规定审查处理的异议，错误适用民事诉讼法第二百二十五条[2]规定审查处理的，裁定撤销异议裁定，发回作出裁定的人民法院重新作出裁定。

第二十三条第二款 除依照本条第一款第三、四、五项发回重新审查或者重新作出裁定的情形外，裁定撤销或者变更异议裁定且执行行为可撤销、变更的，应当同时撤销或者变更该裁定维持的执行行为。

第3问：复议法院发回重新审查的案件作出裁定后，当事人、利害关系人申请复议的，能否再次发回重新审查？

法院对发回重新审查的案件作出裁定后，当事人、利害关系人申请复议的，上一级法院复议后不得再次发回重新审查。

【法律依据】

《最高人民法院关于人民法院办理执行异议和复议案件若干问题的规定》（法释〔2020〕21号）

第二十三条第三款 人民法院对发回重新审查的案件作出裁定后，当事人、利害关系人申请复议的，上一级人民法院复议后不得再次发回重新审查。

第4问：异议人对不予受理执行异议或者驳回异议申请裁定不服申请复议的，如何处理？

上一级法院经审查认为符合受理条件的，应当裁定撤销原裁定，指令执行法院立案或者对执行异议进行审查。

---

[1] 现相关规定见《中华人民共和国民事诉讼法》（2023年修正）第二百三十八条。
[2] 现相关规定见《中华人民共和国民事诉讼法》（2023年修正）第二百三十六条。

【法律依据】

《最高人民法院关于人民法院办理执行异议和复议案件若干问题的规定》(法释〔2020〕21号)

第二条第三款 异议人对不予受理或者驳回申请裁定不服的,可以自裁定送达之日起十日内向上一级人民法院申请复议。上一级人民法院审查后认为符合受理条件的,应当裁定撤销原裁定,指令执行法院立案或者对执行异议进行审查。

第5问:多方当事人对同一异议裁定申请复议的,如何处理?

上一级法院应一并审查。

【法律依据】

《人民法院办理执行案件规范》(第二版)(2022年)
1294.【多人复议的一并审查】

多方当事人对同一异议裁定申请复议的,上一级人民法院应当一并审查。

第6问:复议案件的审查期限是多久?

当事人、利害关系人认为执行行为违反法律规定申请执行行为异议,被裁定驳回之后向上一级法院申请复议的,上一级法院应在收到复议申请之日起的30日内审查完毕并作出裁定。

有特殊情况,经本院院长批准可以延长,延长的期限不得超过30日。

【法律依据】

《最高人民法院关于适用〈中华人民共和国民事诉讼法〉执行程序若干问题的解释》(法释〔2020〕21号)

第八条 当事人、利害关系人依照民事诉讼法第二百二十五条规定申请复议的，上一级人民法院应当自收到复议申请之日起三十日内审查完毕，并作出裁定。有特殊情况需要延长的，经本院院长批准，可以延长，延长的期限不得超过三十日。

第7问：复议审查期间，是否停止执行？

执行复议期间不停止执行。被执行人、利害关系人提供充分、有效的担保请求停止相应处分措施的，法院可以准许；申请执行人提供充分、有效的担保请求继续执行的，应当继续执行。

【法律依据】

《最高人民法院关于适用〈中华人民共和国民事诉讼法〉执行程序若干问题的解释》（法释〔2020〕21号）

第九条 执行异议审查和复议期间，不停止执行。

被执行人、利害关系人提供充分、有效的担保请求停止相应处分措施的，人民法院可以准许；申请执行人提供充分、有效的担保请求继续执行的，应当继续执行。

第四章　执行监督案件

第一节　执行监督的一般规定

第1问：执行监督案件的类型有哪些？

1. 法院自收到申请执行书之日起超过6个月未执行，申请执行人向上一级法院申请执行，上一级法院决定督促执行的。

2. 执行案件的当事人、利害关系人、案外人向上级法院申诉，上级法院认为确有必要并决定执行监督的。

3. 上级法院发现下级法院执行行为不当或有错误，决定进行执行监督的。

4. 检察机关提出民事执行监督检察建议的。

5. 执行法院发现本院执行行为确有错误需要纠正，决定进行执行监督的。

6. 法院认为应当进行监督的其他情形。

【法律依据】

《中华人民共和国民事诉讼法》（2023年9月1日修正）

第二百三十七条　人民法院自收到申请执行书之日起超过六个月未执行的，申请执行人可以向上一级人民法院申请执行。上一级人民法院经审查，可以责令原人民法院在一定期限内执行，也可以决定由本院执行或者指令其他人民法院执行。

《最高人民法院关于人民法院执行工作若干问题的规定（试行）》（法释〔2020〕21号）

72. 上级法院发现下级法院在执行中作出的裁定、决定、通知或具体执行行为不当或有错误的，应当及时指令下级法院纠正，并可以通知有关法院暂缓执行。

下级法院收到上级法院的指令后必须立即纠正。如果认为上级法院的指令有错误，可以在收到该指令后五日内请求上级法院复议。

上级法院认为请求复议的理由不成立，而下级法院仍不纠正的，上级法院可直接作出裁定或决定予以纠正，送达有关法院及当事人，并可直接向有关单位发出协助执行通知书。

《最高人民法院、最高人民检察院关于民事执行活动法律监督若干问题的规定》（法发〔2016〕30号）

第十二条 人民检察院提出的民事执行监督检察建议，统一由同级人民法院立案受理。

第十三条 人民法院收到人民检察院的检察建议书后，应当在三个月内将审查处理情况以回复意见函的形式回复人民检察院，并附裁定、决定等相关法律文书。有特殊情况需要延长的，经本院院长批准，可以延长一个月。

回复意见函应当载明人民法院查明的事实、回复意见和理由并加盖院章。不采纳检察建议的，应当说明理由。

第2问：执行案件由谁进行监督？

上级法院依法监督下级法院的执行工作。最高法院依法监督地方各级法院和专门法院的执行工作。

【法律依据】

《最高人民法院关于人民法院执行工作若干问题的规定（试行）》（法释〔2020〕21号）

71. 上级人民法院依法监督下级人民法院的执行工作。最高人民法院依法监督地方各级人民法院和专门法院的执行工作。

第3问：上级法院发现下级法院在执行中作出的裁定、决定、通知或具体执行行为不当或有错误的，应如何处理？

1. 应当及时指令下级法院纠正，并可以通知有关法院暂缓执行。

2. 下级法院收到上级法院的指令后必须立即纠正。如果认为上级法院的指令有错误的，可以在收到该指令后5日内请求上级法院复议。

3. 上级法院认为请求复议的理由不成立，而下级法院仍不纠正的，上级法院可直接作出裁定或决定予以纠正，送达有关法院及当事人，并可以直接向有关单位发送协助执行通知书。

【法律依据】

《最高人民法院关于人民法院执行工作若干问题的规定（试行）》（法释〔2020〕21号）

72. 上级法院发现下级法院在执行中作出的裁定、决定、通知或具体执行行为不当或有错误的，应当及时指令下级法院纠正，并可以通知有关法院暂缓执行。

下级法院收到上级法院的指令后必须立即纠正。如果认为上级法院的指令有错误，可以在收到该指令后五日内请求上级法院复议。

上级法院认为请求复议的理由不成立，而下级法院仍不纠正的，上级法院可直接作出裁定或决定予以纠正，送达有关法院及当事人，并可直接向有关单位发出协助执行通知书。

第4问：上级法院发现下级法院不作为的，应当如何进行监督处理？

上级法院发现下级法院的执行案件（包括受委托执行的案件）在规定期限内未能执行结案的，应当作出裁定、决定、通知而不制作的，或应当依法实施具体执行行为而不实施的，应当督促下级法院限期执行，并及时作出有关裁定等法律文书，或采取相应的措施。

【法律依据】

《最高人民法院关于人民法院执行工作若干问题的规定（试行）》（法释〔2020〕21号）

74. 上级法院发现下级法院的执行案件（包括受委托执行的案件）在规定的期限内未能执行结案的，应当作出裁定、决定、通知而不制作的，或应当依法实施具体执行行为而不实施的，应当督促下级法院限期执行，及时作出有关裁定等法律文书，或采取相应措施。

……

第5问：上级法院在监督下级法院执行案件中，发现下级法院据以执行的生效法律文书错误的，如何处理？

应书面通知下级法院暂缓执行，并按照审判监督程序处理。

【法律依据】

《最高人民法院关于人民法院执行工作若干问题的规定（试行）》（法释〔2020〕21号）

75. 上级法院在监督、指导、协调下级法院执行案件中，发现据以执行的生效法律文书确有错误的，应当书面通知下级法院暂缓执行，并按照审判监督程序处理。

第6问：上级法院通知下级法院暂缓执行的期限是多久？

一般不得超过3个月，有特殊情况需要延长的，应报经院长批准。

暂缓执行的原因消除后，应当及时通知执行法院恢复执行。期限届满后上级法院未通知继续暂缓执行的，执行法院可以恢复执行。

【法律依据】

《最高人民法院关于人民法院执行工作若干问题的规定（试行）》（法释〔2020〕21号）

77. 上级法院通知暂缓执行的，应同时指定暂缓执行的期限。暂缓执行的期限一般不得超过三个月。有特殊情况需要延长的，应报经院长批准，并及时通知下级法院。

暂缓执行的原因消除后，应当及时通知执行法院恢复执行。期满后上级法院未通知继续暂缓执行的，执行法院可以恢复执行。

第二节 督促执行案件

第1问：什么是督促执行案件？

法院自收到执行申请书之日起超过6个月未执行的，申请执行人可以向上一级法院申请督促执行。上一级法院经审查，可以责令原法院在一定期限内执行，也可以由本院执行或者指令其他法院执行。

注：6个月期间不包含执行中的公告期间、鉴定评估期间、管辖争议处理期间、执行争议协调期间、暂缓执行期间以及中止执行期间。

【法律依据】

《中华人民共和国民事诉讼法》（2023年9月1日修正）

第二百三十七条 人民法院自收到申请执行书之日起超过六个月未执行的，申请执行人可以向上一级人民法院申请执行。上一级人民法院经审查，可以责令原人民法院在一定期限内执行，也可以决定由本院执行或者指令其他人民法院执行。

《最高人民法院关于适用〈中华人民共和国民事诉讼法〉执行程序若干问题的解释》(法释〔2020〕21号)

第十三条 民事诉讼法第二百二十六条①规定的六个月期间，不应当计算执行中的公告期间、鉴定评估期间、管辖争议处理期间、执行争议协调期间、暂缓执行期间以及中止执行期间。

第2问：申请督促执行需要提交什么材料？

1. 申请书：载明申请执行人的基本情况、执行法院名称、执行案件编号或执行依据文号、执行案件立案时间、事实与理由等。
2. 申请执行人的身份证明。
3. 证据材料。
4. 送达地址和联系方式。

【法律依据】

《人民法院办理执行案件规范》(第二版)(2022年)
1306.【申请督促执行的形式要件】

申请执行人向上一级人民法院申请督促执行的，应当采用书面形式。申请书应当载明申请执行人的基本情况、执行法院名称、执行案件编号或执行依据的文号、执行案件立案时间、向上一级人民法院申请执行的事实及理由等内容。并附下列材料：

(一) 申请执行人的身份证明；
(二) 相关证据材料；
(三) 送达地址和联系方式。

---

① 现相关规定见《中华人民共和国民事诉讼法》(2023年修正)第二百三十七条。

第3问：督促执行案件审查期间，原执行法院将案件执行完毕的如何处理？

终结督促执行案件的审查程序。

【法律依据】

《人民法院办理执行案件规范》（第二版）（2022年）

1307.【执行完毕情形的处理】

督促执行案件审查期间，执行实施案件依法执行完毕的，终结督促执行案件的审查程序。[1823]

[1823] 终结督促执行案件的审查程序，可以以"其他"方式报结案。参见《最高人民法院关于执行案件立案、结案若干问题的意见》（法发〔2014〕26号）第二十六条第七项。

第4问：什么情形下，上一级法院督促执行的案件可以责令原执行法院限期执行或裁定变更执行法院？

1. 债权人申请执行时被执行人有可供执行的财产，执行法院自收到申请执行书之日起超过6个月对该财产未执行完结的。

2. 执行过程中发现被执行人有可供执行的财产，执行法院自发现财产之日起超过6个月对该财产未执行完结的。

3. 对法律文书确定的行为义务的执行，执行法院自收到申请执行书之日起超过6个月未依法采取相应执行措施的。

4. 其他有条件执行超过6个月未执行的。

【法律依据】

《最高人民法院关于适用〈中华人民共和国民事诉讼法〉执行程序若干问题的解释》（法释〔2020〕21号）

第十条 依照民事诉讼法第二百二十六条①的规定,有下列情形之一的,上一级人民法院可以根据申请执行人的申请,责令执行法院限期执行或者变更执行法院:

(一)债权人申请执行时被执行人有可供执行的财产,执行法院自收到申请执行书之日起超过六个月对该财产未执行完结的;

(二)执行过程中发现被执行人可供执行的财产,执行法院自发现财产之日起超过六个月对该财产未执行完结的;

(三)对法律文书确定的行为义务的执行,执行法院自收到申请执行书之日起超过六个月未依法采取相应执行措施的;

(四)其他有条件执行超过六个月未执行的。

第 5 问:上一级法院督促执行的案件是否需要作出书面文件?

1. 上一级法院责令执行法院限期执行的,应当向其发出督促执行令,并将有关情况书面通知申请执行人。

2. 上一级法院决定由本院执行或者责令其他法院执行的,应当作出书面裁定,送达当事人并通过有关法院。

【法律依据】

《最高人民法院关于适用〈中华人民共和国民事诉讼法〉执行程序若干问题的解释》(法释〔2020〕21号)

第十一条 上一级人民法院依照民事诉讼法第二百二十六条②规定责令执行法院限期执行的,应当向其发出督促执行令,并将有关情况书面通知申请执行人。

上一级人民法院决定由本院执行或者指令本辖区其他人民法院执

---

① 现相关规定见《中华人民共和国民事诉讼法》(2023年修正)第二百三十七条。
② 现相关规定见《中华人民共和国民事诉讼法》(2023年修正)第二百三十七条。

行的，应当作出裁定，送达当事人并通知有关人民法院。

第6问：上一级法院责令执行法院限期执行的案件，执行法院在指定期间内无正当理由仍未执行完结的，如何处理？

上一级法院应当裁定由本院执行或者指令本辖区其他法院执行。

【法律依据】

《最高人民法院关于适用〈中华人民共和国民事诉讼法〉执行程序若干问题的解释》（法释〔2020〕21号）

第十二条 上一级人民法院责令执行法院限期执行，执行法院在指定期间内无正当理由仍未执行完结的，上一级人民法院应当裁定由本院执行或者指令本辖区其他人民法院执行。

第三节 执行申诉案件

第1问：什么是执行申诉案件？

执行案件的当事人、利害关系人、案外人认为执行法院的执行行为不当或确有错误，侵害其合法权益的，可以向上级法院申诉。上级法院审查后决定是否启动执行监督程序。

【法律依据】

《人民法院办理执行案件规范》（第二版）（2022年）

1309.【申诉案件的一般规定】

执行案件的当事人、利害关系人、案外人认为执行法院的执行行为不当或确有错误，侵害其合法权益的，可以向上级法院申诉，上级法院审查后决定是否启动执行监督程序。

第 2 问：申诉人提出申诉，需要提交什么材料？

1. 申诉书：载明具体的申诉请求、事实、理由等内容。
2. 申诉人的身份证明。
3. 证据材料。
4. 送达地址和联系方式。

【法律依据】

《人民法院办理执行案件规范》（第二版）（2022 年）
1310.【执行申诉的形式要件】

申诉人提出申诉的，应当向人民法院提交申诉书。申诉书应当载明具体的申诉请求、事实、理由等内容，并附下列材料：

（一）申诉人的身份证明；

（二）相关证据材料；

（三）送达地址和联系方式。

第 3 问：申诉人提出申诉的案件，上级法院是否都会进行立案审查？

不是。

1. 若申诉人的请求事项属于执行行为异议，或者案外人执行异议的规定情形，上级法院不予受理，由执行法院按照相关法律规定处理。

2. 若申诉人的请求不属于执行异议的规定情形，由上级法院决定是否启动执行监督程序。

3. 申诉人提出申诉，上级法院责令相关法院对其下级法院立案监督的，相关法院应当立案审查。

【法律依据】

《人民法院办理执行案件规范》（第二版）（2022 年）

1311.【申诉案件的审查立案】

当事人、利害关系人、案外人直接向上级法院申诉，请求执行监督，其请求事项符合民事诉讼法第二百三十二条、第二百三十四条①规定情形的，由执行法院按照相关规定处理，上级法院不予受理。不符合上述规定情形的，由上级法院决定是否启动执行监督程序。

当事人、利害关系人、案外人直接向上级法院申诉，上级法院指令相关法院对其下级法院立案监督的，相关法院应当立案审查。

第 4 问：当事人、利害关系人不服执行行为异议程序所规定的执行复议裁定，向上一级法院申诉的，上一级法院是否应进行执行监督立案审查？

是的，上一级法院应当作为执行监督案件立案审查，以裁定方式作出结论。

【法律依据】

《最高人民法院关于人民法院办理执行信访案件若干问题的意见》（法发〔2016〕15 号）

15. 当事人、利害关系人不服《民事诉讼法》第二百二十五条②所规定执行复议裁定，向上一级人民法院申诉信访，上一级人民法院应当作为执行监督案件立案审查，以裁定方式作出结论。

---

① 现相关规定见《中华人民共和国民事诉讼法》（2023 年修正）第二百三十六条、第二百三十八条。

② 现相关规定见《中华人民共和国民事诉讼法》（2023 年修正）第二百三十六条。

第5问：当事人、利害关系人在异议期限之内已经提出异议，但是执行法院未予立案的，当事人、利害关系人能否继续申诉？

可以。当事人继续申诉的，执行法院应当作为执行监督案件立案审查，并以裁定方式作出结论。

当事人、利害关系人不服前款所规定的执行监督裁定，向上一级法院继续申诉，上一级法院应当作为执行监督案件立案审查，并以裁定方式作出结论。

【法律依据】

《最高人民法院关于人民法院办理执行信访案件若干问题的意见》（法发〔2016〕15号）

16. 当事人、利害关系人在异议期限之内已经提出异议，但是执行法院未予立案审查，如果当事人、利害关系人在异议期限之后继续申诉信访，执行法院应当作为执行监督案件立案审查，以裁定方式作出结论。

当事人、利害关系人不服前款所规定执行监督裁定，向上一级人民法院继续申诉信访，上一级人民法院应当作为执行监督案件立案审查，以裁定方式作出结论。

第6问：申诉案件的处理结果有哪几种？

1. 准许撤回申请：当事人撤回申诉的。
2. 驳回申请：申诉不成立的。
3. 限期改正：申诉成立，指定执行法院、复议法院在一定期限内改正的。
4. 撤销并改正：申诉成立，撤销执行法院、复议法院的裁定直接改正的。
5. 其他：其他可以报结案的情形。

【法律依据】

《最高人民法院关于执行案件立案、结案若干问题的意见》（法发〔2014〕26号）

第二十六条　执行监督案件的结案方式包括：

（一）准许撤回申请，即当事人撤回监督申请的；

（二）驳回申请，即监督申请不成立的；

（三）限期改正，即监督申请成立，指定执行法院在一定期限内改正的；

（四）撤销并改正，即监督申请成立，撤销执行法院的裁定直接改正的；

（五）提级执行，即监督申请成立，上级人民法院决定提级自行执行的；

（六）指定执行，即监督申请成立，上级人民法院决定指定其他法院执行的；

（七）其他，即其他可以报结的情形。

第四节　检察监督案件

第1问：什么是检察监督案件？

人民检察院依法对民事执行活动实行法律监督；对法院执行生效民事判决、裁定、调解书、支付令、仲裁裁决以及公证债权文书等法律文书的活动实施法律监督。

【法律依据】

《最高人民法院、最高人民检察院关于民事执行活动法律监督若干问题的规定》（法发〔2016〕30号）

第一条　人民检察院依法对民事执行活动实行法律监督。人民法院依法接受人民检察院的法律监督。

第二条　人民检察院办理民事执行监督案件，应当以事实为依据，以法律为准绳，坚持公开、公平、公正和诚实信用原则，尊重和保障当事人的诉讼权利，监督和支持人民法院依法行使执行权。

第三条　人民检察院对人民法院执行生效民事判决、裁定、调解书、支付令、仲裁裁决以及公证债权文书等法律文书的活动实施法律监督。

第2问：检察监督案件由哪个检察院管辖？

由执行法院所在地的同级人民检察院管辖。

上级检察院认为有必要的，可以办理下级检察院管辖的民事执行监督案件；下级检察院认为需要上级检察院办理的，可以报请上级检察院办理。

【法律依据】

《最高人民法院、最高人民检察院关于民事执行活动法律监督若干问题的规定》（法发〔2016〕30号）

第四条　对民事执行活动的监督案件，由执行法院所在地同级人民检察院管辖。

上级人民检察院认为确有必要的，可以办理下级人民检察院管辖的民事执行监督案件。下级人民检察院对有管辖权的民事执行监督案件，认为需要上级人民检察院办理的，可以报请上级人民检察院办理。

第3问：检察监督案件能否依当事人、利害关系人、案外人的申请启动？

可以。当事人、利害关系人、案外人认为民事执行活动存在违法情形的，可以向检察院申请监督。

但是根据法律规定可以提出异议、复议或提起诉讼，但当事人、利害关系人、案外人没有提出，直接申请检察监督的，检察院不予受理（有正当理由的除外）。

当事人、利害关系人、案外人已经向法院提出执行异议或者申请复议，执行异议、复议审查期间，当事人、利害关系人、案外人又向检察院申请检察监督的，检察院不予受理，但是申请对法院的执行异议、复议程序进行监督的除外。

【法律依据】

《最高人民法院、最高人民检察院关于民事执行活动法律监督若干问题的规定》（法发〔2016〕30号）

第六条 当事人、利害关系人、案外人认为民事执行活动存在违法情形，向人民检察院申请监督，法律规定可以提出异议、复议或者提起诉讼，当事人、利害关系人、案外人没有提出异议、申请复议或者提起诉讼的，人民检察院不予受理，但有正当理由的除外。

当事人、利害关系人、案外人已经向人民法院提出执行异议或者申请复议，人民法院审查异议、复议期间，当事人、利害关系人、案外人又向人民检察院申请监督的，人民检察院不予受理，但申请对人民法院的异议、复议程序进行监督的除外。

第4问：当事人、利害关系人、案外人向检察院申请检察监督，应提交哪些材料？

申请书、申请人身份证明、相关法律文书、相关证据材料。

【法律依据】

《最高人民法院、最高人民检察院关于民事执行活动法律监督若干问题的规定》（法发〔2016〕30号）

第五条 当事人、利害关系人、案外人认为人民法院的民事执行活动存在违法情形向人民检察院申请监督，应当提交监督申请书、身份证明、相关法律文书及证据材料。提交证据材料的，应当附证据清单。

申请监督材料不齐备的，人民检察院应当要求申请人限期补齐，并明确告知应补齐的全部材料。申请人逾期未补齐的，视为撤回监督申请。

第5问：检察监督案件能否依职权启动？

可以。具有下列情形之一的民事执行案件，检察院应当依职权进行监督：

1. 损害国家利益或社会公共利益的。
2. 执行人员在执行该案时有贪污受贿、徇私舞弊、枉法执行等违法行为，司法机关已经立案的。
3. 造成重大社会影响的。
4. 需要跟进监督的。

【法律依据】

《最高人民法院、最高人民检察院关于民事执行活动法律监督若干问题的规定》（法发〔2016〕30号）

第七条 具有下列情形之一的民事执行案件，人民检察院应当依职权进行监督：

（一）损害国家利益或者社会公共利益的；

（二）执行人员在执行该案时有贪污受贿、徇私舞弊、枉法执行等违法行为、司法机关已经立案的；

（三）造成重大社会影响的；

（四）需要跟进监督的。

第6问：检察院经过调查核实，认为法院在民事执行活动中确有问题的，如何处理？

向同级人民法院提出民事执行监督检察建议。检察建议书应当载明检察机关查明的事实、监督理由、依据以及建议内容等。

【法律依据】

《最高人民法院、最高人民检察院关于民事执行活动法律监督若干问题的规定》（法发〔2016〕30号）

第十一条　人民检察院向人民法院提出民事执行监督检察建议，应当经检察长批准或者检察委员会决定，制作检察建议书，在决定之日起十五日内将检察建议书连同案件卷宗移送同级人民法院。

检察建议书应当载明检察机关查明的事实、监督理由、依据以及建议内容等。

第十二条　人民检察院提出的民事执行监督检察建议，统一由同级人民法院立案受理。

第7问：法院在收到检察院的检察建议书后，如何处理？

法院应当在三个月内将审查处理情况以回复意见函的形式回复检察院，并附裁定、决定等相关法律文书。有特殊情况需要延长的，经本院院长批准可以延长一个月。

回复意见函应当载明法院查明的事实、回复意见和理由并加盖院章；不采纳检察意见的应当说明理由。

【法律依据】

《最高人民法院、最高人民检察院关于民事执行活动法律监督若干问题的规定》（法发〔2016〕30号）

第十三条　人民法院收到人民检察院的检察建议书后，应当在三个月内将审查处理情况以回复意见函的形式回复人民检察院,并附裁定、决定等相关法律文书。有特殊情况需要延长的,经本院院长批准,可以延长一个月。

回复意见函应当载明人民法院查明的事实、回复意见和理由并加盖院章。不采纳检察建议的,应当说明理由。

第8问：法院在收到检察建议后逾期未回复或者处理结果不当的,检察院如何处理?

提出检察建议的检察院可以依职权提请上一级检察院向其同级法院提出检察建议。上一级检察院认为应当跟进监督的,应当向其同级法院提出检察建议。

法院应当在三个月内提出审查处理意见并以回复意见函的形式回复检察院,认为检察院的意见正确的,应当监督下级法院及时纠正。

【法律依据】

《最高人民法院、最高人民检察院关于民事执行活动法律监督若干问题的规定》(法发〔2016〕30号)

第十四条 人民法院收到检察建议后逾期未回复或者处理结果不当的,提出检察建议的人民检察院可以依职权提请上一级人民检察院向其同级人民法院提出检察建议。上一级人民检察院认为应当跟进监督的,应当向其同级人民法院提出检察建议。人民法院应当在三个月内提出审查处理意见并以回复意见函的形式回复人民检察院,认为人民检察院的意见正确的,应当监督下级人民法院及时纠正。

第9问：法院认为检察院的检察监督行为违反法律规定的,如何处理?

可以向检察院提出书面建议,检察院应当在收到建议后三个月内作出处理并将处理情况书面回复法院。

法院对检察院的回复有异议的,可以通过上一级法院向上一级检察院提出;上一级检察院认为法院的建议正确的,应当要求下级检察院及时纠正。

【法律依据】

《最高人民法院、最高人民检察院关于民事执行活动法律监督若干问题的规定》(法发〔2016〕30号)

第十七条 人民法院认为检察监督行为违反法律规定的,可以向人民检察院提出书面建议。人民检察院应当在收到书面建议后三个月内作出处理并将处理情况书面回复人民法院;人民法院对于人民检察院的回复有异议的,可以通过上一级人民法院向上一级人民检察院提出。上一级人民检察院认为人民法院建议正确的,应当要求下级人民检察院及时纠正。

第10问:在检察院审查案件的过程中,当事人是否还能够达成执行和解协议?

可以。执行和解协议不违反法律规定的,检察院应当告知当事人将和解协议交给法院,由法院处理。

【法律依据】

《最高人民法院、最高人民检察院关于民事执行活动法律监督若干问题的规定》(法发〔2016〕30号)

第十五条 当事人在人民检察院审查案件过程中达成和解协议且不违反法律规定的,人民检察院应当告知其将和解协议送交人民法院,由人民法院依照民事诉讼法第二百三十条的规定进行处理。

《中华人民共和国民事诉讼法》(2023年9月1日修正)

第二百四十一条 在执行中,双方当事人自行和解达成协议的,执行员应当将协议内容记入笔录，由双方当事人签名或者盖章。

申请执行人因受欺诈、胁迫与被执行人达成和解协议，或者当事人不履行和解协议的，人民法院可以根据当事人的申请，恢复对原生效法律文书的执行。

第 11 问：检察院经审查认为法院民事执行活动不违反法律规定的，如何进行处理？

1. 对于当事人、利害关系人、案外人申请监督的案件，检察院认为法院民事执行活动不存在违法情形的，应当作出不支持监督申请决定书。

2. 对于检察院依职权监督的案件，认为法院民事执行活动不存在违法情形的，应当作出终结审查决定。

【法律依据】

《最高人民法院、最高人民检察院关于民事执行活动法律监督若干问题的规定》（法发〔2016〕30号）

第十六条　当事人、利害关系人、案外人申请监督的案件，人民检察院认为人民法院民事执行活动不存在违法情形的，应当作出不支持监督申请的决定，在决定之日起十五日内制作不支持监督申请决定书，发送申请人，并做好释法说理工作。

人民检察院办理依职权监督的案件，认为人民法院民事执行活动不存在违法情形的，应当作出终结审查决定。

第 12 问：检察院是否可以对法院生效判决提出暂缓执行的建议？

不可以，没有法律依据。

【法律依据】

《**最高人民法院关于如何处理人民检察院提出的暂缓执行建议问题的批复**》(法释〔2000〕16号)

广东省高级人民法院：

你院粤高法民〔1998〕186号《关于检察机关对法院生效民事判决建议暂缓执行是否采纳的请示》收悉。经研究，答复如下：

根据《中华人民共和国民事诉讼法》的规定，人民检察院对人民法院生效民事判决提出暂缓执行的建议没有法律依据。

此复。

第五章　执行协调案件

第1问：法院以"执行协调案件"予以立案的案件类型有哪些？

1. 不同法院因执行程序、执行与破产、强制清算、审判等程序之间对执行标的产生争议，经自行协调无法达成一致意见，向共同上级法院报请协调处理的。

2. 对跨高级法院辖区的法院与公安、检察等机关之间的执行争议案件，执行法院报请所属的高级法院与有关机关所在地的高级法院商有关机关协调解决或者报请最高院协调处理的。

3. 当事人对内地仲裁机构作出的涉港澳仲裁裁决分别向不同法院申请撤销及执行，受理执行申请的法院对受理撤销申请的法院作出的决定撤销或者不予撤销的裁定存在异议，亦不能直接作出与该裁定相矛盾的执行或者不予执行的裁定，报请共同上级法院解决的。

4. 当事人对内地仲裁机构作出的涉港澳仲裁裁决向法院申请执行且法院已经作出应予执行的裁定后，一方当事人向法院申请撤销该裁决，受理撤销申请的法院认为裁决应予撤销且该法院与受理执行申请的法院非同一法院时，报请共同的上级法院解决的。

5. 跨省、自治区、直辖市的执行争议案件报请最高院协调处理的。

6. 其他依法报请协调的。

【法律依据】

《最高人民法院关于执行案件立案、结案若干问题的意见》（法发〔2014〕26号）

第十三条　下列案件，人民法院应当按照执行协调案件予以立案：

（一）不同法院因执行程序、执行与破产、强制清算、审判等程序之间对执行标的产生争议，经自行协调无法达成一致意见，向共同上级人民法院报请协调处理的；

（二）对跨高级人民法院辖区的法院与公安、检察等机关之间的执行争议案件，执行法院报请所属高级人民法院与有关公安、检察等机关所在地的高级人民法院商有关机关协调解决或者报请最高人民法院协调处理的；

（三）当事人对内地仲裁机构作出的涉港澳仲裁裁决分别向不同人民法院申请撤销及执行，受理执行申请的人民法院对受理撤销申请的人民法院作出的决定撤销或者不予撤销的裁定存在异议，亦不能直接作出与该裁定相矛盾的执行或者不予执行的裁定，报请共同上级人民法院解决的；

（四）当事人对内地仲裁机构作出的涉港澳仲裁裁决向人民法院申请执行且人民法院已经作出应予执行的裁定后，一方当事人向人民法院申请撤销该裁决，受理撤销申请的人民法院认为裁决应予撤销且该人民法院与受理执行申请的人民法院非同一人民法院时，报请共同上级人民法院解决的；

（五）跨省、自治区、直辖市的执行争议案件报请最高人民法院协调处理的；

（六）其他依法报请协调的。

第 2 问：两个或两个以上法院在执行相关案件中发生争议的，如何解决？

1. 应当协商解决，协商不成的，逐级报请上级法院，直至报请共同的上级法院协调处理。

2. 高级法院负责协调处理本辖区内跨中级法院辖区的法院与法院之间的执行争议案件。

3. 跨高级法院辖区的法院与法院之间的执行争议案件，由争议双方所在地的两地高级法院协商处理，协商不成的，报请最高院协调处理。

4. 跨高级法院辖区的法院与公安、检察院等机关之间的执行争议案件，由执行法院所在地的高级法院与有关机关所在地的高级法院商有关机关协调解决，必要时可报请最高院协调处理。

【法律依据】

《最高人民法院关于人民法院执行工作若干问题的规定（试行）》（法释〔2020〕21号）

67. 两个或两个以上人民法院在执行相关案件中发生争议的，应当协商解决。协商不成的，逐级报请上级法院，直至报请共同的上级法院协调处理。

执行争议经高级人民法院协商不成的，由有关的高级人民法院书面报请最高人民法院协调处理。

《最高人民法院关于高级人民法院统一管理执行工作若干问题的规定》（法发〔2000〕3号）

第六条 高级人民法院负责协调处理本辖区内跨中级人民法院辖区的法院与法院之间的执行争议案件。对跨高级人民法院辖区的法院与法院之间的执行争议案件，由争议双方所在地的两地高级人民法院协商处理；协商不成的，按有关规定报请最高人民法院协调处理。

第七条 对跨高级人民法院辖区的法院与公安、检察等机关之间的执行争议案件,由执行法院所在地的高级人民法院与有关公安、检察等机关所在地的高级人民法院商有关机关协调解决,必要时可报请最高人民法院协调处理。

第3问:上级法院协调下级法院之间的执行争议所作出的处理决定,下级法院是否必须执行?

是的。

【法律依据】

《最高人民法院关于人民法院执行工作若干问题的规定(试行)》(法释〔2020〕21号)

70. 上级法院协调下级法院之间的执行争议所作出的处理决定,有关法院必须执行。

第4问:上级法院在协调下级法院执行案件中,发现据以执行的生效法律文书确有错误的,如何处理?

应书面通知下级法院暂缓执行,并按照审判监督程序处理。

【法律依据】

《最高人民法院关于人民法院执行工作若干问题的规定(试行)》(法释〔2020〕21号)

75. 上级法院在监督、指导、协调下级法院执行案件中,发现据以执行的生效法律文书确有错误的,应当书面通知下级法院暂缓执行,并按照审判监督程序处理。

第 5 问：执行中发现两地法院或法院与仲裁机构就同一法律关系作出不同裁判内容的法律文书的，如何处理？

各有关法院应立即停止执行，报请共同的上级法院处理。

【法律依据】

《最高人民法院关于人民法院执行工作若干问题的规定（试行）》（法释〔2020〕21号）

68. 执行中发现两地法院或人民法院与仲裁机构就同一法律关系作出不同裁判内容的法律文书的，各有关法院应当立即停止执行，报请共同的上级法院处理。

第 6 问：上级法院协调处理有关执行争议案件的，能否将有关执行款项划到本院指定的账户？

可以。

【法律依据】

《最高人民法院关于人民法院执行工作若干问题的规定（试行）》（法释〔2020〕21号）

69. 上级法院协调处理有关执行争议案件，认为必要时，可以决定将有关款项划到本院指定的账户。

第 7 问：执行协调案件的结案方式有哪些？

1. 撤回协调请求：执行争议法院自行协商一致，撤回协调请求的。

2. 协调解决：经过协调，执行争议法院达成一致协调意见，将协调意见记入笔录或者向执行争议法院发出协调意见函的。

【法律依据】

《最高人民法院关于执行案件立案、结案若干问题的意见》(法发〔2014〕26号)

第二十八条 执行协调案件的结案方式包括:

(一)撤回协调请求,即执行争议法院自行协商一致,撤回协调请求的;

(二)协调解决,即经过协调,执行争议法院达成一致协调意见,将协调意见记入笔录或者向执行争议法院发出协调意见函的。

第五编 其他

第一章 执行机构与人员

第1问：一般案件由什么机构执行？

一般法院设立执行机构，由执行人员负责办理执行。

【法律依据】

《中华人民共和国民事诉讼法》（2023年9月1日修正）

第二百三十九条　执行工作由执行员进行。

采取强制执行措施时，执行员应当出示证件。执行完毕后，应当将执行情况制作笔录，由在场的有关人员签名或者盖章。

人民法院根据需要可以设立执行机构。

《最高人民法院关于人民法院执行工作若干问题的规定（试行）》（法释〔2020〕21号）

1. 人民法院根据需要，依据有关法律的规定，设立执行机构，专门负责执行工作。

《最高人民法院关于执行权合理配置和科学运行的若干意见》（法发〔2011〕15号）

1. 执行权是人民法院依法采取各类执行措施以及对执行异议、复议、申诉等事项进行审查的权力，包括执行实施权和执行审查权。

2. 地方人民法院执行局应当按照分权运行机制设立和其他业务庭平行的执行实施和执行审查部门，分别行使执行实施权和执行审查权。

3. 执行实施权的范围主要是财产调查、控制、处分、交付和分配以及罚款、拘留措施等实施事项。执行实施权由执行员或者法官行使。

4. 执行审查权的范围主要是审查和处理执行异议、复议、申诉以及决定执行管辖权的移转等审查事项。执行审查权由法官行使。

5. 执行实施事项的处理应当采取审批制，执行审查事项的处理应当采取合议制。

6. 人民法院可以将执行实施程序分为财产查控、财产处置、款物发放等不同阶段并明确时限要求，由不同的执行人员集中办理，互相监督，分权制衡，提高执行工作质量和效率。执行局的综合管理部门应当对分段执行实行节点控制和流程管理。

7. 执行中因情况紧急必须及时采取执行措施的，执行人员经执行指挥中心指令，可依法采取查封、扣押、冻结等财产保全和其他控制性措施，事后两个工作日内应当及时补办审批手续。

8. 人民法院在执行局内建立执行信访审查处理机制，以有效解决消极执行和不规范执行问题。执行申诉审查部门可以参与涉执行信访案件的接访工作，并应当采取排名通报、挂牌督办等措施促进涉执行信访案件的及时处理。

9. 继续推进全国法院执行案件信息管理系统建设，积极参与社会信用体系建设。执行信息部门应当发挥职能优势，采取多种措施扩大查询范围，实现执行案件所有信息在法院系统内的共享，推进执行案件信息与其他部门信用信息的共享，并通过信用惩戒手段促使债务人自动履行义务。

10. 执行权由人民法院的执行局行使；人民法庭可根据执行局授权执行自审案件，但应接受执行局的管理和业务指导。

《最高人民法院关于进一步加强和规范执行工作的若干意见》（法发〔2009〕43号）

三、继续推进执行改革

……

（二）统一执行机构设置。各级人民法院统一设立执行局，并统一执行局内设机构及职能。高级人民法院设立复议监督、协调指导、申诉审查以及综合管理机构，中级人民法院和基层人民法院设执行实施、执行审查、申诉审查和综合管理机构。复议监督机构负责执行案件的监督,并办理异议复议、申请变更执行法院和执行监督案件;协调指导机构负责跨辖区委托执行案件和异地执行案件的协调和管理,办理执行请示案件以及负责与同级政府有关部门的协调;申诉审查机构负责执行申诉信访案件的审查和督办等事项;综合管理机构负责辖区执行工作的管理部署、巡视督查、评估考核、起草规范性文件、调研统计等各类综合性事项。

第2问:特殊案件由什么机构执行?

1. 人民法庭审结的案件:难度较大、人员装备难以保障的案件,可以由基层法院负责执行,或者可以采取基层法院派驻执行组的方式构建直接执行机制。

2. 涉执行的诉讼案件:执行异议之诉、代位析产诉讼等涉执行的诉讼,由法院审判机构按照民事诉讼程序审理。

3. 强制清算案件:强制清算的实施由执行局负责;强制清算的实体争议由审判机构负责。

4. 行政案件:立案机构转行政审判庭进行合法性审查,裁定准予执行的再由立案机构移交执行局执行。

5. 刑事裁判涉财产部分:由执行局负责。

6. 被执行人对国内仲裁裁决提出不予执行仲裁裁决的:由执行局审查。

7. 变更、追加执行主体的:由执行局审查;若需要通过另诉或者申请再审追加、变更的,由审判机构审理。

【法律依据】

《最高人民法院关于进一步加强新形势下人民法庭工作的若干意见》(法发〔2014〕21号)

11. 改进执行工作。对执行工作难度较大、基层人民法院执行不影响当事人合法权益及时实现,以及人员装备难以保障执行工作顺利开展的人民法庭审结案件,原则上由基层人民法院负责执行。对可以当庭执结以及由人民法庭执行更加方便诉讼群众的案件,应当由人民法庭负责执行。有条件的地方,可以探索由所在基层人民法院派驻执行组等方式构建直接执行机制,最大限度地方便群众诉讼,提高执行效率。

《最高人民法院关于执行权合理配置和科学运行的若干意见》(法发〔2011〕15号)

10. 执行权由人民法院的执行局行使;人民法庭可根据执行局授权执行自审案件,但应接受执行局的管理和业务指导。

11. 办理执行实施、执行异议、执行复议、执行监督、执行协调、执行请示等执行案件和案外人执行异议之诉、申请执行人执行异议之诉、执行分配方案异议之诉、代位析产之诉等涉执行的诉讼案件,由立案机构进行立案审查,并纳入审判和执行案件统一管理体系。

人民法庭经授权执行自审案件,可由其自行办理立案登记手续,并纳入执行案件的统一管理。

12. 案外人执行异议之诉、申请执行人执行异议之诉、执行分配方案异议之诉、代位析产之诉等涉执行的诉讼,由人民法院的审判机构按照民事诉讼程序审理。逐步促进涉执行诉讼审判的专业化,具备条件的人民法院可以设立专门审判机构,对涉执行的诉讼案件集中审理。

案外人、当事人认为据以执行的判决、裁定错误的,由作出生效判决、裁定的原审人民法院或其上级人民法院按照审判监督程序审理。

13. 行政非诉案件、行政诉讼案件的执行申请,由立案机构登记后转行政审判机构进行合法性审查;裁定准予强制执行的,再由立案机构办理执行立案登记后移交执行局执行。

14. 强制清算的实施由执行局负责,强制清算中的实体争议由民事审判机构负责审理。

18. 具有执行内容的财产刑和非刑罚制裁措施的执行由执行局

负责。

21. 执行过程中依法需要变更、追加执行主体的，由执行局按照法定程序办理；应当通过另诉或者提起再审追加、变更的，由审判机构按照法定程序办理。

23. 被执行人对国内仲裁裁决提出不予执行抗辩的，由执行局审查。

《最高人民法院关于适用〈中华人民共和国行政诉讼法〉的解释》（法释〔2018〕1号）

第一百六十条 人民法院受理行政机关申请执行其行政行为的案件后，应当在七日内由行政审判庭对行政行为的合法性进行审查，并作出是否准予执行的裁定。

人民法院在作出裁定前发现行政行为明显违法并损害被执行人合法权益的，应当听取被执行人和行政机关的意见，并自受理之日起三十日内作出是否准予执行的裁定。

需要采取强制执行措施的，由本院负责强制执行非诉行政行为的机构执行。

第3问：哪些人员是执行人员？

执行人员包括：法官、执行员、司法警察、法官助理、书记员等。人民陪审员也可参与执行活动。

【法律依据】

《中华人民共和国民事诉讼法》（2023年9月1日修正）

第四十条第三款 人民陪审员在参加审判活动时，除法律另有规定外，与审判员有同等的权利义务。

《最高人民法院关于印发〈人民法院司法警察条例〉的通知》（法发〔2012〕23号）

第七条 人民法院司法警察的职责：

......

（四）在生效法律文书的强制执行中，配合实施执行措施，必要时依法采取强制措施；

......

（七）执行拘传、拘留等强制措施；

......

第九条 对以暴力、威胁或者其他方法阻碍司法工作人员执行职务的，人民法院司法警察应当及时予以控制，根据需要进行询问、提取或者固定相关证据，依法执行罚款、拘留等强制措施。

第十一条 在生效法律文书的强制执行中，人民法院司法警察可以依法配合实施搜查、查封、扣押、强制迁出等执行行为。

第 4 问：执行人员在执行公务时应当如何做？

出示工作证件、按规定着装、严格遵守法律规定、法官职业道德。

【法律依据】

《最高人民法院关于人民法院执行工作若干问题的规定（试行）》（法释〔2020〕21号）

7. 执行人员执行公务时，应向有关人员出示工作证件，并按规定着装。必要时应由司法警察参加。

第 5 问：执行工作中是否有合议庭？合议庭的组成是什么？

执行工作中若需要合议庭的，由审判员、助理审判员或者人民陪审员随机组成合议庭；人民陪审员从名单中随机抽取确定。

【法律依据】

《最高人民法院关于进一步加强合议庭职责的若干规定》（法释〔2010〕1号）

第二条　合议庭由审判员、助理审判员或者人民陪审员随机组成。合议庭成员相对固定的，应当定期交流。人民陪审员参加合议庭的，应当从人民陪审员名单中随机抽取确定。

第十一条　执行工作中依法需要组成合议庭的，参照本规定执行。

第6问：各级法院的执行工作由谁负责管理？

1. 各级法院在办理执行案件时分级负责，上级法院对下级法院的执行工作进行统一管理。

2. 由高级人民法院统一管理本辖区内各级人民法院的执行工作整体部署、执行案件的监督和协调、执行力量的调度以及执行装备的使用等。

【法律依据】

《最高人民法院关于高级人民法院统一管理执行工作若干问题的规定》（法发〔2000〕3号）

一、高级人民法院在最高人民法院的监督和指导下，对本辖区执行工作的整体部署、执行案件的监督和协调、执行力量的调度以及执行装备的使用等，实行统一管理。

地方各级人民法院办理执行案件，应当依照法律规定分级负责。

二、高级人民法院应当根据法律、法规、司法解释和最高人民法院的有关规定，结合本辖区的实际情况制定统一管理执行工作的具体规章制度，确定一定时期内执行工作的目标和重点，组织本辖区内的各级人民法院实施。

三、高级人民法院应当根据最高人民法院的统一部署或本地区的具体情况适时组织集中执行和专项执行活动。

四、高级人民法院在组织集中执行、专项执行或其他重大执行活动中，可以统一调度、使用下级人民法院的执行力量，包括执行人员、司法警察、执行装备等。

六、高级人民法院负责协调处理本辖区内跨中级人民法院辖区的法院与法院之间的执行争议案件。对跨高级人民法院辖区的法院与法院之间的执行争议案件，由争议双方所在地的两地高级人民法院协商处理；协商不成的，按有关规定报请最高人民法院协调处理。

七、对跨高级人民法院辖区的法院与公安、检察等机关之间的执行争议案件，由执行法院所在地的高级人民法院与有关公安、检察等机关所在地的高级人民法院商有关机关协调解决，必要时可报请最高人民法院协调处理。

十、高级人民法院应监督本辖区内各级人民法院按有关规定精神配备合格的执行人员，并根据最高人民法院的要求和本辖区的具体情况，制定培训计划，确定培训目标，采取切实有效措施予以落实。

十一、中级人民法院、基层人民法院和专门人民法院执行机构的主要负责人在按干部管理制度和法定程序规定办理任免手续前应征得上一级人民法院的同意。

上级人民法院认为下级人民法院执行机构的主要负责人不称职的，可以建议有关部门予以调整、调离或者免职。

十二、高级人民法院应根据执行工作需要，商财政、计划等有关部门编制本辖区内各级人民法院关于交通工具、通讯设备、警械器具、摄录器材等执行装备和业务经费的计划，确定执行装备的标准和数量，并由本辖区内各级人民法院协同当地政府予以落实。

十三、下级人民法院不执行上级人民法院对执行工作和案件处理作出的决定，上级人民法院应通报批评；情节严重的，可以建议有关部门对有关责任人员予以纪律处分。

十四、中级人民法院、基层人民法院和专门人民法院对执行工作的管理职责由高级人民法院规定。

《最高人民法院关于执行权合理配置和科学运行的若干意见》（法发〔2011〕15号）

28. 中级以上人民法院对辖区人民法院的执行工作实行统一管理。下级人民法院拒不服从上级人民法院统一管理的，依照有关规定追究下级人民法院有关责任人的责任。

29. 上级人民法院可以根据本辖区的执行工作情况，组织集中执行和专项执行活动。

30. 对下级人民法院违法、错误的执行裁定、执行行为，上级人民法院有权指令下级人民法院自行纠正或者通过裁定、决定予以纠正。

31. 上级人民法院在组织集中执行、专项执行或其他重大执行活动中，可以统一指挥和调度下级人民法院的执行人员、司法警察和执行装备。

32. 上级人民法院根据执行工作需要，可以商政府有关部门编制辖区内人民法院的执行装备标准和业务经费计划。

33. 上级人民法院有权对下级人民法院的执行工作进行考核，考核结果向下级人民法院通报。

《最高人民法院关于人民法院执行工作若干问题的规定（试行）》（法释〔2020〕21号）

8. 上级人民法院执行机构负责本院对下级人民法院执行工作的监督、指导和协调。

67. 两个或两个以上人民法院在执行相关案件中发生争议的，应当协商解决。协商不成的，逐级报请上级法院，直至报请共同的上级法院协调处理。

执行争议经高级人民法院协商不成的，由有关的高级人民法院书面报请最高人民法院协调处理。

《最高人民法院关于加强中级人民法院协同执行基层人民法院执行实施案件的通知》（法〔2017〕158号）

一、中级人民法院要发挥协调和统筹优势，统一调度使用辖区法院执行力量,协同、帮助基层人民法院对重大、疑难、复杂或长期未结案件实施强制执行。

二、基层人民法院难以执行的下列执行实施案件,可报请中级人民法院协同执行:

(一)长期未结案件;

(二)受到严重非法干预的案件;

(三)有重大影响,社会高度关注的案件;

(四)受暴力、威胁或其他方法妨碍、抗拒执行的案件;

(五)多个法院立案受理的系列、关联案件;

(六)被执行人主要财产在其他法院辖区的案件;

(七)其他重大、疑难、复杂案件。

上级人民法院在督办、信访、巡查等工作中发现下级法院立案执行的执行实施案件存在上述情形的,可以指定或决定实施协同执行。

三、实施协同执行的,中级人民法院应作出《协同执行决定书》,决定书同时送交执行法院和参与协同执行的相关法院。执行法院报请的案件不符合协同执行条件的,中级人民法院应告知其自行执行。

四、协同执行由执行指挥中心具体负责,中级人民法院执行指挥中心应指定专人负责协同执行,与执行法院共同商定执行实施方案,及时组织实施强制执行。

协同执行案件不移送、不提级,办案主体仍是执行法院,仍由执行法院以本院名义对外出具法律文书。参与协同执行的其他法院执行干警可以凭《协同执行决定书》和公务证件开展具体执行工作。

五、中级人民法院应统筹考虑辖区法院执行案件数量、执行力量等因素,均衡开展协同执行,优先协助案多人少矛盾更加突出的辖区法院。应按照就近、便利原则开展协同执行,统筹使用辖区法院执行力量,最大限度节约执行成本,防止频繁、大跨度调用执行力量对辖区法院正常办案造成影响。

六、中级人民法院每年应办理一定数量的协同执行案件,办案数量和质效纳入执行考核范围,具体办案数量由高级人民法院根据辖区各中级人民法院实际情况确定。

七、上级人民法院要加强对协同执行工作的监督、管理和考核，每半年将协同执行工作开展情况予以通报。人民法院执行指挥中心要建立协同执行案件管理模块，加强对协同执行案件的信息化管理。

八、协同执行工作方案中，应明确中级人民法院、执行法院和参与协同执行的相关法院具体职责。各法院应分工负责、密切配合，存在消极执行、乱执行等不规范执行的，追究相应责任。

九、高级人民法院应就协同执行案件具体条件，职责分工，辖区各中级人民法院办理协同执行案件数量，协同执行的监督、指导、考核等制定实施细则并报最高人民法院备案。

十、高级人民法院可参照本通知要求，就辖区中基层法院需要协同执行的执行实施案件开展协同执行。

第二章　委托执行、协作执行、协同执行

第一节　委托执行

第1问：什么情形下执行法院可将案件委托给异地法院进行执行？

执行法院经调查发现被执行人在本辖区内已无财产可供执行，且在其他省、自治区、直辖市内有财产可供执行的，可以将案件委托给异地的同级法院执行。

执行法院确需赴异地（省、自治区、直辖市以外的区域）执行案件的，应当经其所在辖区内的高级法院批准。

【法律依据】

《最高人民法院关于委托执行若干问题的规定》（法释〔2020〕21号）

第一条　执行法院经调查发现被执行人在本辖区内已无财产可供执行，且在其他省、自治区、直辖市内有可供执行财产的，可以将案件委托异地的同级人民法院执行。

执行法院确需赴异地执行案件的，应当经其所在辖区高级人民法院批准。

第十四条　本规定所称的异地是指本省、自治区、直辖市以外的区域。各省、自治区、直辖市内的委托执行，由各高级人民法院参照本规定，结合实际情况，制定具体办法。

第 2 问：受托的法院如何确定？

1. 应当以执行标的物所在地或者执行行为实施地的同级法院为受托法院，有两处以上财产在异地的，可以委托主要财产所在地的法院执行。

2. 被执行人是现役军人或者军事单位的，可以委托对其有管辖权的军事法院执行。

3. 执行标的物是船舶的，可以委托有管辖权的海事法院执行。

【法律依据】

《最高人民法院关于委托执行若干问题的规定》（法释〔2020〕21 号）

第三条 委托执行应当以执行标的物所在地或者执行行为实施地的同级人民法院为受托执行法院。有两处以上财产在异地的，可以委托主要财产所在地的人民法院执行。

被执行人是现役军人或者军事单位的，可以委托对其有管辖权的军事法院执行。

执行标的物是船舶的，可以委托有管辖权的海事法院执行。

第 3 问：委托执行的程序是什么？

委托法院直接向受托法院办理委托手续，并层报各自所在地的高级法院备案。

受托法院收到委托执行函后，应在七日内立案，并将立案通知书通过委托法院送达申请执行人；委托法院在收到立案通知书后进行销案处理，并在七日内以书面形式通知申请执行人案件已经委托执行，告知其直接与受托法院联系执行事宜。

【法律依据】

《最高人民法院关于委托执行若干问题的规定》（法释〔2020〕21 号）

第二条第一款 案件委托执行后，受托法院应当依法立案，委托法院应当在收到受托法院的立案通知书后作销案处理。

第七条 受托法院收到委托执行函后,应当在 7 日内予以立案,并及时将立案通知书通过委托法院送达申请执行人,同时将指定的承办人、联系电话等书面告知委托法院。

委托法院收到上述通知书后,应当在 7 日内书面通知申请执行人案件已经委托执行,并告知申请执行人可以直接与受托法院联系执行相关事宜。

第 4 问:委托执行时,委托法院已经查封、扣押、冻结的财产如何处置?

委托法院应当将查扣冻的被执行人的异地财产,一并移交受托法院处理。

受托法院续封续冻时,仍为原委托法院的查封冻结顺序。

【法律依据】

《最高人民法院关于委托执行若干问题的规定》(法释〔2020〕21 号)

第六条 委托执行时,委托法院应当将已经查封、扣押、冻结的被执行人的异地财产,一并移交受托法院处理,并在委托执行函中说明。

委托执行后,委托法院对被执行人财产已经采取查封、扣押、冻结等措施的,视为受托法院的查封、扣押、冻结措施。受托法院需要继续查封、扣押、冻结,持委托执行函和立案通知书办理相关手续。续封续冻时,仍为原委托法院的查封冻结顺序。

查封、扣押、冻结等措施的有效期限在移交受托法院时不足 1 个月的,委托法院应当先行续封或者续冻,再移交受托法院。

第5问：受托法院发现被执行人在受托法院辖区外另有可供执行财产的，如何处理？

可以直接异地执行，一般不再另行委托。如果根据情况确需再行委托的，应按照前述委托执行的程序办理并通知案件当事人。

【法律依据】

《最高人民法院关于委托执行若干问题的规定》（法释〔2020〕21号）

第十条 委托法院在案件委托执行后又发现有可供执行财产的，应当及时告知受托法院。受托法院发现被执行人在受托法院辖区外另有可供执行财产的，可以直接异地执行，一般不再行委托执行。根据情况确需再行委托的，应当按照委托执行案件的程序办理，并通知案件当事人。

第6问：法院在执行过程中能否只委托事项，不将全案进行委托执行？

可以。法院在执行过程中遇有下列事项需要赴异地办理的，可以委托相关异地法院代为办理：

1. 冻结、续冻、解冻、扣划银行存款、理财产品；
2. 公示冻结、续冻、解冻股权及其他投资权益；
3. 查封、续封、解封、过户不动产和需要登记的财产；
4. 调查被执行人财产情况；
5. 其他。

【法律依据】

《最高人民法院关于严格规范执行事项委托工作的管理办法（试行）》（法发〔2017〕27号）

第一条 人民法院在执行案件过程中遇有下列事项需赴异地办理

的，可以委托相关异地法院代为办理。

（一）冻结、续冻、解冻、扣划银行存款、理财产品；

（二）公示冻结、续冻、解冻股权及其他投资权益；

（三）查封、续封、解封、过户不动产和需要登记的动产；

（四）调查被执行人财产情况。

（五）其他人民法院执行事项委托系统中列明的事项。

第 7 问：事项委托时，受托法院如何确定？

受托法院一般为委托事项办理地点的基层法院，但受托同级法院更有利于事项办理的除外。

【法律依据】

《最高人民法院关于严格规范执行事项委托工作的管理办法（试行）》（法发〔2017〕27号）

第五条　受托法院一般应当为委托事项办理地点的基层人民法院，受托同级人民法院更有利于事项委托办理的除外。

第二节　协作执行、协同执行

第 1 问：协作执行的情形有哪些？

1. 异地执行时可根据案件具体情况，请求当地法院协助执行。

2. 异地执行发生执行突发事件的，执行人员应当在第一时间将有关情况通报发生地法院，发生地法院应积极协助组织开展应急处理工作，并报告当地党委和政府，协调公安等部门出警控制现场。

3. 以军队单位或军人、军属为被执行人的，可通过部队组织督促被执行人履行法定义务，必要时可请部队所在地的军事法院协助执行。

【法律依据】

《最高人民法院关于委托执行若干问题的规定》（法释〔2020〕21号）

第十二条　异地执行时，可以根据案件具体情况，请求当地法院协助执行，当地法院应当积极配合，保证执行人员的人身安全和执行装备、执行标的物不受侵害。

第十三条　高级人民法院应当对辖区内委托执行和异地执行工作实行统一管理和协调，履行以下职责：

（一）统一管理跨省、自治区、直辖市辖区的委托和受托执行案件；

（二）指导、检查、监督本辖区内的受托案件的执行情况；

（三）协调本辖区内跨省、自治区、直辖市辖区的委托和受托执行争议案件；

（四）承办需异地执行的有关案件的审批事项；

（五）对下级法院报送的有关委托和受托执行案件中的相关问题提出指导性处理意见；

（六）办理其他涉及委托执行工作的事项。

《最高人民法院关于进一步加强人民法院涉军案件审判工作的通知》（法〔2010〕254号）

10. 确保生效裁判的及时执行。切实加强涉军案件执行工作，保障当事人合法权益。在向军队一方当事人送达裁判文书时，要释明有关法律规定，指导其及时申请执行；军队一方为申请执行人的，要加大执行力度，必要时可请上级人民法院提级执行；军队一方为被执行人的，可通过部队组织督促被执行人履行法定义务，必要时可以请部队所在地的军事法院协助执行。

第2问：什么是协同执行？

中级法院发挥协调和统筹优势，统一调度使用辖区法院执行力量、协同、帮助基层法院对重大、疑难、复杂或长期未结案件实施强制执行。

【法律依据】

《最高人民法院关于加强中级人民法院协同执行基层人民法院执行实施案件的通知》（法〔2017〕158号）

一、中级人民法院要发挥协调和统筹优势，统一调度使用辖区法院执行力量，协同、帮助基层人民法院对重大、疑难、复杂或长期未结案件实施强制执行。

第3问：什么案件可以报请中院协同执行？

1. 长期未结案件；
2. 受到严重非法干预的案件；
3. 有重大影响，社会高度关注的案件；
4. 受暴力、威胁或其他方法妨碍、抗拒执行的案件；
5. 多个法院立案受理的系列、关联案件；
6. 被执行人主要财产在其他法院辖区的案件；
7. 其他重大、疑难、复杂案件。

【法律依据】

《最高人民法院关于加强中级人民法院协同执行基层人民法院执行实施案件的通知》（法〔2017〕158号）

二、基层人民法院难以执行的下列执行实施案件，可报请中级人民法院协同执行：

（一）长期未结案件；
（二）受到严重非法干预的案件；
（三）有重大影响，社会高度关注的案件；
（四）受暴力、威胁或其他方法妨碍、抗拒执行的案件；

（五）多个法院立案受理的系列、关联案件；

（六）被执行人主要财产在其他法院辖区的案件；

（七）其他重大、疑难、复杂案件。

上级人民法院在督办、信访、巡查等工作中发现下级法院立案执行的执行实施案件存在上述情形的，可以指定或决定实施协同执行。

第三章　执行文书及其送达

第1问：执行文书的种类有哪些？

裁定书、决定书、令、通知书、公告、委托书、函等法律文书。

【法律依据】

《民事诉讼文书样式》（法〔2016〕221号）

（略）

第2问：法院送达文书需要受送达人签署什么文件？

送达必须有送达回证，由受送达人在回证上签名或盖章，并注明收到日期。

【法律依据】

《中华人民共和国民事诉讼法》（2023年9月1日修正）

第八十七条　送达诉讼文书必须有送达回证，由受送达人在送达回证上记明收到日期，签名或者盖章。

受送达人在送达回证上的签收日期为送达日期。

第3问：送达的方式有哪些？

1. 国内送达：直接送达、留置送达、在法院送达、在住所地之外送达、送达诉讼代理人、电子送达、委托送达、邮寄送达、转交送达、辅助送达、公告送达。

2. 涉外送达：依照缔结的或者参加的国际条约中规定的方式送达，通过外交途径送达，委托中国驻外使领馆代为送达，向诉讼代理人送达，向受送达人在国内设立的代表机构、分支机构、业务代办人送达，邮寄送达，电子邮件送达，司法协助送达，公告送达。

3. 涉港澳送达：直接送达，送达诉讼代理人，向内地代表机构、分支机构、业务代办人送达，邮寄送达，电子送达，公告送达，留置送达。

4. 涉台送达：直接送达，送达诉讼代理人，送达代收人，送达代表机构、分支机构、业务代办人，邮寄送达，电子送达，司法协助送达，留置送达，公告送达。

【法律依据】

《最高人民法院印发〈关于进一步加强民事送达工作的若干意见〉的通知》（法发〔2017〕19号）

一、送达地址确认书是当事人送达地址确认制度的基础。送达地址确认书应当包括当事人提供的送达地址、人民法院告知事项、当事人对送达地址的确认、送达地址确认书的适用范围和变更方式等内容。

二、当事人提供的送达地址应当包括邮政编码、详细地址以及受送达人的联系电话等。同意电子送达的，应当提供并确认接收民事诉讼文书的传真号、电子信箱、微信号等电子送达地址。当事人委托诉讼代理人的，诉讼代理人确认的送达地址视为当事人的送达地址。

三、为保障当事人的诉讼权利，人民法院应当告知送达地址确认书的填写要求和注意事项以及拒绝提供送达地址、提供虚假地址或者提供地址不准确的法律后果。

四、人民法院应当要求当事人对其填写的送达地址及法律后果等事项进行确认。当事人确认的内容应当包括当事人已知晓人民法院告知的事项及送达地址确认书的法律后果，保证送达地址准确、有效，同意人民法院通过其确认的地址送达诉讼文书等，并由当事人或者诉讼代理人签名、盖章或者捺印。

五、人民法院应当在登记立案时要求当事人确认送达地址。当事人拒绝确认送达地址的，依照《最高人民法院关于登记立案若干问题的规定》第七条的规定处理。

六、当事人在送达地址确认书中确认的送达地址，适用于第一审程序、第二审程序和执行程序。当事人变更送达地址，应当以书面方式告知人民法院。当事人未书面变更的，以其确认的地址为送达地址。

七、因当事人提供的送达地址不准确、拒不提供送达地址、送达地址变更未书面告知人民法院，导致民事诉讼文书未能被受送达人实际接收的，直接送达的，民事诉讼文书留在该地址之日为送达之日；邮寄送达的，文书被退回之日为送达之日。

八、当事人拒绝确认送达地址或以拒绝应诉、拒接电话、避而不见送达人员、搬离原住所等躲避、规避送达，人民法院不能或无法要求其确认送达地址的，可以分以下列情形处理：

（一）当事人在诉讼所涉及的合同、往来函件中对送达地址有明确约定的，以约定的地址为送达地址；

（二）没有约定的，以当事人在诉讼中提交的书面材料中载明的自己的地址为送达地址；

（三）没有约定、当事人也未提交书面材料或者书面材料中未载明地址的，以一年内进行其他诉讼、仲裁案件中提供的地址为送达地址；

（四）无以上情形的，以当事人一年内进行民事活动时经常使用的地址为送达地址。

人民法院按照上述地址进行送达的，可以同时以电话、微信等方式通知受送达人。

九、依第八条规定仍不能确认送达地址的，自然人以其户籍登记的住所或者在经常居住地登记的住址为送达地址，法人或者其他组织以其工商登记或其他依法登记、备案的住所地为送达地址。

十、在严格遵守民事诉讼法和民事诉讼法司法解释关于电子送达适用条件的前提下，积极主动探索电子送达及送达凭证保全的有效方式、方法。有条件的法院可以建立专门的电子送达平台，或以诉讼服务平台为依托进行电子送达，或者采取与大型门户网站、通信运营商合作的方式，通过专门的电子邮箱、特定的通信号码、信息公众号等方式进行送达。

十一、采用传真、电子邮件方式送达的，送达人员应记录传真发送和接收号码、电子邮件发送和接收邮箱、发送时间、送达诉讼文书名称，并打印传真发送确认单、电子邮件发送成功网页，存卷备查。

十二、采用短信、微信等方式送达的，送达人员应记录收发手机号码、发送时间、送达诉讼文书名称，并将短信、微信等送达内容拍摄照片，存卷备查。

十三、可以根据实际情况，有针对性地探索提高送达质量和效率的工作机制，确定由专门的送达机构或者由各审判、执行部门进行送达。在不违反法律、司法解释规定的前提下，可以积极探索创新行之有效的工作方法。

十四、对于移动通信工具能够接通但无法直接送达、邮寄送达的，除判决书、裁定书、调解书外，可以采取电话送达的方式，由送达人员告知当事人诉讼文书内容，并记录拨打、接听电话号码、通话时间、送达诉讼文书内容，通话过程应当录音以存卷备查。

十五、要严格适用民事诉讼法关于公告送达的规定，加强对公告送达的管理，充分保障当事人的诉讼权利。只有在受送达人下落不明，或者用民事诉讼法第一编第七章第二节规定的其他方式无法送达的，才能适用公告送达。

十六、在送达工作中，可以借助基层组织的力量和社会力量，加强与基层组织和有关部门的沟通、协调，为做好送达工作创造良好的外部环境。有条件的地方可以要求基层组织协助送达，并可适当支付费用。

十七、要树立全国法院一盘棋意识，对于其他法院委托送达的诉讼文书，要认真、及时进行送达。鼓励法院之间建立委托送达协作机制，节约送达成本，提高送达效率。

图书在版编目（CIP）数据

执行案件操作指引：实用问答全书 / 周文等著.

北京 ：中国法制出版社，2024. 7. -- ISBN 978-7-5216-4549-1

Ⅰ. D925.118.5

中国国家版本馆 CIP 数据核字第 2024PV9595 号

策划编辑：赵宏
责任编辑：王悦（wangyuefz@163.com） 封面设计：李宁

执行案件操作指引：实用问答全书
ZHIXING ANJIAN CAOZUO ZHIYIN：SHIYONG WENDA QUANSHU

著者/周文、路佳迪、王吉龙、刘学超
经销/新华书店
印刷/三河市紫恒印装有限公司
开本/880 毫米×1230 毫米 32 开　　　　　　印张/ 28　字数/ 565 千
版次/2024 年 7 月第 1 版　　　　　　　　　　2024 年 7 月第 1 次印刷

中国法制出版社出版
书号 ISBN 978-7-5216-4549-1　　　　　　　　定价：129.00 元

北京市西城区西便门西里甲 16 号西便门办公区
邮政编码：100053　　　　　　　　　　　　　传真：010-63141600
网址 http：//www.zgfzs.com　　　　　　　　编辑部电话：010-63141831
市场营销部电话：010-63141612　　　　　　　印务部电话：010-63141606

（如有印装质量问题，请与本社印务部联系。）